광덕스님 시봉일기 · 10

佛光香風 10

광덕스님 시봉일기 · 10
— 반야바라밀다결사 —

편　저 · 松菴至元
펴낸이 · 김인현
펴낸곳 · 도서출판 도피안사

2008년 10월 25일 1판 1쇄 인쇄
2008년 10월 30일 1판 1쇄 발행

편집 · 이상옥, 양승순
인쇄 및 제본 · 금강인쇄(주)

등록 · 2000년 8월 19일(제19-52호)
주소 · 서울시 마포구 성산동 226-10 명주빌딩 2층
전화 · 02-336-9626
팩스 · 02-336-8701
E-mail · dopiansa@kornet.net

ⓒ 2008, 송암지원

ISBN 978-89-90223-41-8 04220
　　　89-951656-0- x (세트)

眞理生命은 깨달음(自覺覺他)에 의해서만 그 모습(覺行圓滿)이 드러나므로
도서출판 도피안사에서는 '독서는 깨달음을 얻는 또 하나의 길'이라는 신념으로 책을 펴냅니다.

佛光香風
10

광덕스님 시봉일기

10

반야바라밀다결사

송암지원 편저

DOPIANSA
到彼岸社

結　　社　　是

보현도량 도솔산 도피안사는 개산조이신 金河堂 光德大禪師의
문서포교 불사를 계승하기 위하여 도서출판 到彼岸社를 별도 설립하여 우량도서를 精選 출판하고 있습니다.
이에 보다 효과적인 문서포교를 이룩하기 위하여 개산조의 '불서읽기' 운동을 계승하여
'종이거울 자주보기' 운동을 펼쳐나갑니다.

종이거울 자주보기 - 유리거울은 내 몸을 비춰주고

종이거울은 내 마음을 비춰준다

'보현행원으로 보리 이루리!'

코끼리가 연꽃을 받들고 가는 것은
보현행원품의 주제인 '以普賢行 悟菩提 - 보현행원으로 보리 이루리'를 상징(설명)합니다.
(코끼리는 보현행원의 원만, 연꽃은 무상보리의 성취를 뜻하며
또한 이 두 이미지의 일치는 禪家一句인 向上一路의 형상화임)

獻　　辭

일생을 보현행자로 살았고 반드시 이 땅에 환생하여
반야바라밀다결사 구국구세운동을 다시 이을 것을 서원하신
金河堂 光德大禪師의 환생 후신전에
삼가 이 책을 바칩니다.

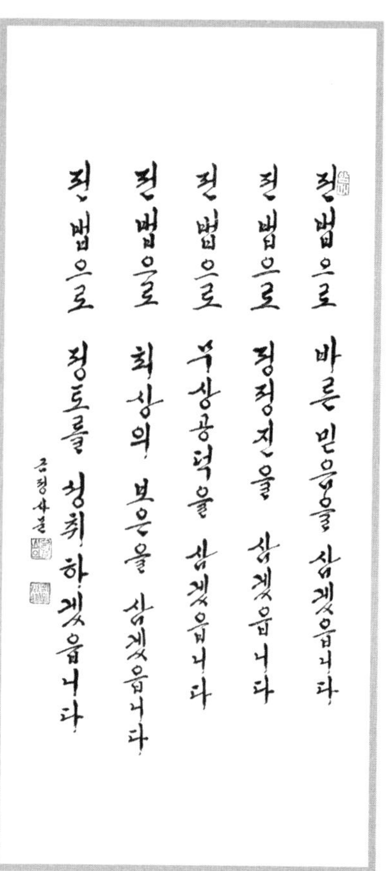

글씨 / 석주(1986년 作)

왼쪽은 先師께서 매월 포살 때 대중에게 다짐받은 포살 계목 중의 하나이고

오른쪽은 매주 법회 때마다 동참 대중이 함께 다짐한 傳法五誓임.(필자)

그림 / 석정

普賢身相如虛空	보현보살	미묘한몸	형상이없어
依眞而住非國土	어느 때나	법신광명	두루 비추네.
隨諸衆生心所欲	일체중생	원하는바	이루기위해
示現普身等一切	보현원왕	일체처에	현전하시네.

'보현행원으로 보리 이루리!'

"보현행원 수행하는 보살들이여"

1. 모- 든- 부처님께 예경할지라
2. 일체여래 모든공덕 찬탄할지라
3. 시방세계 일체불께 공양할지라
4. 무시이래 지은업장 참회할지라
5. 모든여래 지은공덕 기뻐할지라
6. 일체불께 설법을- 청할지로다
7. 일체제불 주세간을 청할지로다
8. 어느때나 여래따라 배울지로다
9. 온갖형상 일체중생 수순할지라
10.중생에게 모든공덕 회향할지라

'허공계가 다하고 중생 다하고
중생의 번뇌가 다할지라도
보살의 행원은 다하지 않아.'

보현행원은 나의 진실생명의 문을 엶이어라
　　　무량위덕 발휘하는 생명의 숨결이어라
보현행원은 나의 영원한 생명의 노래
　　　나의 영원한 생명의 율동
　　　나의 영원한 생명의 환희
　　　나의 영원한 생명의 위덕
　　　체온이며 광휘이며 그 세계이어라.

내 이제 목숨 바쳐 서원하오니
삼보 자존이시여 증명하소서

보현행원을 수행하오리
보현행원으로 불국이루리
보현행원으로 보리이루리
나무마하반야바라밀
나무대행보현보살마하살

그림 / 소공

울려서 법계를 진동하여 철
위산이 밝아지고 잠잠해서 겁
전봄소식이 겁후에 찬란해라
일찌기 형상으로 몰 형상을
떨쳤으니 금정산이 당당하여
그의 소리 영원하리

근하광덕 대선사 열반송을 쓰다

기묘년봄 법진 정응 드림

글씨 / 법진

眞　　影

東山大宗師 忌日 탑청소를 마치고 —1970. 3. 23(음)
앞줄 왼쪽부터 스님, 벽파, 흥교, 영선, 홍교스님.
뒷줄 왼쪽부터 도성, 정업, 양익, 도원스님. — 범어사 불이문 앞에서

金河堂 光德大禪師는
1927년 4월 4일(정묘년 3월 3일) 경기도 화성에서 출생.
1950년 가을, 24세 때 부산 범어사 입산. 그 이후 오직 爲法忘軀 傳法度生으로 이 시대의 횃불이 되다.
1999년 2월 27일 오후 2시경 불광사 법주실에서 세수 73세,
법랍 48세로 사바 세연을 조용히 거두고 대원적 무상(無相) 삼매에 들다.(연보는 뒷면)

- 門人 松菴至元 謹抄

무상(無常) 뒤에 無常을 넘어

가산지관(伽山智冠) | 경국사 회주, 전 동국대학교 총장

무상(無常)한 일 뒤에 무상(無常)을 넘어서는 깨달음이 뒤따른다면 그것은 이미 무상을 넘어서는 뜻깊은 일이다.

금하광덕(金河光德)스님이 일생에 빛나는 구도행각과 열정적 구제발원을 성취하고, 마치 구름처럼 자재롭게 떠나가신 자리에, 스님을 기리는 간절한 마음이 그렇듯 무상을 넘어서고 있다. 스님의 고고한 일상들은 그대로, 그리워하는 모든 사람들의 마음에서 새롭게 자각되고 각인되어, 드디어 스님의 마음이 중생들의 마음으로 새롭게 환생하고 있는 것이다.

스님은 부처님을 아무리 높이 받든다 하여도 전법도생(傳法度生)을 하지 않으면 부처님의 홍대(弘大)한 은혜를 보답할 수 없다는 원력으로 불꽃처럼 살다 가셨기에, 그 후광(後光)에 힘입은 후학들이 다시 그 빛나는 일을 이어 영원히 사는 길에 동참해 갈 수 있는 것이다.

스님의 상좌인 송암지원(松菴至元) 비구가 범어사 행자생활 때부터 대각사·보현사·불광사 등 여러 곳에서 스님을 모시면서 직접 받은 교훈, 보고 느낀 감명 깊은 현장, 스님께서 다른 사람들과 나눈 인연담 등 그때그때마다 한 꼭지씩 적어 두었던 생생한 현장일기를 시리

즈로 엮어 '광덕스님 시봉일기'라는 이름으로 발간하게 되었다며 원고를 들고 찾아왔다. 원고를 훑어보니 일반에 알려지지 않은 스님의 내면세계와 불교를 위한 깊은 서원, 제자와 신도를 지도하는 자상한 수연담 등을 생생하게 전하고 있다.

중국 수의 천태지자(天台智者)대사, 그의 종설겸통(宗說兼通)한 지혜와 변재를 고금에 따를 자가 없겠지만, 그러나 그가 남긴 많은 설법을 제자인 관정(灌頂)이 그때그때 기록한 덕분에 오늘날 우리가 천태의 감로(甘露)를 얻어 마실 수 있게 되었다. 그래서 선학(先學)이 후학(後學)의 효심을 만나면 선학의 진면목을 생전의 자신보다 더 진솔하게 내보일 수 있게 된다. 이에 참으로 송암비구의 효심이 갸륵하다 하지 않을 수 없다.

끝으로 사부대중 여러분들이 이 글을 통해 금하광덕스님의 모습을 더더욱 깊이 만날 수 있다면 글을 쓴 이의 큰 공덕이 될 것이다.

불기 2543(1999)년 5월 5일
가산불교문화연구원에서

용생룡(龍生龍)이요, 봉생봉(鳳生鳳)이라

무주청화(無住淸華) | 성륜사 조실 · 조계종 원로

금하당(金河堂) 광덕 큰스님은 한국불교사에서 찬연히 빛나는 불멸의 횃불이시다.

큰스님은 복잡한 서울, 그 한가운데서 문수의 투철한 반야지혜(般若智慧)와 보현의 훈훈한 자비행원(慈悲行願)을 몸소 실천하신 대비보살이셨음은 비단 우납(愚衲)만의 찬탄이 아닌, 모든 불자의 위대한 의호(依怙)로서 앙모(仰慕)해 마지않는 불세출(不世出)의 선지식이시다.

큰스님 유별(有別)의 청수(淸秀)하고 고결(高潔)한 풍모와 이십여 성상을 두고 불광지를 통해 베풀어 주신 시기상응(時機相應)한 사자후는 모든 불교인들의 가슴에 뜨거운 감격으로 오래오래 메아리치게 될 것이다.

고인(古人)의 격담(格談)에 용생룡(龍生龍)이요 봉생봉(鳳生鳳)이라 했는데, 큰스님의 문하에 수많은 용상대덕들이 나오신 가운데 특히 송암당(松菴堂) 지원화상은 철두철미(徹頭徹尾) 지성일관(至誠一貫)하여 은법사(恩法師)인 광덕 큰스님의 고매한 유지를 받들어 『광덕스님 시봉일기』라는 책을 펴냈을 뿐만 아니라, 도피안사의 대작불사를 발원 진행 중이시니 실로 사자상승(師資相承)의 귀감으로서 우리 불가의 희유한 수범(垂範)이 아닐 수 없다.

　본시 우납은 평소 도회은거(韜晦隱居)로 지내왔기에 광덕 큰스님과 배면(拜面)의 연(緣)은 없었으나 큰스님의 출천고풍(出天高風)은 이심전심으로 경모해 마지않았다.

　이번 송암화상의 간곡하신 부탁을 과분하게 생각하며 다만 성긴 말 몇 마디를 보태어 추천사를 대신하는 바다.

辛巳年(2001년) 부처님 오신 날을 앞두고

聖輪寺 禪窓에서

無住 淸華 合掌

기도하면서 썼고, 쓰면서 기도한 스승 존경의 길잡이

원성 김종서(圓成 金宗西) | 문학박사·서울대 명예교수

불과 얼마 전에 있었던 일이다. 내가 교직생활을 처음 시작할 무렵에 가르쳤던 제자 십여 명과 오랜만에 저녁식사를 같이 했다.

그때 그들 중 몇 명이 방 밖 출입이 잦았다. 아마도 담배를 피우기 위해 드나드는 것 같아서 나는 이를 눈치채고 "담배를 밖에서 피우지 말고 여기서 피우지"라고 말했더니 그들은 "스승님 앞에서 어떻게 담배를 피웁니까?"라고 대답하는 것이었다. 그때 나는 "지금 몇 살이나 되었지" 하고 다시 물었더니 머리를 긁적이며 "일흔셋입니다"라고 말하는 것이었다.

이것이 원래 우리의 '스승과 제자' 관계였다. 그러나 최근에 와서 이러한 전통적인 관계는 땅에 떨어지고 스승이 체벌을 한다고 학부모나 학생이 선생님을 고발하고 심지어는 폭행까지 하는 현상까지 나타나고 있으니….

아, 이 어찌된 일인가? '군사부일체(君師父一體)'니 '스승의 그림자는 밟지도 않는다'는 말은 이미 옛말이 되고 말았는가? 참으로 비감(悲感)한 생각마저 드는구나!

이때, 홀연히 한줄기 희망의 빛이 비쳤으니 바로 송암지원(松菴至元) 스님이 지어낸 『광덕스님 시봉일기』 시리즈다. 이 책은 스승과 제자의 관계를 올바르게 정립하는 지침서며 시금석(試金石)이기도 하다.

살펴보면 오늘날의 사회는 급격히 변하고 있다. 이 급변하는 사회에 사는 현대인은 두 가지의 가치관(價値觀)을 동시에 추구해야 한다. 그 하나는 변하는 사회에 적응하기 위한 '변하는 가치관'의 추구며, 다른 하나는 사회가 아무리 변해도 변해서는 안 되는 '항구적 가치관'의 추구다. 스승 존경의 가치관은 후자에 속한다. 왜냐하면 사제지간의 올바른 관계의 설정이 이 사회를 발전시키는 근간이고 원동력이 되기 때문이다.

인류가 쌓아 놓은 문화유산의 전달자는 스승이며 이를 전수받은 제자는 이를 보다 확대 발전시켜 다음 세대를 위한 전달자가 되어야 한다. 이러한 스승 존경의 훌륭한 전통은 특히 우리 불교에서 더욱 뚜렷이 나타나고 있다.

도(道)를 구하기 위해 자신의 팔을 끊어 스승인 달마대사(達磨大師)

에게 바쳤던 혜가(慧可)스님의 이야기는 비록 불자가 아니라고 해도 모르는 사람이 없을 정도로 널리 알려져 있다. 이리하여 '역대전등 제 대조사(歷代傳燈 諸大祖師)'가 부처님 가르침의 정법(正法)을 면면히 이어나가고 있다.

송암스님이 쓴 이 책, 『광덕스님 시봉일기』는 스승을 어떻게 받들어야 하는지를 우리의 마음과 몸속에 깊숙이 스며들도록 제시하고 있다. 또 이 책은 저자인 송암스님이 다년간에 걸친 관찰과 체험과 감동을 통해 스승이신 광덕대선사의 불교사상과 수행 실천의 모습을 실상 그대로 예리한 필봉으로 부드럽게 표현한 스승 존경의 길잡이 책이다. 여기에는 저자가 평소 스승이신 광덕스님을 얼마나 절대시했고 존경했으며, 진심으로 받들었는지 구구절절이 잘 나타나 있다.

특히 시봉일기 중에서 처음 두 권은 저자가 스승께서 입적하신 뒤 백일 추모재를 올리는 날, 제1권을 상재(上梓)하고 바로 티베트 수미산과 인도 부처님 성지(聖地)를 돌며 스승의 환생기도를 올렸다고 했다. 그때 깨닫는 바가 있어 스승의 1주기 재를 올리는 날, 천일기도를 입재하고 그날부터 집필에 들어가 정확히 367일 만에 제2권을 세상에 내놓았다. 이제 또 저자는 집필에 착수하여 천일기도가 끝날 무렵 나머지 책을 마저 출간할 예정이라고 한다.

즉, 이 책은 저자인 송암스님이 천일기도를 하면서 썼고, 쓰면서 기도했기 때문에 글 하나하나가 살아 있어서 책을 읽는 독자의 피부를 뚫는 느낌을 받게 된다.

아무쪼록 이 책이 스님들은 말할 것도 없고, 학교 교육자, 사회 교육자, 학부모, 사회인, 학생 등 모든 사람들에게 널리 읽혀 스승과 제자의 본래 면목을 각기 되찾아 스승 존경의 풍토가 이 사회에 다시 가득 차기를 바라는 간절한 마음에서 이 책을 추천한다.

2001년 스승의 날을 앞두고

圓成居士 金東西 합장

기록의 백미(白眉), 일기 장르

달공 조홍식(達空 趙洪植) | 문학박사, 성균관대 명예교수

한 선지식(善知識)의 수행기록이 일기의 이름으로 그 시봉(侍奉 : 上佐, 弟子)에 의해 편찬되었다.

한국전쟁이 발발하던 해가 1950년, 고처사(高處士)가 범어사에 입산한 해 이래로 1999년 세수 73세로 원적에 이르기까지 그 행장의 대부분이 담겨져 있다.(물론 고처사의 어린시절 이야기도 나온다)

현장 거기, 있었던 그대로 리얼하게 드러내기 위하여 일기의 형식을 빌었는가. 분량에 있어서도 단행본 한두 권 정도가 아닌 무려 10권이 넘는 대형 전집. 게다가 권마다 300여 쪽에서 500여 쪽에 이르는 거권(巨卷)들이다.

세계적으로 가장 방대한 일기는 19세기의 프랑스 작가 아미엘의 것을 들 수 있을 것이다. 174권의 노트, 16,900쪽에 달한다. 그 가운데 일부가 그의 사후(死後)에 500쪽에 해당하는 일기초(日記抄)로 2권이 간행되었다. 그 후 다시 1,100쪽에 해당하는 분량이 출간되고, 다시 전량의 일기 간행이 기획되었다고 알려졌다.

그는 일생동안 독신으로 일관하였다. 따라서 여성에 대한 열정의 기록은 읽는 이로 하여금 소설의 흥미를 돋우기도 한다. 그러나 전체적

으로 조감할 때는 그의 남다른 독서에서 오는 영향이 크다. 즉 당대 작가들의 작품 비평, 따라서 문학과 예술 비평이 그의 일기의 주류를 이루고 있다. 게다가 모럴리스트로서 당대 사회와 정치 및 풍속에도 날카로운 비평의 안목으로 기록하고 있다.

이와 같이 문학의 일기는 독립된 한 장르로서 그 시대의 사회 전반의 상세한 기록이다. 때문에 자연 당대보다도 후세에 더 많은 각광을 받게 된다.

문학사에서뿐만 아니라 사회나 정치문화 전반에 걸쳐 많은 연구가들이 이 일기를 탐독하여 적지 않은 재료를 얻어낸다. 일기는 거짓 없는 인간의 정신사이기 때문에 가장 신빙할 수 있는 정직한 역사가 될 수 있어서이다. 후세 사가, 연구가들이 언젠가 믿고 찾을 수 있도록 대개는 국립도서관에 깨끗이 보관되어 있다. 한 작가를 연구하기 위해서는 무엇보다 그 사람의 일기를 읽어야 한다. 일기는 그 작가의 양심의 고백이기 때문이다. 그래서 아무리 난해한 작품이라도 수수께끼를 푸는 열쇠는 다른 데 있지 않다. 20세기의 양심이라는 앙드레 지드의 경우는 일기가 그의 혼의 수련도장이었다고까지 고백하고 있다.

한 사람의 신앙고백까지도 그 사람의 일기를 통해 알려진다. 그 사람의 온갖 비밀이 그 속에 숨어 있는 까닭이다. 공꾸우르 형제의 「문학생활의 수기」라는 부제를 붙인 그의 일기의 일부는 생전에 발표되는 것을 기피했다. 사후(死後) 20년이 경과된 뒤에 세상에 발표하는 것을 허락하였다.

또 쥴르 르나아르의 경우는 23세부터 죽기 한 달 반 전까지 일기를 빠짐없이 써 나갔다. 작가가 세상을 떠나고 일기를 발표할 즈음에 그의 부인이 원고를 일일이 살폈다. 생전에 복잡하였던 여성관계의 비밀을 모두 파기해 버리기 위해서였다. 그럼에도 당대의 배우, 작가, 예술가 등 문단의 저명인들을 신랄하게 비평한 내용들이 많았다. 당대 문단의 이면사를 한 눈에 볼 수 있었다.

이 여러 가지 흥미로운 사건들이 담겨진 일기가 발표되자 센세이션을 일으킨 것은 당연지사였다. 일기는 픽션일 수 없기 때문이다. 아울러 거기에는 여러 가지 교훈도 담겨 있다. 물론이다.

이상 일기의 장르가 갖는 특징을 몇 가지 실례로서 알아보았다.

　이 ‘광덕스님 시봉일기’ 시리즈는 광덕스님의 전기(傳記)로도 손색
이 없다. 스님의 사생활 기록도 이보다 더 세밀할 수 없기 때문이다.
왜냐하면 시봉(侍奉)인 그 제자는 은사의 분신으로 스승을 가까이에서
모셨다는 사실이다. 한 집에서 같이 살고, 한 솥의 밥을 먹고, 기거(寄
居)를 더불어 하고, 호흡을 함께 한 그림자였다. 그 시봉, 송암의 몸이
곧 스승의 수족이듯 그 생각 또한 떨어질 수가 없었으리라. 일심동체
그대로.

　뿐만 아니다. 광덕스님 자신이 수행자로서 선지식으로서 스승으로
서 뛰어난 자질을 두루 갖추었기 때문이기도 하리라. 이토록 훌륭한
선지식, 빼어난 수행자, 특출한 스승이라도 부처님이 그랬듯이 역시
무상(無常)을 넘을 수는 없다. 무여열반의 부처님을 우리 곁에 모시고
시봉할 수 있는 방법은 부처님 행장의 기록뿐이다. 그러므로 온전히
모실 수 있는 것은 온전한 기록뿐이다. 이런 점에서 시봉일기는 그 가
치를 갖는다.

　그 스승을 잘 시봉하기 위하여 스승의 행적을 사실 그대로, 간직하
는 일. 그것은 오로지 착오가 없이 기록하는 일이다. 시봉(侍奉), 자신

이 보고 들은 사실들을 재확인하는 뜻에서 여기 참여한 그때, 그곳에 함께 한 이들의 보고 들은 사실도 보충의 의미를 갖는다. 일기 속에 자신의 기록 이외에 다른 도반들의 청문(聽聞)을 여러 모로 받아들이는 이유가 여기에 있다 하겠다.

기록은 망각(忘却)을 되살린다. 세월은 지나가는 것이다. 흘러간 세월 뒤에는 망각만이 남는다. 산천도 변하고 인걸도 돌아간다. 그 뒤에 남는 것은 오직 망각뿐이다. 팔만대장경이 존재해야 할 이유가 여기에 있다. 대장경은 경장(經藏)이다. 삼보(三寶) 중에 승보(僧寶)인 선지식들의 법문은 논장(論藏)에 해당된다. '광덕스님 시봉일기' 시리즈도 논장임에는 틀림없다. 부처님께서 열반에 드신 후, 구송(口誦)의 결집이 없었던들 부처님이 이 사바세계에 다시 출현하셔야 할 번거로움이 남았을 것이다.

십대제자들의 구송과 부처님 행장의 기록, 이 역시 부처님 설법의 부연설명이다. 그 후 오늘까지 수많은 선지식들의 행적 역시 그러하다. 그러나 불법의 후속 조치는 이상의 것으로 충분한 것은 아니다. 면면히 이어져 오는 스승들로부터 쏟아져 나오는 언어행동이 도리어 번거로울 수 있을지 모른다. 하지만 시간은 모든 것을 변화시키기 때문에 지나간 스승의 가르침의 수단도 변하지 않을 수 없다. 스승이 가고 또 사이사이에 중생도 가고 온다. 생활풍속과 언어문자도 변화한다. 여기에 끊임없는 기록의 필요성이 대두된다.

역사를 만드는 것은 기록이다. 기록을 게을리하던 시대는 역사 역시 사라졌다. 공백의 역사는 무엇으로도 되살릴 길이 없다. 고고학자들의 노고가 얼마나 크랴? 그래도 분명 한계는 있다.

이 '광덕스님 시봉일기' 시리즈는 광덕스님이 살아온 한평생의 기록에 그치는 것이 아니다. 거기에는 그 주변의 수많은 인물들이 동원되고 참여하고 있다. 이를 통해서 이 시대, 한국불교의 역사적 기록으로도 손색이 없을 것이다.

한 시대를 살고 간 한 선지식의 생애를 긴 역사의 안목으로 볼 때는 한순간에 지나지 않는다. 도도히 바다로 흘러가는 긴 강에 비해서는 골짜기 샘물에 불과하다. 그러나 한 시대의 연원을 캐기 위해서는 그 순간순간을 연구하게 되고, 긴 강의 근원을 알기 위해서는 계곡 하나하나를 뒤지지 않으면 안 된다. 이런 점에서 '광덕스님 시봉일기' 시리즈는 역사적인 사업이 아닐 수 없다. 후세의 사가(史家)들이 이 시대, 한국의 불교사를 연구함에 있어 그 얼마나 귀중한 자료가 되랴.

비단 역사적인 고증을 위해서만 이 기록이 의의(意義)를 갖는 것은 아니다. 이런 여러 가지 업적 중에서도 이 사업의 가장 큰 의의는 불법을 전수한다는 거룩한 사업이 거기에 있다. 그리고 수행자란 과연 어떠해야 하고 또 어떻게 살아야 하는가를 보여주어 만천하 수행자들에게 귀감이 된다는 뜻이 거기에 있다.

2004년 10월
불광회 창립 30주년의 소식을 전해 들으며
河南 古州山房에서

차례

I

禪宗無門關

無門慧開　撰述

金河光德　譯註

松菴至元　校訂

범례(凡例)

1. 이 역(譯)은 중국 남송 이종(理宗) 대에 이루어진 무문혜개(無門慧開, 1183~1260) 선사(禪師)가 찬술한 선종무문관(禪宗無門關)의 전역주(全譯註)이다.

2. 번역에 있어서 원전은 1940년판 일본 대정신수대장경 제48권에 수록된 선종무문관에 의존했다.

3. 역주는 되도록 선문(禪門)에 익숙하지 않은 분을 위주로 하였는데 그래도 선가(禪家) 특유의 표현이 좀 생소하리라 본다. 주(註)에는 『경덕전등록(景德傳燈錄)』, 『속전등록(續傳燈錄)』, 『오등회원(五燈會元)』, 『선문염송집(禪門拈頌集)』, 『벽암록(碧巖錄)』 등을 참고했다.

4. 무문관 본칙에 수록된 고조사(古祖師)는 파초혜청(芭蕉慧淸)을 제하고는 중국 출신이다. 따라서 왕조나 지명도 모두 중국의 것이다.
　－이하는 교정자의 덧붙임이다.－

5. 先師, 金河堂光德大禪師의 無門關 역주(譯註)는 휘문출판사의 『世界의 大思想』 31권 (1981년 3월 5일 간행)에 수록된 것이다.

6. 先師의 이 국역(國譯, 무문관)이 비장(秘藏)되다시피 한 것을, 동국대학교 도서관에서 문헌자료 담당소임을 역임한 이철교 님이 그 소재를 알려주었다.(그동안 선사의 무문관 譯이 존재하는지를 문도들이 모르고 있었다. 생전에 따로 말씀이 없기도 했지만 그보다는 문도들이 선사의 행적을 살피지 못했고 간수하지 못했던 탓이다.)

7. ( ) 안은 서기와, 또는 문장 앞의 ( )는 뜻을 명확하게 하기 위한 교정자의 부연이다.

8. 그동안 출간된 무문관의 여러 역(譯) 중에서 설봉노사의 역을 法嗣인 금산스님이 편찬한 『설봉대전』과 성본스님의 역주와 이희익 선생의 역과 이수경 거사의 해석을 참고하여 대조했지만, 선사의 체취를 그대로 살리는 데 주안점을 두었다. 다만 독자의 이해를 조금이라도 돕기 위해 문장 가운데 ( ) 안의 글은 교정자가 넣었음을 거듭 밝힌다.

9. 휘문출판사에서 간행한 『世界의 大思想』 31권에는 한문(漢文) 원문이 없지만 독자의 편의를 위해 교정자가 『대정신수대장경』에서 원문을 찾아 넣고 문단을 나누었다.

10. 여러 본을 참고하거나 대조하여 인쇄상의 오자는 바로 잡고 탈자는 보완하였다.

11. 선사의 주(註)는 말 그대로 본문을 이해하기 위한 한갓 해설이나 설명이 아니라 안목을 열어주는 또 다른 본문의 역할을 하고 있다. 그래서 본문이나 주를 같은 비중으로 대했다.

12. 원본(『世界의 大思想』 31권)에는 '해제'와 '역사적 배경'이 따로 떨어져 있는 것을 모두 찾아내어 앞에 차례로 넣었다.

※ 원기거사 이진두 님의 노고로 1차 교열을 거쳤다.

해제(解題)

　무문관(無門關)의 갖춘 이름으로는 선종무문관(禪宗無門關)이다. 중국 남송 중기의 임제종에 속하는 거장 무문혜개(無門慧開) 선사(禪師)의 저작이다.

　불교에는 이론이나 교설에 떨어지지 않고, 불타의 핵심되는 사상 자체에 투입하여 이를 주체적으로 파악하고 실천적으로 인식하는 한 유파가 있는데, 이것을 선종(禪宗)이라 하고 있음은 이미 누구나 아는 일이다. 이 선종에서는 불타나 조사들이 불교 진리의 오묘한 도리를 언구나 행동 등으로 바로 보인 것이 전해 오고 있다. 이것을 고칙(古則) 또는 공안(公案)이라 하고, 수행인은 이 고칙을 요달하여 통과하느냐가 첫째의 과제이다. 따라서 많은 조사들이 평생을 두고 공안을 들어 문제를 제기하고, 모든 선수행자들은 이 공안 통과를 향하여 전 생명을 건다.

　중국 당대(唐代)에 대두했던 선사상은 송조(宋朝)에 와서 난숙기에 들었고 이웃인 우리나라와 일본에 전파되어 지금은 거의 세계를 덮는 거대한 사상의 조류를 이루게 되었다. 중국 당·송대에는 고칙을 모은 공안집(公案集)이 많았다. 당시의 것으로 지금에 전해 오는 대표적인 것이 『벽암록(碧巖錄)』, 『종용록(從容錄)』과 여기 소개하는 『무문관』인 바, 『벽암록』·『종용록』에는 각각 본칙(本則), 백칙(百則)에 송(頌)과 단평, 평창 등이 붙어 있다. 『벽암록』은 설두중현(雪寶重顯)의 본칙에 원오극근(圜悟克勤)의 수시와 창, 『종용록』은 굉지(宏智 : 天童正覺)

와 만송(萬松行秀)의 공저이고, 여기 『무문관』은 48의 본칙에 무문이 짤막한 평과 송을 붙인 불교 선사상의 결정적 집약판이다. 그런 만큼 무문 자신이 말하듯이 일자 일루의 군말이 없다. 골수를 찌르고 가슴에 파고드는 짤막한 언구 속에 불조의 정혼이 넘쳐 있고 광휘의 생명력이 팽팽하다.

『무문관』의 저자인 무문혜개선사는 중국 남송 효종의 순희(淳熙) 10년(1183) ―우리나라 고려 명종 13년― 중국 항주(抗州) 양저(良渚)에서 태어났다. 언제 출가했는지는 분명치 않으나 처음 천룡굉(天龍肱)에 참례하고 제방 존숙을 찾다가 마침내 평강(平江) 만수사(萬壽寺) 월림사관(月林師觀)을 찾았다. 월림은 임제 양기(楊岐)파 7세손(七世孫), 그 기봉이 고준하기로 널리 알려져 있었다. 여기서 무문은 조주의 무자(無字) 공안 앞에 맞붙는다. 그는 '만약 조는 경우가 있으면 이 몸을 불살라 버리겠다'고 맹세하고 머리를 기둥에 부딪치는 등 분지책려 하기 6년, 하루는 식사 시각을 알리는 북소리를 듣는 순간 홀연히 통밑이 빠지는 소리가 있었다. 게송을 짓기를,
　"청천백일 울리는 한 우레 소리에
　산하대지 온갖 중생 샛별 눈이 밝았는데
　삼라만상 한결같이 머리를 조아리고
　수미산은 뛰어올라 삼태(三台)를 뛰어 논다" 하였다.

월림과 불꽃 튀기는 문답의 감변을 거쳐 마침내 인가를 받고 그 후 안길산 보국(報國), 융흥(隆興)의 천녕(天寧) 등 여러 곳을 역임하고 순우(淳祐) 6년(1246) 호국인왕사(護國仁王寺)를 개산하였다. 이듬해 이종(理宗)의 청으로 입궐, 설법하고 금란법의와 불안(佛眼)의 호를 받았다. 만년에는 서호(西湖) 가로 은퇴, 암거하였으나 역시 참학자가 끊이지 않았고, 경정(景定) 원년(고려 원종 원년) 4월 7일, 사세(辭世)의 송

을 짓기를,

'허공 나지 않았고 또한 멸하지 않네
허공을 증득하면 허공도 별것 없다' 하고
붓을 던지고 세연을 닫았다.
세수 78세. 탑은 호국인왕사 뒷산에 세웠다.

『무문관』은 어느 때 성립되었는가.
표문, 자서, 후서를 보건대, 무문이 동가의 용상사(龍翔寺)에서 지낸
소정 원년(1228년, 고려장경 판각하기 11년 전) 여름에 대중을 위해
초록 집성한 것이 그 해 7월 10일이고, 동년 11월 15일에 판각을 완
성하여 이듬해 1월 5일 이종(理宗)에게 제출한 것을 알 수 있다. 이어
서 보면 『무문관』은 무문 46세의 저작이다. 그러나 무문관이 무문 일
대의 온오의 결정임을 생각할 때 그 배후에는 무문이 보인사에 출세
한 이래 10년간의 사상적 축적의 성과라고 보아야 할 것이다.
『무문관』의 내용에 대하여 언급하면 무문관은 무문 자신이 말했듯
이 고칙의 잡연한 집성은 아니다. 무문은 자서에서 "이 한 개의 무자
(無字), 이것이 종문의 첫째 관문이다. 이에 이름하여 '선종무문관'이
라 하였다"라고 말하고 있다. 사실 이 조주 무자는 이 한 권을 일관하
고 있는 중심사상이며 동시에 무문의 전면목이기도 하다. 그러므로 무
문은 이 무(無), 한 자의 전개형식으로 일단 고칙 48칙을 염제(拈提)하
여 본서를 이루어 놓은 것으로 보아야 할 것이다.

이 『무문관』 한 권에 담긴 고칙 공안은 대개 『전등록(傳燈錄)』, 『오
등회원(五燈會元)』, 『선문염송집(禪門拈頌集)』에 실려 있어 지금껏 우
리나라 종문에 널리 행하여지고 있는 것이나, 이 『무문관』 1권은 역자
비재의 탓으로 불행히도 아직 국내 유통의 역사를 알지 못한다. 다만

괄목할 사실은 고 설봉노사(故 雪峰老師)가 『무문관』 각 칙에 평송(評頌)을 가한 것이 노사 생존 시에는 운무에 묻혔더니, 근년에 와서 사(師)의 고제(高弟) 금산선백(金山禪伯)에 의하여 범어사 내원선사에서 간행을 보았다. 우리나라 종문의 성사로 기록할 일이다.

이 『무문관』 한 권이 우리에게 어떠한 의의를 주는 것일까. 진리를 대상관계에서 구하고자 하는 사상은 이제 종말의 대단원에 오지 않았나 한다. 진리를 설정하고 그를 대상화할 수 있는 것으로 생각하고 그 대상 속에서 진리를 얻고자 하는 태도는 인간에게 주체적 창조성을 빼앗고 비소(卑小)에의 타락과 인생의 공허와 방황과 충돌을 끝없이 되풀이하게 한다. 그렇다고 일체를 부정하고 부정도 부정하여 마침내 바닥부터 방하(放下)하는 슬기도 없다. 여기에 어쩔 수 없이 악몽의 반복을 굳세게 믿고 나아가야 하는 현대의 시대가 안은 고민이 있다. 이를 불교를 아는 사람들은 미망전도(迷妄顚倒)라고 불러오거니와, 슬프다! 어찌하여 우리는 자존(自存)하는 자신의 구원(久遠)의 햇빛에 착안하지 못할까? 왜, 일체 희론(戲論)과는 아무 상관없는 이 엄연한 실상 현실을 외면하기만 바쁠까? 겁전겁후(劫前劫後)의 결정 요인을 자기 손아귀에 쥐고도 밖으로 밖으로 종속과 공허를 되씹는 일로 내달아야 할까!

여기에 선의 가르침이 있다. ‘이것이 꿀이다’ 하고 눈앞에 들이대고 입안에 쑥 밀어 넣어 준다. 이것은 이론이나 말이 아니다. 어느 종교의 교설과도 상관없다. 바로 인간과 존재의 해명이며 정면 제시다. 인간과 역사의 본연 동력이며, 본 궤도이다.

이에서 보면 무문관은 현대인에게 이 문이 없는 진리의 문으로 인도하는 적절한 길잡이며 또한 성자의 곡진한 자비와 지혜에서 이루어진 무한공급에의 문이라 하겠다.

이 『무문관』 한 권이 전해지는 영광을 충심으로 기리는 바이다.

역사적 배경

선종무문관이 출현한 송나라 시대 중국의 불교사상을 비롯해서 그 성쇠의 과정과 선종에 대한 여러 문제를 살펴볼 필요가 있다고 본다. 우선 송나라 태조는 5대(代) 후주(後周)의 무장(武將)인 조광윤(趙匡胤)이다. 태조가 후주의 선양(禪讓)을 받아서 왕위에 올랐다. 처음 개봉(開封)에 도읍을 정하고 국호를 송(宋)이라 했다.

송대의 중국불교는 겨우 당대 불교의 명맥을 유지하는 선에 머물렀다. 당대보다 발달한 것은 거의 없으나 다만 '대장경(大藏經)'의 판각 사업은 괄목할 만하다. 남송의 고종(高宗, 1127~1163) 시대에 출세한 대혜(大慧, 1089~1163)선사가 그 당시의 선법(禪法)이 극도로 쇠퇴했음을 개탄한 것으로 미루어 보아 그 시절의 불교 상황을 대강 짐작할 수가 있겠다. 송나라 말기에 이르러서는 불교가 쇠퇴한 것이 아니라 극도의 혼란과 타락에 빠져들었다. 그 몇 가지 예를 들어보면, 도첩(度牒) 또는 도연(度緣)이라고 불리는 승니(僧尼)가 출가할 때에 조정에서 세금을 면하기 위해서 주는 허가증을 매매하는 행위가 공공연히 이루어지는가 하면 도첩의 공채화(公債化), 도첩의 매가, 승민과세(僧民課稅), 면역전(免役錢), 면정전(免丁田) 등 가지가지 불도(佛徒)들의 타락상은 이루 다 말할 수가 없을 정도였다고 한다.

송대에 불교가 이와 같이 쇠퇴해진 반면, 유교는 나날이 부흥해갔다. 특히 남송에 와서는 유교의 전성기라고 할 만큼 교세가 성장한다. 이로 인해 두 종교 사이의 반목과 질시는 날로 심해져서 유교인들의 불교배척은 극심한 상태에 이른다. 이에 대한 방어를 위해 여러 가지 불교서적이 나오기도 했다. 명교계숭(明敎契嵩, 1017년에 입적함)의 '보교편(補敎篇)'은 구양수(歐陽修)의 '본론(本論)'에, 장상영(張商英)의 '호법론(護法論)'과 '삼교평심론(三敎平心論)' 등은 모두 배불(排佛)의 화살을 막고 있는 논(論)들이다. 뿐만 아니라 휘종(徽宗, 1101~1125)도 불교를 배격하고 도교(道敎)를 신봉했다.

선종(禪宗)은 일명 '불심종(佛心宗)'이라고도 하며, 달마대사가 인도로부터 중국으로 처음 전교한 종지인 것이다. 교외별전(敎外別傳)을 종(宗)의 강격(綱格)으로 하고, 좌선으로써 내관자성(內觀自性)하여 자기 스스로의 심성(心性)을 철견(徹見)하고, 자증삼매(自證三昧)의 묘한 경지를 체달함을 종요(宗要)로 삼는 불교의 한 종파라 하겠다. 선종이란 말은 부처님의 설교를 소의로 삼는 종파를 교종(敎宗)이라 함에 대하여 '좌선을 닦는 종지'라는 뜻에서 하는 말이다.

앞에서 언급한 바와 같이 당나라 말엽부터 선종과 교종의 세력이 대립하여 교(敎) 밖에 선(禪)이 있다는 치우친 소견을 내어 도리어 교외별전(敎外別傳)의 참뜻을 잃게 되어, 그로 말미암아 선종이라는 명칭을 배척하지 아니할 수가 없게 되었다.

이 종은 석가세존께서 정법의 부촉을 받은 가섭으로부터 달마대사까지의 28조가 있고, 그 제28조인 보리달마가 520년(양나라 보통 1년) 중국에 와서 혜가에게 법을 전함으로부터 제5조 홍인대사에 이른다. 그 문하에 혜능을 제6조로 하는 남종(南宗)과 신수를 제6조로 하는 북종(北宗)으로 갈리게 되었다. 그러나 북종은 오래지 않아서 후손이 끊어지고 남종의 혜능 일류(一流)만이 번성하여 마침내 오가칠종(五家七宗)을 내었다. 그 후 원(元)과 명(明)대에 이르러서는 다른 종파가 모두 쇠퇴하게 되었으나 이 선종만은 오히려 크게 번성했다.

이 글은 원본에 실린 무문관의 시대 상황에 대한 언급을 다시 정리하여 실었다. ― 교정자

무문관 차례

無門關

무문관 서(無門關序)

說道無門, 盡大地人得入 ; 說道有門, 無阿師分.

第一强添幾箇註脚, 大似笠上頂笠 ; 硬要瞀翁贊揚, 又是乾竹絞汁.

著得這些哮本, 不消瞀翁一擲. 一擲莫敎一滴落江湖, 千里烏騅追不得.

紹定改元七月晦 瞀菴 陳塤 寫

(道를 깨달아 들어갈) 문이 없다고 한다면 온 천지 사람이 모두 들어갈 것이요, 문이 있다고 하면 선지식(善知識)의 (역할의) 문이 없을 것이다.

보아하니, 첫 장부터 몇 개의 주각(註脚)[1]을 달아 놓았으니 이는 삿갓 위에 겹쳐 삿갓을 쓴 것과 매우 같다. 여기에 내가 굳이 찬양의 말을 붙여야 한다니, 이는 바로 마른 대나무[2]를 짜서 즙을 내어 이러한 효본(哮本)[3]에 바르라 함이라, 나로서는 손 한 번 댈 것도 못 된다.

그러나 마지못하여 한 번 손을 대니 부디 세상에 한 방울도 떨어뜨

---

1) 註脚 : 이 무문관이 本則에 무문의 評과 頌을 붙인 것이니 눈이 있는 사람은 본칙도 쓸데없는 문구라 하는데, 거기에 다시 군말을 붙이니 참으로 무용하다는 것. 삿갓 위에 삿갓을 썼다는 말이 거기에서 나온다.
2) 마른 (대나무)곳에서 물이 나올까! 무의미한 억지소리라는 뜻.
3) 哮本 : 아이들이나 달래는 정도의 책. 즉 동화책.

리지 않게 하라. 그때에는 천리 오추마(烏騅馬)[4]로 쫓아가도 잡지 못
할 것이다.

소정(紹定)[5] 원년 7월 그믐
습암(習庵) 진훈(陳塤)[6] 씀

표문(表文)[7]

紹定二年正月初五日, 恭遇天基聖節, 臣僧慧開預於元年十二月初五日印行拈
提佛祖機緣四十八則, 祝延今上皇帝聖躬萬歲! 萬歲! 萬萬歲! 皇帝陛下! 恭願
聖明齊日月, 叡筭等乾坤, 八方歌有道之君, 四海樂無爲之化.

　慈懿皇后功德報因佑慈禪寺　前住持　傳法臣　僧　慧開　謹言

　소정(紹定) 2년 정월 5일, 황공하옵게 천기(天基)[8]의 성절(聖節)을
맞아 신(臣) 승(僧) 혜개(慧開), 미리 원년 12월 초닷새에 불조(佛祖)의
기연(機緣)[9] 48칙을 잡아 논술하고 간행하여 이로써 금상 황제 폐하
의 성궁(聖躬) 만만세하옵기를 축원하옵나이다.

　지성 다하여 바라옵는 바는 황제폐하의 거룩한 밝으심이 일월과 같
사옵고, 수명은 천지와 같사오며, 팔방의 도(道) 얻은 선비가 우러러
칭송하고, 사해의 백성들이 한이 없으신 덕화를 즐기게 되옵기를……!

　자의(慈懿)[10] 황후의 공덕에 보답코자 이 책을 지은 우자선사(佑慈
禪寺)의 전 주지이며 법을 전하는 신(臣) 승(僧) 혜개(慧開) 삼가 사룀.

---

7) 表文 : 임금에게 바치는 글. 당시의 관례로는 책을 저술하였을 때는 글에 명사의
　序를 받아 왕에게 올렸다. 소정 2년은 南宋의 이종황제 즉위 5년(1229)이며, 무
　문의 나이 49세.
8) 天基 : 이종황제의 생일. 즉 天基는 황제인 天子를 가리키고, 聖節은 천자의 생일
　을 말함.
9) 機緣 : 몇 가지 경우가 있다. 禪林에서는 종사의 시기와 인연에 따른 언동을 기연
　이라 한다.
10) 慈懿皇后 : 이종황제 母의 시호. 위 우자선사는 이종이 모후를 위하여 지은 절이
　다.

선종무문관 자서(禪宗無門關自序)[11]

佛語心爲宗, 無門爲法門. 旣是無門, 且作麼生透? 豈不見道：從門入者, 不
是家珍 ; 從緣得者, 始終成壞. 恁麼說話, 大似無風起浪, 好肉剜瘡. 何況滯言
句, 覓解會, 掉棒打月, 隔靴爬痒, 有甚交涉? 慧開紹定戊子夏, 首衆于東嘉龍
翔, 因衲子請益, 遂將古人公案作敲門瓦子, 隨機引導學者, 竟爾抄錄, 不覺成
集. 初不以前後敍列, 共成四十八則. 通曰『無門關』. 若是箇漢, 不顧危亡, 單
刀直入, 八臂那吒攔他不住. 縱使西天四七, 東土二三, 只得望風乞命. 設或躊
躇, 也似隔窗看馬騎, 貶得眼來, 早已蹉過.

頌曰：大道無門,

　　　千差有路.

　　　透得此關,

　　　乾坤獨步.

대개 이 도리는 '부처님 말씀의 심수(心髓)를 종(宗)으로 하고 무문
(無門)을 법의 문으로 삼는다'[12] 하거니와 이미 무문일진대 어떻게 들
어갈 것인가?

그대는 어찌 듣지 못하였는가? 문으로 들어온 것은 집안 보배가 아
니며, 인연으로 얻은 것은 마침내 허물어진다는 것을……![13]

---

11) 이것은 무문의 自序.
12) 『楞伽經』의 경의를 馬祖가 인용한 것[佛語心爲宗 無門爲法門].
13) 이 구절은 宗門에서 유명한 구절로 많이 인용된다. '문에서 들어온 것은 보배가

이와 같은 이야기들은, 바람이 없는데 물결을 일으킴이며, 성한 살을 후벼 파 생채기를 내는 것과 매우 흡사하구나. 하물며 어찌 언구(言句)에 얽매여 해석으로 알고자 함이랴! 이는 방망이를 휘둘러 달을 치고 신발 위로 가려운 곳을 긁는 것이니 이렇게 한들 과연 무슨 소용이 있을까?

혜개(慧開)가 소정(紹定) 무자년 여름, 동가(東嘉)의 용상사(龍翔寺)에서 대중의 우두머리가 되었더니, 그때에 납자(衲子)[14]들의 청에 응하여, 고인의 공안(公案)[15]으로 문을 두들기는 기와쪽을 삼아서 기연을 따라 학자를 인도하였는데 이렇게 되어 초록한 것이 어느덧 한 묶음이 되었다. 처음부터 순서 없이 적어놓은 것이지만 48칙이 되니 여기에 『무문관(無門關)』이라 이름을 붙였다.

만약 여기에 한 장부가 있다면 위험도, 목숨도 불구하고 칼 한 자루로 곧장 뛰어들면[16] 사면(四面) 팔비(八臂)의 나타태자(那吒太子)[17]가 가로막더라도 멈추지 않으며, 그 당당한 위풍은 서천의 4×7[18]조사나, 동토의 2×3조사[19]도 다만 멀리서 바라보기만 하고도 목숨을 빌며 항복할 것이다.[20]

아니니 만약에 큰 법을 펴고자 하거든 하나하나가 자기 흉금에서 흘러나와 하늘을 덮고 땅을 덮어야 하느니라.'[嚴頭가 雪峰에게 준 말]

14) 衲子 : 또는 衲僧. 참선하는 출가수행자인 스님을 말함.

15) 公案 : 話頭라고도 한다. 도를 판단하는 法語. 관청의 '공변된 법령의 문서'에서 온 말인데 불법의 이치를 바로 설명한 佛祖의 機緣은 도를 깨치는 데 감히 범치 못할 법칙이므로 공안이라 한다. 이 '무문관'은 바로 그 公案集이다.

16) 용맹스런 정진을 가리킨다. 도를 깨치는 데는 혼자서 百萬大軍을 당적할 기개와 용맹이 절실히 요구된다. 이러한 자세 없이 見性悟道는 못한다.

17) 那吒태자 : 얼굴이 四, 팔이 八, 용맹이 절륜한 비사문천왕의 아들. 여기서는 大力勇士의 의미.

18) 四七조사 : 석가모니부처님을 이은 迦葉존자로부터 28조 달마조사에 이르는 인도의 역대 조사.

19) 二三조사 : 달마대사의 東來 이후 중국 六代祖師. 초조 달마에서 六祖인 慧能까지.

20) 이 도리에는 聖凡도, 得失도, 有無도 설 곳이 없다. 어디에 佛祖가 제자리를 유지하랴.

만약 그렇지 아니하고 주저한다면 이는 창살 사이로 말달리는 것을
구경하는 것과 같이 잠깐 사이에 놓치리라.

송(頌)으로 이른다.
대도(大道)에 문이 없으니
길이 천 갈래라.
이 관문(關門)21)을 통과하면
하늘땅을 홀로 걸으리.22)

---

21) 關門 : 본시 관문은 국경이나 교통의 요충지에 군사를 두어 내왕하는 사람이나
    물건을 검사하던 곳. 도를 얻는 데에는 반드시 공안을 타파해야 하므로 공안이
    조사가 되는 관문. 따라서 조사관이라고도 한다.
22) 大法王 자리에 오르니 天上天下에 홀로 자재할 수밖에—.

無門關

參學比丘 彌衍宗紹 編

제1칙 조주(趙州)[1]의 구자(狗子)[2]

趙州和尙因僧問：“狗子還有佛性也無?” 州云：“無.”

無門曰：“參禪須透祖師關, 妙悟要窮心路絶. 祖關不透, 心路不絶, 盡是依草附木精靈. 且道如何是祖師關? 只者一箇'無'字, 乃宗門一關也. 遂目之曰『禪宗無門關』. 透得過者, 非但親見趙州, 便可與歷代祖師把手共行, 眉毛廝結, 同一眼見, 同一耳聞, 豈不慶快? 莫有要透關底麼? 將三百六十骨節・八萬四千

---

1) 조주(778~897)：南泉普願의 법을 이었다. 법명은 從諗, 속성은 郝씨, 조주 관음원에서 교화하였으므로 조주라 하였다. 어려서 출가하여 80세까지 행각・수도 이후 40년을 크게 교화하여 宗門에서는 趙州古佛이라 칭한다. 그 수많은 法 機緣 중, '趙州無子'・'庭前栢樹子'・'靑州布衫' 등, 여기 그대로 적은 것이다. 조주의 법맥을 보면 다음과 같다.

六祖慧能 ── 靑原行思

南嶽懷讓 ── 馬祖道一 ── 南泉普願 ── 趙州從諗

• 수행자 : 구도자. 여기서는 스님. 이하 본문의 법을 묻는 스님을 '수행자'라 함.

2) 狗子 : 이 공안[話頭]은 趙州無字 또는 狗子, 無佛性 또는 狗子話라고 불리는데 여기 제목에서는 조주 구자라고 하고 있다. 그 전거에 대하여 『趙州錄』에 다음과 같이 보인다. 어떤 스님[수행자]이 선사에게 묻기를, “개에도 불성이 있습니까?” “없느니라.” 다시, “위로 부처님으로부터 저 벌레에 이르기까지 모두가 불성이 있는데 어째서 개에게는 없습니까?” 선사는 “내게는 業識이 있기 때문이다.” 또 다른 수행자가 물었다. “개에 불성이 있습니까?” 답하기를 “있느니라.” 다시, “이미 있다면 어째서 저 가죽부대 속에 들어갔습니까?”라고 물으니 “알고 짐짓 범했느니라”고 했다.

毫竅, 通身起箇疑團, 參箇'無'字, 晝夜提撕. 莫作虛無會, 莫作有無會. 如呑了箇熱鐵丸相似, 吐又吐不出, 蕩盡從前惡知惡覺, 久久純熟, 自然內外打成一片; 如啞子得夢, 只許自知. 驀然打發, 驚天動地, 如奪得關將軍大刀入手, 逢佛殺佛, 逢祖殺祖, 於生死岸頭得大自在, 向六道四生中遊戲三昧. 且作麼生提撕? 盡平生氣力, 擧箇'無'字. 若不間斷, 好似法燭一點便著."

> 頌曰：狗子佛性,
>
> 　　　全提正令.
>
> 　　　纔涉有無,
>
> 　　　喪身失命.

조주스님께 한 수행자가 물었다.

"개에게도 불성(佛性)3)이 있습니까?"

조주스님 대답하기를 "없느니라"4) 하였다.

무문(無門)이 평한다.

참선5)은 모름지기 조사의 관문6)을 뚫어야 한다. 묘오(妙悟)를 얻으

---

3) 일체 중생이 모두 다 불성을 원만하게 갖추고 있고, 다만 범부는 번뇌에 덮여서 불성을 모르므로 불성을 깨쳐 번뇌에서 벗어나라는 것이 대승불교의 기본 교리다.

4) 불성이 없다고 한 '無'가 상대적인 무냐, 혹은 절대적인 무냐, 아니면 그 밖의 무엇이냐가 아니다. 그러면 무엇이냐? 여기에 無字의 문제성이 제기된다. 무문이 여기 無字를 佛祖 제1관문으로 삼고 이 무문관을 전개하였음은 뒤에서 볼 수 있는 바다.

5) 참선은 마음[생명과 우주의 참모습]을 구체적으로 파악하려는 수행이다. 지식과 이론과 생각이 이를 수 없는 절대적 주체성을 향한 수행을 '참선·參究'라고 하는데 이는 본래 길이 없는 길이요, 있다면 절대생명의 길일 뿐, 해서 어떤 종교나 종파에 관계없는 뚜렷하고 묘한 모든 생명인의 公道[본래 길]이다.

6) 조사의 관문 : 조사가 되는 관문이란 뜻. 또는 조사가 되는 관문을 말하는 것이니, 조사관을 통과하는 것은 공안으로 한다. 公案이란 話頭라고도 하는데 도를 판

려면 반드시 마음 길이 다하여 끊어져야 한다. 만약 조사관(祖師關)을 뚫지 못하고 마음 길이 끊어지지 않았으면 이 모두는 초목에 의지한 허깨비 종류임을 면치 못한다.

자! 일러 봐라. 어떤 것이 조사관인가?

단지 이 한 개의 무자(無字), 즉 이것이 종문(宗門)의 첫째 관문이다. 나는 이를 선종무문관이라 부르고자 한다. 만약 이 관문을 뚫고 지나간 자는 다만 친히 조주를 볼 뿐만 아니라, 곧 역대 조사와 더불어 손을 잡고 같이 길을 가고 눈썹을 함께 하여 같은 눈으로 보고, 같은 귀로 들을 것이니 이 어찌 기쁘고 시원스런 일이 아니겠느냐! 다들 이 관문을 뚫어보지 않으려는가!

그러자면 360의 뼈마디, 8만 4천의 털구멍, 온 몸, 온 정신을 똘똘 뭉쳐 하나의 의문 덩어리를 만들어 이 무자(無字) 화두(話頭)를 참구(參究)하라! 밤낮을 가리지 말고 이 문제와 부딪쳐라. 그때 이 '무(無)'의 뜻이 결코 허무(虛無)의 뜻이라거나, 있느니 없느니 하는 것으로 이해하려고 하지 마라.

마치 한 개의 뜨거운 철환(鐵丸)을 삼킨 것과 같이 토해내려 해도 토해낼 수 없게 된다. 이와 같이 하여 이제까지의 악지악각(惡知惡覺)7)을 탕진해 버리고 오래오래 지내면서 맑게 익어가면 저절로 내외8)가 한 조각[一片]9)이 되리니 이때에는 벙어리가 꿈꾼 것과 같이 나만 스스로 알게 된다.

단하는 법어다. 본시 이 말은 관청의 '공변된 문서'라는 의미를 가지는 말로서 공정하여 범치 못할 법령을 말한다. 도를 깨치려면 불조가 도를 직접 보인 말씀이나 몸짓 등이 바른 법령이 되니 이를 사무쳐 통달해야 한다.

7) 惡知惡覺 : 지식이나 이론, 교묘히 궁리해 낸 견해 등. 이런 것들은 이 일을 판단하는 데 아무 소용없고, 오히려 큰 방해물이 되므로 이를 크게 忌한다.

8) 내외 : 자기와 바깥 경계, 즉 의식과 대상.

9) 한 조각 : 打成一片을 말한다. 공안을 궁구하고 나아가면, 의식도 대상도 一枚가 되어 오직 疑情만이 일체에 현전한다. 이것을 타성일편이라 하나 이것도 한 경계이니, 여기서 다시 앞으로 나아가야 한다.

이때에 돌연히 경지를 타파하여 나아가면 하늘을 흔들고 땅을 뒤집는 소식을 알 것이니, 이때는 관우(關羽)[10] 장군의 큰칼을 빼앗아 손에 잡은 것과 같이 부처[佛]를 만나면 부처를 죽이고,[11] 조사를 만나면 조사를 죽이며, 생사마당에서 대자재를 얻어 육도사생(六道四生)[12] 속에서 자유로이 노닐 것이다.

그렇다면 어떻게 공부를 해야 할 것인가? 오직 평생의 기력을 다 바쳐 이 무자(無字) 말머리를 들어라. 만약 끊임없이 지어 가면 마치 촛불에 불을 붙이면 단번에 밝아지듯 한 법이 되리라.

송(頌)으로 이른다.
개와 불성! 이 한마디에
불조법(佛祖法)의 바른 법령(法令)은 온전히 반포되었다.
이에 대하여 조금이라도 유무(有無)의 견해를 가져 어른거린다면
이 사람은 당장에 신명을 잃으리라.

---

10) 關羽 : 『三國志』에 나오는 관운장을 말한다. 절륜한 용맹과 82근의 큰칼을 휘둘렀다고 한다.
11) 부처를 죽이다 : 일체의 결박에서 벗어남을 비유한 것. 권위니 신성이니 부처니 조사니 하는 데 마음을 두면 바로 이들에 결박되는 것이니 본심의 자유를 잃는다. 일체에 걸림없는 自在本地에 도달하려면 佛祖에서 마저 과감하게 벗어나야 한다.
12) 六道四生 : 중생의 생태적인 표현상의 여섯 방면. 즉 천상·인간·아수라·아귀·축생·지옥을 육도라 하고, 생태상속상의 형식 네 가지, 즉 胎生(태로 낳는 것)·卵生(알로 태어나는 것)·濕生(습기로 태어나는 것)·化生(화하여 태어나는 것)을 사생이라 한다.

제2칙 백장야호(百丈野狐)

百丈和尚凡參次, 有一老人常隨衆聽法, 衆人退, 老人亦退.

忽一日不退, 師遂問:"面前立者復是何人?"

老人云:"諾. 某甲非人也. 於過去迦葉佛時曾住此山, 因學人問:'大修行底人還落因果也無?' 某甲對云:'不落因果.' 五百生墮野狐身. 今請和尚代一轉語, 貴脫野狐." 遂問:"大修行底人還落因果也無?" 師云:"不昧因果." 老人於言下大悟, 作禮云:"某甲已脫野狐身, 住在山後, 敢告和尚, 乞依亡僧事例." 師令維那白槌告衆:"食後送亡僧." 大衆言議:"一衆皆安, 涅槃堂又無人病, 何故如是?" 食後, 只見師領衆至山後巖下, 以杖挑出一死野狐, 乃依火葬. 師至晚上堂, 擧前因緣. 黃蘗便問:"古人錯祇對一轉語, 墮五百生野狐身. 轉轉不錯, 合作箇甚麼?" 師云:"近前來, 與伊道." 黃蘗遂近前與師一掌. 師拍手笑云:"將謂胡鬚赤, 更有赤鬚胡."

無門曰:"不落因果, 爲甚墮野狐? 不昧因果, 爲甚脫野狐?

若向者裏著得一隻眼, 便知得前百丈贏得風流五百生."

頌曰:不落不昧,

兩采一賽.

不昧不落,

千錯萬錯.

백장[13]스님께서 설법[14]할 때면 매양 한 노인[15]이 와서 대중을 따라

---

13) 백장(720~814): 馬祖의 법을 이었다. 법명은 懷海, 속성은 王씨, 福州 長樂 사람. 법을 받은 후, 홍주 대웅산[또는 백장산이라고도 함]에 머물며 크게 법을 폈다.

법을 듣고 대중이 물러가면 함께 물러가곤 하였는데, 한번은 대중이 다 물러갔어도 노인은 물러가지 않았다. 그래서 스님께서 물었다.

"앞에 서 있는 그대는 누구인가?"

노인이 대답하였다.

"네, 저는 지금은 분명 사람이 아니옵니다. 과거 가섭불(迦葉佛)16) 때에 일찍이 이 산중을 주장하던 주지였는데 그때에 한 학인(學人)이 와서 '대수행인도 인과(因果)17)에 떨어집니까?' 하고 물어 왔습니다. 그때에 제가 대답하기를 '인과에 떨어지지 않느니라'고 하였습니다.

이로 인하여 저는 오백 생 동안 여우 몸을 받고, 지금껏 해탈하지 못하고 있사오니, 바라옵건대 스님께서는 저를 대신하여 한 말씀 해 주시어 이 여우 몸을 벗어나게 해 주십시오" 하고 청했다.

그리고 그는 이렇게 묻는 것이었다.

"대수행인도 인과에 떨어지는 일이 있습니까, 없습니까?"

스님께서 대답하였다.

백장의 최대 업적이라면, 선종 중심의 총림 수도원의 개창이다. 지금의 총림 청
규는 그때 된 것이다. 그의 행업이 엄정하여 '하루 일하지 않으면 하루 안 먹는
다'[一日不作 一日不食]의 고범을 남기고 있다. 그의 대표적 제자에 황벽이 있다.
그 법맥을 보면 다음과 같다. 六祖慧能—南嶽懷讓—馬祖道一—百丈懷海

14) 설법 : 설법에 대한 총림 용어로는 參이다. 참은 參禪, 參問, 參集의 뜻이다. 사내
    의 모든 대중이 법당에 모이면 주지가 상당설법을 한다. 이를 大參이라고 한다.
    대참은 매월 1, 5, 10, 15, 20, 25일에 주지가 법상에 올라가서 설법하고 또는 대
    중에게 묻고 시험한다. 또 5일마다 아침에 죽을 먹은 후에 법당에서 정기설법[五
    參上堂]을 했다. 그리고 때아닌 설법을 小參, 혼자 특별히 묻는 것을 獨參이라 한
    다. 이 밖에 朝參, 早參, 晨參, 晚參 등의 말이 있다. 이처럼 절은 경치 좋은 곳이
    아니라 설법을 자주하여 법이 풍성한 곳이어야 한다.
15) 백장산에 전부터 있었다 하여 전백장이라 부르기도 한다.
16) 迦葉佛 : 석가모니불 이전에 다시 六불이 출현하셨다고 하는데 가섭불은 여섯
    번째의 불이시다.
17) 因果 : 원인에 대한 과보. 인간은 누구나 그의 생각이나 언동을 통하여 끊임없
    이 원인을 만들고 어쩔 수 없이 그 결과[果報]를 받는다. 도인은 이러한 인과의
    결박에서 벗어날 수 있느냐 하는 것이 이 물음의 요지다.

“인과에 매(昧)하지 않느니라.”

노인은 그 말에 대오(大悟)하고 절을 하며 말하였다.

“저는 이제 여우 몸을 벗어났습니다. 스님께 감히 청하오니, 제가 뒷산 동굴에 있겠사오니 출가수행자가 죽은 절차로 장례를 지내주시기 바랍니다.”

스님께서는 유나(維那)18)를 시켜 추(槌)19)를 울려 대중을 모이게 하고, 식사 후에 다비(茶毘)20)에 나간다고 일렀다.

이 말을 들은 대중은 수군댔다.

“지금 산내 대중이 다 무고하고 열반당에도 또한 병든 이가 없는데 웬일일까?”21)

식후에 스님께서는 대중을 거느리고 뒷산에 이르러 한 바위굴에서 지팡이로 죽은 여우를 들추어냈다. 그리하여 곧 화장하였다.

스님께서는 밤이 되어 상당하여 앞서의 노인 이야기를 하였다. 이때 황벽이 물었다.

“옛사람이 잘못 한마디 가르쳐서 5백 생 동안 여우 몸을 받았는데, 만약 잘못 이르지 않았더라면 (그 노인은) 무엇이 되었겠습니까?”

스님께서 말씀하셨다.

“가까이 오너라. 너에게 일러 주마!”

황벽이 가까이 가더니 선뜻 (또는 자신의 손바닥을 한 번 탁 쳤다) 백장스님의 뺨을 한 차례 내리쳤다. 스님은 손뼉을 치고 웃으면서 말하였다.

“(또는 달마)오랑캐22)의 수염이 붉다고 하더니 붉은 수염의 오랑캐

가 (여기) 있구나!"

무문이 평한다.

인과에 떨어지지 않는대[不落因果] 하면 어째서 여우 몸을 받으며, 인과에 매하지 않는대[不昧因果] 하면 어찌하여 여우 몸을 벗는가? 만약 이 사이에 일척안(一隻眼)23)을 얻으면 전백장(前百丈 : 그 노인)은 5백 생 동안 풍류를 즐긴 것을 알 것이다.

송으로 이른다.
떨어지지 않든, 매(昧)하지 않든
양쪽 채(彩)24) 모두가 한 가지 주사위지만
'떨어지지 않는다', '매하지 않는다' 함부로 지껄이면
천 갈래 만 갈래로 모두를 그르친다.25)

빨간 수염은 부처나 달마를 말한다. '붉은 수염의 오랑캐'의 출처는 '佛陀耶舍'에서 온 듯함['佛陀耶舍'는 『四分律』과 『長阿含』의 漢譯者로 수염이 붉었다].

23) 一隻眼 : 불법을 바로 보는 안목. 正眼, 慧眼.
24) 彩 : 주사위에 새긴 부호.
25) 인과에 昧하지 않는 도리를 철저하게 사무쳐 알지 못하면서 不落因果니 不昧因果니, 또는 같다느니 다르다느니 하는 것을 엄하게 경계한 말.

제3칙 구지, 손가락을 세우다[俱胝豎指]26)

俱胝和尙, 凡有詰問, 唯擧一指. 後有童子因外人問："和尙說何法要?" 童子
亦豎指頭.

胝聞, 遂以刀斷其指, 童子負痛號哭而去. 胝復召之, 童子迴首, 胝卻豎起指,
童子忽然領悟. 胝將順世, 謂衆曰："吾得天龍一指頭禪, 一生受用不盡." 言訖
示滅.

無門曰："俱胝幷童子悟處, 不在指頭上.

若向者裏見得, 天龍同俱胝幷童子,

與自己一串穿卻."

頌曰：俱胝鈍置老天龍,

利刀單提勘小童,

巨靈擡手無多子,

分破華山千萬重.

구지(俱胝)27)스님께서는 누가 와서 법을 물으면 언제나 손가락 하나

---

26) 손가락을 세우다 : 이 公案은 천룡선사에게서 비롯한다. 구지가 금화산 암자에
서 지낼 때, 천룡선사가 찾아왔다. 구지가 묻는다. "어떤 것이 불법 대의입니
까?" 천룡선사는 손가락 하나를 세웠다. 이에 구지는 홀연히 깨치고 이후 평생
을 이 손가락 법문을 썼다.

27) 俱胝 : 생존 연대는 분명하지 않다. 황벽·임제와 같은 시대이므로 850년 전후
인 듯. 항상 七俱胝佛母心陀羅尼[Sapta Kotibuddhamatr Dharani]를 외고 있었으
므로 구지화상이라 불리었다. 法系는, 六祖慧能—南嶽懷讓—馬祖道一—大梅法常
—天龍—俱胝로 이어진다.

를 세워 보였다.

　스님 처소에는 한 동자가 있었다. 한번은 스님께서 출타 중일 때 어떤 사람이 찾아와서 동자에게 물었다. "스님께서는 평소에 어떻게 법을 설하시던가?" 동자가 이에 말없이 손가락을 세워 보였다.

　뒤에 구지스님이 이 말을 전해 듣고, 어느 날 동자의 손가락을 칼로 싹둑 잘라버렸다. 동자는 아픔을 참지 못해 울면서 달아나고 있을 때, 구지스님이 뒤에서 "동자야?" 하고 부르니 동자는 순간 고개를 돌렸다. 그때 구지스님은 동자를 향해 손가락을 세워 보였다. 이를 본 순간 동자는 홀연히 깨쳤다.

　구지스님께서 열반에 들 때 문인들에게 말하였다. "나는 천룡선사(天龍禪師)에게서 '한 손가락 선'을 얻은 후로 평생을 쓰고도 다 쓰지 못하였다."

　말을 마치자 멸도에 들었다.

무문이 평한다.
구지스님과 동자의 깨친 곳이 손가락에 있는 것이 아니다.
이 사이의 소식을 알기만 하면
천룡선사와 구지스님과 동자와 (그대)자기를
한 (꾸러미)꼬치에 꿰리라.

송으로 이른다.
구지는 천룡의 가르침을 무시하고
날카로운 칼날로 동자를 시험하니
거령28)신(神)이 제 손 들기 무슨 힘이 들던가.

---

28) 巨靈 : 중국의 옛 신화에 나오는 이야기. 본디 화산과 수양산은 같은 한 산이었는데 거령신이 한 손으로 내리치니 산이 두 조각이 나서 화산과 수양산으로 나뉘고 황하의 물이 통하게 되었다는 것. 여기서는 중생의 번뇌가 천 겹 만 겹인

단번에 천만 겹의 화산(華山)을 쪼개었느니.

데 이를 반야의 한 기틀로 분산시키고, 法水를 유통시킨다는 점을 생각해 보면
구지화상의 솜씨를 평가한 무문의 의지를 바로 짐작하게 된다.

제4칙 오랑캐(달마)는 수염이 없다[胡子無鬚]

或庵曰：“西天胡子因甚無鬚?”

無門曰：“參須實參,

　　　　悟須實悟.

　　　　者箇胡子,

　　　　直須親見一回始得.

　　　　說親見，早成兩箇.”

頌曰：癡人面前,

　　　　不可說夢.

　　　　胡子無鬚,

　　　　惺惺添憒.

혹암(或庵)29)스님이 말하였다.

“서천 오랑캐[胡子]30)인 달마는 왜 수염이 없는가?”

무문이 평한다.

참선공부는 모름지기 온몸으로 익히는 실참(實參)이어야 하며,

깨달음 또한 온몸으로 체험하는 실오(實悟)여야 하느니라.

---

29) 或庵(208~279)：법명은 師體, 속성은 羅씨. 園悟克勤 선사의 法孫이 된다. 師의
　　法系譜를　보면，臨濟義玄…汾陽善昭…楊岐方會…園悟克勤—護國景元—或庵師體로
　　이어진다.
30) 서천 호자：여기서는 달마대사를 가리킨다.

오랑캐인 달마는 모름지기 직접 보아야31) 하나니,
친히 보았다 하더라도 이미 두 개32)가 된다.

송으로 이른다.
어리석은 사람 앞에서
꿈 이야기하지 마라.
호자(胡子)가 수염이 없다고 말하여
(밝은 세계에) 멀쩡히 어둠만 더하나니.

---

31) 친히 보다 : 달마의 진면목을 바로 보라는 것. 달마의 진면목은 곧 자기 면목이
　　니 이를 봄에는 남의 꿈 이야기 같은 공부로는 불가하다. 여기서 實參을 강조한
　　다.
32) 두 개 : 보는 자와 보이는 자의 두 개. 이 상대의 경계로서는 절대상의 달마는
　　보지 못한다.

제5칙 향엄, 나무에 오르다[香嚴上樹]

香嚴和尚云：“如人上樹, 口銜樹枝, 手不攀枝, 脚不踏樹,

　　　　　樹下有人問西來意, 不對,

　　　　　卽違他所問 ; 若對, 又喪身失命. 正恁麼時作麼生對?”

無門曰：“縱有懸河之辯, 總用不著 ; 說得一大藏敎, 亦用不著.

　　　　若向者裏對得著, 活卻從前死路頭,

　　　　死卻從前活路頭 ; 其或未然, 直待當來問彌勒.”

頌曰：香嚴眞杜撰,

　　　　惡毒無盡限,

　　　　啞卻衲僧口,

　　　　通身迸鬼眼.

향엄33)스님이 말하였다.

“그대가 나무 위에 올라가 손으로 가지를 잡지 않고, 발로도 나무를 밟지 않고, 오직 입으로만 나뭇가지를 물고 매달려 있을 때, 어떤 사람이 나무 밑에 와서 달마조사가 서쪽에서 온 뜻34)을 묻는데, 이때에

---

33) 香嚴 : 생존 연대가 분명하지 않다. 백장, 潙山 등에게 聞道한 것으로 보아 700년대 말기에서부터 860년대까지 생존한 듯하다. 우리나라 신라 후기가 된다. 법명은 智閑, 靑州 사람. 潙山의 법을 잇고 鄧州 향엄사에서 교화하였다.

六祖慧能 ― 南嶽懷讓 ―馬祖道一 ― 百丈懷海 ― 潙山靈祐 ―┬─ 仰山慧寂
　　　　　　　　　　　　　　　　　　　　　　　　　　　　└─ 香嚴智閑

34) 조사가 서쪽에서 온 뜻 : 달마조사의 禪法, 즉 불법의 참뜻을 말한다.

대답하지 않는다면 저 사람의 물음을 어기게 되고, 대답하고자 하면 곧 떨어져 죽게 되니 바로 이런 때, 그대는 어떻게 대답할 것인가?"

무문이 평한다.

여기에 이르러서는 비록 그대가 물 흐르듯 막힘없는 큰 변재가 있다 하더라도 아무 소용없고, 또한 부처님의 일대장경을 모두 다 말할 수 있다 해도 소용없다.

만약 여기에 이르러서 한 소식 얻는다면 (그는) 이제까지의 죽은 (지혜)것들을 모두 살리게 되고, 이제까지 살았던 (번뇌)것들은 모두 다 죽게 할 것이다.

그러하지 못한다면 마땅히 미륵불이 출세하기를 기다렸다가 물어라.

송으로 이른다.

향엄은 참으로 (두찬처럼) 돼 먹지 않았다.
모진 독설을 끝없이 뿌리는구나.
납승(衲僧)들의 입을 틀어막아 놓고서
온몸에 귀신 눈[35]이 튕겨 나오게 한다.

---

35) 귀신 눈 : 일체를 보는 눈을 얻게 한다는 뜻.

제6칙 세존이 꽃을 드시다[世尊拈花]36)

世尊昔在靈山會上拈花示衆, 是時衆皆默然, 惟迦葉尊者破顔微笑.

世尊云: "吾有正法眼藏, 涅槃妙心, 實相無相, 微妙法門, 不立文字, 敎外別傳,

　　付囑摩訶迦葉."

無門曰 : "黃面瞿曇傍若無人, 壓良爲賤, 懸羊頭賣狗肉.

　　將謂多少奇特. 只如當時大衆都笑, 正法眼藏作麼生傳?

　　設使迦葉不笑, 正法眼藏又作麼生傳?

　　若道正法眼藏有傳授, 黃面老子誑諕閭閻 ; 若道無傳授, 爲甚麼獨許迦葉?"

頌曰 : 拈起花來,

　　尾巴已露,

　　迦葉破顔,

　　人天罔措.

　　세존37) 석가모니불께서 영산38)회상에서 법을 설하셨다. 때에 세존

---

36) 세존이 꽃을 들다[世尊拈花] : 세존이 세 곳에서 제자 가섭에게 법을 전하였는데 이를 三處傳心의 以心傳心이라고 한다. 첫째는 꽃을 들어 보임에 가섭이 웃은 것이요, 둘째는 多子塔 앞에서 자리를 나눠 앉은 것이요, 셋째는 세존이 열반에 드신 뒤, 가섭에게 곽 밖으로 두 발을 내어 보임이다.

37) 世尊 : 부처님의 열 가지 이름[10號] 중 하나. 세간에서 가장 높으신 어른이란 뜻. 10호는 다음과 같다. 如來·應供·正遍智·明行足·善逝·世間解·無上士·調御丈夫·天人師·佛世尊.

38) 영산 : 耆闍崛山(Gṛdhrakūta)의 번역. 또는 靈鷲山. 줄여서 영산이라 한다. 세존께

이 한 송이 꽃39)을 들어서 대중에게 보이셨다. 대중40)들은 모두가 무슨 뜻인지 몰라 어리둥절하였는데 다만 가섭(迦葉)41) 한 사람이 빙긋 웃었다.

이에 세존이 말씀하시기를 "나에게 정법의 안목을 갖추었고, 열반에 이른 미묘한 마음이며, 상(相)이 없는 실상의 불가사의한 법문이 있느니라. 이는 문자를 세우지 아니하고 말 밖에 따로 전하는 법이니, 이를 마하가섭(摩訶迦葉)에게 부촉한다42)"고 하셨다.

무문이 평한다.

황면(黃面)43) 구담(瞿曇)44)이 곁에 아무도 보이지 않듯이 마구 양민을 억압하여 천민을 삼고, 양의 머리를 걸어 놓고 개고기를 파는구나! 이제까지는 다소 기특한 점이 있다고 여겼네!

만약 그때에 대중이 모두 다 웃었다면 정법안장(正法眼藏)은 어떻게 전하였을 것이며, 또한 가섭이 웃지 않았다면 정법안장은 누구에게 전

서 이곳에 오래 머물렀고 많은 경을 설한 聖地이다.

39) 한 송이 꽃 : 『大梵天王問佛決疑經』에 "범왕이 영산에 이르러 금색의 婆羅華를 부처님께 헌공하고, 몸으로써 법좌를 삼으면서 부처님께 중생을 위하여 설법을 청하였다. 이에 세존이 자리에 올라 꽃을 들어 대중에게 보였다……!" 하고 있다. 이것이 拈花微笑의 公案이며 佛祖의 관문이다.

40) 그때의 영산회상에는 인간과 천상, 그 밖의 많은 성중이 모였다. 경에는 백만억 대중이라 하였거니와 이를 알려면 육안의 경계에서 벗어나야 한다.

41) 가섭 : 摩訶迦葉(Mahā kāssapa). 세존의 상수 제자이며, 부처님의 심법을 전수받은 제1세다. 본래 바라문교도였으나 세존 성도한 지 2년에 제자가 되고 頭陀行[少欲知足의 苦行] 제1의 성자.

42) 원문을 소개한다. 吾有正法眼藏, 涅槃妙心, 實相無相, 微妙法門, 不立文字 敎外別傳 付囑摩訶迦葉.

43) 黃面 : 누른빛 얼굴. 세존의 몸이 황금색으로 빛나고 있기 때문이다. 또 세존의 탄생지인 '가비라'가 황색의 곳이라는 뜻이 있어 그렇게 불렀거나, 혹은 금색 불상의 광명을 연상한 데서 온 듯함. 禪家의 거친 말투로 황면·황투라고 부른다.

44) 瞿曇 : Gotama. 憍曇涌, 憍答摩라고도 적는다. 釋迦 종족의 성.

62

하였을까?

만약 정법안장이 전수할 수 있는 것이라면 (세존)황면노자는 어찌하여 순박한 사람들에게 큰소리로 속였으며, 만약 전수할 수 없는 것일진대 어찌해서 유독 가섭에게만 허락했던가!

송으로 이른다.
꽃을 들어 보임이여
(몸뚱이에서부터) 꼬리[45]까지 이미 드러났네.
가섭이 홀로 웃었으나
인천(人天)[46]은 모두가 (어찌 할 줄 몰라서) 어리둥절할 뿐!

---

45) 꼬리 : 그 전모가 여지없이 드러났다는 뜻.
46) 人天 : 인간과 천상 사람.

제7칙 조주, 발우를 씻다[趙州洗鉢]

趙州因僧問：“某甲乍入叢林, 乞師指示.”

州云：“喫粥了也未?”

僧云：“喫粥了也.”

州云：“洗鉢盂去.” 其僧有省.

無門曰：“趙州開口見膽, 露出心肝 ; 者僧聽事不眞, 喚鐘作甕.”

頌曰：只爲分明極,

　　　翻令所得遲.

　　　早知燈是火,

　　　飯熟已多時.

어느 때 조주(趙州)스님께 한 수행자가 물었다.

“저는 갓 총림47)에 들어왔습니다. 스님의 가르침을 받고자 합니다.”

조주스님이 말하였다.

“죽48)은 먹었느냐.”

“네, 먹었습니다.”

“그러면 발우49)나 씻어라.”

이에 그 수행자가 홀연히 깨쳤다.

---

47) 총림 : 단체로 참선 수행하는 수도원.

48) 粥 : 총림에서는 아침에 죽을 먹는다.

49) 鉢盂 : patra. 스님들의 밥그릇[食器].

무문이 평한다.

조주스님이 입50)을 열어 쓸개를 보이고 심장과 간마저 드러내 보였다.

그러나 그 (초심 학인)수행자가 이 말을 듣고도 참[眞]을 몰랐다면 종(鐘)소리를 가리켜 독[瓮] 치는 소리라 함이다.

송으로 이른다.

다만 너무나 분명하기에51)

도리어 소득52)이 더디구나.

일찍 등불53)이 바른 불인 줄 알았던들

밥이 익은 지도 이미 오래였으리.

---

50) 조주가 입을 벌려 극진히도 친절하게 자기의 진면목을 숨김없이 털어놓았다는
    뜻.
51) 너무나 분명 : 범부의 일상생활이 道의 발현이라면 어떨까!
52) 소득 : 깨달음.
53) 등불 : 등불을 들고 불씨를 찾아 헤맬 때를 생각하게 한다.

제8칙 해중이 수레를 만들다[奚仲造車]

月庵和尙問僧 : "奚仲造車一百輻, 拈卻兩頭去卻軸, 明甚麼邊事?"

無門曰 : "若也直下明得, 眼似流星, 機如掣電."

頌曰 : 機輪轉處,

　　　　達者猶迷.

　　　　四維上下,

　　　　南北東西.

월암(月庵)54)스님께서 대중에게 물었다.

"해중(奚仲)55)은 1백 (대)폭56)의 수레를 만들었다 하거니와 만약 이
들 수레의 양쪽 바퀴를 떼어버리고 또한 굴레[軸]마저 떼어내면 만든
수레는 어떻게 될 것인가?"

무문이 평한다.

만약 이 도리를 직하에 밝혀내면 (안목)눈은 유성(流星)57)과 같이
빠르고 기틀[機]58)은 번개 치듯 하리라.

---

54) 월암 : 潭州大潙月庵善果禪師. 생존 연대 불명. 1100년 전반인 듯. 그의 法系譜는
　　臨濟義玄…五祖法演─開福道寧─月庵善果로 이어진다.
55) 해중 : 중국 禹왕 때의 수레를 만드는 명인으로 전해온다.
56) 폭 : 본디 차의 바퀴살을 말하는 것.
57) 눈 : 마음의 눈이다. 유성은 빠른 것의 비유.
58) 기틀 : 본심의 작용. 禪機와 같은 말.

송59)으로 이른다.

(지혜의 작용)기륜(機輪)60)이 구르는 곳은

(불법을)달통한 사람도 또한 헤매나니

(지혜의 자유자재)사유(四維)61) 상하(上下)며

동서남북이라.

---

59) 이 송의 요지는, 사람이 생각이나 관념 내지 신체나 어느 부분에 마음을 두고
생각하는 것을 털어버려, 본래 머문 바 없는 본처에 돌아가게 하고자 해중의
수레를 분해하는 말을 들고 나왔다. 이 생각과 육체가 분산되어 없어지고 또한
마음이 일체에 머무른 바 없는 본지가 드러날 때 그 작용 영능이 어떠할까? 여
기서는 이것을 밝히고 있다. 월암은 묻고 무문이 명쾌하게 대답하고 있다.

60) 機輪 : 일체에서 훤칠히 벗어난 마음의 놀라운 작용을, 기륜이라는 수레 아닌
마음 수레로 풀이하여 밝히고 있다.

61) 四維 : 동서남북 사방의 사이에 있는 간방을 말한다. 이에 본시 사방과 그 사이
의 간방을 더하면 팔방이 되고, 거기에 또 상하방을 더하면 十方으로 자유자재
한 기륜의 활동상을 보인다.

제9칙 대통지승불(大通智勝佛)62)

興陽讓和尙因僧問："大通智勝佛, 十劫坐道場, 佛法不現前, 不得成佛道時
如何?"

讓曰："其問甚諦當."

僧云："旣是坐道場, 爲甚麼不得成佛道?"

讓曰："爲伊不成佛."

無門曰："只許老胡知, 不許老胡會. 凡夫若知, 卽是聖人；聖人若會, 卽是
凡夫."

頌曰： 了身何似了心休,

　　　　了得心兮身不愁.

　　　　若也身心俱了了,

　　　　神仙何必更封侯?

홍양양(興陽讓)63)스님께 한 수행자가 여쭈었다.

"대통지승불(大通智勝佛)64)이 10겁(劫)65) 동안을 도량(道場)에 앉아

---

62) 大通智勝佛：『法華經』의 「化城喩品」을 인용한 대문. 이 대문에 나오는 경의 기술
은 다음과 같다.
'대통지승불의 壽는 540억 那由他劫이다. 이 부처님이 도량에 앉아 마군을 파하
고, 아뇩다라삼먁삼보리를 얻고자 하였으되 불법이 현전하지 않았다. 이리하여
1소겁 내지 10소겁을 가부좌하고 앉아 심신을 동하지 않으셨지만 諸佛의 法은
나타나지 않았다.'
63) 興陽讓(814~?)：仰宗의 종사. 百丈懷海—潙山靈祐—仰山慧寂—南塔光涌—芭蕉慧淸
—興陽淸讓
64) 大通智勝：이 공안에 대한 臨濟의 설이 있다. 아래를 참고하라.

있었어도 불법이 현전하지 않아 성불하지 못했을 때, 어떻게 해야 합니까?"

스님께서 대답하였다.

"너의 질문이 너무나 분명한 것을 묻는구나!"

수행자가 다시 물었다.

"이미 도량에 앉아 있거늘 어찌하여 성불하지 못합니까?"

"(대통지승불)저가 성불하려 하지 않기 때문이다"고 하였다.

무문이 평한다.

다만 노호(老胡 : 대통지승불)66)의 아는 것[知 : 반야]67)은 허락하나 노호의 (상대적인) 이해[會 : 분별]68)는 허락하지 않겠다. 범부도 알았으면[知 : 반야], 곧 성인이 되느니라. 비록 성인이라도 (상대로) 이해[會]한 것이라면 이는 곧 범부라.

송으로 이른다.

몸으로 (요달함이) 마치느니69) 어찌 마음을 요달하여 (쉬는 것) 마치느니만 같으리.

마음을 요달하면 몸 걱정 없거니와

'大通이라 함은 자기가 일체처에서 유상·무상의 만법에 통달한 것을 말한 것이요, 智勝이라 함은 일체처에 처하여 의심 없고 또한 한 법도 얻은 바 없음을 말한 것이요, 부처라 함은 마음이 청정한 데서 오는 광명이 법계를 사무쳐 막힘이 없음을 말하는 것이고, 10겁 동안 도량에 앉았다 함은 10바라밀이 이것이고, 불법이 나타나지 않았다 함은 부처가 다시 부처가 될 수 없다는 것이다.'

65) 劫 : 劫簸(kalpa). 기나긴 시간의 단위.

66) 老胡 : 호는 중국인이 인도인에 대한 통칭. 여기의 노호는 대통지승불을 가리킨다.(달마라는 설도 있다.)

67) 아는 것 : 여기의 아는 것[知]은 般若의 智, 즉 根本智를 말하는 것, 단순한 知解가 아니다.

68) 이해 : 이해하고 통달하는 後得智.

69) 몸으로 마치다 : 결가부좌하고 10겁을 앉는 것 같은 것.

만약 몸과 마음을 함께 요달하였다면

신선이나 봉후(封侯 : 부처)가 (따로) 필요하랴.70)

---

70) 신선 봉후 : 신묘한 덕을 갖춘 신선에게 벼슬은 무엇하며, 자신이 본래 부처인
사람에게 부처고, 조사고 하는 칭호는 무엇할까?

제10칙 청세의 외롭고 가난함[淸稅孤貧]

曹山和尙因僧問云：“淸稅孤貧, 乞師賑濟.”

山云：“稅闍梨!” 稅應諾.

山曰：“靑原白家酒三盞, 喫了猶道未沾脣.”

無門曰：“淸稅輸機, 是何心行? 曹山具眼, 深辨來機.

　　　　然雖如是, 且道那裏是稅闍梨喫酒處?”

頌曰：貧似范丹,

　　　　氣如項羽,

　　　　活計雖無,

　　　　敢與鬪富.

조산(曹山)71)스님께 한 수행자가 와서 물었다.

“스님이시여, 이 청세(淸稅)는 외롭고 또한 가난합니다.72) 도와주십시오.”

조산스님이,

“세(稅) 사리(闍梨)!73)여!”

---

71) 曹山 : 법명은 本寂, 속성은 黃씨, 泉州 蒲田 사람. 洞山良价의 법을 이었다. 曹洞宗은 동산·조산에서 비롯한다. 그의 법계보는, 六祖慧能―靑原行思―石頭希遷―藥山惟儼―雲嚴曇晟―洞山良价―曹山本寂으로 이어진다.

72) 외롭고 가난 : 부모가 없다거나 먹을 것이 없는 가난이 아님은 물론이다. 번뇌도 없고 깨침도 없고 더불어 짝할 것도 없는 필경 乾坤獨步를 말하고 있다.

73) 闍梨 : 阿闍梨(ācārya)의 준말. 제자에게 바른 행을 가르치는 규범사. 일반적으로는 師僧의 호칭, 여기서는 가볍게 존칭어로 쓰고 있다.

“네.”

“청원(靑原)74)의 백가(白家 : 백씨 집)의 술을 석75) 잔이나 마시고도 다시 입술에도 안 적셨다고 하느냐!”라고 말했다.

무문이 평한다.

청세가 기틀[心機]을 숨긴 것은 이 무슨 심사냐?

조산은 안목[法眼]을 갖추어 단번에 그의 속심을 판단하네!

비록 그렇다 하나, 어떤 곳이 ‘(청세)세 사리’가 술 마신 곳인가 말하여 봐라.

송으로 이른다.

가난하기는 범단(范丹)76)과 흡사하고

기개는 항우(項羽)77)와 같구나.

비록 살아갈 길이 없다 하나

부(富 : 法)를 석숭(石崇 : 조산스님)78)과도 다투네.

---

74) 청원 : 지명. 청원의 백씨네 집은 양조의 명문인 듯.

75) 술 석 잔 : 가난을 호소한 청세에게 도리어 술이고 밥이고 잔뜩 먹은 놈이라 한 곳이 어느 곳인가 살필 일이다.

76) 范丹 : 范冉이라고도 쓴다. 자는 史雲, 후한 桓帝 때 사람. 가난을 양식 삼아 살면서도 평생을 안연한 가난의 대표적 인물.

77) 項羽 : 漢高祖와 천하를 다투던 호걸.

78) 石崇 : 晉나라 때 王愷와 부를 다퉈 이겼다는 부자. 조산의 무진보장을 말한다. 청세 또한 이에 못지않아 그와 부를 다툰다.

제11칙 조주, 암주를 시험하다[州勘庵主]

趙州到一庵主處, 問："有麽?　有麽?"

主豎起拳頭.

州云："水淺不是泊舡處."　便行.

又到一庵主處,

云："有麽?　有麽?"

主亦豎起拳頭.

州云："能縱能奪,　能殺能活."　便作禮.

無門曰："一般豎起拳頭,　爲甚麽肯一箇不肯一箇?

且道訛在甚處?　若向者裏下得一轉語,　便見趙州舌頭無骨,　扶起放倒,　得大
自在.

雖然如是,　爭奈趙州卻被二庵主勘破.

若道二庵主有優劣,　未具參學眼 ; 若道無優劣,　亦未具參學眼."

頌曰：眼流星,

　　　機掣電,

　　　殺人刀,

　　　活人劍.

조주스님께서 어떤 스님이 계시는 암자에 가서

"계십니까[有麽]79), 계십니까?" 하고 물었다.

---

79) 있느냐 : 在麽와 다르다. 너에게 가진 것이 있느냐 하는 말인데, 그러나 공부인
　　에게는 在麽도 같은 뜻으로 들린다.

암주스님이 주먹을 치켜들었다.

조주스님은 "이곳은 물이 얕아서 배를 댈 수 없군!" 하고 가버렸다.

또 다른 암주스님에게 가서

"계십니까? 계십니까?" 하고 물었다.

이곳 암주스님도 주먹을 치켜들었다.

조주스님 말하기를

"능히 놓아주기도 하고 능히 빼앗기도 하며[能縱能奪],

능히 살리기도 하고 능히 죽이기도 함[能殺能活]을 자재하는구나!"

하고 절하였다.

무문이 평한다.

주먹을 치켜들기는 매한가지인데

어찌하여 하나는 긍정하고 다른 하나는 불긍하는가?

자, 일러 봐라. 문제점이 어느 곳에 있는가?

만약 이곳에 한마디 내릴 수 있다면,

곧 조주의 변설이 얼마나 거침없어, 혹은 붙들어 일으키고,

혹은 내동댕이치는 대자재 도리를 얻은 것을 가히 볼 것이다.

비록 그렇기는 해도, 조주가 도리어 두 암주에게 간파당하였음을 어찌하라!

만약 두 암주 사이에 우열이 있다고 하면 아직 참선 학도의 안목이 없다 할 것이요,

우열이 없다 하더라도 역시 참선 학도의 안목이 없다 할 것이다.

송으로 이른다.

눈[眼目 : 깨달은 사람의 눈]은 유성(流星 : 흐르는 별)과 (신속함)같고

기틀[機 : 지혜 작용]은 번개치듯 하는구나.

혹은 살인도(殺人刀),

혹은 활인검(活人劍)이라.80)

<hr>

80) 이 頌은 암주의 주먹에 대한 조주의 평가를 노래한다. 같은 주먹인데 그 속에서
殺活[죽임과 살림]을 보는 것은 조주의 機用이다.

제12칙 서암, 주인공을 부르다[巖喚主人]

瑞巖彦和尚每日自喚主人公，復自應諾，乃云：“惺惺著!”
“喏!”“他時異日莫受人瞞!”“喏！喏!”

無門曰：“瑞巖老子自買自賣，弄出許多神頭鬼面. 何故謽?
一箇喚底，一箇應底，一箇惺惺底，一箇不受人瞞底. 認著依前還不是!
若也傚他，總是野狐見解.”

頌曰：學道之人不識眞，

　　　只爲從前認識神.

　　　無量劫來生死本，

　　　癡人喚作本來人.

서암언(瑞巖彦)81)스님은 매일 혼자서 자신을 향해

“주인공(主人公)아!82)” 하고 부르고는

“네!” 하고 대답하고, 다시 말하기를 “정신차려라.83) 뒷날 남에게

속지 마라.”

---

81) 瑞巖 : 이름은 師彦, 台州 丹丘의 서암산에 머물렀다. 巖頭의 법을 이었다. 생존
연대는 분명치 않으나 암두 입적이 887년이므로 그 전후인 듯함. 그의 법계보
는, 靑原行思─石頭希遷─天皇道悟─龍潭崇信─德山宣鑑─巖頭全豁(827~887)─瑞
巖師彦으로 이어진다.

82) 주인공 : 사람마다 본래 갖추어 있는 妙明心·眞如·佛性 또는 如來藏心이라고도
한다. 선이 진리의 주체적 파악에 있으므로 진실 주인공의 파악이 기본 방식이
된다.

83) 정신 차려라[惺之著] : 번뇌에 물들지 않은 본래 마음의 말끔한 상태, 절대 주체
의 靈性 발현.

"네, 네" 하였다.

무문이 평한다.

서암노장은 스스로 사고 스스로 팔면서 한바탕 신두귀면(神頭鬼面)84)의 광대놀이를 벌이는구나! 이는 도대체 무슨 까닭일까?

하나는 부르는 놈, 하나는 대답하는 놈, 하나는 정신 차리는 놈, 하나는 남에게 속지 않는 놈, 만약 이들을 (알고 보면) 인정한다면 그는 여전히 범견이니 저85)의 뜻은 모르는 것. 더욱이 저를 흉내 낸다면 이들은 모두가 여우의 견해다.86)

송87)으로 이른다.

도를 배우는 자가 참[眞]88)을 모름은,

이는 다만 종래의 식신(識神)89)을 그릇 인정하기 때문이다.

이것은 무량겁을 내려오며 생사의 근본이 되거늘,

어리석은 자들은 이것을 주인공으로 삼는다.

---

84) 神頭鬼面 : 가면극을 연상한다. 부르는 놈, 대답하는 놈, 정신차리는 놈, 속지 않는 놈, 이 모두가 광대놀이의 가면이다.

85) 저 : 서암화상.

86) 여우 견해 : 실지가 없는 속이는 견해. 즉 서암을 흉내 내는 것은 가면을 빌어 쓰고 사람을 속이는 짓이다.

87) 이 頌은 長沙景岑의 偈를 빌려온 것임.

88) 참 : 진심·본심·주인공.

89) 識神 : 본성·본심이 아닌 망념의식. 이 식신을 본성, 참 자기나 주인공으로 착각하는 데서 생사윤회는 계속된다.

제13칙 덕산탁발(德山托鉢)

德山一日托鉢下堂,

見雪峰, [峰]問：“者老漢! 鐘未鳴, 鼓未響, 托鉢向甚處去?” 山便回方丈.

峰擧似巖頭. 頭云：“大小德山未會末後句.”

山聞, 令侍者喚巖頭來, 問曰：“汝不肯老僧那?”

巖頭密啓其意. 山乃休去. 明日陞座, 果與尋常不同.

巖頭至僧堂前, 拊掌大笑云：“且喜得老漢會末後句, 他後天下人不奈伊何.”

無門曰：“若是末後句, 巖頭·德山俱未夢見在. 撿點將來, 好似一棚傀儡.”

頌曰：識得最初句,

　　　便會末後句.

　　　末後與最初,

　　　不是者一句.

　덕산[90]스님께서 어느 날 발우를 들고 식당으로 내려갔다. 이를 본

---

90) 덕산(782~865)：이름 宣鑑, 蜀[四川省] 劍南 사람, 속성 周씨. 항상 『金剛經』을 講하여 周金剛이라 부른다. 龍潭禪師를 만나 깨치고 법을 이었다. 한마디 일러도 30방, 이르지 못해도 30방으로 유명한 방망이 宗師. 당 무종의 불법 沙汰(845) 후 德山禪院에서 크게 敎化. 여기 나오는 덕산탁발 話도 德山禪院에 있을 때의 일로 『五燈會元』에는 좀더 상세하다. ‘설봉이 덕산에서 飯頭[밥을 짓는 책임]를 맡았는데 하루는 식사 준비가 좀 늦었다. 덕산이 발우를 들고 법당에서 나왔다. 설봉이 해주를 말리다가 이를 보고……’가 있고, 다시 끝에 ‘비록 그렇기는 하나 명(命)이 다만 3년밖에 없다 하였는데 과연 덕산은 3년 후에 示滅하였다’로 되어 있다. 이로 보면 이 당시 덕산은 81세가 된다.

설봉(雪峰)[91]이 "이 노장이 종도 아직 치지 않았고 북도 아직 울리지[92] 않았는데 발우를 들고 어디를 가는가!" 하니 덕산스님은 곧 방장(方丈)[93]으로 되돌아갔다.

설봉이 이 일을 암두(巖頭)[94]에게 말하였다. 암두는 말하기를 "천하 노덕(老德)인 덕산스님께서 아직도 마지막 한 구(句)[95]를 몰랐구나!" 하였다. 덕산스님이 이 말을 듣고 시자(侍者)[96]를 시켜 암두를 불러와 물었다.

"너는 노승을 불긍(不肯)[97]하느냐?"

암두가 살며시 덕산스님의 귀에다 제 뜻을 말하니 덕산스님은 그후 아무 말이 없었다.

덕산스님이 다음날, 법당에 올라 설법하는데 과연 평상시와 같지 않았다.

암두가 승당 앞에 와서 손뼉을 치고 크게 웃으며 말하기를

"다행이다. 노장이 마지막 한 구를 알았으니…….

이제부터는 천하의 누구도 우리 노장을 어찌하지 못할 것이다" 하

靑原行思—石頭希遷—天皇道悟—龍潭崇信—德山宣鑑 ┬ 巖頭全豁
                                              └ 雪峰義存

91) 설봉(822~890) : 이름은 義存, 속성은 曾씨, 泉州 南安 사람.
    '投子에 세 번 洞山에 아홉 번'의 말이 있듯이 총림의 明師를 찾아서 각고 정진, 마침내 덕산을 만나 법을 이었다. 늦게 象骨山에 들어가 많은 龍象大德을 배출, 중국 선종 발전에 커다란 기여를 하였다.
92) 종·북 : 총림에서는 대중의 식사 시각을 북과 종을 울려서 알린다.
93) 方丈 : 1장 사방의 방의 뜻인데, 방장실 또는 장실이라고도 한다. 총림의 주지실·종사실을 말함. 維摩의 방이 사방 1장인 데서 유래한 것인데 지금은 총림의 宗師를 방장이라 하고 있다.
94) 巖頭(827~887) : 이름은 全豁, 복건성 泉州 사람, 속성은 柯씨. 설봉과 함께 덕산 문하의 2대 신족. 당시 덕산문하에서 知客 소임을 보았고 덕산의 법을 이은 후 洞庭湖 곁의 와룡산 唐年山에서 교화.
95) 마지막 句 : 우리 종문에서도 末後句로 통한다. 선문 구극의 格外超絶의 경계.
96) 侍者 : 장로의 좌우에서 시중드는 자.
97) 不肯 : 법을 인정하지 않음.

였다.

무문이 평한다.
만약 이것이 마지막 한 구[末後句]라면 암두도 덕산도 그들은 이 한 구를 꿈에도 못 보았다고 하겠다. 자세히 점검하니 그들은 영락없는 한 무대의 꼭두각시 한 쌍의 (인형)괴뢰98)로구나!

송으로 이른다.
최초의 한 구를 알았으면
마지막 한 구를 알리라.
그러나 마지막 구와 최초의 구는
이 한 구가 아니다.

---

98) 괴뢰 : 사람이 줄로 조종하는 허수아비 인형. 과연 어떤 것이 괴뢰인가 착안할 일이다.

제14칙 남전이 고양이를 베다[南泉斬猫]

南泉和尙東西兩堂爭貓兒, 泉乃提起云：“大衆! 道得卽救, 道不得卽斬却也.”
衆無對, 泉遂斬之. 晩, 趙州外歸, 泉擧似州, 州乃脫履安頭上而出,
泉云：“子若在, 卽救得貓兒.”

無門曰：“且道趙州頂草鞋意作麽生?
　　　　若向者裏下得一轉語, 便見南泉令不虛行 ; 其或未然, 險.”

頌曰：趙州若在,
　　　　倒行此令,
　　　　奪却刀子,
　　　　南泉乞命.

　남전(南泉)99)스님께서 동서 양당100)의 대중이 모여 고양이101)를 가
운데 놓고 다투는 것을 보시고, 고양이를 잡아 들고서 말하기를 “대중

---

99) 南泉(748~834)：이름은 普願, 속성은 王씨, 鄭州 新鄭 사람. 王老師라고도 부름.
　　마조에 참례하여 법을 이었다. 池陽[池州]에 머물면서 산에서 내려오지 않기 30
　　년, 그동안 크게 道名을 떨쳤다. 조주는 바로 그의 제자. 六祖慧能—南嶽懷讓—馬
　　祖道一—南泉普願
100) 동서 양당：총림 僧堂이 양당으로 나뉨. 또는 양당 수좌의 별칭이기도 함.
101) 고양이：절에서 축생을 기르는 것은 금기이나 경장을 보호하기 위하여 종래
　　로 용납된다. 여기 논쟁의 중심인 고양이는 단순한 고양이가 아니다. 남전이
　　평소에 입버릇처럼 『涅槃經』에 ‘일체중생 모두가 佛性이 있다’라고 한 말에 대
　　하여 ‘三世諸佛이 있다는 것은 알지 못하나 너구리나 흰 암소가 있다는 말은
　　들었다’고 한 것으로 보아 고양이를 두고 불성을 논하고 있는 것을 착안하여
　　야 할 것이다.

아! 한마디 이르면 이 고양이를 살릴 것이요, 이르지 못하면 죽일 것이다” 하였다. 그러나 대중은 아무도 대꾸하는 사람이 없었다. 남전스님은 마침내 고양이를 칼로 쳤다.

그 날 밤, 조주(趙州)가 밖에 외출했다가 돌아왔다. 남전스님이 낮에 있었던 일을 그대로 말하니 조주는 곧 짚신을 벗어 머리에 얹고 밖으로 나갔다. 이를 바라보고 있던 남전스님이 말하였다.

“네가 있었던들 그 고양이를 살릴 수 있었을 것을!”

무문이 평한다.

자, 일러라! 조주가 짚신을 머리에 인 뜻이 무엇인가?

만약 여기에 대하여 한마디 이를 줄 알면 곧 남전의 영(令)102)이 헛되지 않은 것을 알게 될 것이나, 그렇지 못하다면 위험하리라.103)

송으로 이른다.

만약 저때에 조주가 있었던들

이 (남전의) 영(令)을 거꾸로 행하였으리.104)

조주가 덤벼들어 칼을 빼앗으면

(천하의) 남전이라도 애걸복걸 항복할 것을!

---

102) 남전의 令 : 남전이 대중에게 한 말이나, 고양이를 칼로 친 것 등이 남전이 내린 범할 수 없는 법의 令이다.
103) 위험하다 : 조심하라는 뜻이다. 남전이 잡은 칼이 고양이만을 내려친 것이 아니다. 한마디 이르지 못한 대중에게 간 칼이기 때문이다.
104) 거꾸로 향하다 : 남전이 칼을 쥐고 고양이를 친 것을 거꾸로 행한다는 말이니 남전의 칼을 빼앗아 남전을 치고 대중을 친다는 것.

제15칙 동산의 삼돈방[洞山三頓]

雲門因洞山參次,

門問曰：“近離甚處?”

山云：“査渡.”

門曰：“夏在甚處?”

山云：“湖南報慈.”

門曰：“幾時離彼?”

山云：“八月二十五.”

門曰：“放汝三頓棒.”

山至明日卻上問訊：“昨日蒙和尙放三頓棒, 不知過在甚麽處?”

門曰：“飯袋子! 江西·湖南便恁麽去.” 山於此大悟.

無門曰：“雲門當時便與本分草料, 使洞山別有生機一路, 家門不致寂寥.

一夜在是非海裏著到, 直待天明再來, 又與他注破. 洞山直下悟去, 未是性燥.

且問諸人：洞山三頓棒合喫不合喫?

若道合喫, 草木叢林皆合喫棒 ; 若道不合喫, 雲門又成誑語.

向者裏明得, 方與洞山出一口氣.”

頌曰：獅子敎兒迷子訣,

　　　　擬前跳躑早翻身.

　　　　無端再鉢當頭著,

　　　　前箭猶輕後箭深.

운문(雲門)105)스님께 동산(洞山)106)이 참례하였을 때, 운문스님이 물었다.

"어디에서 떠나왔느냐?"

동산이 대답하였다.

"사도(査渡)에서 왔습니다."

"여름107)에는 어디에서 지냈느냐?"

"호남(湖南)의 보자사(報慈寺)에서 지냈습니다."

"언제 거기서 떠났느냐?"

"8월 25일입니다."

"너에게 삼돈방(三頓棒)108)을 내릴 것을 용서해 준다."

동산이 물러갔다.

다음날, 동산은 다시 운문스님께 문안드렸다. 그리고 물었다.

"어제는 스님께서 3돈방을 용서하여 주셨습니다마는, 저의 허물이 무엇인지 모르겠습니다."

운문스님이 말하였다.

"이 밥통, 멀리 강서(江西)와 호남으로 잘도 쏘다녔구나!"

동산이 이 말 아래 크게 깨쳤다.

---

105) 雲門(864~949) : 법명은 文偃, 姑蘇 嘉興사람, 속성은 張씨. 운문종의 始祖가 된다. 처음 睦州 陳尊宿에 참례하여 깨치고 雪峰의 법을 이었다. 운문은 선종 사상 너무나 유명한 『無門關』48칙 중 5칙과, 『碧岩錄』1백칙 중 18칙이 운문에 관한 機緣이다. 그의 법계보는, 靑原行思—石頭希遷—天皇道悟—龍潭崇信—德山宣鑑—雪峰義存—雲門文偃—洞山守初로 이어진다.

106) 洞山(910~990) : 이름은 守初, 운문의 제자. 讓州 동산이라 하여 筠州의 洞山, 즉 洞山良价선사와 구별한다. 陝西의 鳳翔 사람. 동산 麻三斤 기연이 뒤에 보인다[18칙].

107) 여름안거 : 夏安居. 음력 4월 15일부터 7월 15일까지의 定住修行. 세존 당시 인도의 우기[雨季] 동안의 정주수행에서 온 것. 우리나라에서도 이 기간 수행자들이 일체 禁足하고 좌선에 전념한다. 북방에는 겨울안거도 있다.

108) 三頓棒 : 1돈방은 방망이 20방을 말한다. '放汝三頓棒'을 세 번 내리쳤다고 보는 견해도 있으나 전후 문장으로 보아 따를 수 없다.

무문이 말한다.

운문이 저때에 (깨닫도록) 본분(本分)의 (법문)초료(草料)109)를 주었던들, 동산은 활기110) 있는 길을 찾아서, 가문이 적료(寂廖)111)하지 않았을 것이다.

동산은 하룻밤을 시비의 구렁텅이112)에 빠져 꼼짝 못하다가 날이 밝자 다시 운문을 찾아갔다. 운문은 찾아온 동산을 위하여 잔소리113)를 달았다. 이때에 동산이 곧바로 깨치기는 하였으나, 이것을 아직은 영리한114) 자라고 할 수는 없다.

자! 여러분에게 묻겠다. 동산이 3돈방을 맞았어야 했겠는가, 안 맞았어야 했겠는가? 만약 맞아야 한다면 산천초목 모두가 방망이를 맞아야 할 것이요, 만약 안 맞아야 한다면 운문이 사람을 속인 헛소리를 한 것이 되고 만다. 이 문제를 분명히 밝힐 수 있는 사람이면 바야흐로 동산과 함께 맥을 통하고 호흡을 같이 할 수 있게 된다.

송으로 이른다.

사자115)가 어린 새끼를 키우는 비결을 보였는데

---

109) 本分草料 : 본분이라 하면 말과 생각을 여윈 깨달음을 말하며 초료는 말먹이. 여기서는 사람 마음의 양식을 비유한 것. 5계 10선은 人天의 초료, 4제법은 2승의 초료, 6바라밀다법은 보살의 초료라 하겠으나, 선종에 있어 방망이[棒]나 할[喝] 등이 본분초료다. 여기서는 운문이 방·할 등 본분초료를 주지 아니하고 末分草料를 주었다고 못마땅히 평한다.

110) 活機 : 동산이 운문에게 추종하는 따위가 되지 않고 독자적인 천분 활로를 개척할 것이라는 뜻.

111) 가문적료 : 운문종이 쓸쓸하게 시들지는 않았다. 여기 나오는 洞山守初, 雙泉師寬, 德山緣密, 香林澄遠 등, 39인의 嗣法이 있어 한때는 임제종을 능가한 때도 있었다. 그러나 그 法系는 2백 년으로 끝났으니 적료라 한 것.

112) 시비의 구렁텅이 : 是非海裏. 동산이 자기에게 허물이 있는가 없는가, 있다면 어떤 허물이 있는가 하고 하룻밤을 분별망상하고 고민한 것을 말함.

113) 잔소리 : '이 밥통……'의 꾸지람이다. 이것이 실로는 전날의 운문의 기연에 대한 주석이 된다.

114) 영리 : 性燥. 본성이 현전된 것. 조급이 아니다.

앞으로 내닫는 듯 뛰더니 벌써 몸을 뒤쳤구나.116)

느닷없이117) 다시 한 수 당두착(當頭著)118)하니

앞 전(箭)119)은 가볍고 뒷전(箭)은 깊구나.

115) 사자 : 운문이 3돈방을 내리겠다 한 것을 사자가 새끼를 시험하기 위하여 천
    길 낭떠러지에 굴린다는 것에 비유한 것.
116) 이 제2구는 동산이 전날의 3돈방에 굴하지 않고 다시 와서 '내 허물이 무엇이
    냐?' 하고 물어온 것을 가리킨다.
117) 이 제3구는 '이 밥통!'이라 한 것에 해당.
118) 當頭著 : 머리를 바로 맞았다고 보는 견해도 있으나 여기서는 바둑에 비유한
    것. 적을 눌러 나오지 못하게 된 것을 당두착이라 함.
119) 앞 箭 : 3돈방은 앞 번의 화살, 이 밥통 以下는 나중 번의 화살, 여기서는 화살
    에 비유했다.

제16칙 종소리와 칠조[鍾聲七條]

雲門曰 : "世界恁麼廣闊, 因甚向鐘聲裏披七條?"

無門曰 : "大凡參禪學道, 切忌隨聲逐色.

縱使聞聲悟道, 見色明心, 也是尋常.

殊不知衲僧家騎聲蓋色, 頭頭上明, 著著上妙.

然雖如是, 且道聲來耳畔? 耳往聲邊? 直饒響寂雙忘, 到此如何話會?

若將耳聽應難會, 眼處聞聲方始親."

頌曰 : 會則事同一家,

　　　不會萬別千差 ; 不會事同一家, 會則萬別千差.

운문스님120)이 말씀하셨다.

"세계는 이와 같이 광활하다.121) 왜, 너희들은 종소리가 들리면 7조 가사122)를 입고 나서느냐!"

무문이 평한다.

대개 참선하여 도를 배우는 데 있어 가장 꺼리는 것이 소리를 따르

---

120) 운문 : 바로 앞 제15칙에 나왔음. 文偃 선사.
121) 세계광활 : 이 세계란 지구를 말하고 있지 않다. 무한한 시간과 공간, 전 우주, 광대무변한 法身佛을 가리킨 것.
122) 七條袈裟 : 가사(kaṣāya)는 출가승의 法衣. 가사에는 大衣·中衣·少衣의 3종이 있다. 7조는 중의다. 대의는 9조 이상[여기의 종소리는 설법을 알린다. 7조는 청법·예경·포살시에 입음]. 가사에는 위의 有相衣에 無相衣의 의미가 있는 것을 착안해야 한다.

고 빛깔을 좇는 것이다.123) 설사 소리를 듣고 도를 깨치며124) 빛깔을 보고 마음을 밝혔다125) 하더라도 이것은 보통 일이지 대단한 것이 못 된다.

더욱이 선승(禪僧)이란 소리를126) 타고 놀며 빛깔을 뒤덮어 처소(處所)127)에 밝고 사소(事所)128)에 묘용(妙用)을 전개하는 것을 알지 못한다.

비록 그와 같다 하더라도, 자! 일러 봐라, 소리가 귓전으로 오는 것이냐? 귀가 소리 쪽으로 가는 것이냐? 설사 소리129)도, 고요함도 함께 잊는다 하더라도 이 사이 도리를 어떻게 설명할 것인가! 만약 귀로 듣는다면 도무지 알 수 없을 것이요, 눈으로 소리를 들었다면130) 비로소 가깝다고 하리라.

송으로 이른다.

깨달으면 천지가 온통 한 집이요,131)

깨치지 못하면 천차만별이라.132)

깨침도 없으면 본래가 한 집이요,133)

---

123) 소리와 빛깔은 바깥 경계다. 바깥 경계에 마음이 팔리는 것을 경계한 것.
124) 소리를 듣고 도를 깨친 것은 앞서 향엄선사의 경우가 그 보기다.
125) 靈雲禪師가 복숭아꽃 핀 것을 보고 깨친 경우.
126) 소리나 빛, 즉 바깥 경계에 끌리지 아니하고 주체적으로 이를 부리는 경지.
127) 頭頭物物 : 대하는 것마다 깨닫는 안목이 밝다.
128) 하나하나의 일마다 진리의 산 도리를 굴리는 것. 事事는 著著인데 原義는 바둑의 한 수 한 수의 뜻.
129) 바깥 경계도, 안으로 마음도 함께 잊는다는 것은, 경계와 망념을 벗어나 깊은 본심에 착안할 때 경계도 마음도 그대로인 채 精明 일점이 살아난다.
130) 눈으로 소리를 듣는다 함은, 눈·귀·코 등 六根이 서로 통하여 분별을 넘어서 6근에 걸림이 없는 경지의 말이니 이때에는 분별 이전의 주체가 작용하니 시방세계가 온통 자기의 묘용이 된다. 이 구절은 洞山良价가 無情說法의 공안을 깨쳤을 때의 게송의 인용이다.
131) 눈으로 소리를 듣고 경계를 妙用으로 삼아 주체적으로 전개할 때 삼라만상·차별경계도 한 집안처럼 평등하다. 이것을 回互라 함.
132) 그러나 깨치지 못한 때에는, 경계 그대로 山河大地 頭頭物物이 각각 벌어져 천차만별이 된다. 제각기 독립한 장벽에 쌓인 존재다.

깨친즉 완연히 천차만별이라.134)

<hr>

133) 여기서는 본래의 경지를 말한다. 이 본래의 경지는 깨치고, 미혹하고에 상관이
    없다. 일체중생, 사물이 본래 한 물건일 뿐이니 이곳이 절대평등한 본체의 세
    계요, 우주의 실상이다. 납승의 안목이 이곳에서 출발한다.
134) 그러나 이것을 현상의 입장에서 말한다면 역시 천차만별 개개가 주체다. 깨치
    기 전과 도로 같다. 그러나 분명 迷悟가 있는 것이니 무엇이 다를까? 悟에는
    막힘이 없다고 억지로 말해 둘까!

제17칙 국사, 세 번 부르다[國師三喚]

國師三喚侍者, 侍者三應.

國師云 : "將謂吾辜負汝, 元來卻是汝辜負吾."

無門曰 : "國師三喚, 舌頭墮地 ; 侍者三應, 和光吐出.

國師年老心孤, 按牛頭喫草 ; 侍者未肯承當, 美食不中飽人湌.

且道那裏是他辜負處? 國淸才子貴, 家富小兒嬌."

頌曰 : 鐵枷無孔要人擔,

　　　　累及兒孫不等閑.

　　　　欲得撑門幷拄戶,

　　　　更須赤脚上刀山.

　국사(國師)135), 세 번 시자(侍者)136)를 불렀다. 시자는 세 번 대답했다. 국사 말하기를,

　"이제까지 내가 너를 저버리는137) 줄 알았더니 원래 네가 나를 저버렸구나!" 하였다.

---

135) 國師 : 南陽慧忠國師(?~775). 속성 冉씨, 절강성 紹興府(越州 諸曁縣) 사람. 6조 혜
　　능 선사의 인가를 받고 제방을 다니다가 남양[河南省] 白崖山 黨子谷에서 40년
　　을 지내고, 당 玄宗·肅宗·代宗의 귀의를 받아 京師[首都]에서 크게 교화하였
　　다. 그래서 국사라 하면 '忠' 국사로 통한다.

136) 侍者 : 오랫동안 국사의 시자를 하고 국사의 심인을 받은 耽源應眞 선사라 함이
　　고래의 정설, 탐원은 국사 시적 후, 탐원산에 들어가 종시하였다.

137) 배반[辜負]한 곳이 문제의 핵심이다. 국사의 侍者에 대한 지도가 부족했다면
　　국사의 배반, 국사의 자비를 시자가 몰랐다면 시자의 배반일 것이나, 배반의
　　의미는 깊은 곳에 있다.

90

무문이 평한다.

국사가 세 번이나 부르니 혀[舌]가 땅에 닿았고,138) 시자가 세 번 대답하니 빛과 함께 되어 토해 냈었구나!139) 국사가 늙으니140) 마음이 외로워서 소머리[牛頭]를 누르며 억지로 풀을 먹이나 시자는 도리어 받아들이지 않으니141) 원래로142) 배부른 자에게는 성찬도 안 받는 것이다.

그건 그렇고, 자! 일러 봐라. 어떤 곳이 저 시자가143) (죄 지은)배반한 곳일까?

나라가 밝으니 어진 이가 고귀해지고, 집안이 부(富)해지니 아이들이 영특하다.144)

송으로 이른다.

구멍 없는 철가(鐵枷)145)를 모든 사람에게 짊어지어 놓았으니

그 누(累)146)는 아손에게 미쳐서 쉴 날이 없구나!

---

138) 혀가 땅에 떨어졌다면, 혀가 길어 너무 말이 많았다는 뜻. 국사의 넘치는 자비를 가리킨 듯.

139) 和光吐出인데 시자의 세속 일상에 따라 대답한 것은 화광이요, 또한 그 속에 알맹이가 본색을 드러낸 것은 토출이다.

140) 법을 부촉할 제자를 생각한 것. 이때 국사는 백여 세가 된 듯.

141) 시자가 세 번 불러서 세 번 대답한 것이 국사의 참뜻을 모르는 대답이었다면 국사의 뜻을 받아들이지 못한 것이 된다. 그러나 설사 받아들이지 않았다 하더라도 저버린 것이 아니다. 그 뜻이 다음에 밝혀져 있다.

142) 원래로 부족함이 없는 본래의 도리는 명명백백 만인에게 갖추어져 있다. 시자는 이 도리를 알고 대답한 것이니 그에게는 더 주고받을 것이 없게 된다.

143) 저들 : 국사와 시자.

144) 國淸才子貴 家富小兒嬌 : 이 말은 『明心寶鑑』의 고어를 인용한 것.

145) 구멍없는 鐵枷 : 원래 철가는 죄인의 목을 넣는 판자인데, 구멍이 없으면 쓸 수 없다. 아무튼 이것이 목도 들어갈 수 없는 큰 부담거리다. 여기서는 국사의 공안을 가리킨다.

146) 이 國師三喚의 공안은 후세에 많은 조사들의 논란을 일으켰으며 두고두고 문제 삼게 되었다.

문을 받치고 집147)을 고이고자 하거든
모름지기 맨발로 칼 산148)에 올라가라.

---

147) 여기에서 문이나 집이란 佛祖正傳의 宗門 · 宗號를 말한 것.
148) 칼산 : 칼을 거꾸로 숲처럼 세워 산이 되었다는 도산지옥을 가리킴인데 여기
　　서는 고행을 참아 이겨 나가야 한다는 뜻을 강조한다.

제18칙 동산의 삼 세 근[洞山三斤]

洞山和尙因僧問：“如何是佛?”

山云：“麻三斤.”

無門曰：“洞山老人參得些蚌蛤禪，纔開兩片，露出肝腸.

然雖如是，且道向甚處見洞山?”

頌曰：突出麻三斤,

　　　言親意更親.

　　　來說是非者,

　　　便是是非人.

동산스님149)께 한 수행자가 물었다.

“어떤 것이 부처입니까?”

동산스님이 대답하였다.

“삼[麻] 세 근[三斤]이니라.”

무문이 평한다.

동산노인은 조개[蛤子] 참선150)을 하여서 입만 조금 열어도 간장(肝

腸)이 드러나는구나!

비록 그렇기는 하나 어떤 곳에서 동산을 보았는가? 자, 일러봐라.151)

---

149) 동산화상 : 동산선사[앞의 제15칙 참조]를 말함.

150) 조개는 어떤 종류든 입만 벌리면 뱃속이 들여다보인다. 동산의 간단한 한마디

　　에서 동산의 진면목이 완전히 드러남을 조개참선이라 한 것.

송으로 이른다.
불쑥 내민 삼 세 근[152]이
말은 친절하고, 뜻은 더욱 간절하다.
이러쿵저러쿵 말하는 자는
그 자가 바로 시비꾼이다.[153]

---

151) 조개의 내장이 드러나듯, 동산의 면목이 드러났다면 동산의 면모를 말해 보라.
152) '어떤 것이 부처인가?' 하고 물은 데 대하여 '삼 세 근'이라 대답한 것.
153) 동산의 대답이 바로 두말할 수 없는 절대적이며 全性的인 실물을 정면으로 드러냈다면, 이에 대하여 혀를 대는 자는 동산을 보지 못한 자, 相對의 구렁에서 헤매는 자다. 이것들이 시비꾼이다.

제19칙 평상심이 도(道)이다[平常是道]

南泉因趙州問：“如何是道?”

泉云：“平常心是道.”

州云：“還可趣向否?”

泉云：“擬向卽乖.”

州云：“不擬, 爭知是道?”

泉云：“道不屬知, 不屬不知.

　　　知是妄覺, 不知是無記.

　　　若眞達不擬之道, 猶如太虛, 廓然洞豁, 豈可强是非也?”

　　　州於言下頓悟.

無門曰：“南泉被趙州發問, 直得瓦解氷消, 分疏不下.

　　　趙州縱饒悟去, 更參三十年始得.”

頌曰：春有百花秋有月,

　　　夏有涼風冬有雪.

　　　若無閑事 掛心頭,

　　　便是人間好時節.

남전(南泉)스님께 조주가 물었다.154)

---

154) 남전보원(앞의 제14칙에 나온다). 조주는 從諗선사. 이 문답은 조주가 아직 사
　　미 시절인 듯. 조주는 이 일이 있은 후, 곧 戒를 받았다.

"어떠한 것이 도(道)입니까?"

남전스님이 대답하였다.

"평상(平常) 마음155), 이것이 도이니라."

조주가 다시 물었다.

"그러면 닦아 나아갈 방향이 있습니까?"

"향하고자 하기만 하여도, 어긋나느니라."

그래도 조주는 의심이 나는 듯 다시 물었다.

"닦지 않는다면 어떻게 도를 알겠습니까?"

이에 남전스님은 자세히 설명하였다.

"도는 아는 데 속한 것이 아니며 알지 못하는 데 속한 것도 아니니라.156)

안다는 것은 망령된 지각(知覺)이요, 알지 못한다 함은 이것이 무기(無記)157)니라.

만약 참으로 의심이 없는 도158)에 사무쳤다면 마치 허공이 시원스럽게 탁─ 터진 것과 같으니 어찌 구태여 말로 다투랴."

조주는 이 말 아래 깨쳤다.

무문이 평한다.

남전은 조주에게 질문당하고서 면목159)없게 되고 설명도 통하지 않

---

155) 조주는 높은 도를 물었으나 남전의 대답은 아주 낮다. '잠시도 떠나지 아니하고, 또한 떠날 수 없는 마음'을 대한다. 평상심에 대하여 馬祖는 다음과 같이 말한다. '지음도 없고, 옳고 그름도 없고 잡거나 버릴 수도 없고, 항상 있다거나 끊은 듯이 없는 것도 아니며, 평범하지도 특별한 것도 아니다.'

156) 道不屬知, 道不屬不知. 이 구절은 지각의 경계로 헤아릴 수 없음을 밝힌다.

157) 無記 : 혼수상태와 같이 마음에 하등의 선악에 대한 판단을 못하는 것. 본시 무기는 성품이 善·不善으로 논할 수 없는 것을 말하는 것이나 여기서는 지각의 부정으로 쓰고 있다.

158) 도는 의심할 여지없는 너무나 명백한 현실적 전개다. 이를 상대화하여 논할 수 없다 하여 의심한다면 이는 아직 도에 이르지 못한 자다.

159) 瓦解氷消. 기와가 풀어지고, 얼음이 녹아 버렸다 함은 남전이 간절히 타이른 것

는다. 여기서 조주가 비록 깨쳤다 하나 다시 30년은 더 참선하여야 하
리라.

송으로 이른다.

1)
봄에는 백화난만, 가을엔 달,
여름에는 시원한 바람, 겨울에는 눈 있으니,
부질없는 생각160) 마음에 안 두면
이때가 인생의 좋은시절161)이라.

2)
봄에는 꽃피고 가을에는 달 밝고
여름에는 바람불고 겨울에는 눈 내리니
쓸데없는 생각만 마음에 두지 않으면
언제나 한결같이 좋은 시절일세. (石鼎 譯 참조)

이 도리어 남전의 면목도 크게 망쳤고, 또한 그러한 구질구질한 말로도 설명
이 되는 것도 아닌 것이다. 그래서 '分疎不下'다.
160) 이곳이 이 頌의 안목이다. 봄의 꽃, 가을의 달, 여름의 바람, 겨울의 흰 눈. 여
기에 이러쿵저러쿵 잡념을 붙이지 않고 사량분별 없이 천지풍광을 대하지 못
한다면 평상심과는 상관없다.
161) 마음이 비어 깨친 자취도 없이 밝을 때, 이때가 인생의 호시절. 나날[日日]이
좋은 날이요, 일일[事事]이 好事라.

제20칙 큰 역량이 있는 사람[大力量人]

松源和尙云：“大力量人因甚擡脚不起?”

又云：“開口不在舌頭上.”

無門曰：“松源可謂傾腸倒腹, 只是欠人承當.

　　　　縱饒直下承當, 正好來無門處喫痛棒. 何故聻? 要識眞金火裏看.”

頌曰： 擡脚踏翻香水海,

　　　低頭俯視四禪天.

　　　一箇渾身無處著,

　　　請續一句.

송원(松源)162)스님께서 말하였다.

“(지혜와 자비)큰 역량 있는 사람이 어찌하여 발을 들어 일어서지 못하느냐?163)”

또 이르기를 “(지혜와 자비 있는 사람이)말한다는 것은 혀[舌]뿌리에 있는 것이 아니다” 하였다.

---

162) 松源(1132~1202) : 거의 이 책의 편자인 무문과 동시대의 인물이다. 浙江 處州 사람. 거사로서 제방 장로에 참방하여 단련하고 33세에 출가. 密庵傑의 법을 이었다. 臨濟義玄…五祖法演—圜悟克勤—虎丘紹隆—應庵曇華—密庵咸傑—松源崇嶽

163) 〈松源三轉語〉 중 여기에서는 제1·제2만 인용한 것. 제3은 ‘눈 밝은 납자 어찌하여 발밑의 紅絲線을 끊지 않느냐?’ 하는 것인데 이 제3에 대하여는 송원설이 아니라는 주장이 있다. 제1은 선가의 向上을 지적한 것. 즉 대장부의 기량을 능히 가지고 어찌하여 禪堂에 주저앉아 있기만 하느냐? 제2는 向下, 즉 化他를 보인 것. 선가에 있어 설법한다는 것은 문자나 이론 밖의 것이니 결코 입으로 설하는 것이 아니다.

무문이 평한다.

송원은 가히 배164)를 열고 창자를 내어 보였다고 할 만하다. 그러나 어찌하랴! 아무도 알아볼 사람이 없구나. 설령 알아보는 사람이 있더라도 마땅히 이 무문에게 와서 된 방망이를 맞아야 할 것이다. 어떤 까닭일까? 진금(眞金)인가를 알고자 하면 불 속에 던져 보면 된다.

송165)으로 이른다.

발을 들어서 향수해(香水海)를 밟아 뒤집고

머리를 숙여서 사선천(四禪天)을 굽어본다.

이 한 몸166)을 둘 곳이 없으니

바라노니 다음 한 구(句)를 계속하라.

---

164) 숨김없이 모두를 드러내어 보였다는 뜻. 송원이 후일을 위하여 곡진한 자비를 베푼 것을 인정한다.

165) 이 송은 앞의 송원화상이 '대역량인이 어찌하여 일어서지 못하느냐?' 한데 대하여 무문이 '대역량인은 이렇다' 함을 보이고 있다. 고대 인도의 '수미산설'에 이 세계는 수미산을 중심으로 9山8海가 있다고 하는데, 이 중 7海가 향수해, 대역량이 발을 들어 향수해를 뒤엎는다는 것. 4禪天은 色界를 말한 것. 욕심이 끊이고 禪定을 즐기는 중생[天人]이 사는 세계. 여기에 선정의 정도에 따라 初禪·2선·3선·4선으로 나뉘는데 이 모두를 4선천이라 한다.

166) 세계를 뛰어넘고 천상 밖에 노니는 이 한 몸을 어느 곳에 둘 것인가 말해 보라는 것. 이 한 몸이 곧 대역량을 발휘하는 주체가 된다.

제21칙 운문의 똥막대기[雲門屎橛]

雲門因僧問：“如何是佛?”
門云：“乾屎橛.”

無門曰：“雲門可謂家貧難辦素食，事忙不及草書，
　　　動便將屎橛來撑門拄戶，佛法興衰可見.”

頌曰：閃電光，
　　　擊石火，
　　　眨得眼，
　　　已蹉過.

운문(雲門)[167]스님께 한 수행자가 물었다.
“어떤 것이 불(佛)입니까?”
운문스님이 대답하였다.
“마른 똥막대기[168]니라.”

무문이 평한다.

운문은 가세가 가난[169]하여 소식(素食)조차 차리기 어려웠고, 일이
바쁘니 초서(草書)조차 끼적거릴 겨를이 없었다고 할 만하다. 그러나

---

167) 雲門：文偃禪師.
168) 똥막대기 : 우리나라에는 없다. 고대 중국에 있었던 것. 용변 후 지금의 화장
　　지처럼 밑을 둥근 막대기에 문질렀다 한다.
169) 운문의 대답이 直截根源하여 조금도 허술한 틈이 없는 것을 가난, 또는 바쁜
　　것에 비유하고 있다.

이 뜻을 모르는 자들이 자칫하면 이 똥막대기를 들고 나와서 (禪家의) 문을 괴고 집을 받치니 불법흥쇠(佛法興衰)를 가히 알 만하다.170)

　송으로 이른다.
　번갯불171)이 번쩍이고
　돌을 쳐서 불똥 튄다.
　눈만 깜짝하여도
　이미 어긋났느니.

---

170) 운문은 사량 없이 진품을 토론하였는데 뒷사람이 말을 따라 겉 흉내를 내고,
　　또한 똥막대기에 대하여 생각을 붙이고 이것이 불법이거니 생각한다면 불법의
　　앞날이 처량하다는 것. 문을 괸다 함은 禪門·宗門을 유지한다는 뜻.
171) 운문의 대답이 번갯불이 번쩍이듯, 털끝만큼도 商量의 여지가 없다. 이곳은 아
　　무리 오묘한 말이나 생각으로도 어른거릴 수 없다. '눈 깜짝'이라 한 것이 이
　　뜻이다.

제22칙 가섭의 찰간[迦葉刹竿]

迦葉因阿難問云 : "世尊傳金襴袈裟外，別傳何物?"

葉喚云 : "阿難!" 難應諾. 葉云 : "倒卻門前刹竿著."

無門曰 : "若向者裏下得一轉語親切，

　　　　便見靈山一會儼然未散 ； 其或未然，毘婆尸佛早留心，直至而今

不得妙."

頌曰 : 問處何如答處親?

　　　　幾人於此眼生筋?

　　　　兄呼弟應揚家醜,

　　　　不屬陰陽別是春.

가섭[172]존자에게 아난(阿難)[173]존자가 물었다.

"세존이 스님에게 금란가사(金襴袈裟)[174] 외에 따로 전하신 것이 무엇입니까?"

가섭존자가 "아난!"[175] 하고 불렀다.

아난존자가 "네!" 하고 대답하니 가섭존자는 말하였다.

---

172) 가섭 : 앞에 나온 마하가섭[제6칙 참조].

173) 阿難(Ananda) : 부처님 10대 제자 중 총명의 多聞 제1로 꼽힌다. '아난다'로 불러야 한다. 歡喜·慶喜로 번역. 세존의 從弟로 출가하여 세존 말년까지 약 25년 동안 세존의 시자가 되었다. 제1회 佛典結集 時에 頌出하였다.

174) 金襴袈裟 : 세존께서 가섭에게 전하신 가사. 이는 法의 信表, 세존께서 전하신 법은 어떤 것이냐의 문제가 본칙의 핵심.

175) '아난!' 하고 부르고, '네!' 하고 대답한 곳을 등한히 넘기지 말아야 할 일이다.

"문 앞 찰간(刹竿)176)을 쓰러뜨려라."

무문이 평한다.

만약 이 사이에 친절177)한 말 한마디를 할 수 있는 사람이면 그 사람은 곧 영산(靈山)회상178)이 아직도 흩어지지 않고 엄연히 현존하고 있음을 볼 것이거니와 만약 그렇지 못하면 비록 일찍이 비바시불179) 때부터 지금에 이르도록 (수행해도)마음을 두어 보더라도 묘한 도리는 얻지 못할 것이다.

송으로 이른다.

묻기는 어찌 답함보다 친절하지 못할까?180)

여기에 몇 사람이 활안(活眼)181)을 얻었으랴!

형이 부르고 아우가 대답하여 집안 비밀182) 털어놓으니

---

176) 刹竿 : 法要가 있는 것을 알리는 장대. 옛날 인도에서 논쟁이 있을 때 사람을 모으기 위하여 세웠다고 함. 지금도 절 앞에 찰간을 세우던 찰간대가 도처에 있다. 그러나 우리의 찰간은 일종의 게양대이다.

177) 친절 : 친분이 짙다는 뜻이 아니다. 진리와 적합하고 빈틈이 없는 의미에서 진리와 거리가 없이 가까운 것을 禪門에서 친절이라 한다.

178) 영산회상 : 세존이 법을 설하고 또한 가섭이 미소하여 불법 전체를 드러냈던 저 시절을 말하고 있으나, 실제는 人人個個의 本來面目의 현전을 가리키고 있다.

179) 비파시불 : Vipasyin의 音寫, 뜻은 淨觀, 勝觀. 과거 7불 중 최초의 불. 여기서는 과거의 시초를 지적한 것. 대개 이 대문을 비파시불을 주격으로 하여 비파시불이 일찍 발심했어도 지금껏 得道 못한 것으로 보는 견해도 있으나 이는 잘못이라고 본다.

180) 아난존자가 묻고 가섭존자가 대답한 이 사이에 친·불친이 있었던가를 살피게 한다.

181) 活眼 : 밝은 안목. 眼生筋에 대하여 이설이 있다. 혹은 의혹 眼花·凝視설이 있으나 여기서는 깊이 살피고 노력하여 '산 안목'을 굴리게 되는 것으로 본다.

182) 얻을 수 없고 전할 수 없는 이 묘한 도리는 밖에서는 넘겨보지 못하는 것이라. '집안에 숨길 허물[家醜]'로 표현하나, 실로는 정법안장·열반묘심이라 하는 불가의 家寶를 만천하에 드러내어 흔들어 보여 천기를 누설한 추태를 부렸다고 무문은 욕하면서 동시에 칭찬한다.

이곳은 음양[183]에 상관없는 또 하나의 봄이라.

---

183) 不屬陰陽 : 춘하추동의 계절 변화는 음과 양의 교환이라 하나, 이 도리는 이런
음양과 상관없는 이른바 劫 밖의 봄소식이라는 뜻.

제23칙 선도 악도 생각지 마라[不思善惡]

六祖因明上座趁至大庾嶺, 祖見明至, 卽擲衣鉢於石上,

云：“此衣表信, 可力爭耶? 任君將去.”

明遂擧之, 如山不動, 踟蹰悚慄,

明曰：“我來求法, 非爲衣也. 願行者開示.”

祖云：“不思善, 不思惡, 正與麼時, 那箇是明上座本來面目?”

明當下大悟, 遍體汗流, 泣淚作禮,

問曰：“上來密語密意外, 還更有意旨否?”

祖曰：“我今爲汝說者, 卽非密也. 汝若返照自己面目, 密却在汝邊.”

明云：“某甲雖在黃梅隨衆, 實未省自己面目.

今蒙指授入處, 如人飮水, 冷暖自知. 今行者卽是某甲師也.”

祖云：“汝若如是, 則吾與汝同師黃梅. 善自護持!”

無門曰：“六祖可謂是事出急家, 老婆心切.

　　　　譬如新荔支剝了殼, 去了核, 送在你口裏, 只要你嚥一嚥.”

頌曰：描不成兮畫不就,

　　　　贊不及兮休生受.

　　　　本來面目沒處藏,

　　　　世界壞時渠不朽.

육조(六祖)184)를 쫓아서 명상좌(明上座)185)는 대유령까지 왔다. 육조는

---

184) 六祖(638~713)：禪門의 달마로부터 제6대 祖師. 이름은 慧能. 중국 禪宗의 大成
　　者로 꼽힌다. 五祖인 弘忍大師의 法을 이었다. 그의 법어집을 『六祖法寶壇經』이

명이 오는 것을 보고, 곧 의발(衣鉢)을 길가 돌 위에 내어놓고 말했다.

"이 옷은 신(信)의 표시다. 어찌 힘으로 다툴까 보냐! 네 마음대로 가져가라."

명이 의발을 움켜들고자 하였으나 꿈쩍도 하지 않았다. 명은 너무 놀라고 당황하여 부들부들 떨었다. 그리고 말하였다.

"제가 여기 온 것은 옷을 빼앗으러 온 것이 아닙니다. 법을 구하러 왔습니다. 행자186)이시여, 저에게 법을 가르쳐 주십시오."

육조가 말하였다. "선(善)187)도 생각하지 않고 악(惡)도 생각하지 않는다. 바로 이때, 어떤 것이 명상좌 그대의 본래면목인가?"

이에 명이 크게 깨치니 온몸에 땀이 흘렀다. 눈물을 흘리며 절을 하고 다시 물었다. "지금 보이신 비밀의 말씀과 비밀한 뜻 외에 다시 비밀한 깊은 법이 있습니까?"

육조가 말하였다.

"내 이제 너를 위하여 말한 것은 비밀이 아니다. 네가 만약 자기면목을 반조(返照)하면 비밀한 이치는 도리어 너에게 있을 것이다."

"저는 이제까지 황매회상에서 대중과 함께 공부하였사오나 참으로

라 한다. 법을 이은 제자에 南嶽懷讓·靑原行思·南陽慧忠 등, 기라성 같은 40여 명의 明眼이 있다. 육조가 五祖會下의 무식한 신참행자로서 오조의 법을 받아 남쪽으로 향하니, 그때의 대중이 의발을 빼앗고자 일제히 그의 뒤를 쫓았다. 그래서 여기 大庾嶺까지 오게 되고 가장 빨리 쫓아온 사람이 여기에 나오는 명상좌다.

185) 明上座 : 蒙山道明이다. 속성 陳氏. 出家前 4品 장군 출신. 육조를 쫓는데도 역시 가장 빨랐다. 상좌는 선림에서 평승의 통칭이기도 하나 제1좌 首座의 의미로도 쓰인다. 본시 출가 후 9夏까지를 하좌, 19하까지를 중좌, 그 이상 40하까지를 상좌, 그 이상은 耆宿이라 구분하였다 한다.

186) 行者 : 보통 출가하여 아직 계를 받지 않은 수행자를 일컬음. 그러나 佛道를 수행하는 모든 사람을 일컬음. 여기서 행자는 육조가 그때까지 행자의 신분이었음을 말하고 있음. 뒤에 印宗스님을 만나서 智光律師에게 戒를 받았다.

187) 明上座가 법을 청하니 육조가 말한다. "네가 이미 법을 위하여 왔을진대 모든 인연을 다 쉬고 한 생각도 내지 말라." 그런 다음 한참만에 이 이하의 不思善 不思惡의 법문이 계속된다.

106

아직도 자기면목을 살피지 못했는데 이제야 가르침을 받아 비로소 알 았습니다. 이것은 물을 마셔보면 물의 차고 더움을 스스로 아는 것과 같습니다. 행자님은 이제부터 저의 스승이십니다.”

육조가 말하였다.

“만약 네가 그렇다면 너는 나와 함께 황매를 스승으로 섬기게 되었다. 앞으로 잘 두호하고 지내거라.”

무문이 평한다.

육조는 가히 급한 곳[188]에 손을 썼고 또한 노파심이 간절하다. 마치 신선한 (과일)여지(荔支)의 껍질을 벗기고 씨앗을 빼서 입에 넣어 주어 먹게 한 것과 같구나!

송[189]으로 이른다.

(본래면목) 그릴 수도 없고 그림도 안 되고
찬양으로도 못 미치니 부질없는 고생은 그만두라.
본래면목은 감출 곳이 없으니
세계가 허물어질 때도 그는 변치 않는다.

---

188) 급한 곳 : 여기에 이설이 있다. 그러나 명상좌가 허겁지겁 의발을 잡으려 하다가 의발이 움직이지 않자 매우 당황하고 크게 뉘우쳐 법을 가르쳐 달라고 태도를 바꿀 때, 육조가 이른 법은 참으로 적절하고 묘를 다한 처리다. 참으로 급한 곳에 적절히 손을 써서 起死回生시킨 것이 된다.

189) 이 송은 온통 본래면목에 대한 讚이다. 불성·법성·열반묘심 또는 실상·本地風光 등의 본래면목은 여러 이름으로 불리지만 이는 만질 수도, 또한 버릴 수도 없는 절대적 실제며 주체적 실존이다. 이를 무엇이라고 형용하려 해도 그는 객체화될 수 없으니 이렇게도 저렇게도, 형용도, 말도, 생각으로도 미칠 수 없다. 여기서 무문의 송이 나온다.

제24칙 말을 떠나다[離脚語言]

風穴和尙因僧問：“語默涉離微，如何通不犯?”
穴云：“長憶江南三月裏，鷓鴣啼處百花香.”

無門曰：“風穴機如掣電，得路便行. 爭奈坐前人舌頭不斷!
若向者裏見得親切，自有出身之路. 且離卻語言三昧，道將一句來.”

頌曰：不露風骨句,

　　　　未語先分付.

　　　　進步口喃喃,

　　　　知君大罔措.

풍혈(風穴)[190]스님께 한 수행자가 물었다.

“말을 하든 (침묵)잠잠하든 이미(離微)[191]에 떨어지니 어떻게 하면 범하지[192] 않음을 통할 수 있습니까?”

풍혈스님이 대답하였다.

“내 항상 강남의 3월을 생각하노라면, 자고새는 우짖으며 백화는 향기롭다.”

---

190) 風穴(896~973) : 절강성 항주 출신, 속성 劉씨. 宋初의 禪僧, 南院慧顒의 법을 이었다. 汝州 풍혈사·廣慧寺에서 교화. 南嶽懷讓……臨濟義玄─興化存奬─南院慧顒─風穴延沼

191) 離微 : 僧肇가 지은 『寶藏論』에 나오는 말. 법의 본체를 중심으로 하여 세간·분별·명상을 여의고[離], 법[眞如]의 본체에 들어감[入]은 離이며, 진여에서 나와[出] 인연·현상·경계로 나옴[出]은 微라 한다. 그러므로 '이미'는 출입이며 語默이며 有無다. 말하는 것은 出·微이며, 默은 入이며 離가 된다.

192) 범한다는 것은, 진여 자체에서 벗어났다는 말.

무문이 평한다.

풍혈의 기(機)193)는 마치 번개치듯이 날쌔게 길을 잡아 날아간다. 그러나 어찌하여 (옛)앞사람194)의 혀뿌리를 끊지 않고 놓아두는가. 만약 이 사이 도리를 친절히 볼 수 있으면 스스로 살아날 길이 있을 것이다. 그건 그렇고 말재주를 떠나서 한 말 일러 봐라.

송195)으로 이른다.
풍류가의 시구(詩句)를 빌지 않고
말문 열기 전에 벌써 털어놓았네.
동서를 쏘다니며 말재간을 부린들
그대는 아무 소용없는 줄 알게나.196)

---

193) 禪機 : 본심의 활동, 그 작용.
194) 여기서 앞사람이란, 승조의 글을 들고 나온 스님을 가리킨다.
195) '풍혈은 말이나 詩句를 떠나서 벌써 본지풍광을 다 드러냈고 이미 법을 부촉까지 하였다. 스님과 문답을 하였으나 풍혈은 말이 없으니 이미 스님 내지 승조와 일체 말과 이론을 즐기는 자의 혀뿌리를 끊어 놓았다' 하는 것이 이 송의 前 2구의 뜻이다. 그러므로 앞의 평에서는 스님을 누르고 여기 송에서는 추켜 올리는 무문의 솜씨가 보인다.
196) 여기 2구는 풍혈에게 물은 스님에 대한 말.

제25칙 삼좌(三座)의 설법[三座說法]

仰山和尚夢見往彌勒所, 安第三座.

有一尊者白槌云：“今日當第三座說法.”

山乃起, 白槌云：“摩訶衍法, 離四句, 絶百非. 諦聽! 諦聽!”

無門曰：“且道是說法不說法?

　　　　開口即失, 閉口又喪, 不開不閉, 十萬八千.”

頌曰：白日靑天,

　　　　夢中說夢.

　　　　捏怪捏怪,

　　　　誑諕一衆.

　　앙산(仰山)[197]스님이 꿈에 미륵보살[198] 회상에 갔더니 제3좌[199]에
앉게 되었다. 그때 한 존자가 망치[200]를 치고 말하기를 “오늘은 제3좌

---

197) 仰山(815~891) : 潙山과 함께 禪門 潙仰宗의 開祖. 속성 葉씨. 광동성 韶州 회화
　　사람. 당대의 으뜸 禪僧으로 불교적 천성이 뛰어난 일화가 많다. 그의 법계보
　　는 南嶽懷讓—馬祖道——百丈懷海—潙山靈祐—仰山慧寂으로 이어졌다. 본칙이 말
　　과 이론이 없는 지극한 도리에 대하여 말하고 있으나 여기서 문제는 야기된다.
198) 彌勒(Maitreya) : 이름은 阿逸多. 세존의 교화를 받아 미래에 성불하리라는 授記
　　를 받고 현재 도솔천에서 天人을 교화한다. 사바세계 龍華樹 아래에서 설법하
　　여 석가세존의 교화에서 빠진 나머지 모든 중생을 제도하므로 용화회상·미
　　륵존불·미래불로서 신앙된다.
199) 제3좌 : 상석에서 셋째의 자리. 『五燈會元』을 위시한 다른 모든 기록에는 제2
　　좌로 기록되어 있다.
200) 白槌 : 대중에게 法要 등을 알리기 위한 신호의 도구.

의 설법 차례입니다" 하였다. 앙산이 일어나 망치를 치고 말하였다.

"마하연법[201]은 사구(四句)를 여의고 백비(百非)[202]가 끊겼으니 자세히 살피고 자세히 들어라."

무문이 평한다.

일러 봐라. 이것이 설법한 것이냐? 안한 것이냐? 입을 열면 잃고,[203] 입을 닫으면 죽으며, 열지도 않고 닫지도 않는다 하여도 10만8천 리다.

송[204]으로 이른다.
청천백일 밝은 낮에
꿈속에서 다시 꿈 이야기를 하네.
망측하고 망측하다
세상사람 속이는구나.

---

201) 마하연법[Mahāyāna 摩訶衍那] : 大乘法.
202) 四句百非 : 변증법의 한 형식. 4구는 定立[有], 反定立[空], 肯定綜合[亦有亦空], 否定綜合[非有非空], 백비는 근본 사구를 세분한 것으로 일체의 언어 표현을 말하는 것.
203) 앙산의 진의, 즉 진실법과 어긋난다는 뜻.
204) 이 송에서 무문은 본래 무사하여 가히 한 법도 설한 바 없고, 몽환이니, 진실이니, 깨달음이니를 둘 여지가 없는 본지풍광에서 입을 연다. 여기서는 마하연법부터가 꿈이며 다시 거기에 주각을 단 것은 꿈 가운데 꿈 이야기일밖에 없다.

제26칙 두 스님이 발을 말아 올리다[二僧卷簾]

淸凉大法眼, 因僧齋前上參, 眼以手指簾.

時有二僧同去卷簾,

眼曰：“一得一失.”

無門曰：“且道是誰得誰失? 若向者裏著得一隻眼, 便知淸凉國師敗闕處.

　　　　然雖如是, 切忌向得失裏商量.”

頌曰：卷起明明徹太空,

　　　　太空猶未合吾宗.

　　　　爭似從空都放下,

　　　　綿綿密密不通風?

청량(淸凉) 대법안(大法眼)205)스님은 (점심 공양) 재시206) 전에 (상당 설법)상참하였다.

법안스님께서 손으로 문에 걸려 있는 염(簾)을 가리켰다.

그때 두 수행자가 함께 일어나 발을 말아 올렸다.

법안스님은

“하나는 얻고 하나는 잃었다”고 말하였다.

---

205) 청량법안(885~958)：唐代의 禪僧으로 법안종의 개조. 속성 魯씨, 법명 文益. 餘杭사람, 地藏院 桂琛禪師의 법을 이었다. 그의 법계보는 靑原行思…德山宣鑒─雪峰義存─玄沙師備─地藏桂琛─法眼文益으로 이어졌다.

206) 정오의 식사 때.

무문이 평한다.

자! 일러 봐라. 누가 얻고 누가 잃었는가? 만약 이 도리에 (안목)일척안(一隻眼)을 얻으면 곧 바로 청량국사의 잘못된 곳을 알아내리라. 그러나 비록 그렇다 하더라도 부디 얻었느니, 잃었느니에 대하여 (헤아려 : 사량분별)상량해서는 아니 된다.

송으로 이른다.

말아 올리니207) 밝고 밝아 태공(太空)에 사무치나

태공도 오히려 나의 뜻[宗]에 맞지 않네.208)

어찌하여 태허공마저 모두 다 놓아 버려

빈틈없이 면밀하여 바람조차 안 통하게 함만 같으리.209)

---

207) 발을 말아 올린 것이 일체 차별의 발을 철폐한 것에서 이 송이 시작이다.
208) 차별이 없어 허공에 한 물건도 없듯 절대 평등의 경계가 불법의 뜻은 아니라는 것.
209) 대지도 허공도 삼라만상도 다시 바람도, 실로 對待가 아니니, 一如齊平의 허공도 놓아버린 무문의 안목을 이곳에서 보여준다.

제27칙 마음도 부처도 아닌 것[不是心佛]

南泉和尙因僧問云 : "還有不與人說底法麼?"

泉云 : "有."

僧云 : "如何是不與人說底法?"

泉云 : "不是心, 不是佛, 不是物."

無門曰 : "南泉被者一問, 直得揣盡家私, 郞當不少."

頌曰 : 叮嚀損君德,

　　　　無言眞有功,

　　　　任從滄海變,

　　　　終不爲君通.

남전(南泉)210)스님께 한 수행자가 물었다.

"이제까지 사람에게 설하지 않은 법이 있습니까?"211)

남전스님이 대답하였다.

"있다."

"어떤 것이 이제까지 설하지 않은 법입니까?"

"마음도 아니고 부처도 아니고 물건도 아닌 것이니라."

---

210) 南泉 : 普願. 앞의 제14칙에 나옴.

211) 이제까지 佛祖께서 설하지 않은 법이 있느냐는 말은 세존 설법 49년 동안 8만 4천 법문에 잡히지 않은 법이 있느냐는 말이다. 그러나 법은 설하는 것이 아니다. 설하지 않은 것이 아니라 설하지 못한 것이다. 남전은 여기서 설하지 못한 법을 말한다.

무문이 평한다.
남전이 이 한 질문을 받고서 자기 살림살이를 모두 털어놓았으니
실로 낭패가 이만저만이 아니다.

송으로 이른다.
친절이 도리어 군자의 덕을 다치니[損]
말문을 닫았던들 참 공덕이 되었을 것을
바다가 변하여 육지가 되더라도
나는 결코 그대에게 말하지 않으리.212)

---

212) 남전의 친절이 지나쳐 많은 말을 한 것이 도리어 종사의 덕을 잃었다는 것.

제28칙 용담의 메아리가 오래 울리다[久響龍潭]

龍潭因德山請益抵夜,

潭云：“夜深, 子何不下去?”

山遂珍重, 揭簾而出, 見外面黑, 卻回,

云：“外面黑.” 潭乃點紙燭度與, 山擬接, 潭便吹滅, 山於此忽然有省, 便作禮.

潭云：“子見箇甚麽道理?”

山云：“某甲從今日去, 不疑天下老和尙舌頭也.”

至明日, 龍潭陞堂云：“可中有箇漢, 牙如劍樹, 口似血盆,

一棒打不回頭, 他時異日向孤峰頂上立吾道在.”

山遂取疏抄於法堂前, 將一炬火提起,

云：“窮諸玄辨, 若一毫致於太虛 ; 竭世樞機, 似一滴投於巨壑.”

將疏抄便燒, 於是禮辭.

無門曰：“德山未出關時, 心憤憤, 口悱悱, 得得來南方, 要滅卻敎外別傳之旨.

　　及到澧州路上, 問婆子買點心,

　　婆云：“大德車子內是甚麽文字?”

　　山云：“『金剛經抄疏』.”

　　婆云：“只如經中道過去心不可得, 見在心不可得, 未來心不可得,

　　　　大德要點那箇心?” 德山被者一問, 直得口似匾擔. 然雖

　　　　如是, 未肯向婆子句下死卻.

　　遂問婆子：“近處有甚麽宗師?”

　　婆云：“五里外有龍潭和尙.”

　　及到龍潭, 納盡敗闕, 可謂是前言之應後語.

　　龍潭大似憐兒不覺醜, 見他有些子火種, 郞忙將惡水驀頭一澆澆殺.

冷地看來，一場好笑.

頌曰：聞名不如見面，
　　　見面不如聞名.
　　　雖然救得鼻孔，
　　　爭奈瞎卻眼睛.

용담213)스님께 덕산(德山)214)이 법문을 청하여 듣다가 밤이 깊었다.
용담스님이 말하였다.
"밤이 이미 깊었으니 그만 돌아가게."
덕산이 인사를 드리고 발을 거두고 나오니 밖은 캄캄하여 칠야다.
다시 돌아서며, "밖이 어둡습니다" 하니,
용담스님은 지촉(紙燭)에 불을 붙여 내어준다.
덕산이 공손히 손을 내어 받으려 하는데, 용담스님은 촛불을 입으로
"훅!" 불어 껐다. 이 찰나에 덕산은 홀연히 깨치고 곧 용담스님께 절
을 하였다.
용담스님이 말하였다.
"그대가 지금 무슨 도리를 보았는가?"
덕산이 말하였다.
"저는 이제부터 결코 천하 노화상의 말씀을 의심하지 않겠습니다."
날이 밝아 다음날, 용담스님이 법상(法床)에 올라가 대중에게 말하
였다.
"이 가운데 한 사람215)이 있는데 귀[耳]는 칼을 세운 것 같고 입은

---

213) 용담 : 생존연대 미상. 덕산의 연대로 미루어 짐작. 그의 법계보는 靑原行思―
　　　石頭希遷―天皇道悟―龍潭崇信―德山宣鑑으로 이어진다.
214) 德山 : 宣鑑禪師. 앞의 제13칙 덕산탁발 참조. 덕산이 처음 선문에 입참한 기연
　　　이 본칙이다. 덕산의 연령 37세(918년)쯤으로 짐작된다.
215) 덕산의 대장부상을 칭찬하며 인가 공포한다.

피를 담은 쟁반 같으며, 방망이로 후려쳐도 머리조차 까딱 않으니 이 놈이 뒷날에 고봉216) 정상에서 나의 도를 세워 나갈 것이다."

이날 덕산은 경217)의 소초(疏抄)를 꺼내어 법당 앞에 쌓아 놓고, 손에 횃불을 치켜들고 소리쳤다.

"비록 모든 지극한 도리를 통달하였다 하더라도 이것은 허공에 터 럭 하나를 놓은 것에 불과하며, 세간의 요긴한 곳을 모두 다 잡았다 하더라도 이것은 물 한 방울을 큰 산에 부딪친 것과 무엇이 다르랴!"218) 하고, 소초에 불을 질러 태워버리고 용담을 하직하였다.

무문이 평한다.

덕산이 고향을 떠나기 전, 마음에는 (분심)성이 가득하고, 입은 매양 비쭉대며, 의기양양 남방으로 내려가 교(敎) 밖에 따로 전했다는 선문(禪門)을 없애버리겠다고 작심했다. 길을 나서더니 풍주(澧州) 길 가에 이르러 한 노파에게서 점심을 사 먹게 되었다.

노파가 말하기를 "대덕의 등에 진 것이 무슨 글이요?" 한다.

"금강경(金剛經) 소초요"라고 덕산이 대답했다.

다시 노파가 물었다.

"그 경 가운데 과거심219)도 잡을 수 없고, 현재심도 잡을 수 없고, 미래심도 잡을 수 없다고 하였는데, 대덕은 지금 어느 마음에 점을 찍

---

216) 뛰어난 경지. 이곳은 불조도 넘겨보지 못한다.

217) 『金剛經』의 주해본이다.

218) 이 대문이 덕산이 말과 문자에 매여 있던 자기에 대한 葬送文이며 禪門에 대한 降書며, 고향에서 나올 때 큰소리를 친 데 대한 結句다. 본시 덕산은 강학자로 서 경교 말씀을 무시한 듯하는 '卽心是佛'이니, '성품을 보아 단번에 성불한다' 는 禪門外道를 토벌한다고 호언장담하고 떠나왔던 것이다.

219) 『金剛經』 제18분[一體同觀分], 부처님이 수보리에게 말씀하셨다.
'저 국토 중에 있는 모든 중생의 약간의 마음이라도 여래가 다 아시나니 여래 가 말하는 모든 마음이 다 마음이 아니요, 그 이름이 마음이니 어찌한 까닭이 랴. 수보리야, 과거심도 얻을 수 없으며 현재심도 얻을 수 없으며 미래심도 얻 을 수 없기 때문이니라.'

고자 하시오?”

덕산은 이 한 물음을 당하여 아무 대꾸도 못하였다. 비록 난감하였으나 아직 노파 말에 기가 꺾여 주저앉지는 않았다. 덕산이 다시 물었다.

“이 근처에 선종의 선승이 있습니까?”

“5리 밖에 용담스님이 계십니다.”

이에 덕산은 용담에게 가서 여지없이 참배하였으니 덕산이 길 떠나기 전의 말과 용담에게 와서 한 말과는 너무나 엉뚱하다.

용담은 마치 어린 것이 귀여워 그의 추한 곳을 깨닫지 못하듯이 덕산에게서 약간의 불씨[火種]220)를 발견하고는 당황하여 구정물221)을 머리 위에 들이부어 단번에 짓밟았다. 이제 찬찬히 살펴보니 모두가 한바탕의 웃음거리다.

송222)으로 이른다.
이름을 들으니 얼굴을 대함만 같지 못하고
얼굴을 보느니 이름을 들음만 같지 못하네.
비록 콧구멍은 뚫어 놓았다 하나
눈을 멀리 놓았으니 이를 어찌하랴.

---

220) 불씨 : 약간의 지혜.

221) 구정물[惡水] : 여기서는 용담의 上堂의 말을 가리킨다.

222) 이 송의 제1구는 천하의 호걸로 자신했던 周金剛이라는 별명을 지닌 덕산 자신도 용담에 와서 비로소 정색이 드러났으니 그를 가리켜 한 말. 제2구는 용담도 천하에 그 이름을 울렸으나 덕산을 대하는 것을 보니 별것 없다는 뜻. 제3구 지척의 인연. 제4구의 눈을 멀리 놓았다는 것은 용담이 上堂해서 덕산을 찬한 것을 말한 듯함.

제29칙 바람도 아니고 깃발도 아니다[非風非幡]

六祖因風颺刹幡, 有二僧對論, 一云幡動, 一云風動, 往復曾未契理.
祖云：“不是風動, 不是幡動, 仁者心動.” 二僧悚然.

無門曰：“不是風動, 不是幡動, 不是心動, 甚處見祖師?
　　　　若向者裏見得親切, 方知二僧買鐵得金. 祖師忍俊不禁, 一場漏逗.”

頌曰：風幡心動,
　　　一狀領過,
　　　只知開口.
　　　不覺話墮.

　육조(六祖)223)께서 어느 때, 찰간에 달린 번(幡)224)이 바람에 펄럭이는 것을 보고 토론을 벌이고 있는 두 스님을 보았다. 한 사람은 번이 움직인다고 하고 또 한 사람은 바람이 움직인다고 하여 서로 다투고 도무지 이치에 닿지 않은 말을 반복했다.
　이에 육조께서 말하였다.
　“이것은 바람이 움직인 것도 아니며 번이 움직인 것도 아니고, 당신들의 마음이 움직인 것입니다.”

---

223) 六祖 : 중국 禪宗 六祖인 慧能祖師. 앞의 제23칙에서 소개함.
224) 幡 : 廣州, 法性寺에서의 일. 이 당시 육조는 五祖인 弘忍大師로부터 法을 받고 몸을 피하여 산중 사냥꾼 틈에 숨어 지내다가 드디어 때가 되었음을 알고, 막 법성사로 몸을 나타낸 때. 법성사는 印宗法師의 회상이었으니 법사는 그가 곧 육조임을 알고 戒를 받게 하고 받들어 모시니, 이 風幡 기연이 六祖出世의 중대한 계기가 된다.

이 말을 듣고 두 스님은 깜짝 놀랐다.

무문이 평한다.
이것은 바람이 동한 것도 아니며,
번이 동한 것도 아니며 마음이 동한 것도 아니다.
그렇다면 육조의 뜻을 어떻게 보아야 할 것인가?
이 사이를 향하여 친절하게 도리를 본 사람이 있다면,
그는 바야흐로 두 스님이 쇠[鐵]를 산 것이 금[金]을 얻고,
육조가 활발발한 기운을 억제하지 못하여
부질없는 누설을 하였음을 알 것이다.

송225)으로 이른다.
동한 것은 '바람이다, 번이다, 마음이다'고 한 것은
모두가 똑같은 죄과로 기록되리.
다만 입을 여는 것만 알고서
말에 떨어진 것은 깨닫지 못하누나!

---

225) 이 송 전부가 육조의 心動에 대한 구설이다. 전 2구에서 육조를 風動幡動하며
　　 서로 다투던 스님들과 똑같은 구렁텅이에 밀어 넣어 놓고 후2구에서 육조의
　　 뜻을 다시 살피게 한다.

30. 마음이 곧 부처이다[卽心卽佛]

馬祖因大梅問 : "如何是佛?"

祖云 : "卽心卽佛."

無門曰 : "若能直下領略得去, 著佛衣, 喫佛飯, 說佛話, 行佛行, 卽是佛也.
　　　　然雖如是, 大梅引多少人錯認定盤星. 爭知道說箇佛字, 三日漱口?
　　　　若是箇漢, 見說卽心是佛, 掩耳便走."

頌曰 : 靑天白日,

　　　切忌尋覓.

　　　更問如何,

　　　抱贓叫屈.

마조(馬祖)[226]스님께 대매(大梅)[227]가 물었다.

"어떤 것이 부처[佛]입니까?"

마조스님이 대답하였다.

"마음이 곧 부처이니라."

---

226) 馬祖(709~788) : 법명 道一. 속성 馬氏. 사천성 漢州 출신. 南嶽 下 최대의 偉傑. 조사선의 초대 조사. 법을 이은 제자가 백장, 남전 등 139인이나 된다. 법계보는 六祖慧能―南嶽懷讓―馬祖道―-大梅法常으로 이어진다.

227) 大梅(752~839) : 스승 마조가 卽心是佛이라 한 데서 깨치고 大梅山에 들어가 마침내 하산하지 않았는데, 누가 가서 요사이 마조는 非心非佛이라 한다 하니, 대매가 말하기를 "마조는 비심비불이라 하나, 나는 즉심시불이다"라고 하였다고 한다.

무문이 평한다.

만약 능히 이 말을 곧 알아듣는다면 부처의 옷을 입고 부처의 밥을 먹고 부처의 말을 하며 부처의 행을 하리니 이 사람은 곧 부처이니라.

비록 그러하기는 하나228) 대매는 많은 사람들을 이끌어 정반성(定盤星)229)을 잘못 알게 하였으니 그는 어찌 이 한 자(箇佛字)를 말하고 3일 동안 입을 씻어야 한다는 (양치질)것을 알았으랴. 만약 참으로 된 놈이라면 마음이 곧 부처라는 말을 듣고는 귀를 막고 천리는 달아났을 것이다.

송으로 이른다.
청천백일 밝은 날에
부질없이 더듬어 헤매지 말라.230)
이에 다시 어떤 것이 부처이냐고 묻는다면
이는 적물(賊物)231)을 안고 억울하다 외침이라.

---

228) 대매는 즉심시불을 알았다 하거니와 뒷사람들이 그 참뜻을 모르고 말만 옮기는 것을 경계한다.
229) 정반성(定盤星) : 저울대의 기본이 되는 눈. 여기서는 공부의 표적을 가리킨다.
230) 본지풍광을 말한다. '태양은 저물 때가 있어도 이 본지의 평원은 언제나 밝다. 눈앞에 명명백백한 이 도리를 어찌 헤매고 다시 찾아다닐까 보냐?'라는 것.
231) 贓物 : 도둑질해서 생긴 재물을 부둥켜안고 나는 무죄라 한다는 것.

제31칙 조주, 노파를 감파하다[趙州勘婆]

趙州因僧問婆子：“臺山路向甚處去?”

婆云：“驀直去.” 僧纔行三五步.

婆云：“好箇師僧, 又恁麼去.” 後有僧擧似州.

州云：“待我去與你勘過這婆子.” 明日便去, 亦如是問, 婆亦如是答.

州歸, 謂衆曰：“臺山婆子, 我與你勘破了也.”

無門曰：“婆子只解坐籌帷幄, 要且著賊, 不知趙州老人善用偸營劫塞之機, 又且無大人相.

　　　撿點將來, 二俱有過. 且道那裏是趙州勘破婆子處?”

頌曰：問旣一般,

　　　　答亦相似.

　　　　飯裏有砂,

　　　　泥中有刺.

조주스님께 이런(감파하는) 일이 있었다.

오대산(五臺山)232) 가는 길가의 노파에게 한 수행자가 물었다.

“오대산은 어느 길로 갑니까?”

노파가 대답하였다.

---

232) 오대산 가는 길목 찻집에 한 노파가 있어, 오고가는 禪客을 시험한 듯. 오대산
은 台山이라 부르기도 한다. 지금의 山西省 代州에 있는 명산. 5봉이 있고 더위
가 미치지 못하여 청량산이라고도 한다. 문수보살 도량이라는 신앙이 있다. 우
리나라 강원도의 오대산도 역시 같은 신앙이다.

“똑바로 가십시오.”233)

수행자가 이 말을 듣고 몇 걸음 걸어가니 뒤에서 노파는 말하였다.

“좋은 스님인데 또 저 모양이로구나!”

한 수행자가 이 일을 조주스님께 말하였다.

조주스님은 “좀 기다려라. 내가 가서 (그 노파를) 감파(勘婆)234)하리라” 하고 다음날 노파에게 갔다. 그리고 또한 (앞의 수행자)전과 같이 물었다. 노파도 전과 같이 그대로 대답하였다. 조주스님은 돌아와 대중에게 말하기를 “내가 너희들을 위하여 (오대산 노파를) 감파했다”라고 하였다.

무문이 평한다.

노파는 다만 진영 내에 앉아서 계략을 꾸밀 줄은 알아도 도적이 숨어드는 것은 모르는구나. 조주 노인은 적 진영 내에 잠입하여 진지를 격파하는 수완은 훌륭하다. 그러나 어른다운 체통이 없다. 점검하여 보니 둘이 다 허물이 있다 하겠다.

그건 그렇고, 일러 봐라. 어떤 곳이 조주가 (노파를) 감파한 곳인가?

송으로 이른다.

물음235)도 일반과 같고

대답 또한 평상대로나,

그러나 밥에 모래 섞였고

진흙 속에 가시가 들었느니.

---

233) 똑바로 가라[驀直去]는 이 말이 단순한 길을 가리킨 말이 아님을 착안할 것. 바로 종문의 向上一路를 말한 것임.

234) 勘婆 : 정체나 본색을 밝혀냄.

235) 조주의 물음이 말은 같되, 뜻이 깊은 곳에 있음을 살피게 한다.

제32칙 외도가 부처에게 묻다[外道問佛]

世尊因外道問：“不問有言, 不問無言.”

世尊據座. 外道贊歎云：“世尊大慈大悲, 開我迷雲, 令我得入.” 乃具禮而去.

阿難尋問佛：“外道有何所證, 贊歎而去?”

世尊云：“如世良馬, 見鞭影而行.”

無門曰：“阿難乃佛弟子, 宛不如外道見解.

　　　　且道外道與佛弟子相去多少?”

頌曰：劍刃上行,

　　　冰稜上走,

　　　不涉階梯,

　　　懸崖撒手.

세존께 한 외도236)가 물었다.

“유언(有言)237)을 묻지 않고 무언(無言)을 묻지 않습니다.”

이에 세존은 자리를 고쳐 앉으셨다.238)

---

236) 외도: 불교에서 본 인도의 불교 이외의 철학이나 여러 사상과 종교. 세존 당
　　시 96종이 있었다고 한다. 그중 대표적인 것이 6파 철학이다.

237) 有言·無言: 불교 이외의 모든 철학사상을 대별하면 斷과 常의 2종을 넘지 않
　　는다. 존재를 궁극적으로 부정하고 자아도 만상의 차별도 일체를 부정하는 것
　　은 斷見, 즉 이것이 無言이다. 자아도 영원도 만상의 차별도 이를 인정하는 견
　　해를 常見이라 하는데, 이것이 有言이다. 불교는 이러한 단과 상의 견해로는 알
　　수 없다. 말과 이론이 붙는 사상은 필경 유언·무언을 넘을 수 없는 것이니,
　　여기 외도는 지금 이 유무 아닌 것을 물어왔다. 세존은 이에 답한다.

238) 據座인데, 자리를 고쳐 앉을 뿐 말이 없는 것. 이 대문을 『碧巖錄』에는 良久라

외도가 찬탄하기를 "세존은 대자대비하시어 저의 어두운 마음을 열어 주시어 저로 하여금 깨닫게 하셨습니다" 하고 갖추어 예를 드리고 떠나갔다.

이를 본 아난이 세존께 물었다.

"저 외도가 무엇을 깨쳤기에 저렇게 찬탄합니까?"

세존이 말씀하셨다.

"준마(駿馬)는 채찍 그림자만 보고도 달리는 것과 같느니라."239)

무문이 평한다.

아난은 불제자인데 외도의 견해만도 못하구나.

자 일러 봐라. 외도와 (아난)불제자와의 거리가 얼마인가를?

송240)으로 이른다.

칼날 위를 걷고

살얼음 위를 달리니,

계제(階梯)를 밟지 않고

천 길 벼랑에서 뛰었구나.

하고 있는데 뜻은 같다.

239) 이 대문은 宗門에서 자주 쓰이는데 『雜阿含經』에서 온 말.

　　"비구에 4馬가 있느니라. 1은 채찍 그림자만 보고도 놀라 주인의 뜻을 따르고, 2는 채찍이 터럭에 닿으면 그제야 놀라서 뛴다. 3은 채찍이 살에 닿아야 뛰고, 4는 뼈와 살에 사무쳐야 비로소 정신 차린다." 여기의 준마는 제1의 비구, 즉 上根大智에 비유한다.

240) 앞 2구는 유언도 무언도 아닌 도리를 묻고 대답하는, 참으로 어려운 고비를 비유했고, 뒤의 2구는 세존의 가르침에 의하여, 외도가 단번에 지견이 열린 것을 평한다. 계제는 불도수행의 단계, 즉 10信·10住·10行·10回向·10地 등 차서를 뜻함. 또 천 길 벼랑에서 뛴다 함은, 일체 유무·사량·분별 등 경계에서 단번에 無位本地에 들어 구극이라는 마지막 진리처에도 머물지 않고 이것마저 박차고 앞으로 나아감을 말하니, 이것은 백척간두에서 허공을 향하여 한 걸음 내디딤이요, 천 길 벼랑에서 두 손 탁 놓고 뛰는 것이다.

제33칙 마음도 아니고 부처도 아니다[非心非佛]

馬祖因僧問：“如何是佛?”

祖曰：“非心非佛.”

無門曰：“若向者裏見得, 參學事畢.”

頌曰：路逢劍客須呈,

　　　　不遇詩人莫獻.

　　　　逢人且說三分,

　　　　未可全施一片.

마조(馬祖)스님께 한 수행자가 물었다.

“어떤 것이 부처[佛]입니까?”

마조스님이 대답하였다.

“마음도 아니고 부처도 아니니라.”241)

---

241) 마조가 ‘마음이 불이다[即心是佛]’ 하니, 참뜻을 모르고 말만 따르므로 이번 물
음에는 비심비불이라 한다. 즉심시불은 보통 사람에게 한 말, 비심비불은 즉심
시불로 그릇 아는 자의 병을 제하기 위함이니, 다음 문답을 참고할 것이다. 마
조에게 묻는다.
“어찌하여 즉심시불이라 하십니까?”
“어린 것이 울 때 달래기 위해서다.”
“울음을 그쳤을 때 어떻게 합니까?”
“비심비불이다.”
“위 둘을 제한 사람이 오면 어찌하시겠습니까?”
“저에 대해서는 물건도 아니라고 하리라.”
여기서 사실상 즉심시불도 비심비불도 아님을 알 것이다.

무문이 평한다.

만약 이 도리를 알아차린다면, 참선 공부는 이미 다 마친 것이 된다.

송242)으로 이른다.

길에서 검객을 만나거든 검을 꺼내고

시인이 아니거든 시(詩)를 (말하지) 읊지 마라.

사람을 (불법을 말할 때는) 만나더라도 삼분(三分)만 말하고

온전히 모두를 털어놓지 마라.

---

242) 이 송이 마조의 교화 수단을 평하고 있다. 사람을 보고 법을 설한다. 검은 검
객에게, 시는 시인에게 내놓아야 알아본다. 뒤 2구에는 餘白의 妙, 즉 接化하는
사람은 반드시 상대방의 自得의 몫을 남긴다는 것을 설명한다. 3푼은 세 모퉁
이[三隅], 즉 4분의 3.

제34칙 지혜는 도가 아니다[智不是道]

南泉云：“心不是佛，智不是道.”

無門曰：“南泉可謂，老不識羞.

纔開臭口，家醜外揚.

然雖如是，知恩者少.”

頌曰：天晴日頭出,

雨下地上濕.

盡情都說了,

只恐信不及.

남전(南泉)[243] 스님께서 말하였다.

“마음[244]은 부처가 아니며 지혜[245]는 도가 아니다.”

무문이 평한다.

남전은 (나이가 들어) 좋은 나이에 부끄러움을 모른다고 해야겠다.

잠시 입만 열면 집안의 추문이 마구 튀어나온다.[246]

비록 그러하기는 하나 그의 은혜를 아는 자[247]는 적다.

---

243) 南泉 : 普願.
244) 마음 : 관념적인 마음.
245) 지혜 : 여기서는 分別智·근본지의 작용.
246) 종문의 비밀한 뜻을 친절히 털어놓은 것을 말한다.
247) 남전의 친절한 곳을 아는 자가 은혜를 아는 자.

송248)으로 이른다.

날이 개니 해가 빛나고

비가 내리니 땅이 윤택하다.

지성 다하여 남김없이 말했으나

다만 듣는 이 믿지 않을까 두렵다.

---

248) 이 송의 앞의 2구는 마음이 부처가 아니고 지혜가 도가 아니라고 말한 남전의
진의를 말하고, 뒤의 2구는 남전의 곡진한 친절을 찬한다.

제35칙 천녀, 혼이 떠나다[倩女離魂]

五祖問僧云：“倩女離魂, 那箇是眞底?”

無門曰：“若向者裏悟得眞底,

　　　便知出殼入殼如宿旅舍 ； 其或未然, 切莫亂走.

　　　驀然地水火風一散, 如落湯螃蟹, 七手八脚. 那時莫言不道.”

頌曰：雲月是同,

　　　溪山各異.

　　　萬福萬福,

　　　是一是二.

오조(五祖)[249] 스님께서 한 수행자에게 물었다.

“천녀[250]가 (몸에서) 혼이 떠났다고 하는데 어느 것이 참된 천녀인가?”

---

249) 五祖：法演(?~1104), 임제종 양기파의 대종장. 제자에 圜悟 등 20여 명이 있으
  며 無門慧開는 그의 5대 法孫. 제방에 다니다가 白雲守端의 법을 받고, 특히 그
  의 제자들이 송대 선종을 부흥시킨다. 三佛의 한 사람으로 佛果禪師의 문하에서
  大慧宗杲가 출현하여 간화선을 대성한다. 湖北의 황매산에서 종풍을 크게 선양,
  이 황매산은 禪宗 五祖인 弘忍禪師의 故地이므로 오조산이라 한다. 법계보는, 臨
  濟義玄…石霜楚圓—楊岐方會—白雲守端—五祖法演…無門慧開로 이어진다.

250) 천녀：唐 陳玄祐가 지은 『離魂記』에 나오는 이야기. 당, 측천무후 天授 3년. 衡
  州에 張鑑이라는 사람에게 천녀라는 여식이 있었는데, 천녀는 서로 좋아하는
  王宙라는 남자를 따라가 두 아이를 낳았다. 그 후 집에 돌아오니 집에서는 그
  동안 정신없이 병상에 누워 있는 또 하나의 천녀가 있다가 그 둘이 만나자 합
  쳐서 한 몸이 되었다는 줄거리.

무문이 평한다.

만약 이 사이 속에서 참뜻251)을 깨달으면 곧 몸에서 벗어나고
다시 몸을 받는 것을 마치 나그네가 여관을 드나들 듯 할 것이다.
만약 그러하지 못하더라도 부디 헛되이 되지 마라.252)
홀연 지수화풍(地水火風)253)이 한번 흩어지게 되면
마치 게[蟹]를 뜨거운 물에 던진 것처럼 버둥거릴 뿐일 것이니
그때에 미리 일러 주지 않았다고 말하지 마라.

송254)으로 이른다.

하늘에 둥실 뜬 달은 한가지이나
시내나 산을 따라 각각 다르네.
기쁘다 경사로다
이것이 하나인가 또는 둘인가?

---

251) 불법·참뜻·생사에 걸림이 없는 자재한 도리.
252) 불법의 참뜻을 요달하지 못해도 부디 밖을 향하여 활로를 찾아 헤매지 마라.
　　마음 밖에서 얻으려고 하는 것은 헛된 일이라 한다.
253) 地水火風 : 육체의 구성 요소. 4大라고도 한다. 4대가 흩어진다 함은 죽음을 의
　　미. 죽음을 당해서는 지식이나 이론 따위는 아무 소용이 없음.
254) 이 송의 제1구는 본체를, 2구는 현상을 말한 것이라 하나, 오히려 앞 2구는 實
　　相本地를 노래하고 이를 萬福이라 기뻐하면서 이 도리를 아느냐? 이것이 하나
　　냐, 둘이냐? 하여 참구를 촉구하는 무문의 자비를 보아야 할 듯.

제36칙 길에서 달인을 만나다[路逢達道]

五祖曰："路逢達道人，不將語默對，且道將甚麼對?"

無門曰："若向者裏對得親切，不妨慶快 ; 其或未然，也須一切處著眼."

頌曰 : 路逢達道人,

　　　　不將語默對,

　　　　攔腮劈面拳,

　　　　直下會便會.

오조 법연스님께서 말하였다.

"길255)에서 도256)를 얻은 사람과 만났을 때

말257)이나 묵언으로 상대하지 않는다면

자, 일러 봐라! 어떻게 대할 것인가?"

무문이 평한다.

이 사이에서 친절하게 상대할 수 있다면 얼마나 기쁘고 쾌활하겠느냐?

혹 그러하지 못하거든 마땅히 일체처258)에 착안하라.

---

255) 행각길에 나서다.

256) 도를 통달한 선지식.

257) 『維摩經』「不二法門品」을 참고할 일이다.

　　문수사리를 따라간 30인 보살들이 제각기 최상의 지극한 진리에 드는 도리를
　　말하였는데, 마지막에 문수는 "내 생각으로는 無言·無示·無識하여 일체 문답
　　을 여읨, 이것이 不二法門에 드는 것이 된다"고 말한다. 끝으로 문수가 維摩에
　　게 묻는다. 유마는 다만 默然, 일언반구도 말이 없다. 이에 문수가 칭찬한다.
　　"좋다, 참으로 문자며 언어가 없구나. 이것이 참된 不二에 드는 법문이다."

송으로 이른다.
길에서 도에 밝은 자와 만나거든
말이나 묵언으로 대하지 마라.
턱을 잡고 주먹으로 얼굴을 쳐서
곧 알아보면 그로써 다행이다.

---

258) 일체시 · 일체처 · 일체생활 속에서 착실히 도를 판단해 가라.

제37칙 뜰 앞의 잣나무[庭前柏樹]

趙州因僧問：“如何是祖師西來意?”

州云：“庭前柏樹子.”

無門曰：“若向趙州答處見得親切，前無釋迦，後無彌勒.”

頌曰：言無展事,

　　　語不投機,

　　　承言者喪,

　　　滯句者迷.

조주스님께 한 수행자가 물었다.

“조사가 서쪽에서 온 뜻이 무엇입니까?”259)

조주스님이 대답하였다.

“뜰 앞의 잣나무이니라.”

무문이 평한다.

---

259) 조사가 서쪽에서 온 뜻[祖師西來意]이란, 달마대사가 서쪽에서 전하여 온 비밀
한 뜻, 즉 불법 心印이란 어떤 것인가를 묻고 있는데 이 공안의 전문은 다음과
같다.
“어떤 것이 조사가 서쪽에서 온 뜻입니까?”
“뜰 앞의 잣나무니라.”
“화상이여, 경계를 들어 말씀하지 마소서.”
“내가 경계를 들어 말하지 않았느니라.”
“어떤 것이 조사가 서쪽에서 온 뜻입니까?”
“뜰 앞의 잣나무니라.”

만약 조주가 답한 곳을 친절히 볼 수 있다면
앞에 석가(釋迦)도 없고 뒤에 미륵(彌勒)도 없으리라.260)

송261)으로 이른다.
언(言)은 사(事)를 펼[展] 수 없으며
말하는 것으로[語] 기틀[機]에 계합되지 않으니
말을 따르는 자는 참뜻을 죽이고
글귀에 머물러 있으면 스스로 미혹한다.

---

260) 석가도 미륵도 없고, 생도 사도 없고, 얼음도 잃음도 없는 절대자존의 경계라
　　 말해 볼까?
261) 이 게송은 洞山守初의 송을 빌려온 것.
　　 말이 사물이나 상황을 설명하기는 하나 말이 사물이나 상황 자체는 될 수 없
　　 다. 문자나 말이 사상을 전달하는 수단이나 방법은 아니다. 그러므로 마음의
　　 기틀을 전하고 계합한다는 것이 말로 될 수 없는 것이다. 여기 제3, 제4구가
　　 말이나 문자에 따르는 것을 경계한다.

제38칙 소가 창살을 지나다[牛過窓櫺]

五祖曰 : "譬如水牯牛過窓櫺, 頭角四蹄都過了, 因甚麼尾巴過不得?"

無門曰 : "若向者裏顚倒著得一隻眼, 下得一轉語,

　　　可以上報四恩, 下資三有 ; 其或未然, 更須照顧尾巴始得."

頌曰 : 過去墮坑塹,

　　　回來卻被壞,

　　　者些尾巴子,

　　　直是甚奇怪.

오조스님께서 말하였다.

"비유컨대 물소가 (문의) 창살을 지날 때에 머리와 뿔, 앞발과 뒷발 4족이 모두 지나갔는데 어찌하여 꼬리는 못 지나가는가?"[262]

무문이 평한다.

만약 여기에서 한번 마음을 뒤쳐 일척안을 얻고 한마디 말할 수 있

---

[262] 황소가 창살을 지난다는 말은 일찍부터 있었던 듯. 靈源祖師의 '오도기연'에도 이 말이 보인다. 경의 전거로 여러 설이 있으나 『給孤獨長者女得度因緣經』에 "왕의 꿈에, 큰 코끼리가 조그만 창문을 빠져나오는데, 몸은 나왔는데 꼬리가 창살에 걸려 못나오더라. 이것은 저 부처님께서 열반에 드신 후, 그 유법 중에서 바라문·장자·거사, 또는 남녀들이 권속을 버리고 출가하여 도를 배우는데 비록 출가는 하였으나 마음이 명리와 세속 일에 탐착하여 벗어나지 못하는 것과 같은 것이다"에서 전용한 듯. 경의 코끼리[大象]는 五祖에서 물소[水牯牛]로 바뀐 듯.

다면 가히 위로 사은(四恩)[263]을 갚고 아래로 삼유(三有)[264]를 건질 것
이다.

만약 그러하지 못하다면 모름지기 다시 물소 꼬리를 향하여 깊이
살펴야 한다.

송[265]으로 이른다.
(물소가 창살을) 지나가면 갱참(坑塹 : 구덩이)에 빠지고
되돌아서면 몸이 부서지네.
이 물소 꼬리
이것이 정말 기괴(奇怪)하구나.

---

263) 四恩 : 부모·국가·중생·삼보의 은혜.
264) 三有 : 욕계·색계·무색계.
265) 이 송에 대해 이론이 있으나, 제1구는 灰身滅智의 소승적 열반경지에 드는 것
을 구렁에 빠지는 것으로 보아서 부정하고, 제2구에서 현실적 세속생활의 긍
정을 또한 부정하여 문제의 물소 꼬리를 곧바로 요달할 것을 요구한 무문의
의도로 보아진다.

제39칙 운문의 말에 떨어지다[雲門話墮]

雲門因僧問：“光明寂照遍河沙.” 一句未絶,

門遽曰：“豈不是張拙秀才語?”

僧云：“是.”

門云：“話墮也.”

後來死心拈云：“且道那裏是者僧話墮處?”

無門曰：“若向者裏見得雲門用處孤危, 者僧因甚話墮,

　　　　堪與人天爲師 ; 若也未明, 自救不了.”

頌曰：急流垂釣,

　　　貪餌者著.

　　　口縫纔開,

　　　性命喪卻.

　　운문(雲門)266)스님은 한 수행자가 “광명이 고요히 비추어 온 세계에
두루했다”267) 하고 글귀를 외기 시작하자, (운문스님이) 갑자기 “그것
은 장졸수재(張拙秀才)268)의 말이 아니냐?” 하였다. 수행자가 “그렇습

---

266) 雲門文偃 : 이 책 제15칙, 제16칙, 제21칙 등에 있음. 禪師.
267) 이 게송은 張拙居士의 게송 제1구. 게송의 전문은 다음과 같다.
　　　光明寂照徧河沙　　凡聖含靈共一(我)家
　　　一念不生全體現　　六根纔動被雲遮
　　　斷除煩惱重增病　　趣向眞如亦是邪
　　　隨順世緣無罣礙　　涅槃生死等(是)空華
268) 장졸(860년 전후) : 위 게송은 石霜慶諸禪師를 처음 참례하였을 때 지었다. 석상
　　은 장졸에게 “수재의 성은 무엇인가?” 하였다. 그는 “성은 張이요, 이름은 拙

니다” 하고 대답하니, 운문스님이 말하기를 “말에 떨어졌다”269)고 하
였다.

후에 사심(死心)270)이 이를 들어 말하기를 “자 일러라. 어떤 곳이
말에 떨어진 곳인가?” 하였다.

무문이 평한다.

만약 이 속에서 운문의 기틀이 험준하고, 그 출가자가 어찌하여 말
에 떨어졌는가를 안다면 이 사람은 인천(人天)의 스승이 될 만하거니
와 만약 밝혀내지 못한다면 자기조차도 구제하지 못하리라.

송271)으로 이른다.

급한 여울에 낚시를 드리우니
미끼를 탐하는 자 걸려든다.
입술을 조금 벌리기만 해도
당장에 목숨을 잃으리라.

입니다”라고 대답했다. 다시 석상이 “공교로운 것도 얻을 수 없는데 서투름
[拙]은 어느 곳에서 구하나?”라고 말하자 언하에 깨치고 석상에게 지어 바친
詩. 法系譜는 靑原行思—石頭希遷—藥山惟儼—道吾圓智—石霜慶諸—張拙秀才로 이
어졌다.
269) 話墮 : 실언·과언의 뜻도 있으나 여기서는 말이 가리키는 뜻은 놓치고 말에
걸려 있는 것을 나무란 것.
270) 黃龍死心 : 황룡을 悟新이라고도 한다(1043~1114). 송나라 仁宗 때 韶州의 曲江
에서 출생, 속성은 왕씨, 임제종 황룡파의 거장. 법계보는 南嶽懷讓—馬祖道一…
臨濟義玄…黃龍慧南—晦堂祖心—黃龍死心이다.
271) 수행자가 묻는 데 대하여 운문이 번개같이 낚아채는 운문의 수완을 송한다.
제1구는 수행자의 물음에 대한 운문의 반문을, 제2구는 수행자가 그렇다고 대
답한 것을 가리킨 것.

제40칙 정병을 걷어차다[躍倒淨瓶]

潙山和尙始在百丈會中充典座,

百丈將選大潙主人, 乃請同首座對衆下語, 出格者可往.

百丈遂拈淨瓶置地上, 設問云：“不得喚作淨瓶, 汝喚作甚麼?”

首座乃云：“不可喚作木[木*突]也.”

百丈卻問於山. 山乃趯倒淨瓶而去.

百丈笑云：“第一座輸卻山子也. 因命之爲開山.”

無門曰：“潙山一期之勇, 爭奈跳百丈圈圚不出.

　　　　檢點將來, 便重不便輕.

　　　　何故聻? 脫得盤頭, 擔起鐵枷.

頌曰：颺下笊籬幷木杓,

　　　　當陽一突絶周遮.

　　　　百丈重關攔不住,

　　　　脚尖趯出佛如麻.

　　위산(潙山)272)스님이 처음 백장273)화상의 문하에서 전좌274)를 맡고 있었다.

　　백장화상이 장차 대위산(大潙山)275)의 (주지를)주인을 뽑기 위하여

---

272) 潙山(771~853)：福州 長溪 사람. 법명 靈祐, 潙仰宗의 시조. 백장에 참례하여 心
　　印을 받고 대위산을 개산하였는데 동참대중이 항상 1천5백 인이 되었다 한다.
　　법계보는, 南嶽懷讓—馬祖道一—百丈懷海—潙山靈祐—仰山慧寂으로 이어졌다.

273) 백장：懷海禪師.

274) 전좌：총림에서 대중의 공양구[食事]를 담당하는 직책.

(위산과) 수좌(首座)가 함께 대중에게 말하게 하여 그중에서 출격자(出格者)를 뽑아 보내기로 하였다.

백장화상이 정병(淨甁)276)을 가져다 땅 위에 놓고 문제를 걸었다.

"이것을 정병이라 불러서는 아니 되니, 너희는 무어라 부를 것인가?"

먼저 수좌가 나와 말하였다.

"나막신이라고 할 수도 없습니다" 하였다.

백장화상이 다시 위산스님에게 물었다. 위산은 자리에서 나와 정병을 걷어차고 돌아갔다. 이에 백장화상이 웃으며 말하기를 "(수좌)제1좌가 산자(山子)에게 졌다" 하고 위산스님에게 개산(開山)277)을 삼았다.

무문이 평한다.

위산이 평생의 용기를 모두 펼쳐 보였으나 백장의 우리[圈圓]278)에서 뛰어나오지 못하였음을 어찌하랴. 자세히 점검해 보면 위산은 무거운 것279)을 취하고 가벼운 것을 버렸다 하겠다. 왜 그러냐 하면 두건(頭巾)을 벗어 놓고 철가(鐵枷)를 짊어졌으니 말이다.

송280)으로 이른다.

조리[笊]와 국자를 내던지고

당당 뛰어나와 잡론(雜論)을 끊는구나.

---

275) 백장의 재가 제자에 司馬頭陀라는 사람이 있어 풍수지리에 밝아 潭州 대위산에 일대 승지가 있음을 말하고 이에 그 개산조를 뽑게 된다.

276) 淨甁 : 손 씻을 물을 담는 병.

277) 백장이 입적하자 바로 대위산에 들어가 7년 간 인적이 끊인 곳에서 홀로 지내다가 원화 15년(820) 대위산 同慶寺를 개창했다.

278) 무엇이 백장의 우리인가? 위산의 개산조를 뽑고 또한 정병 등 문제를 건 것이 바로 우리다.

279) 대위산의 개산을 맡은 것은 무거운 것을 취한 것이며 가벼운 것이란 전좌. 다음에 두건을 벗어 놓고 철가를 짊어졌다는 것도 같은 뜻.

280) 이 송은 활달한 기봉을 찬양하고 있다.

백장의 중첩 관문이 막아도 걸림없이
발끝에서 튀어나온 부처가 삼대[麻]와 같네.

제41칙 달마의 안심법문(達磨安心)

達磨面壁,

二祖立雪斷臂云：“弟子心未安，乞師安心.”

磨云：“將心來，與汝安.”

祖云：“覓心了不可得.”

磨云：“爲汝安心竟.”

無門曰：“缺齒老胡，十萬里航海特特而來.

可謂是無風起浪. 末後接得一箇門人，又卻六根不具.

咦! 謝三郎不識四字.”

頌曰：西來直指，事因囑起，撓聒叢林，元來是你.

달마(達磨)281)조사가 면벽(面壁)하고 있으니, 이조(二祖)282)는 눈 속에 서서 칼을 빼어 팔을 끊어 달마조사 앞에 놓고 말하였다.

“제자는 아직도 마음이 편안치 않습니다. 바라옵건대 화상께서는 저

---

281) 達磨(?~528)：菩提達磨. 西天 28대 祖師이며, 동토[중국] 初祖, 남인도 香至國 제
3왕자. 般若多羅 존자에 출가하여 40년 동안을 섬기다가 반야다라가 죽은 뒤,
60년을 교화하고 先師의 유촉에 따라 동토로 왔다. 普通 1년(서기 520) 중국 梁
나라 광주에 도착, 金陵에서 武帝와 만났고, 그 뒤 魏나라 崇山 少林寺 석굴에서
9년을 지내고, 孝莊·永安 원년에 입적, 그때까지의 교학과 계율 위주의 중국
불교에 佛心, 즉 선법을 개창하고 佛祖心印을 전한 데에 역사적 의의가 있다.
282) 二祖：慧可를 말한다(487~593). 이름은 神光, 속성 姬씨, 洛陽 武牢 사람. 40세
에 달마를 만나 법을 받고 552년 삼조 僧璨에게 전법한 후 鄴都에서 34년을 지
내고 隋 개황 13년에 혹형으로 죽었다. 본칙은 혜가가 처음 달마를 소림굴로
찾았을 때의 기연이다.

의 마음을 편안하게 하여 주십시오.”

달마조사가 말하였다.

“마음을 가져오너라. 너를 편안하게 해 주마.”

이조가 대답했다.

“마음을 찾아도 얻을 수 없습니다.”

달마조사가

“내 너의 마음을 편안케 하였느니라” 하였다.

무문이 평한다.

이 늙어빠진 오랑캐[283]가 10만 리를 항해하여 일부러 온 것은,

과연 바람 없는데 공연히 물결을 일으킨 것이다.[284]

뒤늦게 문인을 한 사람 얻기는 하였으나 이것이 또한 불구자다.

사삼랑(謝三郎)[285]은 글 넉 자도 모르더라.

송[286]으로 이른다.

---

283) 달마의 道名이 크게 떨치니 菩提流支·光統 등 執相 학자가 시기하여 음식에 독
　　약을 넣어 그때마다 토했으나 이가 빠졌다고 한다. 늙은 오랑캐는 달마를 가
　　리킨다.
284) 달마가 동토에 불법을 전한 것을 가리킨다.
285) 謝三郎 : 無知와 淺識을 대표한 말이라 한다. 여기서는 설봉 문하의 玄沙師備禪師
　　를 가리킨 것으로 본다. 현사는 속성 謝씨. 출가 전 강에 배를 띄워 낚시로 소
　　일했는데 출가 후 자조 謝三郎이라 불렀다. 하루는 설봉이 “어찌하여 널리 행
　　각하지 않느냐?” 하니 “달마가 동토에 오지 않았고 二祖가 서천에 가지 않았
　　다” 하였다. 이것이 현사가 祖師西來를 짓밟은 것이라 하여 글 넉 자도 모른다
　　고 평한 것으로 보인다.
286) 이 송의 제1구는 조사가 서쪽에서 와서 마음을 가리켜[祖師西來 直指人心 見性
　　成佛] 선법을 전함을 말하고, 제2구는 법을 전한다는 것이 바람이 없는데 물결
　　을 일으키는 것이라 비유하여 본래 무사한데 무단히 시비와 말썽을 불러 일으
　　켰다고 말하여 달마를 누르면서 칭찬하는 예의 수법을 보인다.

서쪽에서 와서 바로 가리키니,
일은 부촉으로 인하여 일어났네.
총림을 요란하게 흔들어 놓은 장본인이
원래 바로 너로구나.

제42칙 여자, 정에서 나오다[女子出定][287]

世尊昔因文殊至諸佛集處, 値諸佛各還本處, 惟有一女人近彼佛坐, 入於三昧.

文殊乃白佛：“云何女人得近佛坐, 而我不得?”

佛告文殊：“汝但覺此女, 令從三昧起, 汝自問之.”

文殊遶女人三匝, 鳴指一下, 乃托至梵天, 盡其神力而不能出.

世尊云：“假使百千文殊, 亦出此女人定不得.

下方過一十二億河沙國土, 有罔明菩薩, 能出此女人定.”

須臾, 罔明大士從地湧出, 禮拜世尊. 世尊勅罔明卻至女人前鳴指一下, 女人於是從定而出.

無門曰：“釋迦老子做者一場雜劇, 不通小小.

　　　　且道文殊是七佛之師, 因甚出女人定不得?

　　　　罔明初地菩薩, 爲甚卻出得?

　　　　若向者裏見得親切, 業識忙忙那伽大定.”

頌曰：出得出不得,

　　　　渠儂得自由.

---

287) 이 공안의 출전인 『제불요집경』 등에 의하면 대강 다음과 같은 줄거리가 집약
　　되어 공안으로 적용되었음을 알 수 있다.
　　　‘부처님이 신통력으로 많은 제자와 함께 普光世界에 갔는데 거기에는 많은 부
　　처님이 모였으나 문수는 참석이 허락되지 않았다. 나중에야 허락이 되어 문수
　　가 들어오니 이미 제불은 흩어지고 離意女만이 삼매에 들어 있음을 발견한다.’
　　여기서 女子出定 이야기가 나오는 것이다. 결국 여인을 정에서 나오게 한 것은
　　棄諸蓋보살인데, 세존은 문수에게 이 여인은 기제개보살에 의하여 보리심을 발
　　하였고 문수는 이 여인에 의하여 보리심을 발하였음을 알려준다.

神頭幷鬼面,

敗闕當風流.

세존의 옛일이다.

문수(文殊)288)보살이 여러 부처님이 모인 곳에 이르니, 이미 제불은 각기 본처로 돌아가시고 있는 때였다. 다만 한 여인이 부처님 가까이에 앉아서 삼매(三昧)289)에 들어 있었다. 문수보살이 부처님께 사뢰기를290)

"어찌하여 저 여인은 부처님을 가까이 친근하고 저는 그러하지 못합니까?" 하니,

부처님이 문수보살에게 말씀하였다.

"그대가 이 여인을 깨워 삼매에서 일어나게 하고 그에게 물어보라."

문수보살이 여인의 둘레를 세 번 돌고, 다시 손가락을 탁 튕겨, 그 소리를 범천(梵天)291)까지 추어올리며 온갖 신통력을 다해도 그녀를 정(定)에서 나오게 할 수는 없었다.

이에 세존이 말씀하시기를 "비록 문수가 백이나 천이라도 이 여인을 정에서 나오게 하지 못할 것이다. 다만 하방 12억 항하사 국토를 지내면 그곳에 망명(罔明)292) 보살이 있으니 그가 능히 이 여인을 정

---

288) 文殊 : 文殊師利(Manju—Sari). 妙吉祥·妙音·妙德으로 번역되며, 부처님의 지혜를 대표하는 보살. 일곱 부처님의 스승이라고도 칭한다.
289) 三昧 : 三摩提(Samadhi) 또는 定이라 적는다. 마음이 깊은 곳에 안주하여 동하지 않은 상태.
290) 문수는 이 모임에 참여 못하고 철위산에 쫓기었고 이 여인은 참석이 허락된 이유를 묻는다. 그러나 독자여, 문수의 이 말이 아직도 철위산에 빠져 있는 소리임을 착안하라.
291) 梵天 : 사람의 마음의 상태에 따라 세계를 받는데 대충 3등이 있다. 음욕을 중심하여 받아지는 欲界, 욕심을 떠나고 定을 기준하여 받아지는 色界, 미세지견으로 받아지는 無色界 등인데, 범천은 색계 四禪天 중 제1선천에 속하는 天界다.
292) 罔明 : 경에는 棄諸蓋인데 기제개란 모든 번뇌에서 벗어났음을 의미한다. 그러나 無明에서 벗어난 보살인데 본칙에서는 망명이라 하였으니, 罔明이란 바로

에서 나오게 할 수 있으리라" 하셨다.

이 말씀을 마치자마자 망명대사가 땅에서 솟아올라와 세존께 예배
드렸다. 이에 세존께서, 망명에게 여인이 정에서 나오게 하도록 신칙
하시니, 망명은 여인 앞에 가서 손가락을 한 번 튕기자 곧 여인이 정
에서 나왔다.

무문이 평한다.

석가 늙은이는 이런 한바탕의 연극을 만들었으나 소소한 일도 못해
냈다.

자! 일러 봐라. 문수는 바로 7불의 스승인데 어찌하여 여인을 정에
서 나오게 하지 못하였으며, 망명은 초지(初地)293) 보살인데 어떻게
여인을 정에서 나오게 할 수 있었는가!

만약 이 사이 도리를 친절히 볼 수 있다면 업식(業識)294)이 망망하
더라도 나가대정(那伽大定)295)이리라.

송296)으로 이른다.

나오게 하였든 나오게 못하였든

저들 멋대로이니,

신의 머리에 귀신의 탈을 하고

망신을 당하여도 또한 풍류니라.

無明과 같은 뜻이 된다. 기제개를 망명으로 바꾼 데에 또한 무문의 눈이 있는
것을 본다.

293) 初地 : 보살의 수행 위차 52위 중 10信, 10住, 10行, 10廻向을 거쳐 10地의 초,
즉 歡喜地. 문수는 10지 보살이다.

294) 業識 : 속세 번뇌의 결정인 범부의 의식 상태.

295) 那伽大定 : 那伽는 Naga[龍]의 뜻이니 大龍 삼매라고도 한다. 용은 즉 불의 뜻,
불의 대삼매를 가리킨다.

296) 이 송은 세존과 문수와 망명과 여인이 나가대정 속에서 자재한 경지를 전개하
는 것을 연극으로 보고, 풍류를 노래한다. 제1구 첫머리에 '정에서'를 붙이면
뜻이 분명해진다.

제43칙 수산의 죽비[首山竹篦]

首山和尙拈竹篦示衆云：“汝等諸人若喚作竹篦則觸，不喚作竹篦則背.

汝諸人且道喚作甚麽?”

無門曰：“喚作竹篦則觸，不喚作竹篦則背.

　　　　不得有語，不得無語，速道! 速道!”

頌曰：拈起竹篦，

　　　　行殺活令，

　　　　背觸交馳，

　　　　佛祖乞命.

수산(首山)297)스님이 죽비298)를 들어 대중에게 말하기를,

“너희들이 만약 이것을 죽비라고 부른다면 저촉되고[觸], 죽비라고

---

297) 首山(926~993) : 首山省念. 山東 萊州 사람, 속성 荻씨. 항상 『法華經』을 지송하
　　여 念法華라 불린다. 풍혈의 경책으로 宗旨에 투신, 풍혈의 법을 잇고 임제의
　　가풍을 떨쳤고 문하에 많은 준재를 냈다. 그의 법계보는 臨濟義玄—興化存獎—
　　南院慧顒—風穴延沼—首山省念으로 이어진다. 이 공안은 수산의 嗣法인 葉縣歸省
　　의 오도기연이다. 수산이 죽비를 들고 엽현에게 물었다.
　　“죽비라 하면 觸, 죽비라 하지 않으면 背, 너는 무어라 부를 것인가?” 하니, 현
　　이 죽비를 빼앗아 땅에 내던지면서 말하기를 “이것이 다 무엇이냐!” 하였다.
　　수산이 “이 눈먼 놈!” 하고 소리치니, 엽현이 언하에 깨쳤다.
298) 죽비 : 2척 가량의 대쪽을 약간 굽힌 것으로, 종사가 대중 접득하는 법구로 쓴
　　다. 본시 破弓이라는 이명이 있듯이 활을 꺾어 만든 것, 궁중에서 벌주는 도구
　　로 쓰였다는데 어느덧 총림에 들어와 지금의 죽비가 됐다. 우리나라의 죽비는
　　나무 두 쪽을 합하여 자루를 묶어, 치면 소리가 나게 한 것인데 주로 대중을
　　지휘하는 지휘봉 구실을 한다.

부르지 않는다면 어긋나니[背], 일러 봐라. 무어라 부를 것인가?"[299]
하였다.

무문이 평한다.
죽비라고 부르면 저촉되고, 죽비라고 부르지 않으면 어긋나니 말이
있어도 안 되고 말이 없어도 안 된다. 속히 일러라! 속히!

송[300]으로 이른다.
죽비를 비껴들고
죽이고 살리는 영(令)을 행한다.
어긴다 저촉된다, 뒤섞어서 휘두르니
(이 앞에선) 불조도 목숨을 비누나!

---

299) 죽비라 하면 名相에 걸려 법리에 저촉되고, 죽비가 아니라 하면 사실에 어긋난
    다. 이 背觸에 걸리지 않는 한 句를 찾아오라 하는 것.
300) 이 송에서 離言絶句의 獨步·自在의 권위를 보인다.

제44칙 파초의 주장자[芭蕉拄杖]

芭蕉和尙示衆云：“你有拄杖子，我與你拄杖子；你無拄杖子，我奪你拄杖子.”

無門曰：“扶過斷橋水，伴歸無月村.
　　　若喚作拄杖，入地獄如箭.”

頌曰：諸方深與淺，
　　　都在掌握中，
　　　撑天幷拄地，
　　　隨處振宗風.

파초(芭蕉)[301]스님이 대중에게 말씀하셨다. “너희에게 주장자[302]가 있으면 내 주장자를 주리라. 너희에게 주장자가 없으면 내가 주장자를 빼앗으리라.”

무문이 평한다.

(주장자를) 붙들어 다리 끊긴 물[303]을 건너고 (주장자를) 짝지어 달 없는 마을에 돌아왔네.

---

301) 芭蕉 : 慧淸 무문관 48칙 공안 가운데 유일한 우리나라 신라 사람이다. 속성·연대·전기 등 분명치 않으나 潙山의 4대 孫이므로 9세기경일 듯. 그의 법계보는 南嶽懷讓…潙山靈祐—仰山慧寂—南塔光涌—芭蕉慧淸으로 이어진다.
302) 拄杖子 : 본시는 7척의 지팡이인데, 총림에 와서 拂子와 같이 종사가 학인을 접득하는 법구가 되고 따라서 3척 정도의 짧은 것이 됐다.
303) 애욕의 물, 무명의 밤에도 걸림없는 이 한 물건을 무어라 할 것인가? 설사 한 물건이라 하더라도 철위산을 뒤집어쓺이라.

이를 만약 주장자라고 부른다면 지옥에 들어감이 쏜살같으리라.

송으로 이른다.
제방304) 종사의 깊고 얕음이
모두가 산승의 손아귀에 들었다.
하늘을 받치고 땅을 괴니
어디서나 닥치는 대로 종풍(宗風)을 떨친다.

---

304) 하늘·땅을 삼켜버린 이 주장자, 이 주장자가 무문의 손아귀에 잡혀 있으니
무문이 방자할밖에 없다.

제45칙 저는 누구냐[他是何誰]

東山演師祖曰：“釋迦彌勒猶是他奴，且道他是阿誰?”

無門曰：“若也見得他分曉，譬如十字街頭撞見親爺相似，
　　　　　更不須問別人道是與不是.”

頌曰：他弓莫挽，
　　　　他馬莫騎，
　　　　他非莫辨，
　　　　他事莫知.

동산연(東山演)305) 스님이 말하였다.

‘석가도 미륵도 오히려 저의 종이니라. 일러 봐라. 저는 누구인가!’306)

무문이 평한다.

만약 저를 분명히 보게 되면 마치 십(十)자 거리에서 친아버지를 만난 것 같아서 다시 다른 사람의 옳으니 그르니 하는 말을 기다릴 것이 없느니라.307)

송으로 이른다.

---

305) 東山法演：앞의 제35칙, 제36칙에 나옴.
306) 석가와 미륵을 부리는 주인은 누구인가 하는 것.
307) 자기 아버지는 자기가 안다. 물을 마시니 차고 더움을 스스로 안다. 남의 판단
　　을 기다릴 것 없다.

남308)의 활을 당기지 마라.

남의 말을 타지 마라.

남의 잘못을 가리지 마라.

남의 일을 참견하지 마라.

---

308) 활은 지혜, 말[馬]은 행, 즉 덕행으로 바꾸어 생각해 보라. 일일이 자기 흉금
[참 면목]에서 철철 흘러나와야 한다.

제46칙 장대 끝에서 앞으로 나가다[竿頭進步]

石霜和尙云：“百尺竿頭, 如何進步?”

又古德云：“百尺竿頭坐底人,

　　　　　雖然得入未爲眞.

　　　　　百尺竿頭須進步,

　　　　　十方世界現全身.”

無門曰：“進得步, 翻得身, 更嫌何處不稱尊,

　　　　　然雖如是, 且道, 百尺竿頭, 如何進步, 嗄!”

頌曰：瞎却頂門眼,

　　　錯認定盤星,

　　　拌身能捨命,

　　　一盲引衆盲.

석상(石霜)309)스님이 말하였다.

“백 척의 장대 끝에서 어떻게 나아갈 것인가?”

또 고덕(古德)310)이 이르기를,

---

309) 石霜 : 여러 석상 중 어느 석상이냐 논의는 있다. 혹은 石霜慶諸 또는 石霜楚圓, 후자로 본다. 석상초원(986~1039)은 임제종의 거장, 慈明으로 불린다. 廣西 全州 사람, 속성 李씨. 허벅다리를 송곳으로 찌르면서 용맹정진한 것을 慈明刺股라 하여 종문에 길이 수행담으로 전해 온다. 법계보는, 南嶽懷讓…臨濟義玄―興化存獎―南院慧顒―風穴延沼―首山省念―汾陽善昭―石霜楚圓으로 이어진다.

310) 古德 : 長沙景岑(?~868), 南泉普願의 법을 이었다. 전기는 분명치 않다. 『傳燈錄』에는 다만 '招待賢 대사라 하고 처음 鹿苑의 제1세가 된 후 정처 없이 지내며

“백 척의 장대 끝에 앉아 있는 사람이라 하더라도
구경(究竟)이 될 수 없으니,
백 척 장대 끝에서 한 걸음 앞으로 나아가야
시방(十方) 세계에 온 몸을 나툴 것이다” 하였다.

무문이 평한다.
앞으로 나아가고 몸을 뒤친다면
그 사람은 어디서나 존경받을 것이다.
비록 그러하나 일러 봐라.
백 척 장대 끝에서 어떻게 나아갈 것인가.

송으로 이른다.
정문(頂門)311)의 눈이 멀어서
정반성(定盤星)을 잘못 보누나.
장대 끝에서 몸을 버리고 목숨을 던져도
한 장님이 뭇 장님을 이끄네.

기연 따라 설법하였다’라고 할 뿐이다. 長沙遊山・呌大蟲의 일화로 유명하다.
그의 법계보는 南嶽懷讓—馬祖道一—南泉普願—長沙景岑으로 이어진다.
311) 頂門眼 : 마혜수라(Mahe S'rara). 천왕[大自在天]이 가졌다는 두 눈 외의 눈. 범부
의 눈이 아닌 心眼을 가리킨다. 앞서는 一隻眼이라 했으나 같은 뜻의 말.

제47칙 도솔의 삼관[兜率三關]

兜率悅和尚設三關問學者：“撥草參玄，只圖見性，卽今上人性在甚處?

識得自性，方脫生死，眼光落時作麼生脫?

脫得生死，便知去處，四大分離，向甚處去?”

無門曰：“若能下得此三轉語，便可以隨處作主，

　　　　遇緣卽宗；其或未然，麤飱易飽，細嚼難飢.”

頌曰：一念普觀無量劫，

　　　無量劫事卽如今.

　　　如今覷破箇一念，

　　　覷破如今覷底人.

　도솔열(兜率悅)312)스님이 삼관(三關)313)을 만들어서 (수행자)학자에게 물었다.

　“세속을 떠나 제방으로 선지식을 찾으며 참선하고 도를 배우는 것은 다만 견성(見性)하기 위함이니 그대의 성품은 지금 어느 곳에 있는가?

　자성(自性)을 알았으면 생사에서 벗어날 것이니 그대는 죽음이 닥쳐왔을 때 어떻게 벗어날 것인가?

　생사(生死)에서 벗어났으면 갈 곳을 알 것이니 사대(四大)가 흩어지

---

312) 兜率悅(1044~1092)：從悅. 江西 사람, 속성 熊씨. 운개산 守智의 지시로 보봉에
　　참례, 심인을 받았다. 송대의 재상 無盡居士 張商英은 그의 제자다. 그의 법계보
　　는, 南嶽懷讓…臨濟義玄…石霜楚圓—黃龍慧南—寶峰克文—兜率從悅로 이어진다.
313) 三關：경선을 시험하는 세 개의 관문.

면 어느 곳을 향해 갈 것인가”라고 하였다.

무문이 평한다.
만약 이 삼관(三關)에 대하여 능히 적절한 대답을 할 수 있다면
그 사람은 곧 처처에 주인314)이 되고, 만나는 인연마다 종지(宗旨)를 떨칠 것이나,
만약 그러하지 못하면 모름지기 자세히 살펴야 하니
대개 거칠게 먹으면 배부르기 쉬워도 곱게 씹은 것이 오래 든든하니라.

송315)으로 이른다.
일념으로 무량겁을 관하니
무량겁의 일은 곧 지금의 일이라
지금의 이 일념을 간파하면
지금을 보고 있는 그 사람(본래인)을 간파한다.

---

314) 『臨濟錄』에 ‘처처에 주인을 지으면 있는 곳마다 모두가 眞이다[隨處作主 立處皆
眞]’ 하였는데 여기에서 주인이란 절대적 주체성을 의미.
315) 이 송이 생사의 구름에 상관없는 청천백일 소식을 천명한다. 이것이 무문의 三
關에 대한 답. 끝으로 초심을 위하여 『涅槃經』의 일절을 첨가한다.
“일체 중생이 모두 불성이 있어 본래 해탈이니 다만 중생이 자기 마음에 집착
하는 까닭에 스스로 전도하여 모든 얽힘을 받는다. 만약 능히 일념의 훛을 돌
이켜 참에 돌아와 얽힘을 요달하면, 얽힘이 없을 때 곧 부처님과 똑같은 해탈
이라 차별이 있을 수 없다.”

제48칙 건봉의 한 길[乾峯一路]

乾峰和尚因僧問：“十方薄伽梵, 一路涅槃門. 未審路頭在甚麼處?”

峰拈起拄杖劃一劃, 云：“在者裏.”

後僧請益雲門, 門拈起扇子云：“扇子[足*孛]跳上三十三天, 築著帝釋鼻孔.

東海鯉魚打一棒, 雨似盆傾.”

無門曰：“一人向深深海底行, 簸土揚塵 ; 一人於高高山頂立, 白浪滔天.

把定放行, 各出一隻手扶竪宗乘, 大似兩箇馳子相撞著, 世上應無直底人.

正眼觀來, 二大老總未識路頭在.”

頌曰 ： 未擧步時先已到,

　　　　未動舌時先說了.

　　　　直饒著著在機先,

　　　　更須知有向上竅.

　건봉(乾峯)316)스님에게 한 수행자가 물었다.

　“시방의 모든 부처님이 열반문317)에 이르는 한 길이 있다 하오니
그 길이 어디에 있습니까?”

　건봉스님이 주장자를 들고 공중에 1자 한 획을 그으며 “여기 있다”
고 하였다.

---

316) 乾峯 : 생존 연대는 알 수 없다. 洞山良价의 제자이므로[동산은 869년 죽음] 대
　　개 짐작이 간다. 그의 법계보는 靑原行思—石頭希遷—藥山惟儼—雲岩曇晟—洞山
　　良价—越州乾峯으로 이어진다.

317) 열반문 : 해탈의 법문.

이 수행자가 후에 운문(雲門)318)스님에게 다시 물으니 운문스님이 부채를 들어 말하기를,

"이 부채가 튀어 삼삼천(三三天)319)에 올라가 제석(帝釋)의 콧구멍을 들이받고,

동해의 잉어를 한 방망이 치니 비가 동이로 붓는 듯 내린다"고 하였다.

무문이 평한다.

한 사람320)은 깊고 깊은 바다 밑을 걸으매 티끌을 불어 일으키고, 한 사람은 높고 높은 산정에 올라섰는데 파도가 하늘까지 닿았다. 혹은 파정(把定), 혹은 방행(放行)하여 각각 한쪽 손을 내밀어 종승(宗乘)을 붙들어 세우니 마치 양쪽에서 달리는 사람이 서로 맞부딪침과도 같다. 그러나 세상에는 참으로 밑바닥까지 투철하게 요달한 사람이 없는 모양이다. 바른 눈으로 볼 때 두 노장도 또한 모두가 길을 모르고 있는 것이다.

송321)으로 이른다.

한 걸음 걷기 전에 이미 이르렀고,

혀도 까딱하기 전에 벌써 말을 다했구나.

---

318) 雲門 : 문언 선사.

319) 三三天 : 忉利天의 다른 이름. 제석은 도리천의 天主로서 三三天의 중앙에 제석천이 있으며, 여타의 三二天과 하위천인 四王天을 통솔하고 불법을 보호한다.

320) 앞 한 사람이란 건봉, 다음 한 사람은 운문, 파정은 건봉, 방행은 운문을 가리킨다. 파정·방행은 宗門 機用을 표현하는 말로서 파정은 把住라고도 하며 거두고 빼앗는 것이고, 방행은 놓고 주는 것을 의미한다. 지금의 선실문에서 파정·방행의 두 패를 흔히 본다.

321) 제1구가 건봉의 한 획 그은 것을, 제2구가 운문의 부채를 각각 노래한다. 제3구의 한 著, 제4구의 歟는 바둑에서 온 말이다. 이 송은 앞의 무문의 평을 다시 거듭 강조한다.

비록 한 수 한 수 기선(機先)을 잡더라도
다시 향상(向上)의 규[竅]가 있는 것을 알아야 한다.

후서(後序)322)

從上佛祖垂示機緣, 據款結案, 初無剩語. 揭翻腦蓋, 露出眼睛, 肯要諸人直
下承當, 不從佗覓. 若是通方上士, 纔聞擧著, 便知落處, 了無門戶可入, 亦無階
級可升. 掉臂度關, 不問關吏.

豈不見玄沙道：“無門解脫之門, 無意道人之意.”

又白雲道：“明明知道, 只是者箇, 爲甚麼透不過?” 恁麼說話, 也是赤土搽牛嬭.

若透得無門關, 早是鈍置無門 ; 若透不得無門關, 亦乃辜負自己.

所謂涅槃心易曉, 差別智難明. 明得差別智, 家國自安寧.

時紹定改元解制前五日　楊岐八世孫　無門比丘　慧開　謹識

이상 48칙의 불조(佛祖)가 보인 (공안)말씀이나 거동은 마치 법률
운용이 사실에 의거 판단하는 것처럼 한마디도 군말이 없다. (머리)두
개골을 열어서 드러내고 안목을 온통 드러낸 것이니 모든 사람들은
반드시 직하에 알아들을 것이요, 결코 다른 곳으로 찾아 헤매지 말아
야 한다.

만약에 시방 대도에 통달한 상근기 사람이라면 겨우 한 구절만 들
어도 곧 전체의 귀추를 알 것이니 문 없이 들어감을 알고 또한 계급
없이 단번에 올라가는 도리를 알 것이다. 팔을 흔들어 자유로이 관문
을 통과한들 관문지기가 무엇이라 말하랴!

현사(玄沙)스님이 말하기를 “문이 없는 것이 해탈의 문이며, 뜻이
없는 것이 도인의 뜻이다”라고 하였으며, 또한 백운(白雲)스님이 이르
기를 “명명백백하게 아는 바가 이것인데 어찌하여 통과하지 못하는

---

322) 이 이하는 앞의 제48칙에 이어 있는 것을 내용상 따로 나누어 후서라 해 둔다.

가!"라 하였다.

이와 같은 이야기들은 모두가 황토 위에 우유를 바르는 것이다.[323) 만약 무문관을 통과하였으면 벌써 이 무문[324)을 제쳐 버렸을 것이요, 만약 그렇지 못하여 아직도 무문관을 통과하지 못하였다면 이는 바로 자기 자신을 배반한 것이다.

열반심[325)은 밝히기 쉬워도 차별지(差別智)는 밝히기 어렵다 하였으니 차별지를 밝히게 되면 집안이나 나라가 스스로 태평하리라.

때는 소정(紹定)[326) 원년 해제(解制) 전 5일, 양기(楊岐)[327) 8세 법손인 무문 비구 혜개 삼가 씀

---

323) 황토에 젖을 바르면 더욱 더러워진다. 현사나 백운이 말할수록 본분과는 거리가 멀어진다는 뜻.
324) 무문 : 무문관의 편자인 無門慧開 자신.
325) 열반심은 이른바 불생불멸의 본심. 차별지는 구체적 현실에서 열반심을 굴리는 지혜.
326) 紹定 : 남송 理宗 4년에 이때까지의 연호 寶慶을 소정으로 고쳤다(서기 1228년).
327) 楊岐 : 方會禪師(996~1049)를 가리킨다. 임제종 양기파의 開祖. 원주 의춘 사람, 속성 冷씨. 석상초원의 법을 받고 백운수단이 그 법을 이어 門風이 크게 성하였다. 법계보는 臨濟義玄…風穴延沼──首山省念──汾陽善昭──石霜楚圓──楊岐方會로 이어진다.

선잠(禪箴)328)

循規守矩, 無繩自縛 ; 縱橫無礙, 外道魔軍. 存心澄寂, 默照邪禪 ; 恣意忘緣, 墮落深坑. 惺惺不昧, 帶鎖擔枷 ; 思善思惡, 地獄天堂 ; 佛見法見, 二鐵圍山. 念起卽覺, 弄精魂漢 ; 兀然習定, 鬼家活計. 進則迷理, 退則乖宗, 不進不退, 有氣死人. 且道如何履踐? 努力今生須了卻, 莫敎永劫受餘殃.

규율과 법도에만 얽매임은 노끈 없이 스스로 얽음이요, 생각대로 걸림 없이 놀아나는 것은 외도 마군이요, 마음을 잡아 고요와 맑음을 도모하는 것은 묵조(默照)의 삿된 선이요,329) 뜻대로 마구 굴어 인연 경계를 불고하는 것은 컴컴하고 깊은 구렁에 빠짐이요, 말끔히 깨어 매하지 않음은 쇠고리를 차고 목에 철가(鐵枷)를 짊어짐이요, 선이나 악을 생각함은 지옥과 천당이요, 불견(佛見)·법견(法見)을 짓는 것은 (두 겹으로 둘러싼)이(二) 철위산(鐵圍山)330)에 갇힘이요, 번뇌망념이 일어나면 곧 이것은 공(空)이라는 등 깨우치는 생각으로 대하는 것은 귀굴(鬼窟)에서 살림하는 것이요, 깨닫기로 나아가면 법리를 잃고 물러서면 종지를 어기며, 나아가지도 않고 물러서지도 않는다면 숨 쉬는 송장이다. 자! 일러 봐라. 그러면 어떻게 행리(行履)할 것인가?

노력하라! 모름지기 금생에 요달해 마쳐 영원히 재앙을 받지 않도록 하라.

---

328) 禪箴 : 무문이 지은 것. 선잠은 잘못된 선을 치료한다는 뜻.

329) 曹洞界에서 '다만 앉아 있는 것'을 강조하는 것을 임제계에서 默照邪禪이라고 나무란다.

330) 고대 인도의 우주론에서 세계의 중심인 수미산을 둘러싸고 있는 바다를 다시 둘러싸고 있는 산을 철위산이라 한다.

황룡삼관(黃龍三關)331)

我手何似佛手? 摸得枕頭背後, 不覺大笑呵呵, 元來通身是手.

我脚何似驢脚? 未擧步時踏著, 一任四海橫行, 倒跨楊岐三脚.

人人有箇生緣, 各各透徹機先, 那吒折骨還父, 五祖豈藉爺緣?

佛手驢脚生緣, 非佛非道非禪, 莫怪無門關險, 結盡衲子深冤.

瑞巖近日有無門, 掇向繩床判古今. 凡聖路頭俱截斷, 幾多蟠蟄起雷音.

請無門首座立僧, 山偈奉謝.

紹定庚寅季春 無量宗壽 書

내 손은 불수(佛手)와 너무나도 닮았다.

머리맡 등 뒤를 더듬어 보니

무심코 웃음이 터져 나온다.

원래가 온몸이 손이었던 것을!

내 발은 어쩌면 나귀 발과 닮았나

---

331) 黃龍三關 : 이 글은 明州 瑞巖寺의 無量宗壽가 무문을 청하여 무문관 48칙을 拈提
   하였는데 그에 대한 사의를 표하기 위하여 黃龍慧南의 三關語에 자작의 송을
   붙인 것. 황룡(1002~1069)은 임제 황룡파의 시조. 북송의 선승으로 石霜楚圓에
   참례하여 조주가 노파를 감파한 공안으로 대오, 인가를 받고 제방을 거쳐 晩年
   에 황룡산으로 가 크게 종풍을 떨쳤다. 법계보는 南嶽懷讓…臨濟義玄…汾陽善昭
   ―石霜楚圓―黃龍慧南・楊岐方會로 이어졌다. 황룡혜남과 양기방회는 사형제다.
   황룡은 평소 찾아온 납자에게 손을 내밀면서 "이 손이 어째서 佛手와 같은가?"
   또 발을 내밀면서, "이 발이 어째서 나귀 발을 닮았을까?" 하고, 다시 "사람마
   다 제각기 태어난 인연이 있는데 그대의 生緣은 어디에 있는가?"라고 하였다.
   이러기를 30여 년간, 이를 가리켜 제방에서는 '황룡삼관'이라 하였다.

한 걸음 들기 전에 대지를 밟았네.
사면팔방 천지를 멋대로 횡행하니
양기(楊岐)332)의 세 발 나귀를 거꾸로 탄다.

사람마다 제각기 생연(生緣)333)이 있으나
생연에 걸림없이 만겁을 사무쳤네.
나타(那吒)334)는 뼈를 발라 아버지에 돌렸고
오조(五祖)335)는 그 어찌 아버지를 빌었던가.

불수(佛手)336)도, 나귀 발도, 태어난 인연도
모두가 불(佛)도 도(道)도 다 아니다.
무문관337)이 보다 험하다 탓하지 마라
납자들이 이곳에 깊은 원한 맺노니.338)

서암(瑞巖)에 무문이 친히 오셔서
선상(禪床)에 진좌하여 고금을 판단했네.339)
성현 범부 나아갈 길 모두 다 끊어 놓으니

---

332) 양기 : 방회. 어떤 출가수행자가 물었다. "어떤 것이 부처입니까?" 방회 대답
하기를 "(절름발이)세 다리의 당나귀(三脚驢子)가 잘도 가는구나!" 하였다.
333) 生緣 : 사람은 누구나 제각기 인연따라 태어난다. 자신의 業因이 因이 되고 부
모가 緣이 된다.
334) 那吒太子는 살을 베어서 어머니에게, 뼈는 발라서 아버지에게 돌리고 다시 본
신을 나타내어 부모를 위해 법을 설했다고 한다.
335) 五祖 : 弘忍祖師. 전생은 裁松道者인데, 四祖인 道信大師에게 법을 듣기 위해서 스
스로 죽어서 周씨 처녀의 몸에 들어가 태어나 출가하여 弘忍이 되었다. 이래서
오조는 '마리아' 아닌 또 하나의 동정녀인 주씨 처녀의 아들이 된다.
336) 황룡혜남의 三關에 대한 문제성을 말한다. 非佛·非道·非禪.
337) 무문관을 찬탄한다.
338) 납자들이 무문관을 투과하기에는 온갖 정력을 모두 바치고도 쉽지 않다 함이
다.
339) 古今의 공안을 비판했다는 뜻.

움츠렸던 용상(龍象)340)들이 얼마나 요동쳤나.

무문 수좌를 입승(立僧)341)으로 청하게 되었음을 감사하면서
삼가 이 허술한 글을 드린다.

소정경인(紹定庚寅)342) 늦봄(季春) 무량종수(無量宗壽)343) 씀

---

340) 납자들에게 숨어있는 본분의 氣銳를 촉발하여 마치 움츠려 있던 용이 일어나
    큰 뇌성 번개를 치듯, 납승들의 안목을 얼마나 밝혀 놨을까! 하며, 초청자로서
    의 감사와 청중으로서의 환희를 함께 말하고 있다. 용상은 뛰어난 납승.
341) 立僧 : 선림에서 首座 외에 다른 有道之師를 청하여 演法하기도 하고, 또는 다른
    곳의 尊宿을 청하여 설법하게 하는데 이를 입승수좌라 한다.
342) 조정경인 : 남송 이종 조정 3년이다(1230).
343) 무량종수 : 임제종, 생존 연대는 미상이나 무문과 동시대 사람.

```
                                    ┌─ 圜悟克勤─大慧宗杲─佛照德光─育王師瑞─無量宗壽
南嶽懷讓…臨濟義玄…五祖法演 ─┤
                                    └─ 開福道寧─月庵善果─老衲祖證─月林師觀─無門慧開
```

발(跋)344)

達磨西來, 不執文字, 直指人心, 見性成佛.

說箇直指, 已是迂曲, 更言成佛, 郎當不少.

旣是無門, 因甚有關?

老婆心切, 惡聲流布. 無庵欲贅一語, 又成四十九則.

其間些子淆訛, 剔起眉毛薦取.

淳祐乙巳夏　重刊

檢校少保寧武軍節度使　京湖安撫制置大使　兼屯田大使　兼夔路策應大使　兼
知江陵府　漢東郡開國公　食邑二千一百戶　食實封陸佰戶　孟珙　跋.

달마가 서쪽에서 와서, 문자에 국집하지 않고, 바로 사람 마음을 가
리켜서 성품을 보아 성불(成佛)하게 하였다. 그러나 사람 마음을 바로
가리킨다는 이것이 또한 군말이거니, 다시 성불한다고 한다면 이야말
로 망령이다.

이제 무문이라 하였으니 이미 무문일진대, 어찌 관문이 있으랴! 노
파심이 간절한 것이 오히려 나쁜 소문을 퍼뜨렸다. 무암(無庵)도 또한
부질없는 헛말을 한 줄 덧붙여 49칙을 이루게 하고자 한다. 만약 이
사이에 약간의 허물이 있을진대 결코 간과하지 마라. 마땅히 두 눈을
활짝 뜨고 찾아내야 하느니라.

---

344) 이 발문은 맹공의 것. 맹공은 불교에도 통한 무인으로, 이름은 璞玉, 호를 無庵
　　居士라 했다. 이 발문은 남송 이종 淳祐 5년의 중간 때에 붙인 것. 초판 후 17
　　년이 된다.

순우(淳祐) 을사년 여름 중간하면서

검교소보 영무군절도사 경호안무제치대사 겸 둔전대사 겸 기로책응
대사 겸 지강릉부한동군개국공 식읍이천일백호 식실봉육백호(檢校少
保, 寧武軍節度使, 京湖安撫制置大使 兼 屯田大使 兼 蘷路策應大使 兼 知江
陵府漢東郡 開國公, 食邑二千一百戶, 食實封陸百戶),
　맹공(孟珙)이 발문을 쓰다.

안만(安晩) 49칙[345] [安晚 附增]

無門老禪作四十八則語, 判斷古德公案, 大似賣油餅人, 令買家開口接了, 更吞吐不得.

然雖如是, 安晩欲就渠熱爐熬上再打一枚, 足成大衍之數, 卻仍前送似.

未知老師從何處下牙? 如一口喫得, 放光動地 ; 若猶未也, 連見在四十八箇都成熱沙去.

速道! 速道!

經云 : "止止不須說, 我法妙難思."

安晩曰 : "法從何來? 妙從何有? 說時又作麼生? 豈但豐干饒舌, 元是釋迦多口. 這老子造作妖怪, 令千百代兒孫被葛藤纏倒, 未得頭出.

似這般奇特話靶, 匙挑不上, 甌蒸不熟. 有多少錯認底?

傍人問云 : "畢竟作如何結斷?" 安晩合十指爪曰 : "止止不須說, 我法妙難思."

卻急去‘難思’兩字上打箇小圓相子指示衆人 : "大藏五千卷, 維摩不二門, 總在裏許."

頌曰 : 語火是燈,

掉頭弗䚗.

惟賊識賊,

一問卽承.

---

345) 이 제목은 역자가 달았다. 원본에는 제목이 없고 다만 ‘경에 이르기를’ 앞에 49칙어라 했고 대개의 경우 安晩 跋이라 하고 있다. 49칙어의 전문임. 안만은 호이고 이름이 鄭淸之, 南宋 理宗 때의 문관, 1251년 죽다.

淳祐丙午季夏初吉　安晩居士　書于西湖漁莊

[舊板磨滅故, 重命工鋟梓畢. 這板置于武藏州兜率山廣園禪寺也.
應永乙酉十月十三日　幹緣比丘　常收]

무문 노선(老禪)이 48칙의 이야기를 모아서 고덕(古德)의 공안을 비판했다. 이것은 마치 유과(油菓) 장수가 유과를 산 사람의 입을 벌리게 하고, 입에 가득 유과를 처넣어 삼킬 수도 없고 토할 수도 없게 한 것과 같다.

비록 그러하나, 안만(安晩)은 다시 저 펄펄 끓는 냄비에 다시 유과346)를 한 개 더 곁들여 49개를 채워서 이것을 앞서와 같이 먹이는 바이다.

이에 무문 노사(老師)는 어떻게 씹어 낼 작정인가? 만약 이 유과를 한입에 먹어낸다면 천지347)에 광명을 놓고 대지를 진동시킬 것이요, 만약 먹어 내지 못한다면 이 48칙 하나하나가 뜨거운 모래로 변할 것이니, 자 속히 일러라, 속히!

경에 이르기를 '멈추어라, 그만둬라, 더 말하지 마라. 나의 법은 미묘하여 생각하기 어려우니라'348) 하였다.

이에 안만은 말했다. 법은 어디에서 왔으며 묘하다니 어떻게 생겼더냐? 이것을 말할 때는 어떻게 할 것인가? 한산(寒山)과 습득(拾得)은

---

346) 유과 : 공안을 가리킨다. 49개는 원문에 大衍之數인데 『周易』의 '大衍數는 50, 쓰이기는 49'라는 데서 여기서는 49로 보아 둔다. 다만 앞의 맹공의 발에서 49칙이라 하였으므로 안만 발은 50칙에 해당하나 안만이 전년에 있는 맹공 발의 사실을 몰랐을 것이라고 해석해 둔다.
347) 부처님이 설법할 때는 광명이 천지에 뻗치고 대지가 6종으로 진동하는 상서가 있다.
348) 『法華經』「방편품」 중, '止止不須說 我法妙難思 諸增上慢者 聞而不敬信'의 전반.

풍간(豊干)349)을 요설가라 했지만 풍간만이 아니다. 원래 석가가 말이 많다. 이 노인은 괴상한 것을 만들어 내어서 백대 천대 후손들까지 덩굴에 휘감아 아직도 머리를 못 들게 한다.

이러한 기묘한 말자루는 수저로 건지고자 해도 걸리지 않고, 시루에 쪄도 익지 않으니 이 사이에 얼마만큼이나 사람들이 골탕을 먹었을까?

곁의 사람이 묻기를 "마침내 어떻게 결말낼 것인가?"라고 한다면 나는 두 손 모아 합장하고 말하기를 "그만두오. 더 말하지 마오. 나의 법은 미묘하여 생각하기 어렵소"라고 할 것이며, 또한 급히 생각하기 어렵다는 글자 위에 한 작은 동그라미를 그려서 모든 사람에게 보이고, "부처님의 일대장경 5천 권도, 말없이 보인 유마(維摩)의 불이(不二) 법문도 모두가 이곳에 있다"고 할 것이다.

송으로 이른다.
불[火]은 이것이 바로 등(燈)이라 말하는데
머리를 저으며 응하지 않네.
도적의 심사는 도적만이 아는 것
말 한 번 던지면 곧 알아듣는다.

순우병오년(淳祐丙午, 1246年) 6월 길일 서호어장(西湖漁莊)에서
안만거사(安晚居士) 씀

---

349) 한산·습득·풍간 : 모두 당나라 때의 선승. 생존 연대는, 태종 또는 현종 때라고 하나 모두 분명치 않다. 습득과 한산이 유도지사라는 사실을 풍간이 누설하여 饒舌이란 말이 나온 것. 『한산집』, 또는 『삼성집』이라 한 시집이 지금에 전하여 유명하다. 실존 인물인지에 대해서는 논의가 있다.

II

비문(碑文)

각지에 있는 비문을 직접 찾아가 절한 후 확인하고 내용을 옮겼다.
원래 비문에 쓰려고 했던 글을 미처 비로 옮기지 못하고
「불교신문」(당시 대한불교, 영월 사자산 법흥사)에 광고로 실려 있는 글도 있지만
여기서는 비(碑)로 세워진 글만 실었다. 당시 先師의 사형이신 지효큰스님께서
사자산에 주석하실 때인데, 선사께서는 늘 그때 쓴 글을 아쉬워했다.
이번 신문에 난 기사를 검색 발췌하다가 우연히 찾게 되었다.
(뒤에 신문기사 발췌부분에 실었다.) 비문의 글은 모두 모았지만
先師의 다른 글에 비해 양이 적다. —송암

1
慧月慧明大禪師無相說法塔記

【전심】
　　법 법이여 본래 법이 없음이로다.
　　법 없음이여 또한 법이 없음이로다.

　　이 세상 온갖 경계 유위법이란 본래로 진실성이 없는 것이니, 만약
에 모든 상에 상이 없으면, 이것이 성품을 본 것이니라. 선이란 조사
관을 뚫은 것이며, 또한 둘 아닌 법이니. 무엇이 조사관일고. 신명을
잊은 것이니라. 무엇이 둘 아닌 법일고. 백운은 청천에 있고 물은 병
에 있도다. 형상은 없건만은 슬기는 신령하네. 언제나 분명하야 매한
때가 없나니. 石人이 피리불고 木馬가 춤을 춘다. 아하하 우습다. 꿈속
의 일이로다. 인간인가 청산인가 어느 것이 이것인가. 봄빛이 이르는
곳 강산에 꽃이 차네. 어떤 사람 木人事가 무엇인가 물을지면 石女의
가슴속에 겁외가(劫外歌) 파동친다.
　문 : 어떤 것이 불법대의입니까?
　답 : 일체 名相을 여읜 것이니라.
　문 : 어떤 것이 명상을 여읜 것입니까?
　답 : 九九는 八十一이니라.
　문 : 어떤 것이 선(禪)입니까?
　답 : 네가 물었느냐. 내가 답하였느냐?
　문 : 무슨 뜻인지 알지 못하겠습니다.
　답 : 前三三 後三三이니라.
　문 : 무슨 뜻인지 자세히 일러 주옵소서.
　답 : 행자야— 하고 부름에 행자가 "네!" 하니 "이 무엇인고."
　문 : 어떤 것이 화상의 가풍입니까?

답 : 비가 오는구나.

문 : 다못 화상의 가풍을 묻고 비오는 것을 묻지 않았습니다.

답 : 비가 온다. 비가 온다.

【행화】

선사는 평생을 괭이와 지게와 죽비를 손에서 놓지 않고 "이 둥그러히 주함이 없음을 아느냐" 혹은 "名相을 여의고 일러 봐라" 하며 납자를 연마하고 제자를 훈도하다. 때를 따라 사람을 따라 항상 '공적영지(空寂靈知)'를 제창하고 본분을 종횡무진 천양하다. 사(師)가 이르는 곳 항상 웃음과 기쁨과 용기와 활동이 꽃피고 극치의 자비와 무심 진금행(眞金行)에는 언제나 혜검(慧劍)의 엄한 서릿발이 고이 잠기다. 불멸의 서원력은 무한한 정진으로 본분을 실현하여 잠시의 쉬임도 보이지 않으니,

문 : 어떤 것이 제1구입니까?

답 : 九九는 八十一이니라.

문 : 어떤 것이 불법입니까?

답 : 거북털 토끼뿔이니라.

문 : 스님, 좀 쉬시지요.

답 : 뭐라구. 보지도 못하면서 뭐라 해. 자재할 때까지 힘써라.

師— 평생 동안 하루에 한두 시간밖에는 눕지 않다. 사의 행화 시적 중에는 홍시법문 무공적법문 삼점(三点)법문 고봉四句偈법문 칼법문 본태평법문 빗법문 지옥법문 방생법문 등, 이루 헤아릴 수 없는 법화(法話)가 남겨져 천하대중의 안목이 되다.

【행유】

禪師— 법호는 혜월. 법명온 혜명이며, 불기 2889(1862)년 6월 19일 충청남도 예산군 덕산면 신평리에서 출생하다. 속성은 평산 신(申)씨.

13세에 덕숭산 정혜사에 출가입산하고 15세에 혜안선사를 사(師)하여 축발하다. 24세에 경허선사를 뵈워,

"四大도 허공도 설법청법 하지 못하며 다만 눈앞의 두렷이 밝고 名相이 없되 분명한 이 물건이 비로소 설법하고 청법한다" 한 법문을 듣고 크게 발심하고 크게 의정을 내어, 지게를 지나 밭을 매나 의정으로 오고 의정으로 가며 맹렬한 정진으로 추궁하고 추궁하더니 7일이 되는 날 마침 미투리를 삼다가 크게 깨치다.

이후 28년을 덕숭산에서 성태를 보양하다가 師 51세(辛亥) 2월에 남방을 유력하여 이르는 곳마다 크게 도풍을 떨치다. 통도사 내원사 미타암 범어사 선암사 안양암 등에서 교화하고 불기 2963년 6월 16일 선암사 밑 노상에서 솔방울 자루를 어깨에 멘 채 서서 열반에 들다. 향수는 76세, 승랍 62세, 수법제자 20인이 있다.

불기 2989(1962)년 임인(壬寅) 4월 24일 세움

금정산 후학 광덕 삼가 지음
금정산 후학 석주정일 삼가 씀
천성산 후학 호산경준 도감

(위치 : 경남 양산 미타암 왼쪽 미타굴 입구에 있음)

2
地藏菩薩本願塔碑

眞如法性身에 어찌 彼我得失이 있으리오만 淨法界身을 흐르는 뜨거운 大悲誓願은 어두운 세계 속에 몸을 나투며 그림자를 나누어 눈물도 기쁨도 무거운 짐도 나누어진다 거룩할지라 大願本尊地藏菩薩이여 중생에게 한량없는 미묘공덕을 증장시키고 가난과 병고와 온갖 고난에서 해방시키며 어리석음으로 인하여 짓는바 온갖 거칠은 행에 낱낱 妙法을 설하여 제도하시니 無量恒河沙數分身이 쉴 겨를이 없다 손에는 摩尼珠를 잡고서 끊임없이 중생에게 들어 보여 남이 없는 눈을 열어 일체성취의 공덕을 이루게 하니 무량겁을 지내는 동안 그 뉘인들 대원본존지장보살마하살의 자비하신 섭수 밖에 있는 자이랴 하늘이나 사람 그 누구이던 지장보살을 우러르거나 예배하는 공덕은 헤아릴 수 없고 지장보살의 지혜와 자비신력은 불가사의하여 부처님께서 入滅하신뒤 미륵불이 성불하는 그 사이 고통받는 모든 중생들이 지장보살에게 부촉되었으니 보살은 가위 無明을 깨트리는 불멸의 광명이요 고해에 던져진 보배뗏목이며 일체중생 영겁의 救護主이시다 國淸寺는 新羅시대의 창건이나 옛 이름 빙거할 길 없고 이조 숙종 29년 金井山城 축성 후에 중수하여 이름을 국청사라 하고 純祖26년 중건을 거쳐 금일에 이른다 전 주지 善果禪伯이 지장보살 위덕을 숭앙하여 존상봉건의 원을 세우고 절 앞 蓮塘을 크게 확장 수축하더니 그 뜻을 이어 蒼鳳禪伯과 慧醒住持가 신심단월의 협력을 얻어 지난 윤사월십팔일 연당 중앙에 높이 21척의 삼층탑을 봉건하니 우러러 이름하여 地藏菩薩本願塔이다 基壇에는 四龍이 寶珠를 희롱하고 기단 삼층에는 十二支神像을 配하였으며 일층탑신 동서남북 사면에 문수 관음 지장 허공장 보살이 좌정하고 삼층 탑위에 오층을 이룬 相輪上部에는 八方으로 뻗은 가지 끝에 연꽃이 피어 있다 인간과 천상과 모든 업도중생들이 지장보살본원 광명을 만나 모두 함께 無爲安樂國에 이르고 온 법계에 菩提華가 가득 피어 죄업도 고통도 이름조차 사라지리니 기쁘다 나무지장보살본원보탑

세존응화 三〇〇九年 단기 4315년 壬戌 음7월 15일
金井沙門 光德 지음

3
無佛性觀大禪師寂照碑

금정산 범어사 사문 光德 짓고 如初居士 김응현 씀

달빛처럼 고요하고 봄볕처럼 따사롭고 삭풍처럼 맵고 파도처럼 줄기차다 때로는 貝葉 굴려 法乳를 천지에 가득 채우고 때로는 四通街頭에 廣長舌을 베풀어 昏塵을 끊으며 때로는 柱杖子 휘둘러 野干의 뇌간을 찧는다 王舍城 달빛은 거듭 빛나고 曹溪淸風은 천지를 쓸고 간다 이것이 무불선사의 일용이다 선사 법명은 性觀이고 無佛은 법호이다 1907년 9월 20일 서울 五壯洞에서 父 南永哲 母 崔씨의 장남으로 태어났다 宜寧 南씨다 13세에 母喪을 당하여 無常이 사무쳐 계룡산 동학사 月庵和尙에 나아가 축발하였다 이로부터 몸에 누더기를 감고 가슴에 불길을 품고 구도의 길에 뛰어드니 남북강산 天下宗匠을 두루 參請하고 살을 베고 뼈를 깎는 용맹정진으로 현묘한 근원에 사무쳤다 드디어 금강산 유점사 大輪宗師에 법을 이으니 때는 선사 33세다 이후 제방에서 길이 聖胎를 보양하니 安居는 二十夏에 이른다 동학 유점 講席에서 學人을 제접하고 많은 龍象을 打出하였다 6·25전란 이후 부산 금정사에 掛錫하고 入廛垂手하니 群生에 粘著을 풀고 固盲의 눈을 열으매 덕화가 크게 떨쳤다 또한 때때로 보살대계를 설하니 수지자는 헤아릴 수 없다 1970년 8월 부산 쇠미산 아래에 연화사를 창건하여 학인을 鉗鎚하고 군생을 보윤하여 禪寂여가에 寫經한 경권은 법화경 7질을 위

시 가히 무량이다 1984년 2월 微疾을 보이다가 二十一日에 圓寂에 드
니 천지가 캄캄하고 강산이 빛을 잃었다 報壽는 七十八세요 臘은 六十
四夏다 茶毘하여 영골을 거두어 쇠미산 동록에 石鐘을 다듬어 거룩한
덕을 표시한다 장하다 선사여 금옥같은 맑은 몸에 금강의 굳은 마음
서리같은 계행으로 대법을 천양하여 敎邦의 빛이 되니 願力所來며 寶渚
의 導首라 길이 국토를 진호하고 만류를 扶育하며 劫밖을 자재하리라

一九八四年 甲子 九月 二十日 세움

4

金蓉庵事蹟碑

대개 한 聖伽藍이 이룩됨에는 불보살의 지극한 護念이 그 근원이 된
다 금정산의 수려한 봉우리가 깊숙이 西南으로 뻗어 西로 洛東江을 두
르고 東과 南으로 釜山市를 앞에 하며 푸른 東海를 굽어보는 곳에 기특
한 봉우리가 우뚝 솟았으니 이름을 釗尾山이라 한다 산 중허리에 한
勝地가 있어 예부터 많은 淸信道俗이 머물며 마음을 닦고 道를 굴려왔
다 瑞氣는 이곳에 어렸고 祥瑞가 끊임이 없으니 닦는 자는 이루었고 求
하는자 얻지 않은 이 없다 그중에도 東萊區 巨提洞에 거주하는 佛子 李
仁德行이 이곳에서 기도하여 대원을 성취하여 1919년 기미 10월 15일
그는 마침내 출가하여 중이 되어 號를 大鳳이라 하고 法堂을 세워 金蓉
庵이라 하였다 또한 부산 釜岩洞에 거주하는 文法輪月을 위시한 白實相
華 崔新昰 李上生華 金淸心華 尹善導行 車能仁行 鄭泰鎏 宋鳳根 裵永珠 等
一團의 在家佛子들은 大鳳스님과 함께 이곳에서 修道하여 크게 불보살
의 은혜를 깨닫고 淨業道場을 이룩할 서원을 發하였다 그리하여 念佛精
進 寺宇補修 正法宣揚 慈悲救護 禪院外護 등 그들의 손이 미치지 않은
곳이 없더니 一九六四年 四月부터 梵魚寺 德潤禪師의 敎化를 받아 金蓉庵

은 착실한 기초를 잡게 되었다 金蓉庵의 社寺地寺畓寺宇 등의 所有權을
두고 宋某와 소송 끝에 三年만에 完全 승소하여 寺刹의 기본을 확정시
켰고 一九六六年 七月 德潤禪師를 住持로 추대하여 다음 해 十月까지에
拈華殿 僧堂 爐殿을 완성하고 一九七二年 十月에는 佛子 金年姬의 獻納으
로 電氣를 가설하니 寺宇는 一新되고 道場의 光輝와 瑞氣는 한층 더하
였다 이래 修道人은 이곳을 떠나지 않았고 正法甘露의 물은 끊일 사이
없이 흘러 퍼진다 그 사이 여기에 소요된 淨財는 七百萬원에 달하며 文
法輪月 등 염불회원의 정진 각고한 모양은 형언할 수 없으니 길이 在家
佛子의 귀감이 될 것이다 기특하다 제불보살의 至重한 加護와 威神力이
아닌들 어찌 이와 같을 수 있으랴 이 道場이 이와 같이 諸聖의 護念과
佛子의 誓願力으로 未來萬劫으로 전해가며 이 땅위 正法光幢이 될 것을
생각하매 어느 덧 몇 字를 이뤘기에 이에 기록하여 後世에 남긴다

一九七二年 壬子 十二月 八日

大韓佛敎曹溪宗 梵魚寺 沙門 光德 지음 無佛 씀

5

南泉翰圭大禪師碑

梵魚寺 沙門 光德 짓고 高靈 申斗榮 쓰다

여기에 한 위걸이 있어 주장 들어 한번 떨치니 어둠이 무너지고 하
늘 땅이 열리며 요정이 자취 감추고 뭇 생령이 광명대지를 얻으니 王
舍一輪이 빛을 더하고 靈鷲寶月이 다시 밝았다 曹溪家風 신선을 더하고
만류의 永劫活路 다시 밝으니 이것이 조계적골이며 태고정맥인 남전대
선사의 日用이라 선사의 휘는 翰圭요 법호는 南泉이며 혹 牛頭山人 또
는 白岳山人이라 자호하였다 조선 고종 五年 서기 一八六八년 무진 九月
六日 경상남도 합천에서 탄생하였다 안동김씨인 父 炳鎔公의 장남이며

母는 경주김씨이다 선사는 일찍부터 천하를 밝힐 큰 뜻을 품고 경상북도 仁同 徐松齋선생 문하에서 한학을 수업하기 十二년에 詩書百家經論에 달통하였으나 우연히 해인사에 참례하자 문득 종래 익힌 바를 몰록 버리고 발심출가하게 되었다 信海선사에게 축발하고 해인사 백련암에 머물며 祖道에 각근하니 때는 고종 二十二년 을유 서기 一八八五년 四月 十五日이다 수계에 임하여 翫虛伏涉선사의 법을 이으니 선사는 임제 문하 第二十八세 霜峰淨源 문하 第九세가 된다 이때부터 선사는 慧可가 팔을 바친 믿음과 慈明이 송곳으로 무릎을 찌른 용맹정진으로 밤과 낮을 잊어가며 혹은 연궁에 혹은 참구에 혹은 선필삼매에 달을 잊고 해를 잊어 가더니 一八九四년 갑오년에 이르러 混元 晦應 등 강백으로부터 교학을 대성하였다 이 무렵 나라 사정은 실로 소란했다 민란 동학란이 연달아 일어났고 청일 로일전쟁에 이어 수차의 한일협약 등으로 천하가 소연하였으나 선사는 오직 교법 선양만이 나라와 중생을 구할 길임을 뚜렷이 보며 오직 조도에 역참하고 貝葉에 파고들어 날로 깊이 佛祖密意에 침잠하였다 그리하여 一九0四 갑진년에 해인사 총섭에 취임하시어 사풍광정과 사정정비에 헌신하여 법보종찰 해인사의 면모를 굳건히 다졌다 一九0六년 병오년 선사는 교법의 중흥은 禪法의 재천에 있음을 확신하고 이때부터 오직 선법선양에 생애를 바치게 된다 범어사 선원 오대산 상원사 선원 해인사 퇴설당 선원은 선사가 조도중흥을 위하여 침식을 잊고 용맹정진한 유서를 간직한 도량이다 선사는 一九0八년 무신년 二月 十四日 해인사 금강계단에서 齋山율사로부터 구족계와 보살계를 받았다 그러나 한 편에 쓰러지는 국운을 붙잡을 길 없이 一九一0년 八月 二十九日 나라는 일본에게 병합되고 말았다 이때부터 선사는 호법호국구세의 길을 향하여 홍진만장 진세에 뛰어들어 민중과 함께 조국을 지키고 역사를 펴 나아갈 본격적 과업에 뛰어들었다 범어사의 혁신적 용상들과 의기상투하여 손을 맞잡고 민중교화에 뛰어든 것이다 一九十一년 四月 十五日 범어사 동래포교사에 취임하시어 항도 부산에 미래 만년을 뻗어나갈 보살의 나무를 가꾸었고 다음 해에 서울 범어사 중앙포교당 중앙포교사로 추대되니 선사는 이윽고 이 국토를 지키고 이 겨레를 수호할 전법의 중심에 앉게 되었다 선사는 지중한 구세원력과 호법의 서원력과 천품의 지혜와 박통한 경학이론과 조법근저를 사무친 선승의 공덕력을 동원하여 오직 교법선양과 민중의 자각에 의한 조국의 독립회복과 평화실현에 온 정력을 바쳤다 一九二一년 선사는 범어사의 吳惺月 金石頭 석왕사의 康道峰 등 제사와 협의하여 서울에 선학원을 창건하기에 이르렀다 선학원은 선법 수행도량일 뿐만 아니라 불조혜명을 계승 발전시킬 중심기관으로써 그 설립의 역사적 의의는 자못 지대하다 一九二三년에는 범어사 사적비명을 짓고 써서 지금도 범어사 경내에 빛을 더한다 선사가 포교수행 중에 간간이 읊은 선시와 법어 등이 남전선사문집으로 오늘에 전한다 一九二四년 갑자년에는 직지사 조실을 거쳐 그 二년 뒤에 통도사 보광전에 괘석하여 계속 역참하였다 一九三四년 갑술 十二月 五日에 선학원이 재단법인체로 확충되었는데 그때에 선사를 비롯하여 吳惺月 金寂音 方漢岩 宋滿空선사 등이 초대이사가 되었다 그리고 선사는 범어사와 해인사에 불량답을 헌공하였으며 선학원 유지를 위하여도 전답 일백여 두락을 헌공하였다 실로 선사는 삼보호지와 교법선양을 위하여 심신을 모두 바쳤던 것이다 선사는 선학원을 법인화한 후 열반에 드는 날까지 선학원에 머물면서 납자를 제접하고 선원유지에 혼신의 힘을 기울였다 서기 一九三六년 병자년 四月 미질을 보인지 수일만에 문도 昔珠화상 등을 불러 후사를 부촉하고 적멸에 드셨다 때는 四月 二十八日이다 세수 六九세 법랍 五四세다 때에 천지가 빛을 잃고 강산도 흐느꼈다 출가 재가 사중들이 모두 다 호읍했고 눈물은 빗줄기를 이루어 산하를 적셨다 선사의 비는 생전 조도중흥에 힘을 합했던 범어사에 세워 빛나는 덕을 나타낸다 아 선사의 발자취 크고도 빛나누나 저 때의 가르침으로 대법에 목욕한 자의 수를 어찌 헤아리랴 선사는 대붕의 서원과 나라연의 용기로서 이 땅에 불조의지를 꽃피게 하였구나 지혜롭고 너그럽고 덕스러운 바탕에 호법구세 의지는 강철과 같았고 이루신 보탑은 온 대지 위에 넘쳐 있구나 삼십여 년 동안 쉬임 없이 선법을 천양하고 象季시절에 정법을 꽃피우니 그 장하심 어찌 필설로 다하랴 보탑은 필경 허물어져도 선사의 유법위덕은 찬연하여 끝이 없으리라

불멸기원 二五三五년 서기 一九九一년 월 일 세우다

III

기 타

1
東山大宗師錫影帖

2005년 2월 13일, 원두스님께서 예고도 없이 이곳 도피안사엘 방문하셨다. 책 출판 관계로 걸음을 하셨는데, 그 이야기가 끝나자마자 나는 호기를 만난 듯이 노스님의 '석영첩'에 대해 질문을 했다. 그리고 스님의 글이 무엇 무엇인가를 자세하게 여쭈어 보았다.

"석영첩은 나(원두)하고 지유스님이 편집하고 광덕스님이 확인하는 절차를 거쳤지. 외부인으로는 인환스님과 법정스님이 거들었고, 외국 기록은 홍교법사가 담당했어. 그리고 마지막 최종적인 편집은 나(원두)와 광덕스님이 했어. 좀 더 구체적으로 말하면 자료 수집과 원고 정서는 지유스님이 하셨어. 글씨를 깨끗하게 잘 쓰거든. 윤문 및 감문(監文)은 광덕스님이 하셨어. 특히 범어사 가풍, 노장님의 삶에 관계된 것과 신앙적인 부문은 다 광덕스님이 썼어. 나(원두)는 그 당시 스물 아홉이었지, 어려서 어른에 대한 글을 쓸 연륜이 못 되었어. 그러니 자연 광덕스님이 거의 썼지. (내가 석영첩을 펴놓자 원두스님은 스님이 쓰신 글에 연필로 동그라미 표시를 해주었다. 그 표시에 따라 여기 옮긴다.)

▌석영첩

1. 序文

성인이 세간에 응하시는 것은 大悲願力의 소현이라 합니다. 진리 본연의 청정세계에서 대자비의 구름을 일으키사 이 사바에 應化身을 나투신다 합니다. 그리하여 가지가지 방편을 베풀어 감로문을 여시고, 중생의 뜨거운 번뇌를 씻어 주십니다. 그러시다가 다시 열반시현으로 無上法을 보이시고, 幻인 몸을 거두십니다.

당신은 몸 아닌 몸의 나툼이시기에 실로 오신 바 없고 가신 바 없습

니다. 그 거룩한 생애는 무량청정의 화장장엄이시지만 기실 대비원력
의 방편시현임은 어찌할 수 없습니다.

하기에 임 가신 뒤에 그 자취를 더듬는다는 것은 기실 지나가신 임
의 거룩한 그림자를 좇는 일이 될 수밖에 없습니다. 그림자에서 얻어
진다는 것이 이미 가신 임과 무슨 상관이 있겠습니까. 더욱이 그것으
로 어떻게 임의 빛나신 모습을 짐작하게 할 수 있겠습니까.

하건만 그러하지 않을 수 없는 속으로부터의 북받침을 범부의 세정
이라 하여야 하올지……. 그것이 번연히 부질없는 일이고 아무 쓸모
없는 일인 줄 알면서도 어쩔 수 없이 가신 스님의 자취를 되새겨 보는
것입니다.

스님은 너무나 크셨기에 저희들은 스님 잃은 생각을 무엇인가로 메
워야만 했습니다. 스님의 빛은 너무나 혁혁하셨기에 가신 뒤의 어둠에
서 무엇인가 허둥대어야만 했습니다. 스님의 입김은 너무나 훈훈하였
기에 스님 없는 살림은 무엇인가로 축여져야만 했습니다.

동산노사ㅡ, 스님은 현대 한국불교의 母像입니다. 이념이었고 안목이
었으며, 또한 동력이었습니다. 지중하신 원력과 불퇴전의 용맹, 부단한
정진, 투철한 종지, 무차의 대비, 무애의 방편……. 현대 한국불교에
남기신 스님의 발자취는 너무나 위대했습니다. 여기 누가 있어 이 크
나큰 影像을 그릴 수 있겠습니까?

하건만, 저희들은 감히 이 일을 저질렀습니다. 이 보잘것없는 작은
책자가 스님의 거룩하신 이름을 욕되게 할까 주저됩니다. 이 눈먼 어
린것들의 장난이 스님의 크나큰 그림자를 지워 버릴까 두렵습니다. 그
러면서도 태양을 향한 저희들의 간절한 합장이 이 일을 저지르고 말
았습니다. 여러 어지신이여! 너그러운 살핌을 드리옵소서.

이 책은 주로 저의 존경하는 사제 園頭스님이 기획하고 편집 출판한
것이온대 이 일이 선방수좌의 손에는 퍽 버거웠던 모양입니다. 해서 천
신만고 이년 동안 온갖 정성을 기울인 것이 이제사 햇빛을 보게 됐습니

다. 그리고 그동안 원두스님을 도와 많은 분들께서 애써 주셨습니다.

이제 上梓에 즈음하여 저 여러 분들의 노고에 거듭 머리 숙여 감사드립니다.

노사 2주기 전달 망일

문인 광덕 근지

▌석영첩(4쪽)

2. 東山大宗師眞影

(범어사 대웅전 옆에 부처님사리탑이 있었는데, 그 앞에서 육환장을 짚고 가사장삼을 차려 입으시고 찍은 컬러사진이다. '가사 색깔의 논쟁이 한창이었을 때 백 마디 말보다 실제 입고 있는 컬러사진이면 말이 필요 없다는 노스님의 뜻이 담긴 사진'이라는 홍교법사님의 설명.)

▌석영첩(면지)

3. 범어사에서 바라본 五倫臺水源池의 遠景

줄기차게 뻗어 나온 산, 잠잠히 여울치는 물결, 여기 평화와 사랑의 법문은 열려 있노니…… 항상 放生을 권하시던 老師는 入寂하시기 3일 전에도 이곳에서 放生法會 儀式을 主宰하셨다. (面紙)

▌석영첩(11쪽)

4. 老師法語

……꿈도 없고 생각도 없을 때 내 주인공이 어느 곳에 있어서 안심입명하는고(無夢無想時에 我主人公이 在甚麼處하야 安心立命고).

여기에는 무엇이든지 어리대지를 못한다. 까딱 잘못하면 그만 비끄러지며, 조금이라도 다른 생각이 들면 이미 그른 것이다.

공부를 지어가는 데는 진실로 용심을 잘 하여야 하니, "꿈도 없고 생각도 없을 바로 그때 내 주인공이 어느 곳에 있어 안심입명하는고."

이렇게만 지으면 단번에 여래 땅에 들어가며 백 척의 장대 끝에서 한 걸음 나아가 몸을 날려 한바탕 던질 것이다.

공부인은 계행을 깨끗이 가져야 한다. 더러 보면 계를 우습게 알고 불조의 말씀을 신하지 않는 이가 있다. 부처님이 그렇게 행한 일이 없고 조사가 그렇게 한 일이 없다. 解와 行이 분명해야만 한다.

만일 解와 行이 나누어지고 각각 다를 것 같으면 이것은 온전함이 아니다. 古人은 이렇게 분명히 일렀거늘 예사로 알고 또 無妨般若라 하여 망령되이 걸림없는 행을 지어서야 되겠는가.

참으로 공부를 여실히 지어 나가면 저절로 戒定慧 三學이 원만해진다. 戒란 별 것이 아니다. 迷해서 잃었던 내 마음을 다시 회복하는 그 때가 곧 戒이다. 그렇게 알면 곧 定이 있고, 定이 있을 때 계가 나는 것이며, 道가 있을 때 계가 나는 것이며, 道가 있을 때 계가 함께 나는 것이니, 定과 戒와 道가 하나이기 때문이다.

■ 석영첩(13쪽)

5. 俗離山 法住寺 미륵불 점안식에 참례한 老師. 예전에 머물던 道場을 다시 찾은 감회에 숙연해진 老師.

庵子마다 두루 살피시고 마지를 올려 달라 小額의 淨財를 털어 주셨다.

歸路에는 洞口까지 나왔다가 다시 들어가 미륵불에 하직 인사를……

이것이 俗離하는 三拜일 줄이야—.

■ 석영첩(18쪽)

6. 修行人에겐 信念과 精進이 그의 生命이다.

偉大한 宗敎人—

그는 바로 이 거짓 없는 信行을 바탕한

無爲의 德化를 보이는 자일 것이며,

우리는 여기 老師의 日常生活에서 남다른 수행과

참된 신앙적 체온을 느끼는 것이다.

아침 二시 일어나 밤 九시 자리에 드는 규칙 있는 생활,

출가 반백 년에 조석예불, 사시마지에 궐한 날이 없고,

각 법당예배는 누구보다도 먼저 드신다.

어떤 귀빈과 만나는 중이라도 이 시간만 되면 선뜻 일어서셨다.

禪房의 入禪에 빠지는 일 없고 大衆의 의식에는 으레 나오신다.

또 大衆을 아끼고 宗門의 古風을 존중하기 극진하였으니,

大衆의 供養·運役·掃除에 언제나 앞장 서셨던 것은

천하대중에 너무나 잘 알려진 사실이다.

▌석영첩(20쪽)

7. 老師와 淨化佛事

佛法은 淸淨本然을 말하는 것이다. 本來淸淨이란 淸淨도 두지 않는 것이어늘 하물며 어찌 不淨이 있겠는가. 그러나 妄起衆生世界에 淨化를 말하지 않을 수 없는 不淨이 있음을 또한 어찌하랴.

近代 韓國佛敎의 淨化運動이란 佛敎를 두고 하는 말이 아니라, 敎團을 構成하고 있는 僧團의 淨化를 말하는 것이다. 淸淨하여야 할 僧伽耶衆이 本來의 軌道를 가지 않고 있을 때 마땅히 本師世尊께서 정하신 律法에 따라 對治되는 것이며, 이렇게 된다면 淨化니 運動이니 할 것도 없는 것이다. 末世에 魔强法弱하야 아무리 敎團의 自體內에서 佛陀의 敎勅대로 規律하고자 하더라도 外部에서 오는 힘에 의한 방해로 規治는커녕 도리어 非法이 강력히 庇護되고, 그것이 그대로 긴 세월이 흘러가 痼疾化되었을 때, 이것을 고치기 위해서는 목숨을 건 大手術이 아니고는 좀체로 그 뿌리가 뽑히지 않을 것은 말할 것도 없다.

世尊께서도 "法을 어기는 자가 있거든 마땅히 如法히 規治하라. 만약

192

그대로 놔두는 자가 있다면 그가 바로 佛法의 원수니라” 하셨고, 또 因行時에 護法을 위하여 목숨을 버렸던 까닭에 지금 如來金剛身을 成就하셨음을 말씀하고 계시다.

어쨌든 淸淨佛法中에 毁法分子가 생겼으니, 近代 韓國佛敎僧團에서 莫行莫食하여, 妻子를 거느린 非法僧輩들이 宗權을 弄斷하고 敎界를 汚濁케 한 데서 마침내 護法淨化의 운동은 일어난 것이다.

日本의 韓國侵略과 함께 밀어닥친 日本式 佛敎에 물든 이들은 民族의 獨自性을 抹殺하려는 植民地化政策의 庇護아래 破戒壞法者들이 寺院을 掌握하고, 敎團에서 당당히 호령하게 됨에 그들의 수효는 순식간에 늘어났고, 持戒守法의 淸淨衲僧들은 山間僻地를 의지하여 그나마도 제대로 한철의 安居할 곳을 얻지 못하고 헤매며 그들의 눈치를 살펴야 했으니, 그 수 또한 미미하여 正法繼承이 懸絲之境에 이르게 되었다.

이러는 가운데 少數의 比丘僧들은 最後의 祖道保衛策으로 1926년 12월 財團法人 朝鮮佛敎禪理參究院(現 禪學院)을 設立하여 比丘僧의 修行處를 建立하고, 여기를 根據로 하여 宗風의 中興을 圖謀하였으니, 이것이야말로 淨化運動의 烽火이며, 그 後의 淨化運動은 이 禪學院을 중심하여 展開되었고, 마침내 成功을 거두었던 것이다.

1941년 3월 13일 禪學院에서 當代의 元老大德들이 參席하여 佛陀의 遺敎를 護持하고 僧風의 淨化를 위해 高僧法會를 열었을 때 東山老師께서는 登壇說法하여 宗風의 匡正을 力說하였다.

1950년 이래로 각지의 납자들이 동산노사의 會下에 雲集하여 범어사 禪院은 一大禪會上을 이루게 되니, 寺權을 掌握하고 있던 저들은 이에 威脅을 느낀 나머지 事事件件이 是非는 造作되고 선원과의 대립이 極甚해 갔다.

祖道의 繼承에 邁進하는 修行衲子들이 이에 屈할 理가 없다. 僧團의 匡正을 呼訴하는 동산노사의 檄文은 산과 산으로 메아리쳐 납자들의 가슴에 잠든 용기를 불러일으켰다. 이에 놀란 그들은 박해를 더하여

祖室追放, 禪院移轉 등의 暴擧로 나왔으나, 끝내 抗拒하여 선원을 固守하였다.

이 經緯는 臨時首都 부산에 있던 李大統領에게 昭詳히 알려졌고, 그 후 "妻子있는 사람들은 물러가고, 韓國古有의 승풍을 살리기 위해 獨身僧이 寺刹을 지키게 하라" 하는 대통령의 담화가 발표되어 정화추진의 一大契機가 마련되었다.

드디어 1954년 6월 24일 서울 安國洞 禪學院에서는 元老比丘들이 會同하여 敎團淨化對策委員會를 構成하고, 8월 24일에는 제1차로 全國比丘僧代表者大會가 召集되어 淨化運動의 基本方針이 決定되니, 敎界信者들의 呼應은 물론이어니와 社會與論도 社會運動·民族宗敎復興의 觀點에서 全幅的인 聲援을 아끼지 않았다.

1954년 9월 28일 다시 제2차 全國比丘僧大會가 열리어 새 宗憲이 採擇되고, 宗正에 宋曼庵師·副宗正에 河東山師·都摠攝에 李靑潭師 등의 指導層이 選出되었고, 동시에 淨化完遂를 위한 殉敎團이 組織되었다.

그러나 非法의 뿌리는 너무나 깊이 뿌리 박혀 있었으며, 頑固는 그리 쉽게 풀리지 않았다. 당시의 總務院長 朴性夏씨는 그들의 機關長, 重鎭連席會議를 열고 정화의 趣旨를 설명하였으나, 전원 반대에 부딪쳐 실패로 돌아갔고 정화에 찬성하였던 宋曼庵師 또한 妄變하여 정화 방법에 異議를 提起코 반대함으로써 순조로울 듯이 보이던 정화운동은 최초의 난관에 봉착하게 되었다. 그러나 이것은 처음부터 자명한 일이었으니 그것은 佛法大義보다는 사생활이 앞서는 그들이기 때문이다.

그러므로 1954년 10월 15일에는 부득이 종단의 인사를 改編하여 종정에 河東山 副宗正에 鄭金烏의 兩和尙이 推戴되었다. 11월 5일에는 정화실천의 제1보로 이제까지 그들의 본부로 쓰여 왔던 太古寺에 合法的으로 입주하여 曹溪寺라고 고쳤다. 이때부터 정화운동은 激甚한 護法鬪爭의 樣相을 띠기 시작하였고, 쌍방의 충돌이 빈발하였으나 護法四部大衆의 결속은 날로 鞏固하여 갔으며 사회의 여론은 고도로 沸騰하여 조계사에는 항상 천여 명이 운집하였다. 이 동안에 불교정화를 완수하라는 대통령의 담화가 여러 번 발표되었고 국회에서도 수차의 논의가 거듭되어 마침내 행정부에서는 이의 조정에 나섰다.

결국 양측에서 全權代表 各五人을 내어 불교정화수습대책위원회를 구성하고 여기서 불교정화의 기본문제를 협의처리하기로 되었다. 이 회의는 수차 열렸으나 승려자격원칙을 제정한 외에는 별다른 진전을 보지 못하였다.

한편 전국 각처에서 비구승들은 축출되고 폭행을 당하였으니, 이와 같은 충돌은 비구들에게 "正法 앞에 죽으리" 하는 비장한 각오를 굳히게 하여 마침내 淨化完遂斷食祈禱에 들어갔다.

1955년 6월 9일 比丘·比丘尼 등 350명은 조계사 문을 닫고 솥을 떼어 법당 앞에 내어놓고 조용히 徹夜斷食祈禱하기 제2일째인 1955년 6월 10일 4시 15분 非法輩 徒黨 2백여 명이 기도 중의 조계사에 새벽의 奇襲을 감행하였다. 기도삼매 중의 법당은 순식간에 수라장으로 변하고 2인조, 3인조로 짜인 저들은 닥치는 대로 치고 받으며 기도 중인 대중을 법당에서 끌어내어 築臺 밑으로 내동댕이치곤 하였으니, 이 천인공노할 慘景은 그저 입을 다물고 붓을 놓을 따름이다.

그러나 기도는 쉼없이 계속하여 7일만에 회향을 보았다. 이 370명의 순교적인 정진은 마침내 헛되지 않았으니, 불보살의 冥加는 엄연하여 수습대책위원의 소집을 그처럼 회피하여 오던 저들도 당국의 종용을 받아들여 7월 11일 다시 열리게 된 것이다. 이루 헤아릴 수 없는 곡절과 파란을 겪은 끝에 1955년 8월 11일 제5차 회의에서 전국승려대회를 소집하여 新宗團構成에 관한 제문제를 처리하기로 가결하였다. 전국승려대회는 1955년 8월 12일 조계사에서 1003명의 비구승니가 참석하여 개회되었다.

여기에서 정화종단의 초대종정에 石友和尙이 推戴되고 신종단은 頹廢된 승풍을 바로잡고 종단의 기본자세를 확립하여 불교정화의 실질적

목적을 달성하기에 최선의 노력을 다하였다. 그러나 이에 반하여 그들은 이미 정화 원칙이 착착 실천에 옮겨지고 있는 도중에도 이것을 방해하느라 안간 힘을 다하였으니, 宗團無效訴訟과 寺刹引繼拒否 등으로 대항하였지만 이러한 난관들을 모두 뚫고 정화불사는 進陟되어갔다.

1958년 8월 13일 동산노사가 종정으로 재추대되어 정화운동의 기반은 더욱 확립되게 되니 이제는 저들 측의 양심있는 인사들도 改過하여 신종단에 협조하게 됨으로써 전국 사찰의 9할 이상이 정화종단의 산하에 들어 정화의 實을 거두게 되었다. 그러나 정화를 몰이해하는 인사가 아주 없어진 것은 아니니, 이들은 소송을 계속하여 끈덕지게 정화를 방해하였던 것이다.

1962년에 들어 東山宗正께서는 종단분규의 화근을 멸절하기 위하여 중대한 조치를 취하였으니 일부의 종단 반대인사들에게 관용과 구제의 문을 열어 종단에 改過復歸케 한 特別方策이 그것이다. 이 정화 반대자들에 대한 관용과 인내와 성실성 있는 설득은 당국의 협력을 얻어 1962년 4월 10일 이른바 統一宗團의 형성이 이루어지니, 이로써 정화불사는 드디어 성공적인 一段落을 짓게 되었던 것이다.

▌석영첩(27쪽)

8. 정화는 끝났다. 노사께서는 상주하시던 도량
범어사에 돌아오시사 조용히 납자들을 기르고
도량을 가꾸시어 참된 정화의 뿌리를 깊게 심었다.

▌석영첩(34쪽)

9. 老師 晩年에는 本寺에 돌아와 老軀의 고달픔도 돌볼 새 없이 佛事에 盡力하셨으니, 이것은 노사의 청정한 願力, "몸이 좀 고달프다고 중이 어떻게 請을 거절할 수 있어야지……" 입적의 그날까지 한결같은 말씀이셨다.

노사로서는 마지막이 된 65회 乙巳年의 3월 菩薩戒山林을 맞아 連 3일간 설법, 뒤이은 3월 20일 금정사 방생법회를 주재하실 이때 노사는 아주 피로해 보였다. 음3월 23일! 이날도 스님은 전이나 다름없이 대중과 함께 예불·공양·도량청소를 하시고 오후 6시 조용히 입적하시었다.

장엄한 노을 속 잘새들이 깃을 찾는 그러한 시각에…….

파란 신록의 향기는 하늘땅을 물들였고 붉은 꽃은 구름 되어 산골 멧 봉우리를 휘감았다. 천고를 지저귀던 금정의 시냇물도 천길 계곡으로 숨져 흘렀고, 이름 모를 새들은 무심히 이날의 슬픔을 노래했다. 메아리로 시작하는 종소리ㅡ, 산골, 들, 산등성이로 끝없이 흘러갔다. 이것은 열반을 울리는 종소리, 만상이 잠든 듯 고요로 묻힌 이날 엄숙과 침묵은 만인의 가슴을 메웠다. 눈물과 호곡은 이날의 음성이던가, 침묵과 경건은 이날의 거동이던가, 절을 길을 골을 산을 매운 인파는 이 날의 거동과 음성으로 합창하였다. "오! 어찌하여 우리 스님의 가심이 이다지도 빠른고."

하늘도 땅도 바다도 입을 모았다.

■ 석영첩(39쪽)

10. 봄비도 멎은 활짝 개인 4월 30일. 장례식에 참례코자 모여든 조객들, 2천여 승려와 3만여 신도. 나무아미타불 염불소리. 구슬픈 행렬은 계명봉 기슭 다비장으로 뒤를 이었고 노사의 영구에 다비의 불이 붙을 때 조객들의 울음소리는 온 금정산에 메아리쳤다.

■ 석영첩(41쪽)

11. 무엇을 줍는가? 老師의 자취인가?

아니면 無常을 보인 노사의 說法인가ㅡ.

12. 梵魚寺事蹟

一. 창건의 유래

범어사는 신라 문무왕 19년(서기 679년) 의상대사에 의하여 창건되었다. 옛 기록에 의하건대 당시 우리나라 변경을 끊임없이 침범하던 왜구는 또 다시 동해안으로 밀려들었다. 왕은 근심하던 차 천신의 계시로 당시 태백산에 계시던 의상대사를 모셔다가 금색의 범천어가 노닌다는 금정산정 금정하에서 화엄성중 기도를 올리니, 과연 天兵이 나타나 왜구를 일소해 버렸다. 왕은 감격하여 대사에게 銳公大師라는 호를 올리고 平章事 柳春雨에게 命하여 절을 지어 의상대사의 演法道場으로 삼게 하였으니, 이것이 범어사 창건의 경위다.

二. 가람의 변천

당시 범어사는 미륵전을 중심하여 階上階下로 비로전 대장전 천왕신전 강전 삼십삼층 철당을 위시하여 요사 360방이 있었고, 대장전에는 33척의 석가모니 불상이 봉안되어 동국 제일의 대가람이었다.

창건 당시의 건물은 서기 1593년 선조 36년 임진왜란 때 전소되고, 현재의 가람은 왜란 후 서기 1613년 妙全和尙이 중창하고, 그 후 수차의 중수를 거쳐 1938년 雲虛大師의 중수로 이루어진 것이다. 현재의 가람은 다음과 같다.

ㄱ. 법당 10 : 대웅전 비로전 미륵전 관음전 명부전 팔상전 독성각 나한전 산왕각 조사전

ㄴ. 요사 7 : 청풍당 원응료 안심료 해행당 함홍당 상지전 서지전

ㄷ. 암자 9 : 극락전 청련암 내원암 계명암 대성암 금강암 안양암 원효암 사자암

三. 사명의 유래

창건 고기에 의하면 금정산 위에는 큰 바위가 있고, 그 위에 금빛의

샘[泉] 있어 창건당시 梵天의 고기가 놀았다 하여 산명을 金井山, 사명을 梵魚寺라 하였다고 한다.

四.범어사의 특징

범어사는 禪刹大本山이라 일컫는다. 선종사찰의 宗山이라는 뜻이다. 금일 범어사가 이와 같은 칭호를 갖게 된 데에는 내력이 있다. 한국불교가 아직 깊은 잠 속에 있을 때 한국불교의 중흥은 오직 宗乘의 진작에 있다고 깨달은 惺月一全 화상을 중심한 선각자들은 산중 내외 대중에게 부단한 설득과 협동을 얻어 사중요사와 재정을 기울여 선종 진흥에 온갖 힘을 다 기울였다. 그리하여 광무 3년 10월을 기하여 金剛禪社를 개설하고, 이어 同 4년 10월에 安養禪社를, 同 5년에는 內院禪社를 개설하더니, 운집하는 雲水를 용납하기에는 선실이 협애하고, 한편 산중대중의 깊은 이해가 있어 드디어 6년 4월에 鷄鳴禪社를 선두하여 內院禪社 元曉禪社 圓應禪社 大聖禪社 金魚禪社 等 영구 선사가 잇따라 개설되었다.

근대 한국불교는 종문승에 의하여 유지되고, 현대 한국불교의 청정전통의 회복은 실로 납자들의 정신력과 원력에서 이룩된 것이었으니 이를 미루어 생각건대 고금 납자의 총체적 요람이 바로 범어사 선원이라 범어사 선원이야말로 현대불교를 담당한 역군의 생산지이기도 한 것이다. 이러한 전통은 범어사의 사찰운영의 기본방향을 결정하였으니, 그것은 "모든 것은 선원을 위하여"라는 일구에 집약된다 하겠다.

범어사의 이와 같은 전통은 선찰 범어사의 개창자인 惺月一全 선사로부터 시작하여 東山老師께서 선원을 집병하신 30년 간에 확정되어 금일에 이르고 있는 것이다.

▌ 석영첩(50쪽)

13. 傳來淸白家風法

　　霜月寒光吐碧潭

숲 사이로 트인 부드러운 곡선, 그것은 아득히 올라가는 길, 사랑과 미움 평화와 다툼이 엇갈린 그 속에서 시달린 나그네는 머리를 들고 길을 찾았다.

숲 사이로 청풍이 불어오는 길, 감로의 문은 이 길로 열리다. 東山老師 법의 깃대 세우신 도량, 이조 이후 스러진 宗風을 되잡고, 喚惺·龍城·惺月의 법도를 이어 오늘에 이 도량을 빛내시다.

“부처님이 일체법을 설하심은 일체심을 건지시고자 함이니
네 만약 일체심 없을진대 일체법 가져 무엇에 쓰랴.
(佛說一切法 爲度一切心 若無一切心 何用一切法)”

목마른 나그네,
雲水는 모여들었다.
백이 와도 천이 와도
다 반기셨다.
식량을 걱정하는 院主에게
언제나 나리는 頂門의 一針
“衣食은 諸天이 감당하느니라.”

법문을 청해 온다.
동으로 북으로 다시 남으로 서로
늙으신 몸 鴻毛인 양 이끄시고
佛事를 지으려는 뜨거운 정성
천리 길도 가리지 않으시다.

금정산 흰구름 속에 머문 반백 년
옛 선덕의 법을 이어

佛子의 숲은 욱어져 갔다.

세존 가신 지 삼천 년
여기 금정산 노사의 유법도량
오늘도 법의 문은 활짝 열리어 있다.

■ 석영첩(54쪽)

14. 범어사금 강계단

세존께서 열반에 드실 즈음에 다시 못 올 태양을 잊은 듯 비탄에 젖은 아란에게 "내가 입멸한 후는 계로 스승을 삼아라" 하시고, 영원한 중생의 의지처를 설정하여 주셨다.

그로부터 3천 년— 불멸의 광명은 燈에서 燈으로 상속되어 왔다. 서천에서 중국으로, 다시 한국으로, 그리고 우리에게 흘러 들어왔다.

세존께서 우파리 존자로 전해진 계맥은 인도와 중국 역대의 율사를 거쳐 한국의 曼詞율사에 이르고, 다시 여러 율사를 지나 금일 동산혜일 율사에 이르러 범어사 금강계단에 그 전통은 세워졌다. 여기 범어사 계단은 계단이 설정된 후 1회의 궐함도 없이 연면 65회— 佛戒는 설하여져 왔으니, 과연 한국불교 초유의 성사가 아닐 수 없으며, 계단의 광휘로운 전통은 전 한국불자의 긍지가 아닐 수 없다.

노사는 다년간 본 계단 교수아사리를 거쳐 서기 1943년에 전계대화상으로 등단하신 이래 수많은 불자를 배출하였다. 노사에게는 또 하나의 계통이 계승되어 있으니, 그것은 이른바 지리산 계맥이다. 지리산 七佛선원의 大隱율사에 비롯하여 綿潭, 梵海, 草衣, 禪谷, 龍城의 제율사로 전수되어온 계맥이 바로 그것이다. 노사는 본 계단 이외의 계단에서는 주로 지리산 계맥을 전수하셨다.

■ 석영첩(62쪽)

15. 사리탑

스투우파(Stupa)……

거룩한 고요의 빛입니다.

슬기와 사랑의 오로라입니다.

온 누리는 포근히 그 빛에 잠겼고

평화와 사랑은 숨결인 양 소리 죽여 퍼졌습니다.

반짝이는 별들의 밀어 속에

소리 없는 태초의 고요 속에

그리고 넘치는 대지의 환희 속에

따뜻한 설법은 우레 같이 흘러나옵니다.

여기 온 중생이 머리 숙여 빛을 우러릅니다.

三界의 목마른 나그네가 합장하고 모여들었습니다.

그리고 거룩한 고요의 빛에 잠겼습니다.

2
벽암록

　여기에 실은 글은 覺園善果 법사님의 말씀에 의한 것이다. 법사님은 부산에 계시는데 2001년 6월 11일(월) 오전 8시경에 이곳 도피안사를 방문 참배하셨다. 그때 불국사에서 범어사 내원에 계시던 설봉스님께서 한철 벽암록 강의한 이야기와 스님(光德)과 여러 스님들이 벽암록 현토한 일, 벽암록 해제와 현대선학연구회 취지문을 스님이 쓰셨다는 내용을 밝혀 주셨다. 그 말씀에 따라 원저(1962년 2월 1일 발행, 편집은 현대선학연구회, 발행은 대한불교역경원)에 있는 글을 옮겨 싣는다.

1. 碧巖錄解題

碧巖錄은 雪竇重顯 禪師의 『頌古百則』에 圜悟克勤 禪師가 垂示 短評 評唱을 加한 것이다. 설두선사가 일찍이 傳燈錄 중에서 禪의 宗要가 될 수 있는 逸話百則을 選出하고 다시 叢林學道의 詮要를 頌出하였다. 이것이 이른바 송고백칙인데 可謂 銀山鐵壁이라 衲僧研鑽을 奪收하여 恰似 蚊子가 蛟鐵牛格이라 雪竇滅後六十年 원오선사가 澧州 靈泉院에서 이 송고백칙 每句에 各各 寸鐵如刺한 短評을 加하고 다시 評唱을 施하고 또한 各則首에 垂示를 置하여 頌古의 奧旨를 發揮하였다. 後日 門人 等이 이를 輯錄하여 碧巖錄이라 題하였으니 이는 靈泉院方丈에 『碧巖』이라 扁額한 것에 因한 것이다.

圜悟禪師寂後 法嗣 大慧宗杲 禪師는 門人 等이 實地參究는 疎忽히 하고 한갓 書中의 語句만을 記誦하야 辯論談材에 資함을 痛慨하야 刻板을 一炬에 付하야 流通을 斷하였다. 其後 約 百四十年 元 成宗大德年間에 嶇中의 張明遠 居士 諸方을 徧歷하야 成都에 이르러 眞本을 得하고 이를 重刊하니 이에 本書가 世에 出現하게 되었다. 爾來 宗門第一書라 稱하고 天下衲僧이 이를 珍重하야 諸方叢林에 크게 盛行하였다.

설두선사는 宋 太宗 興國五年(西曆980년) 遂州에서 出生하였다. 諱는 重顯 字는 隱之, 十八歲에 母喪을 입고 益州 普陀院諸法師에 나아가 具足戒를 受하고 隨州 智門光祚 禪師에 投하여 參畢하였다.

처음 蘇州 翠微山에 住하다가 후에 雪竇山 資福寺에 止住하였다. 三十年을 不下山하고 宋 仁宗 皇祐四年에 入寂하였다. 禪師의 文才詩才가 共히 秀絶하여 可謂 禪門詩偈의 寶玉이라 할 만하다.

圜悟禪師는 宋 仁宗 嘉佑八年(西曆1063년) 彭州에서 出生, 出家後 成都의 文昭 敏行의 諸師에 就하야 受敎하고 後에 五祖山 法演禪師에 參하여 受法하였다. 처음 成都 昭覺寺에 住하다가 後에 張無盡居士의 請으로 澧州 夾山의 靈泉院에 住錫하였는데 이 碧巖錄은 그때의 撰述이다. 師 四十歲 前後가 된다. 晚年 다시 成都에 돌아와 紹興五年에 入寂(西曆1136년)

하였다.

　張明遠 重刻의 碧嚴錄이 何時에 우리나라에 傳來되었는지는 分明치 않으나 編者 薄學所致인지 近來 刊行된 痕迹을 볼 수 없으니 아마도 이번 간행이 우리나라 벽암록 간행의 嚆矢이리라.

2. 現代禪學研究會趣旨

無限과 自在!

　이것은 우리 本來生命의 自己形式이요 汎人間의 久遠의 希願이기도 하다. 우리의 이 希願은 畢竟 석가모니불에 의하여 開顯된 禪에 있어서 그 畢竟窮極이 開明되었다. 그 후 數多의 先賢에 의하여 이 大光燈은 不斷히 繼承되었고 光輝되었으나 그러나 금일에 있어 그 몇 사람이나 생명의 精髓 眞理의 究極을 窮盡하였으며 세계의 광휘를 위한 法幢이 되었을까.

　그칠 줄 모르는 黑雲의 뭉텅이는 暗黑과 怒濤 波狀으로 이 세계를 넘나보고 불안 混沌은 人心의 樞要를 휘어잡고 있는 것이니 가히 시대는 진실한 勇者의 活舞臺를 이미 완성하고 있는 것이라 하겠다.

　정히 徹底한 自己喪失, 極限으로 떨어진 人間權威와 암흑과 혼돈 불안의 밑바닥에 선 現世像이 끊임없이 빚어내는 衆生惡夢을 廻轉하는 妙諦가 무엇이 될 것인고…….

　그것은 窮極的으로 생명의 本源的 把握, 萬有의 根源的開明에 있는 것이며 이것은 실로 禪에 의한 無限創造의 主體的把握에서만이 그 가능성이 있다고 믿는 것이다.

　여기에 있어 吾人은 非才를 不顧하고 오직 巨壑에 던진 一滴水로 自處하고 감히 法燈의 一滴油를 志願하는 것이다. 그리하여 우선 禪學의 硏修, 古典의 出版 및 禪學의 現代的 開拓을 試圖한다. 생각건대 無能한 吾人에게 있어 이 企圖는 하나의 蠻勇에 그칠지도 모른다. 그러나 吾人은 法海의 一滴水가 되는 榮光을 버릴 수 없다. 우리는 생명을 태울 곳을 발견한 것이다.

諸賢同志여 微志를 諒하라.

3. 네 가지 서원

一. 온 세계 중생—
　　나로 인하여 있음이여
　　오직 나만이 그의 마지막 구호자일세
　　내 목숨 바쳐, 기어 일체중생 건지리

一. 다함 없는 번뇌—
　　빛나는 이 목숨 이 슬기 이 위력을
　　그 얼마나 좀 먹고 흐리웠든고
　　내 용력 다해, 기어 일체번뇌 끊으리

一. 무한의 빛 거룩한 법문이여—
　　그는 어둠과 폭풍 휘몰아치는 고행 중에
　　태양의 밝음이여 태산의 뗏목일세
　　내 지성 다해, 기어 무량법문 배우리

一. 생명의 본원이여 만유의 근원이여—
　　한 생각 밝은 곳에 일체에 자재하네
　　영원히 거룩한 빛 부처님 길
　　내 이 몸 다해, 기어 무상불도 이루리

IV

불교 신문(대한불교)에 실린 글과 기사 발췌

이 기사는 「대한불교신문」(불교신문의 前身)을 축쇄 복사한 본(민족사 간행)에서 발췌했다. 복사 시에 뭉개졌거나 누락됐거나 또는 (추측컨대) 임의로 가린 기사가 여러 곳 있어서 종단의 민감한 사항을 다 옮겨 싣지 못했다.

스님과 어떤 관계가 있을 수 있어서이다. 대표적으로 봉은사 주지를 그만 둔 사유를 유추할 수 있는 사건과 기사를 발견할 수 있지 않을까 하는 등이다.

그리고 철자법이나 한문 위주의 글 등, 가능하면 원래 기사를 그대로 옮겨오는 형식을 취하다 보니 오자나 탈자인 것을 번연히 알면서도 그대로 두었다.

또 민감한 곳에는 인명을 다르게 표시하여 완곡하게 처리했다.

그 대신에 기사가 실린 신문의 연원을 자세히 밝혔다.

여기서는 다만 이정표 역할이면 그 소임이 되지 않겠나 한다.

1960년 창간호부터 서기 1980년까지의 신문에서 기사를 찾았다.

—발췌자 송암

1

불기 2989년 5월호 서기 1962년 5월 1일 제26호

혜월선사(慧月禪師) 무상설법수문기(無相說法隨聞記) 1

머리말

혜월스님이 열반에 드신 지 26년, 오는 6월 19일로 스님의 제101회 탄신일을 맞는다.

이번에 후학들이 공론하여 스님의 법문(法文)을 수집하고 다시 비(碑)를 세우기로 하였다. 지극히 내 답지 않으나 이번에 다행히 이 일에 참례하는 영광을 얻어 우선 흩어져 있는 스님의 법어(法語)와 일화(逸話)를 모아보았다. 참으로 빛나는 사자(獅子)의 자취! 그것은 아무도 무엇으로도 그려낼 수 없다. 그것을 여기에 적는다는 것—, 참으로 우스운 일이다. 이제 이번에 세워질 스님의 비문(碑文)을 중심하여 여기에 몇 자 적어본다. 웃어주기 바란다.

이번 천성산(千聖山) 미타암(彌陀庵)에 세워질 비는 「慧月慧明大禪師無相說法塔」이라 되었다. 그리고 그 밑에 ‘傳心’ ‘行化’ ‘行由’의 순으로 스님의 빛나는 진금행(眞金行)을 적고 있는데(실은 양괭이 칠하고 있는 것이지만) 여기에서는 먼저 행유(行由)에서부터 적는다. 그것은 스님의 뛰어난 법적(法跡)에 비하여서는 너무나 구름 속에 스님으로 알려 있는 듯하기에다.

【행유(行由)】

스님의 법호는 혜월(慧月), 법명은 혜명(慧明)이시다. 불기 2889(1862)년 6월 19일, 충남 예산군 덕산면 신평리에서 나시었다. 꼭 정혜사(定慧寺)에서 6킬로미터 정도 거리이다. 속성(俗姓) 평산신씨(平山申氏)인데, 일찍이 신씨 가(家)는 불연(佛緣)이 깊었던 듯 스님의 숙부(叔父)가 이미 출가하여 정혜사에 계셨는데 안(安)수좌라고 불리

고 있었다. 스님은 유년 시절부터 몸이 허약하더니 십 세가 지나서는 하나의 위장병 증세를 보이고, 그것이 좀체 낫질 않아서 십삼 세 때는 심히 허약하셨는데, 스님이 출가하신 것은 바로 이때다.

처음 숙부 혜안(慧安)스님이 계신 정혜사로 갔다. 무엇을 하였는지— 아마도 집안 심부름이나 하였으리라. 다만 글은 배우지 않은 것이 확실하다. 안스님은 어린 조카를 앞에 두고 일렀다.

"너 관세음보살을 일심으로 생각하라. 관세음보살만이 너의 병을 낳게 하시고 너의 지혜의 눈을 열어주신다."

어린 스님은 말없이 복응하였다. "나무관세음보살!" 하고 염불을 했다. 심부름을 했다. 날이 갔다. 해가 갔다. 십오 세가 됐다. 한번은 스님의 심부름을 가다가 '한띠고개'에 이르렀다. 숨이 가빴다. 입에서는 여전히 "관세음보살"이 거센 숨결 속에 흐르고 있었다. 고개 마루턱에 이르러 잠시 쉬었다. 어린 스님에게는 피곤의 안개가 스며오는 것을 의식하지 못했다. 눈은 고요히 감기고 숨결은 소리 없이 쌔근거렸다. 점잖은 노인이 말을 타고 가까이 오더니 말에서 내렸다.

"너 왜 이러느냐?"

"숨이 차요."

"어디 보자."

노인은 배를 만지는 듯 하더니 침(鍼)을 빼서 선득 중완(中腕)에 한 대를 놓았다. 스님은 깜짝 놀라서 잠을 깼다. 노인도 말도 간 데 없다. 푸른 하늘이 통째 뱃속을 드나드는 듯 시원하고 흰 구름이 어깨에 허리에 발밑에 스쳐 가는 듯 날 것만 같았다. 운권청천(雲捲靑天)이라는 형용으로는 어림도 없다.

모든 병은 사라지고 모든 건강은 구족했다. 이에 혜안스님은,

"사미계를 일러 주시니 여기에 스님, 혜명(慧明)은 탄생했다. 이때부터 스님은 나무꾼이 되고 일꾼이 되었다. 24세가 된 가을 경허(鏡虛)스님이 천장암(天藏庵)에서 오셨다. 경허스님은 다 아는 바와 같이 근

대 우리 종문(宗門)의 중흥조(中興祖)다. 스님은 경허스님께 나아가서,

"스님, 저에게도 글을 가르쳐 주십시오."

"이제서 네가 무슨 글이냐?"

"사람이 따로 있습니까? 배우면 되지요."

"그럼, 이것을 배우자."

경허스님은 보조국사(普照國師)의 수심결(修心訣)을 꺼내어 일러 주셨다. 쭉― 새겨나가는 것이다.

"사대색신(四大色身)이 설법청법 하지 못하며 허공이 설법청법 하지 못하며 다만 눈앞의 뚜렷이 밝고 명상(名相)이 없되 분명한 이 물건이 비로소 설법하고 청법한다"하는 이 구절에 이르러,

"알겠느냐! 어느 물건이 설법하고 청법하는가……? 명상이 없이 뚜렷이 밝은 이 물건을 알겠느냐? 이것만 알면 장부사(丈夫事) 다 마친다" 하신다.

스님은 생각했다. '이 한 물건이 무엇인고?' 지게를 지나 괭이를 잡으나 앉으나 누우나 이 한 물건에 파고들었다. 날이 갔다. 칠일이 됐다. 신방에서 미투리를 삼다가 신골망치를 탁― 치니 스님은 급기야 그 빛남을 발명하고야 만 것이다. 준일(俊逸)을 참을 수 없어 안(安)스님을 붙들고 묻고 또 말해보았으나 안스님이 알 일은 아니었다. 안스님은 말했다.

"내가 알 경계가 아니다. 경허스님을 찾아가라."

천장암으로 경허스님을 찾아가 문고리에 힘을 주었다. 마침 경허스님은 벽을 향하여 누워 계셨다.

"백의관음(白衣觀音)이 북쪽을 향한 뜻이 무엇입니까?"

경허스님은 누운 채 돌아보지도 않고 주먹을 뒤로 내어 보였다. 찰나에 벽력같은 "할(喝)― 喝!"이 천둥쳤다.

경허스님은 일어나 앉으시면서

"내 할은 한 할이거니와 천(千) 할 만(萬) 할일 때는 어찌할꼬?"

스님은 펄쩍 방에 뛰어들어가 경허스님의 목 위에 걸터앉았다. 경허스님은 가지가지로 감변(勘辨)하였으나 고금(古今)의 화두와 난측공안에 일체 걸림이 없다. 일체선문(一切禪門)에 응구즉답(應口卽答)이다.

경허스님은 대중에게,

"과연 개천에서 용이 나고 불속에서 꽃이 피었구나. 이 사람은 나무꾼이라도 상(上) 나무꾼이요, 일을 하여도 세 사람 몫은 하는데 어찌 이와 같이 알았단 말이요, 희유(稀有)라!"

스님을 돌아보면서,

"이제는 너와 나와 같다" 하시었다. 경허스님께서 혜월스님에게 전(傳)하신 전법게(傳法偈) 문(文)은 다음과 같다.

'(이 세상에 있고 없고) 일체법(一切法)이란 본래로 자성(自性)이란 없는 것이니 이러히 온갖 법성 밝히 알면 이것이 원만불(圓滿佛)을 이룸이니라(了知一切法 自性無所有 如是解法性 卽見盧舍那).'

이로부터 스님은 논을 쳤다. 수라양식을 장만한다는 것이다. 밭을 맸다. 해미(海美) 장터를 출입했다. 가루실에 농막(農幕)을 쳤다. 이리하여 덕숭산(德崇山)에서 성태(聖胎)를 보양(保養)하였다. 용천(龍天)이 일어남을 기다리는 것일까? 28년이 흘렀다. 그렇다. 때가 왔다. 남방에서 孫石담스님이 온 것이다. 스님 51세 때다. 가루실 농막에서 미투리를 삼고 있는데 통도사의 손석담 스님이 와서,

"스님, 만공(滿空)스님은 저와 같이 종풍(宗風)을 떨치고 있는데 이렇게 미투리만 삼고 계시면 됩니까? 남방으로 가십시다."

소매를 잡고 끄니 스님은 뒤도 안 돌아보시고 남방으로 나섰다. 직지사로 파계사로 동화사로 은해사로 표충사로 통도사로 지내오시면서 당시의 이름 있는 공부인(功夫人)은 모조리 감변(勘辨)하고 이르는 곳마다 크게 도풍(道風)을 떨치셨다.

"신혜월(申慧月) 미투리 방망이에 남방오십여 선지식(南方五十餘善知識)이 빙소와해(氷消瓦解)하였다"는 말도 이때에 나온 말이다.

석담스님의 환희는 이를 데 없었다. 통도사 극락암, 내원사 미타암, 선암사, 성주사, 부산 안양암 등에서 26년간을 교화(敎化)하시고, 불기 2963(1936)년 6월 16일, 부산 선암사 밑 노상(路上)에서 선 채로 열반에 드시었다. 스님의 열반—그것은 실로 당신 일대교화(一代敎化)의 구경적(究竟的) 표현이어서 극치의 본분시현(本分示現)이시다.

이제 스님의 열반시현에 대하여 몇 자 더 적어본다. 스님 말년에 부산 안양암에 계셨는데 틈만 있으면 자루를 들고 선암사 뒷산에 가시어 솔방울을 주워 오시곤 하였다. 세납(歲臘)이 이미 76세, 남달리 건강하시고 언제나 일을 즐기는 스님이기는 하지만 시봉(侍奉)들이 그냥 보아 두기엔 힘이 들었다. 그래서 혹은 망태기를 감추고 혹은 저자에 일이 있다 하고 모시고 나가기도 하였다. 그러나 만날 그러고 있을 수만도 없었다. 자연 스님은 자루를 들고 나섰다. 자루에다 솔방울을 주워 담고 자루 허리에다 테를 넣어서는 끈을 어깨에 메고 다니셨다.

병자년 6월 16일, 그날은 마침 일요일이었다. 제자인 운암(雲巖)스님은 법당에 법손(法孫)인 봉암(鳳岩)스님은 부청(府廳 : 지금은 시청)에 가고 없는데 스님은 아침 공양 후 곧 자루를 들고 산으로 가셨다. 솔방울을 가득 주워 여느 때처럼 자루에 테를 넣어 메고 내려오시다가 선암사 밑 지금의 극락교(極樂橋) 자리에 이르러 스님은 걸음을 멈추셨다. 스스로 열반 때인 것을 아신 것이다. 길가 낭떠러지에 기대어 솔방울 자루 끈을 어깨에 멘 채 서서 조용히 눈을 감으셨다. 대지(大地)는 진동(振動)하고 '사라'의 흰 꽃이 소리 없이 내렸다. 그러나 아무도 본 사람이 없다. 아무도 들은 사람 없다. 아! 별은 지다. 온통 순금(純金)으로 온 천지(天地)를 매닥질치던 거인(巨人)은 간 것이다.

지나가던 사람이 스님임을 알아보고 안양암으로 달려갔다.

"혹 노스님이 돌아가셨나 봐요……."

대중은 놀라 달려갔다. 봉암은 자동차를 불러 달려갔다. 행여나 하고 차중으로 의사를 불렀으나 스님은 영영 열반법문을 쉬지 않으셨다.

다비는 범어사에서 모셨다.

　"사리방광이면 도인(道人)이냐?" 하신 스님의 평소 말씀을 아는 문도(門徒)들은 아무도 사리단지를 묻고자 하지 않았다. 금정산 계명봉에서 산정으로 연한 자주빛 안개가 걸쳤을 뿐이다. 뒤늦게 쫓아온 원경(圓鏡)스님이 소리를 땅속으로 숨기고 눈물을 거둘 뿐이다. 뭇 새가 입을 다물었을 뿐이다.

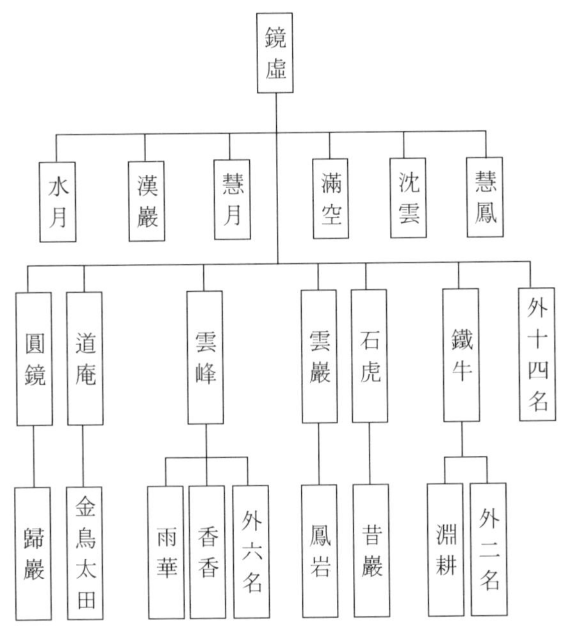

(참고로 경남 양산 미타암에 있는 비문을 전재한다.)

慧月慧明大禪師無相說法塔記

【전심】

법 법이여 본래 법이 없음이로다.
법 없음이여 또한 법이 없음이로다.

이 세상 온갖 경계 유위법이란 본래로 진실성이 없는 것이니, 만약에 모든 상에 상이 없으면, 이것이 성품을 본 것이니라. 선이란 조사관을 뚫은 것이며, 또한 둘 아닌 법이니. 무엇이 조사관일고. 신명을 잊은 것이니라. 무엇이 둘 아닌 법 일고. 백운은 청천에 있고 물은 병에 있도다. 형상은 없건만은 슬기는 신령하네. 언제나 분명하야 매한 때가 없나니. 石人이 피리 불고 木馬가 춤을 춘다. 아하하 우습다. 꿈속의 일이로다. 인간인가 청산인가 어느 것이 이것인가. 봄빛이 이르는 곳 강산에 꽃이 차네. 어떤 사람 木人事가 무엇인가 물을지면 石女의 가슴속에 겁외가(劫外歌)가 파동친다.

문 : 어떤 것이 불법대의입니까?
답 : 일체 名相을 여읜 것이니라.
문 : 어떤 것이 명상을 여읜 것입니까?
답 : 九九는 八十一이니라.
문 : 어떤 것이 선(禪)입니까?
답 : 네가 물었느냐. 내가 답하였느냐?
문 : 무슨 뜻인지 알지 못하겠습니다.
답 : 前三三 後三三 이니라.
문 : 무슨 뜻인지 자세히 일러 주옵소서.
답 : 행자야─ 하고 부름에 행자가 "네!" 하니 "이 무엇인고."
문 : 어떤 것이 화상의 가풍입니까?
답 : 비가 오는구나.

문 : 다 못 화상의 가풍을 묻고 비 오는 것을 묻지 않았습니다.

답 : 비가 온다. 비가 온다.

【행화】

선사는 평생을 괭이와 지게와 죽비를 손에서 놓지 않고 "이 둥그러히 주함이 없음을 아느냐" 혹은 "名相을 여의고 일러 봐라" 하며 납자를 연마하고 제자를 훈도하다. 때를 따라 사람을 따라 항상 '공적영지(空寂靈知)'를 제창하고 본분을 종횡무진 천양하다. 사(師)가 이르는 곳 항상 웃음과 기쁨과 용기와 활동이 꽃피고 극치의 자비와 무심 진금행(眞金行)에는 언제나 혜검(慧劍)의 엄한 서릿발이 고이 잠기다. 불멸의 서원력은 무한한 정진으로 본분을 실현하여 잠시의 쉬임도 보이지 않으니,

문 : 어떤 것이 제1구입니까?

답 : 九九는 八十一이니라.

문 : 어떤 것이 불법입니까?

답 : 거북털 토끼뿔이니라.

문 : 스님, 좀 쉬시지요.

답 : 뭐라구. 보지도 못하면서 뭐라 해. 자재할 때까지 힘써라.

師—평생 동안 하루에 한두 시간밖에는 눕지 않다. 사의 행화 시적 중에는 홍시법문 무공적법문 삼점(三点)법문 고봉四句偈법문 칼법문 본태평법문 빛법문 지옥법문 방생법문 등. 이루 헤아릴 수 없는 법화(法話)가 남겨져 천하대중의 안목이 되다.

【행유】

禪師—법호는 혜월. 법명은 혜명이며, 불기 2889(1862)년 6월 19일 충청남도 예산군 덕산면 신평리에서 출생하다. 속성은 평산 신(申)씨. 십삼 세에 덕숭산 정혜사에 출가입산하고 십오 세에 혜안선사를 사

(師)하여 축발하다. 24세에 경허선사를 뵈워,

"四大도 허공도 설법청법하지 못하며 다만 눈앞의 두렷이 밝고 名相이 없되 분명한 이 물건이 비로소 설법하고 청법한다" 하는 법문을 듣고 크게 발심하고 크게 의정을 내어, 지게를 지나 밭을 매나 의정으로 오고 의정으로 가며, 맹렬한 정진으로 추궁하고 추궁하더니 7일이 되는 날 마침 미투리를 삼다가 크게 깨치다.

이후 28년을 덕숭산에서 성태를 보양하다가 師 51세(辛亥) 2월에 남방을 유력하여 이르는 곳마다 크게 도풍을 떨치다. 통도사 내원사 미타암 범어사 선암사 안양암 등에서 교화하고 불기 2963년 6월 16일 선암사 밑 노상에서 솔방울 자루를 어깨에 멘 채 서서 열반에 들다. 향수는 76세, 승랍 62세, 수법제자 20인이 있다.

불기 2989(1962)년 임인(壬寅) 4월 24일 세움
금정산 후학 광덕 삼가 지음
금정산 후학 석주정일 삼가 씀
천성산 후학 호산경준 도감
(위치 : 미타암 왼쪽 미타굴 입구에 있음)

2

서기 1962년 6월 1일 제27호

總務院六局長發令, 九局事務를 兼務

총무원 발족 이래 국장임명 신중론으로 그 임명이 지연되어 오더니 去 5월 8日字로 드디어 六局長任命의 종정재가를 보게 되었다. 총무원은 앞서 十二局事務를 우선 八名의 局長으로 겸무케 할 것을 결정한 바 있다.

이번 발령된 국장은 다음과 같다.

총무부 서무국장 : 高光德

기획국장(종무국장 겸무) : 鄭慈源

교무부 교무국장(교육국장 겸무) : 金慧淨

교화국장(역경국장 겸무) : 高一超

재무부 재정국장 : 李度日

경리국장 : 姜法宗

3

서기 1962년 10월 1일 제31호 2면

慧月禪師說法塔除幕式, 梁山 彌陀庵에서 盛大히 擧行

지난 9월 23일 원효대사께서 창건하셨고 근대 한국불교의 최고의 종사이신 慧月禪師께서 머무시며 法의 燈火를 밝히시어 大基를 잡으신 유서 깊은 양산 미타암에서 혜월선사 탄신 101년, 열반에 드신 지 25년 만에 선사의 높은 뜻을 길이 표현키 위하여 설법탑을 봉건하였다. 혜월선사의 法威를 영원히 전하고자 많은 後學들이 원을 발한 지 오래이더니 불교정화를 성취한 찬란한 새 아침에 제불자들과 지방 유지의 정성이 하나되어 이제 그 실현을 보았습니다.

제공사비 십만오천 원에 우리나라 석공의 정수를 뽑아 기울였으며 더욱이나 충북 단양의 烏石을 原石 그대로 採石하여 만든 것이다. 光德和尙에 의하여 지어진 碑文은 선사의 法要를 쉬운 말로 조각하여 길이 만중생이 선사의 法雨에 休浴할 수 있게 하였다. 탑은 塔身이 5尺 塔座가 1尺3寸 塔基가 1尺으로 미타암 窟法堂과 종각 사이 천연암석 위에 세워졌다.

제막식에 뒤이어 공로자 표창장 수여식이 있었는데 이날 종정화상으로부터 표창장을 받은 자는 다음과 같다.

안경락스님 문법륜월 이광명사 김보덕화 최금강화 김학기 이등용 제씨.

4
서기 1963년 4월 1일 제37호 5면
士官生徒들의 法會, 空軍士官學校

空士佛教部는 매주 수요일을 정례법회일로 정하고 교내에서 모임을 갖는데 지난 3월 13일에는 법사 고광덕스님으로부터 '自覺的創造生活의 展開'라는 題下의 法門을 두 시간에 걸쳐 傾聽하였다.

5
서기 1963년 5월 1일 제38호 3면
法門 : 참다운 자기에 충실하자

보리수하에 좌정하신 세존은 눈도 깜짝이지 않고 숨조차 죽인 채 나무 밑에 시선을 던지고 먼 동산을 향하고 계시었다. 때에 불꽃 같은 샛별이 불쑥 동천에 솟아오르자 세존의 마음에는 빛나는 광채가 번쩍이었다.

천지는 밝은 것이다. 하늘도 땅도 무궁한 시간도 무한한 공간도 세존의 한 숨길 속에 잠기고 말았다. 이때가 12월 8일(음) 새벽이라 전한다. 세존은 입을 여시고 첫 사자후를 떨치시었다.

"기이하고나 기이하고나 일체중생 유정무정 준동함령이 모두 불성이 있고나."

이 한 말씀이 정녕코 밝은 눈에 비치신 세존의 세계는 뭇 중생 실상의 설파이시다. 어둠의 세계를 눈망울조차 없이 끝없는 생사의 구렁을 헤매는 사람의 세계를 고통의 바다라 옛 사람은 일렀지만 온 중생들은 스스로 제 눈을 가리고 어둠의 세계를 조작해서 고통의 바다라는 끝없는 세계를 헤매는 12월 8일을 겪기 이전의 인간의 실상이었을 것이다.

그러나 세존께서 납월 팔일 悟道를 거친 후의 사람의 세계는 결코 그러한 고통 바다가 아닌 것이다. 제가 스스로 제 눈을 가리고 어둠의 세계를 스스로 불러 일으켰음을 알게 되었으니 이것이 어찌 어둔 밤에 태양을 만남이 아니며, 외로운 항해에 등대불이 아니며, 가난한 자에게 보배를 안겨줌이 아니겠는가. 앞서 말한 세존의 사자후에서 우리는 고뇌의 세계에서 고뇌를 되씹어야만 한다는 운명이 아닌 것을 알았을 뿐만 아니라 기쁨과 용기와 자재를 고루 누릴 수 있는 大自由人임을 알게 되었다.

부처님의 햇빛이 우리에게 비친 지 삼천 년, 과연 우리는 얼마나 한 부처님의 태양을 보고 믿고 행하였던가? 우리는 결코 고통의 바다를 헤매야 할 운명적인 피조물은 아닌데도…….

일찍이 구족한 완전한 지혜·덕성·자유의 권능을 스스로 가지고 있는 영원히 버릴 수 없는 大眞理의 주인인 것을 알아야 한다. 돌이켜 볼 때 과연 우리는 대진리 주재자다운 마음 씀을 하고 있는가.

일체를 한 숨길 속에 안고 포근히 키우는 대진리의 사랑을 간직하였던가. 온 세계가 그대로 자기의 실현이라는 신념에 철저하여 참다운 자기의 위치를 파악하고 제 책임 제 구실을 다하였던가 신성한 자기의 참모습 존엄한 참 자기의 인격을 더럽힘이 없었던가.

우리는 돌이켜 참 광명의 주인다운 자기를 다시 확인하고 진실한 자기에 충실할 것이 무엇보다도 요청된다.(光德)

6

서기 1963년 5월 1일 제38호 6면

法會案內 : 大韓佛敎靑年會(每週水曜日下午六時半)

시내 종로구 수송동 조계사 법당에서는 高光德師의 指導아래 參禪法會가 열리고 있는데 男女老少를 가리지 않으며 특히 初心者의 同參을 歡迎한다고 한다.

7

서기 1963년 7월 1일 제40호 7면

제3회 종교문제 강연회

서울文理大 宗敎學會 主催로 佛敎의 새로운 認識과 關心 造成

한국의 젊은 世代는 韓國과 世界의 諸宗敎의 움직임을 주시하고 있다. 오늘 世界的으로 諸宗敎가 그 局地的 舊殼을 벗고 새로운 人類學的 觀點에서 自己反省을 시작한 데 대해서 그들은 깊은 관심을 표명하며 그들은 어느 特定한 종교의 교리나 율법상의 추종자이기 전에 먼저 이 시대의 韓國에 사는 것으로 인지하며 한국사람인 것을 자각하면서 오늘의 한국의 제종교가 취할 자기혁명의 과제를 탐구해야 하는 의무를 절감하여 '종교의 현대적 자아혁명'이란 主題를 내걸고 宗敎問題 講演會가 있었는데

지난 5월 20일 서울大學校大講堂에서는 서울文理大宗敎學會 主催의 이날의 講演會에는 高光德스님이 참가하여 '現代에 適應하는 佛敎의 姿勢'에 대한 강연이 있었는데 젊은 청중들은 佛敎에 대해서 새로운 인식을 하게 된 것을 기뻐하며 더욱 깊은 관심을 표명하였다.

(강연 요지가 동면에 게재되어 아래에 싣는다.)

現代에 適應하는 佛敎의 姿勢

一. 佛敎, - 그것은 具體的 事實에 對한 覺者의 敎說이다. 이 佛敎는 한낱 經敎文字위에서만 볼 때 그것은 具體的 事案에 對應하는 一種의 對病投藥式의 處方文인 것이므로 따라서 그것은 그것으로 그 價値가 限定된다. 佛敎를 이렇게 보는 데서 佛敎의 時代的 姿勢가 云謂된다. 그러나 佛敎를 이른바 八萬四千法門-處方文을 流出시킨 佛陀自身의 面目에서 求할 때 그 意味는 完然히 달라진다. 그것은 위에 말한 한낱 敎法을 流出시킨 根源的 存在-卽 具體的 事案에 對應하는 밑바닥의 '한 물건'을 가

리켜 말하는 것이기 때문이다. 事實 이러한 意味의 佛教는 永遠不滅한 것이요 決코 時代的產物이거나 價値의 限定을 容納할 수 있는 性質의 것이 아니다. 이러한 意味의 佛教가 '永遠한 現代'에 適應하는 本然의 佛教라 하겠다.

二. 우리는 '어떻게 살 것인가'에 앞서 '무엇이 있는 것인가' '산다는 나가 무엇인가'에 부닥친다. 實로 이 問題는 人類의 永遠한 課題가 아닐 수 없다. '고타마 싯다르타'의 苦憫도 여기에 있었던 것이며 49년의 說法教化의 生涯도 이 問題에 對한 勝利의 歡喜를 노래한 데 그친다. 이러한 人間狀況은 現代에 있어 如前히 우리에게 環境지워지고 있다.

석가모니佛도 여기서 出發하여 마침내 究竟에 到達하고 實相生命을 把握하였다. 사실 석가모니佛을 '宇宙의 빛'이라고 불리워질 第一原因은 이 實相究明이 있다. 無限絕對의 權威存在를 佛性에서 보고 이 佛性을 人間自性에서 把握하는 것이다.

一切 存在第一義를 人間自性에서 보는 데서 우리는 不安恐怖屈從悲哀의 一方的 消費者에서 一躍 無限創造의 文體를 自身에 確保하고 人間權威를 極位에 設定하여 一切 價値尺度를 自身이 自由로히 留保하는 것이다.

三. 現代는 ① 高度의 科學 ② 技術의 時代 ③ 戰爭과 革命의 시대다. 이것이 人間의 理性行為의 結果다. 기막힌 노릇이다. 威壓的인 國家社會制度와 經濟組織 이것은 人間機械化 物質化에 拍車를 加한다. 그렇다고 現代人에 掩襲하고 있는 今日의 不安危機意識이 決코 單純히 여기에만 由因하고 있는 것은 아니다. 前世紀까지의 一向 外向的인 追求가 이러한 不條理에 撞着하자 안으로 自身을 反芻凝視하고 거기서 저 弱해 빠진 衆生들이 虛無를 意識한 데서 그 重要한 原因이 있다. '自己喪失' '自己疏外' 意識이 이 不安의 술잔이었던 것이다.

이러한 現代를 나는 決코 絕望 懊惱 不安의 時代로 보지 않는다. 오히려 現代가 生命을 속이고 좀먹어왔던 過去의 그 모든 虛僞 偶像을 抛擲하고 眞實한 生命을 追求…… 참된 自己를 確立하여 참된 삶을 愛用하

자는 거짓 없는 生命의 絶叫이며 그를 向한 努力이며 赤裸裸한 몸부림
相이라 보고 싶다. 말하자면 새로운 次元으로 自身을 前進시킬 跳躍臺
를 마련하는 時代— 自己土臺의 體弱性을 發見할 이를 鞏固히 設定하는
時代로 보고 싶다.

여기에서 우리는 永遠히 푸른 姿勢로 永遠한 生命을 먹이고 기르는
實相佛敎를 發見하는 것이다. 그것은 萬有를 全一的인 實相內容으로 把握
하는 것이며 이를 人間自性— 絶對無限自在體의 一括 動樣相으로 愛用하
는 것이다.

純化된 佛敎— 本來의 佛敎— 이것은 '永遠한 오늘'에 對應하는 不滅의
빛이며 힘이다.

(1963.5.30, 高光德)

8

서기 1963년 8월 1일 1면

中央幹部人事 및 監察委 補强

지난 全國僧侶大會에서 決議한 바 있는 총무원 기구강화에 따르는 幹
部人選에 있어서 진지한 토의를 거듭한 끝에 총무부장 金瑞雲스님의
사표를 수리하고 그 후임으로 손경산스님을 선출함과 동시에 교무부
장 李行願 재무부장 崔元宗 사회부장 金南鉉스님을 各各 選出하였다.

또한 監察院長에는 金祥鎬 감찰부장 文成覺 同委員에 蘇九山 姜昔珠 高
光德스님을 선출하였다. (이하 생략)

總務院人事

…… 운운

宗報局長 高光德

9

서기 1964년 10월 4일 3면

한국대학생불교연합회, 創立一週年紀念法會

9월 26일 하오 3시 시내 수송동에 소재한 조계사에서 한국대학생불교연합회 창립1주년 기념식과 법회를 거행하였다.

1963년 9월 22일 창립발족을 본 이래 허다한 현실적 곤난과 애로를 극복하고 불교의 현대화와 대중화의 선봉을 들며 참신한 대학생들이 불법에 귀의하여 교리연구와 신앙수련을 정기적으로 가지고 있으며 會의 조직을 보면 중앙엔 서울대학을 위시한 10개 대학 안에 불교부를 이루어 수천 명의 회원이 결성되어 있다. ……(운운)

10
1965년 4월 25일 일요일 제69호 1면
總務院人事

◆ 總務局長 鄭慈源(依願解任) ◆ 高光德 命 總務院 總務局長

11
서기 1965년 5월 2일 제70호 1면
圓寂, 前宗正東山大宗師

宗團葬 30日 범어사서 嚴修

"世緣 다하였다"는 말씀 남기시고 24日 下午六時 조용히 '祖師涅槃'

한국불교계의 원로이며 초대종정 河東山大宗師의 영결식(永訣式)이 30일 11시 동래 범어사에서 엄수되었다. 지난 24일 하오 6시 동산대종사께서 입적하시자 이 소식을 전해들은 전국 三百萬 신도와 국민들은 커다란 슬픔을 표시했는데 총무원은 즉각 전국 三千寺庵과 삼백만 신도에게 一週日간의 원적기도법회(圓寂祈禱法會)를 지시, 장례는 종단장으로 거행키로 결정했었다. 30일 영결식장을 찾아든 인파로 인해 인산인해를 이루어 스님의 위덕을 추모하는 소리 사뭇 드높았다.(이하 기사본문 생략……)

4월 25일 號外發行

【公告】

前宗正東山大宗師 入寂을 당하여 다음과 같이 祈禱法會를 指示함

一. 祈禱法會 名稱：前宗正東山大宗師 圓寂祈禱法會

二. 期間：四月 24일~30일

三. 參席：貴寺大衆全員 및 管下信徒

四. 祈禱文：今此至意誠心 前宗正東山大宗師圓寂之辰 崇慕齋者比丘(住持)

『　　　』等 時會合院 四部大衆 至心伏祝

仰蒙諸佛菩薩加被之聖力 比丘 慧日覺靈 速還娑婆再明大事 黃梅山下

親傳佛祖之心印 曹溪門中永作人天之眼目 普利群生之大願

1965년 4월 24일

大韓佛敎曹溪宗總務院

院長 金 法 龍

宗團葬葬儀式順

一. 鳴鐘

一. 開式

一. 入定(奏樂)

一. 三歸依

一. 擧佛

一. 唱魂·着語·祭文朗讀·讀經

一. 大宗師法語(錄音再生)

一. 獻花(奏樂)

一. 弔辭

一. 獻香(奏樂)

一. 四弘誓願

一. 閉式

　(茶毘行)

本宗　前宗正　東山大宗師　世緣已盡　今月二十四日　酉時　於釜山時東萊梵魚
寺　入寂　茲以告訃

一. 永訣式　1965년　4월　30일　11시　범어사

一. 茶毘所（個別訃告省略）

佛紀2992年　四月　日

大韓佛敎曹溪宗　前宗正　東山大宗師

宗團葬葬儀委員會

宗團葬葬儀委員名單

顧問　李曉峰　등

委員長　金法龍

副委員長　朴汶星　朴碧眼　등

執行部

總務委員

財政委員

法要委員

知賓委員　高光德　등

葬儀委員

12

1965년 5월 30일 제94호 1면

河東山禪師入寂追悼　舍利塔奉撰會結成

오는 6월 11일 범어사서 門徒들 모여

　오는 6월 11일(음 5월 12일) 東萊 범어사에서 河東山宗師의 四十九齋
가 거행된다. 종회의장 李靑潭스님을 비롯하여 종단의 여러 중진과 東
山大宗師의 수천 문도들이 모일 것으로 보이는 사십구재는 동산스님의
사리탑봉찬회도 동시에 결성된다고 한다.

사리탑은 권학섭(權學燮)씨에 의해 모형이 완성되었는데 智異山 연곡사 東塔을 본뜬 것이라 한다.

東山大宗師의 사리는 大聖庵(비구니) 스님들에 의해 다시 二果가 발견되었는데 이번 사십구재에는 舍利도 전시될 것으로 보인다.

13

단기 4298(1965)년 6월 13일 제9]6호 4면

徒弟養成의 基本問題

高光德

佛教의 來日을 向한 발돋움

世界와 歷史를 創造할 佛子의 模像

佛法은 결코 魔王波筍이 파괴하지 못한다. 오직 잘 배우지 못한 도제들 손에 파괴되느니라.

(金口法王之說)

出家부터 철저한 敎育을

徒弟는 安逸한 생각을 버려야

스승은 弟子의 道心을 길러주자

漢文, 梵語硏究에 全力緊要

1. 머리말

오랜 歷史 동안 한국불교는 우리의 精神・社會・文化・民俗에 깊은 影響을 주어오면서 지금에 이른다. 그러나 오늘 우리 佛教의 양상은 너무나 서글프다. 無秩序에서 오는 혼돈을 방불케 한다. 한편 秩序를 위한 努力이 뚜렷한 자취도 보이기도 하지만―!

오늘 불교가 결코 아무것도 없다는 말이 아니다. 긴 역사를 통하여 물려받은 '오만가지 佛法'에 풍성히 담겨져 있는 것이다. 다만 그것이 整理되지 못하고 雜多하게 두루 뭉쳐 안켜져 있는 것이다.

決코 금일불교의 마당이 메마르다는 것은 아니다. 오랫동안 잘 다루기도 하고 못 다루기도 한 수많은 作業者의 遺産을 고스란히 간직한 채 그냥 雜草의 발호에 맡겨져 있는 듯하기에 말이다. 기름진 땅― 그 속에는 굳건한 묵은 뿌리(佛法)가 깊숙이 묻혀 있는 것이다. 이제 우리는 이 遺産, 이 마당에 시작할 作業者로 決定을 보고 지금 서 있다.

도제양성! 그것은 여기 작업장에 供給할 作業者를 養成하는 일이다. 今時에 그것은 우리가 당장 하여야 할 중요한 작업의 내용이기도 하다.

2. 基本的인 問題들

"佛法은 결코 魔王波旬이 파괴하지 못한다. 오직 잘 배우지 못한 도제들 손에 파괴되느니라" 하신 金口法王之說은 무엇보다 도제 대책의 중요성을 느끼게 한다.

그러면 어떠한 人間을 만들려고 하느냐. 스스로를 바꾸고, 세계를 바꾸고, 역사를 바꿀 서민으로서의 佛子의 模像이 먼저 確立되어야 하지만 여기서는 지면관계도 있으니 우선 基本問題만 몇 가지 생각해 본다.

①

이제까지 우리 주변은 너무나 많이 佛法 中에 환희와 감사, 적극행동보다도 열세·우울·소극·退聚에 물들어 왔다. 중생계를 苦의 世界, 無變滅不停의 世界, 不淨穢汚― 可棄의 世界라 하여 그 생각의 포로가 되어 이상한 물에 들어버린다. 到處의 설법에서는 쉴 새 없이 중생 可棄의 說法을 퍼붓고 있다. 왜들 이러는지 알 수 없다. 왜들 '붓다'의 바른 말씀, 衆生實相의 法은 믿지 않고 그 믿음에서 救援받은 눈물겨운 환희, 감사, 행동의 展開에는 외면하고 그토록 苦口타령― 妄見, 착각, 顚倒라고 말씀하신 衆生世界에는 악착스럽게 고집하고 悲觀, 逃避, 諦念은 그토록 愛之重之 하는지 알 수 없다. 이것은 좀 가혹하게 말해서 不信과 相通하는 것이다.

'붓다'를 믿는 者― 그는 救援받은 者다. 환희, 감사, 지혜, 용기가 願

力이라는 行動으로 充滿한 者다. 이들에게 어두운 그림자가 있을 수 없다. 모름지기 오는 世代에는 이 물, 이상한 물을 들이지 않게 하여야겠다. 本然의 맑고 밝은 얼굴을 갖게 하자.

②

出家入山은 그 뜻이 決코 安價한 것이 아니다. '生命과 그 밖의 온갖 것'과 바꾼 것이다. 그의 熱은 太初의 빛을 바친 어머니의 체온이다. 뜨거운, 식을 줄 모르는 신앙이다. 이 신앙에서 위대한 혁신— 出家는 決斷되었고 '붓다'적인 나— 生命體는 胚胎하고 成長하고 行動은 擴大해 간다. 실로 뜨거운 信仰은 종교적 생명체의 체온이 아닐 수 없다. 체온을 상실한 생명체를 생각해 보라. 宗敎的 生命體에 있어 健康한 體溫은 온갖 寒冷風雨 속에서도 오히려 착실히 성장해 간다. 그렇지 못할 때 그는 단순한 法衣에 쌓인 肉體에 불과하다.

그래서 나는 우리의 새 世代는 뜨거운 信仰이 不斷히 鼓舞振作되고 그것이 제도로 確保되어야 할 줄 안다. 이것은 너무나 當然以前의 當然之事이건만 우리 佛敎의 哲學的이며 意志的인 特性이 어떻게 作用하였음인지 지금에 와서 새삼 이 當然之事를 논의치 않을 수 없게 한다.

信仰도 信念도 없는 메마른 知識의 축적만으로는 佛法의 큰 바다에는 아예 노닐 수 없는 것인데……

이즈음엔 너무나 이 現象이 지나쳐 信仰이 깊은 이가 있다면 稀有하고 존경을 받을 만큼 되었으니 말이다.

③

다음은 發心問題다. 얼마 전 한 道伴모임에서 '徒弟에 대한 師僧의 責任'이란 題目의 論議가 있었는데 거기서는 "徒弟에게 철저한 道心의 設定"으로 結論된 일이 있다. 今日宗團은 宗團成員에 對한 全的인 指導·敎育의 責任位置에 있는 것이니 이 點에서 보면 '今日宗團은 앞서 보인 師僧의 責任'을 全的으로 짊어져야 한다.

이 問題는 發心과 직접 關係되고 있는 것인데 結論부터 말한다면 本

分發心이어야 하고 本分願力으로 무장되어야 할 줄 안다. 實다운 本分다운 發心은 當然히 本分本然의 願力과 行動이 뒤따른다. 그대로 本分의 內容이요 標榜이다. 우리는 커다란 精進을 통하여 커다란 願力과 깊은 믿음과 淸淨面目을 示現展開한다. 그러므로 깊은 믿음, 本分確認. 둘[分裂]이 없는 平和安定 龍峰鷲鳥嶺을 踏盡하는 勇猛과 智慧, 文殊·普賢을 己從으로 하는 大行願은 참된 發心에서 온다. 너저분한 逃避 無爲, 淸淨에의 發心은 積極的인 本分願力으로 發展되어야 한다.

廣大菩提心을 發한다는 것은 참된 生의 始이며 終이 아닐 수 없는 것이니 이것은 出家初부터 保障되어야 한다.

④

다음은 出家人의 行爲問題다. 出家人은 그대로 現存하는 佛陀精神의 體行者다. 그의 語默動靜은 그것이 그대로 佛敎와 相關되어 評價된다. 그러므로 出家人의 日常擧止, 거기에서 보아지는 것이다. 이 點은 放逸을 막고 嚴正戒律을 스승으로 삼아 항상 자비와 청정을 示現할 出家人의 行動規範이다.

이 點에서 볼 때 出家人의 行爲와 品位를 維持할 만한 適正한 生活環境의 保障은 實로 重大問題에 속한다.

⑤

끝으로 한마디 덧붙일 것은 外典學習問題다. 高等學校卒業程度의 社會學問程度로 出家한 者면 社會的 學問의 補充은 不可避하다. 今日에 와서 出家人은 단순히 佛法의 理解와 自身 卽一自身의 信念과 生活에만 긑이지 않고 널리 敎法을 宣揚할 義務를 지니는 것이며 한편 社會란 不斷이 發達하고 變動하고 있으니 말이다.

佛法이 亦是 참으로 산[活] 것일진대 그것은 恒常 具體的 現實 속에 싱싱하게 자기를 實現하는 것이다. 그러므로 佛法의 眼目에서 볼 때 一切科學 一切學問이 佛法밖에 설 수 없는 것이다. 그러므로 大力菩薩이 一切科學 學問에 파고드는 것은 當然한 일이다. 佛法을 공부하는 出家衆

이 外典을 涉獵하는 것은 막을 것 없고 오히려 바르게 指導되고 권장되어야 한다. 그러나 問題는 바르게 指導한다는 것이다.

發心도 願力도 信仰도 確立되지 아니하고, 공고하지 못한 주제에 깨달음은커녕 佛法에 관하여 쥐꼬리만한 合理的 信念도 갖지 못한 주제에 外典에 목을 빼고 눈을 박고 있는 것을 想像해 보자! 무엇하러 出家했단 말이냐. 이 두 갈래 속에서 나는 다음과 같이 判斷한다.

入山後, 信仰, 發心, 願力―바른 教法의 土臺가 서기 前에는 아예 外典에 接觸시켜서는 안 된다. 바깥에 한 눈 팔 여지를 주지 말자는 것이다. 그러나 道心이 堅固해지고 願力이 確固해짐에 따라 程度에 맞추어 適切한 지도 밑에 반드시 最小限度 基礎的인 外典學習이 賦課되어야 한다.

佛法은 一切學問을 開拓하고 보다 適正한 眞理를 開明하여 淨土莊嚴을 實現할 것이기에……. 따라서 宗團內 修行機關으로서의 叢林에는 반드시 參究院과 研究所가 併設되어 相通交流하여 歷史的 社會進運에 强力한 動力이 되어야 한다. 이것은 하기만 하면 틀림없다.

3. 叢林思想

上述한 몇 가지 基本點을 고려한 叢林을 素描해 본다. 出家衆修行機關으로서의 叢林은 覺人으로서의 自覺과 本分으로서의 覺行을 展開할 確念과 方便을 修練하는 곳이다. 따라서 이곳은 '불타적'인 인간을 만드는 곳이며 歷史的인 惡의 濁流에서 人間을 守護하고 世界를 建設할 覺軍의 勇者를 기르는 곳이다. 그러므로 叢林의 教育內容은 信, 題力, 智를 根本으로 삼고 다양한 方便學을 研磨하게 하는 것으로 한다.

1) 準備課程
① 祈禱와 懺悔行으로 一貫한다.
② 修道, 行願의 理解

2) 基礎課程

① 祈禱를 爲主로 하고 점차 禪으로 前進시킨다.

② 嚴正戒律을 體得한다.

③ 服從, 犧牲, 奉仕, 密行정신의 涵養.

④ 題力의 確立, 높은 使命感의 確定.

⑤ 基本 數理 및 僧史 履修.

⑥ 人文, 社會, 自然, 諸科學의 基礎學習.

⑦ 漢文, 梵語의 實力 涵養.

3) 參究課程

① 參究院 – 참구정진(일반정진과 특별정진 구분)으로 本分을 철저하게 體達한다.

② 研究所 – 參究院의 特別精進을 거친 자에게 일정한 目標를 주어 內外 經典과 思想을 研究케 한다. 이 연구는 適正한 施設과 환경, 그리고 研究發表가 不斷히 保障된다.

道의 門中에 道人 없으면 그 집 亡한다. 祖門中에 祖師 없으면 그 집은 아니 기울어질 수 없는 것이다. 佛祖의 慧命은 우리 代에 와서 斷切되어야 할 것인가! 先師가 남기신 기름진 땅, 푸짐한 遺産 – 자갈밭에 금부처가 뒹굴고 있다. 우리는 先祖의 族譜나 걸머쥐고 市井을 허정대는 求乞表로 安分할 수 없다.

도도히 흐르는 惡의 濁流! 無數億의 父母兄弟가 修羅場裡 羅殺飯이 되고 있는데 누가 눈을 감고 外面하고 목을 움츠리고 땅굴 속으로 숨을 사람이냐.

姿勢를 바로 잡자!

(總務院總務局長)

14

불기 2992(1965)년 6월 20일 제97호 1면

東山大宗師 四十九齋 追慕式

12일 동래 범어사에서 河東山大宗師의 追慕 四十九齋 5천여 명을 헤아리는 인파에 둘러싸인 채 엄수되었다.

10시 高光德스님의 사회로 시작된 식은 弘經·映岩·昔岩스님의 분향으로 오전 식순을 마치고 오후 1시부터 東山宗師의 法語(錄音)를 들었다.…… 운운

15

불기 2992(1965)년 7월 11일 제100호 6면

▶ **公告：韓國大學生佛敎聯合會, 第四次夏期修錬大會**

一次 公告한 바 있는 本 聯合會修錬大會가 다음과 같이 確定되었기에 再公告하는 바입니다.

【記】

場所 : 부산 동래 범어사

期間 : 1965.7.13~7.27(수련대회 10일간, 개간사업 5일간)

會費 : 五百원(但) 車費 각자 부담

申請마감 : 1965년 7월 7일

講師 : 석암스님, 광덕스님, 일타스님, 서경수교수, 박성배교수

敎材 : 자비참·선관책진·범망경·보현행원품

• 申請接受處 : 各大學佛敎學生會長團 또는 本聯合會 事務室(조계사 내)

상세한 것은 본 연합회 사무실로 문의하십시오.

서기 1965년 7월

韓國大學生佛敎聯合會 會長 李武雄

16

불기 2992(1965)년 10월 17일(일) 제114호 3면

大學生佛敎聯合會 求道部入寺生, 끊임없는 始作의 '回向'

普賢行願 다짐하는 精進 마치고

지난 7일 뚝섬 봉은사에서는 한국대학생불교연합회 구도부 入寺生
들의 7일간에 걸친 보현행원의 기도회향식과 함께 새로이 入寺하는 3
명에 대한 입사식이 엄숙히 거행되었다. 이날 박성배 지도교수의 지도
아래 있었던 7일정진의 회향식은 삼귀의, 반야심경 독송, 경과보고, 회
향정진, 지도교수의 말, 入寺生 선서, 戒銘提唱, 住持法語, 격려사, 사홍
서원의 순서로 밤 7시부터 한 시간에 걸쳐 진행되었다.

특히 경과보고에서 入寺生 대표는 "普賢의 廣大行을 실현하는 원을
다하기 위한 정진을 하루 三分해서 했으며 꾸준한 禮拜를 통해서 우리
는 修道와 精進의 커다란 장애인 肉體의 調伏을 期할 수 있었다"고 밝
혔다.

또한 7일 정진을 회향하는 회향정진은 고광덕 주지스님의 보현행원
독송에 따라 六十餘 拜의 禮敬을 부처님께 供養하는 색다른 회향법회를
가졌다. 이러한 無數한 예경에 대해 지도교수인 박성배 거사는 "하루
삼천 내지 이를 훨씬 넘는 예경은 그저 형식적인 절이나 數에 뜻이 있
는 것이 아니라 오직 모든 것(自己까지를 포함하여)을 내던지고 오로
지 一念으로 보현보살의 뒤를 따르고 보현보살이 되어 普賢大願을 행
하고자 하는 意志에 있다"고 밝혔다.

이같이 보현의 넓고 큰 원을 다하고자 정진하여 회향을 갖는데 대해
입사생들은 회향은 해 마치는 것으로가 아니라 이제 시작하는 것으로
받아들여진다고 강조함으로써 끊임없는 실천과 정진을 다짐하였다.

이날 五戒를 지키고 佛經의 가르침에 따르기를 다짐하며 새로 입사
한 학생은, 전창열(서울법대), 김춘성(동대), 황귀철(중대) 군 등 세 학
생이다.

17

불기 2992(1965)년 12월 26일 제124호 4면

65년을 돌아보는 座談 / 佛敎靑年學生運動

• 參席者

元興均(서울師大附高 校長)

李箕永(東大敎授・大韓佛敎靑年會 指導法師)

高光德(總務院 總務局長・大學生修道院長)

司會・崔唯心(本社業務局長)

때・1965년 12월 17일

곳・本社會議室

擔當・睦哲宇 記

(기사 略)

18

단기 4299(1966)년 1월 2일 일요일 제125호 7면

새 봄에 부치는 글 : 民아・佛子의 本分을…

民아!

반갑다. 네 글 보았다. 우리 民은 民답게 聖스러움을 向한 자세가 더욱 굳어져 감을 보니 반갑다.

民아! 記憶해 두어라.

人間이란 本是 太陽의 主人이다. 佛陀라는 偉大한 太陽을 가슴에 안고 太陽의 맥박으로 自己를 無限으로 展開하며 太陽의 世界 卽 佛國土를 建設하는 것이 人間의 本性이다. 이 人間인— 佛陀인 太陽은 그 光明이 物質的인 太陽의 빛과는 判異하다.

저 物質的인 太陽 빛은 障碍物 앞에서 그림자를 남긴다. 그는 時空의 制限 앞이 자기를 나투는 것이지만 불타인 인간의 광명은 그렇지 아니

234

하다. 無限·自在·自律을 完全히 示現한다.

一切權威는 自身이 主宰하는 것이다. 一切存在란 自身 밖(外)에 存在하는 것이 아니다. 그러므로 存在란 人間을 떠나 獨立하여 存在할 수 없고 人間에 의하여 그 全體는 統御된다.

存在란, 불타인 人間의 광명투사로 존재하게 되는 것이므로 존재인 物質은 物質로서의 定性을 가지지 못한다. 그런데도 不拘하고 인간을 物質的인 것으로 보고 物質的 存在에 從屬한 것으로 그에 依하여 制限되고 調整된다고 하면 이것은 顚倒요, 迷요, 人間의 喪失이요, 神聖의 모독이다.

인간이 즉시 '佛'이다. 이것을 믿는 것이 佛子요, 信不及이 外道凡夫다. 이 불타인 인간은 즉시 광명의 주인이다. 이 불타인 인간— 佛子는 자재한 權能을 自具하고 있으므로 卽是無限創建의 主翁이 된다.

이 사람에게 이 佛子에게 이 光源에게 어둠이 있을까! 불행이 있을까! 不自由가 있을까! 그런 것은 있을 수 없는 일이다. 있다면 迷妄의 所致요, 決코 實有가 아니며, 假有에 不過하고 錯覺에 起因한다.

圓滿自足한 이 佛子에는 實로 장애가 없으며 두려울 것이 없다. 본래로 顚倒迷妄이 없는 靈通者이다.

佛子야! 기억해 두라. 佛子는 物質이 아니며 物質을 物質로 존재케 하는 者다. 원만한 지혜와 德性(자비, 평화)이 自足한 者다. 佛子는 행복과 歡喜와 無限과 可能이 充滿한 者다.

民아! 우리 民은 이러한 불자인 것을 알아야 한다. 決코 다시 더 딴 생각 마라! 自身에게 분명히 일러두라!

"民은 佛子다. 圓滿自足한 無限自在者다."

"民은 佛子다. 自在光明으로 無限을 創造한다."

하루에 세 번 열 번 分明히 일러두라.

"本師世尊 釋迦牟尼佛"의 名號를 부를 때마다 이 생각을 잊지 마라. 民아! 너는 이번 편지 중에 여러 가지를 물어 왔다.

1. 目標와 그를 推進할 힘

2. 四弘誓願의 具現

3. 佛國建設을 위한 學文

그러나 나는 오늘 더 여러 말 하지 않으련다. 다만 몇 마디 佛子인 너 自身의 面目을 일깨워 주고 싶을 뿐, 네가 나에게 물은 것은 다시 너에게 돌린다. 잘 생각해 보라.

65년 12월 30일 光德 적음

19

불기 2993(1966)년 2월 13일(일) 제131호 2면

祖師들의 解制

高光德

自性發見에 參入하라

十方法界를 圓覺期로 삼고

해제를 앞둔 10여 일— 이 동안은 늘 뒤숭숭한 날이다. 구석구석 걸망을 챙기고 화제를 八道江山으로 돌린다. 그러다가 하루 전인 음력 14일 되면 걸망을 동동 묶어 두었다가 날이 밝고 宗師의 解制上堂이 끝나면 午供은 언제 먹었는지 벌써 도망구니 보따리가 하나 둘 사라지기 시작이다. 이른 바 '슬쩍 진언'이다.

해 밝은 禪房은 맑게 보이고 오후의 禪茶 잔의 김만이 한가롭다. 그러다 보면 어느덧 十方堂(客室)에서 반가운 목소리가 터져 나온다. 벌써 他方禪房에서 해제한 雲水가 찾아온 것이다. 어찌구저찌구 한철 동안 지낸 이야기를 털어놓고 꽃을 피운다. 이러는 중 2~일 쉬었다가는 또 떠난다. 행방은 별 곳 없다. 짝지 자빠지는 대로 달리면 된다. 이러다가 선지식 도반이 인연되는 곳에 걸망을 풀어놓고 "소승 한철 지내고자 합니다" 하고 榜을 붙인다.

해제를 앞둔 선방-그리고 행각-이 사이의 雲水의 생활이 ○향 앞에 든 것만이 아니다. 해제를 앞두고 해이하기 쉬운 마음을 더욱 가다듬고 加行精進을 하는 것이 또한 일례이며 해제 후에는 계속 一向 인사 또는 善知識을 찾아서 向道策進하는 것이 항례이기도 하다.

해제 후 행각에 즈음하여 祖師(東山演)는 사랑하는 제자에게 다음과 같이 이르고 있다.

"대개 행각에는 마땅히 道를 마음에 박아두어야 하느니라. 공양이나 받아먹고 한가로이 날짜를 보내서는 안 된다. 生死 두 字를 이마에 못 박아두고 무슨 일이 있더라도 이 일만은 분명히 판단해 두어야 한다. 공연히 數를 따라 떼를 지어 이리 몰리고 저리 닥치어 시간만 보내다가는 뒷날에 한바탕 호된 방망이를 맞을 날이 있을 것인데 그때에 가서 내가 이 일을 미리 일러 주지 않았다고 하지 마라.

행각 중에도 네 공부를 나날이 점검해 보라. 북소리 울리자 일어나서는 분명히 자세히 살펴서 부디 헛발 딛지 않도록 하라. 이와 같이 정밀히 또한 간절히 지어 가기만 하면 기필코 到家時節이 있을 것이다. 근일 어떤 무리들을 보니 명색 공부한다는 납자들이 經도 보지도 않으며 법당에 가서 禮佛하지도 않고는 좌복에 앉자마자 끄떡끄떡 조는 데만 得力하고는 졸음이 깨면 잡다한 망상이나 마구 부리다가 房에서 나와서는 잡담이나 재미를 부치니 이런 식으로 공부하다가는 下生하도록 지어간다 하더라도 아무런 入手處를 못 볼 것이다" 하고 있다.

지금의 납자들이 다 그런 것은 물론 아니지만 해제하면 행각하는 것으로 잘 통한다. 우리가 지금 문제삼는 것은 행각이 문제가 아니라 해제가 문제다. 과연 무엇이 해제냐?는 말이다. 古祖師들은 아예 해제를 방참으로 아는 것이며 파참으로 가정하는 것이다.

"지난 三冬九旬安居 동안에 증오가 있느냐! 없느냐! 만약 아직도 철저함이 없다면 또한 겨울을 헛되이 보낼 것이로구나. 진정 本色衲子일진대 十方法界를 圓覺期로 삼고 長期短期도 백일천일도 결제해제도 논

하지 않고 다만 화두를 들 때를 시작으로 하여 깨치지 못하였으면 1
년이 아니라 10년 20년 내지 평생을 바쳐서라도 初志를 動하지 말 것
이다. 마침내 眞實究竟處를 꿰뚫고서야 바야흐로 解制날이 되는 것이
다”(楚山琦禪師)하고 있는 祖師에 있어서 비로소 해제의 진실한 의미가
들어 나고 있다고 생각된다. 이 산에서 한 겨울 저 산에서 한 여름—
하고 오늘은 진전하고 내일은 퇴후하는 따위의 공부를 호되게 경계하
고 있는 것이다.

과연 고인들은 위의 의미의 결제해제에 분명하였다. 臨濟祖師는 황
벽산에서 3년을 묵참하였고 道安大師는 靜室에서 12년 탄정하였다. 通
達禪師는 草根木果만으로 5년 단좌하여 대오하였다. 圜悟勤禪師는 東山
演禪師 會下에서 시자가 되어서 역참하기를 10년에야 타철하였으니 경
천동지 억겁의 태양이 되고 있는 조사들의 해제는 실로 실다운 의미
를 가진 것이었다.

근간 우리 종문 중에 결제해제가 간혹 명자화되고 형식화되는 감이
없지 않았다. 끈 떨어진 조롱박 모양으로 마구 바람에 불려 다니는 군
중들도 흔히 볼 수 있었다. 그러나 근일에 와서 종단이 안정되고 질서
화됨에 영향을 입었음인지 또는 風神들이 바람 잤음인지 점차 정진을
향한 성실한 모임이 도처에 보이기 시작한 것은 한 구석 흐뭇한 감을
갖게 한다. 구석구석 長期結社精進이 의논되고 諸方禪院이 젊은 雲水들
의 격고한 정진으로 충만되어감을 보는 것이 한없이 반갑다. 고인들의
해제는 지금 이 땅에 장만되고 있는 것일까? (1966년 2월 9일)

<h1 style="text-align:center">20</h1>

불기 2993(1966)년 2월 27일 제133호 4면

한국대학생연합회구도부, 50日 安居精進

百丈淸規에 生命 바친 50日

自性 찾으려는 하루, 절 萬拜

話頭와 맞서 젊음 불태워
(기사 생략)

21

불기 2993(1966)년 4월 10일 제139호 1면

12日, 東山大宗師 一週 忌日

文集 刊行은 늦어질 듯

오는 12일(음 22일)은 東山大宗師의 一週忌— 이날 동래 범어사에서는 東山大宗師一週忌 追慕大法會가 열린다. 이 대법회에는 종단의 여러 큰스님과 신도들이 다수 참석하여 스님의 위덕을 우러를 것이라고 한다.

한편 1주기를 맞이하여 출간할 예정이던 東山大宗師의 文集 『法語와 畵報』는 사정에 의하여 연기되었다고 한다. 출간 연기 이유는 同文集이 당초 계획보다는 내용이 달라진 때문이라고 한다.

22

불기 2993(1966)년 10월 30일 제168호 1면

奉恩寺서 法會, 師大附高 菩提會

보리회에서는 지난 23일(일요일) 봉은사에서 야외법회를 가졌다. 법사는 동사 주지 광덕스님이었으며 남녀 20여 명의 회원이 동참했다.

23

불기 2993(1966)년 11월 6일 제169호 3면

美國 女學士 受戒 마리아·일로 孃

4個月間 寺刹巡訪 끝에 高僧行狀 英譯하고 싶다고

奉恩寺에서 法名은 日路行

"그 이름 참 좋습니다. 마음에 꼭 듭니다. 감사합니다."

　　지난 27일 하오 3시 뚝섬 봉은사에서 주지 光德스님으로부터 受戒(5戒)시 ‘日路行’이란 法名을 하사 받으면서 흐뭇한 기쁨을 감추지 못한 채 피력한 ‘마리아·일로’ 양의 첫 소감이다.

　　지난 6월 말경 光德스님(봉은사 주지)의 초청을 받고 내한한 일로 양(28세)은 미국 뉴욕 태생으로 영국 런던의 길드·홀 대학에서 드라마와 음악을 전공한 후 하와이에서 2년간 불교학을 또 연구했다. 그녀가 불교에 관심을 갖기는 6세 때부터다. 부친이 변호사로 부유한 가정에서 자라난 일로 양은 자기 집 문지기로부터 채식과 단식, 요가 호흡법 등을 배웠다. ‘인도인으로서 힌두교도인 문지기가 나로 하여금 불교에 대해 관심을 갖게 하였고 오늘날 전공분야로 택하여 이곳까지 오게 하였다’면서 조용히 감사해 한다.

　　소련을 빼놓고 전 유럽을 맨발로 일주했다는 양은 “한국 사회가 몹시 각박한데 그래도 사찰만은 비교적 융숭하더라”고 제법 비판적인 글을 「코리아 타임스」지에 투고도 했다고—.

　　한 4개월 동안 김용사, 해인사, 불국사, 남장사 등 전국 유명한 사찰은 모두 순방했다는 양은 한국서만은 신발을 신고 다녔다고— “구주에서 맨발의 청춘으로 행세한 이유라도?” 기자 질문에 기후 탓이라고 웃음 섞어 넘긴다. 시내 청룡사에서도 한 20일 동안 생활한 양은 매일 시와 드라마를 쓴다. 생활은 스님들과 꼭 같이 하면서 한국적 이해와 불교 연구에 힘을 쏟는 양은 ‘예노’와 ‘아사녀’란 드라마를 자작했다.

　　11월 24일경 서울음대 국악부 학생들에 의해 공연될 동 드라마를 관람차 다시 내한하게 될는지도 모른다는 일로 양은 지난 29일 하오 3시 일본으로 떠났다. 5~6개월 예정으로 동경에서 불교를 연구하리라는 일로 양은 「한국불교 고승행적」의 자료를 찾아서 영문으로 번역, 전 세계에 알리고 싶은 것이 소원이라고— 그러나 경제적 뒷받침이 없어서 도저히 엄두를 못 낸다는 양은 파란 눈을 굴리며 독지가의 성원을 아쉬워하고 있다. (광덕스님과 일로 양이 찍은 기념사진이 실렸음

　　편집자 주) 李炳男 記者

24

불기 2993(1966)년 11월 13일 제 170호 1면

東山大宗師 舍利塔竣工 및 舍利奉安法要案內

　東山大宗師의 舍利塔은 其間 各界佛子諸位의 協助로 이제 竣工을 보아 塔의 除幕과 舍利奉安法要를 다음과 같이 奉行코자 하오니 敎界 및 江湖 諸位의 參席을 바라나이다.

【다음】 日時 : 1966년 11월 20일 上午 10時

　　　　場所 : 釜山市 東萊 金井山 梵魚寺

▶ 奉塔募緣冊(化主冊)을 가지신 분은 速히 梵魚寺로 回送하여 주시기 바랍니다. 碑文의 化主·施主欄에 새기기 爲해 化主·施主 名單이 必要하오니 곧 연락해 주시기 바랍니다.

　　　　　　　　1966년 11월 5일

　　　　　東山大宗師護法奉讚會 會長 李青潭

　　　　　　　　各 位 貴下

25

불기 2993(1966)년 11월 13일 제170호 1면

東山大宗師上佐會, 運營委를 構成

　지난 10월 30일 범어사에서는 동산대종사의 상좌들이 회합을 갖고 동산대종사의 유지를 받들고 그에 따르는 제반불사의 효율적인 수행과 범어사의 현안문제를 타개하기 위한 대중공사를 가졌다.

　이날의 회합에서는 운영위원을 선정하고 앞으로의 모든 일을 여기 위임키로 했는데 그 명단은 김덕산, 고광덕, 송덕윤, 김덕명, 조정관, 임원두, 윤현욱, 선용, 벽파, 휴정스님(無順) 등 10명이다.

26

불기 2993(1966)년 11월 27일 제172호 1면

本社來訪 : 高光德스님(서울奉恩寺 住持) 尹玄묘스님(梵魚寺 住持代理)
東山大宗師 舍利奉安法要 마치고 上京人事次

27

불기 2994(1967)년 1월 8일 제178호 1면

大覺寺에 불, 많은 佛書燒却

종로 3가 소재 대각사에서 1월 1일 밤 10시 40분 불이 일어나 요사채(2층)와 도서실의 책 4천 권을 반소시키고 약 40분 후 종로소방대의 활약으로 진화되었는데 피해액은 5백4십여만 원이라 한다.

화재 원인은 대중실에서 잠자던 ○○수좌가 이불 속에 전기 고다스를 넣고 자다가 과열로 일어난 것인데 마침 이날 바람이 없어 경내지가 전소되지 않고 요사채만 탄 것이다. 특히 도서실의 귀중한 경서와 서적은 이능가스님의 소유로 귀중한 책들이 탔다.

28

불기 2510(1967)년 4월 30일 제194호 3면

東山大宗師追慕齋(二週期) 案內

老和尙께서 열반을 보이신 지도 오는 5월 2일(음3월 23일)로 於焉 二週年이 되옵니다.

其間 老和尙의 舍利塔도 完工하였으며 錫影帖(寫眞帖)도 出版을 보았기에 當日(11시)은 敎界內外 여러분을 모시고 조촐한 追慕法要를 갖고저 하옵니다.

바쁘시더래도 꼭 參與하여 주시와 저희들의 작은 뜻을 크게 이룩하여 주옵소서.

서기 1967년 4월 20일

부산시 동래구 금정산 범어사

東山老和尙 門徒一同 合掌

諸　位

29

불기 2510(1967)년 4월 30일 제194호 4면

書 評 : 『東山大宗師錫影帖』

東山大宗師의 錫影帖이 師의 2주기를 맞아 간행되었다. 錫影帖이라는 말이 가리키듯이 동산대종사가 이 땅에 주석하는 동안에 남긴 족적을 모은 것이다.

그러나 족적을 따라 한국불교의 생생한 발자취를 볼 수 있음이 더욱 가치를 높인다.

東山大宗師가 佛門에 歸依하면서 한국불교계의 중요한 사건들이 사진으로 수록되어 있다. 특히 淨化운동 당시의 사진들은 佛敎史의 중요한 자료들이다. 또는 한국불교의 국제적인 지위 향상과 선양에도 크게 이바지한 스님의 海外交流에 관한 사진들이 수록되어 있고 당시의 활동상을 수기로 남기고 있어 新羅 慧超의 往五天竺國記 이후에 있은 값진 글을 이 책에서 대할 수 있다.

우리 불교계에 예부터 고승대덕의 어록이나 행장기는 많다. 그러나 한 스님의 행장과 어록에 그치지 않고 그것이 東山大宗師의 석영첩과 같이 우리나라 불교의 산 역사를 보여주는 것은 없었다.

老師의 열반, 다비, 사리, 그리고 日常茶飯事로부터 上壇法語에 이르기까지 세심한 배려로 노사의 모습을 남기고자 한 편집자의 의도가 충분히 살려져 있다.

어려운 사정 아래 고심하여 편찬된 것은 참으로 기쁜 일이다.

(박경훈)

30

불기 2510(1967)년 5월 7일 제195호 1면

지난 3일은 東山大宗師 2週忌─東山大宗師가 住錫하던 梵魚寺에서는 이날 스님의 많은 문도와 교계 인사가 모여 추모재를 올렸다.

이날 추모재에서는 스님의 一代記를 사진과 글로 엮은『錫影帖』도 배부되었는데 이것은 문도들이 스님을 추모하는 뜻에서 발간한 것으로 지난달 29일 회향을 보았다.

31
불기 2510(1967)년 5월 21일 제197호 3면

讚佛歌 合唱團 결성, 大學生佛聯 首都女大 支部會員 40여 명

大韓佛敎曹溪宗 산하의 신도단체 가운데서 처음으로 여대생들로만 조직된 합창단이 창설되었다.

韓國大學生佛敎聯合會 지회인 首都女子師範大學校 불교부생 40명은 지난 14일 오후 4시 뚝섬(서울 성동구) 奉恩寺(주지 : 光德스님)에서 합창단 결단식을 가졌다. 이날의 결단식에는 行願스님(총무원 총무부장), 光德스님(수도여사대 불교부 지도법사), 陳東爀 교수(수도여사대 지도교수 국문학과장), 德山거사(본지사장), 그리고 徐景洙씨(본사 주필) 등 여러분이 동참하였다. 그런데 이 합창단은 불탄절이 끝나는 대로 곧 聯合會 합창단을 혼성으로 조직하여 단원 결성을 볼 예정이라고 한다.

한편 이들 40여 명의 여대생들은 13, 14일 이틀 동안 수련대회도 가졌는데 모든 준비와 공양 등을 자신의 손으로 해결하는 등 불제자로서의 본연의 시범을 보였다.

32
불기 2510(1967)년 9월 17일(일요일) 제213호 4면

靈源祖師에 관하여

요 얼마 전 3회에 靈源祖師 題의 영험록을 보았다. 大隱師의 글로 퍽 재미있고 유익하였다고 생각된다. 헌데 그 내용에 관하여는 본인이 조사한 바와 약간 틀린 데가 있기에 여기 두 자 적어 본다. 그렇다고 大隱師의 所述이 진실이 아니라고 주장하는 것은 결코 아니다. 어디까지나 본인이 수집한 자료와의 차이점만을 지적하는데 불과하다.

1. 主人公의 이름에 관하여

이 이야기 주인공은 明學大師와 그의 상좌다. 大隱師는 "明學同志의 상좌 이름은 智悟이고 명학동지의 悟後 이름은 靈源"이라고 하였는데 본인 조사에 의하면 明學大師의 상좌 이름은 알 수 없으나 그가 金剛山에서 오도한 뒤는 靈源祖師라고 불리고(그가 오도하셨다는 金剛山 靈源庵은 地藏道場으로 추측되므로 山名에서 推論) 아마도 오도한 고승 이름을 인하여 寺名으로 한 것이 아닌가 생각된다.

명학대사의 悟後(5歲)의 이름은 後院에 오도하였다고 하여 後院祖師라 하고 있다.

2. 年代에 관하여

大隱師는 明學同志의 年代를 新羅 末 高麗 初라 하고 있으나 본인의 조사로는 近世朝鮮 顯宗, 肅宗 때의 인물임이 거의 확실하다.

그가 梵魚寺에 남기고 간 여러 사적과 문건을 살피건대 서기 1660년에서 1740년대에 생존하였다고 본다.

明學大師가 1680년 梵魚寺 天王門 重修佛事에 同參한 것이 현재 記錄에 나타나는 최초의 것이다. 그것이 明學大師 20세 때라 하고 1741년 觀音聖像造成 뒤 別世하였다고 치더라도 그의 생존은 약 80년이 되는 계산이 나온다.

그러므로 明學大師의 상좌인 靈源祖師와 그의 제자인 後院祖師의 교화기간은 1740년에서 사뭇 이후가 될 수밖에 없다.

3. 明學大師의 生前業績에 관하여

大隱師는 明學大師가 순 貪財꾼으로만 보고 있는 듯 보인다. 그가 평생을 출가인다운 修業은 하지 않고 간탐만 부리고 殖財治富하여 죽어 '뱀'報를 받았으나 다행히 發心한 상좌를 두었던 덕분에 '뱀'報를 면하고 還得人生하여 무무出家 開悟하였다고 하고 있는 反面 그의 生前善功에 관하여는 아주 눈감고 있다. 그러나 본인의 조사에 나타난 바에서 그의 인물과 업적에 관하여는 다음과 같은 것을 들 수 있다.

㉠ 梵魚寺 天王門 佛事에 同參施主하였고(1680년) - 이것은 天王門 上樑文에 보이나 現在 필자 수중에 기록이 없으므로 기억대로만 적는다.

㉡ 梵魚寺 鐘閣重創佛事에 獨辦施主가 되었고(1700)

㉢ 普濟樓 단청(1712)

㉣ 大雄殿 重創(1733)에 各各 首位로 동참하였으며

㉤ 1734년 彌勒佛改金(1740) 枝門石柱를 獨擔하였고

㉥ 1741년 觀音聖像新造佛事에 수위로 동참하였고

㉦ 梵魚寺 鐘閣은 普濟樓와 同時에 落成한바 당시 創建記에는 僧統嘉善目修長老 普濟樓獨辦施主인 文印大師와 그리고 釋瓊最善과 함께 嘉善明學의 이름은 寺中 重鎭으로 기록되고 있으며 특히 文印－明學 兩師에 對하여는 '성품은 타고나기를 溫良하고 그 器宇가 弘大하며 그의 衣食은 極히 儉朴하다. 착한 일을 보면 목마른 이 물 찾듯 至誠을 다하였다' 하고 있다.

이것을 다만 治富者에 대한 예찬으로만 넘겨야 할 것인지 -

慳貪明學의 報身인 구렁이가 죽은 뒤 파랑새 한 마리 날아가는 것을 靈源이 추적하여 江原道 어느 집에까지 이르렀다 하는바 이 집이 바로 明學後身의 誕地가 되는 것이다. 이 탄지에 대하여 대은사는 명백히 밝히지 않고 있으나 본인은 金剛山 靈源庵 事蹟記 중에 다음 같은 사실이 들어 있다는 것을 최근에 와서 알게 되었다.

江原道 北三面 落雁里 全氏 집이라는 것이다. 이래서 後院祖師인 明學

後身은 俗姓이 全氏일 수밖에

　◎ 그 밖에 梵魚寺에 있어서의 明學과 그 상좌생활

　상좌의 出行脚 明學의 居處이었던 安心寮, 神通. 그 밖의 몇 가지 점에 대하여 덧붙일 말이 있으나 그리 重要한 것도 아니므로 이쯤 붓을 거둔다.(필자·奉恩寺 住持)

33
불기 2510(1967)년 10월 8일 제217호 1면
韓國大學生佛教聯合會, 跳躍의 네 돌
1일부터 연 3일 동안 서울에서 심포지엄 등 創立 기념의 祝典
全國 56個 支會서 5百명 회원 모여

韓國大學生佛教聯合會 창립 4주년 기념축전이 전국 8개 지부 56개 지회에서 모인 5백여 불자들이 자리를 같이한 가운데 10월 1일부터 연 3일간 종립 '동대'와 뚝섬 '봉은사'에서 열렸다. (이하 생략)

34
불기 2510(1967)년 11월5일 제221호 1면
오직 젊은 佛教 융흥 위해
정영 총무부장 大學生修道場인 奉恩寺 주지에 就任
東洋唯一의 無門關 天竺寺 주지는 겸임

　그동안 공석 중이던(전 주지 光德스님) 뚝섬 奉恩寺(시내 성동구 삼성동) 주지에 대한불교조계종 총무원 총무부장 정영스님이 취임하였다. (중략) 정영스님이 봉은사 주지로 임명받기는 지난 10월 2일이다. (이하 생략)

書評 :『禪關策進』 光德譯註

明나라 株宏스님이 엮은
歷代祖師의 法語・禪理書

『禪關策進』은 『碧巖錄』, 『林間錄』, 『臨濟錄』, 『宗門武庫』, 『人天寶鑑』 등과 아울러 禪門에서 가장 많이 읽혀온 책이다. 明나라 杭州 雲棲寺의 株宏스님이 편찬하여 펴낸 책으로(서기 1600년 초판) 그 내용은 前集 일문과 後集 일문 등 제3부로 나눌 수가 있는데 제1부는 '諸祖師法語節要', 제2부는 '諸祖苦功節略', 제3부는 '諸經引證節略'이다.

제1부인 '제조사법어절요'는 黃檗, 趙州, 玄沙備, 永明壽 師 등 역대조사들의 법어 39문이 수록되어 있다. 이 조사들의 법어는 모두가 禪理를 꿰뚫고 있을 뿐 아니라 불교가 어떠한 종교인가 하는 내용을 설명하고 있다. 특히 선을 공부하는 사람에게는 그 방법적인 문제까지 제시되어 있다. 제2부 '제조고공절략'은 역대조사들이 大悟를 얻기 위하여 행한 갖가지 수행방법을 수록한 것으로 예를 들면 홀로 靜室에 앉아 神悟를 얻은 道安大師의 이야기, 절벽 위 나뭇가지에 앉아 자신의 해태심을 이기고 깨달은 靜琳禪師의 이야기, 풀을 먹고 나무에 살면서 공부한 通達禪師 이야기 등 훌륭한 수행기록 24문이 그것이다. 이것은 후세 사람들이 수행에 있어 귀중한 방편이 되어 온 것이기도 하다.

제3부 '제경인증절략'은 여러 경론 중에서 참선학도에게 긴요한 대목 47조를 뽑아 모은 것으로 8만장경을 다 읽지 않아도 진수를 알 수 있게 하였다. 특히 저자 자신이 각 조문마다 평을 부친 것은 어느 의미에서는 선문 교과서적인 의의가 있다고도 할 수 있다.

한문으로 된 이 책을 光德스님이 역주하여 이번에 새로이 출판, 누구나 손쉽게 구하여 읽을 수 있게 하였다. 역자는 자신의 경전체험과

해박한 지식을 동원하여 어려운 점을 이해하기 쉽게 풀이하였을 뿐
아니라 각 조문마다 해설을 달아서 초심자의 길잡이가 되게 하였다.
원저에 趙州라고 나오면 역자가 趙州에 대한 정진담과 연대, 수행 과정
등 자세한 주석을 부친 것이다.

　비록 禪客이 아니더라도 불교와 선을 알고자 하는 사람에겐 일독을
권할 만하다. 또 불교입문 서적 역할도 하고 있는 점이 특징이다. (국
판 280페이지·進修堂 發行)

<h2 style="text-align:center">36</h2>

불기 2510(1967)년 12월 3일 제225호 4면

<h3 style="text-align:center">新刊 소개</h3>

『선관책진(禪關策進)』光德 역주, 국판 2백66면(찾아보기 붙임) 進修
堂 發行(발표는 서울 동대문구 숭인동 청용사 金輪浩) 비매품.

<h2 style="text-align:center">37</h2>

불기 2510(1967)년 12월 10일 제226호 1면

<h3 style="text-align:center">海印叢林 聽法大法會</h3>

<h3 style="text-align:center">性徹 방장스님 百日大說法</h3>

　11월 16일, 겨울 안거를 결제한 海印叢林에서는 지난 2일(음 11월 1
일)부터 백일 동안 方丈和尙 性徹스님의 특별법문 청법대법회가 열리
고 있다.

　백일간 매일 한 시간씩 하루도 거르지 않고 설법을 하게 되는 性徹
方丈和尙은 지난 7월 海印叢林에 취임한 이래 총림을 본 궤도에 올리기
위해 심혈을 쏟고 있다.

　性徹方丈和尙의 법문 내용은 ① 叢林의 지도이념 ② 曹溪宗旨 ③ 불
교근본교리 해설(禪·敎를 통한 사상의 체계화) ④ 현대사상과 불교

진리 등이다.

이와 같은 설법을 들을 수 있는 기회가 많지 않을 것을 감안, 海印叢林에서는 뜻있는 佛子들의 동참을 허용하고 있다.

海印叢林에서 이처럼 장기 聽法大法會를 갖기는 근래로는 이번이 처음이다. 海印叢林에는 1백50여 납자들이 모여 겨울안거를 하고 있다.

38

불기 2510(1967)년 12월 10일 제226호 3면

第九次 冬期修鍊大會 案內公告

本聯合會에서는 會員들의 求道心을 啓發하여 上求菩提하고 下化衆生할 것을 目標로 다음과 같이 修鍊大會를 개최코자 하옵니다.

▶ 다음

一. 場所 : 경북 금릉군 대항면 황악산 직지사

二. 期間 : 自 1967년 12월 26일

　　　　　至 1968년 1월 4일

三. 指導法師 及 敎授

　㉠ 西翁(石虎)스님, 瑞雲스님, 香谷스님(이상 祖室)

　㉡ 光德스님 : 禪의 入門

　㉢ 法頂스님 : 金剛經

　㉣ 綠園스님 : 特講

　㉤ 徐景洙 敎授 : 指導敎授

　　(이하 중략)

韓國大學生佛敎聯合會 會長 金善根

39

불기 2511(1968)년 3월 3일 제237호 4면

東大佛大 首席 鄭貞淑 孃

中3 때 僧侶되기를 決心
平均 91점의 才媛이기도
술을 즐기는 特異한 취미
(기사 본문 생략)

40

불기 2511(1968)년 7월 14일 제256호 1면

僧伽大學 設立 추진, 敎界 代表者 모여 方法 논의

대한불교조계종 총무원에서는 지난 10일 총무원 회의실에서 승가대학 설립에 관한 좌담회를 가졌다.

이 좌담회는 총무원 교무국장 雲學스님의 사회로 李箕永교수(東大) 高光德스님 李載昌교수(東大) 金仁鴻교수(東大)가 참석하여 승려들의 질적 향상을 위하여 승려교육을 담당할 승가대학이 절실히 요구되나 아직 그 시설 및 제도가 없어 그 설치가 시급한 오늘 어떤 方法으로 승가대학을 설립할 것인가 하는 문제를 진지하게 토의하였다.

(이하 생략)

41

불기 2511(1968)년 7월 21일 제257호 3면

大覺會 주최, 金剛經 講座

대각회에서는 매주 화요일 오후 6시 시내 종로구 삼청동 소재 칠보사에서 錢鎭漢居士 담당으로『金剛經』해설을 갖는다고 한다. 대각회는 교단정화를 전후해서 서울 일원의 청장년들이 모여 불교유신운동과 사회 봉사를 해온 단체인데 그간 수많은 인재를 양성하여 경향각지에 배출했다.

42

불기 2511(1968)년 8월 11일 제260호 1면

本社來訪 : 光德스님(前 奉恩寺 住持)

43

불기 2511(1968)년 8월 25일 제262호 1면

대학생 「佛聯」 一般修練大會, 公州 麻谷寺와 梁山 通度寺

대학생불교연합회 일반회원 수련대회가 南北部로 나누어 지난 3일부터 일주일간 공주 마곡사와 양산 통도사에서 각각 개최되었다. 北部인 마곡사 수련대회에는 高光德스님, 申法印스님, 月雲스님을 지도법사로… (운운 이하 생략)

44

불기 2511(1968)년 9월 1일 제263호 4면

漢拏山 국토건설단 訪問記(上)

(一) 우리들— 濟州 天王寺 住持 飛龍스님과 필자는 지난 8월 22일 濟州 한라산 御乘生 고원에 자리잡은 국토건설단을 방문하였다. 이것은 濟州道 警察當局과 경찰국장의 협조로 이루어진 것. 여기 건설단은 널리 알려진 바와 같이 정부가 추진하고 있는 폭력배 일소 방침에 따라 취역의 길을 택한 이른바 깡패, 치기배 등등 과거를 가진 군상들. 이번의 정부시책— 취역과 선도는 당국뿐만 아니라 전 국민의 커다란 관심사가 되어 있다. 종단에서도 깊은 관심을 기울여 그들의 선도에 부심하고 있거니와 필자 등은 이번 濟州에 그들을 찾을 기회를 가진 것이다.

(二) 덜커덩 덜커덩 車는 견디기 어려우리만치 흔들렸다. 뙤약볕은 마구 퍼부었고 땀은 마구 흘렀다. 이런 길을 한 시간은 기어올랐을까?

앞을 달리던 추럭과 거리가 가까워지자 그 차 짐칸에 탄 청년이 손가락을 하나와 둘을 번갈아 들어 보이면서 무엇인가 묻는 시늉이다. 누가 대꾸를 하였는지 그는 알았다는 듯이 차를 멈추게 하였다. 그때야 그 추럭은 우리가 찾는 건설단의 보급차임을 알았다. 거기에 탔던 청년이 바로 건설단의 용달 담당, 체구가 건장하며 행동이 민첩하고 예절이 분명하다. 팔에는 '공용'이라 쓰인 완장을 차고……, 이 사람이 바로 이른바 깡패니 치기배니의 후신— 나는 그의 싱싱한 거동과 분명한 예절에 호감이 앞선다. 우리도 차를 멈추었다. 그리고 가지고 가던 위문품 일부를 저편·차에 옮겨 실었다.

(三) 필자 등은 濟州경찰서 수사제일계장 金連玉 경위의 안내를 받으며 약간의 위문품(빵 1700개)과 영화필름 그리고 姜泰植 濟州市長의 협조로 얻은 영사기를 가지고 이 길, 공식으로는 國土建設團 慰問講演會의 길에 오른 것이다.(위문품은 비룡스님과 제주 신도들이 준비한 것)

이곳 건설단은 漢拏山 御乘生高地의 동북 측 분지 해발 9백 미터 고원 주변에 자리잡고 있다. 濟州市에서는 줄곧 오르는 길, 족히 약 20km는 되는 상 싶다. 건설단은 900高地(高原에 본부를 두고 제1지대와 제2지대로 나누어 1지대는 본부 위치에 2지대는 天王寺가 있는 99谷 앞 730高地(高原)에 위치한다. 이곳 건설단원의 대부분(約 500명 단원 중 3분의 2)이 2지대에 속해 있으므로 우리는 차를 2지대로 몰았다.

우리가 현지에 도착한 것은 해는 이미 지고 어둠이 깃든 오후 7時半, 정적과 신비만이 가득하다. 建設團 어귀에서 첫 만난 것이 이곳 御乘生 고지의 野戰司令官格(?)인 玄昌協 警監이다.(公式으론 파견경찰대 중대장이지만) 미리 연락을 받고 나온 것이다. 명석한 어조, 간단한 설명, 넘치는 친절, 절도 있는 위의, 일견에 규율과 사명감으로 군인 인품임을 알게 한다.

즉시에 玄경감의 안내로 團內를 살펴보았다. 입구에 의무실, 경찰소

대본부, 조리장, 수도(글자 그대로 물이 철철 넘쳐흐르는 물길이다),
문안에 들어서자 넓직한 광장, 원시림을 개척하여 닦은 사뭇 넓은 광
장이다. 그 한구석에 배구 네트가 쳐 있다. 광장 둘레는 취사장, 창고,
휴양실, 숙사 등이 일정한 간격을 두고 정연하다. 숙사는 군용천막에
목상을 깔은 간결한 것이지만 내부는 잘 정리되어 있고 그중 눈을 끄
는 것은 정원이다.

각자의 숙사 앞을 가로질러 꾸며진 정원은 그 모양과 꾸밈새가 각
각 다르나 저 흔한 한라산 돌이긴 하지만 묘한 돌로 잘 짰고 새파란
山참 고초화들은 잘 가꾸어 제법 안정과 섬세한 정서를 엿보이게 한다.
그중에도 물을 끌어 제법 정원 수도(?)를 만들기도 하고—

거칠 대로 거칠고 충동적이고 격정적이기 쉬운 저들, 순간적인 기분
으로 일체를 대처하는 폭군적 성격의 집단인 이들, 이들이 여기에 타
의반 자의반(?)으로 와서 이런 것을 꾸미고 산다. 이것들을 제각기 경
쟁적으로 하였다니…… 여기에 참 인간적인 것을 보는 것 같아 나그
네의 말문을 닫히게 하였다.

우리는 위문품을 먼저 전달하기로 했다. 효경감은 단원의 조직을 모
아 놓고 '부처님의 은혜가 여러분에 미친다'라고 우리를 소개하였다.
일동은 박수갈채를 울리고 빵을 나눠 간다.

티 없는— 죄 없는 저 얼굴. 싱글벙글 저 건장한 거동, 필자는 이제
껏 저 모습을 못 잊어 한다.

45

불기 2511(1968)년 9월 8일 제264호 4면

漢挐山 국토건설단 訪問記(下)

먼저 영화를 돌렸다. ＜韓國의 古美術＞. 워싱턴 美국립미술관에 전
시됐던 韓國 古美術品의 소개와 彌勒半跏像의 고요한 미소가 은막 위에

크게 떠오른다. 잔잔한 바람이 은막을 물결치며 흘러갔다.

한 10분 한편이 끝나자 孝경감이 앞에 나아가 말을 한다. "여러분! 지금 여러분에게 돌아간 떡은 바로 부처님께서 주신 것입니다……. 지금 이 자리에는 여러분에게 정신적 양식이 될 좋은 말씀을 해주시려 스님이 오셨습니다……. 연제는 '사람의 참모습'입니다." 또 박수……. 광장 한 모퉁이 배구 코트가 쳐 있는 마당 이곳이 曰, '假設舞臺'. 필자가 단에 올랐다.

순간과 기분으로만 살아가던 저들 향수를 되씹으며 폭양 아래 서 있다. 익지 않은 일에 시달리다 기계 같은 나날이 지나가다. 땅거미가 찾아드는 조용한 저녁…… 필자는 저들의 심정을 헤아려 본다.

'에라! 말자. 說敎가 아니라 차라리 호기심이나 무료를 달래는 짧은 시간에 부처님 말씀 한 토막이나 저들 마음에 심어주자' 생각한다.

(四) 나는 저들의 勇斷을 찬탄했다. 밝음을 향한 젊은 의지가 국토건설이라는 커다란 수레바퀴를 굴리고 있는 도량인 것이다. 우리는 마음의 밝은 빛 그대로 살기를 바랐다. 구김없이 발휘하기를 원했다. 허지만 대개는 얼룩진 구름에 한눈팔린다. 그리하여 발자국은 굽었고 불행은 수입했다.

이제 이들— 건설단원들은 길을 택하였다. 동기 그것이 비로 전과자라는 이름의 위험을 모면하기 위한 功利心이 움직였는지는 몰라도 길은 바르다, 달리기만 하라, 평화의 피안에 이르리라.

나는 저들의 마음속 가릴 수 없는 태양, 때 묻힐 수 없는 거룩한 모습을 찬양했다. 모든 지혜, 행복, 온갖 덕이 그로부터 화수분이 흘러나오고 있다는 것을 이야기했다. 그리하여 자신의 행복한 모습을 확신하고 용감하게 앞으로 내어 달리기를 기원했다. 그리고 常不輕菩薩의 고사를 이야기했다. 단을 내렸다. 바람이 사뭇 선듯하다. 이 지대는 1일 중에 4시가 공존하는 곳, 새벽은 겨울, 조석은 봄, 낮은 여름, 밤은 가을.

<八道江山>― 묵은 영화이긴 單調山中의 破寂거리는 된다. 다음에 <泰國의 佛敎風俗>을 上映, 이래서 끝난 것이 밤 11시 반. 어느덧 바람은 깊은 가을로 변해가고 있었다. 몸이 오싹 조여든다. 달빛이 어두워 갔다.

（五） 여기 건설단은 組, 區, 隊, 支隊團으로 조직. 각 단위에 長과 구대에 지도위원이 있다. 모두 자치적― 경호작업, 규율, 식당경영에 이르기까지 파견된 경찰관은 저들 자치를 돕고 뒷받침한다.

작업은 수로개발― 御乘生 계곡 상류의 물을 하류 평원으로 돌리는― 땅을 파는 작업― 익숙지 않은 일과 기후 속에 취역 초기에는 많은 환자가 속출하였다. 허나 지금은 거의 없다고.

民은 以食爲天, 食이 군중의 사기를 좌우하기는 이곳도 마찬가지다. 동행한 金連玉警衛의 말을 빌면 1일 식비, 1백80원 사흘거리로 돼지를 잡는다고.(서운한 일이지만 필자는 저들의 메뉴를 살피지 못했다.) "경찰관은 식비를 절약하느라 부식이 저들만 못하지요. 그래서 경찰관들은 저들 식당 근처를 얼른대지 않습니다. 혹 얻어먹으러 왔나 보일까 봐 말입니다." 소리 높여 웃는다. 단원들이 가장 반기는 것은 역시 면회― 노부모가 왔을 때는 목이 메어 눈물이 앞서지만 면회자는 면회 숙소에 외박(?)도 허용된다.

이들의 일당은 2백80원 일용품은 대개 매점에서 사고 없는 것은 밖에서 구해오고― 단 한 가지 금기가 있으니 그것은 술― 이 술이 금일의 이들을 초래하였다 하여 이 나라는 금주가 헌법 제1조쯤 된다. 이렇게 해서 제각기 약간씩의 예금을 또박또박 하고 있다는 것.

（六） 끝으로 한 가지만 생각해 보면서 펜을 놓기로 한다. 복무 기간 만료 후의 신분문제= 그들은 현재 형사피의자이면서 구속이 해제되고 취역기간이 만료된 때 자유인이 된다. 필자는 여기서 그들의 법적 신분을 논의할 생각은 없다. 관심은 저들 신분의 안정문제.

저들의 현재 상태가 비록 행정당국(검찰기관)의 재량과 본인의 선택에서 온 것이기는 하나 복무기간 만료 후는 그들이 모든 분야에서 실질적으로 자유의식이 확보되어야 하겠다. 수사 과정에서부터 一事不再理의 원칙이 엄정히 보호되고 고소권자로부터의 위협이 해소되고 나아가 우범자 리스트에서 삭제되었으면 하는 것이다.

또 하나는 이들의 복무기간 중의 선도문제다. 그들은 형사피의자, 특히 폭력배로서의 특수성을 지니고 있다. 이들이 다만 '자진취역 1년'이라는 사실만으로 온전한 사회복귀 요건이 충족되느냐가 문제다.

만약 저들이 정신적이며 인격적인 변화없이 다시 평화한 사회에 복귀한다는 것을 가정한다면 우리는 범죄로부터 사회를 방어한다는 점과 저들의 인격적 향상을 희구하는(累犯防止) 입장에서 좀 더 저들의 선도를 위하여 취역과 생활에 적극적인 관심을 갖추어야 하겠다. 노무에 병행하여 교양과 생활지도 문제가 좀더 진지하게 이루어져야 할 것이 아닌가 생각하게 한다.

46

불기 2511(1968)년 9월 8일 제264호 1면

宗典편찬 常任委員會, 來年 '초파일'까지 配本豫定

佛敎經典의 要約 집대성과 布敎의 一元化를 기하기 위한 宗典을 편찬하기 위하여 그 준비회의를 지난 2일 총무원 회의실에서 개최했다.

5人 常任委員(李鍾益 朴性焙 金雲學 朴法頂 高光德)이 참석한 가운데 개최된 이날 편찬회의는 經典의 명칭을 '조계종전'으로 하느냐? '佛敎要典'으로 하느냐?에 激論을 벌였으나 "명칭에 대한 의론이 구구하므로 내용을 미리 간추린 다음 명칭을 결정하자"는 朴性焙 委員의 提案으로 먼저 내용 구성에 대한 토의에 들어갔다. (이하 생략)

47

불기 2511(1968)년 12월 1일 제276호 1면

光德스님 入院, 24일 서울大學病院

종립 '大同' 학교이사 光德스님은 11월 24일 서울대학병원에서 대장수술을 마치고 경과가 매우 좋아졌는데 현재 3병동 10호실에 입원 중이다. 光德스님은 그간 종무행정(前총무원 총무국장)과 교단발전에 공헌을 많이 했으며 얼마 전 병이 악화되기 전까지는 종립 '大同' 학교발전에 심혈을 기울였다.

48

불기 2511(1968)년 12월 15일 제278호 3면

光德스님 퇴원

대장수술을 받기 위해 서울대학병원에 입원 중이던 光德스님(종립大同학원 이사)이 지난 10일 수술을 마치고 퇴원했다.

수술 경과는 비교적 좋은 편으로 현재 大覺寺에서 요양 중이나 기동하기에는 많은 장애를 받으리라고 한다. 수술비용은 弘道스님과 신도들이 부담했다고 한다.

49

불기 2511(1968)년 12월 29일 제280호 4면

꽁트 : 寺奴의 傳說

寺奴, 그것은 절의 남종이었다. 그는 날 때부터 절에 매어 있었고 자라면서 노동으로 생애를 살다가 늙어 죽으면 끝장이 난다. 그동안 처는 婢라고 불리는 여종이 되어 서글픈 생애를 이어가는 것이다. 생활보장이란 룰이 있었으니 하나는 다른 사람의 소유에 들어가지 않는 것이요, 다른 하나는 먹이를 주인이 대주는 것이었다. 그 속에서 자녀를 낳고 야릇한 천직 밑에 그늘진 행복을 먹고살았다. 그이 사랑스러

운 자녀들도 그이 어버이를 닮아 忠直한 寺奴의 天分을 이어 받아갔다.

오늘날 寺奴는 아직 숱하게 많다. 옛 寺奴보다 약간 생활방식이 달라지기는 (이하 글씨가 뭉개지고 지워짐)

절에 매어 산다. 등골 빠지도록 일을 한다. 머리털이 희도록 골통 싸매 가며 일을 꾸민다. 밤잠조차 버려야 한다. 그러니 하물며 제 때에 끼니를 먹거나 산등성이 흰 구름을 바라볼 여가는 더욱 없다. 노동방식도 옛과는 달라졌다. 사회경제 구조가 달라졌기 때문이 아니다. 그냥 달라진 것이다.

밭을 일구고, 절집을 고치고, 논을 치고, 소를 치고, 목탁을 치고, 구걸도 한다. 書役도 하고, 염불도 하고 법라도 분다. 그림도 그리고 어떤 자는 針筒이나 아니 算筒조차 뒤흔드는 자도 있다. 그들의 먹는 것이나 입는 것은 흡사 개 비슷하다면 크게 망발이겠지만 하여튼 주인이나(이하 글씨가 뭉개지고 지워짐)

빌어먹는 것이 보통이기 때문에 좋고 나쁜 것이 없다. 무엇이든 그저 감사할 뿐이다. 옷이 제 몸에 맞던 안 맞던 먹이는 죽이던 밥이던 그저 황공할 뿐이다. 그렇다고 개처럼 준다고 다 입고 막 먹지는 못한다. 그들 옷 빛깔이 정해져 있기 때문에 그 정해진 옷 빛 비슷한 것을 입어야 한다. 그렇지 않으면 나으리께서 야단이다. 그 무어라 하는 문서를 들먹이는 것이다. 징계라는 현대식 주리를 틀리는 것이다.

먹는 것은 그야말로 신성한 푸성귀 즉 멸치대가리, 새우꽁지 하나 못 먹는다. 국수나 떡 두부면 최고다.

그러면서도 그 주제에 차리는 것은 되게 많다. 제대로 자나 먹기를 마음놓고 하나, 맘대로 돌아다니기를 하나 말을 맘대로 할 수 있나, 방귀를 마음놓고 낄 수가 있나…… 하물며 어찌 재물을 모으고 노후를 생각하고 인생을 즐기고 이름을 생각이나 하랴.

늙고 병들면 참 그 신세 처량하지— 그를 보호해 줄 주인이 있나. 돌보아줄 처자가 있나, 이 절 저 절 괄세 틈바기를 슬슬 눈치껏 기어다니다가는 世緣이라 하면 수문 없이 죽어 가는 것이 대개 그들의 말로다.

그러면서도 그들에게는 기묘한 신조가 있다. 젊어서부터 등골 빠지도록 일을 하고 온갖 것을 고스란히 바치고 보수를 바라(이하 글씨가 지워지고 뭉개짐)

이 동댕이치고 그 문서에 얹혀 고생고생으로 평생을 고이 바치고도 청춘 보상 같은 것은 꿈에도 생각조차 없다. 누더기와 푸성귀로 연명하지만 호의호식 부러워하지 않는다. 병들어 당장 죽어가면서도 무엇인가 하는 절개니, 규칙인가는 감히 범할 생각 아예 없다. 그대로 살다 죽어도 유감이 없다. 아니 더 없는 영광된 생애로 안다. 주인집이 잘 되고 그이 권속이 편안하고 주인의 문풍이 성하면 그들은 최고의 보람을 느끼는 때요, 만일 주인집을 헐거나 그 법도를 망치거나 주인의 권속을 해치는 일이 있을 때는 제 목숨 내놓고 달려든다. 그 주제에 평화와 사랑, 지혜와 자유는 매우 '좋아' 하신다. 전쟁 반대에서부터 시작하여 미꾸라지 방생에 이르기까지 사람을 살리고 공을 살리고 일을 살리고 하여튼 살리는 일이라면 신이 난다. 그가 그의 아비가 그의 할배가 대대로 그 꼴, 그 모양으로 살다가 죽어 갔는데도 그들의 화려한 꿈은 지워지지 않는다.

"이 땅위에 평화를…… 사랑을! 지혜를…… 행복을……."

메아리 없는 허공을 향하여 울부짖으며 꿈속에서도 있을까 뇌까리면서 발버둥치다가 죽어 가는 것이다. 그리고 그 옷 입는 것을 영광으로 그 생활하는 것을 더 없는 행복으로 여기면서 '다시 오는 生도 저와 같이……'를 염원하면서 저 꿈 이지러질까 조용히 미소 속에 잠겨들어간다. 역사는(이하는 글씨가 지워지고 뭉개짐)

50

불기 2512(1969)년 1월 1일 제281호 4면

현대불교사의 산증인

어제와 오늘의 발자취
李漢相 사장이 맡아 주간으로 발전시켜
60년 창간 품위있고 격조높은 종교교양지 되려 애써
(앞 부문 생략)

1962년 11월 1일 = 간부 재개편

發行·印刷人 : 金春崗

編輯人 : 李喜益

社長 : 金瑞雲

主幹 : 孫慶山

主筆 : 李行願

編輯局長 : 高光德

(이하 생략)

51
불기 2512(1969)년 1월 12일 제282호 4면

▶ 社告 : 맨발로 出航하다

대망의 새해 69년을 맞아 본지에서는 이번 호부터 4면 하단에 홍교 스님 글 「聖地巡禮記, 맨발로 出航하다」를 연재하기로 했습니다. 東南亞 불교국, 특히 자유중국·월남·태국 등지에서 수년간 유학하면서 보고, 듣고 배운 체험담을 예리한 필치로 재미있게 갈파하여 독자들로 하여금 앉아서 異國의 聖地를 눈에 보듯 소개해 주리라 믿습니다. 특히 문장뿐만 아니라 그림에도 뛰어난 소질을 가진 스님은 직접 삽화도 맡아 주시기로 했습니다. 독자 여러분과 함께 가슴 뿌듯한 기대를 걸어 봅니다.

52

불기 2512(1969)년 3월 23일 제282호 3면

본사 논설위원 박성배교수 向美

텍사스 S·M·U 대학원서 종교학

본사 논설위원 박성배교수(東大)가 23일 美國으로 떠난다. 박교수는
먼저 美 텍사스州 달라스市에 있는 S·M·U 대학원에서 종교학일반을 공
부하면서 특히 불교와 기독교를 비교연구 하리라 한다. 그리고 다시
시카고나 위스컨신 같은 東洋學의 本山으로 가서 그 사람들의 방법론
을 援用하여 우리나라 조계선종의 '覺'의 原理를 밝혀 볼 작정이라고
한다. 2~3년 후에 귀국할 예정―.

53

불기 2512(1969)년 3월 30일 제293호 1면

聖典編纂會議。 12월까지 出刊키로

專門委員 7명 委囑

(앞 기사 생략)

성전편찬 전문위원 명단은 다음과 같다.

法眼스님, 法頂스님, 光德스님, 김달진씨, 서경수교수, 이기영교수, 박
경훈씨.

54

불기 2512(1969)년 5월 4일 제298호 1면

「行願品」 간행

大方廣佛華嚴經 普賢行願品 수지독송용으로 된 1천여 권의 책자를 光
德스님 원력으로 간행, 교계에 법보시를 했다.

한문과 한글로 인쇄된 「普賢行願品」 뒤에는 어려운 말풀이로 부록이
수록되어 있다. 특히 「普賢行願品」은 예부터 수많은 선지식들이 즐겨

수지독송한 원문으로 부사의해탈경계를 얻는 대목이다. 이번에 간행한 책은 발원문이 함께 실렸으며 책 서문은 性徹방장화상이 썼다.

55

불기 2512(1969)년 5월 4일 제298호 4면

僧祇物有感：常住物, 僧物 그 造成과 保全 ― ①

1. 머리말

얼마 전 어쩌다가 某 週刊誌 한 장이 내 방에 던져졌다. 보자 하니 「聖職者와 報酬」에 대한 이야기가 실렸는데, 그중에 왈 '住持는 致富의 金방석'이라는 것이다. 무책임한 편집자와 지각없는 기자의 장난이려니 하고 넘겨 버렸지만, 그때 내가 억지 무심이었는지 이제껏 입맛이 쾌치 않다.

불교도가 아닌 사람이 僧祇物의 내용을 분별하지 못하거나 스님네의 무보수 의무제를 모르는 것은 탓할 것이 못 되지만 그 흔한 불교재산 관리법이란 것이 있다는 것조차 모르는 주제에 거리낌없이 붓대로 흔들어대는 그 심사는 아무리 젊은이들의 짓이라고 하기로서니 가소롭기보다 차라리 측은하다.

생각해보면 지금의 常住物을 이룩하는 데까지는 숱한 사연이 쌓이고 쌓인 것을 우리는 짐작한다. 필자가 보고 듣고 겪은 일만 하더라도 허구 많은 것을 기억한다.

나는 여기서 그런 묵은 이야기를 꺼내고 싶지는 않다. 다만 옛 스님들께서 僧祇物을 엄격히 분별하시고 다시 그를 보전하기에 가지가지로 애쓰던 일 중에 혹 지금 사람들에게 참고가 될까하는 한 둘을 생각나는 대로 적어본다.

대개 僧祇物이라고 하면 바로 三寶之物이다. 지금의 사찰과 스님 소유의 모든 재산을 의미한다. 그것은 삼보호지를 위하여 있는 물건이며 혹은 그대로 삼보에 잡힐 수도 있다.

좀더 상세히 말하면 僧祇物이란 범어의 '상기타(Samghita)'를 소리대로 적어 僧祇物 또는 僧伽物, 僧物이라고도 하여 왔는데 이 승기물은 대개 常住僧物과 現前僧物로 나눈다.(좀 더 세분할 때는 常住常住物 十方常住物 現前現前物 十方現前物로 나뉘고)

상주승물은 十方僧物이라고도 하여 敎團재산인 寺舍나 田園 등이 이것이고 現前僧物이란 현전하는 스님들이 수용하시는 물건들이다.

대개 우리나라의 관용으로는 상주승물은 상주물이라고 하고 현전승물은 다만 승물이라 하여 개개승의 私物을 포함한다. 여기서도 이 관용에 따라 상주물과 승물로 구분하여 생각을 옮겨 보기로 한다.

2. 常住物의 조성과 보전

상주물을 형성하는 데는 역사적으로 여러 가지 형태가 있었다. 信徒의 信施— 여기에는 국왕으로부터 시작하여 무명의 필부에 이르기까지 그들의 신앙심의 표현으로 혹은 재물로 혹은 노력으로 三寶道場의 소용물을 공급도 하고 필요한 시설을 헌납하였다.

이러한 내력은 전문가의 所論에 맡기거니와 이러한 施物을 보관 관리하며 다시 유용한 새로운 불사의 방향과 기틀을 잡고 추진하는 것은 모두가 출가인이신 스님들의 소관이다. 거기에는 여러 가지 있다는 것은 잘들 아는 사실이다. 지금도 사찰을 수호하는 스님들이 천신만고, 물려받은 佛法을 위하여 그 모두를 바치는 것을 본다. 의식마저 굶주리는 것은 차라리 흔한 일이다. 염불도 참선도 연구도 모두를 뒤로 미뤄야 한다. 심한 예이기는 하지만 내가 아는 경남 창원 某寺 주지스님은 송아지를 길러 번와공사를 하였고 충북 영동 某寺 주지스님은 3년 동안 미공품을 팔아 가람을 중수하는 것을 본다.

먹고 입지 않아 주리고 헐벗고, 소나 돼지를 기르고 판매무역하며 간

토굴지 하여 농작물을 식재하며 돈을 받고 날품팔이를 하여 남의 고용 인이 되는 것이 버젓이 비구의 威儀가 아니며 非法之行이며 戒律이 禁하신 바이지만 일단 출가인으로 之寶道場을 맡고 보면 이 도량을 지키고 形式的이라도 전통을 계승하며 大衆을 外護하기 위해서는 지옥에라도 不辭하고 뛰어 들어가는 것이 住持되는 스님들의 대개의 실정이다. 아니꼽고 더럽고 구토증이 문제가 아니다. 이야말로 알뜰한 寺奴다.

이런 事情은 지금에 시작된 것이 아닌 상 싶다. 사뭇 오랜 역사를 지닌 것으로 안다. 요즘 梵魚寺를 찾는 사람이라면 魚山橋를 건너서一柱門에 이르는 길 左右 바위에 많은 刻字를 보리라. 그리고 거기에는 드문드문 넓은 平面을 차지한 많은 記錄을 보게 될 것이다. 이것은 범어사 甲契의 補寺記다.

갑계에 대하여 여기서 詳論할 수는 없지만 이것은 一種의 친목단체로서 그 成員은 당해 사찰 재적승 중에서 六세가 한 갑이 되고, 계원의 협동과 활동으로 계중 재산을 조성 증식하고 그 所果를 寺中에 必要한 시설을 하거나 중수를 하고 대개는 寺畓을 장만하여 헌납하였다.

이것은 불교에 대한 탄압이 극심하였던 李朝中葉부터 寺利財産의 保護를 위하여 생긴 스님들이 自衛團體였는데 嶺南地方에 盛하였고 범어사가 그 中心이었다. 요는 十年 전까지 존속하였는데 그 활동이란 여러 가지가 있었다. 개간하여 토지를 장만하여 경작도 하고 工事를 도급받아 공임을 계중 수입도 하고 산판의 林木 下山作業도 하고 계원이 계기금을 책임증식도 하고 방앗간을 짓고 누룩을 밟고…… 안한 것이 없다. 또 있다. 이것은 극단의 예일지 모르나 상주물을 지키고 조성하는 스님들의 심정을 짐작케 하는 한 보기가 있다.

서울 불암사에 가면 누구나 누각에 걸려 있는 한 현판을 보리라. 거기에는 눈물겨운 사연이 보인다. 어느 때 이웃에 있는 태능奉祀에 쓰일 두부를 제공하는데 다른 곳을 제쳐놓고 이 불암사가 지정되어 두부를 납품하게 되었으니 경사라는 것이다.

그 경사로 인연하여 불암사의 가람을 일신하였다니…… . 지금 사람들은 그런 기록을 보면 돈에 매일 政權에 아첨한 비루한 기록이니 혹은 후에 전할 수 없는 수치스런 유물이니 할지도 모른다.

허지만 지금에 불암사가 그와 같이 한 옛 역사들에 의하여 보존되고, 지금도 바로 그 건물 그 기와 밑에서 불교의 근대화니 역경사업이니가 이루어지고 있음은 어찌하랴.

출가인이라면 누구나 사홍서원을 발하고 續佛慧命을 本分삼아 세상이며 재산이며 명예며 지위며 위신이며 긍지며 一切所有며 내지 한 몸뚱이 한 생애 온 정신을 동댕이치고 나선 사람이다. 그가 저 사람 대접을 받지 못하던 시절에 불법을 지키느라고 佛前에 바친 그 지극한 정신은 눈물 없이는 생각할 수 없으며 그 시대 스님들의 기록을 볼 때마다 어느덧 심신이 肅然해지는 것을 금할 길 없다.(계속)

56

불기 2512(1969)년 5월 11일 제299호 4면

僧祇物有感 : 常住物, 僧物 그 造成과 保全 — ②

그건 그렇고, 요 얼마 전까지만 하더라도 스님들의 일상생활이란 실로 근엄하였다. 기름 한 방울이라도 상주물에 보태는 것을 더 없는 영광으로 생각하였고 종이 한 장이라도 흠이 있는 것은 자기의 반듯한 것과 바꿔 놓았다. 三寶前이나 大衆用으로 쓰는 등불의 불빛마저도 私用과 兼用을 죄로 생각하고 반드시 私用에는 私燈을 켰으니 이들에게 어찌 常住物을 取할 염두조차 하였으랴. 그들에게 한 잎의 돈이나 한 평의 토지라도 있으면 그것은 佛糧畓이니 香燭田이니 하여 寺中에 바치고는 죽어간 것이었다.

상주물은 이와 같이 하여 이루어지고 보전되어 간다. 옛도 지금도 또한 미래도 매한가지다.

이와 같이 하여 이룩된 常住物은 今日의 寺刹과 그 주변을 形成하였다. 거기에는 가람이 있고, 탑이 있고, 文物이 있고, 自然村이 있다.

여기서 한 가지 생각나는 것이 있다. 지금 국가는 이 상주기물의 일부에 대하여 국보니 고적이니 관광자원이니 하고 국민은 민족적 문화재이니 하며 지대한 관심과 보호를 기울인다. 좋다. 지대한 관심과 보호는 좋다. 허지만 이것이 역사적으로 상주물이며 스님네들에 의하여 이루어지고 가꾸어지고 금일에 이르고 있는 것만은 분명히 인식해 주었으면 한다.

상주물이 결코 단순한 보물이나 문화재나 관광대상은 아닌 것이다. 상주물이라는 사실에 어둔 사람들에 의한 관심이나 보호는 위험하기 짝이 없다. 흔히들 무모한 간섭과 파괴가 따르기 쉬운 까닭이다.

역대 불자님들의 뜨거운 신앙과 심혈의 결정이라 할 금일의 상주물은 새로운 수난의 시절을 맞았다. 금일의 상주물을 맡고 있는 여러 스님네들 여러 불자님들은 國寶護持를 위하여 새로운 각오가 요청된다. 이것은 결코 필자의 기우만은 아니다.

상주물의 일부에 대하여 국보지정을 받고 있는 사찰은 좀 과장하면 거의 관에 예속된 듯한 감을 느끼게 할 때도 있다. 사찰보수에 국고보조라도 받는 날이면 더 말할 것 없고 보수하다가 혹 기이한 물건이라도 나타나는 날이면 이것은 중대한 위기를 각오하여야 한다. 국보급이니 문화재이니 하며 강제보관을 당하기 쉬우니 그 상주물은 상주도량을 벗어날 때 상주물로서의 고유의 의의를 상실하는 것이며 이것은 곧 상주물의 파괴다. 저 대국 송림사 사리갑을 생각해 보자. 탑보수 중에 놀랄 만한 사리장치를 발견하였다.

문화재 당국자는 이것은 당연히 국가소유인 양 그야말로 강제영치다. 총무원 스님들이 싸우고 싸워서 기껏 받아온 것이란 문교부장관의 보관증 한 장 뿐이요. 탑은 본래의 사리갑을 잃은 채 지금껏 그대로다. (계속)

57

불기 2512(1969)년 5월 18일 제300호 8면

僧祇物有感 : 常住物, 僧物 그 造成과 保全 ― ③

僧物⋯⋯寺衆도 在俗親族도 關與 못해

원주, 도감별좌 등 公務者外는 自己糧食 자기가 대야

간혹 俗親 앞으로 돌아감은 가슴 아픈 일

수종사 五층탑에 봉안하였던 부처님(佛像이 아니다)은 보수하면서 박물관에 이관, 이래서 부처님은 계셔야 할 寶殿에 계시지 못하고 博物館陳列 속에 幽閉다. 이것은 塔의 파괴요, 우리에게 있어 부처님에 대한 중대한 모독(損傷)이다. 결코 소유권 쟁탈문제 정도가 아니다.

저들 信仰을 모르는 관심자들에게는 三寶며 護持며 聖寶며 더욱이 '常住物은 다른 곳에 옮길 수 없다'는 鐵則을 알 리가 없다. 이와 같이 상주물은 그 기능을 상실할 위험 하에 있으며 상주도량 밖으로 흘러 나가고 있는 것을 보는 것이다.

　3. 僧物

수도와 전법을 위하여 모든 것을 버린 스님네에 있어 가져야 할 물건에는 당연히 제한이 있다. 교단생활에 있어 언제나 실질과 합리를 존중하신 부처님께서는 비구들에게 불필요한 축적도 금하시고 그렇다고 극단의 절제도 금하셨다. 수도생활에 필요한 정도를 넘지 못하게 하였고 또한 그 정도는 출가인이면 반드시 갖추게 하셨다.

옷을 들어 말하면 그 수는 더위와 추위를 막을만 한 三衣로 정하셨고, 그 크기도 일상생활에 따라 혹은 송경에, 혹은 작무에, 혹은 전법에 알맞도록 대・중・소(승가리, 울타라승, 안타회)로 하셨으며 그 감(바탕)도 검박하고 실용적인 분소의 등이요, 그 제법에 있어서도 세속에 섞이지 않고 무상복전을 의미하는 割截衣요, 그 빛깔도 비세속적이요, 실용적인 괴색을 취하셨다. 이와 같이 하여 제정된 것이 이른 바

비구 六物 또는 十八物이다.

六物은 비구가 꼭 가져야 할 六種의 생활도구이니 三衣와 一鉢, 니사단(坐具), 技水囊인데(四分律) 범망경에는 다시 여기에 經律, 佛像, 錫杖, 비누, 수건, 칼 등등이 첨가되어 十八物을 규정한다.

비구들이 더 가지면 안 되고 덜 가져도 안 되는 이 六物, 十八物이 僧物이다. 더 있다면 大衆에게 나누기로 한 소모품이나, 먹는 것과 그밖에 특별히 인정된 일용품 등속뿐이다. 그러므로 세존 당시의 비구들로 말하면 엄격히 승물이란 이것밖에 없었다. 한데 기후나 풍토, 생활이 다른 북방에 와서는 사정이 달랐다. 우선 가사만 하더라도 이것은 원래 실용적인 옷이었는데 우리에게 와서는 標幟가사로 그 意義가 바뀌고, 따라서 옷은 따로 여름 것 겨울 것 다시 춘추복 내복 등이 불가피하게 되었고, 樹下坐稼間住의 유행생활도 僧堂生活로 바뀌었으며, 七家乞食도 밥을 비는 것으로 시작하여 곡식으로 바뀌고 어느덧 곡식은 돈으로 통하게 되었으며, 매일 七家食이 아니라 일시에 많이 求得하여 쌓아두고 지내게 되었다. 더욱이 상주물을 극단히 존중히 여기는 우리 한국의 유풍은 寺中公務에 봉사함이 없이는 절대로 사중 양식을 먹지 못하는 것이 만고의 철칙이었다. 물론 옷도 매한가지다.(염불수자니 혹은 선방수자니 하여 한정된 인원의 예외는 있다.)

그러므로 한국에 있어 스님들은 걸식을 하든, 탁발을 하든, 경작을 하여 자량을 장만하든, 은사님이 대어주시든, 단월이 공급하든 간에 어찌하든 衣食은 자기가 해결하는 것이 부처님이 정하신 바 乞食法을 준행할 것이 될 수밖에 없다. 원주나 도감별좌나 그 밖의 일정한 공무에 봉사함이 없이는 원칙적으로 자기 양식은 자기가 내어야만 했다. 쌀 한 톨 기름 한 방울이라도 사중물에 보태기는 할 망정 결코 私用이나 낭비는 어림도 없다. 이것이 옛 스님네의 생활신조의 하나다.

이와 같이 하여 乞食에 의한 청정자활법은 한국에 와서 변하여 스님네들이 土地며 돈을 소유하게 되었으며 여기서 僧物 十八物은 어느덧 변개되어 승물이라 하면 스님들 개인이 소유하시는 재산으로 통하게 끔 되었다. 비구가 재산을 소지하고 축재한다면 이것은 중대한 문제다. 그 동기가 비록 乞食에 준하는 自活에 있고 변명인즉 '송죽거리는 된다' 또는 '송죽거리는 있어야지!' 하지만 이것은 僧物을 規定하신 佛旨와 어긋나며 출가본의에 근본적으로 저촉될 우려가 있는 것이다. 허나 필자는 여기서 出家人의 財産取得의 當爲與否는 云謂하지 않겠다.

다만 기왕의 스님들이 송죽거리라 하여 土地 등 재산을 가졌었다는 것만을 상기하면서 이 재산을 어떻게 관리하고 처분하였는가에 언급하고자 할 따름이다.

첫째 자기양식의 공급원이 되는 것은 당연하다. 동시에 시봉이나 어린 사미의 양식이 되고 가까운 이의 학비가 되었다. 그러므로 재산이 없이는 아예 시봉이나 상좌를 둘 수 없었다. 그를 양육하고 교육시킬 책임 때문이다. 다음에는 쉰밥을 송죽에 담가 먹고 허리띠를 졸라매면서도 은사스님이나 翁師스님, 그 밖의 先師스님의 忌日이나 寺中祝日에는 先師스님을 위하여 크게 山中供養을 베풀거나 혹은 講法會를 열고 또는 경권을 인출하여 보시하기도 하였다.

어쨌든 先師스님의 忌祭에는 1年을 굶주리는 한이 있어도 盛宴을 베풀고 獻供하여 追薦하는데 極誠을 다할 것을 잊지 않았다.

다음에는 補寺였다. 대개 스님네에게는 예외도 있으나 출가 祝髮한 절이 그 스님의 本寺다. 그 본사는 그 스님이 탄생(불법 중에)하고 성장한 곳이고 죽어갈 곳이다. 부처님의 恩露는 본사로 인연하여 나에게 흘러왔다. 그러므로 본사에 대한 충성한 관념은 거의 절대적이다. 본사를 위해서는 일제히 단결하였고 모든 노력을 아끼지 않았다. 기와 한 장 돌 한 개라도 사중에 보태는 것을 제일로 알았으니 財力이고 노력이고 모두를 바쳤다.(물론 타사 불사에도 협력했다.)

필자의 본사인 범어사의 기록만 보더라도 번와 단청에서 축대보수에 이르기까지 스님들의 운력과 헌공으로 이루어진 것을 보는 것이며 저 富僧의 이름이 있던 明學大師는 一柱門 天王門의 重修로 시작하여 普濟樓, 鐘樓를 독판 헌진하였고 관음보살상을 조성하였다. 이런 일은 결코 범어사만이 아니다. 모든 사찰이 승물 헌진에서 유지된 것을 보는 것이다. 그리고 저 때의 스님들은 자기 임의로 처분할 수 있는 재력이 있더라도 결코 이곳을 사찰 밖에 유용하거나 자기 일신의 용신을 위하여 손쉽게 따로 나가 자기 굴택을 만들지는 않았다.

기존사찰이나 본사에 와서 살기를 즐겼으며 기존사찰에 자기의 信과 願과 力을 기울였던 것이다.

다음에 재산 있는 스님이 입멸하시면 그에 속한 승물은 어찌 되는가! 물론 승물은 율에 정한 바에 따라서 했다. 즉 간병자가 있을 때는 간병자에 속하고, 간병자가 둘일 때는 둘이 나누고, 간병자가 없을 때는 이것은 十方觀前物이니 대중이 나눠 갖게 마련이다.

허지만 근대의 승물이란 앞서 말한 바와 같이 그럴 수 없는 것이 있다. 토지 등 방대한 재산이나 다액의 돈이 있을 때가 있는 것이다. 대개 근대 스님들은 재산이 있을 때 法畓으로 지목한 것은 제자에 물려주고 상좌에게는 그 목대로 나눠준다.

자기 앞으로 남겨 둔 재산은 생전 자용이나 불사에 쓰고 죽은 뒤에는 유언에 따라 대개 사중에 귀속한다. 예를 든다면 約 50년 전 順天 仙巖寺에 계시던 한 老師 입적 당시 약 三百石의 토지가 있었던 것으로 傳해 들었다. 유언인즉 50石은 大雄殿 佛糧畓으로 50石은 地藏殿 50石은 禪社에, 또 얼마는 道場修築과 莊嚴에 또 얼마는 上位에…….

이런 식으로 나누라는 것이다. 그러니 승물은 사중이나 승물로 남는 것 외에는 다른 데로 빠져나갈 길이 없다. 또 유언집행이나 유산처리에 있어 반드시 제자, 상좌의 순위로 이에 관여하였다. 사중도 더욱이 在俗親族도 관여하지 못하는 것이 不文律이다.(다만 仙巖寺 松廣寺 주변에서는 上佐가 우선하였다.)

이것은 慣行되었고 倭政치하에서는 慣習法으로 援用되었다. 이런 일이 있었다. 지금으로부터 약 50년 전(1921) 安邊 釋王寺의 한 老師가 유산에 대하여 아무런 유언 없이 입적하였다. 석왕사 사중에서는 그 유산은 사중에 귀속시키고자 하고 상좌는 이를 불응하였다. 스님의 것은 상좌의 것이라는 것이다. 결국 법정 문제화했다. 당시 함흥지방법원은 승려 유산 상속권자는 누구냐의 문제에 대하여 심의 끝에 당시의 정무총감(총독부)에 문의하였다. 정무총감은 "승려의 유산은 그의 상좌가 이를 承繼한다" 하였고 그 근거를 한국 사찰의 관습에 구하였다. 이래서 그 재산은 결국 판결에 의하여 상좌에로 돌아간 것은 물론이다.

그런데 여기서 혹 독자의 참고를 위하여 한마디 더 한다면 상좌가 스님 유산을 상속하는 데 상좌라는 증명방법의 문제다. 이에 관하여 참고문헌이 있다. 司法協會 잡지 第52號(日本 大正 15년 4월號)에는 이 문제에 관하여 대구지방법원장이 당시의 총독부 법무국장에게 질의한 것이 보이는데 그 대답인즉 "上佐인 資格은 本寺住持 또는 臨時寺務 취급자(住持 缺位時)……中略…… 僧籍牒을 근거로 한 증명서로 이를 應할 수 있다" 하고 있다.

즉 僧籍등본이면 된다는 것이다. 이래서 부산 金井寺의 金牛스님의 유산은 호적상의 친자에 우선하여 그의 상좌 복수사가 상속하였고 佛嚴寺 운암스님의 유산은 봉암스님이 상속하였다.

그런데 근일 이런 관행을 모르는 사이에서 스님네 재산이 세속의 친자 앞으로 돌아가는 것을 보게 되니 어찌 이것이 승물의 본의일 것이며 당자의 스님의 생각이라 하였을 일이랴. 딱하다. 【끝】

58

불기 2512(1969)년 6월 15일 제304호 2면

蓮華・荷葉

환희는 믿음에서

만약 *荷華* 이 *蓮華*라면
무엇 때문에 물 밖으로
나오기를 기다릴까

1. 환희는 믿음에서

평화·고로·미소…… 오늘도 K여사를 만났다. 지난 달 회갑을 지낸 여사는 다시 *少年*을 찾은 듯 언제나 고요하고 기쁜 얼굴. 나비가 지나다 흔들릴 듯한 저 가냘픈 몸매도 요즘엔 아주 생기가 넘쳐흐른다. 그 차분한 눈매에는 언제나 고요와 선의가 가득하고 그는 확실히 염불에서 환희를 찾았다. 병도 그를 어찌하지 못했다. 그에게 있어 염불은 딴 것이 아니었다. 무한의 감로장을 퍼 올리는 것이요, 부처님의 따뜻하신 훈김을 몸에 담는 것이요, 무한의 청풍을 불러일으키는 것이요, *放電*한 밧데리에 다시 차—지하는 것이다.

나를 만나도 다른 말 없다. 염불의 환희를 이야기하고 또한 이웃에 염불을 권하던 이야기뿐이다. 그는 아주 기뻐서 정말 행복한 모양이다.

율장을 넘기면 부처님 당시의 스님들의 얼굴이 환히 보인다. 한마디로 환희에 찬 밝은 얼굴들, 믿음을 얻은 얼굴이 고금이 있을 리 없다.

여전히 결핵요양원에 갔던 일이 생각킨다. 그곳에서 본 한 통계가 말하기를 병의 경중을 막론하고 가장 치유율이 높은 것은 신앙을 가진 자라고 했다. 그 다음이 낙천태평가 경증이라도 제일 질이 나쁜 것은 병을 가지고 고민하거나 자포자기하고 불 절제하는 자라고 하였다.

K여사만 하더라도 확실히 염불에서 건강과 환희를 찾았다. 허지만 필자가 여기서 말하고자 하는 것은 믿음의 치병효과가 아니라 믿음의 기본자세의 문제다. 병자가 병을 가지고 쪼물락거리며 고민하고 초조 불안해한다면 앞에 본 통계가 아니라도 병이 낫지 않을 것은 뻔한 노릇이다. 범부가 세상사 선악 성불성 회개니 눈물이니 하고 지난 일을 붙들고 짜고 노닥거리다가는 그 허물에서 벗어나기란 어려운 일이다. 불교를 믿는다고 하고 어둔 지난 일에 사로잡히거나 세상은 허망하니 *都*

是苦니 업의 뭉치니 하고 灰色眼으로 세상을 내다보고 앉아서는 모든 것은 허망하니 마음 둘 곳 없고 허정희정 否定과 失意 속에 퍼져 있다면 이것은 불교가 아니라 퇴폐주의 타락교다. 어떻게 중생병을 고치랴.

무상과 허망— 이것은 불법이 아니다. 實相을 말한 것이 아니고 중생이 보는 현상을 말함이다. 一切皆苦의, 一切不淨— 이것은 불법이 아니다. 중생의 妄境界다. 진실불법이 무상한 것이고 허망할 것일진대 어찌 불법인들 있을 수 있으며 불법이 苦이고 不淨일진대 그런 것은 무슨 악취미로 구하고 닦을 것이냐.

병자가 병에 매달려 꾸물대듯이 지금의 불교인 중에 어둑하고 쓰라린 人生面을 집착하고 이것이 업보이고 이것이 無常이고 苦이고 하며 그 잘난 얼굴에 우거지상이나 하고 장이나 끓이고 있지 않은지…….

부처님은 빛으로 오셨다. 억겁의 암흑은 일시에 스러졌다.

부처님은 영원으로 오셨다. 찰나무상을 영원으로 바꾸셨다.

부처님은 大安隱으로 오셨다. 一切皆苦를 흔적조차 없이 하였다.

부처님은 진실로 오셨다. 청정의 물결은 劫前劫後로 파동친다.

그러므로 부처님을 믿는 사람 그 사람은 구원받은 사람이다. 無常과 虛妄 憂悲苦惱의 파도 높은 중생바다에서 상락아정의 큰 뗏목을 만난 것이다. 기나긴 밤 불안과 고뇌에 지치고 지친 三界의 나그네가 이제 활짝 밝은 새 아침에 부모집에 이른 것이다.

부처님께서는 이러한 뜻을 말씀하신다.

"부처님은 常樂我淨 萬德自在王이고 一切衆生은 곧 如來의 것 중생의 생명은 여래의 생명이라."

불법을 만나지 못한 믿지 않는 자는 끝없는 밤길을 헤매는 자. 그에게는 불안과 고뇌 외로움이 그 모두— 이 범부중생이 월조에 안온과 자재를 얻었으니 환희와 노래는 그의 것이다. 불자의 얼굴이 아니 밝을 수 없다. 믿음은 밝음이요 환희다.

274

2. 蓮華荷葉

나는 범부다. 나는 중생이다 하고 중생취미에 중독이 된 분을 자주 본다. 범부이기 때문에 큰 힘 큰 덕이 없다고 말한다. 없는 병을 있다고 착각하고 중증에 빠진 옛 이야기는 허구 많다.

나는 병자다. 어디가 아프다. 의사가 조심해라 했다. 무슨 약을 먹으라고 했다. 이런 식으로 병을 깊이 의식 속에 새겨가며 병을 집착하는 일은 우리 주위에 얼마든지 있다. 마음에서 생각을 지어먹을 때 병은 더욱 뿌리박고 이 집착이 떨어지지 않는 한 몸은 좀체 쾌하지 않는 것이다. 내가 범부다. 중생이다 하고 집착하는 것도 역부여시다.

불자라면 자신이 불자임을 믿어야 한다. 여래의 청정 四德을 핏줄로 이어받은 불자라는 사실을 믿어야 한다. 천만번 거꾸러지고 지옥축생을 돌아다니고 아비지옥에 빠질 중죄를 지었더라도 핏줄이 佛子인 바에야 나의 佛性을 누가 어찌하랴. 여기에서는 자신의 믿음이다.

佛子인 自信 如來功能의 本自具足을 自信하는 이것이 佛則을 믿는 자이요 佛子가 여기에서는 커다란 安穩이 있다. 뚜렷한 自信이 있다. 不屈의 勇氣가 있다. 빛나는 지혜가 있다. 원만한 德性이 있다. 力能이 있다. 자기 발밑을 똑바로 보고 가슴을 활짝 피고 자기의 평온을 마음껏 내닫는 창조가 있다.

雲門宗의 智門禪師하면 天下가 아는 雪竇禪師의 法師. 宗門에 紙衣侍者의 이름으로 有名한 香林禪師의 法師다. 하루는 한 스님이 물었다.

"蓮華가 아직 물에서 나오지 않을 때 어떠합니까?"

답이다.

"蓮華."

다시 묻는다.

"그러면 물에서 나왔을 때는 어떠합니까?"

답

"落葉."

이 대답은 분명히 역설이다.

물 속에 있는 것이 落葉이고 물에서 나온 것이 연화가 아닌가! 다시 말을 바꾼다면 "범부 성불 이전은 여하오" 하는데 "佛"한 것이요 "성불 후는 여하오" 하는데 "범부"라 한 것이다. 범부가 성불하기 전이 불이고 성불 후는 범부라 하는 것이 상식에는 맞지를 않는다. 허지만 이 일단의 기연은 불법의 소재를 명확히 밝힌 것으로 본다. 연화가 하엽인가 하엽이 연화인가, 범부가 불인가 불이 범부인가 분명하다. 만약 하엽이 연화라면 무엇 때문에 물 밖으로 나오기를 기다릴 것인가!

『臨濟錄』에 "너희들이 佛祖와 다르지 않으려거든 다만 밖으로 求하지만 마라" "밖으로 向하여 구하는 자는 이것은 모두가 바보천치"라는 말씀이 있다.

나는 여기서 딴 말 하고자 하지 않는다.

불자의 믿음을 착실하여야 하겠다는 것뿐이다. 믿음의 자세가 바르지 못할 때 그것은 샘터에 와서 물을 못 본 자다. 그는 우울과 고뇌와 어둠과 갈증을 벗어나지 못할 것이며 자신과 희망과 용기와 창조를 잃을 것이며 失意와 불안과 고독을 수입할 것이다. 어찌하여 天分의 맑은 얼굴을 주름 지을 것이며 희망과 힘과 슬기와 사랑의 밝은 모습을 얼룩 지을까 보냐……

<h1 style="text-align:center">59</h1>

불기 2512(1969)년 7월 20일 제309호 1면

15일 수원교도소서 法會 열고 모범수 37名 受戒式

영어의 몸으로 불법을 배우고 부처님께 귀의하기를 서원한 모범수 37명에 대한 五戒受戒式이 지난 15일 오후 1시30분부터 수원교도소 강당에서 열렸다.

光德스님을 五戒和尙으로 한 이날 식은(운운, 이하 생략)

61

불기 2512(1969)년 7월 20일 제309호 4면

書評 :『妙法蓮華經句解』

직접적인 註解로 이해 촉진

謬句誤字없이 엄밀히 교정

세존의 설법교화 四十여 년 중, 법화경에 이르러 비로소 甚深微妙眞實義가 개현되었다고 하는 것은 바로 법화경 중의 말씀이다. 따라서 법화경만큼 널리 지송되어 온 경도 드물 것이다. 법화경의 주석서도 幾百種이 넘는다고 하니 가히 그 신앙의 정도를 알 만하다.

법화경 주석서 중에서 법화경 연구의 指南書라 할 것은 아무래도 저 天台智顗의 『法華經文句』를 들겠고 그 밖에 吉藏의 『玄論』『義疏』 窺基의 『玄贊』 등이 있으나 우리나라에 가장 친히 행해진 것은 戒環의 『要解』였다. (연전에 정影 妙燦 震湖의 諸師가 출판한 것도 이 要解였다.)

헌데 이번에 범어사에서 刊行한 法華經『句解』는 일찍이 알려지지 않았던 聞達禪師의 所著다. 薄學淺識의 筆者에게는 매우 선 이름이다. 동시에 內容이 극히 독특하다. 사실 이『句解』는 중국에서도 아주 없었던 모양이다. 약 五十年 前 中國의 丁福保師가 처음으로 日本의 古書店에서 發見하고 이 책을 교감함에서 비로소 특이성을 발견하고 교계에 소개한 것이니 우리에게 쉬 알려질 緣이 적었던 모양이다.

『句解』의 저자 聞達師는 自序에 景定 辛酉를 기록하고 있다. 이것은 南宋末 理宗代이니 서기로는 1261년이다.

그러므로 智顗나 吉藏, 窺基보다 約6世紀 뒤이며 戒環보다도 約150년

뒤의 著作이니 이 『句解』가 위의 諸著作을 十分 감안하고 下策된 것을 충분히 짐작할 수 있다. 이 『句解』의 특장이란 이 句解인 점에 있다. 經大文의 낱낱 句마다 간결하고 직접적인 주해를 加하였으며 그것이 오직 經의 大義를 해명하고 소통하는 데 主眼을 둔 것이다. 따라서 극히 요령을 얻은 간결한 서술이 그 이해가 쉽게 되어 있어 初學者에게는 반드시 보아야 할 善著라 함을 주저하지 못하게 한다. 또 한 가지 특기할 것은 종래의 謬句誤字에 대한 엄밀한 교정이다.

이제까지의 법화경은 어찌된 셈인지 가지가지 誤字가 허구 많이 있어 왔다. (사실은 오자인 줄도 모르고 오자에 충실하게 읽어온 것이지만) 이것을 엄정히 교감한 것이다. 좀 살펴보면 경에 나오는 오자에는 몇 가지 類型이 있는 것을 본다.

예를 들어서 글자가 비슷한 것— 비유품의 '形體殊好' 수기품의 '端正殊妙'를 이제까지는 '形體주好' '端正주妙'라 한 것이며 또한 音이 비슷한 다른 자를 쓰기도 하고 또 어떤 때는 자상도 자음도 아무 상관없는 엉뚱한 자가 있기도 하며 脫落자도 또한 없지 않았다.

그런데 이 『句解』는 句句字字를 嚴密히 檢討하고 諸板本을 비교연구한 듯 이러한 誤謬가 一掃된 것은 여간 다행한 일이 아닌 것이다. (福保師는 이 句解本은 대개 唐以前의 石刻本과 같다고 말하고 있지만—) 이것만으로도 法華經 持誦者에게는 이 句解本의 價値는 他에 讓步할 수 없는 것이 있는 것이다.

이번에 나온 句解를 손에 넣고 보니 이와 같이 莫重한 寶芬을 지금 우리에게 가르쳐 준 聞達禪師와 범어사 스님네에게 감사의 머리가 숙여짐을 금할 길 없다.

허지만 한 가지 욕심을 말하란다면 대문이고 주해고를 번역하여 주었으면 얼마나 다행이랴 하는 것이다.

지금의 상태로는 한문에 구독점을 찍고 대문에 현토를 하였을 뿐이니 얼마간이고 한문에 조예 없이는 친해지기 어렵기 때문이다. 이번

출판과 현토를 담당한 觀照師는 "이 刊行은 學者와 연구를 위한 '硏究本'이라 하는 데는 더 할말이 없지만……" 하여튼, 일찍이 없었던 이러한 所重하고 珍貴한 妙卷이 간행되고 더욱이 그것이 연구가를 위한 法供養版이라니 慶賀할 뿐이라(四六倍版 四百三十面 梵魚寺發行) 光德

62

불기 2512(1969)년 7월 27일 제310호 2면

禮敬 ① : 一拜 二拜 三千拜

(一)

香은 소리없이 垂直을 그어 피어오르는데 그 앞에 사뿐이 掌心을 합할 때 우리는 행복하다. 千思萬思量은 합장 속에 살아지고 水晶인 양 우리의 마음은 맑고 고요하다. 여기서 一拜 또 一拜…… 이래서 無數百千拜…….

근일 예경수행을 하는 분들이 부쩍 많이 눈에 뜨인다. 나의 존경하는 P師도 敎役에 시달리는 바쁜 중에 혹 틈이 나거나 몸이 무겁다면 어느덧 道宣寺 奉恩寺에 가고 없다.

2, 3일이 지나면 다시 나타난다. 밝게 개인 아침 하늘의 미소를 담뿍담고 마치 湖水 가를 떠나 山을 내려오는 '짜라투스트라', 그런 모습으로…… 아마도 그에게는 힘과 자신이 넘치도록 실린 모양이다.

(二)

우리가 존경하는 三千拜本尊이 계시다. 그는 누가 請益하여도 삼천배, 다시 請法하여도 삼천배, 기도한대도 삼천배 이래서 많은 衲子를 이 삼천배봉으로 두들겨댔고, 무수 淸信男女에게 三千拜 棒下에 환희를 配當하였다. 近來 많은 삼천배 수행자가 이로조차 비롯하였으니 여기서 필자가 외람되이 奉呈한 尊號가 三千拜本尊.

그런데 젊은이들 특히 대학생 층에 이 예배수행이 퍼지면서 좀 예경하는 모습이 달라졌다. 젊은 기운에 三千拜 歡喜를 획득하려는 저들의 예배하는 거동은 몹시 가벼웠고 바빴다. 개중에는 三千拜를 가지고 一種의 장애물 돌파라도 한 듯 승리감을 만족시켰다. 얼마 전에는 일주야에 一萬拜를 하는 勇猛群이 있었는가 하면 젊은 C師는 百日에 三十萬번 하기까지 하였으니 어쨌든 이런 回數制의 예배는 그 속도가 빠를 수밖에……

이래서 엄숙하고 장엄한 저경 건행을 짓궂진 입들은 屈伸運動이라는 말을 하기에까지 이르렀다.

예경이 본시 존장에 대한 존경일진대 하물며 지극한 존경(師命)의 표현으로서의 佛子의 禮敬일진대, 그 威儀며 거동은 엄숙과 경건 지극정성일 터인데, 회수제가 되고보면 어느덧 회수의 완성이라는 관념에 잡히는 뜻, 그래서 그 예배가 속도를 내고 이래서 저 일부의 젊은이의 예배는 활발한 굴신을 나투게 되는 것. 하지만 비록 저 예배가 활발하고 빠르다고 하여 저들의 지극한 정성과 경건한 마음을 보아 지닐 수 없으며 또한 폭포를 지내온 듯한 저 땀의 세례속에 경건과 悲願을 담은 난행고행 念佛行을 어찌 曰可曰否 입을 열수 있으랴. 險口家 諸公도 그만 입을 닫아 주었으면 한다.

(三)

예배가 부처님과 그 밖의 賢聖에 대한 존경으로 발달하여 온 우리 불교의 예배에는 여러 가지 형식이 있다.

합장평공에서 시작하여 장궤, 계수례, 오체투지 등 그 밖에 여러 방법이 있다. 繞佛도 예경의 일종이겠고……

또 예경하는 내용면에서 몇 가지 분류가 있다.

아만례—예경은 진정 성현 등 상대방에 대한 존경이며 동시에 자신의 卑下다. 그런데도 겉모양은 예를 갖추어도 안에는 존경과 비하가 앞서지 않을 때 그것은 아만심을 가지고 예모양을 나툰 것이니 이런 것은 아만례다.

참 예경은 공경례(겸경례)며 無相禮며 實相禮여야 한다. 공경례는 우리 불자 일상의 예가 이에 속하니 謙敬禮가 이것이다.

무상례는 예하는 사람이나 절하는 대상이나 하는 절에도 일체상을 떠난 예이니 이것은 상이 본래 없는 것을 아는, 다시 말해서 상이 상이 아님을 요달한 예이다. 여기에 이르면 일체법의 거짓없는 참모습을 헌칠하게 알고 하는 예이니 우리의 예경은 실로 공경례에서 시작하여 실상례에 도달하여야 한다. 이는 필경 知見의 문제이며 眼目의 문제이다.

저 달마조사 회상에서 道副스님이나 總持스님(尼)을 뛰어 慧可스님이 嫡嫡 二祖의 法印을 인수받는 것이 이 실상례였으니 달마조사는 "너는 나의 골수를 얻었다" 한 것을 본다. 이런 예는 종문 고금에 부지기수다.

(四)

보현행원품에는 보현보살의 十種行願이 보이는데 그 첫째가 예경제불이다. "진법계 허공계 시방삼세 일체불찰에 계시는 미진수 부처님께 일체불찰 극미진수겁토록 염념이 쉬지 않고 예경하되 허공계가 다하고 중생계가 다하고 중생의 번뇌가 다할 때까지 쉬지 않을 것이며 내지 지치거나 싫어하는 생각없이 예경한다." 이것이 행원의 예경이다.

참으로 놀라운 말씀이다. 千拜萬拜도 어렵다는 예경을 어떻게 시방 미진수국토에 계신 부처님 앞에 일일이 몸을 나투는 것이며 어떻게 그 낱낱 부처님에게 극미진수겁토록 예경할 것이며, 어떻게 중생계 내지 중생번뇌가 다하도록 싫은 마음을 내거나 피로를 모르고 예배를 한다는 말인가?

그러면 부처님은 우리에게 불가능을 말씀하신 것일까? 아니다. 결코 아니다. 우리가 하지 않을지언정 결코 부처님은 불가능을 말씀하지 않는다.

본시 보현행원은 우리 본래의 것을 말씀하고 있다. 범부를 버리고 탈을 바꾸어 태어나서 행원을 완성시키는 것이 아니라 범부성중의 본성 즉 여래인 범부성을 남김없이 개현하는 것이 그 기본 구조다.

遠과 近이 끊어지고 大와 小의 장벽이 무너지고 內와 外가 깨어지고 聖과 凡이 없어지고, 一과 多가 깨어지고 有와 無가 서지 않은 것, 이것이 이른바 본성― 絶斷衆流 好好丈夫의 本地다. 이 本地의 本然律動이 행원의 면목이다. 그러므로 행원은 실로는 범부가 공덕을 닦아 성불하는 것이 아니고 凡夫性 중 如來者가 자기 질서를 개현하는 것이다.

이곳에서는 念이 念이 아니고 念이 空하고 念이 空한 때, 遠近大小有無多少聖凡彼此內外가 立할 여지가 없으니 有無가 一通이요 遠近이 無跡이며 極大가 同小요 內外가 一枚요 億劫이 現在며 항사 國土가 目前이요 聖凡이 一身이며 필경에 규범이니 법칙이니까 오직 掌中決斷인― 一切가 自在한 活物의 獨存無碍일 따름이다.

그중에 일체중생이 염념이 佛光을 희롱하고 山河大地 頭頭物物 衆生業緣이 모두가 여래의 光明國土를 시현하는 것이다.

63

불기 2512(1969)년 8월 8일 제311호 2면

禮敬 ② : 一拜 二拜 三千拜

그렇다고 이것이 어떠한 기묘한 도리나 술수에서 그런 것인가 하면 그것은 결코 아니다. 一念直下 본래의 경계를 말할 뿐이다. 이렇게 보건대 시방국토 항하사수 부처님 앞에 몸을 나투고 극미진겁토록 예경하면 중생계가 다하도록 생각을 쉬지 않고 예배하되 그러면서 조금도 疲厭을 모른다는 것이 실상안목으로 볼 때 어찌 이것이 일상에 수용하는 도리가 아니며 茶飯事가 아니랴.

대개 일체법이란 有心에서 건립되는 것. 그러므로 一切法이 지니는 차별이며 한계며 법칙이며 내지 그 존재는 無心 앞에는 그가 立할 곳

282

을 잃는 것이니 다시 그를 논할 여지가 없는 것이요, 나아가 이 無心도 本心地에서 볼 때 또한 虛空의 城郭임을 면치 못하니 여기에 이르면 有無는 그야말로 亂起亂滅 활발히 창조를 거듭하는 것이다. 어찌된 말이냐 본래 본성자는 面目없는 究意의 活者라 生滅은 이 無面目漢의 動靜 즉 活消息이며 創造란 이 無限者의 自性差別이며 自己限定인 까닭이다.

자! 여기에 누가 있어 "어떤 것이 본심지냐?"고 물을 사람이냐! 대낮에 잠꼬대도 어지간히 하라(사람마다 발아래 淸風은 부노니……).

(五)

어쩌다가 딱딱한 말이 나온 것 같다. 말을 바꾸어 보자! 어쨌든 예경은 예경이다. 진정 부처님께 공경이다. 그러면 무엇이 부처님인가?

白毫광명 32相 수승상호인가? 세존께서는 이러한 일체 모양자리는 허망한 것이라 만약 이런 것을 여래라 한다면 邪道를 행하는 자라 하셨다. 그러면 어떤 것이 부처님인가? 입 가진 사람이면 욕하겠지만 우선 청정심이라 하여 두자. 불성자라 하여 보자. '고타마 신달타'도 이 청정심 불성자를 여지없이 확인하고 우리의 본사세존이 되셨으니 우선 이렇게 말해 본 것이다.

본성을 밝게 깨친 세존의 눈은 일체중생 유정무정 산하대지가 불성이 온전하고 그득함을 발견하고 감탄―환희의 첫 사자후가 터져 나왔다. 이것이 '一切衆生 悉具佛性'의 宣言. 一切衆生이 모두가 불성을 갖추었다는 말씀이시다. 우리는 여기서 색신이나 형상이 불이 아니요 불성이 바로 불이라는 사실을 다시 기억하여야 하겠고, 그리고 이 불성은 모든 사람에게 빠짐없이 활활 살아 있다는 사실에 더욱 착안하여야 하겠다.

사실 나에게 말을 시킨다면 이 불성선언에 대하여 신앙적 확신과 이해가 없는 자라면 불법을 믿는 자는 아니라고 말하고 싶다. (이 만큼 이 교칙은 불교의 골격이라 믿는다) 이렇게 본다면 이렇게 생각한다면 우리는 수행상 불을 발견하는 하나의 길을 얻은 것 같기도 하다.

왜 범부성에서 불성을 불렀기 때문이다.

진정 우리가 믿음을 발하였다면 우리는 가정에서 시정에서 직장에서 차중에서 언제나 불을 대하고 있음을 알 것이다. 그러면 이러한 불성에 어떻게 예경할 것인가!

예경은 공경이 근본이며 공경은 저의 거룩한 인격을 존경하고 저의 참 뜻을 받들고 섬기며 동시에 나를 겸허하고 낮추는 것이 예경자의 기본자세임은 앞서 말한 바다.

이제 여기서 우리의 예경은 대강 모양이 드러났다. 예경이란 불전에 나아가 일심정례 겸경례 하는 것이며 그에 그치지 않고 나아가 모든 사람을 대할 때 그의 연령이나 지위나 현우나 선악이나 상모거동에 개의함이 없이 오직 그의 참 인격이 거룩하고 신성한 불성임을 인정하고 존경하는 것이며, 동시에 저에게 진정 선의로 대하고 말하며 내지 저가 참되고 이롭도록 돕고 받든다면 이것은 훌륭한 예경행이 될 것이다. (이렇게 본다면 실로 예경의 진수는 '참으로 사람을 알아보고 사람 대우를 하는 것'이라고도 하겠으니 우리는 여기에 이르러 예경의 구체적 내용에 대하여 여러 가지를 생각하게 한다.)

그러므로 언제나 생각생각 善意가 충만하고 모든 사람을 널리 공경하며 모든 경우에 진정 속에서 우러나오는 미소로 대할 수 있다면 이것은 생각생각 예경을 행함이 될 것이다. 또한 이 마음이 온전히 일체상을 여의었다면 이는 중생계 내지 허공계가 다하여도 예경은 쉬지 않는 자라고 할 것이다.

사실 바로 말해서 이쯤 되면 一찰나 중에 팔방삼세 일체제불에게 무수배하는 짓이며 뿐만 아니라 일념 이전에 시방삼세 일체제불과 일체중생과 一身을 이룬 것이니 어찌 여기에 예자며 수례자며 예행이 흔적조차 남길 여지가 있을 것인가?

이와 같이 모든 사람을 진정 불성으로 대하고 그를 존경하는 사람이면 이는 결정적 성불행이 아닐 수 없다. 상불경보살의 故事를 생각해 본다. 상불경보살은 언제나 누구든지 만나는 사람에다 대고 "나는 그대를 가벼이 하지 않노라. 왜! 그대는 마땅히 성불할 사람이기에……"라고 하였다.

이러는 동안 많은 박해를 받으면서도 이 생각 이 말을 놓지 않았으니 이와 같이 수행한 상불경보살은 마침내 성불하니 그는 바로 금일의 우리 세존 석가모니불이시다.

이러고 보니 우리들 불자는 모두가 일체중생을 불로 아는 천배당, 만배당, 무수배당이 되어야 할지라. 즉설주왈 "삼천배본존 만세무궁 사바하"

(1969. 5. 15) 끝

64

불기 2512(1969)년 9월 7일 제316호 1면

總務院 幹部 全員 改編

總務院長에 月山스님 選出

全國首座, 僧侶大會에 모여

종무위원 총사퇴 등 實力行使 관철

(上略) 결국 9월 1일 승려대회날 다시 宗會가 시작되어 映岩총무원장을 비롯하여 총무원 간부가 총사퇴하고 새 진영에 月山총무원장 鏡牛총무부장 光德교무부장 基元재무부장 元宗사회부장 등 신임간부를 선출하였다. (下略)

65

불기 2512(1969)년 9월 21일 제318호 1면

본사내방 : 光德스님(총무원교무부장 신임인사차)

66

불기 2512(1969)년 10월 12일 제321호 3면

읽고 있는 책·권하고픈 책 — 독서계절 맞아

光德스님(교무부장)

- 읽고 있는 책

① 예수傳(루난 著)

② 佛陀와 龍樹(야스퍼스)

- 권하고 싶은 책

① 宗門武庫(大慧禪師)

② 禪門撮要(龍城和尙)

(이하 생략)

67

불기 2513(1970)년 4월 5일 346호 1면

범어사 주지에 能嘉스님

총무원은 지난 6일과 25일字로 오랫동안 공석 중이던 범어사 주지에 능가스님(48)을, 海印寺 주지에 慧岩스님(50)을 각각 임명 발령했다.

68

불기 2513(1970)년 4월 12일 제347호 3면

"잔임 기간이다, 새로 4년이다"

총무원장 임기에 양론

종헌상의 미비점이 가져온 異見

'잔임 기간' 규정 없는 데서……

법규상 미비점 宗會서 속히 補完해야

(상략)

입법취지나 관례상 잔임 기간으로 끝나
光德스님(종헌기초위원)

　현재 종헌상에는 보결선거에 관한 규정은 없으나 종헌 제정 당시 입법취지나 지금까지 해온 종헌운용 관례는 보결로 인한 잔존임기 수행의 형식으로 집행돼 왔다. 그러므로 慶山스님 이후 경산스님 사표로 인해 선출된 暎岩스님과 月山스님의 임기는 전임자의 잔존기간을 수임한 것으로 생각한다. 그러기 때문에 현 총무원 간부의 임기는 금년 4월 10일로 만료된다고 본다. 또 종헌 해석권은 法規委員會에 있기 때문에 책임 있는 결정은 법규위원회에서 해야 한다고 본다. (하략)

69
불기 2513(1970) 7월 5일 제359호 1면
10만평 처분 허가, 奉恩寺 문제 일단락

70
불기 2513(1970)년 7월 26일 제362호 1면
새 總務院長에 靑潭스님
23次 임시 中央宗會 폐막

執行部 4부장 留任케

宗會議員選擧法 수정通過

22일 事務引繼式

靑潭스님 總務院長에 취임

(기사 본문 생략)

71
불기 2513(1970)년 8월 2일 제363호 1면

奉恩寺 土地 매각에
總務院서 經緯 밝혀
(기사 본문 생략)

72

불기 2513(1970)년 9월 6일 제368호 1면

宗會議員 당선자 確定, 50명 중 8명은 22일 內에 再選

老壯·少壯 골고루 安配

이 달 下旬경 開院式 가져

3대 중앙종회의원

괄호 안은 法名과 당선 有無

(상략)

범어사 : 고병완(光德 당선)

(하략)

73

불기 2513(1970)년 9월 13일 제369호 4면

寺刹재산의 管理 : 文公部 시달지침의 不當性(上)

사찰文化財는 신앙對象

價値보호에 限定돼야

信仰의 근거 명심하길

문공부 지시라 하여 사찰재산관리개선 지침이라는 것이 시장, 군수로부터 각 사찰에 송달되었다. 이것은 종단 내 6백 개 사찰은 문공부가 그 나머지는 지방관할 관청이 직접 감독한다는 것을 골자로 한 것이 소위 '관리개선지침'이다. 이에서 보건대 문공부는 사찰재산을 마치 공유시하고 있는 것 같으며 사찰이 불조의 聖旨를 이 땅에 具現하

는 근거라는 성스러운 존립의의에 대하여는 충분한 이해가 없는 성싶다. (판독불명 3자)見 약간을 적어본다. 사찰재산은 그 소유가 사찰 자신이다. 국공유가 아니다. 따라서 정부로서 할 수 없는 일의 한계는 어디까지나 협조에 한한다. 그러므로 ① 정부기관이 '효율적'이라는 명분으로 사찰재산관리에 직접 관여할 수 없는 것이며 ② 협조의 이름으로 관제 단체를 만들어 강제로 사찰운영에 개입시킬 수 없다. ③ 문화재에 있어서도 엄격히 문화재 가치의 보호에 한정되어야 한다.

사찰소유의 문화재는 그것이 불교에서 자신의 신앙의 표현으로 조성되었으며 현재도 신앙의 표적으로 그 제1차적 존재의의를 지니고 있는 것을 중시해야 한다.

그러한 제1의적 가치에 부수하는 국가사회에 대하여는 문화재 조성, 유지, 전달자로서 공헌하고 있는 것이다. '정부가 문화재인 점에 착안한다면' '먼저 그 문화재의 조성자이며 소유자이며 문화의 전달자로서의 사찰에 대한 예절관념이 앞서야 한다.' 뿐만 아니라 그 문화재는 단순한 물질적인 구조로 보아서는 아니 되며 과거와 현재 그리고 구원한 미래의 모든 불교도들의 경건한 신앙과 일치하고 있는 聖寶라는 사실을 간과하여서는 아니 된다.

충분히 불교도의 반대를 받을 만하다. 대체로 보호와 협조가 순수한 것일진대 아무도 그에 이의를 걸 자가 없는 것이다. 요는 보호협조의 이름으로 관권개입과 부당한 간섭이 따르기 때문에 자율과 순수가 지상 생리화되고 있는 종교계에서 받아들이기를 거부하는 것은 당연하다.

사찰관람료 징수

① 관람료라는 것이 문화 내지 관광적 가치가 있는 물건, 시설, 자연물의 소유자가 타인에게 그를 관람케 하고 요금을 수득하는 것이므로 그것은 성질상 당연히 소유권에 부수하는 수익권인 것이다.

그러므로 관람료는 그 시설물의 소유권자가 주체적으로 자유로이 수익 처분할 권리가 있음도 당연하다. 다만 그 관람료가 대중을 상대로 징수하는 공공성이 있음으로 관람료 징수와 액수에 있어 당국의 허가를 받아야 함은 이해한다. 그러나 관람료의 징수와 관리를 시장이나 군수가 공동관리한다 함은 천만부당하다. 그것은 명백한 사권의 침해다.

② 관람료를 특별회계로 하고 관람료의 대부분을 사찰 보수에 사용케 함은 좋은 일이다. 그러나 그것은 행정적으로 종용하고 권고할 뿐이요 행정적으로 강제하는 것은 부당하다. 누구나 자기 소유물에 대한 애착은 타인보다 우월하다는 평범한 사실을 잊어서는 아니 되며 더욱이 사찰은 승려의 신앙의 근거라는 것을 명심하여야 한다.

③ 지정문화재이건 비지정문화재이건 그것은 신성한 상주지물이다. 그것을 구별함은 국가에서 보조금을 지급할 대상으로서 차이는 둘 필요가 있겠으나 사찰 입장에서는 한결같이 구체적 실정에 따라 관람료를 사용할 것이므로 관람료의 사용비율을 획일적으로 규정할 필요는 없다.

사찰후원회 설치

문공부 안에는 후원회에서 헌납한 찬조금은 시장, 군수가 공동관리한다고 하였다. 그러나 명백히 말해 두거니와

① 사찰재산은 당해 사찰주지의 책임으로 관리되는 것이 철칙이다. 타인이 개입하는 것은 부당하며 협조의 범위를 넘어서서는 아니 된다. 따라서 어떠한 이름이든 부처님 앞에 헌납된 재산의 처분과 사찰운영 계획의 집행은 주지에 있는 것이니 이를 군수나 시장에게 맡긴다는 것은 있을 수 없다.

② 사찰후원회에 광범위한 인사를 결속시키고 사찰의 제문제를 협의하는 것은 환영할 일이다. 그러나 후원 이상의 간섭이 되지 않도록 각별 유의하여야 한다. 따라서 후원회의 구성과 운영은 전적으로 '주지의 의견'이 중심이 되어야 하며 후원회의 의장의 인선에 있어서도 마찬가지다. 이런 점에서 후원회 의장을 가급적 시장, 군수로 규정하

느니 보다 구체적 사정에 따르는 것이 나을 것이다

사찰환경 정화

① '승려의 노력봉사 운운'은 출가인의 수행내용을 모르는 너무나 지나친 간섭이다.

② 승려의 문화재보수 기술습득의 의무화 운운 : 이것은 종단 자신이 승려의 교육과정을 선용하여 행할 일이다. 그것은 대체로 문화재의 관리에 대한 지식을 교수하는 것이지 보수기술까지 의무적으로 습득한다는 것은 지나친 생각이다. 먹고 노는 자에게 기술이나 가르치라는 식의 불손한 사고방식이라는 지탄을 받아도 할 말은 없는 것이다.

금일 '문공부 당국이나 문화재관리당국 직원 중'에 실지로 문화재 보수기술을 습득한 자가 몇 사람이나 있는가 생각해 볼 일이다.

출가인의 기술습득 문제는 종단 자체가 자율적으로 처리할 문제요 의무화 운운이란 언어도단이다.

③ 사찰환경 정화는 시장, 군수의 책임하에 실시함은 좋으나 사찰 측 계획에 따라 집행되어야 한다. 시·군의 공보실 직원의 생각대로 사찰과 하등 협의 없이 일방적 철거를 강행하여 사찰에 중대한 손실을 가한 실례가 있는 것이다.

사찰관리 부실 주지

문공부 안에는 수시로 사찰관리 실태조사를 실시하고 부실 주지를 적발하여 종단에 종용하여 해임케 하고 종단이 불응할 때는 시장 군수를 사찰관리인으로 임명한다는 것이다.

이것은 일종의 사찰 감독관의 설치다. 참으로 아연실색할 일이다. 언제부터 시장, 군수가 출가인의 공부를 하여 사찰관리의 자격이 있다는 말인가. 참으로 상주물의 성격조차 모르는 폭론이라 아니 할 수 없다.

문공부는 이러한 시책의 근거를 불교재산관리법에 두고 있다. 그러나 불교재산관리법은 불교종단의 분규가 중대한 사회문제로 대두됨에 이를 조정·해결하고 불교문화를 보호하는 법적 근거로 만들어진, 어느 의미에서는 시한적 성질을 가진 법이다. 이 법은 불교재산의 산실을 방지하는데 표면적 골자가 있으나 실지로는 사찰관리자로서의 주지 및 주지임명권자의 권한을 법으로 보장해줌으로써 당해 종단과 사찰의 분규를 종식시키는데 입법적인 정치적인 기술이 간직되어 있는 것이다.

따라서 종단분규가 일단락된 지금에 이제 문공부가 이 법을 들고 나와 확대 해석하여 사찰감독관제를 실시하고 경우에 따라서는 시장, 군수가 직접 주지대행을 하겠다고 나섰으니 참으로 해괴망측한 방침이라 아니 할 수 없다. 사찰관리에 미비가 있으면 그를 지적하고 시정하면 된다. 결정적인 주지의 경질여부는 종단이 자율적으로 할 일이요, 외부의 용회가 될 문제가 아니다. 시장, 군수가 사찰관리인이 되어서 불교재산관리법의 목적인 민족문화 향상이 잘된다는 법은 없는 것이다. 이와 같은 사찰에 대한 양식을 벗어난 간섭과 압박은 건전한 시민의식을 가지고서는 일찍이 생각조차 할 수 없는 일로서 불교인뿐만 아니라 전종교인 전국민의 지탄을 받을 것이며 시행될 수 없는 무모한 방침이라 할 것이다.

74

불기 2513(1970)년 9월 20일 제370호 1면

總務院, 僧籍 정리 着手

기존 승적 更新再整備

10월 10일~1월 10일 申告書 접수

(기사 생략)

75

불기 2514(1970) 10월 11일 제373호 1면

全世界佛子들 한자리에, '하나의 世界' 향한 지도자 大會 개막

292

76

불기 2514(1970)년 10월 25일 제375호 1면

'티베트' 피난민 生計 곤란, '다라이라마' 僧正 支援 요청

中共의 압제에서 견디지 못하고 印度로 망명한 티베트 망명 국황 '다라이라마'와 5만여 명에 달하는 피난민들이 생계유지에 커다란 타격을 받고 있음이 뒤늦게 알려져 全世界 佛子들의 협조가 요망되고 있다.

駐뉴델리 韓國총영사관(대사 · 최운상)에서는 최근 '다라이라마' 국황을 방문, 티베트와 한국의 현실에 관한 의견을 교환했다. 이 자리에서 '다라이라마' 국황은 한국이 짧은 기간 동안에 이룩한 경제발전을 높이 평가하고, 중공의 침략으로부터 피난 온 5만여 불교신자들이 어려운 생계를 유지하고 있다고 밝히면서 한국불교단체로부터 따뜻한 구호의 손길을 뻗쳐주도록 요청했다.

'티베트의 生佛'이라고 일러지고 있는 '다라이라마' 국황은 한국에 대해 깊은 관심을 기울이고 있는 것으로 알려지고 있으며 宗立 東國大學校에 전 세계를 통해 두 벌 밖에 없는 희귀本 『西藏대장경』 1백 상자를 67년도에 기증한 바 있다. 이 서장대장경은 橫 64cm, 從 16cm의 크기, 황색 2중 덮개로 되어 있는데 현재 동국대학교 중앙도서관에 소장되어 있다.

1966년에 來韓했던 '다라이라마'의 정치고문 '푼속T·타클라'씨가 東大를 방문, 8만대장경을 기증받고, 이에 대한 보답으로 교환된 『서장대장경』은 다음해인 1967년 10월 13일 봉증식을 거행, 이를 계기로

'다라이라마'는 한국 佛子들에게 널리 알려졌다. 이때 東京에 머무르고 있던 '다라이라마'는 봉증식을 위해 來韓이 교섭되었으나 바쁜 스케줄 때문에 참석을 못하고, 대신 東亞日報 지상을 통해 "머지않은 장래에 꼭 訪韓하고 싶다"는 뜻을 전해 왔었다.

지난 10일부터 16일까지 개최된 세계불교지도자대회 때도 주최 측은 '다라이라마' 국황이 머물고 있는 현지에 특파원을 보내 이번을 계기로 내한할 것을 교섭했으나 두 번째의 그의 방한은 끝내 이뤄지지 않았다.

外務部를 통해 駐뉴델리 영사관에서 本社 李漢相 社長 앞으로 보내온 티베트 피난민 구호금품 및 발송방법을 보면 다음과 같다.

① 手動 또는 足動 재봉틀 10대 ② 담요 1백매. 상기 구호금품을 보낼 때는 선편을 이용, 주뉴델리 총영사관 앞으로 보내면 외교화물로써 면세 통관이 됨.

77

불기 2514(1970)년 12월 6일 제381호 4면

佛敎의 人間像 : 苦惱는 확신이 안 서는 데서

積極的 肯定으로 迷雲 극복

(다음 원고는 光德스님이 지난 달 19일 부산대학교 '루멘회'가 주최한 宗敎강연회에서 발표한 내용을 요약한 것이다.)

人間이 무엇이냐의 문제는 아마도 인간이 思惟生活을 시작했을 때부터 비롯했을 것이다. 따라서 이 문제에 대하여는 그만큼 허구 많은 사람들이 논하여 왔고 그 해답도 가지가지다. 그러면서도 인간은 아직도 이 인간자신의 문제에 대하여는 확연한 해답을 얻지 못하고 있는 것이며 도리어 인간이 무엇이냐는 질문이 문제에 대한 해답이 될 수밖에 없는 '파라독스'가 나오게끔 되었다. 善인가 하면 선도 아니며, 惡

294

인가 하면 악도 아니다. 무능한 존재인가 하면 한편 놀라운 창조적 면을 발견하게 한다. 과학적 필연이나 어떤 절대자의 속물인가 하면 과학이나 법칙 이전에 自若한 그를 보는 것이니 여기서는 인간에 군림할 神이 죽은 지도 이미 오래다. ─이러고 보니 주체할 수 없는 하나의 怪物이거나 영원한 의문 속에 던져둘 수밖에 없을지도 모른다.

그러나 인간은 결코 이념이나 추상 속의 존재가 아니다. 지금 당장 구체적으로 살고 있고 끊임없이 역사적 현실 속에 도전하기도 순종하기도 하며 또는 그를 뛰어넘으면서 살고 있는 것이다. 여기에 인간이 인간자신에 대한 명확한 자신이 없는 곳에 인간고뇌는 있는 것이며 현대가 안은 심각한 문제성이 있는 것이다. 이 點에 대하여 불교의 해답은 명확한 바가 있다. 불교는 오히려 인간발견에 비롯하였다고도 할 수 있으니 저 釋迦佛의 悟道第一聲이 이를 말해 준다. "일체중생 유정무정이 모두가 여래다" 하신 이 말씀은 바로 불타의 慧眼에 비친 人間實相을 말해 주는 것이다. 다시 경에는 인간분석의 章이 보인다. 人間本有인 智慧劍으로 人間自身을 解削한 것이다. 거기에는 세간생활상 일상반복되는 凡常事, 그 원인인 無明, 다시 세간의 온갖 有形無形의 泡沫的 所有와 그의 근본인 安心 등등 온갖 非本來的인 要素를 척扶하여 마침내 人間本際에 도달한다.

그리하여 龍으로 비유된 佛性을 발견한다. 여기서 불타는 "너, 용만을 남겨두고 모두를 버려라. 용으로 하여금 자유스럽게 두라" 하고 있다. 여기서도 인간본성을 불성으로 규정하여 또한 인간본신(實相身)에는 妄心, 變滅 내지 無明이 없는 것이며 있다면 이것을 착각[迷]의 소산이니 버려야 하며 人間本具에서 볼 때 實로는 없는 것임을 말해 주고 있다. 거듭 말해서 불교에 있어 인간의 신체는 바로 불성 그것이며 모든 지혜와 덕과 능력을 갖춘 至尊者임을 말한다.

佛敎에 있어 佛性이란 一切有無對空 이전에서 自在施爲하는 절대적이며 실존적인 一者를 뜻하고 있다. 그러므로 그의 存在樣式이 絶對的인만큼 그의 認識 또한 絶對를 통하여서만 가능하다. 그러므로 여기서 다시 불성의 樣態 乃至 그 屬性을 云爲한다면 이것은 커다란 망발임은 두말할 것도 없다. 그러나 여기서는 이러한 과오를 십분 전제하여 두고 이른바 實相人間의 面貌를 瞥見하기로 한다.

神聖尊嚴法淨性＝인간의 眞體는 佛性이므로 그는 바로 究竟者며 全一者며 唯一者다. 그에 以後하는 者 없으며 그에 우월하는 자 없고 그 以外者 없다. 功德도 罪報도 붙을 곳이 없다. 生命의 平等至尊性이 여기에서 출발한다.

自存自在者다＝불성의 全一性 本然一性으로 보아 그는 規定받는 者가 아니고 萬有를 規定하는 자며 從屬者가 아니고 自存者다. 결코 어떤 關係 또는 條件上의 存在이거나 被造物이 아니다. 創造者다 ＝ 불성의 全一性은 동시에 全性者임을 말한다. 그는 본래로 무한한 지혜와 능력을 具有하고 있으니 인간은 그의 決斷과 努力으로 그 모두 또는 一部를 開顯하여 自身과 環境을 變革하고 莊嚴하는 主宰者며 責任 있는 창조자다.

永遠한 平和와 慈悲像＝지혜와 덕성은 불성본구의 것이다. 일체에 두루하며 만인에 원만하다. 平和, 慈悲, 調和, 繁榮은 그의 本然的 生理다.

그러므로 그에 있어 '사랑'은 救贖이나 代贖이나 極樂行 패스가 아니다. 本然生命의 體溫이며 입김이며 脈拍이다. 勇氣와 歡喜의 具現者다. 그는 남[生]에서부터 모든 지혜와 복덕과 권능을 갖춘 이른바 축복 받은 자이다. 좌절도 絶望도 설 곳이 없다. 歡喜 속에 희망과 自信으로 前進이 있을 뿐이다.

이 세상에서 우리는 불타가 본 실상인간의 일면을 살폈다. 그리고 여기서 우리는, 우리의 현실이 설사 어떠한 고난에 차 있더라도 이것은 實在가 아닌 迷雲이며, 실로는 萬人은 無常과 孤獨을 뛰어넘어 永遠의 太陽을 안은 자임을 보아왔다. 그리하여 그는 우리에게 洋洋한 희망과 자신, 적극적 肯定과 높은 矜持요 使命感으로, 그가 具有하는 무한한 지혜와 덕성을 개현하여 自我의 완성과 평화번영의 길을 용진하는 착

296

실한 人間像을 발견하게 한다.

78

불기 2515(1971)년 2월 21일 제391호 1면

本社來訪 : 高光德스님(범어사)

79

上 同號 3면

범어사에 승가學校

새승가思想 정립 71年度 新入生 모집

총무원은 지난 15일 승가학교(고등학교과정) 설립에 대한 세부계획과 원칙을 확정 발표하였다. 이번에 설립추진 중인 승가학교의 설립취지는 현행승가교육인 이조중엽의 고루한 교과과정을 지양하고 급변하는 현대교육에 적응할 수 있게 하자는 것이다. 현재 시행 중인 전근대적 교육방식에서 탈피치 아니하면 종단발전에 큰 지장이 있음을 통감한 종단은 현대의 역사와 사회를 향도할 새로운 승가상을 정립하여 보다 나은 부처님 제자로서의 사명을 다하게 하려는 노력의 일단이다.

이상과 같은 취지에 따라 세워질 승가교육기관은 ① 승가기초과정(승가고등학교) ② 승가정규과정(승가대학 또는 승가학교 대학부) ③ 내전 전공과정(경율론 및 참선전수) ④ 연수교육과정(교학, 포교사, 행정의 연수 및 보충교육) 등인데 종단 측 사정으로 인해 우선 승가기초과정인 승가고등학교를 설립케 된 것이다.

수업연한은 3년, 연간수업일수 2백칠십일, 입학자격은 사미나 중학교 졸업자이며 정원은 60명(각 학년 20명)이다.

교과내용은

내전에 ① 염불인유경 ② 법구경 ③ 사십이장경 ④ 불유교경 ⑤ 아
함경 ⑥ 범망경 ⑦ 사분계본 ⑧ 불교입문 ⑨ 법보단경 ⑩ 선요 ⑪ 선
관책진 ⑫ 불전개요 ⑬ 의식 등이며, 참선 1천 시간(1안거에)

외전에 ① 국어 ② 국사 ③ 역사 ④ 지리 ⑤ 과학 ⑥ 영어 ⑦ 수학
⑧ 사회생활 ⑨ 체육 ⑩ 미술 ⑪ 생물(고등학교과정)이다.

교육방법으로는 원칙상 사찰 내 교육으로 하되 다만 외전학 과목은
사찰 내에 시설이 완비될 때까지 범어사가 설립한 인문계 고등학교에
서 수업시키기로 했다. 한편 참선은 매일 한 시간씩 엄정려행하며 철
저한 신앙생활과 개별지도로 신앙, 기능, 덕행의 함양을 도모하는 것
으로 돼 있다.

교육비는 범어사 예산이나 또는 종단 보조금으로 충당하고 학생에
게는 수학비 일체를 면제한다. 졸업생의 처우는 졸업시험 합격자에게
승가학과 초등과 졸업장과 고등학교 졸업증을 수여하며, 안거 경력상
1안거를 인정하고 자질에 따라 승가대학 승가학교 대학부 또는 동국
대학교 불교학과에 입학시켜 교육시킬 예정이다. 제1차년도 모집인원
(71학년도)은 10명이다.

80

불기 2515(1971)년 3월 14일 제394호 3면

범어사승가학교 入學式

전문강원 講主엔 운성스님

범어사에서는 3월 8일 승가학교 초등과 신입생 7명 입학식을 가졌
다. 7명은 지난 3월 3일 시험을 거쳐, 신입생 최종 인물고사까지 마쳤
다. 입학한 신입생 7명은 고등학교 과정을 종립 해동고등학교에서 배
우고 내전(內典)과 참선공부는 범어사에서 받는데 참선은 1천 시간,
내전은 12과목이다.

講主 경질

(기사 생략)

81

불기 2515(1971)년 3월 21일 제395호 1면

本社來訪 : 高光德(범어사)

82

불기 2515(1971)년 5월 2일 제401호 3면

釜山大學佛聯, 범어사서 환영법회

지난 11일 대학생불교연합회 부산지부에서는 금정산 범어사에서 신입생 환영법회를 가졌다. 이날 법회에는 광덕스님, 김용석 교수 내외, 부산불교청년회장 회원 140여 명이 참석한 가운데 기념식을 갖고 광덕스님이 "대학생불자들은 참된 불성을 찾아 참다운 부처님의 제자가 되라"는 요지의 설법을 했다.

83

불기 2515(1971)년 8월 1일 제414호 1면

監察院長·總務院 3部長 경질

總務 高光德, 社會 朴淸霞, 財務 文聲準 스님

27일 오전 11시 50분 폐회한 제26회 임시중앙종회는 청담 총무원장을 재추대하고 월주교무부장은 유임, 나머지 3부장(총무, 사회, 재무)과 감찰원장 朴汝星스님, 감찰위원 2명을 선출했다.(하략)

84

불기 2515(1971)년 8월 8일 제415호 1면

敎界動靜

• 高光德스님(총무부장) : 스님은 5일 밤 해인사를 향해 출발, 종정 古岩스님을 친견하고 취임인사를 드린 후 종무행정 전반에 대한 교시를 받는다고.

85
불기 2515(1971)년 10월 31일 제427호 1면
24個國 큰스님들 모여 梵魚寺서 세계고승합동법회

30일부터 7일간 禪刹大本山 범어사에서 개최하는 세계고승합동대법회에는 靑潭장로원장, 釋白聖장로부원장, 딕탐차우총재, 싸이챤 홍콩승가회회장, 국광 홍콩불교연합회회장, 스이킴 비율빈 불교회장을 비롯 24개국 고승들이 참가한 가운데 장엄한 법요식을 집전한다.(하략)

86
불기 2515(1971)년 11월 7일 제428호 1면
세계高僧合同大法會 성황

10월 31일~11월 5일, 聯合보살계단으로 佛緣 맺어

불교평화사절단 편성키로

世界의 善知識들 中興기틀 모색

梵魚寺서 1천여 명 참집

(기사 생략)

87
불기2515(1971)년 11월 21일 제430호 1면
총무원장 李靑潭큰스님 열반

淨化佛事에 바친 一生

흐느끼는 讀經 속에 조용히 떠나

19일 宗團葬으로 東國大서 永訣

늘 자비스럽고 존엄하시던 스님……

肉身에는 죽음 있으나 法身은 멸하지 않는 것

◆ 공고

本宗總務院長 靑潭스님은 이 世上 因緣이 다하여 11월 15일 下午 10시 曹溪寺에서 入寂하였음을 알려드립니다.

一. 永訣日字 : 1971년 11월 19일 상오11시

一. 永訣場所 : 東國大學校 大運動場

一. 茶毘場 : 도선사(三角山)

1971년 11월 일

88

불기 2515(1971)년 11월 21일 제430호 3면

總務院長 직무代理, 首席부장 光德스님이 계승

이청담 총무원장이 15일 갑자기 열반에 들자 총무원 수석부장 고광덕 총무부장이 16일부터 총무원장 직무대리를 맡았다. 장례준비로 분산한 일체의 사무를 관장하고 있다.

89

불기 2515(1971)년 11월 28일 제431호 1면

신임 총무원장에 姜昔珠스님

27회 정기중앙종회서 만장일치로

世界平和운동추진할 터

25일, 조계사서 취임식 엄수

◆ 本社來訪

碧眼스님(종회의장) 光德스님(총무원총무부장) 24일 오후5시
청담스님 장례엄수 인사차 본사예방

90

불기 2515(1971)년 12월 26일 제435호 1면

奉恩寺 수호 다짐

(상략)16일 종회가 속개되는 중 봉은사투기억제세부과로 압류되어
있는 사찰을 수호할 것을 결의하고 해결대책위원 11명을 선정하고 관
계요로에 진정서와 박정희 대통령에게 탄원서를 제출했다.(하략)

91

불기 2516(1972)년 3월 12일 제445호 1면

東國學園 새 理事에 姜昔珠 高光德스님

2월 25일~26일에 있은 제1백65차 동국학원이사회에서는 신년도
예산심의와 강석주, 고광덕스님 등을 신임이사로 선출하는 등 일부 인
사개편이 있었다.(하략)

92

불기 2516(1972)년 3월 19일 제446호 1면

조계사 주지 직무대행에 吳杲山스님 발령

조계사 주지 직무대행을 오고산스님이 3월 1일부터 맡았다.(하략)

93

上 同號 1면

'스님의 날' 制定

靑少年敎化聯 綜合藝術祭 열어

처음으로 스님의 날이 제정되었다. 불교청소년교화연합회에서는 71
년 제2차 정기연합총회에서 양력 4월 8일을 스님의 날로 제정하고 전
국 지부에 통고하였다. 금년 제1회 스님의 날에는 각 지부별로 스님을
위한 각종행사가 시행된다. 행사로는 기념합창제, 예술제, 연극회, 입체
낭독회, 체육대회(스님참가) 오락회 등이 실시된다. 교화연회원은 '스님
감사합니다'라는 표어를 달고 불법을 전해주는 고마움에 보답한다.

94

불기 2516(1972)년 4월 16일 제450호 1면

文化財에서 民族의 얼을 읽자

光德스님 KBS TV 통해 力說

光德 총무부장은 지난 5일 KBS TV를 통해 '文化財에서 民族의 슬기
와 조상의 얼을 읽자'는 뜻의 文化財 보호에 관한 말을 했다. 아침 7時
에 '파노라마' 타이틀로 放映된 이 時間에 光德部長은 "民族의 創造的
表現인 文化財의 깨진 것 하나에도 민족의 슬기가 배어 있다"고 강조
하고 "우리 國民 모두가 文化財 창조에 참여하고 있다는 것을 염두에
두고 有形文化財만 볼 것이 아니라 精神的으로 다루고 볼 줄 알아야 된
다"고 강조했다. 文化財 6百68개 중 佛敎관계가 5百91개이고, 國寶 138
개 중 佛敎관계가 111개라고 예를 들면서 "전통의 계승이 創造의 연속
이라는 점을 기억해야 할 것"이라고 말했다.

95

불기 2516(1972)년 4월 30일 제452호 1면

牛村 錢鎭漢居士 永訣式 엄수

조계종 全國寺庵 특별기도

우촌 전진한거사의 사회장이 24일 상오 시민회관에서 대의長老 석주 총무원장, 벽안 종회의장 등 教界 원로스님과 白斗鎭 국회의장, 金弘壹 신민당 당수 등 政界인사, 그리고 勞總관계 인사들이 참석한 가운데 佛教式으로 엄수됐다.

明星女高合唱團의 三歸依禮로 시작되어 鄭成太(국회   ) 집행위원장의 식사와 金濟源(全國信徒會長)거사의 약력보고 등이 있은 다음 백두진 장례위원장, 김홍일 신민당수, 배상호 노총위원장, 이선근 박사 등의 弔詞가 있었다.

백두진 장례위원장은 조사에서 "고인의 청렴한 인격과 위업을 거울삼기를 다짐한다"고 말하고 "때때로 親知나 弟子들에게도 부처님의 가르치심을 說破하셨음을 생각할 때 往生極樂하심을 믿는다"라고 했다.

故 牛村 錢鎭漢居士는 1901年 慶北 聞慶에서 出生했고 1928년 일본 '와세다'大學을 卒業, 독립운동을 하다 日警에 피검 신의주 감옥에서 2년간 옥고를 치르기도 했다. 이때 金剛經 등 佛書를 읽고 佛法을 터득 金剛山 五臺山 등지에서 은둔생활을 할 때 佛教에 완전히 歸依했다.

한편 이날을 맞아 大韓佛教曹溪宗 全國寺庵에서는 특별 기도회를 가졌다. (관련기사 4面)

96

上 同號 4면 ― 牛村錢鎭漢先生 특집

위대한 庶民 故 錢鎭漢 居士

弔 歌

徐廷柱

(1)

수수하고 아늑턴 그 너털웃음

우리를 달래며 같이 오더니

인제는 왼 하늘에 두루 퍼져서
영원을 울리어 다숩게 하네
우리들 일꾼의 가장 큰 스승
소원대로 삼천세계
걸릴 곳이 없어라.
(2)
정의에는 쇠보다도 단단히 쥐고
겨레 사랑에는 늘 다스히 펴던
그대 크고 깨끗하게 뵈었던 주먹
우리 자손만대의 눈에
먼저 보이오리
우리들 일꾼의 가장 큰 스승
소원대로 삼천세계
걸릴 곳이 없어라.

往生極樂하소서

白斗鎭

"조국통일을 보지 못하고 죽는 게 恨이다"라는 마지막 말씀을 남기시고 떠나신 牛村先生이시여!

오늘 우촌 전진한 선생을 보내면서 이 자리에 모인 여러분은 물론이요 전국 방방곡곡에서 선생의 높은 인격과 生前의 공적을 흠모해온 온 겨레는 슬픈 마음을 가누지 못하고 있나이다.

격동하는 세계정세 속에서 이 나라는 어느 때보다도 겨레의 指導者인 선생과 같은 元老가 우리 곁에 있어 주시기를 간절히 바라고 있는데 忽然히 세상을 떠나시다니 어인 일이옵니까?

선생은 日帝下에서는 20代 청년으로 조국광복에 몸 바치셨고 해방 후에는 험난한 建國作業에 일신을 아끼지 않으셨으며 특히 이 나라의 근로자들에게는 어버이와 같은 지도자로서 파란만장의 생애를 보내셨습니다.

우촌선생이시여! 선생은 자신도 평소에 "勞動者로 태어났다가 勞動者로 돌아간다"고 말씀하셨듯이 20世紀가 막을 올린 1901년 경북 문경에서 가난한 농부의 아드님으로 태어나셨습니다.

15세 때 晩學을 시작하시어 17세 때는 맨발로 上京, 온갖 어려움을 헤치시면서 막일과 씨름하셨고 아무도 흉내낼 수 없는 苦學을 하셨습니다. 그후 선생께서는 편하게 工夫할 수 있는 機會도 주어졌으나 스스로 苦行의 길을 택하신 끝에 1928년 일본 '와세다'大學 政經學部를 졸업하셨습니다.

그러나 선생은 대학을 마치신 후에도 一身의 安逸을 생각지 않으시고 協同組合 운동과 抗日鬪爭에 몸을 던져 신의주 감옥에서 2년간 獄苦를 치르시면서 처음으로 金剛經 등의 佛書를 읽으시고 佛法을 터득하셨으며 끝내는 금강산 오대산 등지에서 십여 년간 은둔생활을 하시면서 志操를 지켜 오신 것입니다. 이때부터 선생께서는 慈惠로우신 부처님의 가르치심을 깨우치시고 佛敎에 歸依, 평소 親知나 弟子들에게도 부처님의 가르치심을 說破하셨으며 一生동안 가난한 겨레와 勞動者들을 위해 몸바쳐 일하시겠다는 굳은 뜻을 세우신 것입니다.

선생은 1948년 初代 社會部長官으로 발탁되어 첫 國務會議에 참석하던 날 입고 갈 옷이 없어 단벌옷을 빨아 입고 가시느라고 지각했던 애기는 너무나 유명한 일이었습니다. 淸貧이란 말은 바로 우촌이란 말로 통할 수가 있으며 돌아가실 때도 念珠와 지팡이 하나만을 遺産으로 남기시고 집 한 채 없이 他界하신 그 청렴결백하신 인격을 우리들에게 가르쳐 주신 것입니다.

實로 이 자리에 모인 우리와 더불어 온 겨레가 선생의 떠나심을 슬퍼하는 것은 선생이 생전에 온 겨레를 위해 남기신 功績 못지않게 많은 가르치심을 우리들에게 주고 가신 때문인 것입니다.

우촌선생이시여! 先生이 남기신 遺業은 겨레의 가슴속에 길이 남아 祖國의 앞날에 더 없는 敎訓이 될 것입니다. 뒤에 남은 우리가 선생의 가르치심을 거울삼아 못다 하신 유업을 계승해 갈 것을 尊靈 앞에서 굳게 다짐하오니 부디 편안히 눈을 감으소서!

우촌선생이시여! 往生極樂하시어 이 겨레를 내내 굽어 살피소서!

(國會議長)

牛村은 가시는가

高光德

대지는 향기를 신록으로 토하고 만상은 생명을 꽃피워 노래하는데 우촌거사는 이같이 가시는가. 春風秋雨七十餘星霜 파란 많은 世事는 몇 번이고 그 궤도를 달리하는 가운데 有時乎, 문경 땅에 낳고 혹은 와세다 大學의 연구三昧에 들고 혹은 민족운동, 독립운동에 생명을 걸고 혹은 獄苦 중에서 참선 宴坐하여 大自在를 증득하고 혹은 노동운동, 사회 복지운동으로 正義具現에 심혈을 기울이고 혹은 국가의 興隆과 민족의 복리를 위하여 政街에 뛰어들어 헤매는 群像의 향도가 되기도 하였으며, 有時에는 宗師善友의 鉗錐에 맡기고 有時에는 淸淨講座에 演法하며 紅塵 가운데 無上乘을 전개하고 有時에는 濁酒禪悅에 침잠하고 無限春風을 소요하며 오는 오늘 微疾을 示現하고 이와 같이 가시니 嗚呼 牛村거사는 이와 같이 오셨는가.

牛村居士, 諸佛菩薩이 이와 같이 오고 이와 같이 가도다. 丈夫는 스스로 衝天之氣象이 있거니 如來行處를 밟지 못한지라 이에 당하여 牛村의 行履處를 무엇이라 할 것인고. 春風秋雨로다.

牛村은 가십니다.

신록의 香風속에 흰 꽃잎이 훨훨 날리는 날 떠나십니다. 조국도 세계도 평화도 사랑도 미움도 雄志도 勝利도 성공도 실패도 환희도 시름도 영원도 찰나도 생명의 푸른 비로오드 위 수로 펼쳐진 율동을 타고 가십니다. 여기 이 율동으로 오고 율동으로 가시는 牛村은 오지 않았습니다.

가지 않았습니다. 영원의 푸른 율동만이 혹은 나투고 혹은 숨기고 장엄한 그의 서원을 示現합니다.

牛村이어, 제불보살의 대광명 속에 영원히 安樂自在하소서. 그리고 서원과 함께 이 땅에 示現하소서.

이 땅은 부처님의 智慧光明으로 밝은 땅, 진리와 번영의 질서로 佛法을 증명하고 구현할 성스러운 땅, 居士는 서원과 함께 이 땅에 와서 생활과 사회 속 居士身으로 法의 길을 가십니다.

牛村居士, 당신은 노동자로 와서 노동자로 가신 '위대한 서민', 숨 거두는 순간까지도 조국의 통일을 되뇌인 민족의 지도자, 거사는 가십니다.

勞總이 안팎으로 흔들릴 때, 政街가 이합집산하여 송두리째 소용돌이 속에 빠졌을 때, 國會와 정당과 신문까지가 온통 고함소리와 아우성으로 소란한데 홀로 당신만은 조계사와 대각사 선학원의 禪窓을 찾아 宴坐했었습니다.

精舍에서, 거리에서, 酒舍에서 隨機對人하여 반야와 화엄을 演說하던 居士, 독재와 부패가 민족의 성장을 가로막고 不義와 不法이 季節風인 듯 난무할 때, 居士는 언제나 대중의 방패를 자처하고 감연히 일어서 자유와 민주와 조국에 모든 것을 바쳤습니다.

조국을 잃은 동포와 日帝의 사슬에 묶인 동포 앞에 희망과 힘을 주고 자 居士가 제시한 협동조합운동으로 2년의 獄苦와 12년의 추방을 감수했었습니다. 노동의 신성함과 조국 있는 權益이라는 自由民主勞動運動의 基本座標를 確立하기 위하여 늘 목숨을 총탄 앞에 24시간 내어 맡겼습니다.

淸淨, 正義, 廉直, 식을 줄 모르는 마음의 따뜻함은 長官감투를 발에 신었고, 교단의 위기를 당하여는 언제나 제1의 護法將軍으로 自任하였습니다. 居士는 佛法으로 世間을 行하였고 世法 속에 佛旨를 具現하기에 당신의 몸은 항상 진흙 속을 연꽃처럼 즐겼습니다.

아, 在家佛子의 久遠한 모범인 牛村은 가십니다. 술렁대는 四海, 파도 높은 三極, 四極의 힘의 물결 이 속에 조국의 山河를 굽이쳐온 半萬年 歷史를 내몰아 牛村은 여기 왔고, 온 민족이 새 歷史의 창조를 향하여 하나로 내어 닫는 이 마당에 英勇스러운 민족의 장한 대열이 前進의 함성을 울리는 이 순간, 우리의 벗 민족의 향도자는 가십니다.

하늘에 사무치는 허전함, 地心에 스며드는 슬픔으로 바다조차 울부짖는데 居士는 정녕 가시는가.

眞實을 生命으로 하는 당신 正義가 함께 하는 지혜로운 前進만이 있는 不屈의 의지, 용기의 소유자, 하늘이 덮지 못하고 땅이 밑받치지 못할 豪放樂天 우주를 호흡하는 庶民이신 당신은 여기 빛나는 커다란 거울이 되어 높이 솟았습니다.

민족의 길을 비추고 우리 낱낱의 마음, 얼굴, 거동을 비치면서 우뚝 솟았습니다. 마지막 떠나던 순간 두 손가락 높이 들어 보이고는 아니라는 듯 다시 죤을 젓고, 다시 두 팔을 돌려 圓相을 그리고 필경 붓을 들어 '三千世界活活透脫'이라 쓰고 미소 속에 조용히 잠겨 갔던 牛村 '三千世界가 온전한 活消息.'

옴도 감도, 盛도 衰도, 榮도 辱도, 삶도 죽음도, 幽도 明도, 하늘도 땅도, 온전히 살아있는 本然三昧, 牛村은 窮劫을 통하여 本然한 活舞로 悠然自適함을 說破하니 牛村이 이 겨레 앞에 걸어둔 빛나는 거울은 결코 저 하늘에 걸려있는 것이 아니라 우리가 서 있는 땅에 바로 걸려 있습니다. 연푸른 안개가 진한 초록으로 바뀌고 반짝이는 신록이 山河를 흐르는 오늘 牛村의 面目은 躍如합니다.

지금 여기 거룩한 민족이 새 歷史를 엮으며 어두운 세계에 아침 해를 안겨주는 커다란 지혜와 사랑의 수레는 쉼없이 돌고 牛村의 호흡이,

온 거레의 맥박이, 이 수레에 合하여 장엄한 합창은 지금 막 初章에 접
어들었습니다.

이곳은 牛村이 諸佛과 眉毛以結하고 諸祖와 把手舞踊하는 곳, 牛村이
어 活活自在하소서.

1972년 4월 24일 총무원 총무부장

雲水와 다름없던 一生

淸貧과 벗하기 70년

人間面貌

한평생 염주 굴리며 金剛經을 외우다가 사바를 떠난

牛村 錢鎭漢 先生,

워낙 소탈하고 가식이 없던 佛子인 까닭에 그가 남긴

유산도 따라서 염주와 지팡이 외에 남은 것이 없었다.

그러면 이 분의 편모는 어떤 것이었던가.

어린 시절로부터 몇 가지 살펴본다.

牛村은 본래 慶尙道 聞慶 땅의 가난한 농가의 아들로 탄생, 어릴 때
숱한 고생을 하며 자랐다. 그러다가 한 번은 맨발로 걸어 上京, 여관집
에서 불 때주고 밥상 나르는 심부름을 하기 시작했다.

이때부터 그 유명한 牛村의 苦學은 시작이 된다. 쌀자루를 어깨에
맨 채, 낡아빠진 콘사이스를 들고 정신없이 英語 單語를 외우며 團成社
앞을 지나다가 한 번은 옹기장수의 지게 작대기를 쳤다. 한 짐 잔뜩
실어놓은 옹기는 모조리 깨어지고 동시에 그는 옹기장수에게 매우 봉
변을 당했다.

그런가 하면 또 한 번은 역시 위와 같은 모습으로 英語 單語를 외우
면서 잔뜩 고개를 숙이고 가다가 자기도 모르게 그만 敦化門 속으로
들어가 버리고 말았다. 이때 돈화문은 日人 순사가 지키고 있었다. 그

가 이 日人 순사에게 얼마나 곤욕을 당했던가는 짐작을 할 만하다. 하여간 이렇듯 끈질긴 집념과 총명한 기질은 일찍 仁村 金性洙의 주의를 끌었고 그리하여 그의 주선으로 牛村은 早稻田대학에 유학을 한다.

이 시절에 그는 『三國志』 등의 東洋史書를 비롯해서 카아라일의 『西洋史』 原書, 내지는 맑스의 『資本論』까지도 모두 原書로 독파해 내고 말았다. 이렇게 연마한 지식이 뒷날 그로 하여금 맑스主義 비판, 協同組合運動 등 그의 민족운동의 밑거름이 됐음은 말할 것이 없다. 그러나 이 소박한 민족운동의 志士는 곧 日警에 피체, 2년간의 옥고를 치러야 했다. 석방 후에 그는 전향 권유와 감시를 피해 金剛山에 入山, 무려 10년 동안이나 은둔생활을 했다. 佛敎와의 인연이 생긴 것은 바로 이 때다.

그러다가 日帝는 물러가고 48년에 정부가 수립됐다. 오랫동안의 協同組合운동을 벌인 실적을 인정, 그는 초대 社會部 장관이 됐다.

그러나 이 소식도 그는 버스 속에서 알았고 또 처음 국무회의에 나갈 때 입고 갈 옷이 없어서 집주인의 양복을 빌려 입고 갔다는 일화가 있을 만큼 그는 太平스런 貧者였다. 말만 아니라 지난 70년 10월 친지의 초청으로 日本에 갔다 와서 부인에게 내민 선물이 겨우 손자들에게 주라는 연필 1타스뿐이었다 하니 그의 면모는 짐작을 할 만하다.

요컨대 長官, 국회의원 등의 고관대작을 역임한 바도 있기는 하지만 그의 평소생활은 글자 그대로 一鉢無碍의 雲水나 다름이 없었던 것이다.

97

불기 2516(1972)년 5월 21일 제455호 2면

부처님의 人間宣言

대한불교조계종은 불기 2516년 부처님오신날 기념봉축의 일환으로 신문회관에서 세미나를 가졌다. '부처님의 인간선언'이란 主題로 가진

이날 세미나의 개회사와 발제강연을 함께 실어본다.__편집자 주

開會辭

총무부장 광덕스님

恩惠로운 빛 온 누리에

부처님의 悟道 第一聲은 "신기하고 기특하다. 一切衆生 모두가 佛性을 具有하고 있구나!"로 시작됩니다. 이것은 바로 世尊인 佛陀로서 첫 말씀이며 覺眼에 비친 衆生의 實相을 說破하신 如實한 말씀입니다. 이 말씀에서 우리들은 부처님의 가르침은 人間發見에 비롯한다고까지 말할 수 있다고 생각됩니다.

부처님이 보신 人間은 佛性人間입니다. 佛性을 具有하고 佛性으로 存在하는 거룩한 人間입니다. 佛性은 佛陀의 本性입니다. 無限과 自在, 萬德의 根源입니다.

따라서 이와 같은 人間은 그 莊嚴하고 神聖한 權威를 다른 무엇에도 比喩할 수 없는 것입니다. 讓渡할 수도 制限할 수도 은폐할 수도 없는 것입니다. 本性에서 볼 때 人間은 그 絶對的 權威로 自存하는 者입니다. 規定받는 者가 아닌 規定하는 者입니다.

萬有의 價値는 그로부터 비롯합니다. 歷史의 中心에서 歷史와 社會를 움직이는 主體者이며 倫理的 責任의 歸屬者입니다. 그는 宇宙의 中心입니다. 그의 存在樣態는 絶對的이며 全一的이며 全性的입니다. 그러므로 그는 存在가 아닙니다. 一切에 변만하며 一切에 超越합니다. 그는 久遠의 活者입니다.

無限의 生命律動은 一切時 一切處에 智慧와 慈悲와 創造로 自己를 示現합니다. 이것이 本來의 人間입니다. 우리는 이러한 人間相에서 비로소 人間의 尊嚴과 權威의 根據를 求하는 것입니다. 決코 物量的 消耗나, 外界의 支配나 動物的 放縱이나 物理的 힘의 暴君的인 行使나 乃至 自矜으

312

로, 그의 神聖이나 權威가 定立되는 것은 아닐 것입니다.

우리는 부처님의 가르침 속에서 이와 같이 '莊嚴한 人間宣言'을 發見합니다. 이제 부처님오신날을 맞이하면서 부처님이 開顯하신 은혜로운 眞理를 다시 생각해 보고, 그 거룩한 뜻의 具現을 論議해 보고자 하는 바입니다. 위에서 보아온 '本來人間'이 오늘날에 果然 얼마만큼이나 그 위치를 보존하고 價値를 實現하고, 權威를 享有하고 있는가를 살펴보고자 하는 것입니다. 여기에는 두 가지 側面에서 檢討가 따를 것입니다.

첫째는 人間의 自覺的인 面입니다. 스스로 自己 眞面目에 對한 認識과 本然의 人間다운 能力과 德性에 對한 矜持와 信念, 그리고 本性具全者로서의 自己形成이 문제일 것입니다.

둘째는 社會的 관계에서의 側面입니다. 社會制度, 環境 속에서 本來的 人間의 權威保障, 能力開發의 要件助成, 平和的이며 創造的인 人間成熟을 爲한 國家的 國際的 諸般狀況의 問題가 提起되고 檢討되어야 할 것으로 생각됩니다. 이것이 이번 紀念세미나를 갖게 된 趣旨이며 基本方向입니다.

여기에는 각 分野의 專門的인 碩學과 大德이 講演과 討論에 參加해 주시기로 되어 있습니다. 여러 碩學大德의 努力으로 今日의 現實이 깊이 檢討되고 人間의 尊嚴과 祖國의 繁榮과 世界平和를 向한 줄기찬 前進이 다시 加速度하여 부처님의 '은혜로운 빛'이 온 누리에 더욱 크게 퍼지게 되기를 간절히 기원하는 바입니다.

98

불기 2516(1972)년 5월 21일 제455호 5면

이병현 준장 등에 受戒, 百13名 戒 받아

지난 14일 오전 10시 陸本 군종센터 안에 있는 法堂에서 대한불교 육군장교회(회장·정승화) 주최로 이병현 준장(공병차감)과 황진호 대위(6관구검찰관) 등 17명의 장교와 육본소속 사병 44명 여군 40명

학생 10명(육본군종센터 베나레스불교학생회 소속), 총 1백13명에 대한 合同受戒式이 있었다.

全軍의 정신무장화를 꾀하기 위한 全軍信者化운동의 일환으로 지난 6일 6군단에서 있었던 6백24명에 대한 合同受戒 이후 불교계가 갖는 두 번째 갖는 군집단수계가 되는 이날, 수계식은 총무부장 光德스님과 이병현 준장 관계장교 및 사병, 스님, 일반신도와 학생들이 법당을 가득 메운 가운데 권오현 법사의 집전으로 이루어졌다. 총무부장 광덕스님은 이들 1백13명에게 三寶(佛·法·僧)에 귀의하는 삼귀의계와 五戒(不殺生·不偸盜·不邪淫·不妄語·不飮酒)를 설하고 碧雲이란 法名을 받은 이병현 준장에게 代表로 수계계첩을 수여했다.

연비는 이날 참석한 스님과 군승들에 의해 일일이 거행되었는데, 연비가 끝난 후 光德스님은 "오늘 戒를 받은 장병들은 앞으로 더욱 더 견고한 信仰을 확립하도록 노력해야 하며 부처님의 법은 당위이기 이전에 이미 있었던 것이며, 道는 外界의 조건과 관계없이 스스로의 本性에 관계되는 것이기 때문에 이 나라의 통일을 위한 역사적인 時點에서 부처님의 법과 신념을 가지고 실천하면 위대한 업적을 이룰 것이다"라고 강조했다.

이날 慈圓이란 法名을 받은 女軍 김복순 중위(육본 여군훈련소 중대장)는 "수계를 받으면서 나도 모르게 눈물이 흐르더군요. 아마도 10여 년간 절엘 다녔어도 戒를 못 받다가, 이제 戒를 받으니 참회의 눈물일 거예요. 군사회에서는 딱딱하고 엄격하기가 쉬운데, 이제부터는 중대장으로서 부하들을 지휘할 때 자비스럽고 따뜻한 마음으로 일하려고 합니다"라고 수계소감을 말했다.

사홍서원을 끝으로 수계식이 끝난 후 육본 군종센터에서 베푼 간단한 다과회가 법당 홀에서 있었다.

99

불기 2516(1972)년 5월 28일 제456호 1면

宗立 東大 七代總長에 徐燉珏박사

31日, 新舊總長 離就任式

宗立東大 제7代 總長에 서돈각 박사를 추대, 오는 31일 上午 11시, 運動場에서 就任式을 개최한다.

(이하 생략)

100

불기 2516(1972)년 제464호 1면

本社 主幹에 高光德스님

본사 주간에 고광덕 총무원 총무부장 스님이 새로 임명되었다. 朴敬勛 전 주간의 사임에 따라 지난 15日字로 임명된 高光德 新任主幹의 약력은 다음과 같다.

- 본적·경기도 화성군 정남면 내리 55(46歲)
- 현주소·서울 종로구 수송동 44
- 60년 대한불교출판사 편집인
- 65년 서울 奉恩寺 住持
- 70년 중앙종회의원
- 71년 총무원 총무부장
- 71년 학교법인 동국학원 이사

101

불기 2516(1972)년 11월 26일 제482호 4면

六祖法寶壇經

經은 부처님 말씀을 적은 것. 말씀은 부처님 생각의 표현, 생각은

현실에 대응한 부처님의 자비하신 마음의 움직임이다. 그러기에 글이나 말씀이나 생각으로는 부처님의 마음 자체에 대하여 어찌할 수가 없다. 설명할 수도 그려 볼 수도 짐작할 수도 비유할 수도 없는 것이다. 왜냐? 그 모두가 나무의 단풍처럼 마음의 외현일 뿐 마음 자체는 아니기 때문이다.

이 부처님 마음 자체를 法이라 한다. 이 佛法은 經이 밝히지 못하고 부처님이 말씀하지 못한다. 그러나 글이나 말씀이나 理論이나 생각에 걸리지 않는 사람에게는 佛法에 門戶가 없고 通路가 없고 取할 수도 없고 버릴 수도 없고 有無에 廓通하여 燦然히 빛나고 있는 것을 본다. 말과 글과 내지 塵塵刹刹에서 禪祖의 面目을 보는 것이다. 이곳이 本然消息이며 本分田地다.

부처님은 이 本然消息으로 계시고 말씀하시고 慈悲示現하신다. 이곳을 모르는 者는 아무리 경을 외우고 경을 말하더라도 그것은 흰 구름으로 靑天을 잡으려는 것 無常과 허망을 되씹는 者다. 그러므로 佛法을 배우려는 자 枝葉에 걸리지 않고 根源에 이르고자 하는 슬기로운 者는 不可不 이 本分田地로의 直接投入할 것을 試圖하지 않을 수 없게 된다. 이 本分田地로의 直接投入하는 者를 禪者라 하고 이에 勝利한 者가 祖師이다.

그러므로 祖師의 言語動作 그 모두는 ──이 本然의 示現이며 本分의 流出이다.

말이 말이 아니며 作이 作이 아니다. 그러므로 祖師의 言行을 記錄한 語錄은 機鋒이 孤俊하여 凡見으로는 좀체 그 解讀을 不許한다. 이른바 難解하다.

그러나 여기 한 사람이 있으니 그는 達磨 이후 第六代祖가 되는 惠能祖師(唐初 638~712). 그는 무식한 채로 文字나 理論을 거치지 않고 直接佛祖 胸襟에 뛰어 들어 佛祖峻嶺을 남김없이 踏盡하고 無限淸風 萬古光明을 온 天地 가득히 뿌려주셨으니 이 記錄이 今日의 六祖法寶壇經이다.

그의 說處가 純然眞金이로대 對象이 主로 在家初心大衆이어서 方便이 曲盡하고 用語가 平易하다. 그 中에 가장 力點을 두어 强調한 것이 '見性' '頓悟' '性相一如'의 主張, 習定, 住心, 觀靜, 長座 等 看心, 漸修, 靜態, 凝視, 傾向을 禪病이라 하여 이를 徹底히 排擊하고 見性으로 因한 生活禪, 活動禪, 創造禪을 强力히 主張한다.

可謂 禪者의 指南이 되고 眞理를 求하는 者에게 不滅의 光明임을 敢히 斷言한다.

壇經은 敦煌本, 惠昕本, 存中本, 德異本, 그밖에 數種의 流行本이 있다. 우리나라의 現行本은 대개 德異本이며 普照國師의 跋文이 붙은 것. 屏風版, 松川版, 海印版, 寶光版, 奉恩版 等이 있고 國譯本도 數種이 있다.

落葉은 지고 밤은 깊고 人生은 깊어지는데 이 밝음을 이 따뜻함을 이 경건한 기쁨을 兄弟에게 권한다. (총무부장)

102

불기 2516(1972)년 12월 24일 제486호 2면

世界平和를 위한 宗敎人의 使命

제2次韓·日 宗敎人회의

本來理念에 充實하고

기도만으론 不充分…… 편견과 아집 버려야

韓國宗敎協議會 지도자와 日本大阪國際宗敎同志會 지도자 50여 명이 참석한 제2차 韓日宗敎人세미나(12~13일, 세종호텔)에 종교인들은 宗團을 초월해서 상호이해와 협조로 인류평화를 달성하는 데 힘을 기울일 것을 다짐했다. '인류평화를 위한 宗敎人의 使命'을 주제로 한 高光德스님(총무부장), 金斗憲박사(전 건국대 대학원장)와 三宅歲雄(大阪國際宗敎同志會 이사장)가 주제 발표를 했다.

남의 思想 존중하는 態度를

世界平和를 위한

아시아 諸國家宗敎人의 協力과 提携方法

高光德

지난 四半世紀 동안의 세계적인 이데올로기의 대립과 냉전은 이제 급격한 템포로 새로운 시대를 내닫고 있다.

도처에 높이 솟아있던 장벽의 동결은 지난 69년 발표된 이른바 닉슨 독트린을 계기로 解氷을 보기 시작하여 닉슨의 中共 및 소련 訪問으로 이제까지의 적대관계는 急激히 대화 호혜의 단계로 발전하였으며 이에 뒤질세라 일본의 積極的인 親中共政策의 進出로 이제 아시아는 세계정치의 中心地位로 登場하였다. 세계를 덮은 위기의 구름이 아시아를 시점으로 점차 걷혀 가고 있다. 이러한 政勢하에서 아시아에는 全般的으로 和解의 새 물결이 일고 있으며 동시에 이제까지의 封鎖 對決體制의 緩和에 따라 아시아 각국은 自主的 平和保障과 국가이익 추구에 온갖 努力을 기울이고 있음을 본다. 이제 아시아는 世界平和의 새 중심이며 이른바 太平洋時代는 바야흐로 본격적으로 進行되고 있다 하겠다.

이러한 상황하 宗敎의 役割은 무엇이어야 할 것인가?

첫째는 공고한 平和와 창조의 긍정원리다. 종교는 바로 구원과 平和의 상징이며 조화와 번영을 통한 인간과 사회의 안정토대가 되는 것이다.

다음에는 强力한 人間옹호세력이다. 急激한 발전을 향한 집념은 그 안에 적지 않은 부조리를 파생하며 여기에서 인간은 개인적 또는 사회적으로 입는 침해 또한 막대하다. 이에 종교는 근원적으로 반인간 현상에 대한 인간성 옹호의 세력으로 自己를 發揮한다.

셋째는 진리의 증거자다. 역사의 진전이란 변천의 연속이다. 이 변천은 진리와 相卽할 때 비로소 改革과 發展의 의미를 지니게 된다. 그러므로 종교교화는 역사와 현실 속에서 참된 양심과 이성의 빛으로 자처하고 진리의 증인의 역할을 다하여야 한다. 여기에서 비로소 발전과 번영이 인간의 것이 된다 하겠다.

이와 같이 살펴보건대 오늘날 아시아 제국에 있어 宗敎者의 사명은 막중하다. 그는 어둠 속의 등불처럼 사회 속의 밝음으로 자기를 나타내는 것이므로 서로 다른 종교의 존재는 그만큼 다각적으로 인간과 사회의 계층을 달리하는 구석구석을 비출 수 있는 것이라 하겠다. 여기에 종교간의 협력과 제휴의 基礎가 있다.

그러므로 종교의 제휴와 협력은 발전하는 아시아 제국에 있어 정신적 資糧과 動力을 더하게 될 것이며 세계평화 세력의 강력한 기초가 될 것이다. 그러면 그 방법은 어떠한 것이 될 것인가?

첫째 상호이해의 촉진이다. 그러기 위하여 대화의 모임 행사에의 상호초청 共同事業의 推進 등이 必要하다.

동시에 각국에 宗敎協議의 기구가 구성되어야 하며 이 기구를 통하여 종교는 보다 효율적으로 그 지역의 光明의 役割을 더할 것이며 이러한 根源的인 平和繁榮 여건의 형성은 곧 세계평화에 곧은 안정을 줄 것이다. 그리고 각국 종교의 協議機構는 相互情報를 교환하고 협력을 강화하기 위하여 아시아 宗敎協議機構를 구성하고 마침내 세계 정신지도의 제휴와 協力機構로 발전할 方向을 잡아 나아가야 할 것으로 생각한다. 그것은 인간의 옹호와 平和의 실현은 필경 宗敎的 次元에 그 원인을 두어야 하기 때문이다. (총무원 총무부장)

103

불기 2517(1973)년 1월 28일 제490호 1면

總務院長에 孫慶山스님

宗團一大人事改革斷行

宗會議長 蔡碧岩 監察院長 金知曉스님

部長級 : 총무 智冠·교무 月誕·재무 송원·사회 哲印스님

宗團은 23일부터 25일까지 총무원 회의실에서 제32회(비상) 중앙종회를 개최하고 최근 정부가 발표한 사찰공동관리안과 전국사찰실태조사 等 일련의 움직임을 예의 검토하고 종단의 결의를 대외로 표명하는 <유신적 개혁 시행에 대한 성명서> 및 <국민에게 보내는 사찰 白書>를 채택하는 한편 그동안 문제였던 체질개선의 일환으로 총무원, 감찰원, 종회의 전 임원들의 진용을 개편(이하 생략)

上 同號 3면

"財産관리 宗團에 맡겨야……" 文公部 <寺刹공동관리>案 各界 소리
"寺刹은 순수한 修道場으로 自律性 최대한 보장돼야"
高光德스님(총무부장)

개인적으로 佛教재산관리에 行政權이나 地方인사가 간여한다는 것은 생각할 수도 없는 일이다. 自律性의 침해이기 때문이다. 道場은 道場을 갖고 있는 사람이 아니면 도저히 가꾸지 못하는 법이다. 道場 분위기를 모르는 사람은 불가능한 일이다.

아직 문공부의 진의가 밝혀지지 않고 있고 주무인 文化局長이 신문에 보도된 내용과는 다르다는 언질을 계속 주고 있기 때문에 관망한다. 우리의 代案도 마련돼 있다. (이하 생략)

104

불기 2518(1974)년 3월 24일 제548호 1면 하단

興寧禪院重創發起文

獅子山 法興寺 興寧禪院 復元重創記

世界는 오늘날 科學의 發達과 人類存榮을 위한 公同協力으로 어찌 할 수 없이 하나의 地球와 그 安寧을 志向하면서도 한편 各個 國家의 利益

優先의 角逐과 對立과 軋轢은 그 어느 때보다도 深刻한 바 있다. 兩斷된 우리의 國土를 圍繞한 國際情勢는 各 當事國 立場에 치우친 世界戰略으로 말미암아 그 推移를 豫測할 수 없으며, 우리 韓半島에는 不安의 黑雲이 날로 加增하고 있다. 대개 民族의 興亡盛衰를 國際情勢에 依存하거나 不純勢力의 改遷에 기대한다는 것은 있을 수 없다. 그것은 民族自主, 世界一家의 理念을 誠實하고 强力히 추구하는 데서만 기대할 수 있는 것이며, 이는 오로지 國民各自의 自覺과 理性에 歸結되는 문제라 아니할 수 없다. 眞理로 裝備한 높은 民族精神이 하나로 團結하여 民族的 指標 앞에 總進軍하여야 하는 것이다. 오늘날 우리나라는 民族中興의 旗幟아래 維新의 물결이 힘차게 퍼져나가고 繁榮에로의 跳躍은 강력히 追求되고 있다. 이 엄숙한 民族의 前進을 阻碍하는 者는 없을까? 있다. 그것은 偏見과 唯物思想이다. 偏狹한 孤立主義와 國籍없는 世界主義가 그 하나요, 人間物質視에서 오는 物質至上 拜金思想과 人間墮落, 頹廢 蔓延이 그 둘째다. 사람으로서 魂이 없는 자는 죽은 者이며 民族으로서 自主精神이 없다면 그도 또한 죽은 民族이다. 國際的 물결 속에 埋沒되기 때문이다. 그러므로 民族의 永遠한 繁榮과 國民 個我의 全性開顯, 그리고 人類平和 等 樂을 위하여서는 '實體的 人間'의 肯定과 實體的 民族理念의 展開가 그 核心일 수밖에 없는 것이다.

　이것이 오늘날 우리나라에 주는 부처님의 敎示라 생각한다. 人間은 物質과 現象을 넘어선 實體며, 民族은 世界라는 土壤에 뿌리박은 歷史的 血緣共同體다. 이는 永遠히 새로운 不滅의 眞理라 믿는다. 우리는 오늘날 國家民族의 英勇한 前進을 저해하는 일체 毒素를 掃蕩하고 個我의 머리에 덮여 人間을 迷妄의 구렁텅이로 떨어뜨리는 物質主義를 洗滌하지 않고는 결코 國家의 번영도, 國民의 幸福도, 世界의 평화도 달성할 수 없음을 確信한다. 이와 같은 民族의 횃불이 되고 人天의 眼目이 되고 歷史進運의 動力이 되는 위대한 眞理의 광망은 누가 있어 비출 것인가! 이것은 硏究에서 오지 않는다. 文字穿鑿에서 오거나 著相求道求法에서 오지 않는다. 오직 本分衲子의 轉法輪에서 오는 것이며 生死有無 一切限界를 超脫한 活眼宗師의 手中에 기대된다 하겠다. 元曉, 義湘이 그러했고 西山, 泗溟이 그러했다. 이러한 傳統은 脈脈不絶하여 오늘날 우리에게 繼承되어 있는 것이다. 이와 같은 우리의 信仰과 信念과 傳統精神의 傳承者로서의 使命感이 이제 獅子山 法興寺 興寧禪院의 重創을 發起하게 한다. 法興寺 興寧禪院은 新羅 憲康王代 唐 南泉祖師의 嗣法인 哲鑑, 澄曉 兩祖師에 依하여 開山되었다. 신라의 思想과 文化를 세계적 人類文化로 만든 기초가 佛敎에 있음을 의심하지 않는다면, 저 때 佛敎의 核心인 九山門이 신라의 思想을 人類의 文化로 꽃피게 하고 國家를 盤石의 土臺 위에 確定한 原動力이었음을 否認하지 못할 것이다. 저 때의 九山門 中心道場이 바로 獅子山 興寧禪院이었던 것이다. 이제 本人이 興寧禪院의 重創을 發起함은 역사적으로 우리나라 最勝靈場에 眞理轉輪堂을 再建하여 自主統一 民族繁榮의 原理를 再現하고 久遠의 平和繁榮을 위한 精神資源을 개척 배양하며 나아가 眞理는 國土를 救하고, 世界平和를 具現한다는 實證을 歷史 앞에 記錄하기 위해서다. 이로써 本人은 韓國佛敎가 그 傳統을 確立하기 위하여 기울인 그동안의 數多한 努力과 이에 따른 本意 아닌 雜音과 混亂을 깊은 懺悔 속에 淸算하면서 이제 새로운 次元에서 三寶와 國家民族과, 국민제위와, 불자형제 앞에 굳은 誓願을 바치는 바이다. 본인은 이번에 중창되는 興寧禪院으로 하여금 한국불교의 法統을 傳承할 根本道場의 再現을 기약한다. 동시에 近來 多岐的 敎義에 의하여 解弛해진 한국불교의 전통적인 修道典範의 再確立을 期한다. 또한 歷史와 民族과 衆生 속에 永遠과 平和와 安寧을 구체적으로 擔保했던 한국불교의 特徵을 傳統으로 固定시키고자 한다. 이는, 修道는 즉시 眞理의 歷史的 社會的 開顯이라는 行動的 眞實을 追求하는 佛敎眞義를 直說的으로 具現하고자 함이다. 바라건대 三寶와 十方諸賢의 加護가 있어지이다. 끝으로 이번 重創佛事는 現 國會議員이며 法興寺 信徒會長인 張承台 居士의 至誠 다한 同願發願으로 이루게 됨을 말하지 않을 수 없다. 世尊

당시 '가란타'가 있어 竹林精舍를 이룩하더니 佛滅後 二千五百年 海東 韓國에는 다시 張居士 있어 正法永遠을 보게 되니, 기쁘다. 祖風重闡, 祖 國統一 民族大興 無上正覺이 居士와 함께 있어지이다. 天下兄弟여, 삼가 이 佛事의 成就를 위하여 指導와 聲援 있기를 간절히 빈다.

1974년 3월 19일

大韓佛敎曹溪宗 獅子山 法興寺 老衲

釋智曉 合掌(광덕스님 지음－발췌자)

105

불기 2518(1974)년 7월 21일 제563호 1면

護國神鍾造成發起頌

金井山梵魚寺梵鐘佛事發起序

梵이여,

久遠의 빛이어라. 過去없고 未來없는 無限現在가 時間 저 너머에 펼쳐 있어라. 淸淨으로 이를 수 없는 無量淸淨이 空間以前에 넘쳐나고 調和와 圓滿, 自在創化力이 바다처럼 넉넉하게 躍動하여라.

그는 모두의 모두, 모두는 그에게서 비롯하고 그의 것이어라. 그의 意慾에서 創造는 물결치고 無限은 榮光으로 가득하여라. 지혜와 자비는 그의 體溫, 蒼空에 부어지는 햇살처럼 걸림없이 막힘없이 다시 쉼없이 永遠은 눈부시고 끝없이 따스하여라. 거기에는 惡이란 없어라. 어둠이 란 없어라. 缺逼, 束縛, 限界, 對立, 失敗, 苦惱, 내지 滅이란 이름조차 없 어라. 光輝, 自由, 成就, 歡喜가 天賦의 生理이어라. 梵鐘이여, 梵의 律動 이어라. 久遠의 빛 波動치는 울림이어라. 生命과 魂에 生命주는 鼓動이 어라. 그의 울림은 온 法界에 빛이 되고 힘이 됨이라. 自在 具足 成就 歡喜를 안겨줌이라. 久遠과 光輝와 淸淨이 大地의 呼吸인 듯 온 生靈을 감싸고 成就시켰어라. 번뇌를 破하여 지혜 이루고 惡을 破하여 正義 세 우고, 無明을 滅하여 菩提이루고, 不安을 破하여 安息을 안겨주고 失意

를 滅하여 勝利를 노래하며 永遠과 無限과 自由를 具現 함이어라.

梵鐘佛事여! 梵은 無相 永遠한 것. 울림은 梵의 生命震動이어라. 梵의 울림은 無窮한 힘 光明―. 梵은 울림에서 無量淸淨, 有相無相을 顯發함이어라. 梵鐘을 울림은 梵을 울림이며, 淸淨과 光明과 解脫과 平和를 이룸이어라. 煩惱, 黑闇, 束縛, 不安을 打破함이며, 創造, 自由, 安寧, 豊饒를 이룸이며, 無限生命, 無量功德, 無盡威力을 떨침이어라. 이는 衆生成就이며, 國土成就이며, 悲願成就이며 覺性顯發이며, 本源實相의 圓滿開顯이어라. 어둠 짙은 世界, 그 속에 亂起亂滅 空虛深淵을 끝없이 맴도는 衆生, 國土, 兄弟들. 有, 肉體, 物質, 現象에 포로 되어 感覺과 所得, 歡樂과 物質의 奔流를 出沒하는 群像의 大海―. 다시 喪失한 眞面目, 唯物人間, 民族도 祖國도 文化도 歷史도 價值도 數字로 바뀐 눈, 눈, 有와 所得과 貪慾의 噴口에서는 끊임없이 嫉視와 敵對의 구름은 용출하고 砲火를 잉태한 뜨거운 바람은 이 江山 구석구석 相殘의 亡靈으로 채웠어라.

梵이여, 梵의 울림이여, 梵鐘의 울림이여, 般若光明의 震動이여. 五蘊, 浮雲, 虛妄의 둥지를 粉碎하고 世界와 衆生 깊이깊이 生命의 震動 울려 퍼지고, 同胞兄弟 人類의 가슴속에 뜨거운 人間愛 드높임이어라. 나눌 수 없는 祖國江山, 한 겨레 한 형제 萬世繁榮의 이 國土. 平和, 安樂, 豊饒, 友愛의 平原은 넓어지고, 統一의 강물은 世界海를 향하여 소리 높이 넘쳐흐르게 함이어라.

梵魚寺 梵鐘佛事여. 고구려 신라 백제로 疆土는 조각나고 大陸의 거센 바람 태풍처럼 몰아치고 群雄割據 칼과 창은 번뜩이고 東海에 倭寇는 海溢처럼 밀쳐들어 國土蒼生이 一場의 魚肉일 때 義湘祖師 法의 깃대 金井山에 높이 세워 梵의 護國法力 一喝로 吐해 내어 天兵神將으로 倭賊을 擊退하고 國土生靈의 安寧 盤石위에 세우고 다시 久遠의 法城을 이곳에 쌓았어라.

―梵魚寺, 그는 永遠한 護國의 靈城―

324

오늘 大陸에 大洋에 紅塵靑濤 높았고 迷雲黑風은 세계를 덮었어라. 祖國疆土는 南北으로 나뉘고 半億同胞 사무친 念願 四半世紀, 목메인 統一의 울부짖음 하늘 땅 덮었으니 梵이여 울려라. 梵鐘이여 울려라. 梵魚寺 護國神鍾이여. 五千萬의 사무친 念願을 풀어 大界 끝까지 울려 퍼질 때는 바로 이때이어라. 民族의 自由를, 民族의 繁榮을, 國土의 統一을, 世界의 平和를ㅡ. 피맺힌 民族의 絶叫를 실어 온 法界에 울려 퍼지어라.

梵의 光明이여, 無量功德藏이여, 겨레의 悲願으로 너의 淸淨輪을 끝없이 굴려 펼치어라.

民族의 勝利를, 榮光을, 歡聲을, 터지는 合唱을 劫 밖으로 震動하여라. 諸佛諸天의 加護 햇살같이 부어지는 이 아침, 온 겨레의 경건한 合掌이 여기 모이었어라. 大地를 震動하며 心魂에 太陽을 심는 거룩한 感動을 벅차게 벅차게 견디어 가면서 여기 엎디었어라. 이 하늘을 덮는 恩惠, 이 땅의 至誠이 感泣하여라. 우리는 이제 護國神鍾을 祖國과 須彌頂에 울리게 하고 빛나는 歷史의 民族, 勝利의 民族을 永劫에 保全하기를 誓願하노라.

온 겨레 兄弟, 그는 오늘을 사는 歷史의 主人, 淨佛國土 實現으로 選擇된 役軍이어라. 祝福, 成就, 歡喜, 榮光이 길이길이 그의 것인저.

1974년 7월 15일

'護國神鐘' 造成佛事

會主 昔珠正一

發願 梵魚寺住持 碧波

梵魚寺沙門 光德 撰

鑄造 聖鍾社

106

불기 2518(1974)년 8월 11일 제565호 1면

西翁大宗師 宗正 추대식 奉行

3日 曹溪寺서 千餘 四部大衆 참석리에
"獨善과 我執버린 團結로 自體淨化에 눈 돌려야"

曹溪宗 제5대 宗正 西翁大宗師의 종정추대식이 지난 3일 상오 11시 조계사 대웅전에서 엄숙히 봉행됐다.
(하략)

107
불기 2518(1974)년 8월 18일 제566호 1면

제4대 中央宗會의원 선거 마쳐

10일, 교구별로 일제히…… 49명 선출
(상략)
제14교구

• 光德스님 · 碧波스님 · 德明스님
(하략)

108
불기 2518(1974)년 8월 25일 제567호 1면

陸英修(大德華) 여사 入寂

全國民哀悼속 국민장 영결식 엄수

곳곳서 49齋 등 奉行

全國寺庵서 '왕생극락' 기원
(기사 생략)

109
불기 2518(1974)년 9월 15일 제570호 1면

佛敎교양지 「佛光」 出刊

결실의 계절을 맞아 佛敎敎養誌가 나오게 된다. 光德스님(총무원 前 총무부장)의 주재·집필로 나오게 될 잡지는 「佛光」. 그간 敎界 주변에서 여러 가지의 月刊 교양지가 나오기도 했으나 현재 「佛敎思想」이 격월간으로 나오고 있을 뿐 교양지는 全無상태.

11月號를 창간호로 이 달 20일게 나올 「佛光」誌는 4×6판으로 會員制를 두고 있는 것이 특징이다.

佛光會 會員에 한해서 배포할 예정이다. 불광회는 '순수불교에 의한 인간정신의 정립과 가치의 구현'을 목표로 光德스님이 지도하고 있는 단체로 大覺寺(종로구 봉익동 2, 전화 74-3972)에 본부를 두고 있다.

이 책을 구입하고 싶은 분은 이곳에 會員가입을 하면 자동적으로 이 잡지를 키우는 회원이 되는데 영구회원은 2만 원, 찬조회원은 5만 원, 일반회원은 연 1천8백 원의 회비를 내면 된다.

이번에 첫 선을 보일 창간호에는 '한 마음 헌장' '반야심경 강의' '정신분석노트' 등 다양한 논문과 그밖에 隨想 등 敎養誌로서의 다양한 글을 싣고 있다.

특히 '순수불교선언' 등을 실어 해이해진 僧風 진작에 큰 관심을 보여주고 있다.

光德스님은 '반야사상으로 우리의 마음과 생활을 밝게 하고 성공과 행복과 발전을 이뤄 우리와 社會의 光明化를 도모'하고자 이 잡지를 내게 됐다고 말한다.

110

불기 2518(1974)년 9월 29일 제572호 1면

第4代 中央宗會 宗會議長에 映岩스님 선출

副議長에 慧淨·光德스님

(기사 생략)

111

불기 2518(1974)년 9월 29일 제572호 3면

새 中央宗會 이끌어 갈 議長團 인터뷰

(상략)

宗會 副議長 光德스님

東大發展이 국가와 宗團에 이익

이번 종회 새 인재 등장으로 기뻐

○……"이번 종회의 특색은 거의 반에 가까운 새 의원으로 구성돼 있다는 것입니다. 따라서 宗團에 새 인재가 그만큼 성장했다는 뜻입니다. 이것은 宗團에 저력을 과시하는 모멘트로 종단이 과업을 향해 힘을 끌어낼 수 있는 모습을 보여준 것이라고 할 수 있습니다."

新任 宗會 부의장 광덕스님은 이번 종회를 이렇게 풀이하고 있다. "따라서 의원들이 신앙과 사명감을 투철히 인식할 때 佛子의 과업은 쉬이 달성될 수 있습니다. 이런 분위기를 보여주어 대단히 기쁘게 생각합니다."

○……1955년 범어사에서 東山스님을 은사로 득도한 스님은 총무원 교무부장, 총무부장, 宗團 일선에서 行政 일선을 맡기도 했다. 특히 총무부장 재직시 宗團發展을 위해 남달리 연구하고 종무에 이를 반영토록 힘쓰기도 했다. 이를 위해 宗憲宗法의 改正을 강력히 촉구해온 스님이기도 하다.

○……요즘 '東大문제' 등 당면 문제에 대해 "동대 발전이 국가와 宗團에 크게 기여하는 방향"에서 마무리되기를 바란다고 말한다.

동대가 건학이념을 구현할 수 있는 분위기가 조성되어져야 하지 않

겠느냐는 뜻.

이와는 다르지만 근래 스님은 젊은 구도자를 상대로 한 설법으로 '건강을 해칠 정도'로 열심히 하고 있다. '한국불교를 이끌어 갈 사람은 靑年'이라는 소신이 있기 때문이다.

○……또한 '순수불교'를 주장, 특히 젊은 佛子를 통해 이를 구현키 위해 매월 20여 회의 설법회를 갖고 있다.

이 운동을 적극 펴기 위해 「佛光」이란 잡지를 냈다.

112

불기 2518(1974)년 9월 29일 제572호 4면

新刊案內 : 月刊 佛光

高光德스님이 책임 집필한 月刊 「佛光」誌가 새로 나왔다. 般若[대지혜]思想으로 우리의 마음과 생활을 밝게 하고 성공과 행복과 발전을 이루어 우리와 社會의 光明化를 도모할 目的으로 發刊된 「佛光」誌의 創刊은 우리의 온 佛子와 佛敎界에 커다란 경사가 아닐 수 없다.

이번 創刊號에는 光德스님의 <純粹佛敎宣言>에 이어 西翁 宗正스님의 <참된 가치관을 定立하는 길>이라는 發刊祝辭로 시작되어 한마음 憲章, 이곳이 眞理의 現場이다, 般若心經 講義 및 靈界通信 문제를 다룬 人間은 죽으면 그만인가, 父母와 子女와의 성격상 갈등이라는 精神分析에 관한 내용 및 現代人을 위한 佛敎理解, 成功者의 自己管理法, 運命을 支配하는 人間型, 中央大 英文學 敎授인 金龜山 敎授의 信仰隨想 등 다채로운 내용이 수록되어 있다.

그런데 불광지는 일반서점에서 판매되지 않고 '佛光會'라는 會員制로 郵送配本되고 있는 것이 이 월간지의 특색인데 1년 會費는 1800원이라고 한다. 회원에는 보통회원과 찬조회원 영구회원이 있는데 회원가입은 대체구좌 '서울2221'번으로 이용하면 된다고 한다. 자세한 내

용은 서울 종로구 봉익동 3번지 대각사내 불광회 본부(전화 74~3972
번)로 연락하면 된다고 한다.
　　불교계에 이와 같은 大慶事를 온 佛子兄弟들과 다시 한 번 축하하면
서 불광지의 발전을 빈다.

113

불기 2518(1974)년 10월 6일 제573호 4면

月刊 佛光 11월 창간호

가슴마다 직장마다 佛光을 채우자

　　불광은 순수불교 입장에서 현대인의 성공의 법칙과 현대 산업사회
에 있어서 발전과 행복의 원리를 실생활에 입각하여 평이하게 서술한
불광 회원의 지도교양지

만인의 勝利와

繁榮을 위한 佛敎專門 교양지!

주요목차

純粹佛敎宣言

올바른 가치관의 定立

한마음 憲章

이곳이 眞理의 現場이다

般若心經講義

人間은 죽으면 그만인가

父母의 性格上 갈등은 子女에 미친다

運命을 支配하는 人間型

現代人을 위한 佛敎理解

自問自答(信仰隨想)

• 불광회원 모집

월간 불광지는 회원에게만 배포합니다. 불광회에 입회코자 하신 분은 다음 연락처로 연락하십시오.

• 연락처 : 우편번호 110 서울시 종로구 봉익동 3 대각사

불광회 전화 74~3972

佛光會 指導法師 高光德스님 代表執筆

▶入會 案內

1. 會名 : 佛光會

2. 目的 : 般若[대지혜]思想으로 우리의 마음과 생활을 밝게 하고 성공과 행복과 발전을 이루어서 우리의 社會의 光明化를 도모한다.

3. 事業 : 매월 「佛光」誌를 발간하여 회원에게 배부하고 佛法을 선양한다.

4. 會費 : 영구회원 20,000원

　　　　　찬조회원 年間 5,000원

　　　　　보통회원 年間 1,800원(월 회비 150원)

5. 연락처 : 우편번호 110 서울시 종로구 봉익동 3번지 대각사내 佛光會本部 전화 74-3972번

佛光會入會方法 및 「佛光」誌 구독신청요령

① 불광지에 끼어 있는 대체용지나 우체국의 대체용지(대체번호 2221을 기재해야 함)를 뜯어 통신란을 기재하십시오.

② 회비(1년분 1,800원, 또는 영구회비 20,000원, 또는 찬조회비 5,000원)와 대체저금 용지를 가지고 가까운 우체국에 가 환저금계에 현금을 내고 영수증을 받으십시오.

③ 본회는 불입통지서를 받은 즉시 회원번호와 불광지 등을 보내드립니다.

▶ 매월 10일까지 책이 오지 않을 경우 본회 본부로 전화나 우편으

로 연락해 주시면 확인한 후 곧 보내드리겠습니다.

인사말씀

본인이 지난 동안 불교 포교운동을 펴오는 사이 여러분의 깊은 이해와 도움으로 성원해 주심에 충심으로 감사드립니다.

온 거레의 '가슴마다 직장마다 佛光으로 채우자' 하는 본인의 염원은 이제 자비하신 불보살님의 가호를 힘입어 月刊「佛光」을 간행하게 되었습니다. 이는 우리의 생활과 사회에 진리의 빛을 가득 실어 승리와 환희의 人間眞理를 구현토록 하시는 부처님의 부촉을 받들 충정뿐입니다.

감히 존경하는 여러분의 지도협력을 청하오며 우선 인사를 드립니다.

佛恩 중에 내내 多福하소서.

1974년 10월 6일

高光德 合掌

서울시 종로구 봉익동 3번지 대각사내 佛光會

전화 74-3972

114

불기 2518(1974)년 11월 17일 제578호 1면

가슴마다 직장마다 佛光을 채우자

12월호 佛光

주요 목차

佛光明이 生命의 元本이다/淸淨光明心이 自在를 成就시킨다/나무후리다야/幸福의 法則/傳統에서 世界性을 創造하자/般若心經講義/人間勝利를 위한 序章/現代人을 위한 佛敎 理解/人間은 죽으면 그만인가/投影的 同一視의 心理/풍부한 協力關係를 얻자/感謝와 調和가 奇蹟을 낳는다/여래시여 불가사의한 참사람이시여/信仰을 심어준 山寺

(불광회원 모집) 월간 불광지를 회원에게만 배포합니다. 불광회에 입회코자 하실 분은 다음 연락처로 연락하십시오.

(회비) 영구회비 : 20,000원

　　　 찬조회비 : 年間 5,000원

　　　 보통회원 : 年間 1,800원

　　　 월회비 : 150원

(연락처) 우편번호 110 서울 종로구 봉익동 3 대각사 불광사

　　　 (74) 3972

115

불기 2519(1975)년 1월 19일 제586호 1면

千萬佛子의 宿願 '四 · 八公休日' 마침내 制定

政府, 14일 國務會議서 의결

敎界환영 "晩時之歎이나 佛敎史 새 里程 이룩"

1千萬 佛子의 宿願이었던 '부처님오신날(음 4·8)'의 공휴 제정이 드디어 성취됐다. 정부는 지난 15일 상오 10시 釋迦誕辰日(음력 4월 8일)과 어린이 날(5월 5일)을 公休日로 제정하고 올해부터 실시한다고 발표했다. 정부대변인 李源京 文公部長官은 새 공휴일 제정에 즈음하는 담화를 발표, "석가탄신일을 공휴일로 정한 것은 1천6백 년의 전통과 신도 8백만을 헤아리는 佛敎가 歷史的으로 우리 민족의 정신적 根幹이 되어 왔기 때문"이라고 말했다. (하략)

曹溪宗, 5千萬 民族에 보내는 메시지 發表

"全國民 전폭적인 성원 감사, 國家와 民族 위해 봉사"

(메시지 全文 략)

116

불기 2519(단기 4308, 서기 1975)년 6월 29일 제607호 3면

如是我聞 : '感謝'라는 두 글자

합리와 분석으로 숙련된 오늘의 지성은 남의 단점이나 허점을 곧잘 들추어낸다. 그래서 어쩌면 남의 단점을 잘 발견하면 똑똑한 사람 같이 되었다. 과연 일의 허점을 발견하여 부단히 개선해 나가는 것은 발전의 기초다. 그러나 남의 단점이나 눈에 띄고 그것을 지적하는 것으로 능사를 삼다가는 백사불성(百事不成)이다.

물론 자기 은폐와 자기류화가 허락되지는 않는다. 가혹할 만큼의 자기 반성은 필요하다.

그렇지만 그보다 앞서야 할 것이 있다. 그것은 '감사'다. 감사에서 마음자세가 바로 들어앉기 때문이다. 남의 단점이나 눈에 띈다는 것은 자기의 마음자세가 바로 선 것이 아니다. 거기에는 끊임없이 불평불만을 빚을 근원이 있다.

사람에게 불만하고 세상에 불평을 갖는 한 그에게는 평화가 올 리 없고 만사에 조화를 이룰 여지가 없다. 거친 마음과 부조화에서 무엇이 이뤄지겠는가. 불안과 갈등과 대립이 꼬리를 물로 몰려올 뿐인 것이다. '감사'는 무한에의 문을 여는 것이다. 부처님께서 이미 주신 완전구족한 무한공덕을 받는 행위이다.

만인은 이 땅에 오기 전에 이미 부처님의 무한공덕을 받은 자라 했다. 그래서 '本自具足'이라 하며 '本來成佛'이라 한다. 그렇지만 이러한 여래공덕을 누리지 못하는 자가 있다. 그것은 이 사실을 모르기 때문이며, 말은 들었어도 믿음이 미치지 못하여 '나는 중생이로다' 하고 국집하기 때문이라. 거기에서는 부족이 있고 갈증이 있고 목마르게 구하여도 얻지 못하는 것이 있다.

거기서 불만도 불평도 터져 나오고 인생고(人生苦)는 줄을 잇는다.

'감사'는 자신에게 주신 여러 공덕의 긍정이며 공덕장의 수용이다. 어둡고 답답하게 갇힌 데서 창문을 활짝 열고 밝은 빛과 시원한 바람을 받아들이는 것이 된다. 여기에는 긴 수행도 많은 염불도 인욕행도 필요 요건이 아니다. 먼저 창문을 열라. 감사하라. 밝은 빛 시원스런 바람은 천만년 묵은 어둠을 일시에 파해 줄 것이다.

감사하자. 부처님께 감사하고 부모님께 감사하고 아내와 아들딸과 모든 가족에 감사하자. 이웃과 벗과 모든 인간가족에게 진정 다해 감사하자. 거기에 건강과 평화번영과 행운은 소리 높이 흐를 것이다. 부처님의 무량공덕의 문이 열린 까닭이다. '감사'야말로 여래진공덕의 문을 여는 열쇠임을 명심하자. (스님, 中央宗會 副議長)

117

불기 2519(단기 4308 서기 1975)년 7월 20일 제610호 3면

如是我聞 : 罵辱이라는 두 글자

경에는 길이의 단위를 유순으로 표한 것을 본다. 유순은 범어의 요자나(Yojana)를 소리 값대로 적은 것인데 보통 사십리를 유순이라 한다. 나무의 높이를 말할 때도 역시 유순을 쓸 때가 있는데 '다라수'라는 나무는 높이가 十유순 또는 그 이상을 말하는 것으로 보면 나무라고 하기에는 너무나 엄청난 큰 나무다.(실지 나무는 팔십 척 정도……) 이 나무가 그와 같이 엄청나게 큰 나무이지만 역시 수명이 있다.

죽고 썩어 스스로 쓰러질 때가 있는 것이다. 사람의 경우 그가 아무리 웅장하고 강인하며 억센 힘을 가지고 있어 다라나무에 비교할 수 있다 하더라도 결국 죽고 썩어 스스로 와해하는 것은 어쩔 수 없다.

인간의 수명을 늘리는 데도 여러 방법이 있다. 그렇지만 그러한 여러 방법들이 죽음이라는 종말을 몰아내지는 못한다. 끝내는 죽음을 그의 유일한 상속자로 맞아들여야 하는 것이다.

어차피 죽을 테니까 말이다. 그 사이에 잘 먹고 잘 입고 편안히 살고 학문을 많이 하고 지식을 축적하고 탁월한 식견을 쌓고 경험을 거치며 권세를 누리고 술과 밥을 바다나 수미산만큼 소비했다 하더라도 결국 그 결산은 죽음뿐이다. 호사스럽게 사는 것이 영원한 생명을 키우는 것과는 아무 상관이 없다.

그런데 여기 기묘한 한 물건이 있다. 不死의 생명을 키우고 살찌우는 그야말로 죽지 않는 생명의 양분이 있는 것이다. 그것은 '罵辱'이다.

육체적 생명을 보장한다는 온갖 영화스러운 수단은 죽음이라는 불행을 불러 주었지만 욕먹고 시달리고 업신여김을 받고 곤욕 고난을 받아 견디는 것은 육체적 생명 속에 죽지 않는 생명을 키워 준다.

곤욕, 고난을 당하여 참고 견디고 앞을 향하여 굴하지 않는 정진자세가 마침내 그 육신과 육신 위에 걸쳐 있던 온갖 너절한 행복들이 송장과 함께 사라질 때 거기서 찬연히 빛을 발한다. 물질적 육체적 만족, 부화한 안일과 영화는 오히려 나태, 타락, 무기력, 무능을 보태주지만 고난, 곤욕은 오히려 생명의 빛을 더해 주는 것이다. 이것은 결코 受難禮讚이 아니다.

유복한 환경에서 물들지 않고 정진하는 가치를 보여주는 것이며 유물론적 속물들의 바닥을 보여주는 것이며 참된 가치기준에 눈뜨게 하는 것이다. 부처님께서는 '매욕을 감로로 하라' 하셨다. 감로는 불멸의 생명을 키우는 약이다. 이 말씀은 결코 교훈이 아니다. 진실인 사실의 설파인 것이다. 그러니 어찌 행복이 행복이겠으며 고난이 불행일까. '매욕'이라는 두 글자, 이것은 영원생명을 키워주는 거룩한 은혜다.
(月刊 佛光 發行人)

118
불기 2519(단기 4308 서기 1975)년 8월 24일 제614호 3면
如是我聞 : 鐘에 담는 기원

지금 梵魚寺에서 주성하고 있는 종을 구상하면서 이런 생각을 한다. 종의 이름은 '護國神鐘'이다. 이 종을 우리 대에 우리의 손에 의해서 우리의 기원을 담아 영원에 부치는 鐘이다. 그런 만큼 이 종에는 오늘 이 땅의 상황에서 살고 있는 현실적인 우리의 염원이 담아져야 할 것이 아닌가. 그 구성도 오늘날 우리의 종교적 미적 정서가 온전히 그 속에 담아져야 할 것이 아닌가. 따라서 이 종은 옛날에 이름난 종의 모방이거나 재생이 될 수는 없는 것이 아닌가. 종 주성에 관하여는 우리가 온전히 오늘의 시대적·국가적·사회적 감정을 자기 것으로 안고 오늘을 사는 불자. 이 땅의 평화번영을 영혼의 맥박으로 사는 오늘의 불자들, 그의 염원을 이 한 종소리에 빚어야 할 것이 아닌가.

그렇다면 이 종을 구상하는 우리는 각각 나로되 바로 불자이며, 겨레이며, 시대의 정신이 되어야 할 것이 아닌가. 그러자면 무엇보다 자신을 卑小化하고 있는 구질구질한 망념이 높은 순도로 경화되고 푸른 하늘 가을바람과 같이 불보살의 원력과 법계정신이 함께 흘러야 할 것이 아닌가. 나는 몇 번이고 반복 생각하면서 합장 속에 젖어들었다.

종은 장벽을 깬다. 무한과 자재원만이라는 본래상을 가로막는 온갖 번뇌와 한계관념과 고락의식을 소리없이 격파한다. 종소리 앞에 번뇌는 사라지고 한계는 깨어지고 악도는 무너지며 고통은 사라지고 푸른 본성 창공의 무한청풍이 넘치는 것이다. 그러므로 종소리는 평화다. 안온이다. 창조다. 광명이다. 대자비 위신력의 물결인 것이다.

이것이 종이 담은 원래적인 모습이 아니었던가. 한데 우리는 오늘을 살고 있다. 그러기에 원초적인 종의 이미지가 구체적으로 오늘 이 땅 우리에게 울려주는 구체적인 영상을 우리는 가지고 있는 것이다. 그렇다면 마땅히 이것을 우리의 종에 담아야 할 것이 아닌가 생각한다.

영원을 흐르는 겨레의 생명, 그는 혹은 높이 파동치고, 혹은 잔잔히 흐르고, 혹은 잠잠히 땅속에 고이고, 혹은 격렬하게 진동하며 역사라는 자기 의상을 만들어 온다. 그런데 우리는 분단된 국토, 나뉘어진 겨레, 흩어진 정신, 그 속에 대립과 열기를 품은 채 뜨겁고 아픈 진통을 안고서 오늘을 꿈틀댄다. 위기라는 것이 있다면 역시 오늘만큼 큰 겨레의 위기도 없는 성 싶다. 그래서 신라 문무왕 이래 호국의 원을 실어온 범어사에 호국신종을 진좌시키려는 것이었다.

호국신종⋯⋯. 그렇다. 이에 이르러 나는 무한 無相의 여래신력을 종 본형으로 하고 그의 일화 표현으로서의 무애신력을 문수, 보현, 관음, 지장으로 다루고 護法의 장수로서 八金剛을, 護世의 신장으로서의 四天王을 배대해 본다.

오늘의 호국신종은 지금 범어사 주종장 땅속에 잠들면서 우리의 기원을 자신의 골격 속에 삭이고 있는 것이다. 바라노니 호국신종이여, 그대 영원히 부처님의 자비위신력이 靈鐘이 되어 길이 이 땅 천지를 진동하라. (佛光 發行人)

119

<불기 2519(단기 4308 서기 1975)년 10월 5일 제620호 1면>

月刊「佛光」 창간 一週年 기념
佛教思想 강연회 13일
<한국전통사상의 현재> 주제로

月刊「佛光」誌(발행인 光德스님)는 창간 一週年을 맞아 오는 13일 오후 6시 30분 대각사에서 '한국전통사상의 현재'를 주제로 佛教思想 강연회를 갖는다.

이번 강연회에는 한국사상의 연원이며 한국불교 전통사상의 근원이라 할 元曉思想을 규명하여 오늘에 있어 전통사상의 위치와 그 성격을 밝힘으로써 전진하는 조국에 정신적 자양을 제공하는 데 그 뜻을 두고 있다.

따라서 한국사상의 전통에 대한 확고한 인식을 정립하여 조국의 현재와 미래에 구체적이며 정신적인 활력을 불어 새 역사 창조에 일조가 되도록 하고자 하는 것.

이번 一週年 기념 강연회의 연제와 연사는 다음과 같다.

- 元曉의 根本思想(趙明基박사)
- 元曉思想의 現代的 性格(李箕永박사)

120

불기 2519(단기 4308 서기 1975)년 10월 5일 제620호 3면

大韓佛敎圓覺會, 創立기념강연회 강연 요지

대한불교원각회(회장 金慶萬)에서는 지난 달 25~26일 양일간에 걸쳐 同會 회관 白牛精舍에서 창립 19주년 기념법회를 가진 바 있다. 다음은 양일간 가진 법회에서의 이기영 박사(東大교수·한국불교연구원장)와 高光德스님(月刊 불광 發行人)의 강연내용을 간추린 것이다.__편집자 주

普賢의 世界

마치 허공과 같아

반야는 제 자성에서

모든 菩薩이 普賢菩薩을 칭찬하여 '보현의 몸은 허공과 같아 진리에 의지하고 국토에 머물러 있지 않더라. 모든 중생의 하고자 하는 바를 따라 넓은 몸을 일체에 평등하게 나투시더라'라고 한 말씀을 보면 보현을 알 수 있다.

'觀普賢菩薩行法經'을 보면 어떻게 하면 오욕을 끊지 아니하고 청정함을 이룰 것이며, 번뇌, 망상을 끊지 않고 장애가 없는 모든 세계를 벗어나는 경계를 알 수 있겠습니까. 부모에서 받은 이 몸인 채로 청정함을 얻을 수 있겠습니까? 하는 질문이 나온다. 참으로 이 말을 아직 우리가 감히 못했는데 이미 했구나 하게 된다.

般若道理를 아는 사람은 이런 말이 나올 수 없다. 왜냐하면 번뇌와 보리 오욕과 청정이 둘이 아닌 하나이기 때문이다. 이 세상을 살자니 환상의 장벽, 밖에서 안으로 나타나는 自性, 즉 五慾樂을 끊을 수도 없고 계속 번뇌망상이 끊임없이 일어나는데 만일 번뇌망상을 끊어야 道에 들어갈 수 있다면 이 세상에서 道를 얻기가 어렵다고 느낄 것이다.

이 대답은 바로 '보현을 보라'고 經에 말씀하셨다. 보현보살은 진리이신 몸인 까닭에 그 보현을 보는 사람은 그대로 이 몸인 채 菩提를 이루고 오욕을 가진 채 淸淨을 이루는 것이다. 더 말하자면 五慾과 淸淨이 한꺼번에 녹아버리고 없는 경계에 들어가는 것이다.

보현을 분류해서 첫째 몸 가진 사람의 입장에서 본다면 보현의 行을 따라 지은 이름으로 행의 하나하나가 진리에 맞고 일체에 두루 해서 끝없는 세계에서 보현이라 한다. 둘째 법의 입장에서 본다면 보현의 몸이 바로 진리인 까닭에 부처님의 무량공덕성이 두루 갖추어져 있고 그 공덕성이 인연따라 조금도 어긋남이 없이 나타나기에 보현이라 한다.

셋째 문자의 입장에서 본다면 당신의 본 몸인 佛性이 일체에 두루하기 때문에 普라고 하고 그의 行이 일체 인연에 따라 완전원만한 德을 이루기 때문에 賢이라고 한다.

보현의 경계를 세 가지로 나누면 첫째 보현의 十大三昧, 둘째 十大心, 셋째 十大行願이다.

보현 십대삼매의 뿌리는 淸淨法身의 本體性이 보현의 본체성이며 여기에서 십대삼매가 나온다. 그러나 보현의 행이 없으면 보현의 값어치가 없기에 필경은 행으로 결론지어진다. 보현행이야말로 보현경계의 전부이다. '華嚴經'에도 필경에는 '普賢行願品'이 전체의 골격으로 되어 있다.

보현보살은 청정한 진리의 체성으로만 머물러 있지 않고 무한한 대자비의 대위신력을 가진 분으로 걸림없는 반야의 경계에서 이루어진다. 우리는 반야를 통해서 자신에게 있는 보현십대심과 십대삼매를 아는 것이 중요하다. 만약 우리가 行을 닦고도 몇 아승지겁 후에 비로소 십대삼매를 성취하는 것이라면 믿을 수 없다.

반야에 의해서 중생적 환상을 깨트릴 때 나타난다. 반야는 밖에서 오는 것이 아니고 본래 가지고 있는 自性에서 드러나는 경계이다. 어찌 해야 번뇌를 끊지 않고 청정함을 얻을 수 있느냐는 물음에 '보현을 보라' 한 의미가 여기에 있는 것이다. 보현을 보는 도리 위신력이 나타나는 반야가 바로 부처님 경계를 보이는 문이다.

그 문을 열 때 부처님의 경계가 나온다. 보현의 십대행원이 보현을 대표하는 것이다. 우리가 보현행을 行할 때, 우리들 하나하나가 비로자나불인 청정법신을 구현하는 것이며, 일체 장애를 극복해서 자재한 보현의 위신력이 나오는 것이다. 보현행을 통해서 보현십대심이 나오는 것이며, 보현행에 따라 십대삼매의 힘도 나온다.

사실 관음보살의 대자비심, 문수보살의 지혜, 지장보살의 크나큰 서원력도 행동으로 집약된다. 보현의 경계에서 보면 첫째 만인이 바로 보현이다. 우리에게도 보현보살과 차이 없는 대위신력을 갖고 있다. 둘째 마땅히 대위신력을 본래 지니고 있다. 셋째 자신의 면목을 표현해야 한다. 행 가운데 아는 것도 믿는 것도 있다.

그러므로 우리 자신이 보현행을 통해서 무한세계의 청정한 광명과 청정한 불국토와 청정한 모든 경계를 구현해야겠다.

여기에 무한공덕성의 주인다운 권위와 행복을 누리게 된다. (光德)

<h1 style="text-align:center">121</h1>

불기 2519(단기 4308 서기 1975)년 10월 19일 제622호 1면

「佛光」 창간 一週年, <傳統思想의 현재> 강연회

佛光會는 지난 13일 오후 6시 30분, 불광 창간 일주년을 맞아 종로구 봉익동 대각사에서 불광회원, 신도, 청년, 대학생 등 5백여 명이 참

석한 가운데 기념법회 및 대강연회를 거행했다.

　중앙상임 포교사 宣晉圭 法師의 사회로 거행된 대강연회에서는 光德스님(불광 발행인)과 曉經스님(대각사 주지)의 헌화, 光德스님의 개회사에 이어 연사들의 강연이 있었다. (이하 생략)

122

불기 2519(단기 4308 서기 1975)년 11월 30일 제627호 3면

5百年만의 最大…… 護國神鐘 완성

梵魚寺 무게 1천2백관…… 來年 2月 타종식

紋樣에 새로운 시도

金剛·四天王像 4곳에 배치

各界意見 물어 세미나도

제14교구 범어사(주지·知有스님)가 그동안 심혈을 기울여 추진해 오던 護國神鐘의 조성불사가 지난 20일 마침내 완성돼 교계의 화제를 불러일으키고 있다.

(이하 생략)

123

불기 2520(단기 4309 서기 1976)년 1월 4일 제631호 7면

宗正 예하 등 百여 명 監禁 만행

칼·몽둥이로 위협 구타…… 14시간

"간첩 색출하러 왔다"…… 옷 벗겨 포승으로 묶고

(기사 생략)

124

불기 2520(단기 4309 서기 1976)년 1월 25일 제634호 4면

新刊 안내 : 光德스님 譯註 『法寶壇經』

光德스님(中央宗會 부의장)의 譯註『法寶壇經』이 나왔다. 대본은 德異本으로 松川寺판을 이용했다고 譯者는 말하고 있다. 잘 알려진 바와 같이 법보단경은 중국 唐代의 초기에 재세하였던 中國 禪宗 제6대 祖師가 되는 慧能대사(638~712)의 어록으로 그의 제자 法海가 집록한 것이다.

이 법보단경은 혜능선사가 16년간의 은둔의 기간을 지내고 보림사에 출세하셨을 때로부터 시작, 韶州 자사 韋據 등의 청으로 대범사 강당으로 나아가 마하반야바라밀다법을 연설하는 데서 비롯하여 열반에 드시는 최후의 설법까지를 담고 있다.(悟法傳衣~付囑流通)

譯者 光德스님은 이번 佛事에 손을 댄 동기를 다음과 같이 말하고 있다.

"근자에 역자가 벌이고 있는 '순수불교'운동은 반야에 의한 인간존재의 해명이며, 그에 따른 역사와 세계의 전개에 있다. 그러므로 如來心地를 직설한 법보단경은 첫째의 귀감이요, 증언으로 삼아오던 터였다. 그래서 일찍이 지송하며 또한 번역 주해하기까지 시도하였던 것인데 때마침 마산 불모산 聖住寺 寶峰선사와 진해 이정술, 배씨 법계성 불자 내외의 간경발원을 만난 것이다."

또한 광덕스님은 주를 달기로 한 것에 "其眼之士는 필자의 자그마한 뜻의 소재를 살펴 줄 것으로 믿는다"고 말하고 있다.

이번 간행된 법보단경은 서두에 성철스님의 序를 실었고 譯者의 자세한 해설을 곁들여 육조스님의 법을 이해하는 데 큰 도움을 주고 있다.

125

불기 2520(단기 4309 서기 1976)년 4월 4일 제643호 2면

今週의 說法 : 常不輕菩薩을 배우자

실천 없는 知識 깨끗이 거부

절대가치의 긍정과 계발 앞장…… 깊은 믿음으로

자신을 신뢰하고 人間을 신뢰해야

① 상불경보살의 구도

아주 옛날, 수백 번이나 천지개벽을 하기도 전인 저 먼 옛날. 그때에 부처님이 계셨으니 호를 威音王 부처님이라고 하셨습니다. 그 부처님께서 지혜와 자비가 넘치시고 싱그러운 위신력이 자재하시어 일체 중생을 고루 제도하시니 때의 사람이나 천상 사람이나 모든 성중이 함께 환희하고 받들어 섬겼습니다.

그 부처님이 멸도에 드신 후에 사뭇 오랜 세월이 지나니 세간에는 올바로 부처님 덕 닦는 사람이 드물었습니다. 그때에 한 보살이 있었는데 이름은 常不輕이라 불리웠습니다. 당시의 부처님 법 배우는 사람들이 대개가 형상에 집착하고 법에 집착하여 많은 분별을 하면서 수행한다고 자세하였더니 그때에 상불경보살은 저들 대중 앞에 나아가서 저들을 공경스러이 예배하고 또한 말하기를 "저는 당신들을 깊이 공경하오며 결코 감히 경만스러운 마음을 갖지 않습니다. 왜냐하면 여러분은 모두가 보살도를 행하시고 부처님이 되실 분입니다" 하였습니다. 상불경보살은 부지런히 경전을 외우거나 배우는 것도 아니었습니다. 다만 사람들을 만나면 공경스리 예배하며 또한 멀리 사람들이 모인 것이 보이면 찾아가 예배하며, 또한 앞서와 같이 "여러분은 모두가 성불하십니다"라고 말하였습니다.

그때 사람 중에는 성질이 거친 사람도 있어서 이 보살을 욕하고 나무랬습니다. "이 바보 비구야, 네가 어디서 왔건대 건방지게스리 우리들이 성불할 거라고 말한단 말이야. 우리들에게는 그런 허망한 수기는 소용없다" 하였습니다. 이러기를 여러 해를 지내니 상불경보살은 혹은 나무 막대기로 얻어맞고 돌팔매에 얻어 터졌습니다. 그래도 상불경보살은 멀리 피해 달아나면서도 소리쳤습니다.

"나는 여러분을 경만스리 하지 않습니다. 여러분을 공경합니다. 여러분은 성불하실 분이십니다" 하였습니다. 후에 이 보살은 위음왕부처님의 설법을 듣고 수명이 다하여 청정하고 자재한 실력을 얻었으며 마침내는 아뇩다라삼먁삼보리를 이루셨습니다. 이 보살비구가 누구인가 하면 바로 오늘날의 세존이신 석가모니 부처님이었더랍니다.

② 모든 사람은 성불한다

위의 이야기는 『법화경』 상불경보살품 일부를 요약하여 본 것입니다. 저는 이 가르침 속에 부처님의 일대교설을 모두 깨닫고 실천하는 도리가 있다고 믿고 있습니다.

부처님의 법을 깨달아 들어가는 도리가 있는 것이며 부처님의 법을 행하는 도리가 있는 것이며 일체세계에 삿되고 굽은 어지러운 현상을 모두 세척하고 부처님의 빛나는 공덕을 가득 담는 큰 불사가 있다고 믿고 있습니다.

무엇보다 아무 조건 없이 모든 사람을 존경하고 예배하는 것입니다. 공경할 이유가 있고 업신여김을 받아야 할 이유가 있고 존경받아야 할 이유가 있기 때문에 혹은 존경받고 혹은 업신여김을 당하며 혹은 숭배를 받는다고 말하는 것이 범부세간의 논리입니다. 그러나 여기에는 하등 그런 차별이 없는 것입니다.

다음에 이러한 평등한 인간존중은 다름이 아니라 모두가 부처님이 되실 분이며 모두가 부처님의 신성과 부처님의 권능과 부처님의 위덕을 지니고 있기 때문이라는 데 있습니다.

인간은 동물이라거나 아니면 신과 악마의 중간이라거나 또는 정신과 육체가 결합한 자라거나 아니면 공허 앞에 내던져진 고아라거나 아니면 신 앞에 외로이 선 어린양이라고 보는 견해가 우리 주변에는 난무하고 있습니다.

사람이 지상가치이고 사람이 신성하다 하면서도 무엇 때문에 인간이 신성하고 존엄한 가치가 있냐고 물으라치면 그 대답은 매우 모호하고 대개는 동물성적 인간긍정을 휴머니즘의 이름 밑에 미화하기가 일쑤입니다. 그러나 여기 경의 말씀에서는 명백하게 모든 사람이 부처될 사람이라는 사실의 확언이 있습니다. 인간신성 인간존엄의 근거를

명시해 주고 있는 것입니다. 우리는 이 가르침에서 깊이 배우는 바가
있어야 하겠습니다.

③ 상불경보살에서 배우는 것

첫째는 부처님 가르침의 실천입니다. 교학적 이해도 중요하지만 실
천이 없는 지식이 깨끗이 거부되고 있습니다. 여기 상불경보살은 경을
배우거나 외우지 않았습니다. 오직 부처님의 가르침의 핵심이라 할
'오직 있는 것은 佛性뿐이며 일체중생은 그 실상이 불성의 나툼'이라
함을 행동으로 배우고 행한 것뿐이었습니다. 반대자의 박해에도 굴하
지 않았습니다. 우리는 무엇보다 실천을 배워야 하겠습니다.

둘째는 형상에 걸리지 않는 지혜입니다. 상불경보살을 박대한 사람
들이 누구였습니까? 그들은 상에 집착한 자였으며, 법을 국집하여 계
교분별하는 자였습니다. 모든 형상은 실로 없는 것이라 하였습니다.
형상을 인연하여 얻어진 일체법이란 공(空)하였다 하였습니다.

그런데도 형상에 집착하고 분별심을 내며 인간을 차별하고 혹은 성
내고 업수이 여긴다면 그는 부처님 참 법을 어기는 자이며 참 법 행하
는 자를 박해하는 자가 되는 것입니다. 우리는 반야(般若)의 슬기를 배
워 형상에 걸리지 않고 실상의 도리를 믿는 지혜를 배워야 하겠습니다.

셋째는 인간의 절대가치의 긍정과 그 계발입니다. 모든 사람은 부처
가 되는 사람입니다. 부처행을 행하는 사람이었습니다. 그에게는 보살
행을 통하여 부처님의 공덕을 끝없이 내어 쓸 권능이 있는 것입니다.
인간에게는 부처님이 지니신 무한공덕을 고스란히 함께 하고 있는 것
입니다. 그의 위덕은 우주를 천만번 빛으로 채우고 남는 것이 있습니
다. 하물며 이 지상에 평화와 번영의 질서를 채우는 일이겠습니까.

우리는 인간이 가지는 고귀한 가치를 십분 긍정하고 그 위덕이 매
몰되거나 무시되거나 하는 일이 없도록 하여야 하겠습니다. 개인적으
로도 피은 믿음으로서 자기를 신뢰하고 인간을 신뢰해야겠습니다. 국
가적 사회적 모든 제도가 오직 인간신성과 가치와 능력과 위덕이 십

346

분 계발되고 보장되는 방향으로 운영되어야겠습니다.

넷째는 긍정과 낙관의 자세라 하겠습니다. 모든 인간은 죄업소생으로 고된 윤회를 반복하는 숙명적 존재가 아니라 인간은 바로 축복된 존재이며 성불할 숙명을 아는 존재이며 성불될 가치와 능력과 권위를 가진 존재라는 사실입니다. 어떠한 고난 속에서도 커다란 희망을 안고 어떤 모순과 부조리 속에서도 인간세계에 대한 끝없는 긍정적 자세를 가지며 어떤 재난 앞에서도 마음의 밝음과 커다란 낙관의 등불을 높이 밝혀야 하겠습니다.

이와 같은 가르침은 필경 이해나 말이나 관념적 신앙에 있는 것이 아니고 오직 모든 사람을 공경하고 예배하고 찬탄하는 행위에 있음을 명심하여야 하겠습니다. 여기 상불경보살품이나 화엄경 보현행원품 말씀과 같이 공경예배를 끊이지 않는 데에 성불의 과실이 여물고 있다는 사실도 깊이 믿어야 하겠습니다. (高光德・中央宗會 부의장, 월간 불광 발행인)

126

불기 2520(단기 4309 서기 1976)년 5월 2일 제647호 4~5면

佛陀의 思想・理念을 어떻게 具現할 것인가

佛紀 2520년 '부처님오신날' 특집 오늘의 當面 문제에 照明해 본다

5월 6일(음4월 8일)은 불기 2520년 '부처님오신날'이다. 오늘날 우리 人類는 각자의 끈질긴 노력에도 불구하고 갖가지 도전을 받고 있다. 戰爭과 질병, 기아와 인간들에 의해 발전시켜온 物質文明에까지 도전을 받아야 하는 아이러니를 겪고 있다. 이러한 時代에 부처님의 사상과 이념은 어떻게 구현되어야 하는가? 인간은 끊임없이 이에 대한 노력을 경주해 왔음은 사실이다. 그럼에도 오늘날 우리의 國土・人類는 그 존망만의 위기에서 어쩔 수 없이 하루하루를 지내야 하는 처참함을

겪고 있다. 이러한 때에 부처님의 가르침은 참으로 절실하다. 제 분수를 알지 못하고 광분하고 있는 도전자들을 우리 주위에서 제거하고 또한 人類平和에 기여할 수 있는 불타의 가르침, 또한 오늘의 精神世界를 좀먹는 온갖 思潮에 대해 쐐기질을 할 수 있는 불타의 사상을 추출해서 안팎으로부터의 도전을 밝혀내고 조명시켜 그 處方을 알아보기로 한다.＿편집자 주

(이기영 교수의 '지금 무엇을 해야 하나' 오늘의 風潮 그 처방, 목철우 교수의 '국토보존의 자각설계' 報國 安民에의 길, 광덕스님의 '불교의 사회복지론'이 실렸다. 앞의 두 文은 빼고 싣는다.)

衆生…… 그대 무궁한 福田 － 佛敎의 社會福祉論

어둠을 몰아내고

菩薩精神서 出發

방황하는 자는 인도를…… 病든 자에겐 의원 되고

自然發生的인 願力과 大悲心에서 衆生 이끌어야

東天을 찢고 찬란히 솟아오르는 햇빛은 차별 없이 거리낌없이ー

빛에도 이 땅에는 먼저 비추고 나중 비추고 있으며

어두운 그림자도 있다.

이 땅에 자연의 은혜가 이러하고 인위적 사회적 여건은 더욱 고르지

못하다.

불교에 있어서 사회복지의 의미

태어나면서부터 몸이 고르지 않고 성장과정의 환경이 고르지 못하고 사회적 생활환경이 고르지 못하고, 불어닥치는 세간적 풍파가 또한 고르지 못하다. 그래서 이 땅에는 응달도 있고 찬바람 불어대는 냉지

도 있다. 얽히고 속박 받는 사람이 있는가 하면 덮이고 숨겨져 빛을 못 보는 생명이 있는 것이다.

이들 빛을 찾고 따스함을 찾고 해방을 요구하고 숨겨진 재능의 개발을 찾는 응달지대에 빛이 되고 힘이 되고 의지가 되는 시설을 복지 시설이라 일컫는다. 문화가 높아지고 경제가 성장할수록 이 땅의 응달지대는 형태를 바꿔가면서 새로운 모습을 차례로 나타낸다. 경제의 성장, 문화의 성장, 국가의 성장이 추구되는 가운데 그 뒤에는 끊임없이 응달 지대를 감소시키고 차갑고 어두운 지역을 몰아내기에 온갖 힘을 동원한다.

그런데 이러한 사회복지에 관한 요구가 불교에 있어 어떠한 의미를 지니는 것일까?

좋은 일이니까 보살행이니까 하고 넘어갈 수도 있다. 하지만 불교가 깨달음의 종교라는 입장에서 분명히 명백한 규정을 해놓고 지나가지 않을 수 없는 것이다. 사회복지와 불교의 깨달음과의 相關이 무엇이냐는 것이다. 여기서 길게 천착할 지면은 없다.

다만 한마디 결론을 말한다면 불교가 깨달음을 통하여 成佛을 목표하는 종교일진대 거기에는 대개 두 가지 수행길이 있다. 첫째는 참선 염불 관행 등 자기 마음속 번뇌를 照破하거나 없애는 수행으로 완성된 自性을 확인하는 것이고 다른 하나는 법을 전하고 도를 행하여 모든 중생을 이롭게 하여 마침내 그를 성숙시킴으로써 모두와 다함께 성불하는 수행방법이다.

이 두 방법 중 첫 번째 것은 미혹에서 밝음을 지양하는 수행이고 두 번째는 밝음으로 밝음을 실현하는 수행이다. 우리가 문제삼는 사회복지는 여기 두 번째 수행방법에 직결한 것이라 하겠다.

福祉佛敎의 論理

응달에 빛을 비추고 냉지에 따스함을 보내고 쓰러진 자를 붙들어 일으키는 행위가 성불을 목적으로 하는 불교수행에서 어떠한 논리도 모두가 함께 성불하는 수행의 길이 되는 것일까?

경에는 말씀하고 있다.

"모든 부처님은 大悲心을 본체로 삼으신다. 중생이 있음으로 대비심을 발하게 되고 대비로 인하여 보리심을 발하며 보리심으로 인하여 정각을 이루신다." 그리고 비유를 들기를 중생과 불보살의 관계를 넓은 벌판 모래밭 가운데 서 있는 큰 나무로 비유하시고 나무뿌리에 물을 주면 지엽이나 꽃이나 과실이 모두 무성한 것과 같이 중생은 나무뿌리가 되고 불보살은 꽃과 과실이 되니 중생에게 大悲의 물을 주면 즉시에 불보살의 꽃과 과실이 성숙하는 것으로 비유한다. 그리하여 마침내 "菩提는 중생에 속하는 것이니 만약 중생이 없으면 일체보살이 마침내 성불하지 못한다" 하셨다.

이 논리에 의하면 당연히 중생을 공양하는 것이 곧 모든 불보살을 공양함이 되며 중생을 받들어 섬기면 곧 여래를 받들어 섬김이 되며 중생으로 하여금 환희심이 나게 되면 곧 일체여래를 환희하시게 한다는 결론이 나온다. 부처님께 공양하고 불도를 성숙시키려면 모름지기 중생을 섬길지니 중생은 무궁한 福田이라 아니 할 수 없는 것이다.

중생을 받들어 섬긴다는 말은 무슨 뜻이 되는 것일까? 대개 이것을 마음의 법으로 살펴본다면 중생은 번뇌요, 망상이요, 본성에서 분단화된 비소한 개아다. 중생을 섬긴다 함은 낱낱 번뇌를 본성에 비추어서 근원이 둘이 아님을 노출시키며 중생 하나하나와 대립적 위치에 서지 아니하고 본성질서 속에 하나로 감싸드리는 것이니, 이것은 번뇌의 제도며 망상의 제도며 중생의 제도며 중생을 거슬리지 아니하고 佛性으로 成熟시키는 것이 된다.

그러므로 중생을 섬기고 수순하고 중생을 성숙시키는 복지사업은 바로 성불을 향한 수행이 아니고 무엇인가? 이런 점에서 필자는 복지행을 복지보살이라 이르는 까닭이 있다.

불교복지의 精神

복지보살의 복지정신은 이것이 누구를 위함이 아니다. 천국에 나고 사회에 이름을 얻고 無形의 소득을 얻자는 것은 더욱 아니다. 복지행은 자기 본성의 본체인 대비심의 흘러남이며 자성광명을 주위 일체에 확산하여 환경일체를 청정광명으로 비추며 청정자성의 질서대로 변혁시키는 일이다. 그 힘의 근원이 如來功德藏이며 그 힘이 지향할 곳이 또한 等正覺이다. 그 앞에 나타나는 주어진바 일체중생 일체번뇌가 실에 있어 여래의 청정광명의 나름이니 그는 오직 광명 속에 광명을 실현하는 것이라는 소위가 거기 있다.

그러므로 불교의 복지행자는 일체중생을 받아 섬기며 가지가지로 공양하고, 수순하고 받들기를 "부모와 같이 공경하며 스승이나 아라한이나 내지 부처님과 조금도 다름없이 받든다" 하시는 것이다. 일체중생을 부모나 스승이나 부처님과 같이 받든다는 이것이 복지보살의 정신이라 하겠다.

불교복지의 理念

불교복지의 이념을 셋으로 들어본다. 첫째는 절대인권의 존중이다. 인간은 본성이 불성이다. 절대적이며 무한가치를 스스로 지니고 있다. 그 권위는 누구에게서 받았거나 인정을 받아서 있는 것도 아니다. 인간의 본분인 불성은 스스로 있다[自存]. 변할 수 없으며 빼앗길 수 없으며 나눌 수 없는 全一的 全性者다. 시간과 공간 이전에 自若하다. 일체창조의 권능을 스스로 갖는다. 이것이 인간이다.

절대적인 이 인간권능을 긍정하고 신앙적으로 존중하고 받드는 것이 불교복지의 그 첫째다. 다음에는 절대평등이다. 인간이 비록 겉모양에 있어 천차만별을 보이더라도 겉모양에 따라 차별하지 않는다. 어떤 형상이든 하루살이같이 짧은 수명이든 비천한 종족이든 추악한 욕망을 지녔든 천궁에 살든 절대권력을 지녔든 삐뚤어진 사상을 가졌든 일체의 차별 없이 그 절대가치를 평등하게 하는 것이다.

경에는 한갓 인간에 그치지 아니하고 四生九類 일체중생을 평등히 섬길 것을 말씀하신다. 이야말로 복지보살의 이념이다. 셋째는 人間性 熟이다. 복지행은 그것이 현실적인 생명에 긍정을 주고 이로움을 주고 만족을 주고 성장을 주는 것이다. 억압에서 해방을 주고 은폐에서 개발을 준다. 그의 뜻을 쫓아주고 그의 정신에 밝음을 채우고 그의 가슴에 행복감을 채우는 것이다.

그러기 위하여 많은 시설과 협력을 한다. 그렇지만 불교의 복지는 그와 같은 한낱 육체 인간의 긍정만을 추구하는 것이 아니다. 거기에는 높은 이상이 함께 있다. 그것은 완전하고 신성한 주체적 自我를 확립하고 순수한 인간성을 완전 성숙시키는 거룩한 목표가 함께 있는 것이다. 이것 없이는 복지행이란 기실 참된 복지가 아니다.

경에서는 이를 '隨順而轉'이라 하였지만 이는 육체적 자아의 긍정과 만족에 그치지 않고 보다 높은 불성인간의 완전개현을 의미하는 것이다.

불교에 있어 복지행은 단순한 隨順而轉이거나 욕망의 영합에 있는 것이 아니고 높은 차원을 향한 인간성 긍정에 그 이념이 있는 것이다.

복지행의 방법에 대해

사회 음지에 빛을 보내고 짓눌린 인간을 풀어 일으켜 세우고 어두운 마음에 밝고 힘찬 용기를 불어 넣어주는 복지행은 이것을 어떤 방법으로 무슨 행을 하여야 한다고 일률적 표현으로 다할 수는 없다. 존엄한 인간가치와 평등한 권능과 재능을 올바르게 십분 발휘할 수 있도록 돕는다는 이념에 비추어 개별 사정에 따른 구체적 방법이 설정될 것이기 때문이다.

경에는 다음과 같이 말하고 있다.

"병든 이에게는 어진 의원이 되고 길 잃은 이에게는 바른 길을 가르키고 어두운 밤중에는 광명이 되고 가난한 이에게는 길이 보배를 얻게 한다." 여기에서는 네 가지를 말씀하고 있다. 이것은 말할 것도 없이 한정적 열거가 아닌 예시로 보아야 할 것이지만 우선 이에 따르면 다음과 같이 나누어 생각할 수 있다.

첫째는 병든 자를 돌봐주고 약을 주며 나이 많고 약한 사람을 신체적으로 보호하고 돌봐주는 시설이다. 이것은 의료사업, 양로, 아동보호 등이 이에 속할 것이다.

둘째는 바른 길을 잃고 방황하는 시대정신에 대한 시설이다. 인간을 불행에 빠뜨리는 요인도 많지만 그중 가장 무서운 것은 그릇된 사상, 그릇된 지견과 정신적 공백이다. 여기서 모든 인간은 방황하고 인간은 타락하며 역사는 비인간적 죄악과 반이성적 포악이 폭풍우처럼 지상을 휩쓰는 것이다. 전염병 중에 페스트가 겁난다 하지만 그릇된 사상의 두려움은 그와 비교가 안 된다. 인간을 독사로 만들고 악마로 만들고 俗物로 만든다. 그러므로 인생의 바른 길을 가르치는 부처님 법 전하는 사업은 인간정신의 밝음을 안겨주며 역사의 바른 방향을 주는 일이다. 포교전법사업은 바로 근본적인 복지사업과 통하는 것이다.

셋째는 이 사회에서 어둠을 몰아내는 것이다. 이 사회의 어둠은 아크라이트나 서치라이트로 없어지는 어둠이 아니다. 정치적·문화적·사상적 어둠 이것이 문제인 것이다. 불평등과 병고와 무지와 범죄와 퇴폐의 악순환은 바로 이 사상적·정치적·사회적 암흑에서 출발하는 것이기 때문이다. 그러므로 불교는 마땅히 사회 모든 측면에 뛰어들고 참여가 아닌 향도적 자세로 적극적인 사회활동을 하여야 한다.

이것이 사회복지를 위해 일하는 불교의 자세다. 정치, 경제, 사회, 문화, 교육, 언론 모든 사회적 장치를 통하여 불교가 추구하는 인간가치와 평등과 권위가 십분 발휘되도록 계몽되고 연구되고 보장되어야 한다. 불교의 복지는 이와 같이 깊은 사상적인 측면에 뿌리박고 있는 점이 또한 그 특색이다.

넷째는 빈궁의 추방이다. 물론 밥을 주고 술을 주는 것도 이에 속할 것이다. 동시에 산업을 육성하고 국민경제의 성장을 추구하며 생산을 높이는 것은 더욱 중요한 일이다. 그리고 교육과 기술의 보급과 혁신을 통해서 많은 사람이 생산과 연결을 갖게 하고 한편 유통과 분배과정에 적정을 기함으로써 수탈 없는 노동생산과정이 보장되어야 하는 것이다. '가난한 이에게 길이 보배를 얻게 한다' 함은 이와 같이 물질적 수요를 보장해 주는 의미가 그 첫째이지만 이와 함께 정신적 富를 누릴 수 있는 정신계발은 이에 앞서 선행되어야 하는 것이다.

왕성한 긍정적 정신과 협동과 높은 인격의 도야는 바로 이것이 길이 보배를 얻고 행복을 누리는 기초요건이 되기 때문이다. 富를 이룰 정신적 바탕이 없는 구호양곡이나 원조물자의 공급이 얼마만 한 빈궁퇴치가 되는가는 해방 후 오늘날까지 우리가 실컷 보아온 바가 아닌가. 물량적 구호가 결코 의존심과 나태를 기르는 소제가 되어서는 안될 것이다.

결론

거두어 말해서 불교의 복지행은 이것이 무량공덕이 나오는 곳이다. 부처님께 공양함이 되며 자성공덕을 개방함이 된다.

경에는 부처님의 한량없는 공덕을 성취하는 길이 바로 이것이라 하였으며 일체보살은 마땅히 허공계가 다하고 중생계가 다하고 중생의 업이 다하고 중생의 번뇌가 다하더라도 이와 같은 보살의 행은 끊임이 없다 하였다. 왜일까? 행이 중생을 성숙시키며 여래광명을 실현하는 까닭이니 마땅히 알지라 중생이여 그대는 무궁한 福田이로다.(인용한 경은 華嚴經 普賢行願品임) (高光德·불광 발행인)

127

불기 2520(단기 4309 서기 1976)년 7월 18일 제657호 3면

會員 86名 합동 수계 : 佛光會

佛光會(회장 김경만)는 지난 4일 오전 10시 경기도 갈매리 소재 보현사에서 동회 法主이며 宗會 부의장인 光德스님을 수계법사로 하여 동회 회원 86명에 대한 합동 수계식을 거행했다.

이날 광덕스님은 수계법어를 통해 '自性이 本來淸淨하다'는 내용의 설법과 재가신도가 지켜야 할 5계를 설했다. 이어서 수계자들은 포교전법을 바탕으로 한 불광회의 5誓에 서약을 했다.

매주 목요일 대각사에서 정기법회를 갖고 있는 불광회는 지난 6월부터 월요법회를 개설 매주 2회의 정기법회를 갖고 있다. 매주 월요일 오후 7시 대각사에서 열리는 월요법회는 2백여 명의 회원이 참석 광덕스님의 설법과 회원 상호간의 토론 등으로 진행되는데 포교전법을 위한 회원들의 자질향상에 목적을 두고 있다.

128
불기 2520(단기 4309 서기 1976)년 8월 8일 제660호 3면
사찰순례법회 : 佛光會 · 불암사에서

불광회(회장 김경만)는 지난 달 25일 매월 정기사찰순례법회를 불암사에서 가졌다. 회원 1백여 명이 동참한 이날 법회는 동회 법주 광덕스님의 법문에 이어 부회장 송석구(국민대 교수) 씨의 '마하반야바라밀다'란 주제의 강연 및 동회 전법위원들의 포교활동 사항에 대한 발표순으로 진행됐다.

129
불기 2520(단기 4309 서기 1976)년 8월 22일 제661호 3면
하계 수련회 : 佛光會에서

불광회(회장 김경만)는 병진 우란분재일을 맞아 지난 14~15일 양

일간 경기도 갈매리 보현사에서 정기하계수련회를 가졌다. 동 수련회에서 동회 법주 광덕스님은 보현행원품과 반야심경 설법 및 예불문 특별강의를 했다. 또한 회원들은 금강경독송, 마하반야바라밀 정근, 천팔십배 예참례 등 정진을 했다.

130
불기 2520(단기 4309 서기 1976)년 10월 24일 4면

時評 : 예수재 有感

迷妄의 구름을 洗滌하고

모두 完全成熟시키는 法式

올해는 벼농사가 천지개벽 이래의 풍년이라 하는데 불교계에서는 예수재가 開敎 이래에 풍년이다. 이 가을 들면서 도처에서 벌어지고 있는 法要는 아마도 그 과반수는 예수재가 아닌가 생각한다. 그런 만큼 豫修齋修法에 동원된 인원수만도 퍽 많으리라 짐작된다. 그런데 이렇게 널리 행해지고 있는 만큼 그 법요가 갖는 의미를 제대로 아는 사람이 많은 것 같지는 않아 보인다.

흔한 말로 예수재는 전생 빚 갚는 것이라 한다. 혹은 가마를 탄다고 한다. 그러니 금생 빚에 몰려서 전생 빚 생각할 겨를이 없다는 말이 나옴직도 하다. 예수재가 지닌 뜻을 바로 이해하지 못하는 사람들에게서 예수재는 사람을 미혹시키는 것이며, 재물을 낭비하는 묵은 습관이며 떳떳치 못한 법식이란 생각이 만연해 가는 것도 어쩔 수 없는 것이다.

과연 그런 것일까? 과연 이런 눈초리 속에서도 오늘날 예수재는 권장되어야 하는가? 수일 전 某 日刊紙 한구석에는 예수재를 혹세무민하여 돈 버는 것으로 아는 名士도 보였다.

예수재 의식을 보면 어느 법식보다도 치밀하며 작법 조직이 완벽하다. 諸佛如來와 地藏大聖과 護法諸天聖衆들을 청하여 證明을 삼고 冥府十

王과 그 아래 모든 성현들을 청하여 가지가지 공양을 올린다. 그리고 이 법식을 갖게 된 연유를 사루고 금생에 이 몸 받아 올 때 지고 나온 金銀錢과 金剛經을 명부성현에게 還納한다. 그리하여 壽와 福을 더하고 淨土에 태어나기를 기원한다. 이것이 예수재 법식의 개요다.

그런데 이 법식에는 깊은 의미를 담고 있음을 엿볼 수 있다. 첫째 人生의 意義가 무엇이냐에 대한 解答이다. 사람마다 모두가 덧없이 終末을 告하는 것이 아니라 인간은 永遠한 生命을 지니고 있으며 그리고 이 땅에 사람 몸 받아 사는 동안에 닦아야 할 修業의 使命을 지니고 왔다는 것이다. 거기에는 세 가지가 있다.

三寶님과 모든 성현과 부모형제와 국가와 사회의 은혜를 알아야 한다는 것이며, 또 하나는 사람마다 보살도를 닦아 福을 지으러 이 땅에 왔다는 것이며, 또 하나는 智慧를 닦아 영원한 생명을 具現하기 위하여 이 몸을 받아왔다는 것이다. 예수재는 이 세 가지 인생에 주어진 天賦의 使命을 알게 하고 그것으로 그치지 않는다. 나아가 이 모두를 完全 成熟시키는 神妙한 法式이 거기에 담겨 있다.

그것은 일체 佛敎儀式에서 그런 것처럼 般若妙用의 展開다. 이렇게 해서 인간에게 주어진 천부의 사명을 완수하게 하는 것이다. 여기서 예수재 법요의 뛰어난 의미가 드러난다. 사람으로 하여금 은혜를 알고 은혜를 갚으며 보살도를 행하여 복을 짓고 般若를 닦아 지혜를 성취할 人生課題를 뚜렷이 하는데 그치지 않고 그 모두를 完成시켜 人間本來의 淸淨面目을 훤출이 드러나게 하는 것이다.

원래 人生不幸의 原因은 인간이 自性本分을 망각한 데서 오는 有限意識, 罪意識, 自己處罰意識, 공포의식 등이 직접 원인이다. 인간의 마음 위의 人間無限을 限定하는 모든 요인을 제거하고 인간자성 위에 어른대는 迷妄의 구름을 洗滌해 버릴 때 인간의 마음은 원래 청정한 대로 명랑하게 드러나는 법이다. 예수재 법요의 목표하는바 의의가 이곳에 도 있는 것이다.

이렇기 때문에 예수재를 닦은 사람은 구름 한 점 없는 푸른 하늘에 태양이 찬란하듯이 그의 앞길을 가릴 것이 없다. 그의 앞길은 淸淨과 自在와 豊饒가 널려 있고 그의 永遠한 未來는 自性本分의 光明 그대로 極樂淨土에 直結되어 있다. 現生에서 壽福을 더하고 오는 생에 淨土에 난다는 것은 결코 眞實이다.

예수재를 마치면서 흔히들 蓮꽃가마를 탄다. 앞뒤에 풍악을 잡히고 염불하면서 동료들의 축하행렬을 받게 된다. 이것은 예수재 닦은 이의 실상을 잘도 상징한 것으로 본다. 모든 사람이 원래로 蓮花寶座에 앉아 있으며 걸음마다 연꽃이 발을 바치는 無垢淸淨의 至尊인 것이다.

우리들은 예수재를 통하여 일체 허망한 人間冒瀆思想을 타파하고 人間無罪의 大義를 분명히 하여야 할 것이다. 그리고 참된 人間價値와 人間權威의 實質을 행동을 통하여 역사 위에 실현할 것을 배워야 할 것이다. (高光德・宗會 부의장)

131

불기 2520(단기 4309 서기 1976)년 11월 28일 제674호 2면

나의 入山時節 : 重鎭스님들이 엮는 出家記 (1)

큰 둥우리 金魚禪院

죽비소리・경쇠소리 속 勇猛精進

찬바람 같은 淸規…… 심장 불태우며 돌진

이런 제목을 대하면 어차피 懷古調가 될 수밖에 없다. 산을 떠난 다람쥐인 양 역시 생각은 꿀밤나무 숲이다. 나의 요람은 梵魚寺다. 지금도 제방선원이 그러하겠지만 入放禪 죽비소리와 그리고 放禪時의 경쇠소리. 하루 四分精進이 틀에 박힌 듯이 진행되는 그 속에서 나는 컸다. 그리고 결제 중 약 반 동안은 밤 十二시에 방선하는 加行精進이다. 그 때도 역시 돌을 찢는 듯한 죽비소리 세 번, 다음에 가벼운 경쇠소리가

이어진다.

죽비소리만큼 내 마음을 정결케 해 주는 것도 없다. 저 간결하면서도 격조 높은 파열음이 어쩌면 흐트러진 자세를 순간에 가다듬어 주고 산란한 마음을 일순간에 정돈하며 격발시키는 그런 힘으로 작용해 오는 것이다. 三백60일이 이런 생활의 반복이다. 잠시 자유시간이 있다면 한 달에 두 번의 목욕날과 세탁, 삭발일, 대중 수요를 메울 채소는 모두 선방대중의 作務에 의한 자급자족이었다.

땔나무는 負木이 있지만 역시 大衆運役으로 종종 거들었다. 나는 淨桶이라는 목욕물 데우는 소임 밖에도 무엇인가 내가 할 수 있는 일은 모두 하려고 서둘러댔기 때문에 한때는 산에 가서 매일 나무 한 짐씩 해오는 것이 일과이기도 했다. 어쩌다 저녁 방선죽비 다음에 별미공양이라고 하는 것이 있었다. 자비보살인 都監스님이 감김치를 꺼내온 것이다. 그해 가을 감이 아직 여물기 전인 풋감을 따서 소금물에 담근 것인데 겨울인 그때도 역시 풋감이다.

그해 여름 절이 육군병원 환자를 수용하게 되어 도량 내 과일이 남지 않게 되자 미리 따서 담갔던 것이다. 그것을 두어 개씩 배당 받고 나서는 유일한 식도락에 젖어 있던 서글픈 광경. 역시 그것은 一汁一菜의 전통 禪食家인 그때로서는 별미일 수밖에 없었다. 새벽 3시면 기상과 함께 쇳송이다. 저때에 하늘에 사무치는 悲願과 意志와 격정과 절규를 담는 듯한 쇳송 목소리의 임자는 지금은 죽고 없다.

그러나 인생을 모두 걸고 세세생생을 모두 바쳐서 거치른 구도의 길을 내닫고 있던 젊은 雲水들의 영혼의 절규 같은 저때의 목소리는 영원히 영원히 내 기억 속에 새겨져 있다. 폭발하는 젊고 뜨거운 의지가 찬 서리발이 출출 흐르는 밤하늘에 불꽃처럼 터져 나가는 것을 지금도 느낀다. 자나깨나 말뚝 박듯이 죽비 밑에서 살았다. 해제도 결제도 그 사이에 法要는 있었지만 죽비소리는 쉬지 않았다.

초하루 보름 두 번의 宗師의 上堂法語는 끊이지 않았다. 입승스님이 세 번을 청하면 어떤 때라도 종사의 법문은 열렸다. 불법이 무엇인지 아예 생각도 없이 장부로써 세상에 태어나 진리의 길을 걸을 수 있는 인간수업의 장소로 이 문을 찾아온 나로서는 닥치는 의지대로 마구 설쳤다. 만나는 분마다 코가 땅에 닿도록 절하는 것을 잊지 않았고 나에게 허락된 일은 무엇이든지 나섰으며 하루 한두 번씩은 반드시 화상 앞에 나아가 법을 물었고 소견을 내놓았다.

그러는 사이 자비 넘치는 화상의 인정사정없는 방망이를 무수히 받았다. 한번은 무엇인가 주워 섬기고 있는 내 면전에 먹이 흠뻑 찍힌 붓을 잡고 쓰시던 글을 멈추시고 내 눈앞에 붓끝을 들이대시면서 "일러라, 일러!" 벽력같이 다그치시고는 머뭇대는 걸 보자 사정없이 문밖으로 내쫓으셨다. 그날 이후 화상의 법문이 얼마나 고마웠는지……. 조실방 마루에 엎드려 도적질하듯이 절한 것이 생각난다.

산에는 아름드리나무가 빽빽했고 그 사이에는 근근이 멧돼지 길 정도의 틈을 남기고 진달래 철쭉꽃이 꽉 찼었다. 봄이 오면 온 산중이 빨갛게 물들었고 산새만이 우짖는 동안에 봄과 함께 꽃은 져갔다. 갈대꽃 하얗게 바람에 물결치고 흰 구름 푸른 봉우리 곁을 무심히 흘러갔다. 어쩌면 양털 코트 같기도 한 누더기 한 벌 걸치고 그 사이를 바람에 내맡긴 운수들. 신록이 찰찰 흐르는 여름, 또는 하늘에서 피를 부은 것 같은, 어쩌면 석류 알을 흩은 것 같은 단풍.

또한 산허리에서부터 大河가 흘러내린 것 같은 바위의 강물 사이에서 계절은 가고 세월은 흘렀다. 그렇지만 저 시절의 나는 하늘도 산도 물도 보질 못했다. 찬바람 같은 淸規 속에서 용광로의 심장을 불태우면서 이를 악물고 앞으로만 달려갔다. 그때 내가 몸담고 있던 범어사 金魚禪院이라는 둥우리가 그런 곳이었고, 그 둥지 속에 함께 있던 당시의 雲衲들이 그런 전통을 만들어 주고 있었던 것이다.

생각해 보면 그때의 스님들이, 그때의 생활들이 너무나 고맙고 그리워진다. 역시 나는 영원히 山다람쥐인가 보다. (光德·宗會 부의장, 불

광 발행인)

132

불기 2520(단기 4309 서기 1976)년 12월 5일 제675호 3면

佛光法會에서 철야정진법회

불광법회는 지난 달 20일부터 12월 2일까지 보현사에서 광덕스님과 국민대 송석구 교수를 지도법사로 하여 국민대생 35명이 참가한 가운데 철야정진 구도법회를 가졌다.

동 법회는 매월 셋째 주 土·日 이틀에 걸쳐 철야정진 구도법회를 가져오던 중이다.

133

불기 2520(단기 4309 서기 1976)년 12월 26일 제678호 1면

東國學園이사 후보 光德스님 선출

제45회 중앙종회는 昔珠스님의 사임에 따른 동국학원 이사 후보에 광덕스님(종회 부의장)을 선출했다. 종회는 상호친선투표에 들어가 18표를 획득한 광덕스님을 후보에 선출한 것이다. 동국학원은 곧 문교부에 광덕스님의 이사취임 승인을 요청할 예정인데, 곧 승인이 나오는 대로 이사에 취임하게 된다.

134

불기 2521(단기 4310 서기 1977)년 2월 27일 제686호 2면

淨化 당시엔 겨우 報導로만, 公休日 제정 이후 대대적으로

매년 세미나로 作家 지원

'佛敎방송국' 속히 설립됐으면

佛敎 진수 몰라 오류도

佛敎 소재 연속방송극 각광

韓國放送 50년…… 불교와의 상관관계

한국방송은 지난 16일로 50주년을 맞았다. 지금으로부터 50년 전인 1927년 2월 16일 오후 1시 "여기는 京城 방송국입니다. JODK"로 첫 電波를 보낸 이후 어느 덧 50년이 흐른 것이다. 숱한 애환 속의 50주년을 맞은 방송은 文明의 이기로 오늘날 없어서는 안 되는 매스미디어로 중요한 자리를 차지하고 있다. 여기, 이러한 역사 속의 한국방송과 불교와의 파상적으로 있었던 관계의 몇몇 사연들을 들춰본다.＿편집자 주(이하 기사 생략)

135

불기 2521(단기 4310 서기 1977)년 4월 10일 제691호 7면

敎界動靜

◆ 光德스님(宗會 부의장), 지난 2일 한국종교학회의 연구발표회에서 「종문제도의 내용」에 대해 발표했다.

136

불기 2521(단기 4310 서기 1977)년 4월 24일 제693호 1면

龍城大禪師 38周忌, 법어사 등에서 추모재

민족대표 33인의 한 분으로 조국의 독립을 위해 앞장섰던 龍城大禪師 38주기 추모재가 지난 12일 부산 범어사(주지 知有스님)와 서울 대각사(주지 효경스님), 그리고 스님의 사리탑이 봉안된 해인사 용탑선원에서 엄숙히 봉행됐다.

범어사에서는 이날 상오 10시 문도스님을 비롯, 7백여 명의 신도가 동참한 가운데 주지 지유스님의 집전으로 추모재를 봉행했으며, 이 자리에서 광덕스님(종회 부의장)은 고인의 유지를 기리는 법어를 설했다.

137

불기 2521(단기 4310 서기 1977)년 5월 22일 제697호 3면

'부처님오신날'을 맞는 敎界 人事의 마음가짐

– 온 누리가 法界 되게–

(설문형식– 여러 사람에게 묻는)

문 : 부처님오신날을 어떤 마음가짐으로 맞을까?

답 : 부처님의 마음에 온 人類의 마음이 接木되기를 바라며, 부처님 오신날을 맞고 싶다.

문 : 불교계의 발전을 위해 주고 싶으신 말씀

답 : 모든 분야에서 바른 법이 맥맥이 살아 숨 쉴 수 있도록 우리의 풍토가 다져지길 바라는 마음으로 모든 사람들께 一致운동 전개를 바란다.

문 : 불교 발전을 위해 앞으로 하고자 하시는 일은

답 : 온 누리에 法音이 전파되도록 포교에 진력하고 싶다.

(高光德 · 宗會 부의장)

138

불기 2521(단기 4310 서기 1977)년 9월 18일 제712호 8면

이 가을에 이 冊을 : 般若心經

오늘 우리는 智慧의 메마름 속에 살고 있는 것이 솔직한 표현이다. 영원히 죽지 않고 영원히 한결 같은 지혜를 얻고자 하는 사람들이 많지 않다. 그냥 오늘을 알맞게 살아갈 뿐이며 미래의 내 모습에 조그만 두려움도 갖지 않는다.

'般若'란 영원한 지혜의 바다다. 이 지혜의 바다에 우리는 이르러야 하고, 그리고 그 물을 한껏 마셔야 한다. 『般若心經』은 많은 經典 가운데서도 가장 요체가 되는 말씀으로 되었다. 특히 젊은이들에게 권하고

싶다. 부피는 작지만 그 안에 잠겨 있는 내용은 온 우주의 근원을 묘
파하고 있다. 그리고 지혜의 샘이다. 풋풋한 열매들이 밀도를 다독여
가고 있는 이 가을에 우리의 젊은이들이 지혜의 맑힘에 한층 달려들
어 가슴을 풍요하게 채웠으면 싶다. (高光德·스님, 불광 발행인)

139
불기 2522(단기 4311 서기 1978)년 1월 29일 제728호 3면
佛敎信徒 1천2백90만 명, 文公部의 집계 全人口의 37웅 차지
총 宗敎인구 2천7백만

佛敎 74만 증가······寺庵 7천4백16개

종교 인구 1백17만 명 증가

우리나라 불교 신도 수는 우리나라 각 종교 중 제일 많은 1천2백90
만6천8백51명으로 나타났다. 이 숫자는 지난해에 비해 74만 명이 늘
어난 것이다. 한편 현재 우리나라의 종교 인구는 총2천7백36만7천9백
78명으로 전체 인구의 77%가 종교를 갖고 있는 것으로 나타났다.

지난 14일 밝혀진 문화공보부 집계 국내종교 교세 현황(78년 10월
31일 현재)을 보면 신도 수가 가장 많은 종교는 불교로 1천2백90만6
천8백51명이며, 다음으로는 改新敎(5백만1천4백91명), 儒敎(4백72만3
천4백93명), 天主敎(1백9만3천8백29명), 天道敎(81만4천6백73명), 圓
佛敎(80만6천5백50명), 大倧敎(17만6백31명) 등의 순으로 되어 있다.
이 밖에 군소종교의 신도 합계는 1백85만4백60명이다.

교직자는 불교가 2만3천15명이며, 개신교가 2만3천5백26명이며, 유
교가 1만1천9백44명, 천주교는 4천1백30명이다.

교당 수는 불교의 사암이 7천4백16개소, 개신교가 1만9천4백57개,
천주교의 성당은 2천3백8개, 원불교의 교당은 3백21개, 대종교가 가
장 적은 52개이다.

76년의 종교 인구는 모두 2천6백18만9천3백6명으로 지난 1년 기간에 1백17만8천여 명이 늘은 셈이다. 이중 불교가 가장 많은 신장세를 보여 74만 명이 증가했으며, 다음은 개신교로 34만 명, 원불교 5만 명, 천주교의 4만 명 순이다.

140

上同

華嚴山林法會 성료, 동래포교당

부산 동래포교당(법륜사)에서는 구랍 22일부터 지난 10일까지 화엄산림법회를 개최 연인원 2만여 명이 참석하는 등 성황을 이루었다. 동래포교당에서는 매년 1개월간에 걸쳐 화엄산림법회를 열어 화엄경을 강설하여 온 바, 이번 법회에는 지관스님(동국대 정각원장), 성공스님(안양사 주지), 화산스님(보광원 법주) 등이 설법했다.

141

불기 2522(단기 4311 서기 1978)년 4월 23일 제739호 1면

신소천大宗師 입적, 17일 梵魚寺에서 다비식 봉행

중생교화에 앞장서 왔던 韶天스님이 지난 15일 오전 6시 부산 범어사에서 입적했다. 세수 83세 법랍 27년. 스님은 1952년 4월 범어사에서 龍城스님을 은사로 득도, 인천에서 보각선원을 창건, 오늘에 이르고 있는데 스님은 그동안 『반야심경』 『금강경』 등을 번역, 중생교화에 앞장서 왔다.

문도로는 창봉, 법종, 정영, 일천, 일파, 고봉스님 등이 있다. 스님의 다비식은 17일 범어사 다비장에서 교계 대덕스님들과 많은 신도들이 동참한 가운데 엄숙히 봉행됐다.

142

一陣清風이 온 天地의 빛을……

韶天스님의 入寂을 애도함

조국을 구하기 위해 투신…… 佛敎史에 길이 빛나리

버들은 푸르고 진달래는 山을 환히 밝히는 이 아침, 스님께서는 두 손 놓아 훨훨 먼 길을 떠나시다니 이 무슨 뜻입니까.

새 노래 유난히 맑은 이 아침 햇살 아래 일진청풍이 온 천지의 빛을 앗아가는 것만 같습니다.

스님께서는 이와 같이 오시고 이와 같이 가시니 청풍인 양 자취 없으신 당신의 발자취 앞에 오직 가슴 메이고 오열을 삼킬 뿐입니다.

스님이시여, 이 아침은 유난히 바다의 물결소리가 하늘을 울려오고 이 땅을 흔드는 것만 같습니다. 일찍이 세간에 안목이 떨어지고 대지를 부축하는 손이 놓아질 때 하늘이 울고 바다조차 눈물로 파도쳤다는 고사가 스님의 열반을 즈음하여 이와 같이 나타나니 스님이시여, 이 법문이 또한 어찌한 도리입니까.

일찍이 오신 바 없으시니 어찌 가신 바 있으리까. 항상 청정본연 속에 여여하신 스님임을 짐작하면서도 이 아침의 고요 속에 설레임을 새삼 목메어 하옵니다.

평소에 스님과는 뜻을 같이 하고 비록 미치지 못하나 스님과 山門을 같이 하고 정화운동을 전후하여 교단호지에 정법선양에 손을 나눠왔던 그 사이 부산 금정사나 서울 대각사나 또한 선학원, 조계사, 불국사를 이어가며 손을 나누어 한국불교를 받들어 왔던 지난 동안이 바로 어제 일인 듯 하온데 스님께서는 어느덧 인천 보각선원에서 깊은 설법의 계절을 마련하셨다는 것을 까맣게도 잊고 있었습니다.

스님의 떠나심이 너무나 충격적이고 너무나 놀라워 이 땅이 이같이

도 흐느끼는가 합니다.

불교정화운동이 민족정기의 선양이며, 불법 속에 끊임없이 파도쳐 왔던 민족정신이 覺의 本山인 佛法敎團을 통하여 다시 물결치는 과정이라는 깊은 뜻을 저는 스님과 뜻을 같이 하였고 불교정화운동을 구국운동으로, 민족정신 자각운동으로, 국토통일운동으로, 나아가 세계평화운동으로 파악하신 젓대의 스님의 슬기롭고 철석같이 굳은 신념과 강철도 능히 녹이고 남는 뜨거운 원력 앞에 우리 모두는 정화동지로서 결석하였습니다.

전국 각지를 누비며 역경, 포교운동과 수많은 법회를 개설하고 6·25동란과 그 이후 혼란 속에 겨레의 갈 길을 밝히시느라고 전국 각지를 두루 돌며 대 강연회를 통하여 어두운 겨레 형제들의 눈을 열고 가슴에 불을 붙여 주었습니다.

정화운동과정에서 대중에 앞장서고 수많은 회의를 주지하시며 정화교단이 이룩되자 초대 교화총책을 맡으시어 정진하셨습니다.

일찍이 16세 때 조국의 국권이 빼앗긴 것을 겪으시고는 조국을 구하기 위하여 생애를 바칠 것을 서원하셨던 스님, 북간도 독립군에 가담하여 북로군정서 사관학교를 거쳐 참모를 역임하셨으며 저 청사에 길이 남을 청산리 작전에서는 이범석 장군과 더불어 왜적을 무력으로 격쇄하였던 스님, 다시 조국의 젊은이를 항일 투쟁교육에 이바지하고자 국내에 들어오시어 민족의 독립이 진리에 뒷받침되어야 하며 조국의 독립은 세계평화 속에 보장될 수 있다는 깨달음에 이르러서 개아와 민족과 세계를 연결하는 호국·호법 철학을 완성하셨던 스님, 마침내 천일기도를 반복하시며 금강삼매에 드시어 조사의 대법을 깨치셨던 스님, 당신께서는 다생의 원력이 이 땅에 청풍으로 머물러 주시어 이 같은 과정을 우리 앞에 보이시면서 한국불교의 나아갈 방향을 명확하게 보여 주셨습니다.

『금강경강의』, 『원각경강의』, 『반야심경강의』, 『금강경과 각운동』,

『활공원론』, 『근본진리에서 본 구세방략』, 『진리도』, 『무전쟁세계의 실현과 방법』, 그리고 소설 『독립의 넋』 3권 등 수많은 저술과 쉴 줄 모르는 설법을 통하여 당신의 覺사상은 구세구국을 이뤄 구인구법을 이뤄 햇살처럼 우리 앞에 부어 주셨습니다.

조국을 떠난 개아가 없으며 개인을 떠난 조국이 없고 개개국가의 안녕을 떠나 세계평화가 없고 세계평화를 떠나 개개국가의 안정이 없으며 개아와 민족이 스스로의 正道를 지키지 못할 때 개아와 조국을 혼란케 하고 세계분란을 야기시킨다는 당신의 높은 가르침은 우리들 교계의 형제들뿐만 아니라 실로 민족의 앞날을 비춰주는 불멸의 대법 문이었습니다.

스님의 가르침은 불교의 覺 속에 놓아두지 않았으며 불법을 경전 속에 놔두지 않았으며 진리를 불자의 가슴속에 가둬두지 않았습니다. 불법이야말로 인간을 바로 세우고 사회를 바로 잡으며 민족과 국가를 바로 일으켜 세우고, 역사의 방향을 보장하는 者라는 구국의 책임과 원리를 설파하셨습니다.

조국이 없고 형제가 도탄에 빠진 속에서 일신의 영화나 세계평화를 운위하는 것이 상갓집에서 홀로 웃고 앉았는 狂人으로 비유하신 스님 의 뜨거운 호국호법의 사자후는 우리들 불자와 5천만 겨레 가슴 위에 길이길이 살아서 우리를 분발시키고 우리의 눈을 밝혀 주실 감로라 아니 할 수 없습니다.

민족운동에, 조국독립운동에, 국민계몽운동에, 교단정화운동에, 불 교정풍운동에 스님께서 남기신 위대하신 법문은 오늘도 생생히 우리 머리 위에 빛나고 있습니다. 오늘 스님이 이 땅 인연으로 던지신 그림 자를 거두시는 이 아침에 바다의 물소리가 이 같이도 다시 드높으니, 이는 스님의 설법을 목말라 우러르는 중생들의 목소리가 아니라 스님 의 뜨거운 서원력과 지극한 자비 위신력이 보이시는 바 대설법임을 알겠습니다.

우리 불교는 스스로 반조하며 겨레와 더불어 진리 속에 평화와 영원을 기약할 책임을 지고 있습니다. 격동하는 세계정세 속에서 조국의 성장이 급격한 속도를 더해 가는 이즈음에 정녕 스님의 법문은 조국의 생명이 되고 겨레의 힘의 근원이 되며 방향을 밝힐 지혜의 빛이 되고 있습니다. 자주와 자각과 세계 속의 영광을 기약하는 스님의 호국법문은 한낱 우리들만의 거울이 아니라 온 대지 모든 중생의 참된 길이며 거울이 될 것입니다.

이제 스님은 청풍과 함께 이 고요한 아침에 가십니다. 山을 밝힌 환한 진달래 속에 스님의 미소는 영원하시고, 땅을 진동하는 소리 높은 파도 속에서 스님의 대법문은 약여합니다. 가시지 않은 스님, 길이 가실 수 없는 스님, 일찍이 오시지 않은 스님, 원래로 영원하신 스님, 지금 저희가 모두와 함께 계신 것을 믿습니다. 길이 떠나실 스님을 생각할 수 없습니다. 겨레와 조국과 함께 길이 이 땅에 대호국 법문 대호법 법문으로서 대평화 법문으로서 스님은 계신 것을 저희들은 믿습니다.

스님이시여 이 아침 맑은 하늘 푸르른 바람 속에서 안녕하소서. (姜昔珠・七寶寺 住持－광덕스님의 글 : 발췌자)

143

상 동

韶天스님의 사상과 생애

護國佛教운동의 선구자

覺思想 선양…… 救國일념 일관

지난 15일에 입적한 소천스님은 불교의 覺을 통한

愛國운동에 일생을 보낸 분이었다. 여기 문도 광덕스님을 통해

스님의 생애와 사상을 살펴본다.＿편집자

1897년 나라가 어지럽던 무렵에 서울에서 태어난 스님은 소년시기

에 개신교에 침잠함으로써 종교에 入門하게 된다. 그의 나이 16세에 韓·日 합방이라는 비운을 당한 스님은 愛國운동에 투신, 조국을 위해 밤낮으로 기도했다.

그 후 20세 전후에 '금강경'을 만나 '여기에 모든 조화가 있음'을 감지하고 '獨立의 길'이 여기 있음을 깨닫는다. 그리하여 만주로 들어가 그곳 북로군정서 사관학교(독립군 양성소)에 入學, 1918년 졸업함으로써 본격적인 독립운동에 가담, 靑天 이범석 씨 등과 유명한 청산리 작전에 참가하기도 했다.

그 후 본국과의 연락차 入國한 스님은 숨어 살면서 조국의 독립이란 무엇보다도 사상적인 무장이 긴요하다고 판단, 『금강경』에 다시 심취하게 된다. 26세에 見性의 道를 득한 스님은 각 곳에서 불타의 覺사상을 국민에게 불어넣기 위해 포교에 적극 나섰다.

당시 '申法師' 하면 敎界는 물론 전국적으로 이름을 날린 法師였다. 당시 불교계는 안일 속에서 미몽을 깨지 못하고 있었는데 申法師의 사자후는 가는 곳마다 청중을 놀라게 했다.

스님은 "道는 개인의 것이 아니라 衆生의 것"이라는 생각에서 포교와 더불어 書冊으로 傳法을 해야겠다는 생각에서 『금강경강술』을 쓰기 시작했다.

스님의 사상적 맥락은 '조국을 구하는 길'이었다고 볼 수 있다. 자각(진리의 각성)이 있어야 독립이 되고 세계평화가 올 수 있다는 신념이었다. 세계평화가 없이는 조국의 독립과 평화가 있을 수 없다는 것이었다.

따라서 세계평화가 없는 한 개인의 평화는 두말 할 것이 없다는 것이었다. 이러한 기저 위에 스님은 '覺思想운동'을 전개했다. 해방 후, 혼란 속에서 저술한 『인류業行개조운동』(活功原論), 『근본진리에 의한 구세방략』, 『眞理刀』 등은 모두 이러한 일련의 신념에서 나온 저술이었다.

스님은 6·25 후 1952년 4월 범어사의 龍城스님을 은사로 마침내 出

家를 결정한다. 스님은 더욱더 『금강경』을 통한 覺운동을 전개, 부산·마산·진주를 돌며 경전강의를 했다.

그리고 경전을 문도인 光德·靜影스님 등과 함께 한글로 번역했다. 당시는 지금과 달라 경전의 國譯은 치졸한 행위로 지탄이 되기도 했는데, 스님이 누구보다 先覺者的인 탁견을 갖고 있었다는 것을 증명해 주는 일이라 하겠다.

스님은 淨化 당시 大覺寺 주지를 하면서 大覺會 등 청년단체를 뒷바라지하면서 『반야심경강의』, 『원각경강의』 등을 번역 引刊하고 시민회관에서 대강연회 등을 가져 覺사상을 널리 선양했다.

스님은 비구종단 교무부장을 지내며 종단발전에도 기여했다.

스님은 선구자였다. 예식문을 한글로 번역했고 '금강경독송구국원력대'를 만들어 '구국의 노래', '금닭의 노래' 등을 통해 救國사상을 고취했다.

스님은 늘상 말했다. "나라를 구하기 위해서 금강경을 읽자."

스님은 말하자면 호국불교운동의 선구자였다고 할 수 있다.

144
上同 3면
無說殿 : 일생을 구국운동에

지난 15일에 입적한 韶天스님의 다비식이 17일 범어사에서 교계 대덕스님들과 많은 신도가 참석한 가운데 엄숙히 봉행됐다. 소천스님은 일생을 오직 국가와 민족을 위해서 살다 간 스님이었다.

일찍이 독립운동에 투신했고 불교의 覺사상을 통한 민족구원운동에 일생을 보냈다. 스님은 달변으로도 유명한데 그의 강연을 들은 사람은 열강에 얼이 빠질(?) 정도였다고 스님은 또한 入山 전에도 많은 佛子의 병을 고친 일도 있는 괴인물(?)이기도 했다고. 삼가 왕생극락을 빕니다.

145

불기 2522(단기 4311 서기 1978)년 6월 4일 제744호 2면

不和 수습의 展望 : 宗團元老·重鎭스님에 듣는다

종단은 원로스님과 문공부의 중재에도 불구하고 원만한

타결을 못 찾고 평행선을 달리고 있는 듯하다.

이러한 결과는 어디에 연유하는가.

소위 '종단불화 수습'은 잘 될 것인가?

그리고 앞으로의 전망은? 앙케이트를 통해 각계에 들어본다.

(答 및 사진은 가나다 順)

(상략)

說問1 : 소위 '종단불화 수습' 결과에 대해…….

答 : 서로들 부하된 使命感 의식이 부족했다고 본다.

說問2 : 앞으로의 해결점은?

答 : 佛家의 出家정신에 입각한 보살정신이 더욱 긴요하다. 개인적으로 이를 위해 진력하고 있다.

光德스님(불광 발행인)

(하략)

146

불기 2522(단기 4311 서기 1978)년 6월 4일 제744호 3면

소천大宗師 四十九齋

歸依三寶하옵고

1978년 4월 17일(음 3월 10일), 入寂하신 韶天大宗師의 四十九齋를 宗團의 元老·大德스님과 四部大衆을 모시고 다음과 같이 奉行하고저 하오니 공사다망하시더라도 生前時와 같이 生覺하시옵고 많이 참석하여 주시기 바랍니다.

日時 : 1978년 6월 2일(음 4월 27일) 오전 11시
場所 : 범어사
　　　부산시 동래구 청룡동 546번지 전화(52)2636 (53)9207~9
門徒一同

147
불기 2522(단기 4311 서기 1978)년 7월 30일 제752호 2면)

여름은 기후조건으로 인하여 나태해지기 십상이다. 이런 때문에 각 사업체나 단체는 하기휴가를 준다. 이러한 여가에 우리 佛子는 어떻게 지낼 것인가? 비록 짧은 기간이나마 심신수양에 게을리 말아야 될 줄 안다. 여기 각계 인사들이 권하는 기도처를 소개한다. 며칠간 뜻있게 지낼 수 있는 곳이라 자부한다.＿편집자

이 여름을 보람있게……
내가 권하는 기도처…… 가볼 만한 사찰
山寺의 너그러움에 희열 '낭비 휴가'에 비할까…… 조그만 소망을
佛前에 빌고 自己反省도
性徹스님과 인연으로, 그윽한 산 냄새 홍분
白蓮庵―金慶萬

해인사 큰절에서 제일 멀리, 그러니까 가야산 산내 암자 중 제일 높이 자리하고 있는 백련암. 그곳에는 내가 정신적인 아버지로 모시며 마음의 고향으로 삼는 性徹方丈스님이 계신다.

10여 년 전 스님을 문경 김용사에서 뵙게 된 후 나는 불교의 새로운 신앙관을 갖게 되었다.

스님께서 백련암에 주석하시면서 나는 거의 1년에 한 번씩 백련암을 찾아 1주일 정도 머물면서 3천배 정근을 하는가 하면 스님께서 일

상생활을 통해 行으로 보이시는 일깨움을 내 생활의 거울로 삼는다.

가끔 직장 일로 대구에 출장을 가게 되면 바쁜 일정 속에서 서둘러 백련암으로 향하는 내 발걸음은 가볍고 약간의 홍분기마저 느낀다. 나는 풋풋하고 그윽한 山 냄새도 물론 좋지만 스님을 뵙는다는 그 기쁨은 가야산 산길을 단숨에 오르게 한다.

평소에도 나의 일상은 항상 그분에게 의지하고 공부하고 있다. 어려움에 처하면 그분의 가르침을 생각하며 해결하곤 한다. (원각회장)

(이하 생략)

148

불기 2522(단기 4311 서기 1978)년 8월 13일 제754호 2면

洪法스님 입적 : 2日, 통도사에서 다비식

전 통도사 주지 홍법스님이 지난 달 31일 하오 6시, 통도사에서 입적했다.(세수 48세 법랍 30년)

스님은 1930년 경북 영주에서 출생. 18세에 통도사에서 월하스님을 은사로 득도, 58년 범어사 하동산스님으로부터 구족계를 받았다. 스님은 통도사 주지, 종회의원, 통도사 강사 등을 역임했으며 그간 대중포교에 많은 힘을 기울여 왔다.

지난 2일 하오 2시 통도사 다비장에서 있은 영결식은 昔岩, 光德스님, 그리고 각 교구 본사 주지스님, 門徒 등 3백여 스님과 1천여 신도들이 애도하는 가운데 종범스님의 사회와 성공스님의 집전으로 거행됐다.

(이하 생략)

149

불기 2522(단기 4311 서기 1978)년 9월 17일 제758호 1면

宗正 직무대행 古庵大宗師

6일 긴급명령 1호 발표하고 非常宗會 구성

議員 65名 발표 "宗團不和 더 끌 수 없어"

의원 高光德 外

150

불기 2522(단기 4311 서기 1978)년 10월 29일 제764호 1면

第6代 宗正에 尹古庵大宗師 추대

제5대 中央宗會 탄생 議員 선출

총무원장 月山스님 규정원장 智曉스님

제5대 중앙종회 의원

(高光德) 外

151

불기 2522(단기 4311 서기 1978)년 11월 12일 제765호 1면

'불광' 창간 4주년 기념법회

월간 '불광'(발행인·광덕스님) 창간 4주년 및 불광법회 창립 3주년 기념법회가 지난 달 26일 오후 6시부터 봉익동 대각사에서 있었다.

종단 중진 스님들과 교계인사 및 회원 등 5백여 명의 하객이 성황을 이룬 이날 법회는 헌공에 이어 김경만 회장의 개식사로 시작됐다.

이날 광덕스님은 기념사를 통해 "오늘의 이 법회가 믿음을 다시 다지는 계기가 되길 바란다"면서 "믿음의 내적 다짐을 구체적인 행동으로 직결해야 한다"고 강조하고 "법을 전함 없이 믿음을 확인할 수 없으며 전법만이 진실한 생명가치를 자기가 서 있는 그 장에 바르게 펴는 길"이라고 설했다.

이어 산업사회에서의 인간가치와 불교의 사명을 살펴보는 강연회를 가졌다. 연사는 장원종씨, 서경수씨.

152

最近世 새 佛敎운동과 그 이념

東大 佛敎文化硏 학술회의 발표요지

종립 동국대학교 불교문화연구소(소장·雲學스님)는 지난 15일 동교 교수회의실에서 <最近世 새 불교운동과 그 이념>이란 주제로 학술회의를 가졌다. 부처님오신날을 봉축하면서 최근세 한국의 선각자들이 보여준 새 불교운동과 그 이념을 되살려 한국불교중흥을 위한 새로운 좌표를 설정코자 마련된 이날 학술회의는 불교 및 역사학자들이 참석한 가운데 성황을 이루었다. 이날 발표된 내용을 간추려 본다.__ (편집자 주)

龍城 大覺敎운동

民衆敎化에 초점

高光德

용성은 1864년 5월 전북 남원에서 태어났다. 俗名은 白相奎, 法名은 진종, 용성은 그의 號다.

16세에 해인사에 出家하고 22세에 松廣寺 三日庵에서 大事를 畢하였다. 1910년 서울에 禪宗敎堂을 짓고 1919년 3·1 독립선언 후 만 2년의 옥고를 치르고 나와서는 역경·포교·민중계몽에 헌신하고 조직적인 大覺救國運動을 펼치다가 1940년 77세로 入寂하였다.

그 사이에 역경·저술한 경전과 책자는 40여 종 10만 부에 달한다. 해인사 서록에 사리탑이 있다.

용성은 悟道 후 1930년 그의 나이 40에 이르러 禪會를 개설하고 그 宗主가 됐다. 용성은 이와 같이 禪布敎를 鼓吹하는 동시에 포교방법에 있어서 음악을 도입하고 한글로 간소화된 儀式文을 창설하여 모든 중이 함께 의식에 참여하게 한 사실은 오늘에도 미치지 못하는 바가 있다. 그리고 많은 布敎文을 저술하여 頒布하고 일요학교를 개설하여 어린이 포교까지 망라한 것은 특기할 만한 일이다.

조국을 잃은 상황에 悟道者는 무엇을 할 것인가? 용성은 조국 독립은 물론 도덕·정치·사회·문화·과학 일체에 이르기까지 자각이 기초가 되고 필경성취가 있는 것을 보고 대각운동을 전개하였다.

이와 같은 용성의 대각교 운동이 계승되지 못한 이유는, 첫째 일본 정치의 탄압으로 그의 법적인 교단구성과 재산보존 등의 길이 막혔고, 둘째는 당시의 불교사회가 청정교단운동을 몰이해하는 반대세력이 컸다는 점, 셋째는 교단의 基幹要員 양성의 계획성 결여 등을 들겠다. 그러나 그가 지향한 佛敎運動의 방향은 길이 불교교단의 표본으로 남을 것이다.

그리하여 포교의 혁신과 역경사업과 계율진흥운동과 자주독립적 통일종단과 경제적 자립과 농촌의 생산소비조합운동 등을 일으키고 행동으로 민족대표로서 앞장섰다.

이렇게 용성은 그의 교화의 焦點을 민중에 두었으며 '大覺'이 個我的·社會的·民族的인 새 佛敎運動의 목표를 이루게 했다.

이런 까닭으로 용성은 大覺敎라는 독립된 교단을 세웠으나 그의 교단의 조직화 내지 발전은 큰 성과를 거두려는 직전 그는 悟道 후 55년 대각교 창립 후 19년 만에 입적하였다. (불광 발행인)

(이하 생략)

153

불기 2523년 7월 1일 제794호 4면

出版話題 : 佛典에서 소재 얻어 동화로
光德스님 『연꽃마을 이야기』

光德스님(佛光 발행인·東大 이사)이 불교동화집『연꽃마을 이야기』를 펴냈다. 불교의 경전에서 소재를 얻어 스님이 쓴 이색적인 동화집이다. 43편의 동화가 '연꽃의 꿈', '연꽃의 사랑', '연꽃의 슬픔', '연꽃의 기쁨' 등 4부로 나누어 宋榮邦 씨의 50여 점 그림과 함께 수록됐다.

어린 시절 할머니 품에서 듣던 이야기나 '토끼전', '심청전' 같은 옛날 우리나라 소설처럼 거리감 없이 온 가족이 친근감을 갖고 읽을 수 있는 동화집이다.

필자인 광덕스님은 "이 책을 읽는 분들은, 읽어갈수록 마음이 밝아지고 기뻐지리라 생각된다"며 "이것은 참생명을 키우는 밝은 슬기가 이 이야기 가운데 숨어 있기 때문"이라고 이 책 머리말에서 말하고 있다. (전예원 발행·값1천5백 원)

154
불기 2523년 9월 16일 제802호 3면
효부 등 8명 표창, 佛光法會서

불광법회(회장 김경만)는 지난 6일 대각사 법당에서 우란분재일 특별법요식을 갖고 효자효부 8명에 대한 표창식을 가졌다.

이 자리에서 법주 광덕스님은 우란분재일의 유래를 설하면서 이 날이 지닌 뜻이 곧 오늘 우리 사회가 전개하고 있는 충효정신과 일치함을 일깨워 주었다.

155
불기 2523년 10월 7일 제805호 2면
敎界動靜 : 慶大佛敎學生會 창립기념 강연…… 光德스님

광덕스님(불광 발행인) : 지난 달 29일 대구 경북대학교 시청각실에서 열린 경북대 불교학생회 창립 6주년 기념강연회에서 <불교에 있어서 창조의 의미>란 주제로 강연했다.

한편 전법과 수행에 앞장서고 있는 불광회 창립 5주년 기념법회를
18일 대각사에서 갖는데 스님은 이날 기념법어를 설한다.

<h1 style="text-align:center">156</h1>

불기 2523년 11월 4일 제808호 1면

朴正熙大統領逝去──云云

故朴大統領 각하 薦度기원 대법회

古庵宗正 "종교적 차원서 난국 극복"

조계사, 28일 천도재 봉행

宗正 고암대종사는 지난 26일 박대통령의 서거에 대해 다음과 같은
담화를 발표했다.

• 담화문

대통령 각하 서거를 애도하며…… 우리 민족의 위대한 영도자이시
고 조국의 미래에 밝은 희망이시던 박정희 대통령께서 갑자기 서거하
셨습니다. 각하의 불의에 당한 서거는 우리 국민은 물론 전 세계 인류
에게 충격적인 순간입니다.

국가경제 부흥을 염원하시고 궁극으로 조국통일의 의지로 일관하여
오셨습니다. 그러나 망연자실하고만 있을 때가 아닙니다. 그 분의 민
족중흥의 유지를 받들어서 조국통일과 번영의 길로 더욱 매진해야 할
것을 다짐해야 하겠습니다.

더욱 북괴의 무모한 무력도발행위를 경계해야겠습니다. 북괴의 동
태를 생각하면 우리는 비상시국에 당하고 있습니다. 국가안녕과 질서
를 위해서는 여야를 초월하고 종교적인 차원으로 극복하여 각자 부여
된 임무를 다합시다.

한편 총무원은 "전 사부대중은 전국 사암에서 박대통령 각하 천도를 위하여 10월 27일부터 11월 3일 國葬을 마칠 때까지 기원대법회를 봉행하고 國泰民安을 위한 기원도 봉행할 것"을 지시했으며 이에 따라 전국 사암에서는 엄숙한 기원제를 봉행했다.

조계종 수사찰인 조계사는 지난 28일 오전 11시 30분, 宗正 고암대종사, 총무원장 직무대행 배송원스님, 조계사 주지스님, 총무, 감찰원 부장스님과 1천여 4부대중이 참석한 가운데 故人의 왕생극락을 기원했다.

또한 육영수 여사 반연사찰인 도선사에서도 이날 이혜성 주지스님의 집전으로 천도기원법회를 가졌다.

157

불기 2523(1979)년 12월 23일 제814호 1면

故朴正熙 大統領 49재 맞아

全國 寺庵 추모법회 봉행

고박정희 대통령의 왕생극락을 기원하는 49재가 지난 12일 조계사, 도선사를 비롯 전국 사찰에서 오전 11시 일제히 봉행됐다.

(이하 생략)

158

불기 2524(1980)년 1월 20일 제816호 1면

金弘道스님 入寂

1日 사회봉사단체장 엄수

녹번동 보현사 주지 홍도스님이 지난 1일 오후 4시 30분 입적했다. 세수 45세 법랍 30세.

(이하 생략)

159

불기 2524(1980)년 1월 20일 제816호 5면

인터뷰 : 일시 귀국한 朴性焙 박사

元曉思想 심기에 고통 겪고

깨달음으로서의 믿음 으뜸

美 버클리大學서 修學……哲博 받아

"究境覺이라 해도 女子는 조심해야……

백% 연구하고 백% 참선하고파"

(본문 생략)

160

불기 2524(1980)년 1월 20일 제816호 7면

박성배 박사 초청 강연회 : 불광법회

불광법회(회장 김경만)는 정기법회일인 지난 10일 11년 만에 일시 귀국한 전 동국대 교수 박성배 박사(철박·뉴욕주립대)를 초청 특별 법회를 가졌다. 이날 법회 장소인 대각사 법당은 입추의 여지가 없었으며 영하의 추운 날씨에도 법당 밖에서 법문에 귀를 기울이는 젊은 불자들이 많았다.

불광법회 법주인 광덕스님의 감사패 수여와 송석구 부회장(동대 교수)의 간단한 약력 보고에 이어 주제인 <원효스님의 신앙세계>가 설해졌다.

박교수는 이날 자신의 구도행각을 회고하고 반조하면서 "대상이 없는 이원적 모순을 극복한 믿음, 깨달음으로서의 믿음, 곧 중이 원효의 믿음"임을 강조했다.

161

불기 2524(1980)년 2월 3일 제818호 6면

無空笛 : 佛敎音樂발표회 연습 한창

佛光바라밀다合唱團, 2월 9일 세종문화회관
<우리 님 눈부시고 다정해라/햇살처럼 달빛처럼……>

제각기 독특한 60여 목소리가 하나를 향해 청정한 음의 조화를 이루고 있는 곳. 마치 도솔천궁 천인들의 和韻이 법계에 충만하여 듣는 이를 맑게 교화하는 듯한 선율이 매일 저녁 울려 퍼지는 곳이 있다.

서울 봉익동 대각사 법당, 요즘 그곳에서는 오는 9일(오후 3시, 7시) 세종문화회관 소강당에서 베풀어질 대제전 불교음악 발표를 준비하는 佛光바라밀다 합창단(단장 김보리심) 60여 남녀 단원들이 마음과 목소리를 한데 모아 공연연습에 한창 열을 올리고 있다.

대부분 직장에서 모이는 이들 청년단원들의 저녁 7시부터 9시까지의 합창연습은 단순한 합창연습이 아니라 기도이며 자기 정진의 신앙이다. 추위와 저녁식사를 잊은 채 부처님을 찬미하고 찬탄하는 장엄하고 웅장하며 고운 음을 발성코자 거듭거듭 연습을 되풀이하는 그 소리는 예배요, 공양인 것이다.

○……"어둡고 침울함을 진리 전파의 밝은 노래로 전법교화하여 희망찬 새 봄을 준비하고 사회에 이바지하는 불교인의 뜨거운 원력이 식지 않았다는 긍지를 심고자 이번 행사를 마련했다"는 光德스님. 이들 젊은 佛子들의 연습을 지켜보고 격려하며 그들의 신심을 더욱 고취시키고 있다.

그것은 '밝고 맑은 생각 속에 행복이 깃든다'는 스님의 신념을 行으로 보임이며, 이웃에 전법하고 교화함의 중요성을 몸소 가르치고자 함이다.

때문에 이번 발표회에는 자체 내 회원들은 참석 못하더라도 외부인사 위주로 초청, 전관을 초청 손님으로 하는 흐뭇한 음악제전을 마련한다고

○……이 공연을 마치고는 미국 줄리어드 음악대학으로 유학을 떠
난다는 歡山居士의 지휘 아래 '임의 숨결(광덕스님 작사)', '진리의 행
진곡', '연꽃 위의 부처님' 등, 찬불가와 가곡 '그리운 금강산' 등 20
여 곡이 발표된다.

테너 김화용 교수의 찬조출연 및 피아노 트리오, 목관 5중주 등 다
채로운 프로그램이 준비되고 있다.

여자 단원들은 불광의 상징인 초록 저고리에 흰 치마를 입을 것이
며 최고급 조명을 사용한다고.

78년 9월 현 단장을 주축으로 발족하여 지난해 송년음악법회가 동
기가 되어 이번 공연을 준비케 된 이 합창단은 불교음악 개척의 기수
가 되어 포교 일선에서 최선을 다할 것을 다짐하고 있다. (貞)

162

불기 2524(1980)년 2월 17일 제820호 1면

曹溪宗 신도 5백만 명

文公部 조사 종교 인구 2천7백만

조계종의 교세가 날로 확장되고 있다. 불교 최대 종단인 조계종은
사찰 1천5백27개에 승려1만3천9백명 신도4백89만6천94명으로 나타
났다.

이 같은 사실은 최근 문공부에서 펴낸 『韓國宗教便覽』의 각 종교교세
현황(79년 10월 말 현재)에서 밝혀졌는데, 불교가 18개 종파 1천3백33
만4천 명으로 여타의 종교보다 월등하게 많은 신도를 거느리고 있다.

불교는 전국에 1만4천1백33개의 사암을 가지고 있으며, 승려 수는
2만3천75명이다. (중략)

이 편람에 의하면 한국 인구의 73%인 2천7백만 명이 종교를 갖고
있는 것으로 나타났다.(각 종교 비교도표 생략)

163

불기 2524(1980)년 2월 17일 제520호 4면

話題 : 佛光바라밀다 합창단

感動 불러일으킨 讚佛歌 발표
오랜만의 和音에 갈채
'붓다의 메아리' 세종로를 메아리쳐
찬불가의 가능성 보여줘

지난 9일 오후 3시와 7시 대한민국 문화의 전당 세종문화회관 소강당에서 울려 퍼진 불광바라밀다 합창단의 찬불가는 1천여 관중의 갈채와 더불어 음악을 통한 전법교화의 가능성을 시사했다.

부처님의 성도기념 및 민족문화의 전통선율 재현의 일환으로 열린 이날 불교합창연주회에서는 '아미타불송'을 비롯, 오페라 원효대사 중에서의 '서리는 마른 풀잎에 내리고', '반야심경' 등 10여 곡의 찬불가와 우리 가곡, 외국 곡 등이 초록 저고리 흰 치마, 그리고 초록 넥타이의 70여 합창단원들에 의해 하모니를 이뤘으며, 독창, 현악4중주 등 다채로운 음악공양이 베풀어졌다.

특히 찬조 출연한 佛子 김화용 교수(중앙대)의 '홀로 피는 연꽃'은 청중들을 심호흡케 했으며 합창 '유아독존'에서 피아노와 함께 조화를 이룬 장고반주 및 '반야심경'에서 전주로 등장한 목탁소리는 불교음악의 특성을 살린 전통 선율이란 점에서 눈길을 끌었다.

막이 서서히 내려지면서 소강당을 입추의 여지없이 매운 청중 모두가 혼연일체 되어 손뼉을 치며 부른 '붓다의 메아리'는 이날 연주회를 더욱 빛냈으며 추운 겨울 불자들을 한마음으로 결속시키기도 했다.

78년 가을 창단된 이 합창단은 이번 공연을 계기로 음악을 통한 전법교화의 기수가 될 것을 지난 10일 강평에서 재다짐했으며 불광회

법주 광덕스님은 "신심 있는 곳에 길이 있다"며 단원들을 격려했다.
　◇스텝은 다음과 같다.
　·법주 : 광덕스님 ·지도 : 김경만 회장, 송석구 부회장 ·단장 :
김문자 ·기획 : 조용길 ·지휘 : 환산 ·반주 : 양경이·이정화 ·무
대감독 : 이종구.

164

불기 2524(1980)년 5월 25일 제832호 2면

지혜와 위덕을 주소서

부처님오신날 봉축발원문 '요지'

高光德 · 법규위원장

太陽의 햇불을 들으시고

어둠 덮힌 황야에 오신 것

(본문 생략 - 발원문 모음집에)

165

불기 2524(단기 4313 서기 1980)년 7월 20일 제839호 3면

보육원생 지도 : 佛光法會 회원들

불광법회(法主·光德스님) 대학생부에서는 매월 둘째 일요일 인천
송암보육원을 방문하여 원생들의 학습을 지도하는 등 생활을 함께 하
고 있다.

166

불기 2524(단기 4313 서기 1980)년 8월 3일 제841호 7면

'人間放生'의 산 현장 : 시흥 松岩보육원

불광법회 회원들 뒷바라지

인간방생의 현장. 경기도 시흥군 군자면 거모리 산87번지, 자연이 자연 그대로 숨쉬고 있는 듯한 야트막한 능선의 야산에 자리한 '송암보육원'. 부처님의 미소와 자비의 손길이 부모 잃은 42명 어린이의 몸과 마음을 맑고 밝게 키우고 있는 곳이다.

서울 불광법회(법주·광덕스님) 사리불법등 청년회원 13명은 1주일간 이곳에서 하기학습 및 근로봉사를 갖고 7월 27일 수료식을 가졌다. 단장 조상철 군을 필두로 여자 회원은 친동생을 돌보듯 원생들의 학습을 지도했고 남자 회원들은 근로봉사를 겸했다.

남들이 휴가다 바캉스다 하여 들뜨며 산과 바다로 떠나는 요즈음, 이들은 주머니를 털어 어린이들에게 선물을 전하고 외로운 동심에 자비의 정을 심었다. 관광을 겸한 물고기 방생이 범람하는 오늘의 불교계에 귀감이 될 행이다.

떡과 설탕 등 선물을 갖고 수료식에 참석한 光德스님은 회원들이 준비한 상장과 상품을 원생들에게 골고루 시상하고 바르고 예쁘게 합장하는 법을 일러 주었다.

이곳 이사직을 맡고 있는 광덕스님은 매월 둘째 일요일마다 원생들을 찾아 격려하고 있으며, 원생들은 마치 인자하신 외할버지를 만난 듯 스님에게 안겨 재롱을 피우고 찬불가를 부른다.

月珠스님(총무원장·개운사 주지)도 이곳 이사직을 역임, 보육원을 외호하는 등 적극 후원하고 있다.

○……23년 전 이사장 白大福씨(66·松岩)에 의해 건립된 송암보육원은 大悲의 보살행을 구현하는 현장으로 1백80여 명이 이곳에서 기술교육 등 고등학교 과정을 마치고 독립된 자기 길을 찾아 사회에 진출했다.

지난날 수사계에서 백형사로 알려진 松岩居士는 어머니의 유언에 따라 전 사유재산을 투입 현 위치에 조그마한 암자 대각사와 보육원을 건립, 부인 朴金點 여사(55·원장)와 아들, 딸과 함께 일가족이 인간방생에 헌신하고 있다.

원생들이 잘못하면 함께 법당에 가서 가부좌하고 참회케 하는 그의 佛心은 그대로 원생들에게 전달되어 원아 모두가 그늘진 곳 없이 밝고 쾌활하다. 어려운 살림 속에서도 일체 자신을 드러내지 않음은 송암거사의 돈독한 대비원력의 보살심인 게다. (貞)

167

불기 2524(단기 4313 서기 1980)년 9월 7일 제845호 1면

第11代 全斗煥 대통령 취임

우리에 맞는 民主主義 토착화

正義로운 社會 구현…… 文化 창달

1일 잠실체육관서 歷史的 취임식

(이하 생략)

168

불기 2524(단기 4313 서기 1980)년 9월 21일 제847호 3면

宋錫球 교수 : 대만大學 수학

종립 동국대학교 송석구 교수(불광법회 부회장)는 국립 대만대학 철학연구소에서 1년간의 철학연구를 위해 오는 27일 출국한다.

169

불기 2524(단기 4313 서기 1980)년 10월 26일 제852호 7면

佛光會, 創立 6주년 기념

16일 대각사에서 법회 가져

불광회 창립 6주년 기념법회가 지난 16일 봉익동 대각사에서 있었다. 呑虛스님과 총무원장 月珠스님을 비롯, 교계 인사와 회원 등 5백여 명이 참석한 이날 법회에서 법주 광덕스님은 기념법어를 통해 "우리

의 본성 진면목은 불성"임을 강조하고 "佛子는 온 법계의 주인공이므
로 가정, 직장, 국가, 세계 처처에서 주인공으로서의 자각과 긍지로 무
진장의 위력을 발휘하여 평화창조의 역군이 되자"고 당부했다.

(이하 생략)

170

불기 2524(단기 4313 서기 1980)년 11월 2일 제853호 3면

추계운동회, 불광법회

불광법회(법주 광덕스님)는 10월 19일 동구릉에서 추계운동회를 가
졌다. 강북팀(황팀)과 강남팀(녹팀)으로 나누어 게임과 오락으로 친선
을 도모했다.

171

불기 2524(단기 4313 서기 1980)년 11월 16일 제854호 1면

宗團事態 조속히 수습

朴呑星 상위장 談話 "희생 극소화 行政공백 없게"

12일 대한불교정화중흥회의 상임위원회(위원장 박탄성스님)는 발족
이래 최초의 담화문을 발표, 승가의 자주 자율성을 지키기 위해서 희
생을 극소화하고 사태 처리의 자율적인 성취를 위해 진력하겠다고 설
명했다. 또한 이번 사태로 발행한 일부 본말사의 공백을 조속한 시일
안에 공정과 원칙성에 입각하여 수습하겠다고 밝혔다.

(이하 생략)

172

불기 2524(단기 4313 서기 1980)년 11월 23일 제855호 3면

林賢一군, 영가천도법회 - 불광법회

불광법회(법주 광덕스님)는 지난 13일 한국인이라는 이유로 모진

소외감과 학대를 이기지 못해 고층아파트에서 투신 자살한 제일교포 3세 임현일 군의 영가천도를 기원하는 추모재를 가졌다.

이 추모재는 불등회 회원 강대련화 보살의 주선으로 마련됐으며 강 여사는 어린 마음에 불심을 심어주고자 불교동화 『연꽃마을 이야기』(광덕 저)를 시내 몇몇 국민학교에 법보시했다.

V

월간중앙 ’77년 신년호 별책부록

현대의 고뇌를 종교에 묻는다

— 3대 종교계 인사들이 전개하는 본격 담론 —

토론자 : 高光德 | 승려 · 「佛光」 발행인

金忠烈 | 철학 · 고려대 교수

鄭鎭弘 | 종교학 · 서울大 강사

蘇興烈 | 철학 · 이화여대 교수

1. 인구 증가 현상과 생명 / 2. 산아 제한 / 3. 생명의 실체 / 4. 영혼과 육체

5. 경제발전의 한계 / 6. 물질문명과 가치 기준 / 7. 직업윤리와 생활양식

8. 전쟁과 평화 / 9. 종교와 국가 / 10. 종교 전쟁과 통일 종교의 가능성

11. 종교의 보편성 / 12. 인종 차별 / 13. 남녀 차별 / 14. 불평등과 갈등

現代의 苦惱를 宗敎에 묻는다
- 人類의 生存에 對하여 -

생전에 스님께서 이 대담집을 복사하여 건네주면서
한번 읽어보라고 말씀하셨다. 스님 스스로가 젊은 시절에 관심을 깊이 가졌던
분야에 대한 소회를 말씀하신 것에 각별한 의미를 두고 있는 느낌을 받았다.
나 역시 사회 과학적인 입장에서, 또는 현대사회의 문제를
종교적[불교적]인 관점에서 생각해 보았을 때 매우 중요하다고 생각했다.
문제의 대안을 찾고 제시하는 것이 당연하다고 보았고,
종교의 기능에서 본다 해도 절실한 일이라고 생각했다.
그리고 불교는 대비구세(大悲救世)의 정체(正體)를 지닌 가르침으로 더욱
당연하다고 보았다. 특히 스님은 대각구국구세를 자신의 삶의 존재 양식으로
삼았기에 더 절실한 입장을 띄게 된 것으로 생각하여 여기에 그 전모를 싣는다.
원본에는 번호가 없지만 독자들의 이해를 도모하기 위해
항목마다 번호를 부여했다. 월간중앙에는 따로 이해를 구하지 않았다.
이미 오래된 일이고 사회가 함께 공유해야 할 가치로 보아 오늘의 일이라고
생각해서이다. 다만 이런 노력을 오래 전에 시도했던 중앙일보사에
감사한다.__편자 송암

1. 인구 증가 현상과 생명

1) 유(儒)·불(佛)·기(基) 세 宗敎의 입장

소__우리 좌담에서 다룰 큰 제목이 '인류의 생존에 대하여'인데, 이
것을 다시 몇 가지로 나누어 생각해 보겠습니다.

우선 먼저 인구 폭발과 생명의 문제를 생각해 보겠습니다. 이것은
문제가 어렵기도 하고 그동안 사회적으로도 많이 논의되어 왔지요. 이
에 대해 종교도 할 말이 많을 것입니다. 기독교에서 인구 증가를 신의
축복이라고 하는 것도 그러한 입장 중 하나지요. 그리고 인구와 생명
과 인간의 가치를 다루기로 하지요. 또 인구 폭발 현상을 막기 위한
산아 제한에 대해서도 기독교나 가톨릭 등 각 종교의 입장을 들어보
기로 하죠. 셋째는 생명의 존엄성과 신성성(神聖性), 생명은 과연 창조
된 것이냐 하는 문제, 또 그에 따라서 자연스럽게 산아 제한 문제에서
오는 생명 문제도 살펴보고, 또 안락사 문제나 자살 문제까지 관련하
여 이야기해 보겠습니다.

그리고 현대 과학으로 생명을 탄생시킬 수 있다는 가능성을 보게
될 때 영혼(靈魂)과 육(肉)을 어떻게 구별할 것인가 하는 문제에 대해
서 종교적 측면에서 얘기해 주시지요. 또 과학이 생명을 창조하고, 생
명을 무한히 연장할 수 있다면 내세와 현세 문제는 어떻게 되는지 얘
기해 주셨으면 합니다.

두 번째로는 경제 발전 문제입니다. 이 문제 역시 인구 폭발과 관계
가 있으니 경제 발전의 한계를 얘기해야겠는데요. 자원의 고갈, 식량
부족, 환경오염 등은 경제가 발전하기 위해서는 불가피한데, 그런 논
쟁을 뒷받침하는 자연과 인간의 문제에 대한 종교적인 입장, 동서양
사상의 차이, 그러면서 현재 문제되고 있는 물질문명과 가치 기준에
대해 알아보겠습니다. 그동안 정신적인 가치를 더 중요하게 생각해 온
종교적 입장과 그것이 어떻게 될 것인지 알아보도록 하죠.

물질문명은 물질적인 가치와 직업의식과 관계가 있는데요, 직업관
이나 윤리, 특히 기업윤리 등을 다루어 보겠습니다. 또한 비도덕적 직
업이라든지 직업 중에서 종교적으로 고민하는 사람들의 직업과 관련
하여 말씀해 주십시오. 그다음으로 우리 모두의 이상인 풍요로운 사회
를 위한 지향 문제(指向問題)는 어떻게 되느냐 하는 것과, 특히 새로운

경제발전을 위한 라이프스타일이 매우 중요한데 이에 대한 종교의 역할은 어떤 것인가를 얘기해 보겠습니다. 끝으로 과학기술의 발전으로 우주 공간을 개발하면 문제가 다 해결된다는 뜻으로서의 과학기술의 힘과 그 한계, 이런 것에 대해서 실제 우리가 전문가는 아니지만 얘기해 보도록 합시다.

다음 세 번째 주제는 전쟁과 평화의 문제입니다. 여기선 먼저 세계 전쟁으로 인류의 멸망이 가능하다는 위기의식과 그 위기 자체에 대한 종교의 입장, 평화 수호자로서의 종교의 역사적인 역할과 미래에 대한 기대를 밝혀 보겠습니다. 그다음으로 종교 전쟁과 분쟁의 문제, 민족 종교, 국가 종교, 호국 종교, 즉 종교와 정치 문제를 포함한 얘기를 한 후에 세계 종교와 종교의 보편성에 관한 종교의 통일 내지는 공통성을 모색해 보겠습니다.

마지막 큰 가지는 차별과 평등의 문제가 되겠는데요. 인종 차별과 남녀 차별의 문제 등을 동서의 역사와 종교적 입장을 대비시키며 논의해 보고, 이어서 국제적으로 남북 대결로 불리고 국내적으로는 계층 간의 불균형으로 나타나는 경제적 불평등을 다룬 후 정치적 불평등 얘기와 문화적 차이, 그리고 종교적 관용의 얘기를 끝으로 마무리 짓도록 해보겠습니다.

지금까지 말한 것이 이 3부 좌담의 개괄이 되겠는데, 이런 문제에 대해서 유(儒)·불(佛)·기(基) 세 종교의 입장에서 구체적으로 말씀해 주시지요.

김__유가(儒家)가 종교냐 아니냐 하는 논란도 있습니다만 넓은 뜻에서 일단 종교라고 보고 이야기해 봅시다. 종교라고는 생각하지 않습니다만.

소__그런 말씀도 하시면서 얘기해 주시면 좋겠습니다.

정__그동안 전통적인 유가의 경험 사례를 중심으로 어떤 경우에는 이러이러한 식으로 대처한다는 것을 이야기했으면 좋겠군요소＿그러니까 여기에서는 크게 불교, 기독교, 유교적 입장으로 생각하시면 되고 문제에 따라서는 기독교 중에서 가톨릭과 개신교의 입장을 모두 생각할 수 있겠죠. 제가 아까 시작을 '종교 현상이 신의 축복이다'라고 기독교 입장에서 얘기했는데 이것은 가톨릭 입장이 될지 개신교 입장이 될지 모르지만……

정＿종파적인 의식은 하지 않고 이야기하는 것이 좋지 않을까요?

소＿네, 그런 의식을 안 하는 것이 좋을 것 같아요. 스님께서도 의식을 안 하셔도 되고요.

고＿그런 경우에는 종파 의식을 안 해도 파란 물감밖에 갖지 않은 사람에게는 빨간 얘기를 해도 파란 물감 얘기로 들으니까……

2) 인구 증가는 축복인가

소＿우선 유가나 불가의 입장에서는 어떻게 보는지 모르겠는데요. 번식한다고 합니까? 하나님이 인간에게 땅을 주고 인구가 증가하는 것이 곧 축복이다 하는 사상이 분명히 있지요?

정＿인구 증가가 신의 축복이라는 것은 기독교 이전 유대교의 기본적인 입장인 것 같아요. 성서에서도 생육하고 번식해서 온 세상을 지배하라고 했죠. 그때는 식구가 많은 것이 중요했거든요.

그러한 유대교 정신이 기독교까지 내려온 것이 사실입니다. 그때 얘기하는 인간의 증가라는 것이 현대적인 의미에서의 인구의 증가라는 개념과 같은 것이냐 하는 것은 다시 한 번 생각해 봐야 할 문제이고요. 여기서는 한 씨족의 숫자가 많이 늘어나서 집안이 풍요해지는 것, 그런 개념에서 얘기하는 것이지 현대적인 입장에서의 인구라는 개념에서 얘기하는 것은 아닌 것 같아요. 그런 의미에서 인구가 는다, 집안이 번족해진다는 것은 근본적으로 긍정이 되어 있는 것이기 때문에 인구 증가는 어떻게 보면 기독교가 부딪친 새로운 문제인 것 같습니다. 지금까지 조금도 느껴보지 못했는데 현대에 들어서 이거 정말 생각해 봐야 할 새로운 현상이다 하고 느끼고 있는 것 같습니다. 또 하나 생각해 볼 것은 문화사적인 측면에서 볼 때 식구가 많아지는 것, 집안이 번족해지는 것을 중요시하는 것은 중국 고대에서부터 내려온 가족 개념과 유대교에서 얘기하는 것이 일치하는데, 다른 종교에서는 가족이 번족하는 것에 대해서는 그렇게 얘기를 안 하는 것 같아서 참 흥미롭습니다.

문화사적으로 볼 때, 유목 민족에서 농경민족으로 넘어오면서 자연적인 필요에 의해 가족이 번족해야 축복이라고 느꼈는데, 그렇다면 역시 사람이 많아지고 식구가 많아지는 것, 신의 축복이라는 것은 하나의 문화적인 특징이 아니었나 합니다. 그렇다면 인구 증가를 그 문화적 정황 속에서 신의 축복으로 여겼던 의식 구조를 가지고 오늘날 인구 증가를 새로운 위기로 의식하고 있는 문제도 해결해야 되지 않겠는가, 다시 말하면 긍정적인 자세로 해결해야 되지 않나 생각합니다. 위기라고 해서 인구 감소만이 해결 방법이 아니라 새롭게 그 증가 현상을 긍정하는 입장에 서야 생명에 대한 장점이 손상되지 않고 문제로 접근해 갈 수 있는 것 같습니다. ……어찌됐든 사람이 많아진다는 것, 특히 가족이 번족해진다는 것이 신의 축복이라는 것은 기독교 입장에서 보면 근원적으로 긍정적인 것 같습니다.

3) 인구 문제는 중국에서 먼저

소＿인구 증가 문제는 역시 종교가 새롭게 당면하는 문제죠. 기독교, 유대교의 성전에 계시라는 것에서 보면 그쪽에서는 그런 시대적 상황 속에서는 이런 것이 문제시되지 않았다는 것 역시 우리가 현대에서 당면하고 있는 문제이고, 그런 점에서 유가(儒家)나 불교에서도 이것을 새로운 문제로 받아들이는 것 같아요.

김＿중국에서 법가가 나오면서 한비자가 이런 얘기를 했지요. 주역(周易) 계사(繫辭)편이나 중용(中庸)을 보면 우주 간 모든 존재가 다

생명인데 생명을 번식시키는 것이 하늘의 뜻이라 해서 '천지생물지심 (天地生物之心)'이라는 말을 아주 강조하고 있어요. 그리고 농경사회에 들어와서는 인구가 더 증가되었지요. 사회 문제가 일어나니까 각 학파 간에 이견이 생겼어요. 우선 유가에서 볼 때는 옛날의 도덕적인 질서, 인간성의 타락 같은 것이 문제가 되는 반면, 법가 계열에서는 경제적 인 문제를 들고 나오거든요. 유가가 얘기하는 것은 옛날 얘긴데, 그때 는 인구가 증가되지 않았기 때문에 짐승의 가죽을 벗겨 입고 열매를 따 먹는 것으로도 살 수 있었던 것입니다. 그러나 그때 한 사람이 자 식을 다섯 낳고 또 그 자식 다섯은 또 다섯을 낳고, 그 다섯은 또 다 섯을 낳고 그렇게 번져서 기하급수적으로 늘다보니까 지금은 경제 문 제에 따른 인구 문제를 생각하지 않으면 안 될 정도까지 왔어요. 그러 니까 경제 문제에 따른 인구 문제는 기원전 4, 5세기에 이미 중국에서 나왔던 것입니다.

번식이 신의 축복이냐 하는 문제도 강하게 대두되는데 이런 것도 있어요. 신의 존재를 중국에서는 인정을 안 하니까 '천지생물지심(天地 生物之心)' 이렇게 말하고 있어요. 남방의 미개 민족들이 번식을 상당 히 중시한다고 그래요. 예를 들어 대만의 경우, 전에 거기에도 미개 민족들이 있지 않았어요? 그들은 우리 부족과 남의 부족 둘로 갈라놓 고 우리 부족이 전쟁에서 이기고 남의 부족이 없어져야만 번식할 수 있다는 거예요. 아주 대립적인 관념이지요. 그들이 흥하면 우리는 망 하고 우리가 강대해지면 그들이 망한다는 대립적 관념을 가지고 있는 것이에요. 그래서 결혼 절차의 한 가지로 큰 나무가 있고 그 밑에 부 족들이 모여서 회합을 하는데 거기에 큰 돌을 갖다 놓는데요. 그러면 한 청년이 자라서 그 돌을 들 수 있는 힘을 가졌을 때 칼을 줍니다. 그 칼은 뭐냐 하면 남의 부족을 죽이는 데 쓰는 것입니다. 네가 2세를 낳으려면 그 숫자만큼 적을 죽여야 한다는 거죠. 그래서 칼을 주면 칼 을 차고, (창을 가지고 나가서 수렵도 하지만) 적과 싸워서 적을 죽이는 일을 합니다. 그래서 우리나라의 뒤주만 한 궤짝에 이족(異族)의 머리가 가득 차야 비로소 결혼할 수 있는 자격을 주었대요. 그것은 뭐냐 하면 근본적인 자아 생명의 연장, 자아 존재의 번식을 강하게 의식하고 있는 것으로 보입니다. 이것은 절대적으로 남의 부족을 멸망시켜야만 자기 종족이 번식할 수 있다고 본 데서 온 번식욕, 즉 일종의 인구 증가의 예가 되겠습니다.

고＿상대방이 죽은 숫자만큼 또는 그 이상으로 우리가 축복받고, 새 생명을 우리가 더 얻을 수 있다는 신앙이 지배하고 있었다는 것인가요?

김＿글쎄요. 그것을 신앙이라고 의식했는지, 신의 축복이라고 의식했는지는 모르겠는데요. 고차원적인 정신을 가지고 있는 사람들도 아니고 미개인들이니까 이것은 강력한 본능적인 측면에서 보아야 되겠죠. 오래 살아야겠다, 더 잘 살아야겠다 하는 본능적인 측면에서 나온 것이 아니겠어요?

소＿그런데 그 본능이 현재 세계적인 인구 정책에도 매우 많이 반영되고 있다고 어떤 사람들이 비판하더군요. 그러니까 백인들이 볼 때 피부색이 저급한 인간이 자꾸 증가하니까 그들의 수를 줄이기 위해 그런 생각을 하는 사람이 있는 것 같습니다.

고＿지금 미국 같은 경우에 그렇다고 하는데, 흑인들이 차에다 아들딸을 몇 십 명씩 잔뜩 싣고 돌아다니면서 이것이 내 자손이다 한다는 얘기도 있더군요.

정＿인구 증가가 그런 의미에서 축복이라면 문제가 참 심각하지요. 구약성서에서는 그렇게 상대적인 개념에서 세력을 확대하기 위한 방편으로 축복을 내린 것은 아니고 상당히 창조적인 개념, 그러니까 생명에 대한 외경의 의미에서 인구 증가를 긍정했던 것 같습니다.

4) 생명의 탄생은 인연의 결과

소__오늘날 중국은 인구가 많은 나라 중의 하나이고, 인도 역시 인구가 많은 나라인데 힌두교 하고 불교는…….

고__본래 힌두교는 불교 이전의 바라문교의 영향을 많이 받았는데 불교도 바라문교의 영향을 받은 한 파다 이렇게 보는 것이지요. 불교는 과거 바라문교를 종교적 배경으로 해서 종교적 사회적 모든 부조리를 감연히 거부하면서 일어난 종교적 성격이 있어요. 지금 생명의 탄생을 축복으로 받아들여야 되느냐 하는 얘기가 나왔는데, 그것을 불교적인 입장에서 보면 역시 김 교수님 말씀과 같이 일단 하나의 생명이 탄생했다는 사실은 인구적인 의미에서보다도 가족적인 측면이나 부족적인 측면에서 축복된 일이고, 바람직스러우며 아주 중요한 일이지요. 문제는 한 사람 한 사람이 태어나는 탄생 자체가 어떠한 절대신의 축복이라는 의미를 갖느냐 아니냐 하는 것이 되겠죠. 여기에서 불교의 입장은 조금 다릅니다.

생명의 탄생을 가족 단위로 보면 그것은 하나의 인연의 결과라고 봅니다. 새로운 생명이 한 가족으로 들어온다든지, 그 부족 그 사회의 일원으로 태어난다는 사실은 하나의 새로운 창조를 해낼 수 있는 인간이 하나 더 늘었다는 의미에서 축복인 것이지요. 불교로 말할 것 같으면 개개 인간은 진리성을 내포한다고 보는데, 그것을 구현해 나가는 역사 속에서 인연의 결합으로 그 사회, 그 집안, 그 부모 밑에서 태어났다는 점에서는 축복으로 받아들여야 되겠지요.

그러나 근본적으로 새 생명 자체가 축복이냐 하는 것은 조금 관념을 달리해야 할 여지가 있습니다. 말하자면 축복해 줄 자가 따로 있느냐, 나에게 생명을 주고 발전시키거나 억제하거나 알아주고 축복해 줄 자가 나밖에 누가 있느냐, 이런 점에서는 조금 생각이 다른 것입니다.

근원적인 생명의 기원은 어디까지나 원래 완전 구족한 진리 구현자인 인간이 자기 내부에서 자기 분열을 일으킨 것입니다. 그것의 반복으로 미혹이 가중되고 그 결과 의식 세계가 달라지는 것입니다. 의식 세계의 차원을 달리함으로써 거듭 자기 착각을 통한 자기분열을 일으켜서 중생 세계가 전개됩니다. 그러니까 자기 내부의 미혹에 의한 자기 착각의 반복, 그 착각의 이적 정도에 따라서, 즉 차원의 같음과 다름을 이동하면서 중생 세계가 벌어진다고 봅니다. 그렇기 때문에 태어남 그 자체는 자기 생명을 착각을 통해서 중생 세계라고 하는 개별화된 생명 과정을 나타냅니다. 하지만 그것은 누가 밖에서 축복해 주는 것보다 그런 의미를 안고 태어났다고 보아야 하기 때문에 축복이라고 생각합니다. 바꿔 말하면 인간이 태어났다는 사실, 그것은 인간이 완전한 자기 문제, 자기실현이라는 목표를 향해서 나아가는 과정 가운데의 탄생이지요. 때문에 자기실현이라는 과업을 진척시킬 기회를 부여받은 것이 곧 탄생이니, 그때에서 보아 탄생은 분명히 축복이 아닐 수 없습니다.

소＿혹시 거기에서 그런 과업을 가지고 낳았다는 것은 예정론이나 결정론적 시각으로 보는 것입니까? 아니면 그런 잠재력을 누구나 갖고 태어나니까 구체적으로 이것이다 하고 정해져 있는 것이 아니고 그런 가능성을 갖고 있다고 보는 것입니까?

고＿후자에 가까운 뜻이지요. 무한한 잠재력과 가능성을 가지고 다시 절대 자유를 스스로 지니고 이 땅에 태어나서 자신이 가진 잠재력을 충분히 발휘할 과업을 지니고 왔다는 뜻이지요. 자기의 본성을 완전히 개현(開顯)하면 성자(聖者)이고, 그렇지 못하면 그 정도의 범부가 되는 것이지만 그 자유권은 우선 각자가 유보하고 있는 권능에 속하는 것이지요. 이 세상에 왔다는 것은 그와 같은 가능성을 안고 그러할 기회를 부여받았다는 점에서 축복받은 것이다, 이렇게 해석해야지요.

5) 동양엔 선택 의식은 없어
정＿인간의 생명 자체는 태어났다고 하는 사실 속에서 긍정적인 의미를 갖는 것으로 보입니다.

결정론을 얘기하든 예정론을 얘기하든 간에 자기실현 과정이 얘기된 그 인간의 사정이 생명의 탄생을 전제한 것이라면 그것이 하나의 긍정적인 현상으로 인정되는 것은 차이가 없을 것 같아요. 불교적인 입장에서나 기독교적인 입장에서나…….

소＿그런데 나는 거기에 차이가 있는 것 같아요. 왜냐 하면 제가 보기에는 상당히 과학적인 입장 같습니다만. 지금 말씀하시는 것이…….

한 개인으로 볼 때는 귀한 생명이고 모든 면에서 축복할 수 있지만, 이것을 인류 전체로 보면 인구 문제가 발생하니까 곧 산아 제한 문제가 나왔다고 봐요. 개인으로 봐서는 모두 생명의 기회를 주었으면 좋겠는데, 불가피하게 산아 제한 문제를 인구 문제로 들여올 때, 지금 말씀하신 그런 식의 사자(死者)의 길도 풀릴 것 같은데, 만일 기독교식으로 아기가 태어날 때 예정이라고 할지 모르겠습니다마는, 그렇게 되면 산아 제한 문제도 굉장히 어렵게 얽히지 않나 이렇게 생각되어서요. 그렇지 않을까요? 나는 차이가 있는 것 같아요.

김＿축복이라는 것은 선택된 자라고 생각해서 그런 것 같아요. 그런 선택 의식 같은 것은 동양에는 없었던 것 같아요.

불교에서도 윤회의 변화 속에서 생명으로 태어나는 것은 어려운 일이라는 얘기를 하고 있어요.

『잡아함경(雜阿含經)』에서 '맹귀우목(盲龜遇木)'이라는 얘기가 있지요. 눈먼 거북이가 바다 밑에 있습니다. 그런데 이놈이 3천 년이 되어야 한 번 떠올라 오거든요. 그리고 사해에 떠돌아다니는 구멍 뚫린 널빤지가 있습니다. 이놈하고 일치되어야 되는데, 바로 이런 게 인연의 회합이지요. 그런데 눈이 멀어서 3천 년이 되어서 떠올랐는데, 이 널빤지를 못 만나고 그냥 떠내려가요. 그래서 3천 년을 기다리다가 또 올라와요. 때로는 널빤지가 바로 거북이와 같은 수면에 떠 있어도 시간적 거리가 안 맞으니까 못 만나고, 또 바다 속으로 내려가야만 해요.

이런 걸 보면 인연이란 게 얼마나 어려운 것입니까. 그 어려운 인연이 닿아야 생명이 탄생한다는 것입니다.

흔히 인연의 세 가지 어려움을 얘기하고 있는데 그렇게 해서 올라 갔다 내려갔다 수억 겁을 거쳐서 이 세상에 온 생명이지만, 얼마 못 살고 죽어야 합니다. 생명이 한 번 가면 또 언제 그런 인연을 만나서 이 세상에 올지 모르기 때문에 인연 만나기란 어려운 것이지요. 그리고 그런 인연을 만나 세상에 나타난 생명 중에서도 초목, 금수 등 여러 현상 중에서 인간으로 태어난다는 것이 또한 어렵지요. 설사 인간으로 태어났다 해도 성자를 만나는 것이 어렵고, 성자를 만나서도 옳게 깨닫는 것이 어려워요. 아까 스님 말씀대로 미(迷) 속에서 살다 가는 것은 위대한 성자를 못 만나서 그런 것이 아니에요? 그래서 각자(覺者)를 만나서 '인간이란 이런 것이구나' 하고 깨달을 적에 진정한 생명의 희열이 있다고 봐요. 논어에 보면 '朝聞道면 夕死라도 可也라'고 한 말도 그런 의미인 것 같아요.

그런 것을 보면 생명으로 이 세상에 오기도 어렵고, 인간으로 태어나기도 어려우며, 인간으로 태어났다손 치더라도 성자를 만나고 좋은 세상을 만나서 각(覺)한 삶을 살다 가는 것은 더더욱 어려운 일이지요. 이렇게 보면 인간으로 태어났다고 하는 것 자체도 이미 선택된 것이니까 축복이라고 볼 수 있겠지요.

또 『열자(列子)』에 보면 이런 말이 있어요.

한 노인이 굉장히 희희낙락해서 노래를 부르는데 공자가 물었습니다. "당신은 뭐가 그렇게 기뻐서 희희낙락하고 있소?" 하고 물으니까 대답하기를 "아, 어찌 기쁘지 않겠소 천지간에 만물이 있는데 그 만물 중에서 인간이 가장 귀하지 않소. 또 그런 인간 중에서도 남자가 귀한 것 아닙니까(男尊女卑라는 말이 여기서 처음 나옵니다). 그런데다가 나는 아흔을 살았으니 기쁘지 않을 수가 있소." 이렇게 얘기를 한 적이 있어요.

그것을 본다면 '선택된 생명에 대한 희열은 동양에도 있었다' 이렇게 생각할 수 있습니다.

6) 누가 살고 누가 죽느냐

소＿그러면 이렇게 생각해 보면 어떻습니까? 나라는 특정한 인간이 태어난다는 것은 생물학적으로나 생리학적으로 보아도 몇억 분의 일로 태어나거든요. 확률적으로 말하면 그런데, 그런 나라는 개인을 중심으로 볼 때 그 몇 억이라는 것도 암수가 합쳐지고 환경만 주어진다면 하나의 생명으로 다 태어날 수 있습니다.

바다에 생명들이 무수하게 자라나지 않아요? 그럴 때 가령 태어나지 못하는 쪽으로 생각해 보면…….

김＿그것은 억울하다 이거예요.

소＿억울한 것이 아니라 이 공간에 초목들이 살아갈 수 있는 수가 제한되어 있으니까 발아했다가 제한으로 없어집니다.

그러면 거기서 살아나는 것도 있지요. 그런데 살아난 놈도 역시 같은 조건 속에서 어떤 놈은 나왔다가 또 말라 죽게 되고……. 그렇다면 인구가 전체적으로 너무 많기 때문에 제한을 하자, 자연은 자연의 법칙에 의해서 해결되지만 우리가 판단했을 때, 인간이 하지 않으면 자연이 하겠지요. 즉 자연이 하기 전에 인간의 힘으로 하자는 거죠.

요즘은 과학 기술이 발달되어서 인위적으로 제한을 하자, 이렇게 했을 때 누가 살고 누가 죽느냐 하는 것이 문제가 되겠지요.

어떤 아이는 태아로 났다가 죽어야 되고 어떤 생명은 산아 제한에 의해서 죽게 되고, 그러니 누가 살고 누가 죽느냐 하는 문제가 제기되는데…….

7) 늘리는 것도 인구 문제

김＿인구 문제는 인구를 줄인다는 것만 뜻하지 않아요. 인구가 희박했을 때 인구를 늘리는 것도 인구 문제이고, 인구가 많을 때 줄이는 것도 인구 문제지요. 역사상 나타난 것을 보면 인구가 적어서 인구를 증가시켜야 되겠다는 것이 먼저였던 것 같고 그 후 인구가 급증하니까 인구를 줄여야겠다는 것이 뒤에 나온 것이지요.

중국 역사에 이런 일이 있어요.

한나라 말 중국 인구가 7천만이었다는데, 30년 전쟁을 겪으면서 천 6백만으로 줄어버렸어요. 그래서 인구를 늘리기 위한 정책을 펼쳤어요. 그 정책으로 남녀가 20세에 이르렀을 때 장가가고 시집 안 가면 세금을 물리게 했어요. 부역도 시켰지요. 결혼해서 분가 안 해도 세금을 물렸어요. 그러니까 동양은 대가족 제도만 가지고 살았던 것같이 얘기들을 하는데, 동양에도 때로는 핵가족 제도가 있었다고 봐야 합니다. 분가 안하면 세금을 물렸거든요.

인구를 증가시켜야겠다는 목적으로 그런 제도가 나온 거지요. 내가 듣기로는 우리나라에서 을지문덕 장군이 수효가 많고 강대한 중국 민족을 의식했기 때문에 인구 증가 문제를 들고 나왔다고 해요.

그러니까 인구 문제에는 두 가지가 있는 데 그중에서 인구를 줄여야 되겠다는 것이 지금 나와 있는 것이지요.

2. 産兒 制限

1) 인구 문제의 종교 문제화

소__인구를 줄여야 하는 지금 상황에서 종교적인 이유 때문에 산아 제한을 못한다, 피임약을 못 쓴다는 문제가 말썽이 되고 있는데요. 피임약을 쓰는 것은 그렇게 문제가 되지 않는데 임신 중절이라는 것은 굉장히 문제가 큰 것 같습니다.

정__지금 제기하신 문제를 인구 증가가 왜 종교적으로 문제가 되느냐 하는 방향에서부터 정리해 볼 수 있을 것 같습니다.

제 생각에는 생명의 탄생 자체는 어떻든 경이적인 것임에 틀림없어요. 그런데 그것이 두 가지 차원에서 문제가 된다고 생각해요.

인구가 증가하니까 인간의 가치가 상실된다는 지극히 현실적인 데서 생기는 것 하고, 또 하나는 제한된 환경 속에서 자꾸 불어나니까 상대적으로 마음 놓고 증가할 수 없는 데서 생기는 또 하나의 현실적인 문제가 바로 그것입니다.

그런데 생명의 탄생 혹은 인구 증가를 단순히 신의 축복, 혹은 자연의 리듬이라고 받아들인다면 우선 그 축복의 인지에서 끝나고 그 이상으로는 종교가 문제시할 수도 없습니다. 그렇게 되면 종교는 인구 증가 문제에 대한 어떠한 해결책도 제시할 수가 없지요.

그러나 인간의 자율성으로 생명을 컨트롤할 수 있다고 생각하기 시작하면 거기에서부터 종교적인 문제가 시작될 것 같아요. 그러므로 종교가 지닌 인구에 대한 관심을 인구가 늘어나느냐 줄어드느냐 하는 것이라기보다, 생명에 대해서 인간이 어떻게 책임 있게 참여할 수 있느냐 하는 문제로 귀착될 것 같습니다. 산아 제한이 인구 문제와 관련하여 첨예화되는 것이 바로 그런 이유 때문일 것입니다. 그래서 인구 문제가 종교 문제가 되는 것은 인간의 생명에 대해서 인간이 어느 정도 권리와 책임을 가지고 참여할 수 있느냐 하는 것 때문에 생기는 문제라고 정리해 보면 산아 제한 문제에 대해서도 어떤 언급을 할 수 있을 것 같아요.

소＿그렇다면 의학 기술, 의학의 발전 자체가 참여하는 것이지요. 그렇다면 그것까지도 종교적인 문제로 일단 걸고 들어가야 될까요?

정＿결국은 지금 우리가 산아 제한을 의학적으로 할 수 있으니까 생기는 문제가 아니겠습니까?

소＿산아 제한 이전에 우리가 자연 그대로 태어났다가 질병으로 죽는 사람이 많아서 높은 사망률을 기록하던 것을 기술적으로 고치거나 개발시키고, 자연의 정복도 우리가 다른 면으로 해석하고 개발시켜서 결과적으로 나타난 것이 인구 증가입니다. 거기에 이미 우리가 참여해 버린 것이지요.

정__생명에 대한 존중, 생명에 대한 긍정에서부터 쭉 참여해 온 것이지요. 생명은 귀한 것이니 살려 보자는 자세로 쭉 해왔던 것인데, 이제는 생명의 창조 과정 자체에까지 참여하게 된 것이지요. 예를 들면 이른바 전통적인 입장에서의 신의 섭리마저도 생리학적으로 거부하게 된 것이지요.

그것까지 거부했을 때 인간이 할 수 있는 참여의 한계 같은 것이 지금 고전적인 개념에서의 종교적 신비와 맞부딪치는 것이지요.

소__선을 바다에 긋는 것이에요. 생명이 귀중하기 때문에 생명을 번식하게 하는 것에의 참여도 별 문제없이 허용되었고, 그 다음에 번식의 도가 지나쳐서 인구가 팽창되니까 제한을 해야겠다 할 때, 그때 종교적인 문제가 나오는 것이겠군요.

2) 존엄성의 거부가 문제

고__그 점에 대해 저는 불교적으로 생명을 보는 의미에서 이렇게 생각합니다. 오늘날 생명체까지도 문제가 되는 것은 이런 데 있다고 봅니다. 우리의 사회생활 전체가 인간 생명의 자율적인 활동의 전개이고 자율적인 자기 발전적 현상이라 하겠는데, 사회적 인위적 제한이 생명 활동의 사회적 조건이나 환경을 벗어나 근원적으로 생명 자체 문제의 영역에까지 개입해 들어올 때 자연히 종교가 소리를 지르고 나서는 것이지요.

그러니까 종교는 생명 문제에 대해서 근원적인 생명의 존엄성을 거부하는 과정을 문제로 삼지요. 예를 들면 산아 제한 문제에 있어서 자원이 부족하다든가, 경제의 지속적인 성장을 위해서라든가, 노동 실업자적인 산아 예비군들의 증대를 막기 위해서 생명 자체의 생산 과정을 억제하자는 것을 문제로 삼는 것입니다. 이것은 사람의 생명을 마치 경제 동태에 따라 공장에서 생산을 억제하든지, 풀가동하든지 하는 식으로 조정하자는 것이 되니까요.

소_ 문제는 과연 종교가 그런 입장을 취하는데 어떤 타당성이나 일 괄성이 있느냐 하는 것이겠죠. 인간과 동물의 차이는 그 전에도 동물은 본능에 의해서 암놈과 수놈이 자연히 번식 작용을 하는데, 인간은 그것을 판단하게 되어 있어요. 딸 셋을 낳고, 또 아들 낳으려고 할 때는 이미 판단을 해서 생명을 만드는 데에 이미 개입을 한 것이지요.

인간에겐 그런 권리가 주어져 있는데, 인간을 줄인다는 의미에서 산아 제한 할 때 과연 아들을 더 낳기 위해서 남녀 관계를 맺느냐 하는 것을 결정한 때의 결정과, 또 지금 이미 태아가 생겼는데 도저히 출산하여 기를 재간이 없으니까 산아 제한을 하자고 결정하는 것하고 어떤 차이가 있는지요?

3) 육체는 다만 옷일 뿐

고_ 그것은 문제가 있지요. 생명을 이 땅에 탄생시킬 수 있는 행위인 애정의 결합 행위가 임의로 선택할 수 있는 것이기 때문에 그런 기회를 주느냐 안 주느냐 하는 것부터가 우리가 창조에 관여하는 것이 되지요. 이런 관여를 우리가 능동적으로 인정하는 것이라면 수태 이전에 조절한다든지, 몇 달 성장한 다음에 조절한다든지 하는 한계를 어떻게 두어야 하느냐에 있지요. 거기에는 우리가 임의로 개입할 수 있는 한계점이 있지 않느냐 생각합니다.

인간이 육체를 가지고 있어야만 인간인 것은 아닙니다. 인간은 육체 이전에도 스스로 자기 성품으로 존재하고 있는 것이며, 그것이 착각을 일으켜서 여러 가지 종류의 자기 개성을 실현합니다. 그런데 그러한 개성을 가진 내가 인간으로 오게 된 상태는 무엇이냐 하면 이렇게 봅니다. 그것을 가령 영(靈)이라고 표현한다면 부모는 영이 이 땅에 태어나는데 필요한 요건을 만들어 주는 것입니다. 부모는 인간 세계에서 입고 다닐 수 있는 육체라는 옷을 만들어 줄 뿐이요, '나'라는 영은 부모가 만들어 주는 옷을 입고 태어나지만 영 자체는 부모의 것은 아닙니다. 부모와 그 집안에 인연이 맞아서 그 집안에 태어난 것이지요.

아까도 말씀드린 바와 같이 일반적으로 인간이라는 사이클을 통해서 자기가 향상할 수 있는 기회가 부여되는데, 그 부모와 인연이 맞아서 이 세상에 오는 것입니다. 그러므로 부모가 해 줄 수 있는 한계는 우선 인간 세계에서 입을 인간 옷을 만들어 주는 데 있다 하겠지요. 물속에 들어갈 때 잠수복을 입고, 산에 갈 때 등산복을 입으며, 계절이 다 지나면 낡은 옷을 벗어 버리는 것처럼 말입니다.

옷을 벗겼기 때문에 인간은 육체에서 벗어납니다. 이것이 육체의 죽음이지요. 그렇다고 인간이 그것으로 끝나거나 멸망하는 것이 아닙니다. 육체는 옷이고 부가된 것이지 나 자신은 아니기 때문입니다.

4) 인위적 개입엔 한계 있어

소__ 말씀 도중에 질문 하나 하겠습니다. 영혼의 상태에 있는 영혼의 수가 얼마나 많든 간에 현재 우리가 문제 삼고 있는 것은 육신을 입고 태어난 영혼의 수, 그게 바로 인구 문제거든요. 어떤 육신의 옷을 입었든 상관없이 육신에 영혼이 갇혀 있는 동안, 육신의 옷을 입고 있는 동안은 살아 있는 것인데 일단 이것을 벗으면…….

고__ 아까 말씀드리던 것을 끝맺겠습니다. 우리가 개입할 수 있는 한계는 옷을 만들 수도, 안 만들 수도, 취소할 수도 있다 하겠지요. 그러나 '수태'라고 하는 상태와 같이 일단 육체적인 결합을 이뤘을 때에는 이미 영의 상태에서 물질적, 육체적 현상과 결합을 이룬 것입니다. 그러니까 우리의 영과 육은 일시적으로 결합되어 있는 상태이기 때문에 정자와 난자가 결합한 이후에 착상을 거부한다든지, 정란을 제거한다든지, 성장을 억제한다든지, 성장한 것을 중간에 끊어 버린다든지, 이런 여러 가지 방법으로 인간으로서의 성숙 과정을 끊어 버리는 모든 행위는 근본적으로 생명의 존엄성에 도전하는 것이기 때문에 용납할 수 없지요.

소__거기에 아주 큰 차이가 생기는 것 같아요. 정자와 난자가 결합해서 태아가 태어나는 것은 옷을 입은 것이고, 그 이전에는 그렇지 않을 것 아닙니까?

고__개입할 여지가 없는 것이지요.

정__그렇다면 지금 말씀하신 것은 옷 입힌 것에 대한 책임을 져야 한다는 말씀으로 이해할 수 있을는지요.

소__옷 입힌 것에 대한 책임을 져야 되는 것이라면 책임 문제로 들어가기 때문에…….

김__현대의 인간들이 생명 창조에 깊숙이 관여하고 있다, 그러나 동양의 자연주의적 사상에서 보면 오히려 참여하고 있는 것이 아니라 거부하고 있는 것이에요. 자연스러운 생명 창조의 순환을 인간이 거부하고 있는 것이지요. 그러니까 인간이 세상에 올 때는 피투적(被投的)인 것인데 와서는 자유롭기를 원하거든요. 자기의 의욕이나 욕심을 가지고 있죠. 거기서 우리가 오래 살고 싶다, 우리 같은 생명을 더 많이 갖고 싶다고 해서 있는 지력을 다해서 결국 오늘과 같이 깊숙이 참여하고 들어갔는데, 이것은 인간의 욕망일 뿐 노자의 입장에서 볼 때 순환하는 자연에 위배되는 것이 아니겠어요? 중국에서도 불로장생이니 이런 욕망이 많이 생겼지요. 특히 제왕이 되면 많은 것을 누리며 오래 살려고 하고, 죽지 않으려고 하는 경우가 많았어요. 이런 우스운 이야기가 있습니다.

제경공이 두 신하를 데리고 높은 산에 올라서 자기 나라를 죽 둘러보았는데 풍요로운 산천이 참 좋거든요. 그때 제경공이 갑자기 뭔가를 느꼈단 말이에요. "아, 이렇게 아름다운 산천을 두고서 죽어야 하니 슬프다. 죽고 싶지 않다." 그러면서 눈물을 흘렸어요. 이때 그 옆에 있던 신하 하나가 "지당하신 말씀입니다. 우리 같은 천한 목숨도 오래 살고 싶은데 임금님같이 귀한 몸이 죽고 싶겠습니까." 그래서 같이 울었대요. 그런데 옆에 있던 한 신하가 픽 웃었거든요. 그러자 제경공이 "과인은 너무 슬퍼서 우는데 경은 왜 웃는가?" 하고 물었어요. 그랬더니 그 사람이 자연주의 입장에서 생각해 보라는 것이에요. 사람이 죽지 않고 오래 산다면 어떻게 지금 임금이 제왕이 되었겠느냐는 것이지요. 옛날에 왕이던 사람이 아직까지 살아 있었을 것이 아니에요? 그러면 임금이 이 세상에 왔을는지도 모르고 설사 왔다 하더라도 도롱이나 입고 농사짓는 사람이 되었을지도 모른다는 것입니다. 그러니까 생을 거부할 수도 없거니와 사를 거부해서도 안 된다는 것이지요. 그 말을 듣고 왕이 깨달았어요. 껄껄 웃으면서 "그렇다, 경의 말이 맞다!" 이 이야기를 보면 인구가 증가하는 것도 오래 살아야겠다, 더 건강해야겠다, 이런 생각을 자꾸만 해서 순리대로 왔다 가야 하는 것을 역행하고 있는 것이 아니겠어요. 죽게 된 것도 살리려고 하고……. 또 그만한 능력이 인간이 어느 정도 생겼고, 그러니까 오히려 그것은 참여보다도 거부라는 것입니다.

5) 참여 아닌 거부일 뿐

소__그러나 남녀가 관계를 맺어서 태아가 생겼을 때 자연 그대로 두면 태어나서 사는 것이지요. 역시 그 이론에 의해서도 임신 중절은 안 되겠지요?

김__그것은 필요 없지요. 또 죽는 것을 거부할 필요도 없는 것이고. 동양에서는 죽음이라는 것이 문제가 되지 않아요. 서양에서는 죽음이 문제가 되었기 때문에 기독교가 일어난 것이 아닙니까?

소__죽음 문제는 뒤에 또 나오니까 연결시키지 말고, 태어나게 하느냐 안 태어나게 하느냐 하는 임신 중절 문제에 대해서 이야기를 계속해 보지요

김__자연주의에서는 그런 판단이나 그런 욕망을 가져서는 안 되지

요. 자연을 거부하는 것이 되니까요.

정__지금까지의 얘기가 제가 듣기에는 상당히 고백적인 진술처럼 느껴집니다. 생명을 이렇게 보아야 한다든지, 생명의 본질은 이런 것이라고 터득한다든지 하는 말씀 등이…… 그런데 산아 제한의 문제는 그 본질을 터득하기 이전에 우리의 현실 속에서 아주 구체적인 메커니즘으로 작용하고 있지 않습니까? 난자와 정자가 결합되는 순간이라든지, 그것이 성장되어가는 단계에서 끊어진다든지, 이런 것은 상당히 현실적인 문제거든요. 생명이 옷이라든지, 혹은 자연 속에서 생겨지는 풀씨 같은 것이라든지 간에 고백적인 혹은 형이상학적인 차원에서의 주장만으로 끝나지 않는 데에 산아 제한의 현실적인 문제가 있는 것이지요.

김__지금 문제가 자연을 거부했기 때문에 일어났으니까 이것은 해결해야 됩니다.

소__자연주의를 거부해서 문제가 일어났는데 의학의 발달도 다 그런 것인데…… 자연주의로 문제를 해결할 수 있느냐 이것이지요.

김__일차적으로는 인간이 그만한 능력을 갖추었기 때문에 문제가 일어난 것이 아닙니까? 그런 능력을 갖고 있으니까 그러한 능력을 믿고 문제를 풀어보겠다는 것이 아닙니까? 그렇다면 한번 그 능력에 의존해 보아야지요.

소__그러면 임신 중절 같은 것도 거기서…….

김__임신 중절도 인정되겠지요. 인구 폭발로 일어나는 문제를 해결하기 위해서인데 어떻게 하겠어요? 질서를 위해서는 할 수 없는 것 아니에요? '결자해지(結者解之)'라는 말처럼 문제를 인간이 만들어 놓았으니까 인간이 해결해야지요.

소__문제를 우리가 만들어 놓았으니까 그럴 수밖에 없다…….

고__그 이야기가 논리적으로 인정이 됩니까?

김__논리적인 것보다도 이미 현실이 그렇게 되었으니까…… 본래는 있어서는 안 될 것인데 이것이 있거든요.

고__그것도 자연입니까?

김__인간이 관여했으니까 부자연이지요.

고__자연주의적인 입장에서 그것은 있을 수 없지요?

김__일차적으로 인간의 힘에 의해 자연 질서에로 복구할 수밖에 없지 않아요? 또 인간이 그만한 능력을 가지고 있기 때문에 관여해서 그렇게 되었으니까 인간에게 그걸 해결할 능력도 있다고 봅니다. 만약에 그것이 인위적으로 불가능하다면, 결국 종교적 도의도 소용없는 게 됩니다.

의학 기술로 저지른 문제를 일차적으로는 과학 기술로 풀어 보자는 것인데, 종교적인 견지에 어긋난다고 반대만 할 수는 없잖아요?

6) 중절은 살인 행위

고__그것은 조금 무리가 있지 않겠어요? 우선 생명의 탄생을 수태와 태내에 있어서의 성장, 출산 과정에 인위적으로 개입해 들어가 생명의 존엄성에 도전해 오니까 일차적으로 생명의 옹호자로 자처하는 불교 입장에서 문제를 들고 나옵니다. 오늘날 중절이니 피임을 위해 여러 가지 방법을 쓰고 있는데 이런 것이 과연 뭐가 연구가 되느냐, 현재는 어떤 방법이 연구가 되느냐, 안 된다면 왜 안 되느냐, 안 된 다음에 어떻게 할 것이냐, 하는 문제는 그 다음의 문제입니다.

문제는 우리가 종교적인 입장에서 이러한 문제가 과연 용인될 수 있느냐를 문제 삼아야 합니다. 그런 입장에서 오늘날 제가 알고 있는 피임 방법을 볼 때 그것들은 모두 용인할 수 없다고 봐요. 중절은 말할 것도 없고 피임도 문제예요. 현재의 방법은 인간에 대한 중대한 모독 행위라고 봅니다. 인간의 심성을 험악하게 만들고, 인간을 타락시키고, 인간을 물질시하고, 인간을 감각주의적으로 만들어 낼 요인을 조성해서 인간의 정신적인 황폐화를 가속화시킨다고 봅니다. 그래서 현재 사용하고 있는 중절은 말할 것도 없고, 피임 방법도 있을 수 없다는 거죠. 중절은 살인 행위예요. 또 방법에 따라서는 산모에 대한 중대한 모독이지요. 인간의 생명이 무엇인지도 모르고 기계에서 물건을 생산해 내는 것과 같은 것이 되니까요. 이런 발상은 유물론적 인간관에서 유인한다고 봅니다.

소__임신 중절이라는 것이 살인이라는 것은 인정하지만…….

김__어디에서부터 생명으로 치느냐 하는 것도 문제지요.

소__그것도 문제인데 피임 방법은 여기서 문제가 안 된다고 생각했는데, 지금 스님께서 말씀하시는 것은 그 피임 방법이 가져오는 윤리적인 부작용을 말씀하시는 것인지요?

고__우선 그렇다고 말씀드리겠습니다. 그러나 중절을 어느 때부터로 치느냐가 문제이지요. 생명은 태내에서 성장하고 그 후에도 성장합니다. 그런데 피임 방법 중에 어떤 것은 태내에서 성숙하는 과정에 있는 생명에 개입해 들어오기 때문에 이런 방법은 안 된다는 겁니다.

소__저는 그것을 임신 중절로 생각하고 피임은 정자와 난자가 만나는 것을 만나지 않게 하는 것으로 보는데요…….

정__정자와 난자가 만나지 못하게 하는 것, 그것조차도 어그러지는 것이라고 보는 것이지요.

고__생명관이 서로 다르니까요. 가치관의 문제, 도덕의 문제, 사회의 문제와의 관계 등 문제가 있습니다.

그 다음으로 수태는 어디에 기준을 두느냐 하는 것을 말하고 넘어가야 됩니다. 우선 매우 험악한 법이 일본에 있다고 하더군요. 8개월이 못 되는 태아는 중절해도 좋다고 하더군요. 7개월 얼마까지는 중절해도 된다는 격이에요. 그 기간이 지나면 사람이기 때문에 살인에 준하는 상해죄로 걸리고 그 이전에는 관계없다는데요. 말하자면 생리적으로 육체의 일부분을 떼어 내는 것이다, 태아는 내 육체의 일부이니까 내 마음대로 떼도 좋다는 건데요. 7주내지 3주 이전에는 수태 여부

를 확인할 수 없는 상태이고, 이것은 수태가 아니기 때문에 중절시켜
도 살인이 아니다, 이런 논리입니다.

그러나 저희는 근본적으로 영혼과 육체가 결합하는 순간을 수태의
시기로 보기 때문에 그것을 억제하는 모든 행위는 용인이 안 되지요.
한국에서도 있는지 모르겠습니다만 작년에 미국에서 개발이 되어 실
험을 하고 있다는데요, 수태 조절법이라는 것이 있습니다. 결합 후 일
정한 기간 생리가 없으면 주사기 같은 것으로 자궁의 내용물을 빼내
는 것이지요. 그것은 수태 여부가 미확인 상태이기 때문에 수태 상태
에 있는 생명의 성장을 중단시키는 양심적인 가책도 없고 아주 간편
하다는 거예요. 그런데 그것까지도 용인 안 되는 것이지요. 또 지금
행해지고 있는 피임 방법이 여러 가지 있지만 안 된다는 이유는 또 있
어요. 아까 좀 말씀드렸지마는.

7) 충동의 억제도 죄인가

김__그러면 이런 질문은 어떻게 될까요? 남녀가 육체적인 관계를
안 하고 금욕 생활을 하는 것은 어떻게 됩니까? 남자와 여자가 충동이
생겼는데 그것을 억제하는 것은 혹시 죄악이 안 되는 것인지요?

고__그것은 하나도 생명을 죽이는 것이 없지 않아요?

김__그것도 자연에서 보면 막는 것이 아닙니까?

고__제가 독신 생활자인데요. 제 생명에서 제가 스스로 세포 분열
하는 과정을 억제하면 불가하다는 이야기입니까?

김__그것도 여기서는 이야기가 될 수 있는 문제인 것 같아요. 이것
을 별개시한다면 난자와 정자가 만나지 않게 했다고 했을 때는 이것
도 역시 정당한 것은 아니지 않겠어요.

소__그것이 구별이 분명히 되는 것 같아요. 스님 말씀대로 난자와
정자가 결합함으로써 영혼이 입을 수 있는 하나의 옷이 생기는 것이
아니겠어요? 그리고 결합을 억제하는 모든 피임 방법은 결합을 막는

것이에요.

김＿난자와 정자가 만나는 것을 막았잖아요. 그러니까 자연 상태에서 볼 때에는 남녀가 충동이 생겼다는 것은 자연스러운 발로이니까 그냥 놔두는 것이 옳지, 그것을 극복했다는 것은 확대 해석하면 난자와 정자를 만나지 못하게 한 것과 통하지 않느냐 이것이에요.

소＿둘 다 반자연주의적인 입장인 것은 마찬가지인데 그 구별이 그렇게 중요할까요?

고＿그것과 이야기가 조금 다르지만 한 말씀드리겠습니다. 옷을 만들든지 안 만들든지, 옷은 만들었다고 해서 항상 거기에 맞는 옷 임자가 들어오는 것은 아닙니다. 지금 자기가 어떤 충동이 생겼다고 해서 그것을 충분히 발휘하도록 그냥 내버려 두는 것이 과연 옳은 길이냐, 불교에서는 그렇게 보지 않아요.

인간이 참된 자기 자성을 회복해서 참된 자아의 완전 개현을 향하여 부단히 노력해서 도약해 나가는 것이 인생의 길이요, 자기의 완성입니다. 그렇기 때문에 방종하게 충동이 생기고 조건이 생기는 대로 그에 응하는 것은 자연스럽고 옳은 일이며, 거기에 대해서 제약을 가하거나 인위적인 조치를 하는 것은 옳지 않다고 본다면 이해가 좀 안 가지요.

3.생명의 실체

1) 자살은 배덕(背德)이고 살인인가

소＿아까 김 교수님이 생명 문제와 죽음 문제가 연결이 된다고 했는데, 가령 자기 영혼이 육신을 입고 쭉 자라는데 성장하면서 60, 70까지 자라서 스스로 판단해 볼 때 더 이상 살아 봐야 여러 가지로 죄스럽기만 하고 남에게 피해만 끼치니까 자살을 한다고 할 때, 그렇게 함으로써 영혼은 이제 옷을 벗고 가는 것 아니겠어요? 아까 그 이론을 그대로 따르면 그것은 종교적으로 또 안 되는 것입니까?

고＿불교에서는 절대로 용납 안 합니다.

소＿그 이유는 무엇입니까?

고＿마찬가지입니다. 인간은 그 옷과 그 인연을 통해서, 또한 그 생의 과정과 환경을 통해서 자기에게 주어진 수행이라는 향상 과업을 지니고 있습니다.

그렇게 해서 주어진 인연을 자각 없이 고통을 느꼈다거나, 염세에 빠졌다거나, 아니면 화가 났다고 해서 그것을 스스로 파괴해 버린다는 것은 성스러운 금생의 의미를 스스로 부인하는 것입니다. 그것은 자기 포기이고 배덕(背德)이며, 있을 수 없는 일이고, 살인이나 마찬가지입니다.

소＿아까 예를 들어서 말씀하신 것은 인생의 욕심이 아니냐 하셨는데 이제는 그 생명을 만드는 과정에서 욕망을 억제하는 것이 옳다고 말씀하셨잖아요? 만일 이것을 인연으로만 해석하지 않고 더 오래 살고 싶기 때문에 남에게 부담을 주면서 생명을 연장시키고 싶은 것이 하나의 욕심이라면, 그 욕심을 버리는 것이 결국은 인연 문제 때문에 걸리는 것이군요?

고＿그런데 지금 말씀하신 것과 같이 어떤 사람이 자기가 삶으로 인해서 본인이 고통을 받을 뿐만 아니라 많은 사람에게 부담을 주고 있다, 그 부담으로부터 벗어나기 위해서 내가 스스로 생명을 끊어야겠다, 이런 말씀 같습니다마는 남에게 부담이 되고 있는 괴로움이라도 참고 견뎌서 끝까지 자연스럽게 생명을 완수해야지 스스로 판단해서 인위적으로 끊는다는 것은 용납이 안 됩니다.

이것은 일반적으로 이해를 해 주지 않을 것 같아서 제가 말씀드리고 싶지 않습니다마는 인간이 세상에 태어나서 고생 고생하다가 죽어간 사람이 반드시 죄의 과보를 받아 죄의 대가를 치르기 위해서 태어났다든지, 아니면 부모가 죄를 지었기 때문에 부모에게 고통을 주기 위해서 그런 과보를 가지고 태어났다거나 하는 것이 아니라는 사실입니다. 어떤 경우에는 고급 영이 자기 스스로 그런 고통을 안고 태어나 스스로 영적 향상을 위해서 고생 고생하다가 긴 수명도 누리지 못하고 짧게 살다가 죽는 경우도 있다 합니다.

고난을 통해 자기의 영성을 신속히 도야한다는 것이지요. 그러니까 참아 견뎌내고 인내하면서 그 생을 성실하게 성력을 다해야 된다는 것입니다.

소＿그런데 작년에 콜롬비아 대학에 딸린 세계적으로 유명한 유니온 신학교의 학자로서, 특히 기독교의 장로교에서 거물급 지도자였던 반 두센이라는 분이 은퇴 후에 부인과 둘이서 아파트에서 생활하다가 동시에 자살한 사실이 있습니다. 반 두센은 남자니까 강해서 다시 살아났거든요. 그런데 또 다시 약을 먹고 자살해서 타임지에서도 문제가 되고 했지요. 그분의 자살을 어떻게 해석하고 어떻게 받아들입니까?

2) 자살과 타살의 구별

정＿생명의 창조에까지 인간이 책임을 지고 참여할 수 있다면 논리적으로 볼 때 생명을 단절시킬 수 있는 권리나 책임이 인간에게 있다고 볼 수 있겠죠.

그러나 자살의 문제는 진정한 의미에서의 자살이 있느냐 하는 사회 심리학적인 측면이 더 존중되어야 할 것 같습니다. 혹자는 진정한 의미에서의 자살이라고 하는 것은 없다, 그것은 오히려 타살이다 하고 주장하기도 합니다. 그러니까 자기 생명을 단절한다는 순수한 개념적인 입장에서 정말 그런 행위가 가능하겠느냐, 혹은 해도 괜찮은 거냐 하는 것을 종교가 묻기보다는, 사회적인 연계 속에서 그를 자살하게 한 많은 복합적인 요인이 그에게 작용했다는 것이지요. 그렇기 때문에 자살도 물론 타살과 같은 것은 아니지만, 일종의 타살의 범주에 넣어서 사회가 책임져야 하는 행위, 도덕적인 행위로 봐야 보다 현실적인 관심이 진전되지 않을까 싶습니다.

소__그러나 그것이 위험한 이유는, 그렇게 되면 개념적으로 자살과 타살이 구별되지 않습니다. 사회적인 모든 문제를 감안하면 자살과 타살을 구별하는 것이 좋겠어요.

김__자살을 하는 것은 자기 요인에서만이 아니고 환경이나 기타 요인도 있으니까 그런 의미로 타살이 아니냐 이런 이야기이지요.

정__물론 하나의 현상으로 볼 때 자살과 타살은 구별되어야 하지요. 그런데 문제는 사회 심리학적인 측면을 무시한다면 생명 창조에 관여한 인간이 죽음에 관여할 수도 있다는 논리 전개를 거절할 수 없을 것이고, 그렇게 되면 종교적으로 자살 행위를 그릇된 것이라고 막을 수는 없게 된다고 생각되어요.

소__그러니까 충분히 감안하더라도 어디에 선을 그어서, 물론 어떤 죽음이나 사건도 그 복잡한 원인을 따지면 외적인 요소와 내적인 요소가 다 있을 겁니다. 그러한 어디에 우리가 이념상으로 선을 그어야지, 예를 들었던 반 두센의 경우를 타살이라고 하기에는 곤란하지 않느냐 이것이지요.

정__그의 죽음이 자살이 아니라고 주장하는 게 아니라 반 두센의 경우도 어떻게 보면 신학의 현대적인 정황에 연결시킬 수 있을 것 같아서 하는 이야기입니다. 그 사람이 개인적인 실존의 자각 속에서 스스로 죽어서 책임을 지겠다는 태도로 행동한 것이라고 본다면, 종교적 관심의 현실성이 더 이상 진전되지 못하고 차단되어 버릴 것 같아요. 신학의 정황이라든지 신학의 정황과 연결된 실존 문제 등을 함께 투시할 수 있어야 하지 않을까요? 순수하게 자신의 생명에 대해서 스스로 책임졌다, 그것이 종교적으로 용인되는 것이냐 아니냐 한다면 종교적인 관심이 현실에 정확하기가 힘들 것 같습니다.

고__그것은 일반적인 범죄에서도 문제가 됩니다. 자기에게 주어진 모든 여건을 어떻게 자기가 해석하고 받아들이고 살아야 할 것이냐

하는 문제와, 안으로 자기에게 주어진 환경 여건과 스스로를 심리학적
으로 어떻게 아느냐, 그것을 어떻게 소화하여 자기 것을 형성해 가느
냐 하는 것은 어디까지나 주체적인 자기 행위·자기 의지가 있는 것
이니까 그 문제를 분명히 하지 않으면 종교로서는 사회적인 요인을
충분히 고려하더라도 일단 자살하려는 그 자체를 가지고 그의 결단,
그의 선택에 의해서 스스로 한 것이다, 이렇게 보아야 되지요.

  3) 자살과 사회적 상황

  정＿그렇게 되면 어떤 난점에 부딪치느냐 하면 개인의 것을 개인의
것으로만 한정짓게 되는…….

  소＿그 뜻은 아니지요. 구별이 되지요. 가령 패티 허스트라는 처녀
가 강도질을 했느냐, 그것은 재판하는 법정에서 문제가 되는 것처럼
여기서는 문제를 회피하려고 하지 말고 반 두센은 자살했다, 이렇게
해 놓고 기독교의 입장에서 어떻게 보느냐 이것이지요.

  정＿정통적인 기독교 입장에서 보면 죄이지요. 신에 의해서 주어진
생명인데 그것을 ‘주권자의 관여 없이 네가 부정할 수는 없는 것이다’
하는 의미에서 그것은 죄라는 것이지요.

  소＿반 두센의 입장에서 보면 그 사람은 신학자였으니까 자기도 죄
를 지음으로써 자기의 생명을 다한다고 생각했을지……. 그렇지 않다
면 자기도 정통적인 것은 알았을 테니까 그 사람 입장에서 보는 자살
에 대한 이론이 있을 수 있는 것인지…….

  정＿그것은 정말 모를 일이지요. 다만 우리에게는 그 죽음의 현상
에 대한 해석만이 가능한 것이지요. 그 죽음의 현상이 심볼라이즈될
때 우리는 그것을 그 자신을 포함한 사회 문화적인 정황으로 연결시
킬 수밖에 없지요.

  소＿그러면 정통적인 교회에서는 그 사람이 죄를 지었다고 단정하
고 끝나는 것입니까?

정__정통적인 교회에서는 그렇다고 봅니다.

소__정통과 이단의 문제는 다음에도 나오지만 기독교에서 그렇지 않은 입장은 없습니까?

정__혹 있다면 앞에서도 잠깐 언급했습니다만 생명 창조에 관여할 수 있는 것이 인간이라면 생명을 거절할 수도 있는 것이 인간이 아니냐 하는 이론이겠죠. 그런데 그렇게 되면 문제의 현실성은 어디 있느냐 하면, 예를 들어 안락사 문제에서와 같이 왜 죽느냐 하는 것보다도 누가 죽일 것이냐 하는 것을 결정하는 게 더 문제가 되죠. 누가 죽이는 것을 결정하느냐, 의사냐 법관이냐 본인이냐 하는 것이 문제예요.

소__그 이론은 아까 김 선생님의 이론대로 결국 참여했으니까, 평생을 주체적으로 살아 왔으니까 마지막에 죽는 것까지도 결정할 수 있다는 이론이지요?

정__원칙적으로 그런 이론이지요. 그런데 현실적으로 보면 스스로 결정할 수 없는 정황이 있잖아요. 의식을 상실한 식물인간이라든지……. 그런데 그때 법정은 법정대로, 의사는 의사대로 심각하게 논의하고 관리하는 듯하면서 서로 죽이는 권리를 회피하려고 애쓰는 모습들이 보이지요.

소__그런 문제는 심각하게 철학 차원에서 계속적으로 문제가 되겠지요.

김__모든 생명체 중에서 자살을 할 수 있는 것은 인간뿐이다, 이렇게 말하는 사람도 있고 또 코끼리가 바위나 큰 나무를 들이받아서 자살한다고 하는 사람도 있습니다. 그런데 자살이라는 행위도 인간이기 때문에 하는 것이다, 나는 이렇게 봐요. 인간은 도덕적인 자각, 자기의 모든 문제에 대한 스스로의 책임, 그런 특성을 가지고 있지요. 자살은 물론 권유할 것은 못 됩니다. '제노는 자살을 권유하면서도 자기는 자살 안 했다'는 이야기도 있지만 유가의 경우에는 '자살성인(自殺成人)'이라는 말도 있거든요. 나의 자살 자체가 모든 사람에게 유익한 것을 가져올 때는 그것을 좋게 받아들일 수가 있어요. 그러니까 도덕적인 사회 가치 기준에 의해서 자살 타살을 구별 짓는 선을 긋는 것이지요.

정__나쁜 자살, 좋은 자살 등 자살의 범주를 여러 가지로 서술할 수도 있지만 여전히 누가 유익하다는 것을 판단하느냐 하는 것이 문제지요. 자살하는 행위 주의자에게만 판단을 맡길 것이냐, 혹은 사회의 정황이 그것을 요청한 것이라고 판단하면서 행위자 밖에 강조점을 두어야 하느냐에 따라 그 자살자의 행위에 대해서 새로운 해석을 할 수 있는 것이겠지요.

김__근원적인 것보다 현상만 이야기한다면 굴원(屈原) 같은 사람은 나라가 망하게 되니까 물에 빠져서 자살하거든요. 그 정황에 부대낀 것으로 본다면 자살하지 않을 수 없으니까 자살한 것이지요. 그리고 근래에 와서 우리나라의 현상을 보면 1950년대 자유당 때에는 사회적으로 자살이 많았다고 해요. 도덕적인 책임 때문에 자살한 일이 많았지요. 남에게 빚지고 못 갚는다든지, 내가 자식을 많이 두었는데 가난해서 고생시킨다든지 해서 같이 죽는 일도 있었어요. 도덕적인 압력이나 책임감에 의해서 자살이 일어났고, 60년대로 넘어오면 왜 나만 죽느냐 하는 반발 현상이 나타난 것 같아요. 그러니까 내가 죽으면 같이 죽자 하는 의식도 나왔던 거지요. 자살 겸 타살이라는 것을 끌고 들어가는 식의 현상도 나온 것 같아요. 70년대로 넘어오면서 이런 현상도 나오지요. 즉 자기는 안 죽고 아주 강력한 타살로 나타나는 것입니다. 자살이라는 것을 무슨 위협같이, 자살이라고 하는 최후의 데드라인을 무슨 무기처럼 사용해서 '뭐하면 나는 죽는다' 해서 더 많은 사람들에게 피해를 주는 현상도 나오고 있어요. 오늘날 이러한 현상을 보면 자살은 권유할 것이 못 되지요.

4. 영혼과 육체

1) 신멸이냐 신불멸이냐

소__아직도 가장 큰 문제는 스님이 말씀하신 입장에서 본다면 자살은 종교적으로 안 된다는 것에는 영혼이라는 것이 가장 크게 들어가는 것 같아요. 불교라면 불교적인 영혼관이 있을 때 스님의 말씀이 더욱 강하게 살아날 것 같아요. 그래서 이제는 영혼의 문제로 들어가야 될 것 같아요.

영혼 문제는 모든 종교에서 다루어 왔고 인간을 영혼과 육체로 나누어 이원론적 입장을 취해 왔는데, 종교마다 영혼에 대한 이론이 조금씩 다른 것 같아요.

영혼과 육체를 어떻게 나눌 수 있느냐, 혼이 실제로 있느냐, 이렇게 영혼 자체에 대한 문제를 제기했을 때 아주 쉽고 보편화된 이야기일지라도 같이 한번 해보고 넘어가야 될 것 같아서 영혼의 불멸과 윤회를 연결시켜서 이야기해 보지요.

우선 유교에서는 영혼이라는 이야기가 있습니까?

김__영혼 문제에 대한 이야기는 많습니다. 우선 인도 불교가 중국에 들어올 때 영혼과 내세 문제를 가지고 들어왔거든요. 처음 1세기 동안은 먹혀들었습니다. 왜냐하면 한나라 말 30년 전쟁을 겪은 뒤 중국인들은 허무에 빠졌기 때문이지요. 중국인들은 아주 현실적입니다. 종교가 그때의 허(虛)를 달래준 것인데, 원기를 회복하고 건강을 되찾으니까 그 문제를 들고 나왔어요.

『홍명집(弘明集)』을 보면 신멸이냐 신불멸이냐 하는 두 가지 이론이 대립되어 논쟁이 벌어집니다. 신멸론은 결국 인간이 죽으면 영혼까지도 멸한다, 신불멸론은 육체는 죽어도 영혼은 존재한다, 이런 이론인데 두말할 나위 없이 불교에서는 신불멸론을 들고 나왔고, 유가(儒家)와 도가는 합세해서 불교를 공격하는데 신멸론을 들고 나왔습니다.

그러면 내세관을 가지고 들어온 것이 불교인데 잘못하면 쫓겨나가 겠거든요. 불교에서는 내세관을 통해 이 세상에서 선혜(善惠) 행위를 권장하고 제지하는 힘을 가집니다. 즉 현세에서 선했느냐 악했느냐에 따라 내세에 지옥 또는 극락으로 가게 된다는 것이지요. 그러니까 목적은 현실의 인간을 정화하고 선화시키려는 것이에요. 그러한 목적으로 제기되었던 것인데 유가(儒家) 측에서 '당신네 종교는 인간을 구제하고 인간의 고통을 덜어준다면서 내세의 지옥이라는 어마어마한 것을 내세워 사람들을 더 큰 공포에 빠지게 하고 있지 않느냐'고 반론을 제기했어요. 또 하나는 죽은 사람이 살아오지 않았으므로 경험하지 않은 것은 지식이 형성될 수 없다는 것이에요. 지식이 형성될 수 없으면 어떻게 영혼이 있다고 할 수 있느냐, 이렇게 인식론적인 측면에서도 공격을 했어요. 그리고 또 하나는 내세라든가 초자연이라는 것은 유가ㆍ도가에서 인정하지 않거든요. 지옥ㆍ천당이 어디에 있느냐는 것이지요. 그래서 나중에는 인도 불교가 다 들어오기 전에 그런 논쟁이 벌어지는데 구마라집(鳩摩羅什)의 제자 중에 도생(道生)이라는 스님이 이런 말을 했어요.

'一切衆生 皆有佛性이며 涅槃이 無所不在', 결국은 사람이 부처가 되는 것이고 열반은 이 세상에 있다는 것이지요. 공간을 달리해서 있는 것이 아니라 시간이 연속되고 있는 현재에 열반이 있다고 해서 처음에 이단시되어 쫓겨난 일이 있어요. 그런데 나중에 『열반경(涅槃經)』이 중국에 들어와서 번역되고 보니까 그 말이 나오거든요. 그러니까 불교 자체도 영혼 문제를 뚫고 나갈 여지가 생겼어요. 결국 주재자니 신이니 인정할 수 없는 것으로 끌고 가서 중국의 대승불교는 본래 인도에서 가지고 들어왔던 내세관 문제를 지양하고 맙니다.

그러면 종교라는 것은 내세관을 둠으로써 인간을 선으로 이끄는 힘을 갖고 있는데, 그러한 힘이 없는 불교는 인간의 선악 문제를 어떻게 다룰 수 있나, 하고 반문을 받게 되는데 내가 보기로는 이런 것 같아요. 내세라는 것을 공간을 달리한다고 보지 않고 미래의 역사로 보았어요. 그래서 역사 심판설이라는 것을 유가가 들고 나왔습니다. 너의 현실에서의 잘잘못은 역사에 영원히 기록되어 판명되고, 규탄 받거나, 추앙된다는 것이지요. 그래서 유가는 '춘추필법(春秋筆法)'이라는 것을 만들어내어 특히 위정자의 권력 횡포에 대항할 수 있는 힘을 길렀어요. 그러니까 맹자 때에 양주(楊朱) 묵적(墨翟)을 공격하는 것은 양주가 이런 말을 했기 때문이지요. '인간이라는 것은 이렇게 살다가 생명이 끊어지면 흙덩어리와 같이 되는 것이다, 뭐 거기에 선악이다 이런 것을 자꾸만 뒤집어 씌워서 미래에까지 이름을 들어가면서 욕을 할 필요가 뭐 있느냐, 또 욕을 한들 그 자체가 아무것도 아니지 않느냐, 무슨 소용이 있느냐', 이런 이야기를 해왔어요. 이 차이는 두 가지 충격을 주었어요. 유가에겐 현실에서 인식되는 것만이 인간이라는 발판이 없어졌지요. 그러니까 맹자가 양주를 공격할 수밖에 없었고, 또 하나는 종교에서 내세관이라는 것을 세우는 목적은 현실에 있는 것이 아니겠어요? 궁극적으로는 현실에 초점을 둔 것인데, 그렇다면 죽어간 제왕을 역사상 심판한다는 것은 궁극적인 목적이 그 제왕에게만 있는 것이 아니라 모든 사람을 경계하는 것이거든요. 영혼 문제도 그렇게 돌린다면 유가가 이해해 줄 것입니다. 그 목적을 현실 정화에 두었다면 몰라도 반드시 그런 것이 있다고 하면 유가는 안 받아들입니다.

2) 제사도 도덕 수양의 방편

정__유교가 갖고 있는 사회 계층적인 면에서 보면 그것은 순수한 형이상학적 이념을 체계화할 수 있었던 유교의 엘리트들 이야기라고 생각됩니다. 문제는 소박한 백성들은 돌아가신 선조의 혼백이 찾아온다고 믿으면서 제사를 지낸 것이 일반적인 중국인들의 생활이지 않았습니까? 그렇다고 본다면 현실 정화를 위한 투사(投射)라고 영혼을 이해할 것이 아니라, 오히려 종교 자체가 가지는 지향성을 문화가 어떻게 수용하고 있는가 하는 것을 찾아보아야 되지 않겠는가 하는 거예요. 음비티라는 아프리카의 종교학자는 죽은 선조를 '살아 있는 사자(死者)'라고 부릅니다. 왜냐하면, 우리 관습을 예로 들어 설명하면 돌아가신 어른의 소상(小喪)·대상(大喪)을 다 지내고 다시 4대 봉사(奉祀)가 끝나고 사당에서 위패를 밖에 모셔다 땅에 묻기까지는 돌아가셨지만 아직은 살아 있는 상태로 생자와 관계를 맺고 있다는 것이지요. 그러나 일단 그렇게 관계가 끊어지지만 영은 또다시 혼백이라는 것으로 남아 있어서 어떤 계기에 의해 다시 접촉되는 것이라고 이해하고 있죠. 이것이 유학적인 에토스 속에서 살고 있던 유학자 아닌 일반 백성들의 생활이었습니다. 그렇다면 영을 현실 정화의 기능으로만 전개해서 혼의 부재라는 것을 이해할 수는 없지 않을까 느껴집니다.

  김__그래서 문묘에 가보면 모모신위(某某神位)라는 것이 있는데 그것이 신 자체는 아니라는 것이지요. 유가의 그러한 제도는 정서적인 측면에서 나온 것이지요. 우리가 축을 읽을 때 "세월이 어느덧 흘러서 서리가 내렸습니다, 운운." 하는 것은 변화하는 경상(景象)을 접하면서 일어나는 정적인 것이 친친(親親)으로 연결된 거지요. 그래서 부모를 생각하는 마음이 생기고 실지로 부모와 영혼이 존재하느냐, 안 하느냐 하는 것과는 별개 문제인 것 같아요. 제사를 지낼 때는 신이 있는 것 같이 하라 이것입니다.

  『논어』에서 이야기할 때는 생도 잘 모르는데 죽음의 이치를 어찌 알 것이냐 해서 상당히 경원시했거든요.

  그러니까 그 제사 자체도 종교적인 의식에 비교한다면 역시 도덕 수양의 한 방편, 다시 말하면 인간의 진심과 순정을 되찾게 하는 의식인 것 같아요. 이른바 '보본반시(報本反始)'가 바로 그것입니다. 기능 문제는 어떻게 하면 우러난 정감을 잘 승화시키느냐 하는 것인데, 내가 부모 생각이 나서 부모 제사를 지내는 것이지요. 너무 형식적인 것으로만 생각할 필요는 없어요.

공자가 묘에 제사를 지내는데 제자가 와서 "양이 적으니까 몇 마리 죽입시다." 그런 이야기를 했을 때 "그게 그렇게 문제가 되느냐. 네 마음속에 그것을 안 쓰고 싶거든 쓰지 않아도 좋다"라고 했어요. 그러니까 모든 것은 내 마음속에서 일어나는 것을 해소시키는 수단이 아닌가 이렇게 보지요. 그 전에 나는 그런 일을 한 번 보았어요. 경북대학의 어떤 교수 부인이 돌아가셨어요. 가보니 묘한 현상이 일어났습니다. 그 교수님은 유교이고, 그 아들은 불교신자이고, 돌아가신 부인은 천주교 신자였습니다. 그때 조상하러 간 저는 흥미를 좀 느꼈습니다. (그 선생님 가족에겐 미안한 이야기지만) 한번 관찰을 해봐야겠다고 생각한 거지요. 세 종교의 의식이 다 진행되었습니다. 충돌 없이 진행되었는데 스님이 와서 염불을 하더군요. 그러니까 상주(나의 친구입니다)가 나를 보고 스님 혼자 염불하기 외로우실 테니 같이 좀 가서 앉아 있어 달라더군요. 스님이 뭘 외우시나 보니까 『금강경(金剛經)』을 읽으십니다. '공사상(空思想)'이란 말이지요. 나는 이렇게 판단해 보았습니다. 지금 '아이고 데이고!' 하면서 야단이 났습니다. 사람이 죽음이라는 문제를 일으켰거든요. 불교에서 볼 때에는 문제가 아닌데 이쪽의 착각하는 인간들이 문제를 일으킨 거예요. 불교의 팔불주의(八不主義)의 입장에서 보면 오는 것도 아니요, 가는 것도 아니요, 생하는 것도 아니요, 멸하는 것도 아니요, 깨끗한 것도 아니요, 더러운 것도 아니잖아요.

3) 유가(儒家)는 예법으로 정을 조정

'공사상(空思想)'에서 볼 때 이것은 순환 속에서 하나의 전행일 뿐이지요. 끝난 것이 아니라는 말이에요. 그런데 이 몽매한 인간들이 문제를 일으켜서 '아이고 데이고!' 한단 말이에요. 만일 거기에 참여했던 모든 사람들이 불교의 가르침을 깨달았다면 울지 않고 조용하게 그것을 보낼 수 있었을 것이에요.

그러니까 불교의 해결 방법은 문제도 아닌데 왜 문제를 삼느냐, 즉 이전으로 환원시켜 주는데 말이지요. 유교에서는 또 다릅니다. '울어라 울어라' 하는 것입니다.

유교는 정의 발한 것이 중절되도록 하는데 역점을 두고 있으니까 이것이야말로 울지 않을 수 없으니 울라는 것입니다. 아니, 부모가 돌아가셨는데 울지 않을 수 있어요? 그러나 그러한 정을 서서히 가라앉히는 것도 유교의 해결 방법입니다. 이것이 정과 이(理)의 형평 문제인데 예법을 가지고 정을 조정해 가는 것입니다. 그러니까 마음대로 울라는 것이에요. 어제까지 같이 살던 아버지, 어머니 온갖 고생을 다하며 길러주신 어머님이 이제는 말도 없고 대답도 없으니……, 정적으로 얼마나 슬프냐 하는 것입니다. 통곡하고 울어요. 내가 보니까 아까 그 교수님이 발인 축에 영결종천(永訣終天)하는 대목이 나오자 푹 쓰러지시더군요. 굉장히 정적인 것이에요. 그런 다음 관이 성당으로 갔습니다. 저는 그때 처음 성당에 들어가 봤는데, 나는 천주교에 대해서 잘 모르지만 언뜻 법정에 온 느낌이 들었어요. 신부님은 변호사같이 보이고요. 거기서는 원죄 의식을 가지고 나왔으니까 이 죄를 사해 달라고 하는 것이 의식의 골자였어요. 이 양반은 주님을 잘 믿고, 세상에 있을 때 이웃과 친목하고, 모든 좋은 일을 다 한 충실한 신도이니 죄를 사해 주십시오, 이렇게 변론을 하는 것 같았습니다. 기독교에서는 원죄라는 것을 들고 나오지 않습니까? 그러니까 그 죄를 사해 주는 것으로써 문제를 해결하려고 했고, 불교에서는 문제가 아닌데 왜 문제 삼느냐 하는 것으로 해결하려고 했고, 유교에서는 정서적인 것을 예법이라는 것으로 해소시켜 나가는 것이에요. 1년이 지나서 그 정서가 해소가 된다면 해소되는 것입니다.

이런 일이 있었지요. 공자가 자유와 자장이라는 두 제자가 있는 방에 들어갔는데 한 제자는 거문고를 켜고 있고, 한 제자는 슬픈 기색으로 앉아 있었어요. 그런데 희희낙락하는 사람은 부모가 돌아가신 지한 15일밖에 안 되었고, 슬픈 표정을 짓고 있는 사람은 부모가 돌아가신 지 3년이 지났다는 것이에요. 그러니까 이거 큰일 났거든요. 인간이 살아가는 데에는 노동도 해야 하는데 슬픔에만 잠겨 있을 수 있겠어요? 또 생의 존엄이나 모든 것을 생각할 때, 부모가 돌아가신 지 불과 며칠 만에 희희낙락할 수 있겠냐는 것이지요. 너무 오래도록 슬퍼하는 것도 '중(中)'이 아니요, 너무 슬퍼하지 않는 것도 '중(中)'이 아니지요. 그래서 공자는 인간 생활의 '중(中)'을 택해서 가르치신 겁니다. 그러니까 얼마 안 되는 시간 동안 문제를 해소할 수 있으면 되는 것이고, 너무 길게 가서 안 될 때는 예를 만들어서 자꾸 해소시켜 나가야 되는 것이에요. 그러니까 유교 의식은 모든 것을 정서적인 바탕에서 보고 해결하려는 데서 나왔다, 이렇게 볼 때 기능적인 측면에서 논리가 맞아 들어가는 것이 아닌가 합니다.

4) 중생 세계는 무한한 것

정＿그런데 제가 느끼기에는 세 가지 종교가 하나의 장례를 치르면서 조화를 이룰 수 있었다는 것은 기능적으로 각각의 종교가 자기 역할을 수행해서가 아니라, 오히려 그 모든 종교가 각기 기능할 수 있었다는 사실을 통해서 발견할 수 있는 인간 고유의 종교성 때문에 가능하지 않았을까 합니다. 그리고 그 종교성의 내용은 소박한 현실로 여기 아닌 저기, 지금 아닌 그때, 몸뚱이 아닌 다른 무엇이라고 묘사했을 때 어떤 형태로든지 영의 존재는 모든 종교에서 전제되고 있지 않나 생각됩니다.

김＿유가(儒家)가 그렇게까지 진행되기 이전에 이런 것이 있었어요. 공자 훨씬 이전의 정자산(鄭子産)은 영혼이 멸하느냐 멸하지 않느냐 하는 문제에 대해서 논란이 있을 때 '기(氣)'라는 말을 썼어요. 사람이 죽었는데 혼이 있느냐 없느냐 하는 얘기를 할 때 이러한 대답을 했어요. 한 스무 살 난 팔팔한 청년이 갑자기 죽었을 때와 여든 살 된 쇠진

428

한 노인이 죽었을 때 기(氣)적인 측면에서 보면 팔팔한 청년은 그 기가 오래 가서 생명이 끊어졌다 해도 조금 지속이 된다고 합니다. 그러나 아주 노쇠한 사람은 기가 이내 없어진다고 했습니다. 아주 유치한 말이지요. 그 후에 천지에 제사 지내고 초목이나 수신, 산신에게 제사 지내다가 후에 인간에게 제사를 지내기 시작한 것은 국가에 대한 공로가 큰 사람에게 제사지낸 게 처음이었어요. 그때는 또 이런 말을 해요. 이 세상에서 정신 수양을 많이 한 사람은 육체가 없어져도 정신의 어떤 힘이 지속된다고 보았어요. 정신생활을 안 하던 사람은 정신이 지속되지 않는다는 겁니다. 그러니까 우리가 유명한 분의 사당을 짓고 기린다 할 때 그 위대한 사람은 정신력이 있다고 보아서지요. 그래서 사당을 지었다고 하는데 후에 오면 그것은 거의 인정을 안 하는 것이지요.

고__그것은 현실적인 의미가 있어요. 제가 불교적으로 알고 있는 입장에서 선생님께서 지금 하나의 영혼이 존재한다 합시다. 비록 사후에 육체가 흙으로 돌아간다 하더라도 혼이 어떤 형태로든 지속한다는 것이 기능론에서 문제 삼는 것이다, 이런 입장인데 만약 그렇게 나오면 결국 합리적이고 공리에 따른 어떤 기준 없이 가치를 설정해 나갈 위험이 있지 않겠어요?

불교의 입장에서는 제가 알기로는 전연 그런 것이 아닙니다. 인간이 본래 상태를 벗어나 개별화 상태에 들 때 피아(彼我)와 자연, 조직이 있는 한계 조건 가운데에 모이고 있는데, 그러한 한계 조건 가운데에서의 분단화 현상으로서의 영(靈), 중생(衆生) 등 그런 종류는 원래 입장에서는 없는 것이겠지요. 하지만 그 입장이 되어 버리면 그것이 분명히 있어서 우리가 육체적인 존재를 의심하지 않듯이 그 나름대로의 중생이 되는 것입니다.

'심동천차(心動千差) 수업감보(隨業感報)'라고, 천 가지 만 가지로 순수한 자기 자성을 유지하지 못하고 여러 상태로 마음의 파동을 일으키기 때문에 그에 따라 중생의 차별이 벌어지는 것이죠. 그러니까 중생은 제각각 인식의 범위에 차가 있어요.

인식할 수 있는 육체를 가진 중생도 있고 인식할 수 없는 중생도 있을 수 있지요. 이래서 인식할 수 있고 없고 간에 무수한 중생이 있지요. 이렇게 있는 중생을 내가 육체적, 감각적으로 파악할 수 없다 하여 이러한 것은 존재하지 않는다고 딱 부정한다는 것은 내 지혜가 지금 완전무결하다 하는 것이 전제가 되지 않으면 안 되는 거죠. 지금 내가 완전무결하지 않으면 우리는 앞으로도 성장할 것입니다.

지금까지 이렇게 보았다면 그것은 한 쪽만 보았다고 할 수 있습니다. 중생 세계는 무한합니다. 인간도 있고 인간 아닌 것도 있고, 순수한 영적 존재로도 있습니다. 그것은 현실적인 존재입니다. 우리의 육체적, 감각적 인식권 밖에 있기 때문입니다. 그러나 현세에서도 우리가 스스로 그 능력을 지니고 있기 때문에 육체적, 감각적 인식 방법을 사용하지 않고 '사마디(三昧)'를 통하여 중생의 차별상을 알 수 있는 것입니다. 어떤 의미에서는 없다고 하는 데에 참으로 있는 경우가 있는 것입니다. 중생에게 있어 이것은 하나의 엄연한 현실입니다. 우리는 우선 중생적 현실을 인정하고 성실하게 살아가야 하지요. 그래서 돌아가신 부모님께 효도한다, 제사지낸다 하는 행위도 자손된 도리에서든가, 인생의 규범을 지키기 위해서, 자손에게 가르치기 위해서, 혹은 하지 않으면 마음 가운데에 무엇인가 서운하니까 그것을 풀기 위해서 하는 것이라면 이것은 가작(假作)입니다. 이렇게 된다면 사회적 윤리라든지 인간 행위의 규범이 너무나 공허한 것이 되고 맙니다. 저는 그렇게 느껴요. 불교는 그런 것이 아니라 부모님은 분명 계시고 영은 존재한다는 것입니다. 그러나 그 영이 미혹의 상태에서 깨우쳐서 지혜의 빛을 잘 돌이켜보면 실로 생도 사도 없고 생사를 초월한 영원한 자기인 것을 아는 것이지요.

5) 영혼에 차이가 있는가

김__그러니까 나는 이렇게 묻고 싶어요. 지금 대각(大覺)했을 때와 그 영혼이 미(迷)했을 때에 영혼이 같은 것인가 아닌가, 또 개개인에게 영혼이 있다면 천주교에서 제사를 못 지내게 하다가 지금은 지내게 하는데, 그때 제사하는 경우 개개인의 영혼을 마귀로 보느냐, 그러면 영혼도 그런 차이가 있느냐 하는 것을 묻고 싶어요.

고__영혼은 본성의 착각 상태를 말하는 것이니까 대각하면 영혼이 아니지요. 중생의 미(迷)한 상태인 영혼을 '마귀'라는 뜻은 알 수 없어요. 영이 육체를 얻으면 인간이요, 자성을 닦아 깨치면 불(佛)이라 하는 것인데요…….

김__영혼이라는 것을 인정하지 않는다면 종교가 상당히 곤경에 빠질 것 같아요.

소__효용론으로 나가서는 안 되지요.

김__그런데 사실 유가(儒家)는 상당히 논리적이고 합리적이거든요. 거기서는 종교가 발을 붙일 수가 없어요. 영혼이라는 것도 그럼 대각을 했을 때는 '영혼이 아니다'라고 하게 될 것 같네요. 알고 싶은 것은 영혼 자체가 각(覺)했을 때와 미(迷)했을 때의 차이가 어떤 것이냐는 것입니다.

고__아까 『금강경(金剛經)』『원각경(圓覺經)』 이야기를 하셨는데 대각은 무엇인가, 억지로 말을 해 본다면 본래의 참된 자기에 복귀한 상태라고 할 수 있습니다. 참된 자기라면 어떤 상태냐, 그것은 일체 피아(彼我)의 대립이 없는 절대적인 것으로 유(有)다, 무(無)다 이전에 본래 완전히 이루어진 상태를 말하지요. 이것을 무엇이라고 개념화할 때 그것은 한정된 것이고 구체화된 것이에요. 이렇게 구체화되고 한정되기 이전의 본래 상태라 할까요. 그러니까 천지개벽 이전에 본래 이루어져 있는 상태라고도 하지요. 이것은 누가 주어서 있는 것이 아닙니다. 본래 자존하고 스스로 있는 자입니다. 대각이라 하면 그런 완전

상태라 할까요.

그러한 대각의 상태를 잊어버리고 부분적인 자기로 개별화되었을 때, 즉 분단화하여 전성적인 자성에서 착각을 일으켜서 개별성 가운데에서 자기를 인정하는 것을 영이라고 합니다. 그리고 육체를 가지고 있으면 '사람'이라 하고 육체를 벗어났으면 '영'이라고 해요. 그래서 그것은 깨치면 대각(大覺)이요, 불(佛)이요, 중생은 그런 대각 상태인 참 자기를 착각으로 잃은 것이지요. 그래서 저는 중생을 자기 상실의 상태라고 말합니다.

김__그러면 아직도 실상과 가상으로 볼 때 그러한 영은 가상 상태에 있는 것 아니겠어요? 아직도 내 심(心)이 생(生)하고 있으니까 대승불교의 궁극적인 입장에 가서는 그것이 지양이 되어야지요.

고__대승불교에서 보면 육체적이거나 감각적인 것, 물질적인 것은 모두 본래 공(空)이라고 하는데, 이 '수냐타'라고 하는 것은 원래 뜻이 '제로'를 의미하는 것이 아닙니까? 없다는 것을 의미하는 것이지요.

김__수냐타라는 말은 대승불교의 경우 '허무'가 아니에요. 철저한 유(有)입니다. 오히려 실유(實有), 묘유(妙有), 전정(全整) 같은 뜻이지요.

고__그것이 본래 어원이 수학의 '제로'의 개념을 가지고 출발한 것 같습니다. 불교의 의미는 '유위(有爲) 현상,' 일체 대립적인 존재, 한계적인 존재에 대해서 없는 것이라 동시에 실상적으로 완전구족(完全具足)한 것을 드러내기 위해서 그 방법을 쓴 것이에요. 실상은 유무를 초월한 것이거든요. 이렇게 보면 아까 범부이면서도 장차 구제받을 사람이고, 설사 어느 고급 영(高級靈)이 된다 하더라도 마침내 일부 진리를 깨닫고 고급 영이 되었을망정 불교에서는 천상 사람이 될 뿐이고 모두 중생이기는 마찬가지입니다.

하지만 '반야(般若)'에서 볼 것 같으면 미현상적인 것은 가상입니다. 가상은 실(實)이 있는 것이 아니에요. 실이 있는 것이 아니면 그것이 미(迷)했다고 해서 제거할 필요도 없고, 관심 둘 필요도 없으며, '너 자신이 이미 완성된 자며 본래부터 이루어진 자다. 인인개개(人人個個)가 절대 신령 존엄한 주체다'라고 하는 말이 거기에서 나오지요. 인간 권위의 근거는 바로 이와 같이 만인이 본래부터 가지고 있는 절대 신령한 것을 말하는 것입니다. 이것은 수행하여 완성시킬 것이 아니라 이미 이루어져 있는 것이다 하는 거죠.

6) 현생에서 과거, 현재, 미래를

김＿불교도 그렇게 될 대상이 없는 것으로 보았을 때, 그것은 무엇이 구제해 주는 것이 아니고 자기 자신이 구제하는 것이 아니겠어요? 일체 구족이니까 거의 자기 자신이 해결해야 되거든요. 그러니까 서양 종교 같은 그런 의타적인 것은 없는 것이지요.

고＿그래서 각(覺)이라고 하지요.

김＿그렇다면 불교에서 산이나 절에 모여서 뭐하고 하는 것은 어떻게 보시는지. 그러한 지혜적인 측면에서 볼 때에…….

고＿우리가 현실을 살고 있는 것도 똑같아요. 내 아버지가 돌아가셨을 때 육체적인 아버지는 돌아가셨을지 모르지만 참아버지는 돌아가시지 않고 있다는 것이지요. 미(迷)한 마음을 깨우치면 육체적인 결박에서 벗어나는 것이지요. 육체에서 애착을 떼고 거기에서 슬픔과 원망과 원한, 또 이루지 못한 꿈같은 것에 집착하고 있는 상태에서 벗어났다고 하더라도 영은 그런 감각 습기에 매어 있어서 완전한 자기 복귀를 못합니다. 그러니까 불교에서는 거기에 의식을 베풀지요. 그래서 설법을 하고 여러 가지 의식 작법을 통해 각성을 촉구합니다. 깨닫도록 하지요. 너 자신에 깃들어 있는 부처님의 무한 광대한 참 광명(光明)은 일찍이 죽지 않고 살지도 않았다, 이 영원불멸의 대광명 가운데에 네가 지금 있는 것이니 현혹되지 마라, 여래와 함께 살고 있는 절대 자신이 반드시 있으니 그것을 깨달아라 합니다.

김＿유가(儒家)의 생각과 일치된다고 봅니다. 그러니까 동양에는 신이 없고, 초월이 없고, 초자연이 없기 때문에 종교도 궁극적으로 그렇게 될 수밖에 없지요. 신에 의해서 해결되는 것이 아니니까요.

　소__그런데 제가 묻고 싶은 것이 있어요. 스님이 말씀하시는 그 세계와 종교적인 체험의 영역에 못 들어가더라도 그렇고 그러냐 하는 인식이 되는데요. 처음에 이야기를 시작하실 때 지금 나 자신을 보면서 그 가능의 세계를 이야기하셨는데, 지금 이러니까 이것을 벗어날 때 영혼의 세계라든지 내세적인 것, 이런 가능성이 있지 않느냐, 이것은 왜 영혼에만 국한하느냐, 전세(前世)가 또 문제가 되어야 될 것 같아요. 내세(來世)는 현재의 나를 보면 이것이 가능한 것이다, 그런데 이것을 벗어나서도 살아 있는 어떤 미래의 세계를 보는데, 현재의 나를 보면서 전세의 영혼의 상태도 이야기를 할 수 있느냐 하는 그 문제는 어떻게 설명할 수 있는지요?

　고__미국의 어떤 정신 분석의는 자유 연상법에 의해서 연령 역행을 시도했다고 합니다. 또 한 가지 방법은 최면에 의해서 연령 역행을 시킨 일도 있습니다. 두 가지 방법을 보면 30세 된 청년을 30년 전으로 역행을 시켜서 말을 들어 보고 40년 전으로 올라가면 그가 이미 이 세상에 오기 전의 상태인데, 심지어 미국의 어느 여자 정신 분석가의 자료에 의하면 거기에서는 천 몇 백 년 전까지 거슬러 올라갔어요. 그는 과거 47세 가운데에 23세까지는 남자로, 24세까지는 여자로서 자기의 과거를 술회합니다. 그래서 남자로 살던 시대에 '말타도'의 어느 곳에서 자기가 아는 부족과 부족 사이의 메신저 노릇을 했어요. 메신저 노릇을 하다가 문서 전달하는 중에 그 문서를 받으면 많은 사람이 죽어야 할 사명을 안고 가는 것이 나옵니다.

　연령 역행법에 의해서 그 상태로 돌아가니까 굉장히 공포감을 느껴요. 내가 가면 죽을 텐데 이것을 어떻게 하나, 자기가 죽는다는 것을 알고 갔어요. 갔는데 다 읽어 보고 죽이지 않았어요. 인두로 등에 적힌 글을 지져 버렸어요. 그래서 굉장히 고통을 받았던 모양입니다. 그런데 과거 천 몇 백 년 전에 그러한 충격적인 일을 당한 것이 자아의 심층부에 하나의 커다란 콤플렉스로 남아서 그 후 생을 몇 번 반복하는 동안에도 폭로되지 않았단 말입니다.

이것이 정신 치료 과정에서 나왔습니다마는 그렇게 과거의 모든 것을 재현해서 폭로한 다음 정상으로 돌아왔을 때 그 병이 나아버렸어요. 무슨 병이냐 하면 이유 없이 등골이 아파요. 결국은 신경 환자다 해서 입원을 하여 여러 가지 치료를 받았는데도 낫지 않았어요. 그 사실이 폭로된 다음에야 그 병이 나아 버렸다는 이야기입니다. 불교에서 보면 인간 한 사람 한 사람은 모두가 원만한 진리 성품을 등지고 나와서 무수한 시간 가운데에 중생이라고 하는 형태를 거듭하는 동안 많은 과거를 지니고 있죠. 내가 30년, 50년 육체의 몸을 가지고 이 공간에 태어났다고 해서 그것이 전부가 아니지요. 그 배후를 파고 보면 보다 긴 역사의 과거를 가지고 있다는 겁니다. 남자도 아니고 여자도 아니었다, 그렇기 때문에 현재 가지고 있는 것은 과거의 총결산이다, 그러한 결산인 현재의 나라고 하는 것은 현재 노출된 부분도 있고, 심층 의식·무의식 세계 가운데에 그냥 함장(含藏)되어 있는 것도 있어요. 그것은 현세에 나타날 수 있고 내세에 나타날 수도 있어요.

그래서 지금 나라는 것은 과거의 총결산이면서, 지금 쥐고 있는 행위 하나하나는 내가 미래에 어떻게 될 것인가를 결정짓는 원인이며 직접적인 자기 창조이지요. 그러니까 비록 이것이 육체적인 조건, 물질적인 조건, 자연 환경을 통해서 주어진 여건에 어떻게 적응하고 그 고난을 어떻게 이겨나가고 내부에서 자기를 어떻게 형성하느냐 하는 이것이 마침내 육체적인 과정을 벗어날 때 또 다음 생을 받을 원인이 되는 것이지요. 그러니까 금생은 과거의 연장이라는 의미에서는 전생의 내생이고, 내생의 입장에서 보면 전생입니다. 그러니까 이 현생 가운데에서 과거·현재·미래를 볼 수 있는 것이다 이렇게 되는 것이지요.

7) 영혼의 수의 개념

소__그러면 인구가 증가한다는 것은 영혼의 수도 증가한다는 것이겠습니다. 그 수의 개념을 어떻게 하지요?

고__경제의 고도성장을 지속하기 위해서 인구를 적당히 조절해야 되겠다, 너무 인구가 팽창하면 자원난이다, 공해다 해서 경제 성장은 줄어갈 것이다, 어떻게든지 후진성의 탈피를 가속화시키기 위해서는 이 문제에 손을 대야 할 것이 아니냐는 것이겠지요. 그런데 그러한 전제를 두고 그러한 공포 의식을 가지고 문제를 꺼낼 것이 아니라 그저 평탄하게 영이 많으면 어떠냐, 적으면 어떠냐, 왜 그것을 문제 삼는 것입니까?

김__그런데 사람이 죽으면 영혼이 존재한다고 할 때 문제가 있지요.

고__거기에 대해서 답을 하겠는데요. 물론 영은 무수히 많습니다. 원래 미(迷)한 상태에서 무수한 중생이 있지 않습니까? 그 중생 중에는 인간복(人間服)을 입고 있는 인간적인 중생도 있고, 인간이 아닌 영적 존재도 있으며, 인간보다 지혜와 능력이 높은 고급 중생도 있습니다. 그 가운데에 인간성을 가지고 있는 인간적인 영, 중생, 이것이 많이 늘면 그 숫자가 어떻게 되느냐 이런 말씀이지요?

소__그뿐만이 아니라 인간이라는 몸을 입고 있는 영혼과 그렇지 못한 영혼을 통틀어서 이야기할 때 영혼의 수라는 것, 영혼의 전체 수는 문제가 되는 겁니까?

고__그것은 깨달음을 통해서 영혼의 상태에서 벗어난다는 것입니다. 영혼은 중생이 아닙니까? 중생 속에서 탈피되는 것입니다. 말하자면 물방울이 되어서 살다가 바다로 돌아가는 것이지요. 여기의 물거품이나 물방울은 미(迷)한 중생, 즉 영(靈)을 말합니다.

소__문제는 물방울이라 하더라도 유한한 바다의 물의 분자 같은 것이 있거든요. 영혼도 과연 그렇게 볼 것이냐, 그런 식으로 영혼이 구별되느냐, 과연 육체가 있기 전에 수 개념에 들어가느냐, 육체가 있다는 것을 인정하면서 영혼은 개별성을 가지고 있느냐, 한계가 있느냐, 유한하냐, 무한하냐 이런 질문입니다.

정＿영혼의 수에 대한 관심을 조금 다른 차원에서, 그러니까 종교 언어의 상징성 같은 것으로 환원시켜서 이해해야 두 분이 문답하시는 그 질문도 타당성이 있는 것이 되겠고, 답변도 타당성이 있는 것이 될 것 같군요.

고＿불교에서는 전(全)과 개(個), 전성(全性)과 속성(屬性)의 개념이 좀 달라요.

소＿예, 그렇습니다.

정＿제 말씀은 예를 들면 지금 산문의 논리를 시로 묻고 계시고, 시를 산문의 논리로 해석하려니까 상당히 힘드신 것 같아서 드리는 말씀입니다. 영혼이 실재하는 수도 있어서 그것을 헤아릴 수 있다든지, 하나의 실체로 시간 전에 있었다든지 없었다든지, 전에 있다가 지금 없다든지, 거기 없고 여기 있다든지, 각(覺)을 하면 그 실체가 해소될 때 저쪽으로 들어간다든지 이런 논리보다는 오히려 종교적인 영혼의 문제를 우리가 이해하려면 왜 인간은 영혼이라고 하는 문제를, 곧 영혼이라고 하는 실체 개념을 가지게 되고, 경험하게 되었으며, 왜 그런 것을 어떤 현상을 서술하는 데서 사용하게 되었는가 하는 것이 더욱 중요한 문제인 것같이 느껴집니다.

소＿그것은 스님께서 말씀하신 그 입장을 일단 보류하거나 우리가 더 모른다고 가정하고…… 그렇다면 언어 문제로 들어가면 아까 어떤 사람의 여러 가지 생 중에서의 이야기는 아주 실제적인 말씀이었다고 생각하는데 그것은 상징적인 이야기가 아니었잖아요.

고＿제가 알고 있는 한, 논리를 벗어난 것이 불교적인 해석이라고 는 생각하지 않습니다.

소＿처음부터 이야기는 상당히 과학적으로 가고 있는 것이지요.

정＿예를 들면 전생의 영혼의 수와 후생의 영혼의 수의 일치 여부가 영혼에 대한 타당성을 가진 설명을 해 주리라고는 생각되지 않는군요.

8) 착각으로 자기를 한정시켜

소__제 이야기는 이 자체를 우리도 이해하고 또 이해를 할 수 있는 언어로 표현해 보자는 것이죠.

가령 수의 문제가 전생에서 문제가 되지 않는다면 육체를 입음으로써 영혼이 개별화되어 그때부터 수에 관심을 갖게 되는데, 가령 같은 영이 여러 가지 생 중에서 특정한 육체를 안 입어도 그 영혼은 영혼대로 살아 있는 것이지요.

가령 태아로 태어났는데 불행하게도 모체가 죽어서 그 태아도 같이 죽었어요. 그렇지만 그 영혼은 죽은 것이 아니고 다시 어떤 상태에 있다가 또 어떤 태아가 태어나면 살게 되는 것이지요. 반드시 그 태아에서만 살아야 하는 것은 아니지 않겠어요?

김__저는 철학적으로 이야기할 때, 불교는 순수한 의미의 영혼의 윤회설이 성립이 안 된다고 봐요.

소__안 된다고 그러면 대화를 단절하는 것이 되지요.

고__지금 관심이 있으니까 그 이야기를 자꾸 하시는 것 같은데요. 본래 모든 사람은 대각이라고 하는 그야말로 근원적인 진리성을 스스로 다 가지고 있는 것이지요.

개별화되어서 쓰고 있지만 결국은 한 물건을 쓰고 있다는 것입니다. 예를 들면 한 물탱크에 있는 물을 제각기 파이프를 꽂아서 호스로 뽑아서 쓰고 있는 것처럼 본래 한 물건을 쓰고 있습니다. 그러나 각자가 주체가 되고 주인이 되어 쓰고 있는 것이지요. 그런데 중생들은 자기 착각의 정도에 따라서 무수한 차별 중생으로 나타나요. 각자의 눈으로 보아서는 하나도 중생이 아니에요. 완전한 진리를 쓰고 있어요. 그것을 깨닫지 못하기 때문에 착각을 일으켜 범부로 자처하고 그렇게 한정된 자기를 쓰고 있는 겁니다. 한정시키고 있는 원인자가 누구냐 하면 거듭 말해서 스스로 미(迷)라고 하는 착각을 일으켜, 스스로 자기 능력을 한정시켜요.

아까 숫자 가지고 말씀하셨는데, 그런 중생의 숫자 하나하나가 생각을 지말적인 현상으로부터 원초적인 자기 본래 자성 가운데 복귀하지 못하는, 다시 말해서 지말적인 감각에 사로잡힌 상태에 있기 때문에 본래의 자기는 있는데도 불구하고 못 보는 것입니다. 금덩어리인 자기는 못 보고 육체적이고 물질적인 자기를 자신으로 보고 있다는 말이에요. 그러니까 중생의 숫자가 많다 하더라도 각을 해서 깨달아 자기 본성에 복귀하면 이러한 중생 상태에 놓여 있는 것이 무슨 문제가 되느냐 이것입니다.

말하자면 물거품이나 물방울이 바다로 복귀했다 하더라도 물방울이 튀어 나올 수도 있는 것이고, 물방울이 있을 수도 있고 없을 수도 있다, 거기에 걸림이 없다는 겁니다. 그러나 물방울밖에 모른 채 거기에 집착하고, 내가 죽느니, 이것밖에 세상이 없느니, 이렇게 생각하는 것은 미라는 것이에요. 그러나 바다의 입장, 전체를 보는 입장에서는 물거품도, 물방울도, 바다도 다 동일성입니다. 같은 법성이고 같은 성품이라는 말입니다.

9) 살생을 해도 살생이 아니다

소＿그러니까 처음 문제에 대해서 어떤 질문이 나오느냐 하면 결코 내 개인으로 판단을 해서, 어머니가 어머니로서 판단을 해서 태아를 죽인다는 것, 임신 중절을 한다는 것은 영혼을 건드리는 것이 아니에요. 그 옷만 건드리는 것이지. 그래서 자기가 판단을 해서 책임을 지고, 불교신자 같으면 죄를 짓는다는 것을 의식하면서도 임신 중절을 했을 때 종교적인 입장에서의 죄 개념은 어떻게 됩니까?

현실적으로 그런 판단이 자꾸 나오니까 지금까지의 영혼의 이야기를 살려가지고 얘기하면서 지금 그 단계에서는-가령 어쩔 수 없이 어머니가 몸이 약하다, 계속 태아가 뱃속에 있을 경우 어머니가 죽게 된다든지 하는 경우에 인간의 판단에 의해서 태아를 죽였어요. 그러나 그것을 자기가 죽이는 그 영혼은 다른 시기에 다른 태아로 태어날 수 있는 것 아닙니까?

고＿거기에 대해서는 두 가지 해석이 나옵니다. 하나는 지금 말씀과 같이 어떤 때에 죽일 수 있느냐, 살생이 가능하냐? 그 문제를 이야기 하는 것 같고…… 그 점에서는 한 영혼이 그 어머니와의 인연을 통해서 인간으로서 금생을 살아가는 것을 중단시키는 것이 어떤 의미에서 허물이라고 할 수 있겠느냐? 나중에 말씀하신 것은 한 번 제가 말을 했어요. 인간은 완전한 자기실현을 향해서 지금 나아가고 있는 인연을 가지고 있다고 말입니다. 그러한 부모와의 인연을 통해서 금생의 인연이라는 하나의 사이클을 살 수 있는 원인의 힘이 이미 작용해서 거기에 왔습니다. 그런데 그 가운데에 어느 부분에서 임의적으로 그것을 격파시켰다, 이루지 못하게 했다, 이런 경우에는 살생이 아니겠어요? 그런 의미에서는 그 영이 그 생을 통해서 이룩해야 할 자기 향상의 기회를 잃어버렸다는 의미에서 죄라고 생각합니다.

또 두 번째로 지금 어느 경우에 살생이 가능하냐, 임신 중절의 방법을 쓰는 것이 가능하냐 하는 것이지요. 불경에는 이런 의미의 말씀이 있습니다. 죽이는 경우에 있어서 태아도 마찬가지겠지만 어떤 경우에는 죽임으로 인해서 공덕이 있다는 말이 있습니다. 죽임으로 인해서 상 받을 일, 축복받을 일이 있습니다. 그런 경우가 있는데 불교에서는 죽임이라고 하는 것은 자비에서 우러나와서 해야 한다는 이유가 있습니다. 이것은 한 가지 경우인데요, 하나는 급박한 상황 하에서 이 사람을 이러한 상태로 그냥 두었다가는 금생에서 무수한 죄를 짓고 그 뒤에 수많은 고통을 받을 수 있는 그림자를 불쌍히 여겨 "너는 이생을 그만 중단해라. 내가 지옥에 가도 좋다. 네가 순수하게 되는 것을 원한다." 조금도 성내는 마음 없이 진정으로 그를 사랑하기 때문에 그런 죽음을 그에게 강요한다는 경우입니다.

또 한 가지, 어떤 경우에 죽일 수 있느냐 하면 수많은 사람의 생명을 구하는 경우입니다. 생명이라는 가치의 절대성을 인정하기 때문에 스스로 죽음을 갖는다는 것입니다. 그러나 그 대신 터럭만큼이라도 탐심이나 성내는 마음, 자기의식을 거기에 개입시키지 말라 이겁니다. 언제든지 중생 일체를 위하거나 아니면 그 작업을 하고 있는 한 사람을 위하거나 진정한 자비심을 가지고 그것을 행하라는 것이지요. 그러면 설사 죽임을 행하더라도 공덕이 있다는 겁니다. 진리를 수호하는 일을 불교에서는 '정법 수호'라고 합니다. 정법에는 두 가지 의미가 있습니다. 하나는 한 사람 한 사람을 완전한 진리로서 완성시키고 성숙시키는 일이고, 또 하나는 국토 장엄이라고 해서 이 땅을 그대로 진리가 가득 실리는 평화로운 국토로 만드는 일, 이런 두 가지가 기본적인 뜻입니다. 그런데 이러한 정법을 수호한다는 입장으로 보아서 무엇이 그러한 높은 이념인가는 사적인 것이 일체 부가되지 않은 순수한 높은 목적의 봉사를 생각하고, 한편 그 사람을 참으로 자비로 위했을 때 그때는 그야말로 살생을 해도 살생이 아니다 이런 이야기입니다.

10) 물질 위한 산아 제한 안 돼

소＿그 말씀은 아주 제가 듣고 싶었던 것이었습니다. 지금 말씀하신 가운데에 산아 제한이나 임신 중절을 주장하는 사람들이 근거를 찾아서 이러 이러한 이유로 보아 산아 제한도 그에 해당될 수 있느냐 없느냐 하는 것을 결정해야 되겠지요.

그런데 아까 말씀하신 것으로 보아서 스님의 견해에 의하면 산아 제한이라는 것은 인구의 수를 줄여야 된다는 것인데, 이것은 도대체 지금 말씀하신 것에 해당 않는 것으로 처음에 말씀하셨습니다. 그런데 문제는 그런 기준을 주셨으니까 그런 기준으로 보면 역시 태아를 죽이는 것도 살생인데 이것이 그런 기준에 해당하는 것이 살생이냐 아니냐 하는 것이지요.

고__불교에서는 안 되지요. 왜 안 되느냐 하면 지금 물질 추구가 목적이냐 생명이 목적이냐 이것이에요. 물질적인 풍부와 향락을 위해서 생명이 그렇게 되어서야 되겠느냐 하는 겁니다. 차원을 인간 생명을 유익하게 쓰고 안 쓰는 것은 인간의 능력의 문제입니다. 불교에서 보면 인간의 능력은 무한하고, 지혜가 있으며 능력이 있어서 창조력이 한량없이 나올 수 있는 원천입니다. 이 인간적인 원천을 막아 버리고 바깥에 있는 물질적인 자원이 많다든지 적다든지 하는 물질주의적인 눈으로 보아서 그렇지 인간 자원을 개발할 것 같으면 얼마든지 새로운 세계가 벌어진다는 이야기죠.

아까의 경우 결정적인 상황에서 산모를 살린다든가 하는 예를 들었지만, 경제 번영을 위해서 사람이 죽어야 된다는 것은 말이 안 되지요. 그러면 겁나는 것이 있어요. 내가 살고 있는 자체가 두렵다 이것입니다. 어쩌면 사회에 봉사하기 위해 나 하나쯤은 죽어 주는 것이 공기 오염이라도 덜 수 있는 길이 아니겠느냐는 것입니다.

정__잠깐 기독교의 경우를 살펴보기로 하지요. 하나님이 사람을 흙으로 빚어내고 영혼을 불어넣었다, 그래서 영이 몸속으로 들어가서 사람이 되었다 하는 것이 창조 설화에서 나오는 기독교의 근본적인 인간 해석입니다. 그런데 그 후에 그 영혼이 어떻게 된다 하는 것에 대해서는 분명한 언급이 없습니다. 창조 설화에서 보면 몸을 미리 만들고 영을 불어 넣고 하는 하나의 선명한 논리가 영에 대해 나타나고 있는데, 그 뒤에는 통 이에 대한 설명이 없습니다. 그리고 간혹 영혼이 하나님께 올라간다든지 죽으면 영혼이 육신과 분리되면서 연옥에서 기다린다든지 하는 주장을 하기도 합니다. 그런데 신약성경의 '그리스도'의 경우에 보면 죽음은 몸의 부활로 연결되지 영혼의 불멸로 서술되어 있지 않습니다. 몸의 부활이라고 하는 사실만 나타나고 있지요. 그렇게 본다면 영혼이 있느냐 없느냐, 어떻게 있느냐, 어떻게 헤아려

지느냐 하는 질문에 대해서 기독교는 선명한 대답을 하지 않고 있습니다. 그러면서도 기독교 문화권 속에서는 영혼이 존재한다고 하는 종교의식이 종교 경험의 내용을 이루고 있습니다. 그렇다면 오히려 몸의 부활이라고 하는 주장 속에 일반적인 영혼의 문제가 어떻게 수용되고 있는가 하는 것을 살펴보는 것이 중요할 것 같습니다. 그런데 이렇게 보면 몸의 부활이라고 하는 것은 아까 말씀하신 광덕 스님의 불교적인 입장에 근접해 가고 있지 않나 느껴집니다. 지금 이 상황은 무상한 것인데 죽음은 새로운 세계를 마련하기 위한 하나의 계기가 되고, 그때 끊임없이 변화하는 과정 중에서 생명의 완성을 약속할 수 있는 가능성이 곧 영이라고 지칭되지 않는가 하고 느껴지는 것입니다. 그러니까 영혼 불멸이라고 하는 이원적인 개념이 아니라 몸의 부활이라는 신앙 속에서 생명의 완성을 기대하고 있는 그 속에 영혼의 실재가 전제되어 있는 것이 기독교적 입장이 아닌가 생각됩니다.

11) 언제부터 생명인가

소__그런 식으로 해석하게 되면 상징적으로 영혼의 문제가 나오게 되는데 가령 태아에게 영혼이 있느냐 이런 것부터 문제가 되는데 그런 문제는 어떻게 되겠어요? 서구 사회에서도 몇 개월까지가 살인이냐 아니냐가 거론되곤 했지요. 불교의 입장에서는 분명한데…….

정__그런 구체적인 사실과 관련해서 기독교의 역사에서 재미나는 이야기가 있더군요. 임신 중절에 대해서 상당히 고전적인 해답이 있습니다. 어거스틴은 태(胎)를 '애니메이트 페터스', 즉 죽어 있는 태, 종자하고 나누면서 '인애니메이트 페터스'를 죽이는 것은 상관이 없다고 했어요.

그 기준을 어디에 두었느냐 하면 60일 내지 80일을 두었어요. 60일 내지 80일 전의 태를 죽이는 것은 살생이 아니고 그 이후의 것을 죽이는 것은 살생이라는 주장이지요.

소__그것은 그때에 '인애니메이트 페터스'와 '애니메이트 페터스'에 대한 지식이 불확실했기 때문에 그렇게 된 것이지요.

정__그런데 임신 중절이다 산아 제한이다 하는 실제적인 실천의 경우에 문제가 되는 것은 그러한 기준의 문제가 아닙니까? 어느 때부터 '에니메이트'로 보느냐 하는 것이지요. 그것을 알아야 살인 여부를 결정할 수 있을 테니까요.

김__유교에서는 태아 교육, 즉 태교라는 것이 있지 않아요? 태교를 이야기한 것은 태아에게 교육을 할 수 있다는 이야기인데 그렇다면 생명에 대해서 상당히 일찍부터 인정을 하고 있는 것이지요.

고__태교는 상당히 필요하고 중요한 교육이라고 생각돼요. 불교 교육은 하나의 내부적이고 자각적인 것이면서 환경을 중요시합니다. 태아의 상태는 육체의 형성기이며 육체적으로나 정신적인 면에서 완전히 폐쇄되어 있기 때문에 받아들이는 유일한 창구인 어머니의 마음 상태가 얼마나 중요한가를 알게 합니다. 이러한 점에서 동양의 태교론은 상당히 의미 있는 것이라고 봅니다.

김__심지어 육식도 똑바로 앉아서 먹고 어디 가서 서도 똑바로 서고 앉으며, 삿(邪)된 마음을 갖지 말고 이렇게 쭉 시작되는데 정신적인 것, 생리적인 것, 음식 먹는 것까지 다 영향을 끼친다고 보거든요.

소__영양학을 하는 교수한테 들은 이야기인데 태아가 생기자마자 며칠인가 되면 태아 자체로서 좋아하고 싫어하고 받아들이고 받아들이지 않는 화학적인 작용을 한다고 합니다. 그때부터 벌써 작용을 하고 있다는 것이지요. 그것도 태교와 관계가 있는 이야기겠지요.

정__어거스틴 이후에 보니까 태동을 느낄 때서부터는 생명이라고 보았다는 기록이 있더군요. 그런데 기독교에서는 그 기준을 생리학적인 지식에 근거해서 설정하기보다는 상황적인 판단 하에서 결정하려 했던 경향이 강했던 것 같아요. 그래서 어머니의 건강도 생각을 했고······.

444

고__그 이야기는 무엇이냐 하면 그때를 판단하는 상황이라는 것은
생명으로 인정할 수 있는 때입니다. 바로 수태의 순간입니다. 사실상
생명을 수태했을 때를 어떻게 규정하느냐 하는 것은 아까 말씀드린
바와 같이 하나의 사실 문제입니다. 그것은 인식하고 안하고가 상관이
없어요. 그렇게 해서 어느 시간에 도달하면 그때 우리가 태동을 느낀
다든가 하며 인식할 수 있지만 사실은 그 전에 이루어진 것이죠.

12) 책임은 내부에서도 찾아야

정__본질적으로는 그렇지만 현실적으로 예를 들어서 방글라데시의
경우 불가항력적인 상황 속에서 임신이 되었을 때, 그것은 사회적인
도덕규범에 의해 용인 받지 못하는 것이기 때문에 태아가 아직 의식
을 가진 생명이 아닐 때 어떤 방법으로든 낙태를 할 수 있다고 합니
다. 그렇게 되면 다른 이야기를 할 수 있지 않겠어요?

고__그건 그 자체가 연(緣)이지요. 좀 다른 얘기가 됩니다마는 제가
본 자료에 이런 것이 있습니다. 여자들 가운데에 윤간이라는 중대한
성범죄를 당한 피해자의 생활 주변을 조사해 볼 때, 그러한 사람들의
소지품을 보면 많은 경우 일상생활 가운데에서 상당히 음탕한 생각을
가지고 있다고 보이는 것이 있답니다. 겉으로는 아주 정숙한데 사생활
이나 정신적인 면은 그렇지 않아서 혼자 핸드백 속에 넣고 다니는 것
을 보면 그러한 종류의 책이라든지 그림, 물건을 가지고 다니고 있답
니다. 그러니까 본인은 안 그렇지만 깊은 의식 속에서는 그럴 소지를
충분히 가지고 있었다는 것이지요. 그래서 그런 것을 불러들이고 끌어
들이는 요인을 장만하고 있었다는 거죠. 성관계 피해자의 조사에 의하
면 그러한 종류가 퍽 많다는 것을 일제시대 자료에서 한 번 보았습니
다. 그런데 불교 입장에서 보면 역시 어떠한 상황이라는 것이 단독으
로 이루어지지 않는다는 것이지요. 아무리 고통스러운 환경이라 하더
라도 고통스럽지 않은 것으로서 자기가 처리하고 받아들일 수도 있고,

또 그것을 이용할 수 있으며 사회를 개혁할 수도 있는 것이지요. 그러니까 어떠한 불안한 상태가 있다고 해서 바깥에 원인이 있다고 바깥으로 책임을 추궁하기보다도 안에도 일단의 요인이 있는지 살펴야 한다는 것이지요.

5. 경제 발전의 한계

1) 생태 문제에의 여러 입장

소＿그러면 다음 문제인 환경 문제와 경제 발전의 문제로 들어갑시다. 경제 발전의 한계 이야기는 주로 경제학자, 사회과학자, 자연과학자들이 많이 연구하고 있는데 '로마 클럽'의 보고서도 이런 문제에 관한 것이죠.

여기에는 종교인들보다 과학자들이 더 많이 참여했는데요, 식량이 부족하다, 에너지 자원에 한계가 있다, 또 경제가 이렇게만 발전한다면 계속 소비되니까 환경이 오염된다는 것이고 따라서 인류의 생존 문제에는 한계점이 있다는 것도 문제로 대두되곤 합니다.

그렇기 때문에 여기에서도 한번 거론을 해볼 필요가 있지 않을까 생각합니다. 이에 대해서 종교의 입장이라고 할까요, 의견을 제시할 수 있는지요?

우선 정신 제도와 서구 물질문명과 가장 가까이 결탁이 되어 있는 것이 기독교라 볼 수 있겠는데 현재 어떤 입장으로 서구 기독교가 이야기하고 있는지요? 그러면서 동양의 종교라고 할 수 있는 불교, 유교의 입장에서도 어떻게 이야기할 수 있는지 말씀해 주세요.

정＿기독교가 현대의 생태학적 위기를 초래한 장본인으로 지탄 받고 있는 것은 부분적으로 사실입니다. 그런데 기독교는 이런 생태학적 위기에 대해 서너 가지 다른 입장을 보여주고 있습니다. 하나는 굉장히 긍정적인 자세이지요. 양육하고 번성해서 만물을 지배하라는 것은 인간에게 무한한 가능성을 부여하면서 약속한 것인데, 그렇다면 지금 부딪친 문제도 종말적인 것이 아니라 오히려 인간의 가능성을 발휘해야 할 계기가 되는 것이죠. 이것은 상당히 긍정적인 것이죠.

그렇기 때문에 이것은 어느 시대이건 간에 당대를 종말로 생각했던 사고에서 나오는 것이라는 낙관론적인 견해입니다.

또 하나는 이와는 반대로 상당히 비관적인 견해인데, 그럼에도 불구하고 생태학적인 위기 문제를 해결하고 극복할 방도를 기독교적인 전통 속에서 다시 찾아보려는 태도입니다. 예를 들면 자연의 신비를 경험하면서 찬양할 수 있었던 성 프란체스코의 태도가 재등장, 재음미되는 것이지요. 그러한 입장에서는 번성하고 지배하라 하는 것은 인간이 창조적인 행위를 해야 하는 주체로서의 책임을 지라고 하는 이야기이지 착취하라는 이야기는 아니었다는 재해석을 제기합니다.

또 하나는 기독교에서 보면 다른 흐름이겠습니다마는 기독교가 범세계적인 종교로 발전하지 못하고 서구적인 문화 가치에 근거해서 국지주의적인 신학만을 형성해 왔고, 그 상황에 맞는 도덕적, 윤리적 선언을 하다 보니까 상당히 편협한 이야기를 하게 되었다는 자각이 생기게 된 것이죠. 그래서 동양 종교의 지혜를 받아들임으로써 기독교가 새롭게 성숙해야 할 계기를 찾아야겠다고 하는 것이 그러한 입장입니다. 그래서 어떤 일부가 너무 독점하고 있지 않느냐, 너무 소비하고 있지 않느냐 하는 이런 문제를 신학과 사회정책적인 측면에서 확대시키고 있는 것 같아요.

이런 것이 대개 기독교가 부딪친 몇 가지 생태학적인 위기에 대처하는 행동의 흐름입니다.

2) 자연은 '본래 있는 것'
소__그 후자인 사회 정책적인 문제는 뒤에 다 나오는데 동양적인 지혜에 기대를 건다는 입장은 구체적으로 경제 발전에 어떤 한계가 있어야 된다는 것입니까?

정__경제 발전에 한계가 있다는 것보다는 이제까지는 자연과의 관계가 잘못되어 있었다는 것에 대한 반성이지요.

소__그러니까 기독교가 이해하라는 동양적인 지혜라는 것은 어떠한 것인가 말씀해 주시지요.

정__동양적인 문화 상황 속에서는 자연과의 조화가 주종 관계를 넘어서 늘 이루어졌다고 하는 사실을 지적할 수 있지요. 그런 입장에서 보면 결국 라이프스타일에 대한 관심이 생길 수밖에 없게 됩니다. 발전의 한계를 얘기하는 것보다는 이제 전혀 다르게 살아야 한다는 것을 느끼게 되는 것이지요.

소__그러면 물질적인 팽창, 경제적인 발전이라는 면에서는 포기하는 것이지요?

정__결국 그런 현상의 의미를 근원적으로 질문한다고 하는 입장에서 볼 때 포기하는 셈이겠지요. 그러면 삶의 양태를 이제까지와는 다른 모습으로 모색해 가면서…….

소__지금까지 우리는 동양이 경제적으로 뒤쳐졌다는 것에 대해서 낮게 평가를 하기도 했는데 동양의 지혜라는 것이 다시 인정받게 되었습니다.

과연 그 지혜가 서양의 역사적 바탕 위에서 인정을 받는지 설명을 좀 해 주세요. 여기에서는 기독교와 불교가 보완이 되는 것 같은데 입장이 다른 것이 있는지, 또 다른 것이 있다면 서양에서 볼 때 이것이 동양적이다, 이런 말씀을 해주셨으니까 동양적인 것을 두 분께서 충분히 설명해 주셨으면 좋겠어요.

정__제가 좀 전에 말씀드린 기독교의 세 가지 태도 중에서, 세 번째 문제에만 강조점을 두셨는데 서구 기독교권에서는 두 번째 태도를 최근 더 강화해 나가고 있어요. 다시 말하면 기독교의 전통 속에도 충분한 해답이 있다는 이야기지요.

소__왜 그것이 아직까지 작용을 하지 않고 있었느냐 하는 것이 문제가 되겠지요.

김__월간중앙 작년 1월호 부록에 제가 쓴 것이 바로 이 문제입니다. 현대 문명 문제와 동양 사상을 보면 좀 더 구체적인 것이 나오겠지요. 요약해서 말씀드린다면 우선 자연관이 서양과 달랐다는 것이에요. 서양에서는 자연을 신의 피조물이라고 보는데 동양에서는 주격적인 것으로 보았고, 불교에서도 '법이여시(法爾如是)'라고 해서 본래 있는 것으로 보았어요. 자연은 자기의 근거를 스스로 가지고 있다는 말이지요. 그렇게 자연관이 달랐기 때문에 동양 사람들은 모든 도덕률을 세울 때 자연을 먼저 관찰했던 것이지요. 서양은 이것을 피조적인 것으로 보았으니까 어디서 왔느냐 무엇으로 되었느냐 하는 철학적인 관심이 많았다고 하는데, 동양 철학에서는 이미 있는 자연이 어떻게 있느냐 하는 관심을 기울였습니다. 이 어떻게 있느냐 하는 물음은 인간이 그 속에서 살고 있으니까 우리가 살기 위해서는 자연이 어떻게 있느냐 하는 것을 알아야 되거든요. 그래서 묻는 방향 자체는 우리의 삶과 강하게 연관되어 있었던 것 같아요.

3) 자연의 한계를 의식한 동양

그런데 서양에서 처음 자연을 보는 것은 '부르너'부터 무한사상이 나타났어요. 이 무한사상이 과학사상과 연결이 되어서 모든 것이 무한히 지속될 것으로만 알았어요. 동양에서는 일찍부터 자연이 유한하다고 보았어요. '유한건곤(有限乾坤)'이라는 것이지요. 그러면서도 그 속에서 생멸 변화하는 만유는 영원히 존속된다고 믿었습니다. 그러니까 자연 속에서 자연에 의존해서 살아가는 인간이므로 그 유한 자연 속의 무궁 변화를 기본으로 깔고 생활 설계를 하자는 것이 동양의 지혜였습니다. 서양 같으면 인간의 의지를 기준으로 계획을 세워서 자연이 수단으로 들어오겠지요. 그러나 동양은 절대 그렇지 않아요. 자연이 바탕이 되니까 자연의 범위를 벗어나서는 생각하지 않아요. 우선 자연의 한계를 의식한 것이에요. 그렇다고 그 한계 속에서 시간적인 것마저 한계를 가져와서는 안 되니까 순환을 들고 나오지요.

여기에는 두 가지 방향으로 발전해 왔는데 하나는 도가적 자연주의고 하나는 유가적 중용주의입니다. 자연주의의 경우에는 인간의 주체성을 세우지 말고 자연으로 되돌아가라 이야기예요. 자연만이 주체이고 인간은 거기에 종속시키라는 것이지요. 그런데 유교에서는 인간 사회라는 것을 긍정하고 인간 자체의 모든 것을 인정하다 보니 인간도 역시 주체라고 생각합니다. 그러면 그 두 주체를 어떻게 조화하느냐, 이렇게 해서 자연주의는 인위를 가하지 말고 자연에서 생산되는 것을 그대로 먹어라, 백이라는 숫자가 자연에서 생산되었으면 그 숫자대로 생의 수단이나 생활양식이나 모든 것을 정하라, 이러한 가르침이었죠. 그런데 유교 측에서 보면 자연이 유한한 것은 안다. 그러나 모든 것을 자연에만 의존할 수 없다, 자연의 이식(利殖)을 받아먹는 우리들이지만 그 이식을 더 많이 내는 데까지는 인위적인 것을 가미할 수 있다. 순환생성을 파괴하지 않는 한 인위적인 것을 자연에 가미시켜서 더 많은 수확을 올릴 수 있도록 하자, 그래서 유가(儒家) 문화에서 지향되는 목적은 '후생(厚生)'이라는 것이지요. 정덕(正德), 이용(利用), 후생주의(厚生主義)란 말입니다. 우리나라 실학자들이 많이 쓴 말입니다만 육부삼사(六府三事)라는 말도 쓰죠. 6부는 금(金)·목(木)·수(水)·화(火)·토(土)·곡(穀)인데 이러한 것은 우리가 생활하는 데 필요한 물질입니다. 더욱이 곡식·식량 같은 것은 생명 유지에 있어서 더욱 중요한 것인데, 그런 것에 우리의 생명력이 의존하고 있으니까 수확을 많이 거두어 들여야 한다고 강조하고 있습니다. 다시 말해서 유가에서는 자연이 허락한다면 인간이 무한히 욕망하는 대로 생산하는 것을 허락하지요. 그러나 자연은 한계가 있기 때문에 그것을 벗어나지 않는 범위 내에서 수확하려고 하는 것입니다. 그래서 삼사(三事)라는 것은 자연이 유한하니까 물질을 유용하게 쓰고 질서 있게 분배해야 한다는 것을 다루는 것입니다. 모든 사람이 너무 낭비하지 않고 너무 빈한하지 않는 범위 내에서 쓰는 것이 정덕입니다. 이것이 하나의 경제 윤리 같은 것이 되지요.

4) 정덕(正德) · 이용(利用) · 후생(厚生)

그 다음으로 '이용(利用)'이라는 것은 물질이 아무리 많다고 해도 그것이 반드시 인간에게 행복을 가져오는 것은 아니다, 그 많은 물질을 잘못 이용해서 인간에게 해를 끼칠 수 있으니 애용이라는 것은 인간 생명에 유리하게 써라, 그렇게 해야만 결과적으로 후생(厚生)이 되고 인간 생활이 풍부해진다고 보는 것입니다. 그렇게 보면서도 공자가 이런 이야기를 했어요. 이 분배 문제와 직접 관계가 되는 것인데 물질이 적은 것이 문제가 아니다, 물론 물질이 너무 적으면 큰 문제가 되겠지만 고루 분배되지 않는 것이 문제다, 『불환과(不患寡)요 환불균(患不均)』이라는 말을 하셨어요. 100이라는 물질을 수확하였으면 100명에게 하나씩 분배하면 다 먹고 살 수 있는데, 50이라는 숫자가 한 사람에게 치중되어 갔다면 다른 사람들은 빈한하고 굶어 죽어야 되거든요. 그러니까 제일 중요한 것은 고른 분배다, 이런 이야기입니다.

또 하나는 일반적으로 유가는 경제적으로 비생산적이라고들 하는데, 그렇지 않아요. 공자의 제자가 정치에 나서서 공자한테 가르침을 청하니 제일 처음에 이야기하기를 부(富)하게 하라고는 했지만, 그러나 이런 조건을 붙였습니다. 난세(亂世)에 부(富)한 것은 부끄러운 일이고 태평한 시대에 가난한 것도 부끄러운 일이라는 것이지요. 그러면서 의(義)를 항상 강조했어요. 옳고 정당하게 수확하라는 말입니다.

그러니까 자연의 범위 내에서 인간이 최대 수확을 올려야 한다는 면에서 보면 지금 서양의 경제 구조는 능원 자체를 개발하고 있거든요. 순환 속에서 나타나는 수확을 받아먹는 것이 아니라 본전을 빼먹는 것이에요. 간단히 얘기하면 동양에서는 백만 원을 은행에 저금해 놓고 거기서 3만 원 이식(利殖)이 나오면 3만 원 안에서 생의 방법이나 규모를 세웁니다. 그러나 서양사람 같으면 인간의 의지나 욕망에 미달하면 5만 원도 꺼내 쓰고 자꾸 꺼내 쓰다 보면 고갈된다 이것이에요. 그러니까 5만 원 꺼내 쓰는 사람하고 3만 원 꺼내 쓰는 사람을 비교하면 후자가 아무래도 빈한한 것이 아니에요? 그래서 서양사람이 보기에는 시간의 과정으로 볼 때에는 우리는 이만큼 발전했고 이만큼 풍부한데 너희는 뭐냐 이렇게 이야기할 것입니다. 그러나 서양은 이제 마지막에 도달했습니다. 능원 고갈 문제에 도달했지요. 동양의 본래 방법은 이 순환 속에서 이식을 가져온다, 낙엽이 떨어지면 그것 가지고 불을 때서 따뜻하게 한다, 방 너덧 개면 나무가 모자란다, 나무가 더 필요하다, 그러면 방 하나만 써라, 이런 식이에요. 이것이 동양의 경제 사회 구조가 근본적으로 서양과 다른 예이고, 그런 면에서 보니까 의욕대로 못하고 빈한해서 과욕이라는 말을 많이 썼습니다. 욕망을 줄이라고 하는데 나중에 성리학 일부에서는 욕망을 없애라는 말까지 나옵니다마는 원시 유교에서는 욕망을 없애라는 말은 없었습니다. 그래서 조절하라는 것이지요.

이러한 것이 동양에의 경제적인 지혜라고 한다면 근본적인 조건이 그렇습니다. 서양이 이야기한 대로 자연이 무한하다고 할 때에는 서양이 추구하는 방법이 옳은 것입니다. 인간의 욕망대로 해나갈 수 있는 것이지요. 문제는 유한하다는 데 있지요. 서양도 지금에 와서는 무한하다는 개념이 유한하다는 개념으로 바뀌고 있지요. '유일한 지구'라는 말이 나오고 있지 않습니까?

5) 유한 개념에 맞추어야

그러니까 모든 성장에는 한계가 있다는 말이 서양에서도 나왔지요.

452

그러나 동양에서는 이미 그것을 알았어요. 아주 대조적인 이야기인데요, 하이젠버그의 『과학자의 자연에 대한 개념』이라는 책에서도 이러한 이치를 인용했어요. 『장자(莊子)』라는 책에서 나오는 이야기입니다. 어느 날 공자가 제자를 데리고 남쪽으로 떠났는데 한 노인이 우물에 가서 두레박으로 우물물을 떠다가 밭에 물을 대는 것입니다. 그러니까 자공(子貢)이 굉장히 힘만 들고 능률도 안 오르는 것을 보고 "할아버지 용두레를 왜 안 쓰십니까? 깊은 데에서 물을 떠다 쓰고 효과도 없고 괴롭기만 한데 왜 그런 짓을 하십니까? 용두레가 있는 것을 모르십니까?" 하고 묻자 당장에 "너 공자의 제자구나. 내가 왜 모르겠느냐. 그러나 그런 기계를 사용하다 보면 '기심(機心)'과 '기사(機事)'가 상대적으로 자꾸만 늘어난다"고 하는 것입니다.

무슨 얘기냐 하면 우선 기계를 써서 백 마지기 논에 간단하게 물을 댔다면 거기에 만족하지 않고 더 확대시킨다는 것이에요. 더 확대시켜 놓으면 지금의 그 기계도 과거의 그 한 사람이 우물에 내려가서 물을 퍼서 쓰는 것과 마찬가지 상황이 된다, 밭은 넓어지고 기계는 능력이 못 따라가면 그 기계를 더 키워야 된다는 것이에요. 기계를 키우고 또 키워도 인간은 만족하지 않고 욕망을 키운다는 것입니다. 기심기사(機心機事)라는 것은 욕심의 증가를 정당화하는 것이라고 하겠지요. 그렇게 되면 이것은 과정만 존재한다는 것이에요. 인간이 안식되는 것도 아니에요. 과정에 얽매이는 것이에요. 다시 말해서 인간이 소외되는 것이 아니겠느냐, 모든 기사와 기심 속에 인간이 소외되는 것이 아니냐, 그래서 그 노인네가 자공에게 충고를 주었다는 것입니다. 이 이야기를 하이젠버그도 인용하면서, 마치 과거에 서양이 동양을 가난하다 뭐다 이렇게 무시했던 것은 서양이 아직 어린아이 같은 입장에서였고 동양은 이미 노숙했었다, 모든 것을 통찰하고 있었기 때문이 아니냐 이런 말을 인용한 게 있어요. 그렇게 본다면 건곤(乾坤)을 유한하고 거기서 연속적으로 순환한다고 보고 그러한 유한에 인간의 생명이나 모든 것을 맞추어 경제 구조를 만들었다는 거죠. 생활양식이나 생산 방법, 그 치산 방법 등을 동양이 일찍이 터득하지 않았느냐 하는 것이고요. 결국 건곤이 유한하다면, 지구의 모든 능원이 유한하다면 이러한 순환 속에서 생산되는 이식을 받아먹는 인간의 경제 구조를 세울 수밖에 없지 않느냐 이것이 동양의 철학이지요.

소＿동양이 그렇게 대변되는지 좀 보충을 해 주시지요.

고＿김 선생님 말씀과 같이 동양은 자연에 대해서 그러한 특징을 가지고 있었다고 봅니다. 그러나 경제 발전에 어떤 한계를 인정할 것이냐 이런 문제로 이야기를 한다면 현재 주어진 조건이 유한이냐 무한이냐 하는 것에 대해서는 좀 의견을 달리합니다.

우리에게 주어져 있는 물질적인 환경 여건은 한정되어 있는 것으로 보일지 모르지만, 그것을 이용하고 활용하는 주체자인 인간의 세계는 무한하고 규정 이전의 것입니다. 때문에 무한성에 새로운 자기 한정을 가하여 새로운 창조를 열 수 있는 것이지요. 불교적인 해석을 하면 주어진 여건은 설사 한정되어 있다 하더라도 그것을 어떻게 이용해서 자기에게 필요한 것으로 재창조하느냐 하는 것은 규정되어 있는 것이 아니기 때문에 무한의 것이 인간에게 마땅히 본래적으로 주어져 있다는 입장에 섭니다. 인간이 바깥에 있는 물질세계만 본다면 유한하지만 인간의 내부에 가지고 있는 측정할 수 없는 가치와 지혜, 능력에 대해서는 소홀한 것이 있다는 겁니다.

오늘날의 한계를 어떻게 정할 것이냐 하는 문제에 있어서 우리가 두려워할 부분은 자원이 고갈되거나, 인간이 늘어서 공해가 심해진다거나, 생태학적 자기 환경을 오염하거나 파괴해서 스스로 살 수 없다는 문제에 이르게 된 게 아니라고 봅니다. 가시 자원의 부족, 오염과 파괴, 그러한 것보다도 인간이 이 세계를 어떻게 보고 있느냐, 그 보는 관점이 더욱 문제입니다. 말하자면 인간이 스스로 참 자기를 보지 아니하고 바깥에 있는 물건의 개별적인 것만을 알고 거기에 공작을 가하거나, 도전하거나, 극복하거나, 옹호하는 등의 방법을 써서 조그만 자기중심의 욕망 충족과 그 극대화를 행복이라고 정해 놓고, 생활의 목표로 삼고 치닫고 있는 한 마침내 한계가 오고 조만간 파탄이라는 종말이 올 수밖에 없지요.

그것은 바깥의 자원이 없어서 종말이 오는 것이 아니라 인간 스스로 자기가 설 수 있는 권능과 창조적인 근원을 봉쇄해 버렸기 때문에 스스로 자기 환경을 그렇게 우그러뜨려서 그런 환경을 자초하는 것이죠. 그래서 오늘날 우리의 경제 발전에 한계가 올 수 밖에 없다는 '로마 클럽'의 보고와 같이 비관적인 전망의 저변에는 순전히 인간이 가지고 있는 내부적인 가치를 생각하지 않고 외형적인 숫자밖에 생각하지 않았다는 것에서 본 것이라 생각됩니다. 경제 발전의 요인 가운데 인간의 능력이라고 하는 것을 제거해 놓고 발전을 말할 수 있겠느냐. 그 부분은 등한시하지 않았느냐. 이런 점으로 보아서 한계라는 위험은 인간의 그릇된 착각과 그에 따른 그릇된 판단 등에서 오는 것이 하나 있고, 또 하나는 김 교수님의 말씀과 같이 인간이 자기 혼자 살고 있는 것이 아니고 (불교에서는 '緣起'라고 합니다마는) 더불어 살고 있다는 공동체 의식, 공동체를 이루고 있는 원천적인 자기, 그러한 자기에 대한 자각이 부족해서 결국 서로 대상화하고 극복하는 활동을 통해서 자기 수입을 가져온다는 사고방식이 더욱 더 자기 생활환경을 깨뜨리고 파멸을 가져오는 것이 아니냐는 겁니다.

이야기를 정리해 보면 한계는 본래 주어진 것이 아닙니다. 그러나 지금과 같이 물질만능주의로 눈에 보이는 감각적인 것으로 가치를 삼고 그것으로 행복의 기준을 삼으려는 생각으로 내다보면 불가분 로마 클럽이 제시한 것같이 한계가 옵니다. 그 한계는 자원의 고갈에서 오는 한계보다도 인간의 정신적인 자기 봉쇄를 통해서 먼저 옵니다.

거기에는 필연적으로 도덕적인 타락이 온다든지, 사회적 붕괴가 온다든지, 인간의 자기 분열 현상이 와서 마침내 인간 내부적으로 정신이 파괴된다는 겁니다. 그런 의미에서 원래 인간은 자기 창조를 통해서 희망을 성취하는 낙관적인 전망을 가질 수 있는데도 지혜가 좁아지고 부분적으로 치닫고 보면 이러한 어두운 미래가 온다고 말을 할수 있겠어요.

6. 물질문명과 가치 기준

1) 내부적 가치와 정신문화

소__거기에 대해서 과연 그 내부적인 가치를 강요하는 전통이나 정신문화가 서양에는 없었고 동양에만 있었느냐 하는 문제가 일단 대두됩니다. 또 하나는 김 선생님께서 말씀하신 장자, 공자의 이야기와 같은 경우 동양에도 중국에서 황하(黃河)의 범람 현상을 다스리려고 공사를 하고 많은 노력을 해 오지 않았어요? 그렇다면 다스릴 수만 있다면, 기술적으로 가능했다면 벌써 다스렸을 거예요. 장자, 노자의 입장이나 사상 때문에 안하는 것은 아니고, 유가도 있었고 도가도 있었는데 도가의 힘 때문에 안한 것이 아니라 기술적으로 개발이 안 되었기 때문에 이때까지 못하고 온 것 아니냐 이것입니다.

김__그런데 도가적인 측면에서 본다면 문제가 더 크게 일어날 것 같은데요…….

소__그렇지만 기술적인 문제가 있었다면 동양에서도 있지 않았겠어요? 정신적인 문제보다도 기술적인 문제가 있지 않았겠느냐 이것이지요.

김__도가는 대체로 과학 문명에 정대립하는 것 같아요. 유가는 안 그렇죠. 그러니까 동양의 진리라는 것은 그런 유가적인 측면에서 해야 된다고 생각해요. 그것이 인간도 있고 자연도 있는 속에서의 조화 문제인데…….

소__그럼 유가적인 입장에서 보면 가령 유가가 서구의 기독교처럼 과학 문명이 발전한 서구 문명하고 결탁되었더라면 현재 기독교와 마찬가지 입장을 취하지 않았을까요?

김__거기에 전제가 있지요. 자연이라는 것을 하나로 봤거든요. 그 하나를 무한으로 봤다면 유교는 틀림없이 서양의 종교와 같은 과정을 걸었을 거예요.

소__역사를 거슬러 설명하는 것은 어려운 얘기이고 또 가상해서 하는 얘기지만, 그렇다면 근본적으로 기독교적인 사상 안에도 그런 것이 있었다, 성 프란시스코 얘기도 그러니까 거기서 찾아야 된다는 얘기는 기독교 내에서도, 동양에서도 있었지요. 서양이나 동양에서 모두 그런 면이 있었지만 그 사상이 주원인이 되어서 한 쪽은 미끄러져 나가고 그런 것이 아닌가요?

김__서양에서는 과학이 있어서 그렇게 된 것입니다. 동양에서 과학이 발달하지 못하게 된 것은 도가 사상이 상당히 견제했기 때문이었던 것 같습니다.

그러니까 도가는 반문화적인 요소를 가지고 현실을 견제하거나 개방시켰던 것이지요. 또 현실을 긍정하는 유가는 현실이 건강하게 나갈 때는 주도권을 잡지요. 그러나 현실에 큰 타격이 올 때는 도가가 나오거든요.

소__그렇다면 서양에 그러한 지혜의 눈을 돌림으로써 현재 진행되고 있는 과학 발달과 기술의 발달까지 저지될 수 있겠는지요?

김__저지되어야 하지요. 왜냐하면 동양에서 유가(儒家)적인 데서 저질러지기 쉬운 협애화(狹隘化)되는 가치관이 도가에 의해 보구(補救)되듯이 동양의 유가적 중도관, 도가적 자아관이 서양 문화를 보구할 수 있는 기능을 하게 될 것입니다.

소__저지되어야 한다는 얘긴데…….

김__아니 저지라는 것도 결국 서양이 자동적으로 수정해 가는 것이라는 이야기지요. 동양은 정복성을 띠지 않으니까.

2) 동양의 지혜로 저지될 것인가

소__지금 문제는 동양의 불교나 유교, 도교가 서양에 전파됨으로써 저지시킬 만한 힘이 되겠느냐, 이렇게 우리가 모아볼 수 있느냐, 그만한 힘을 갖고 있느냐가 되겠는데요.

김__나는 그렇게 보고 있어요. 동양인이 저지하지 않더라도 서양은 충분히 자작했으니까 위기를 느낄 게 아니에요? 그러니까 그에 대해서 대응책을 취하고 있는 것 아닙니까? 미래학자들의 얘기처럼 배운다는 것은 동양의 지혜를 참고로 하는 것이지, 동양이 마치 서양이 동양을 지배한 것에 대한 보복처럼 그렇게 한다는 것은 아닙니다.

소__그런 것은 아닙니다. 그런 뜻은 아니고 상당히 낙관적이지요. 받아들일 것이다 하는 입장이 어떻습니까?

정__동양에서 서양이 지혜를 배운다는 것이 경제 발전의 한 유형을 배워 스스로의 문제를 해결할 수 있다는 것은 전혀 아니라고 생각합니다. 아까 말씀하신 경제 이론적 요소가 서양이라든가 기독교 문화권이라고 해서 전혀 없는 것은 아니지요. 다만 문화가 제어할 수 없이 하나의 상황 속에서 너무 나아갔다든지, 그 속에서 물질적인 가치와 정신적인 가치가 균형을 잃었다든지 하는 데 대한 반성이 새롭게 대두되고 있는데, 그런 것을 새롭게 성찰하는 과정 속에서 동양에 대한 관심을 자연스럽게 가지게 된 것이지요. 하지만 동양적인 것이 하나의 타당성 있는 범주일 수 없다는 것이 느껴지면서 역시 자기들이 고유하게 갖고 있던 세계관이나 자연관 같은 것이 좀 더 성숙해야 되겠다고 느끼기 시작한 것이지요. 그러니까 동양에서 배운다는 것이 동양이 경제 문제를 해결하는 기술을 가졌다는 것을 의미하는 것은 전혀 아니지요.

김__그런데 우리들이 듣기에 동양인들은 너무나 경제를 등한시했다는 말을 많이 듣는데 유교도 극히 생산적인 것이거든요. 그러니까 동양도 제 살 궁리는 다하고 있었다고 알아야 하고, 서양에 의존해야만 경제가 발달한다는 생각은 고쳤으면 해요. 풍부한 물질을 누리고 싶지만 그러다가는 파산하고 지속될 수 없는 것을 미리 알았기 때문에 그런 것입니다. 또 생산에 대해 성실성 같은 것, 물질을 귀하게 여기고 아끼는 습성 등은 동양도 서양 못지않았다고 볼 수 있어요. 예를 들면 불교에서는 생산을 안 하는 것 같지요. 그런데 중국 불교의 경우 총림제도(叢林制度) 같은 것을 보면 산중에서 자기 스스로 밭 갈고 생산해서 먹고삽니다. 중국 불교에서는 하루 일을 하지 않으면 하루 밥을 먹지 말아야 한다는 얘기도 있습니다. 주자도 내가 옷을 입은 것은 한 오라기 한 오라기 부인네들이 정성들여 짠 것이니, 이 한 오라기를 생각할 때 그 노고를 생각해야 되고 밥을 먹을 때 쌀 한 톨은 농민의 피땀이 어린 것이라고 생각하라는 말을 했습니다. 주자가 얘기한 이 내용은 불교에도 나와요. 『선가귀감(禪家龜鑑)』에도 그런 말이 있지요.

우스운 얘기가 하나 있어요. 우리나라에 유명한 중이 있었답니다. 그런데 선비들도 어느 경지에 오르면 다 통하지 않아요? 고명한 중이 있다니까 선비들이 찾아갔거든요. 그런데 그 학자들이 산을 찾아 올라가다가 개울에서 배춧잎이 떠내려 오는 것을 보았답니다. 그러니까 그 고승을 찾아가던 선비들이 도중에서 주저앉아 버렸답니다. 그 고승을 찾아갈 필요가 없다는 것이지요. 그 배추 쪽 하나도 농민이 힘들여서 기른 자연의 소산인데 저렇게 무관심한 중이 무슨 고승이냐, 찾아갈 필요 없다 해서 산 중턱에서 쉬고 있는데 한 노인이 헐레벌떡 내려오거든요. 그래 그 노인에게 "왜 그러세요?" 하고 물으니까 배추 쪽 하나 떠내려가는 것 못 보았느냐고 묻거든요. 그 노인이 바로 이름 높은 중이더랍니다. 그래서 찾아갔던 선비들이 "과연 고승이다!" 하고 절을 찾아갔다는 얘기가 있습니다. 그만큼 동양인들은 물질에 대해서 등한한 면을 가졌던 것은 절대 아니라고 봅니다.

3) 종교와 과학은 '모티브' 같아

소__그렇다면 불교 입장에서의 답을 첨부했으면 싶습니다.

서양의 과학은 물질문명의 발달과 물질적인 가치를 향상시키기 위해서 힘써 오지 않았습니까? 그런 서양의 과학과 기술의 발달에 대해 종교가 앞서서 그것이 가치의 전부가 아니다, 또 다른 가치가 있다는 이야기를 주로 하고 있는데, 그러니까 실제 발전에도 크게 기여하지 않았을 것이 아니냐, 그것을 제재하는 데도 효율적인 힘을 갖고 있느냐, 어마어마하게 급속도로 발전해 가는 이 물질 문명의 동요를 제재할 만한 힘이 있느냐 하는 것이 문제인데요.

김__그런 의미에서 종교의 역할이라면 이렇게 생각할 수 있는 거예요. 우선 인생관의 문제가 아니겠느냐 하는 거죠. 내가 알기로는 우리가 경제를 발전시켜서 어떻게든지 잘 살아야겠다, 또는 이것이 행복하라고 생각하는 것도 인생관의 문제거든요.

그러니까 종교는 소박하고 모든 사람이 이웃을 다 사랑하자는 겁니다. 누구는 잘살고 누구는 못 사는 것을 지양하고, 다 같이 잘 살고 다 같이 우애해야 한다는 정신을 가지고 사회에 임하는 거죠. 종교에서의 인생관은 비교적 폭넓고 차원 높은 영역에 최고의 가치를 두는 것이 아니겠어요?

고층 건물을 지어야 잘 사는 게 아니고 소박한 집이라도 거기서 본래의 행복이라고 생각할 수 있는 것, 혹은 대자연의 순수한 모습이라고 생각할 수 있는 것, 이것이 인생이다, 이런 방향으로 인생관을 이끌어가는 데 역할을 해야 된다는 것입니다.

인간 생활의 원동력이 인생관에서 나오는 것이니까 종교는 그런 면에서 역할을 해주었으면 해요.

정__과학 발달과 종교를 구조적으로 동일하다고 보는 종교학자 엘리아데의 주장을 살펴보는 것도 좋을 것 같군요.

그는 과학하는 동기는 구제받으려는 종교적 동기와 일치하는 구조를 가지고 있다고 생각했어요. 결국 과학을 하는 것은 사물의 이치를 파악하고 과학적인 발전을 도모하는 것보다 '잘살기' 위한 것인데, 그것이 곧 구제를 받으려는 종교적 동기와 동일하지 않느냐고 주장했지요. 그 사례로 연금술사 얘기를 들어서 이를 설명하고 있지요. 다시 말하지만 과학하는 모티브는 종교적으로 인간이 구제받으려고 하는 구제의 모티브와 전혀 다르지 않고 구조적으로 일치한다는 거지요. 그렇다면 과학 발전이 인간의 인간됨하고 본질적으로 상충될 수 없는 거지요. 그러니까 생태학적 위기 문제가 순수하게 자연과학적인 차원에서만 거론되지 않고 종교적으로 성찰될 수 있다는 것은 과학과 종교 간의 서구적 인식구조의 관계를 보여주고 있는 것이 아니겠어요?

김＿서양 종교의 백그라운드는 동양과 다르지요. 신이 자연을 창조하고 인간을 내보내서 지상을 지배하라는 것이었으니까요. 지배하라고 했으니까 지배하기 위한 뜻을 자꾸 발전시켰던 것 같아요.

정＿그래서 그렇지요. 끊임없이 발전시키고 있죠. 그런데 서구 문명의 의식에서 망각이 되어 버렸는지는 몰라도 역설적이지만 그 본래 동기는 지배하기 위한 수단이 아니라 오히려 인간이 인간이기 위한 수단으로 발전되었던 것 아니겠어요?

김＿거기에서 차이가 있죠. 인간이 인간되는 것은 과학이나 문명을 발전시켜서 과학이 발전한 결과가 현실과 같은 것이니까. 서양이 인간되는 길을 종교를 믿고 신의 세계로 향해가는 것에 두었다면 동양은 달라요. 동양에서는 인간되는 길을 일용 사물 같은 극히 평범한 데 둡니다. 그런 종교 신앙보다는 오히려 윤리 도덕 같은 것을 잘 지켜야 좋은 인간이 된다는 것이지요. 때문에 윤리적인 면에서 인간됨을 찾으려는 것이죠. 물질생활에서 인간됨을 찾으려고 하는 것이 아니올시다.

4) 풍요는 구제(救濟)와 유관(有關)
정＿문제는 과학이 반드시 물질적인 소유 개념만을 낳느냐 하는 것과 물질과 정신이 불가피하게 상치되는 이원론적인 거냐 하는 데 있을 것 같습니다.

소__그런데 엘리아데는 상당히 위험한 말을 하고 있는 것 같아요. 과학을 하고 싶은 생각과 종교적인 구원을 받고 싶은 생각이 구조적으로 같다는 뜻을 잘 이해하지 못하겠는데…….

정__예를 들면 자기 존재가 불완전하다는 의식, 그렇기 때문에 완전하고 싶다는 의식을 종교적으로 죄인의 상태에서 구원을 받으려 한다는 것으로 표현한다면, 그러한 구제에의 동기나, (또 하나 예를 들어 내가 지금 서울에 있으나 부산에 있는 어머님을 뵙고 싶다, 그런데 그럴 수 없다, 그래서 산을 뚫고 강에 다리를 놓아 고속도로를 낸다 할 때) 인간의 한계를 무한한 가능성으로 확대하려는 동기와 양태는 다르지만 구조적으로 일치하지 않느냐 하는 거죠.

그 일련의 과정을 다 묶어서, 이른바 순수 과학에서부터 테크닉에 이르기까지 모든 것을 다 포함해서 말씀드리는 것입니다.

소__과학 기술에 의한 생산을 하는 것이 그런 것이라는 거예요, 아니면 지금 얘기하는 부분만 그렇다는 거예요? 어떠한 과학이 개발을 통해서 지식을 새로이 넓히는 것 그것이 상당히……. 순수 과학의 이것은 가령 아인슈타인 같은 사람이 말하기를 자기가 과학하는 자세는 종교와 같다고 했는데…… 엘리아데가 그것에 국한시켜서 얘기하는 것인가요?

정__과학하는 태도나 실제적인 테크닉, 실제적인 생산성까지 포함해서 얘기하는 것이죠. 그것은 실상 분리될 수 있는 게 아니죠. 물질의 풍요가 역시 인간의 구제와는 무관할 수 없는 것이라고 생각됩니다.

소__그렇게 되면 경제 발전 그 자체가 종교적인 의미의 그것하고 일치돼 나가는 것이죠.

5) 종교 자체의 존립 위기

김__풍요라는 말 자체가 고정적인 것은 아닙니다. 중국의 도가에서 지적한 것이 바로 이거예요. 풍요라는 얘기는 생활의 규모, 수요, 욕구 등에 비례해서 좌우된다는 것입니다. 나보다 가난한 사람이 나를 보면 풍요하다 하고, 나보다 잘 사는 사람을 보고 내 입장에서 평가하면 풍요롭다는 말이 나오지요. 풍요의 도는 일정한 것이 아니라고 봅니다. 그러니까 풍요라는 것을 추구하는 서구 문명에 비해서 동양은 비교적 서양보다 소극적이고 낙후됐다고 하겠지요. 자연이라는 것은 내 것도 아니고 네 것도 아니며 공동의 것인데, 지금 개발하는 것을 보면 서양 사람들이 다 하는 것 같아요.

이런 얘기를 들었어요. 미국인 한 사람이 소비하는 물량이 인도인 50명이 소비하는 물량과 같다는 거지요. 그러면 서양인, 즉 기독교에서 흔히 박애라고 얘기합니다만, 단적으로 말해서 흑백 문제도 해결 못하는 것을 보면 그 박애란 것이 무엇을 의미하는지 모르겠어요. 나의 우월감을 아직도 버리지 못하고 있습니다. 그러니까 자기들만 발전을 누릴 수 있는 것 같이 얘기해요. 문명의 문제를 얘기하면서도 공해 같은 것을 후진국으로 자꾸만 돌리려고 하거든요. 아까 산아 제한 문제가 나왔는데, 내가 얘기하고 싶은 것은 문명국 중에는 후진국에 산아 제한을 장려하면서도 자기들은 안 하는 나라도 있어요. 이런 것을 보면 서양인들은 이중성을 띠고 있는 게 아닌가 하고 의심이 가요.

정__그 말씀은 조금 다른 관점에서 다시 이야기해야 할 것 같습니다.

소__엘리아데가 위험한 것이지요. 그렇게 되면 종교는 완전히 겉돌고 없어도 되는 것이지요. 과학하는 태도와 범인(凡人)이 걸어 나가는 것이 종교와 같다면 있어도 좋고 없어도 좋고……

정__그렇기 때문에 근원적으로 보면 현대의 문화 정황 속에서 종교가 가지고 있는 문제 중의 하나는 특별히 종교라고 칭해야 할 구체적인 것이 사회 속에 참으로 실재하느냐 하는 거지요.

소__있을 수 있는 근거가 없어지지 않아요? 엘리아데 식으로 말하면…….

정__그렇지요. 있을 수 있는 근거가 없어집니다.

소__그러면 지금 엘리아데식의 해석을 가지고는 이 문제에 대해 종교가 할 말이 무어냐 하는 문제 자체가 대두되는 것이지요. 그런 식으로 종교를 본다면 없는 것에 대해선 물을 수도 없어요. 그것보다는 좀 더 적극적인 종교적 입장은 오히려 동양에서 해당될 것 같아요.

정__문제 자체가 없어지면…… 종교 문제도 끝나 버린다는 말씀인데 문제는 어떻게 들어가서 종교에서 아주 탈선된 얘기를 제가 한 것 같습니다. 그런데 저희가 얘기하는 종교는 상당히 전통적인 개념에서 정의되고 있어요. 더 구체적으로 얘기하면 불교, 기독교, 유교, 그것도 더 구체적으로는 사원의 불교, 교회의 기독교, 향교의 유교 하는 식으로 제한되어 있는 것이지요. 그렇기 때문에 이런 입장에서라면 얘기 자체가 한계가 있지요. 인간 속에서의 종교라기보다 교회의 기독교라는 식이 되면 현대인에게 물을 수 있는 범위에 상당히 한계가 있습니다. 현대인이 종교에 대해 갖고 있는 자의식으로 연결시킬 수 있는 얘기로서는 한계가 있다는 거지요.

6) 종교는 인성 정화의 본산

소__그러니까 현대인이 듣고 생각하게 할 수 있는 종교적인 얘기를 하려면 종교가…….

정__역설적인 표현입니다만 종교에서 얘기를 해나가야 하지만 종교를 벗어날 수 있는 얘기가 제시되어야 하지요.

소__그 애기는 그런 종교는 여기에 대해서 할 얘기가 없을 뿐만 아니라 우리가 그런 종교에 대해서 이런 문제의 해결을 위해서 과학 기술과 대립 내지는 보완하는 입장에서 어떤 말을 기대할 수 없는 것 아닌가요? 엘리아데식의 종교를 얘기한다면…….

김＿그런데 이게 굉장히 중요한 과제입니다. 동양의 자연주의적인 입장에서 보면 상당히 기대되는 얘기거든요. 종교가 인간을 구제하지 못하고 있다는 얘기지만 종교 밖에서 본다면 종교 자체가 사회 문제로 등장한다는 것입니다.

소＿그렇게 단정을 하시면 가령 우리가 경제 발전의 문제, 한계 문제도 제기할 수 있고 물질문명이 물질적인 가치를 위주로 팽배해서 문제를 일으키는 데에서 그 문제성을 배제한다고 하는 입장에서 종교의 정신화, 아까 말씀하신 것처럼 결국 내부의 어떤 가치, 이런 문제를 얘기하면 그것을 통해서 해결 가능하겠죠.

김＿동양 종교에는 그런 면을 지닌 것이 있다고 봅니다. 동양에서 얘기할 때는 즉 경제 발전도 인간 심성의 정화가 선행된 뒤에 해야 한다는 것이지요. 종교는 그런 인성 정화의 본산이 되어야겠지요. 이쪽 종교는 윤리 의식을 강화해 주고 지혜를 넓혀 주어 달관케 하는 데 힘써야 할 것입니다. 그러니까 경제·정치에만 관심을 갖는 종교는 필요 없다는 얘기입니다.

소＿그런 의미에서 종교가 필요했으니까 역시 종교는 필요하지요.

김＿그렇게 지식을 넓혀 주어도 인간의 불안이나 모든 것이 있을 거예요. 같은 사회 속에서 자유로운 의사소통이 단절된 채 살아야 할 때 인간은 불행에 빠질 수밖에 없어요. 그러한 것을 구제해 주고 부담할 수 없는 종교는 필요 없어요. 고작 지식을 넓혀 주고 과학의 영역을 개척해 주는 그런 종교는…….

소＿과학의 영역을 개척하라는 뜻이 아니고 종교가 거기서 지혜롭게 보일 수 있는 방향을 물질 위주의 가치에 제시한다는 의미로…….

김＿그런 종교가 기대되어야지요.

소＿그것이 있느냐 이것이지요.

고＿지금 말씀하신 많은 분이 동조를 하면서도 결과적으로는 동조되지 않는 얘기가 많은 것 같아요. 우선 과학 발전에 관한 문제를 처음부터 아까 제가 말씀드렸던 논리로 끌고 나가면 문제가 됩니다.

우선 인간이 가진 환경을 이루고 있는 모든 자원을 인간이 적극적으로 조작하고 그것을 해결해서 능률적으로 쓰고, 자기 계발에 얼마든지 새로운 창조를 가할 수 있기 때문에 자기에게 주어진 조건이 유한하더라도 유한이 아니라 무한으로 창조할 수 있는 가능성을 가지고 있는 것이죠. 과학적인 지식을 통한 새로운 문명의 창출이라면 얼마든지 바람직한 것이며 능히 있을 수 있는 것이라 보죠.

어떠한 어려움을 통하거나 위기를 당하더라도 인간은 능히 자기자위(自己自衛)를 하고 참다운 슬기에 의하면 올바른 능력을 발휘할 뿐 아니라 올바르게 사용할 것이라 봅니다. 이렇게 해서 과학 발달이 더욱 인간의 생장 요건을 돕고 인간의 자주적 인간 탈환을 촉진할 것입니다. 과학 활동은 인간 생명 내부에 가지고 있는 조화된 상태, 원만 구족한 상태를 스스로 표현하는 창조적인 작업입니다. 이것은 불교적인 입장에서 볼 때 바람직한 것이지요. 억제한다는 것은 인간 자성의 자연스러운 발전은 아니기에 그것은 있을 수 없다고 보죠. 그래서 불교에서 얘기하는 안정된 상태에서 보면 그것은 인간 내부에 갖고 있는 모든 특성과 능력, 바람직한 모든 요소를 완전히 개현(開顯)하는 것이지요.

그렇게 되면 인간의 지혜도 충분히 동원되고, 생활 가운데에 있는 비인간적인 조건이 완전히 해소되며, 완전 조화된 세계가 이뤄지는 거죠. 지금 과학이라는 것이 우리 사회 주변의 혁신을 기반으로 해서 인간 내부의 행복을 충족해 보려고 하는 것이라면 결국 인간은 자기 내부의 지혜를 관조해 보고 외부에 작용해 보면서 자기와의 관계를 조화해 나감으로써 생명의 충만감과 만족감을 이뤄나가는 것이라 하겠지요.

그런데도 오늘날 과학이 이것을 이루지 못하고 거꾸로 인간은 소외되거나 한계를 주거나 생태학적인 면에서 생명이 설 수 있는 바탕을

엎어버리거나 또는 억제 받는 데에 문제가 있어요. 눈에 보이는 형상, 눈에 보이는 효과, 편리, 소위 속도, 여기에만 치우쳐서 자기를 이루고 있는 자기 존재는 망각하게 되는 거죠.

종교는 근본적으로 인간성의 의미와 인간 존재 자체의 의미를 부단히 관조함으로써 과학적, 사회적, 역사적 발달에 대해서 부단히 자기 본 위치를 떠나지 않고 자기를 관조해서 올바른 발전을 가져올 수 있도록 하는 기능을 해야 합니다. 그런 점으로 보아서 과학 발전에 올바른 방향을 부여하고 인간의 무한한 발전 가능성과 미래에 대한 긍정적이며 낙관적인 올바른 바탕을 제공해 가면서 방향을 제시해야 합니다. 자원과 공해가 인구 문제와 심각한 관계가 있지만 얼마 전 미국이 에너지원으로 해면과 심층부의 온도 차이를 이용한 발전(發電)을 실험한 자료를 보았는데, 그에 의하면 2천 년대인가 그때쯤 가서 미국의 계획이 2억4천만kw로 잡고 있어요. 그 밖에 호수 발전, 지열 또는 태양열 등을 합해서 총체적으로 무공해 에너지 자원으로 바꾼다는 것이었어요. 또 한 가지 식량 문제만 하더라도 얼마 전 어떤 자료를 보면 천연적인 태양광선과 일정한 시간, 푸른 잎사귀를 통한 탄수화물 합성으로만 식량을 생산할 수 있던 것이 이제는 공장에서 얼마든지 급속도로 가용 식품을 만들어낼 수 있는 가능성이 있지요. 오늘날 자연에만 의존해 푸른 잎사귀를 만들어낼 수 있다는 고정관념을 깨뜨려 버린 것이죠 석유만 하더라도 땅에 있는 잔존 자원을 캐서 쓰는 것인 줄로만 알았더니, 석유가 필요하다면 어떤 종류의 미생물을 배양해서 그것으로 기름을 만들어내는 게 있다고 했어요.

그러니까 인간이 오늘날 가지고 있는 머리를 가지고 한계가 왔다, 절망이 왔다, 떠들어대지 말고 생각을 돌려야 한다고 봅니다.

인간은 유한일 수밖에 없다는 생각은 인간을 가시적 육체로만 본 유물적 견해에서 온 것입니다. 그것은 인간 모독이지요 그래서 인간의 미래를 어둡게 보고 부정적으로 보는 거죠.

인간을 보다 긍정적인 측면에서 보고 개발해서 인간 내부에 있는 능력을 올바른 질서 위에서 개발하도록 해야 합니다. 이런 점에서 종교는 과학이 발달되고 산업화가 진행됨에 따라 생기는 인간 소외와, 감각과 물질적 관능적으로 치닫고 있는 눈을 부단히 안으로 돌이켜서 인간이 처해 있는 바른 실상을 관조하게 해야 합니다. 거기에서 물질적인 개혁이라든지 구체적인 생산 활동이라든가 인간의 영예로운 삶을 뒷받침할 수 있는 강한 힘의 원천이 되어야 하지요. 불교는 그런 점에 있어서 깊은 생명관과 인간이 가지는 무한의 가능성에 대한 긍정론을 통해서 이런 과학적인 미래에 대해서 분명한 뒷받침이 있다고 생각하고 있습니다.

7) 과학은 일단 회의적으로

김__지금 과학자들이 하는 이야기는 회의적으로 받아들여야 돼요. 왜냐하면 19세기의 과학 만능을 주장하던 때는 오염 문제가 생길지 몰랐거든요. 지금 뭐 가능하다 하는 것이 나올 때에 더 큰 무엇이 나올지 누가 알겠어요. 에콜로지칼 밸런스에서 보면 무언가 하나 인간이 만들어내면 더 많은 지장이 생겼어요.

그래서 맥루한 같은 사람이 부르짖고 나선 것은 그것이거든요. 대량 생산, 빨리 자연에로 돌려보내지 않는 점유(占有), 이런 것이 결국 자연 자체를 파괴한다는 거예요. 그래서 무언가 만들어졌으면 그것만 생각할 게 아니라 다른 것도 일어난다는 것을 예상해야 돼요. 지금 과학이 몇천 년대에 어떻게 된다는 것을 그대로 믿고 나가서는 안 돼요. 회의적으로 받아들여야지……

소__물론 반드시 믿는 것은 아니에요. 회의적으로 받아들여야지요.

김__불교의 연생론(緣生論)에서도 인간의 무한한 능력을 인정하면서도 인간은 물질 자체를 못 만든다고 했거든요. 자연 생산물을 가공하거나 조리하는 것은 할 수 있어도 그 물량 자체는 못 만든다고 했어요. 그렇다면 인간은 무한한 것이 아니에요.

소_사용 능력이 무한하다는 이야기죠.

고_주어진 환경 조건을 개발해서 얼마든지 새로운 환경도 만들고 필요도 충족한다는 것이지요.

김_그러니까 무한이라는 얘기를 쓸 수가 있어요.

소_그것은 물론 마찬가지예요. 수학에서도 무한이라는 것이 수학의 개념 속에서 무한을 얘기하는 것이고 언제나 개념의 한계 속에 있는 것이지요.

김_그럼 결국 불교도 과학 기술, 과학이라는 것이 결국 종교의 표현이고 종교의 나가는 길이 과학주의와 일치되지 않겠어요?

소_그것은 아닌 것 같아요. 나는 오히려 그렇게 묻기보다는 우선 스님이 말씀하시는 것은 과학자들 내에서 역시 경제 발전 문제는 테크놀로지가 더 개발됨으로써 테크놀로지가 만드는 문제를 해결해 나가야 된다, 그 이론이 있으니까 그 입장을 대변하는 것으로 받아들입니다. 지금 그 입장 자체도 물론 완전히 믿는 사람 없이 서로 논쟁을 해 나가니까.

그런데 불교의 입장에서 받아들인 것은 인간의 지혜를 최대한으로 발휘하여 문제를 만들고 해결해 나가자는 것이지요. 종교적으로 말했을 때 어떤 욕심이든지 나쁜 측면으로 이용하느냐 혹은 그 지혜를, 그 테크놀로지를 좋은 방면으로 이용하느냐 하는 것은 굉장히 중요한 것이지요.

고_아까 제가 한정을 붙인 것이 있지 않습니까? 근본적인 것은 생산, 기술 혁신을 통한 과학 발전이 종교 관계에서는 어떻게 보아야 하느냐의 문제입니다. 지금 말씀을 들어보건대 과학 기술 발전이 오늘날의 공해를 낳고, 오늘날의 인간적인 환경을 가져왔으며, 따라서 앞날을 예상할 수 없는 상황으로 몰고 온 과학 문명과 기계 문명은 저주받아야 될 것이고 종교자의 입장에서 제동을 걸어야 한다는 말씀이신데 이에 대해서는 이견이 있습니다.

왜 이렇게 상황이 어렵게 됐느냐가 문제인데, 아까 말씀드린 것이 다른 입장의 얘기를 하셨는데 그 문제를 해명하지 않고 얘기해도 곤란하지 않나 생각됩니다.

인간이 감각과 감정으로 치닫고 서로 개인 중심으로 내가 나인 줄만 알며, 내가 가지고 있는 것, 눈에 보이는 것만 잡으면 전체가 끝나는 줄 아는 좁은 소견, 좁은 지혜로는 필경 자기를 파괴하는 결과를 가져온다는 것을 종교가 말해야 한다는 것입니다. 인간은 그러한 비소(卑小)한 존재가 아니라, 물질적인 것을 생산할 수 있는 능력을 가지고 생활을 충족할 수 있는 자원을 생산하고 있습니다. 그러나 그것을 너 자신의 소유물이다, 네가 물질화되거나 감각을 통해서 행복의 정도를 측정해 버리면 너 자신에게서 벗어난 것이고 본래의 네가 아니다 하는 것입니다. 그렇기 때문에 불교는 양면을 다 초월하여 주체적 입장에 서는 것이지요.

감각적, 물질적, 생산적, 현상적인 것에만 매달려서 능률과 경쟁에 두뇌를 집중해서 발달시킨 것이 오늘의 과학 문명입니다. 또 그것이 아닌 맑고 조화를 이루고 있는 인간 자성은 이쪽 측면입니다. 유(有)가 아니면 무(無)다, 무가 아니면 유라는 관념이 소위 인간의 본래 상태를 분열시키는 것이에요. 인간 본분은 유도 아니고 무도 아닙니다. 유무 이전에서 유무를 쓰는 것이에요. 그러한 입장에서 인간은 주체적인 자기를 확립하고 발전시켜야 하는 거죠. 이것은 부단한 인간 존중, 부단한 예언자적 비판 기능과 함께 참된 인간 사회 발전을 위하여 긍정적이며 고무적인 역사 진로를 제시하는 것이죠. 저는 불교의 입장에서 그렇게 생각합니다.

8) 중화와 양립의 문제

고＿저는 문제를 거기서 잡고 싶어요. 그러니까 제가 제기하고 싶은 문제는 과연 그것이 중간에서 양립할 수 있는지를 구체적으로 묻고 싶습니다. 상식적으로 생각할 때 불교는 이론을 애기하는 것이 아니고, 역사적으로 볼 때 과학 기술 문명을 오히려 부정함으로써 정신적인 순수함을 살릴 수 있다, 이런 인상이 박혀 있고 실제 역사적으로 불교가 동양에서 걸어온 길을 보면 그러한 문명권을 만들었지 물질문명이 번성하는 문명권을 만들지 못했습니다. 이러한 역사적 배경과 오랜 전통을 가진 불교가 과연 지금 그렇게 이론적으로 말씀하신다고 해서 실제 그 두 가지를, 즉 과학 기술을 발전시켜 물질적인 인간의 욕망도 충족시키고 서구의 그런 것에 부딪쳐서 쉽게 중화되고 양립을 시킬 수 있느냐 하는 질문을 하고 싶어요.

고난이란, 살아 있다는 의미에서 극복하고 내가 도전을 하든지 그쪽에서 도전을 해오든지 하여 마침내는 극복해야 할 과제입니다. 그렇기 때문에 지금 공해 문제만 하더라도 공해 문제 때문에 코를 막고 죽자는 것은 아닙니다. 공해의 원인이 어디에 있느냐 하면 우리가 필요한 부분만 빼 쓰고 나머지는 무책임하게 내버린 탓이지요. 환경을 오염시켜서 마침내는 바다에 사는 생물들마저 못살게 되어 버렸습니다. 그러면 왜 그랬느냐, 근원적으로는 우리가 욕망만 앞서고 지혜의 눈이 좁아 부분밖에 보지 못하고 내가 살고 있는 바탕이 그것만이 아닌 것을 몰라서 그랬던 거죠. 현실적인 문제를 통해서 이와 같이 당하면 자기의 영역이 어떤 것이라는 것을 보다 높은 차원에서 살피게 됩니다. 그것이 하나의 지혜이지요. 인간은 근원적으로 종교적인 입장에서 자연과 대립 관계에 있는 것이 아니고 공동 관계에 있는 것이며, 서로 연대 관계에 있다는 것을 깨달아야 하겠지요. 그렇지 않은 대립적 정복의식(征服意識)으로 욕망의 충족 계수만 빼어가고 나머지는 나 모른다, 사회고 환경이고 모른다는 좁은 소견을 경계해야 합니다. 앞으로 이러한 자세는 부단히 개혁해야 하고 종교는 더욱 그것을 촉구해야 합니다.

원래 인간은 혼자가 아닙니다. 서로 서로가 상호 깊은 연관을 가지며 살아가고 있습니다. 이것은 인간관계만이 아닙니다. 자연과의 관계에서도 마찬가지지요. 이것을 '연기(緣起)'의 법이라 합니다. 부처님은 기술을 어떻게 보았는가를 경전에서 찾아보면 아주 적극적입니다.『마하망가라 수트라(最上幸福經)』에는 '학문을 배우고 기술을 익히고 편한 마음으로 생산에 종사하라'는 말씀이 있고, 이와 비슷한 말씀은 여러 군데에 있습니다. 부처님도 기술을 대단히 중요시하셨던 거지요. 기술과 생산이 생활과 사회를 향상시키는 데 기여하는 것을 긍정하신 거죠. 그리고 인간의 생활에서 부의 중요성도 말씀하셨어요. 그것은 부(富)나 기술에 가치가 있다는 것보다도 그것이 인간성 개현(開顯)의 사회적 조건이 된다는 데 있다고 봅니다. 부처님이 입멸하기 직전 최후 공양을 올린 분은 대장간 직업을 가진 순타(純陀)였습니다.

그는 당시의 하층 계급이었지만 망고 숲을 가지고 있었어요. 그리고 당시 인도에는 벽돌공에서 보석 가공공에 이르기까지 많은 기술직이 있었는데, 그것을 예로 든 부처님 설법도 적지 않습니다. 인도에서 발생하여 중국을 거쳐 우리나라에 들어온 불교는 흘러 들어온 과정에서 여러 가지 변모된 것도 없지 않고, 특히 불교의 본래 생생한 면이 왜곡(歪曲)된 점도 있습니다. 부처님 가르침이 광대하기 때문에 그 전부를 요령 있게 핵심을 이해한다는 것이 각자가 부분만을 배우고 전하는 결과도 있었어요. 마치 눈뭉치를 굴리면 구르면서 점점 커가는 것처럼 우리 주변에 와 있는 불교 중에는 역사적 과정에서 변색도 없지 않다는 것이지요. 그래서 오늘날 우리가 불교를 대하면서 불타본지(佛陀本旨)가 무엇인가를 깨닫는데 중심을 둡니다.

기술과 경제 산업에 관한 불교의 입장은 부분적으로 나오는 경의 말씀과 불타의 근본 교리의 입장에서 해석하는 것이죠.

소__그런 기능성이 그쪽에 있다는 것이지요.

9) 물질문명과 선(禪)에의 관심

고__ 저는 선(禪)의 입장에서 볼 때 불교는 생명의 무한성과 동시에
모든 것이 조화롭고 평화롭게 발전할 수 있는 근본적인 것을 주는 것
이라 믿습니다. 인간의 개인적인 마음의 세계라든가 윤리적인 세계뿐
만 아니라 사회 체제까지도 진리의 질서를 바르게 해 준 것이 불교라
는 점에 관심이 있습니다.

소__ 확인하기 위해서 이것을 더 전개시키고, 분명히 강조해 주십사
하고 하는 말인데, 가령 서양에서 불교나 특히 선(禪)에 관심 있는 미
국 사람들, 혹은 서양 사람들을 보면 주로 물질 문명화되었던 문명에
대해서 배타적인 뜻을 가진 사람들이 그것이 나쁘다고 생각하고 그것
이 완전히 부정이 된 방향으로, 반대로 돌려야 한다고 생각하고 불교
의 선에 심을 갖는 경향이 있는데 지금 말씀하신 바와 같이 그것은 불
교를 다 보지 못한 것이다 이렇게 답을 해야 될 것 같아요.

고__ 그것은 조금 다르기는 하지만 그런 점도 있습니다. 아까 제가
분명히 말씀을 드렸습니다. 결론까지는 안 갔어도 오늘날 인간이 자신
의 본성보다는 감각에서 오는 행복 추구, 본능적인 것, 물질적인 것
등 바깥으로만 치닫고 감각적인 가치에 매달려 있어서 강한 술, 충격
적인 자극을 통해야만 자기를 인식하는 정도로 자기 내부가 공허해
있습니다. 그 공허란 것은 오늘날 발전된 물질주의 사회에서 오는 필
연입니다. 근본적으로 자기 생명의 슬픔이 밑바닥까지 간 그 불안이다,
이런 것인데 이럴 때 먼저 말하게 되는 것은 스스로에 대해 '내가 무
어냐?' 하는 반추입니다. 그렇기 때문에 불교에서와 같이 '나 자신이
무엇이냐?' 하고 근원적인 인간 존재를 추궁해 들어가는 입장이 관심
을 끄는 것이겠지요.

물질 만능의 감각주의, 관능적인 행복, 이런 것이 많이 발달된 사회
일수록 정신세계의 공허(空虛)와 그에 따른 불안이 노출되는 것이죠.
인간 정신이 그가 서야 할 땅을 잃고 방황하게 되고 그 결과 선(禪)에

관심을 갖게 되는 것이라 생각됩니다.

소__저는 그런 것이 아니고 그 사람들의 입장이 문제라는 것이에요. 그 사람들의 생각이 과학 문명에 바탕이 되는 정신이라든지 기술 문명의 정신을 부정하고 그 사람들이 생각하는 불교가 제시해 주는 선의 세계, 마음의 평정의 세계하고는 양립될 수 없다는 가정에서 그것을 버리고 이쪽으로 온다는 것입니다.

고__그래요. 치우친 것이지요. 그것은 이렇게 되어 있어요. 물질과 관능에 치닫는 생활에 젖고 보면 인간 내면이 황폐해지지요. 또한 발달한 산업 사회일수록 인간의 소외 현상은 심각합니다. 채워질 수 없는 공허와 소외감 그리고 체제, 조직 속에 갇힌 인간성의 고독에서의 탈출, 체제와 가치에서 반체제 반가치로 뛰어나오고 하는 데서 정신의 자유 무애를 가르치는 선(禪)에 접근해 오는 것이라 봅니다.

소__제 말씀은 그게 아니라, 그 사람들이 반문화라고 하면서 선(禪)을 들여올 때 이쪽을 버리고 저쪽만 취하는 태도를 보였는데 그것이 문제라는 겁니다. 불교를 제대로 보면 중화(中和)가 가능한데 한쪽에 치우친 반문화 운동을 한다는 것이 문제잖아요?

고__동감이에요. 선(禪)이 반문화는 아니니까요. 문제는 생명의 진체(眞體)를 바로 사무쳐보는 데 있지요. 역사의 방향을 바로잡아 가고 인간이 자신을 바로 세워 가는 일은 언제나 인간 본래 면목을 바로 반조하는 데서 출발해야 하지요. 거기서 새로운 문명도 터를 잡아가고 병든 사회도 치료되는 것이라 믿습니다.

소__지금 스님께서 말씀하신 내용에 대해서는 기독교에서도 거의 공감할 수 있는 것들이라고 생각됩니다. 그래서 이를 종교가 가지는 해답이라고 일반화시킬 수도 있을 것 같습니다. 그리고 그 해답은 사실 정답이기도 하지요. 그러나 문제는 그 정답의 현실성입니다.

그것을 한 걸음 더 끌고 가서 근원적으로 내가 묻듯이 양립될 수 없기 때문에 현실이 그런 것인지, 아니면 이론적으로나 원리적으로는 양립이 되는데 그 사람들이 역사적인 불교를 잘못 이해했다든지 혹은 종교를 잘못 이해했기 때문에 그런 것이든지 그것을 파고들어야 해답이 나오는 것이지요. 그것이 무엇입니까?

정＿바로 그것이 종교의 본질적인 문제인 것 같습니다. 기독교적인 표현으로 이렇게 얘기할 수도 있겠지요. 예수가 선(善)을 살고 갔느냐 악(惡)을 살고 갔느냐 하는 질문을 한다면 그것은 어느 것도 아니지요. 사실은 선악을 구별하지 않고 산 사람이 예수지요. 그가 양자를 택일해서 하나를 버린 것은 아니지요. 종교의 기본적인 모습은 어느 종교든지 그 둘을 하나로 사는 데서 그 모두가 초극되는 것이지 양자택일해서 어느 것을 버리라고 얘기하는 데 있지 않지요. 그런 입장에서 본다면 종교가 줄 수 있는 해답에 한계가 느껴집니다.

종교가 사실상 이것은 버리고 저것은 써라 하고 얘기할 수 있는 것은 아닌 것 같아요. 그 둘을 현실 속에서 함께 살도록 강요하는 과정 속에서 인간을 성숙시키는 것이 종교의 기능이 아닌가 생각됩니다.

그러니까 기독교 입장에서 보면 늘 참회하라, 회개하라, 천국에 가까이 왔다 하는 이야기가 있지요. 저는 늘 그것을 의미 깊게 보는데 그때 '회개'라는 '메타노이아'는 '후에 안다'는 것이 그 본래 뜻이지요. 이런 것이 종교적인 것이 아닌가 생각됩니다.

구태여 정답이 현실성 속에서 구체적인 행동 규범을 일일이 정한다고 하는 것은 거의 불가능할지도 모르겠습니다.

7. 직업윤리와 생활양식

1) 이익 추구의 윤리

소＿그러나 일일이 구체적인 행동 규범은 묻지 않지만 가령 더 구체적인 문제를 제기하고 싶은 것은, 기업 윤리라는 말을 하셨는데 기업인은 마땅히 경제적 부를 추구해야 되고, 필요에 따라서는 남을 누르고 자기 이익을 추구해야 되는 이것이 기업의 세계라는 것이지요. 그런 가치 기준과 기업인이 종교적인 의미에서 그래서는 안 된다고 하는 것, 그러니까 사회는 지금 경쟁 사회에 들어섰는데 이럴 때 갈등이 있지 않느냐, 아까 과학 얘기를 했는데 어떤 의미에서는 오히려 더 갈등이 있을지 몰라요. 즉 지금 물질적인 부를 추구해야만 하는 기업인이라든지 그런 문제에까지 들어오면 갈등이 일어나지 않느냐, 그런 것도 조화가 가능하다든지, 원칙적으로 종교는 거기에 대해서 조화를 찾아야 한다, 갈등을 일으키는 것 자체가 잘못 이해되고 있다, 이런 대답이 있을 수 있을 것입니다.

고__지금의 독과점 기업이 성공하는 데까지는 피나는 경쟁으로 상대 기업을 압도해서 생겨난 것이라고 할 때 이러한 기업 윤리를 어떻게 받아들일 것이냐를 두고 보면 원칙적으로 기업의 성공은 기술의 혁신과 생산 코스트의 절멸(節滅), 대중에의 봉사, 이런 것이 정상적인 성공 요인이라 할 것입니다. 그런데 이런 개선이 없이 상대 경쟁 업체를 밀어 버렸다면 문제가 되는 것이죠.

정치와 결탁되든지, 폭력을 쓰거나 어떤 계략을 써서 상대 기업을 압도해서는 안 되지요. 그것은 폭력입니다. 필경의 낙처(落處)는 소비자에의 봉사에 있습니다. 저렴한 가격으로 양질의 상품을 제공해서 소비 대중에게 많이 봉사할수록 그 기업은 번창하는 것이고, 이렇게 해서 성공한 기업은 아무것도 탓할 것이 없습니다. 대중에 봉사하지 않고 국가와 사회에 봉사하지 못하면서 다른 수단으로 팽대(膨大)해 가는 것을 문제 삼아야지요. 그런데 이런 악덕 기업이 오래 가느냐 하면 그것은 일시적인 것으로 봅니다. 조만간 존립의 발판을 잃고 맙니다. 그런 반윤리적인 기업이 인위적으로 경제를 조작해서 이득을 추구한다면 그것은 결코 오래가지 않습니다.

소__그 말씀은 조심하셔야 하는 것이 오랜 시간이 지나면 경제 질서 그 자체에 의해서 자연스럽게 나쁜 것이 고쳐진다면 구태여 종교가 들어와서 이야기할 필요가 없지요.

고__ 부(富)를 추구하는 경제적인 기업 윤리가 경쟁에서 문제된다고 하셨는데, 경쟁을 하더라도 정상적인 방법으로 해야 한다는 것입니다.

거듭 말씀드리지만 새로운 기술의 개발이라든가 기타 낮은 코스트를 통해서 국제적으로나 국내적으로나 얼마만큼 사람들에게 이익과 편의를 제공했느냐가 기업 윤리의 표준이 되어야 하지 않겠습니까?

그것이 당연히 기업 존립의 원칙일 뿐만 아니라 번영하는 궁극의 길이라 생각합니다. 그 방법을 쓰면 오래 가고 그것을 쓰지 않으면 임시적인 것이 되고 만다, 그때가 제가 강조하고자 하는 것입니다. 종교가 무엇을 문제 삼아야 하면 기업이라는 것이 소비 대중에게 얼마나 실질적으로 봉사를 많이 했느냐가 문제지요. 그 봉사에도 여러 가지가 있습니다.

그릇된 방향으로 퇴폐적 내용의 책을 써서 광고를 하고 선동을 하거나 개인이나 사회에 병적인 요인을 만들고 정신적인 질환을 만들어서 돈을 벌려고 해 보아야 그 기업은 오래 가지 못합니다.

이러한 의미에서 종교는 부단히 기업이 자기 혼자 사는 것이 아니라 소비자에게 서비스를 하는 만큼 사는 것이며, 그러한 기업은 부를 축적했다 하더라도 일단 많은 사람들에게 편의를 제공한 결과로 보아야 하며 그 부의 축적이 지탄받지 않을 것입니다. 종교적인 양심으로 활동하여 설사 부를 축적했다고 하더라도 저 자는 착취한 자다, 이렇게 지탄받을 수 없습니다.

다만 그렇게 봉사한 데서 얻은 수익을 어떻게 사용하느냐의 문제는 별도 문제입니다.

2) 두 개의 기준은 조화 가능한가

소__ 그것은 종교적 입장에서 이렇게 해 주었으며 좋겠다는 기대지요. 과정이 그렇게 되고도 기업이 충분히 번영할 수 있다면 좋지요.

그러나 문제는 그런 것이 아니고 현실적으로 과연 훌륭한 종교인으로서 성공적인 기업인이 되는 경우가 있느냐 하는 것이고 그럴 경우 사실상은 그 사람이 이중적인 가치 기준을 가지고 있는 것이 아니냐 하는 것입니다. 그렇지 않고서 어떻게 종교인으로서의 가치 기준과 기업인으로서 경쟁 속에서 살아가는 기준이 잘 조화되는 것을 알 수 있는지, 그것이 가능한지를 알고 싶습니다.

고__저는 가능하다고 믿고 있습니다. 어떠한 불황이라 하더라도 지속적으로 견실하게 기업을 끌고 나가고 대중에게 봉사하는 기업은 그만큼 많은 소비를 가져오게 만들고, 자기의 생산에 대한 자신을 가지고 발전할 수 있는 것이지요. 그 이외의 것을 가지고는 오래 가지 않을 것이다, 이것이 발전하는 원리라고 봅니다.

김__종교가 없어도 그렇게 할 수 있지 않아요? 법제화된다든지 말이에요……. 꼭 종교를 갖고 해야 되는 것은 아니지 않아요?

소__스님의 말씀 가운데에 기업의 합리화는 자연히 그런 쪽으로 나갈 것이다, 그렇지 않으면 오래 못 가고 망할 테니까…… 그러면 이런 질문을 자아내지요. 그렇다면 그것으로 충분하지 않느냐, 그런 이야기가 나오는데 당위를 이야기하면 그런 이야기는 있을 수 있는 것 같고요.

또 하나 정리하고 넘어가고 싶은 것은 직업의 귀천 문제입니다. 정신적인 노동이 육체적인 노동보다는 더 좋게 느껴진다는 것, 승려나 성직자의 생활은 그 자체로 정신적인 노동이라고 볼 수 있는데 그게 어떤 가치를 갖고 있느냐 하는 것입니다. 이것은 그야말로 종교 자체의 문제인데 이것을 어떻게 생각하느냐 하는 문제가 있고, 또 직업에는 귀천이 없지만 직업 중에는 불가피하게 하는 직업, 예를 들면 매춘도 직업인 이상 종교적인 의미를 그대로 부여할 것이냐, 심지어 어떤 사람은 직업적으로 사람을 고문해야 하는 직업도 있는데, 일부러 이렇게 특수한 경우를 이야기합니다마는…… 또 직업적으로 남을 기만해야 되고 기만 작전을 써야 되는 직업도 있습니다. 도박도 그렇고 술도 그런데, 이렇게 예외가 되면서도 문제가 되는 것에 대해서도 과연 종교가 조화를 찾을 수 있겠느냐 하는 겁니다. 왜냐하면 살기 위해서 불가피하게 그렇게 하지 않을 수 없는 입장에 있을 수 있는데 이러한 입장에 대해서 종교가 어떻게 말을 할 수 있느냐 하는 것이지요.

정__아까 스님 말씀은 상당히 소박한 낙관론이라고 생각이 되면서도 한편 종교가 할 수 있는 것은 그것밖에 없다고 느껴집니다. 그런데 현실적으로 독점 기업이 되지 말아야 한다든가 대중을 위한 기업이 되어야 한다는 구체적인 방안보다는 역시 종교가 발언할 수 있는 것은 가치와 생명, 선(善)에 대한 이야기 등 보다 근원적인 입장에서의 발언이 되지 않으면 안 될 거라고 느껴집니다. 또 그것이 가능하기 때문에 소박한 낙관론도 가능하지 않나 생각됩니다.

그러나 여기에서 잠깐 생각하고 넘어갈 것은 윤리와 종교와의 관계예요. 종교는 윤리를 포괄하지만 윤리는 그렇지 않지요. 예를 들면 구약성경에서 하나님은 아브라함에게 아들 이삭을 재물로 바치라 하고, 아브라함은 이에 순종합니다. 그런데 자식을 죽이는 일은 어떻게 보더라도 비윤리적인데 하느님은 그 아브라함의 태도를 믿음의 전형으로 인정해 줍니다. 그렇다면 종교는 소박한 낙관론에 근거해서 비전문적인 청사진의 제시를 통한 규범의 요청보다는 역시 근원적인 것의 요청 속에서 그 타당성을 인정받을 수 있지 않을까 느껴집니다. 그렇기 때문에 저는 종교는 언제든지 구체적인 면에서 구체적인 행위를 이야기하려고 할 적에는 딜레마에 빠진다고 봅니다. 특별히 제도화된 종교의 경우는 더욱 그러하지요.

3) 인간 가치의 성숙에 관심

소__그런데 소박하다고 하는 것과 소극적이다 하는 것이 같게 들리는데요.

정__그렇지는 않죠. 소박하기 때문에 사태의 복합성을 간과한 채 오히려 적극적일 수 있고 심지어 하나의 행동 규범에 대해 독단적일 수도 있게 되는 경우도 있죠. 또 한편 근원적인 발언의 차원이 반드시 소극적인 것도 아니죠. 근원적인 물음을 가능하게 한다는 면에서 보면 가장 적극적인 거죠. 그렇다면 전자의 적극성은 오히려 소극성이고, 후자의 소극성은 오히려 적극성이라고 이해될 수도 있지 않겠습니까?

소__그러면 소극성과 소박성에 대해서 그런 것은 인정하시지요?

고__오늘날 종교가 기업이나 경제적인 상황에 대하여 현실적으로 어떻게 관심을 표시하거나 발언을 할 것이냐에 대해서 한 가지 이야기할 것이 있습니다. 우선 종교가 무엇이 가능하냐 하는 문제인데, 원천적으로 종교는 불교적인 입장에서 보면 인간 가치와 그 인간 가치의 자유스럽게 조화된 성숙, 말하자면 인간 가치의 완전한 발현이지요. 이런 인간 존재가 설 수 있고 발전할 수 있는 환경과 땅, 이것에 관심을 두는 것입니다. 그렇기 때문에 산업, 경제면에서 이루어지고 있는 모든 형태가 그러한 것들을 어긋나고 있지 않나, 그러한 관점에서 모든 상황을 연구, 분석하고 종교적인 입장에서 경고하고 그 방향을 부단히 제시해야 한다는 것입니다. 이것은 종교가 가지는 일차원적인 인간 옹호 과업이라 하겠습니다. 근로자들의 자위조직(自衛組織)이나, 실력 행사 또는 그러한 근로자 조직의 압력화에서 오는 사회문제ー이 모두에 종교가 무관심할 수는 없는 것이지요. 공공성 있는 통신, 교통, 수송 등 업무의 종사자의 권익 문제와 그들의 권익 옹호라는 이름 아래 행사되는 실력 행사가 국가 이익과 선량한 시민 대중의 불편을 담보로 끌고 들어간다는 등등…… 종교는 부단히 사회와 인간, 집단과 집단 간의 문제에 관심을 가지고 인간적 조화와 가치 보장에 힘을 써야 한다고 봅니다. 그러니까 발언할 분야가 넓지요. 사람은 어차피 직업이라는 것을 통해서 이 사회에 참여하고 있고, 또 그것을 통해서 자기 창조를 표현하고 동시에 사회에 봉사하는 길이라고 저는 직업을 정의하고 있습니다. 이럴 때 직업은 자기의 개성과 자기의 능력을 표현하고, 연마하고, 내부의 지혜를 닦아내고, 덕성을 발휘한다는 의미를 가지고 있습니다. 그것으로 사회에 봉사하는 결과를 가져옴으로써 자기에게 이익이 되돌아옵니다.

그러니까 유통의 질서는 어떤 의미에서는 마땅히 내가 일한 것에 대해서 대가를 받아먹는 것보다 서로 주는 그런 입장으로 볼 수 있는 것이 아닌가 생각합니다. 보시이지요. 그런데 다시 종교가 발언할 수 있는 한계가 무엇인가 하면, 이러한 구체적인 인간의 고난과, 인간이 마땅히 있어야 할 평등한 권익의 보장, 이러한 기본권에 관계된 것을 종교는 말해야 될 것입니다.

또 한 가지는 모든 사람의 경제적인 평등을 요구하고 그것을 실현하기 위해서 종교가 나서야 되겠느냐 하는 것인데 거기에는 문제가 있어요. 다만 생각할 것은 인간은 각기 직업을 통해서 자기 개성과 창조성을 발휘해서 사회에 봉사하고 수익도 도모하는 것이 아니겠어요. 거기에서 능력의 차, 개성의 차가 나타나고 소득의 차가 생기는 것은 어찌할 수 없을 뿐만 아니라 그런 개성은 존중해야지요. 문제는 인간이 가지고 있는 기능을 충분히 발휘하고 타고난 그 재능을 연마해서 자기의 창조적인 능력을 가꾸어 가도록 모든 사회적 여건을 만들어 준다는 것에 대해서는 종교적인 입장에서 충분히 발언을 해야 한다고 봅니다. 이렇게 된다면 그 다음에서 오는 자기 개인의 능력, 즉 게으른 자가 소득이 적다거나 사회봉사를 못한 사람이 출발은 좋았는데 이상을 실현 못했다든가 이런 것은 불가피하지 않은가 합니다. 이런 점에 있어서 종교는 사회 경제 문제에 적극적으로 개입을 하되 그 선을 그어서 실질적으로 인간의 옹호 성숙과 사회의 조화 있는 발전을 추구해 가야 할 것으로 압니다.

4)기업 윤리에도 깊이 개입해야
또 한 가지는 기업인의 윤리라는 이야기가 나왔습니다만 기업의 사회적인 책임 문제인데 기업의 공공성과 함께 많은 문제가 되고 있지요. 독점 기업이나 공해 산업 같은 것이 사회에 수많은 피해를 주고 자연을 파괴해 가면서 그 이득이 개인에게 집중되며 일부만 부를 축적해 오고 있다는 문제가 최근에 대두되고 있지 않습니까? 더욱이 공해 같은 경우는 그에 대해서 법률적인 책임을 추궁한다 하더라도 책임의 개별화가 어려울 때가 많기 때문에 결국은 책임 추궁이 어렵다는 이야기도 있습니다. 대중이 손해를 봐서 소수가 부를 축적한다는 것이 과연 옳은 일이냐 해서 부의 사회적인 환원 문제도 나오는 거겠지요.

불교에서는 네 가지 은혜를 가르치는데, 그중에 중생의 은혜라는 것이 있습니다. 자기가 경제적으로 성공했다 하더라도 그것은 많은 사람들의 은혜로 인해서 이루어진 것이라는 것입니다. 그러므로 그 은혜를 갚아야 된다는 이러한 사상은 기업인에게 절실한 것이 아닌가 합니다. 특히 자기가 데리고 있는 근로자들을 노동 시장에서 돈을 주고 사는 노동 상품과 같이 취급한다는 것은 있을 수 없는 일이죠. 기업이라는 것은 사회 가운데에서 인간적인 유대를 통해서 이루어지는 것인데, 그것을 완전히 잊어버리고 돈을 주고 사온 것이다, 이렇게 물질적인 눈으로 보면 안 되죠. 원래 인력이나 기능의 제공은 업주와 노무 계약 관계에 있지만 인간 자체는 노무 계약 이외의 것이 아니겠어요? 그러한 기업은 성장할 수도 없고 용인될 수도 없을 것입니다. 종교는 마땅히 그러한 문제에 대해서도 깊이 개입해서 발언해야 한다는 것입니다.

김__내가 비종교인이라서 그런지 몰라도 그러한 의미에서 보면 종교가 무엇이든지 치료하는 만병통치약이라고 할 수 있는데, 실제는 효과가 없는 것 같아요. 그보다는 오히려 국회가 강화되면 지금 이야기된 구체적인 문제는 더 잘 해결될 것 같아요. 그래서 나는 종교가 아니더라도 해결할 수 있는 것을 종교만이 해결할 수 있다고 말하는 이유가 무엇인지 알고 싶어요.

고__저는 독신 생활과 종교 수행의 문제를 생각해 봤습니다. 학문을 한다고 해도 결혼 생활을 함께 해도 되는데 독신이어야 할 필요가 없지 않느냐, 독신을 지키면서 종교적인 일에 대해 전념해야 할 이유가 무엇이냐 하는 겁니다. 이것은 어떤 의미에서는 '이 사회에서 다른 기능을 통해서 모든 문제를 충족시킬 수 있는데 종교가 따로 존립해야 할 근거가 무엇이냐?' 하는 문제와 연관이 되어서 제가 이 말씀을 드리는 것입니다.

인간은 누구든지 자기라는 근원을 잊어버리기 쉽습니다. 중생의 기원은 크게 두 가지가 있습니다만 근본적으로 자기 자성에 대한 뚜렷한 자기 반조, 자기가 본래 무엇이었다고 하는 자기의 참성품·참진리에 대한 자기 반조를 제대로 하지 못하고 그것을 일탈해서 자기를 분열시켜 대상을 보고, 대상을 통해서 능소(能所)를 보고 그런 상태의 반복을 불교에서는 중생이라고 합니다. 그 능소의 반복을 통해서 참 자기를 몰각(沒却)하는 것이지요. 그렇기 때문에 중생이라는 것은 모두가 자기의 참성품에 대한 조명보다도 감각으로 받아들이는 것, 눈에 크게 들어오는 것 등 바깥의 감각에 시달리고 있습니다. 그렇기 때문에 사람은 그쪽에 시달려 자기의 마음의 본 집을 공허하게 해서 자기가 서고 있는 밑천이 무엇이냐 하는 것을 잊어버리기 쉽습니다.

그러면 종교는 무엇을 할 것이냐, 종교는 그러한 경향이 있는 중생들에게 너무 내다보지 말고 자기가 서 있는 땅을 바로 보도록 하고 인간이 가야 할 길을 분명히 비추어 주는 일을 전문적으로 하는 것이라 하겠지요. 인간이 기술에 빠져서 기술화되고 물질에 빠져서 물질화되는 것, 이런 것을 비추어 줄 수 있는 것이 종교의 역할이 아닌가 생각합니다.

5) 종교인의 기능 문제

그러면 독신자는 무엇을 하는 것이냐? 불교적인 의미는 제외하고라도 그것은 다른 것은 다 덮어 놓고 그러한 일에만 전념할 수 있는 것이 아닌가 합니다. 얼마 전에 제가 존경하는 스님이 평생을 연구해서 다섯 권의 책을 썼습니다. 그것은 불교학이 아닙니다. 윤리학, 사회학, 철학사 등이었지요. 그 내용이 좋다 나쁘다 하는 것은 둘째 치고 그 스님은 그것에 평생을 바친 것입니다. 그 분이 출판기념 법회를 했는데 거기에 각 대학의 철학 교수님들이 많이 모였습니다. 그런데 그 분들의 말씀이 "학문은 역시 절에 있는가 보다. 우리들도 연구하지만 평생을 한 가지 문제를 가지고 밀고 나가는 일은 하고 싶어도 할 수 없다. 그런데 사찰에서는 이렇게 평생을 바쳐서 한 가지 학문에 매달려서 연구할 수 있으니 학문은 사찰에 있나 보다." 하고 말하는 걸 들었습니다. 가족에 대한 부담이라든지, 세속적인 무엇보다도 인간이 서야 할 원천적인 위치를 부단히 비추어 가면서 그 문제에 대해서 부단히 발언하고 조명하며, 예언자적 위치를 견지하고, 그런 것에 전념할 수 있는 종교적 독신자가 있어도 무관하지 않은가 합니다. 불교가 보따리가 큰 것은 중생 성숙과 불국토 성취라는 불교의 2대 목표에서 당연히 그럴 수밖에 없다고 보지요.

소__ 경제의 어떤 물질적인 가치 체계 내에서도 종교가 할 수 있는 것이 있고, 경제 발전 자체에 대해서도 굉장히 적극적이고도 긍정적인 입장을 말씀하신 것 같습니다. 거기에 비해서 종교인의 입장에서는 현실적 실질적으로 역시 그 이상을 종교가 이끌어나가는 데 있어서 그 효율성에 대해서 회의해 볼 수도 있다, 그런 것은 실제로 국회 말씀을 하셨지만 국회도 한계가 있는 것이고……. 그러니까 두 분 선생님은 그런 입장을 표명하였는데 유교의 입장은 소극적으로 대변하실 수 있는 것 같은데…….

김__ 유교적인 측면에서 보면 종교가 필요 없는 것이지요. 유교는 종교가 아니거든요. 왜 그러냐 하면 이런 것이 있어요. 중국에서 유교만 있었을 때는 괜찮았는데 한대(漢代) 이후에 중앙 집권제가 되고 유교가 그 시녀 노릇을 했거든요. 유교가 집권자를 옹호하는 역할만 해서 중국에서는 제왕을 아주 절대시하게 되었는데, 불교가 들어와서 제일 먼저 큰 충격을 주는 것은 그것을 타파하는 것이었지요. 혜원(慧遠)의 「불경왕자론(不敬王者論)」이 나왔는데, 그것은 종교적으로 보면 종교에서 내세우는 절대자가 있을 것이 아니에요? 절대 신이나 절대 가치 이런 것이 있겠지요. 거기서는 만인이 다 평등한데 제왕이 무엇이기에 저렇게 야단법석을 치고 쩔쩔매고 그러느냐 하는 거였죠.

종교는 그것을 우습게 보거든요. 종교는 그런 부정적인 요소, 즉 어떤 체계에 대해 굳어지지 않게 하는 역할이 중요합니다.

정__ 제가 이야기하는 한계라는 것은 종교가 전문적인 기술 분야에까지 참견하면서 일일이 하지 말자는 것이지 현실 참여를 부정하는 것은 아닙니다. 종교의 효능에 대해서 지금 독신 이야기도 하셨는데, 종교 사회학자인 로버트 벨라가 종교라는 것은 자기의 정체를 상징하는 기능을 가지고 있다고 말했어요. 이때 자기 동일성을 상징화하기 위해 필요한 것이 신화라는 말을 한 적이 있습니다. 예를 들면 낙태 수술을 하면 안 된다고 하는 바티칸의 끊임없는 주장과 경고는 하나의 현대 신화이지요. 그런데 현대인은 실제로 낙태 수술을 하면서도 그런 신화를 통해서 자기 존엄성, 곧 자기 동일성을 상징한다고 보는 것이지요. 역시 종교는 그런 자세로 자기 기능을 해야 하는 것 같아요.

소__ 성직자의 기능은 역시 그런 면에서 볼 수 있겠군요. 그러니까 선생님은 성직자의 입장이 아니라 종교를 이해하는 객관적 입장에서 말씀하시니까 그 입장이 잘 대변된 것 같은데, 만일 기독교에서도 목사님이 그런 이야기를 하신다면 같은 톤으로 이야기하실 거예요. 그런데 여기서도 역시 현실 문제인데 종교가 실제로 어느 정도로 그것을 조화해 낼 수 있느냐 하는 것이지요.

정__ 로버트 벨라가 이야기한 입장을 보면 실제 조화를 안 시켜도 그런 신화, 예를 들면 낙태 수술을 하면 안 된다, 임신 중절을 하면 안 된다, 하는 말이 영향을 미치는 것이라는 거예요. 끊임없이 자기를 상징화할 수 있는 기회를 준다는 것이지요.

소__하나의 안티테제라도 좋으니까 이야기를 해야 된다는 거군요.

정__그것을 따르든 안 따르든, 사실상 지금 가톨릭 속에서는 피임을 안 하는 사람은 없을 것이라는 이야기지요. 그러면서 그 이야기가 바티칸에서 사라지면 문제는 달라지리라는 것이지요.

소__그런 의미에서도 이것은 있어야 된다는 이야기지요?

정__그렇게 되면 유교적인 입장에 상당히 접근하는 것이 될는지도 모르겠군요. 효용론의 입장에서…….

김__오히려 종교인이 다 같이 참여 안하고 세상을 등지는 것이 좋다는 이야기지요. 인간이 가치를 그쪽에만 집중시키는 것을 분산시켜 줄 수 있지 않느냐. 그것은 큰 영향력을 갖고 있지요. 고승이 산중에 묻혀 있다고 해서 영향을 안 미치는 것은 아닙니다. 가서 본 사람이 거기서 느끼는 것이 있고, 그것으로 사회적 역할을 하는 것이 아닙니까?

소__라이프스타일이라는 말도 그런 의미에서죠. 하나의 규범이 되고 모델이 되는 것이 있다는 의미죠. 그것이 소극적인 것 같으면서도 오히려 적극적인 것이지요.

8. 전쟁과 평화

1) 종교는 평화 수호자인가

소__다음은 전쟁과 평화에 관한 얘기를 하겠습니다. 전쟁과 평화에 대해 종교가 어떤 역할을 할 수 있느냐, 즉 종교가 할 일이 무엇이냐를 따져 보고, 이어서 차별과 평등의 문제를 다루겠습니다. 차별과 평등의 문제는 다분히 전쟁과 관계가 있는 것처럼 생각됩니다. 그리고 인종 차별 같은 것은 많은 문제를 내포하고 있는 것 같습니다.

미래에는 여권이 굉장히 신장되어 남녀차별은 없어지겠지만, 차별 문제가 나오니까 남녀차별 문제를 간과할 수 없겠습니다. 그 다음에 경제적인 불평등이나 차별, 정치적인 불평등이나 차별 등은 역시 전쟁의 원인이 될 가능성이 많은 대목이 아닌가 생각됩니다. 마지막으로 그런 차별에 대한 차이라는 차원으로 문제를 삼아서 좀 더 실용성 있게 하는 세계적인 분위기를 이론적으로나마 건설적으로 얘기를 맺어야 할 것 같습니다.

무기란 간단히 말해서 살생을 위한 도구인데, 오늘날에는 이런 수단들이 경쟁적으로 증가·발전하고 있습니다. 이런 살생 도구는 엄연히 종교와는 반대되는 용도로 사용되고 있는 것이 사실입니다. 이런 현상에 대해 종교가 어떤 입장을 취해 왔는가 하는 얘기부터 해 나갔으면 좋겠어요. 평화의 수호자로서 종교가 전쟁 행위에 대해 역사적으로 어떠한 일을 해왔는지, 역사적인 사실을 많이 얘기해 주시고, 그리하여 미래에 어떤 기대를 할 수 있는지 전망을 세워 주셨으면 좋겠어요. 살생을 종교가 찬성할 리 없고, 공통적인 원리에 부합될 리도 없는 것은 자명한 것 같습니다.

여기엔 마호메트교, 즉 이슬람교의 입장을 대변하실 분이 없습니다만, 마호메트라고 하면 '코란'과 '칼'을 떠올립니다. 하나의 선교 수단으로 칼을 썼다는 얘기인데, 그런 의미에서 이슬람교가 종교 중에서 예외적인지요? 그러니까 이슬람교 이외의 다른 종교도 예외적으로 전쟁을 평화 수호의 수단으로 삼고자 하는 입장을 취하는지, 이런 것을 생각하면서 인류에 대한 얘기를 해 주십시오.

정＿방금 이슬람이 상당히 호전적인 자세로 선교를 했다는 얘기를 하셨는데, 이슬람교가 과연 그렇게 도극하게 전쟁으로 종지(宗旨)를 전파하고 인류를 정복하려고 했느냐, 다시 말하면 그것이 이슬람의 본래 모습이냐 하는 질문을 해 주셨는데 그것은 기독교권이 역사적으로 이슬람과 지녀 온 생리적인 적대 관계에서 나온 것이라고 생각합니다. 근본적으로 본다면 이슬람도 기독교와 마찬가지로 평화를 추구하고 있고, 평화적인 방법으로 선교를 하고 있습니다. 다만 예외적으로 무력을 사용한 경우가 있었겠지요. 특히 정치 권력을 확대시켜 선교를 하려고 했을 때는 칼이냐 코란이냐 하는 구조가 어떤 종교에서도 나타났고 또 나타날 수 있는 역사적인 사실이 아니겠는가 하고 생각됩니다. 정치권력과 종교적인 열정이 병행하여 선교가 이루어질 적에 그것이 표현되는 도식(圖式)이 코란이냐 칼이냐 하는 스타일로 늘 전개되었던 것이 아닌가 합니다. 그렇게 본다면 이슬람은 본래 호전적이어서 폭력에 의존하여 선교하는 종교라고 생각하는 데에는 좀 이견을 갖고 있습니다.

2) 종교와 전쟁의 양립 문제

소＿그 문제에 대해서는 상당히 해명된 것 같습니다. 그러나 위의 문제로 다시 돌아가서 과연 역사적인 사실로 비추어 보아 과거의 종교에서는 그 두 가지 사실이 어떻게 양립되었는지, 종교적인 입장에서 역사를 본 것을 얘기해 주시지요.

정＿지금 인류사를 전쟁의 역사라고 표현해 주셨는데, 또 다른 면에서 보면 인류사는 종교사라고도 할 수 있지요. 그렇게 보면 종교사와 전쟁사가 병행 혹은 공존했다는 흥미 있는 주제가 성립됩니다. 그런데 아무튼 종교는 역사 속에서 평화 수호자의 역할을 해 왔다고들 합니다. 그러나 종교가 전쟁을 거부한 것은 사실이지만 그렇지 않은 면도 있었어요. 상당히 고대적인 관점일지 모르지만 종교는 전쟁을 합리화하기도 했고, 전쟁이라는 참화를 인류가 재생할 수 있는 계기로 받아들이기도 했고, 전쟁을 포함한 커다란 역사적 파멸을 인간을 비롯한 우주가 재창조되리라는 기대를 지니고 받아들이기도 했던 것 같습니다. 그래서 종교는 전쟁을 윤리적인 차원에서의 살생이라고 규정하여 처음부터 완전히 거부하고 평화를 수호해 왔다기보다는, 필연적인 전쟁에 의미를 부여해 가면서 전쟁을 극복하려고 노력한 점이 더 눈에 띕니다. 그런데 바로 이런 전쟁에 대한 의미부여 때문에 종교적 태도를 순수한 평화 수호라는 입장에서 받아들일 수만은 없을 것 같아요.

고＿지금 말씀은 서구 사회를 지배해 왔던 기독교에 한정된 입장인지, 아니면 전 세계적인 입장에서 모든 종교가 함께 그와 같은 것이라는 뜻인지 그 부분에 대해서…….

정＿기독교만 그렇다는 것이 아니라 종교 일반에 대해서 그렇게 이야기할 수 있습니다. 종교는 전쟁 자체의 거부보다는 전쟁에 대해 두 가지 기능을 한 것 같아요. 하나는 전쟁이라는 재난에 의미를 부여한 것이고, 또 하나는 이러한 의미 부여를 통해서 얻어진 새로운 지평의 전개를 기대한 것 같습니다. 예를 들어서 이런 것이 있습니다. 원시 부족 간의 싸움은 증오가 원인이라고 말할 수 없는 복합적인 것인데 어쨌든 그 정황은 전쟁이 아니겠어요? 그런데 그 전쟁을 설명해 주는 신화가 반드시 함께 있습니다. 즉 아득한 옛날 우리의 신이 천지를 창조할 적에 이런 싸움을 했다, 그러니까 이 전쟁에 참여하는 것은 그 신을 모방하는 것과 같다, 그렇기 때문에 이 전쟁은 의미 있는 것이고, 선한 것, 정의로운 것이며, 또한 신이 그 싸움에서 이겼기 때문에 우리도 이 싸움에 참여해서 이길 것이다, 그리고 이 참혹한 전쟁이 지나면 그 원형적인 쟁투 이후에 우주가 창조됐듯이 새로운 세계가 전개될 것이다, 그러니까 이 싸움에서는 죽어도 괜찮다, 더 나아가 살생의 타당성마저도 승인이 되는 셈이죠. 그러고 보면 종교는 처음부터 전쟁을 부정하고 평화를 추구했다기보다는 전쟁의 상황을 어떻게 의미 있는 것으로 해석하느냐 하는 데에 한층 더 관여했던 것 같아요. 이런 현상을 종교 일반의 사적 현실로 보는데 불교적인 입장에서는 어떨는지 모르겠습니다.

고＿제가 알기로 부처님의 가르침을 토대로 부처님이 당시 전쟁에 관해 말씀하셨던 것을 들추어 보면 유감스럽게도 정 선생님 말씀에 동감이 가지 않습니다.

우선 이런 일들이 있었는데요, 부처님의 재가신자 중에 파사익왕이 있었습니다. 파사익왕이 이웃나라인 발지를 공략하려고 했어요. 정복을 하려고 마음먹고 부처님께 대신을 보내어 전쟁을 일으키려고 그러는데 어떻습니까 하고 물었습니다. 즉 이 나라를 정복해서 자기의 왕국으로 병합하려고 하는 것이었지요. 그때 부처님이 물었습니다. '그 발지라는 나라가 어떠하냐?' 하고요. 정치 사정 등 여러 가지를 물었습니다. 그랬더니 '국민이 상하가 자주 모여서 올바른 일을 논의한다.'라고 대답했어요. 그 외에도 여성의 성도덕 관계가 아주 정결하고 엄정했다든가, 조상과 가문을 정중히 여겨서 가통을 소중히 여겼다는 등 일곱 가지 설명이 나옵니다. 그러자 부처님은 '그 나라는 결코 무력에 의해서 망하지 않는다.'고 하셨어요. 네가 쳐도 이기지 못할 뿐만 아니라, 칠 수 없다고 하시며 전쟁을 방지하고 영예로운 국가의 일곱 가지 조건을 말씀하셨습니다. 그렇게 해서 그 전쟁을 막았지요. 그 다음에 파사익왕 곁의 강성한 임금인 아사세란 왕은 나중에 불문에 귀의한 사람이었습니다만 권력을 잡기 위해서 자기 아버지를 유폐하고 정권을 찬탈한 사람인데, 그 후에 파사익왕의 나라에 쳐들어가서 싸움이 벌어졌어요. 한때 이 파사익왕이 전쟁에 패하여 성문을 닫아 버리고 들어 앉아 있었지요. 그러다가 와신상담(臥薪嘗膽)해서 다시 국력을 회복하고 쳐들어가 마침내 적인 아사세왕을 포로로 잡았어요. 파사익왕은 아사세왕을 잡아서 부처님께 끌고 갔습니다. 그때 부처님이 말씀하시기를 '그를 놓아 주라. 그러면 장야(長夜)에 안락(安樂)하리라' 하고 말씀하셨습니다. 제가 알고 있는 바로는 부처님 당시에 대소 16개국이 있었는데, 그때 부처님이 전쟁에 개입해서 전쟁을 합리화하여 정복이라든가 불법(不法)의 의미를 합리화하여 전쟁을 고무한 자료를 저는 발견할 수 없었습니다.

그 다음으로 중국에 있어서의 전쟁 과정은 김 선생님께서 말씀하시리라고 봅니다마는 초기에 중국 불교가 들어왔을 때 유명한 불교학자들이 있었습니다. 그때 전쟁을 하다가 마침내 화해 조건으로 '너희 나라에 있는 아무개 고승을 우리한테 주면 전쟁을 일체 포기하겠다' 하고 두 차례 얘기해 왔지요. 이처럼 종교가 전쟁을 앞세워서 자기 팽창을 한다든가, 정권을 이용하고 전의를 고무하고 합리화하거나 한 것은 불교 발전 과정에서는 보기가 어렵다고 봅니다.

3) 불교에선 전쟁 합리화 없어

정__잘 모릅니다만 호국 불교의 모습은 전쟁을 고무한다는 것이 아니라, 전쟁이라는 현실적인 정황에 대한 불교적인 의미 부여의 적극적인 형태가 아닐까요?

소__그 문제는 논란의 여지가 있겠습니다.

고__무력행사에 대해서 얘기가 나왔으니까 파괴력을 갖는 군비에 대해서 한마디만 하겠습니다. 전에 호국 불교라 해서 참 재미있는 것을 발견했어요. 전쟁을 억제하지 못하고 평화 유지 세력이라고 얘기할 수 있겠습니까? 호전적인 주위 국가에서 전쟁을 일으키지 못하도록 스스로 국력을 증강하고 무력을 키워서 부강한 나라가 된다는 것은 실제로 전쟁을 하지 않으면서도 평화 유지에 공헌하는 것이라는 것입니다. 이것은 국가적으로는 국민을 보호하는 것이며, 국가를 보호하는 것은 세계 평화를 가져오는 것이라 하겠어요. 그래서 이런 점은 퍽 깊이 생각할 필요가 있습니다. 근래에 우리가 남북으로 나뉘어 대결 상태에 있는데 이런 때에 평화의 이름 밑에서 무장을 해제하고 있는 상태가 과연 평화에 봉사하는 길이냐, 아니면 스스로 국력을 증강해서 무력을 강하게 해서 적으로 하여금 넘겨다 볼 수 없는 자세를 가지는 것이 평화 유지의 방법이냐 하는 것입니다. 종교의 이름으로 무장하면 안 된다든가, 젊은 청년들을 무장시켜서 전쟁에 몰아넣기 위하여 훈련하고 동원해서는 안 된다, 이런 주장을 한다면 불교와는 거리가 있다고 봅니다. 불교에서는 자기 나라를 지키지 못한다는 말은 적게는 자기 나라, 자기 백성을 지키지 못할 뿐만 아니라 이웃나라에까지 전쟁을 가져오게 하고 세계 평화를 깨뜨리는 요인이 될 수 있다고 봅니다. 즉 우리가 전력을 포기하거나, 무장을 해제하거나, 국력이 약해질 때 이웃으로 하여금 넘보게 하는 요인이 됩니다. 구한말에도 국론이 분열되지 않고 국력이 허약하지 않았던들 어떻게 청일 전쟁·러일 전쟁 같은 것이 우리 땅에서 일어날 수 있었겠느냐 하는 것입니다. 우리가 약했기 때문에 이런 사태까지 일어나지 않았나 하는 거지요. 아시아의 평화가 깨진 것이 일본 사람의 간교성이나 러시아의 침략 정책에 있다고 생각할 수도 있지만 우리 스스로 약했다는 것에도 책임이 있는 것 아니겠느냐 하는 이야기지요. 경(經)에도 국력을 키우는 것이 전쟁을 예방하는 것이라 하셨어요.

4) 종교는 악제법(惡除法)의 수단이기도

소__그런 역사적인 입장에서 중국의 경우에 유가(儒家)에서는 전쟁에 대해 어떤 태도를 취했는가, 특히 무기라든지 전쟁에서의 살생 등을 이론적으로 전개해 주십시오.

김__전쟁은 선과 악의 대립이고 종교적인 대립이라고 말할 수 있지요. 지금 종교가 존재한다는 것도 선과 악이 대립되었으니까 있는 것이 아닌가 해요. 전부 선이 되었을 때에는 종교가 필요없지 않겠어요? 종교가 악을 제거하기 위한 목적으로 존재한다면 악을 제거하는 방법 혹은 교화의 방법도 있을 수 있겠으나 그것이 잘 안 될 때는 역시 더 큰 전쟁의 수단 같은 것도 있지 않겠는가 생각해요. 예를 들자면 인도에서도 아쇼카왕이 로마에서 들어온 외세를 물리치는 데 불교의 음덕(陰德)을 기다렸다고 해요. 그래서 불교를 굉장히 숭봉했고, 호국 불교가 있었는데 직접 교리에서는 그렇게 얘기가 안 되어 있어요. 현실에서는 악을 제거하고 선의 힘을 강화시키는 역할을 했다고 긍정을 해야 되겠지요.

492

중국 역사 속으로 들어가 봐도 마찬가지입니다. 이상적인 측면에서 또 특히 여기서는 유교보다 묵가(墨家)의 예를 들고 싶어요. 무기 문제가 나왔기 때문인데요. 묵가는 무기를 만드는 데 힘쓰라고 주장한 사람입니다. 악을 질시하고 악의 무리가 행사하는 힘을 미워한 나머지 그 악의 힘을 쳐부수기 위해서는 선 쪽도 강한 힘을 가져야 된다는 것이지요. 그러니까 나는 선한데 악한 사람이 치려고 하니까 선한 것을 도와야겠다는 것이지요. 묵자는 훈련 잘 된 묵도 3백 명과 그때로서는 새로운 무기인 운제(雲梯)까지 대동하고, 말하자면 기계화 부대지요, 그런 것을 만들어서 적을 물리친 일이 있습니다. 전쟁의 목적은 평화가 아닙니까? 그러니 그 사람들의 궁극적인 목적은 '이렇게 악을 제거하는 것이 하나의 종교적 수단이다'라고 보는 것 같아요. 더욱이 중국에서는 그런 것 같아요.

소__그러니까 전쟁의 종류를 구별하는데 어떤 전쟁은 의로운 전쟁이고 어떤 것은 나쁜 전쟁이다 이런 말씀이신지요?

김__거기에 큰 문제가 있는 것 같습니다. 결국 전쟁이라는 것은 양쪽이 다 옳다고 부르짖어서 일어나는 거거든요. 모든 종교는 서로 양보하기가 어려운 것 같아요. 전부 다 자기들의 입장을 내세우거든요. 전쟁이 일어났다 하면 서로가 의로운 전쟁이라면서 전쟁에 참여하지요. 그런데 묵자는 강력하고 실천하는 사람이에요. 무기를 만들어서 악을 제거하는 데 동원했던 것입니다.

소__지금 말씀하시는 것이 유교하고 입장이 같다는 것입니까, 다르다는 것입니까?

김__묵가와는 다르지요. 유가가 전쟁을 권한 일은 한 번도 없습니다.

그 전에 순(舜) 임금이 이웃나라에 이런 일을 한 일이 있다고 들었어요. 중화(中華) 사상에서는 인접 국가를 미개 민족이라고 그래요. 자기네가 문화 민족이고 변방 민족은 미개 민족이라고 보는 것이지요. 미개 민족이 전쟁을 좋아했거든요. 한족은 항상 침략을 당했다고 하는

데, 오늘날 박물관에 가보면 그때의 도끼 같은 것이 있어요. 그 도끼로 무엇을 했느냐 하면 춤만 추었다는 거예요. 너희가 무력을 가지면 우리도 무력을 가질 수 있다는 것과 일종의 위세를 부리는 것인데, 그 위세부리는 방법이 예술적이거든요. 무기를 들고 적이 될지 모르는 자 앞에서 춤을 추니까……. 예를 들면 전에 '몽고리안와'라는 영화를 본 일이 있는데 송나라 황제가 화약으로 폭죽을 터뜨리고, 불꽃놀이를 하는 예술적 표현이 자꾸 나오더군요. 이렇게 무기를 예술적으로 승화해 버렸어요. 이런 행동이 전부 유가(儒家)적인 것이라고는 할 수 없으나 전쟁 무기 만드는 것을 좋아하지 않은 것은 비교적 중국인의 공통된 사상인 것 같아요.

5) 전쟁 합리화 경향은 뚜렷

고__불교에도 그와 비슷한 말이 나오는데요. 경에는 전쟁을 하면 안 된다고 하는데 적이 부당하게 쳐들어와서 전쟁이 불가피했을 때, 될 수 있는 한 압도적인 군사력으로 크게 시위를 해서 적과 구체적인 살생으로 격돌하지 않도록 최선의 방법을 강구하라 했고, 또 다음에 전쟁이 터지더라도 되도록 포로로 사로잡으라고 하셨어요. 철저한 평화 유지, 전쟁 억제, 인간 존중의 입장이지요.

김__'항자(降者)는 죽이지 말라', '오십 세 이상은 죽이지 말라' 하는 말이 중국에 있어요. 중국에서 후에 호전적인 문제가 나와요. 쭉 후대로 내려오면 왕선산(王船山) 같은 민족주의자는 한족의 무비(武備)와 필요에 따라서는 선공(先攻)할 것을 주장하지요. 이것은 한족이 북방 민족한테 자꾸 당하기만 해서 나온 사상입니다.

소__좀전에 종교가 전쟁을 기정사실로 받아들이고 이것을 합리화하려는 노력을 해 왔다는 견해는 일리가 있는 말입니다. 스님과 정 선생님이 말씀하신 것처럼 전쟁이 종교로서는 불가항력적으로 일어났는데, 그러나 이런 악의 현상이 일어난 것에 대해 종교는 최대한 살생의 피해를 막도록 노력했다는 부분적이고 소극적인 입장을 취했다는 말 같습니다. 그러나 그러한 노력이 전쟁을 합리화했다고는 할 수 없죠.

정＿그렇지요, 그런데 기독교를 예를 들어 생각해 봅시다. '원수를 사랑하라'는 것은 기독교의 기본 가르침이지요. 그런데 인간이 부딪치는 또 하나의 근본적인 상황은 전쟁의 현실입니다. 그러니까 원수를 사랑하라고 말하는 것은 원수를 사랑할 수 없는 전쟁의 정황에서입니다. 결국 근본적으로는 원수를 사랑하면서도 전쟁에 불가피하게 휩쓸리는 현실에서는 그 전쟁의 참화, 나아가 전쟁 자체에 의미를 부여하지 않을 수 없던 것이 종교였다고 이해하고 싶은 것입니다. 이제까지 인류 역사 속에서 쌍방 간에 전쟁을 합리화하지 않은 전쟁은 없거든요.

무의미하게 한 전쟁은 거의 없을 것입니다. 전쟁 상황 속에서는 자기 입장을 합리화하고 거기에다 의미를 부여하고 하는 것인데 그것을 반드시 부정적인 것으로 봐서는 안 될 것 같아요. 이웃을 사랑하면서도 칼을 들고 있어야지, 칼을 놓는 것으로 현실이 호전하는 것은 아니지 않습니까? 그러니까 종교가 정치적 이데올로기의 수단이 되었기 때문이고, 종교가 자발적으로 투입되었든, 타의에 의하여 동원이 되었든 간에 전쟁을 합리화했던 것은 사실이지 않느냐 하는 것이죠.

소＿좀 더 구체적으로 그렇게 말려들어가는 얘기는 나중에 정치 얘기를 할 때 거모하기로 하겠습니다만, 십자군 전쟁도 정치적으로 말려들어간 것인가요? 기독교에서는 당시 그 전쟁을 성스러운 전쟁이라든지 의로운 전쟁이라고 해서 종교가 이끌어 나갔다고 생각되는데요. 그 점은 어떻게 생각하십니까?

정＿십자군 운동의 원인에 대해서는 정치적, 경제적, 혹은 종교적인 해석에 따라 그 뉘앙스가 다를 것이고 일리가 있을 것입니다. 문제는 그 상황에서 종교가 중요한 기능을 담당했다고 하는 것입니다. 어떤 정치적, 경제적인 이유에서 시도했고 종교가 그 전쟁을 합리화했던 것만은 사실이지요. 싸워야 하는 점에서 기독교인들은 성지(聖地)를 탈환해야 할 목적을 가지고…….

고__제가 좀 어두워서 그런지 모르겠습니다마는 그것은 서양적 특징이 아니었나 합니다. 예를 들어 미국에서 원주민을 정복해 들어가던 때의 기록을 보면 세상에 그렇게 잔인할 수가 없어요. 완전히 싸움을 포기한 무저항·무방비의 원주민 부족들을 무자비하게 쏘아 죽이거나 사냥개를 놓아서 물려 죽이는 잔인한 짓을 해서 멸망시켜 놓고는 산정에 올라가서 신의 축복을 기원하고 신을 찬송하는 것을 보았는데요, 신앙심을 전쟁에 결부시킨 방법은 동양에서는 없지 않았던가 해요.

아까 김 선생님도 말씀하셨지만 아쇼카왕은 불교계에서 성왕이라고 할 정도로 대표적인 불자입니다. 그는 마호비아 왕조 제3대왕인데, 전쟁으로 인도 전역에 통일국가를 세웠어요. 그가 불교신자가 된 직접 동기는, 최후 전쟁에서 양측이 10만 명씩이나 사람이 죽어가는 참혹상을 본 후 부처님 말씀에 대해 깨우친 바가 있어서 부처님을 믿게 된 것입니다. 그는 역사상 큰일을 많이 남겼어요. 부처님의 가르침을 영원히 남기기 위해서 살생하지 말라, 노인을 보호해야 된다는 등 사회복지 사업에 이르는 내용을 담은 아쇼카왕의 교칙(敎勅)을 비석에 새기는 등 여러 가지 큰일을 많이 했지요. 그런데 그 교칙에 결코 전쟁하지 말라, 결코 다투지 말라, 결코 살생하지 말라, 하는 내용은 아쇼카왕이 불교에 귀의한 후에 철저하게 지켰습니다. 그런데 서양 신앙은 내가 어떤 행위를 해도 신이 축복을 주어서 과감히 이렇게 해도 좋다는 방향으로 끌어들인 느낌이 들어요. 동양 종교에서는 신앙심이 약했는지 모르겠으나 그런 것은 없지 않았는가, 그런 것은 서양적인 특징이 아니었던가, 하는 것이 느껴지네요.

6) 신앙의 전쟁 결부는 서양적

정__그것을 반드시 서양적인 특징이라고 할 수 있을는지 모르겠습니다. 전쟁이라는 상황이 대체로 서양에서 더 적극적이었던 것이 사실이고, 동양이 팽창하고 지배하던 역사가 서양에 비해 상당히 적은 것도 사실이지만, 몽고(蒙古)가 서구를 공략했든가, 아쇼카왕이 전쟁을 통해 인도를 통일했다든가, 이슬람과 힌두교가 서로 충돌하는 종교 전쟁의 경우 등을 볼 때 근본적으로 전쟁의 역사는 동서양 어느 쪽에서든 지니고 있는 게 사실 아니겠습니까? 그 속에서 종교가 과연 그 종교의 근원적인 가르침처럼 전쟁을 방지하는 기능까지 해왔느냐 하는 것은 상당히 회의적인 것 같아요.

김＿중국 쪽에서 보면 손자병법이라는 것이 순전히 전쟁 철학인데요. 궁극적으로 전쟁을 안 하는 것이 최선의 승리라는 얘기예요. ‘백 번 싸워서 백 번 이겼다손 치더라도 그것은 제일 잘 싸운 것이 아니다. 싸우지 않고 남을 이기는 것이 제일 잘 싸우는 것이다’, 이런 얘기가 있거든요.

요는 전쟁을 않는 것이 문제를 해결하는 가장 좋은 방법이라는 거지요. 그리고 노자도 전쟁에 대해서 얘기한 것이 있는데, 전쟁에 이기고 돌아왔을 때 그 환영 의식을 완전히 상례로 하는 것입니다. 사람이 죽었을 때의 예를 올리는 거지요. 노자에 보면 ‘물리적인 힘을 가지고 천하를 제압하지 말라(不以岳强天下)’고 했어요. 하여튼 동양에서 볼 때 힘으로 제압하는 것은 제일 못난 것으로 보는 것입니다. 왕도(王道)와 패도(覇道)의 차이도 있겠지만.

내가 대만에 있을 때, 2차 대전 당시 일본이 중국 대륙을 침략한 기록 영화를 본 일이 있어요. 감명 깊었던 것은 영화가 나오는데 맨 첫머리에 『논어』가 한 권 나와요. 그 다음 그 『논어』를 넘겨요 몇 장 넘기다가 딱 멈추는데 그것은 ‘施諸己而不願, 亦勿施於人’(나한테 해봐서 싫은 것은 남에게도 하지 말라), 이런 말이 나와요. 일본학자가 그것을 보았다면 아마 진땀을 쭉 흘렸을 것입니다. 『논어』 책이 사라지더니 일본 사람들이 중국 대륙에서 저지른 악랄한 짓들이 사진에 찍혀 나오더군요. 그 다음에는 ‘이덕보은(以德報恩)이란 말이 나와요. 저쪽에서 무력으로 나를 괴롭혔지만 우리는 덕으로 원수를 갚는다는 것이지요. 중국 사상사에서 볼 때 장개석이 취한 이덕보은은 길이길이 자랑스러운 것이 될 것입니다.

정＿반종교적인 발언이 되는 것 같습니다마는 일본 사람들이 대륙을 잔인하게 침략했다는 것도 실은 종교적인 후광 속에서 강하게 자극이 되어 비로소 가능하지 않았나 생각됩니다. 신도(神道)가 바로 그런 역할을 한 거죠.

또 하나는 중국 사람들이 『논어』를 보았기 때문에 도량 있는 태도를 취할 수 있었다고 볼 수 있지만 현실적으로 본다면 오히려 중국이 패자이기 때문에 그런 태도가 가능한 것인지도 모르지 않습니까. 그러니까 우리가 부딪친 종교의 현실성은 그 종교가 무엇을 주장하고 가르치느냐가 아니라, 전쟁의 현실성 속에서 어떻게 행동하느냐 하는 데 있는 것이지요.

김＿승패의 문제도 긴 안목으로 봐서는 졌다고 그렇게 단정할 수도 없지 않아요? 긴 안목으로 봐야지요.

정＿그렇지요. 그렇게 긴 안목으로 보니까 영원한 신의 심판이라든가, 하나님의 섭리 속에 최후를 맡기면서 고난을 극복하고 전쟁의 참화를 감당하는 거지요. 그러나 문제는 가장 구체적인 현실 속에서 전쟁을 겪으며 나를 죽이러 오는 상황, 또 내가 죽으면 모든 것이 끝나버리는 정황에서도 빈 칼을 휘두르고 있어야 되느냐 하는 것이지요. 그런 상황에서 종교는 여전히 평화! 사랑하라! 하는 요청만 강조하는 것이 현실이냐 하는 것이죠.

김＿그러니까 중국 불교도 해당이 되는데 비전주의(非戰主義)로만 나올 것이냐 하는 반성도 때로는 나오거든요.

정＿지금 말씀하신 것처럼 안보를 위한 태세를 갖추는 것까지는 좋지만 갖추기는 하되 어떤 상황에서도 그것을 사용하지 말아야 종교적인 진실이 이루어지는 건데…… 갖추고 부딪치면 열전이 되는 것이 필연적이고, 그러면 살생을 할 수밖에 없고, 전쟁의 참회가 생기게 되고, 결국 그러다 보면 안보를 위한 준비가 전쟁의 현실성을 종교적 차원에서 효과적으로 제동하고 있다고 할 수 없는 면이 있지 않을까요?

7) 승자도 패자도 없는 전쟁

소__ 문제는 지금 제기된 것으로 봐서 오늘날의 전쟁이 여하튼 두려운 것이라는 점이에요. 패자도 승자도 없고, 인류가 한꺼번에 패자가 될 수도 있는, 또한 후손까지도 영원히 상흔을 입어야 되는 참혹한 전쟁에 대해서 종교가 어떻게 쫓아왔는가, 과거의 애기를 쭉 해 온 것 같습니다.

제가 관심을 가지려는 것은 동양의 종교, 저는 기독교입니다마는, 역시 전쟁을 하지 않고 평화를 보장할 방법을 찾고 불법적인 침공을 당했을 때 끝까지 살생을 하지 않으려고 최대의 노력을 하되, 평소에도 적이 침략적인 행동을 하지 않도록 스스로 자강자력(自强自力)을 강구한다는 것은 그대로 평화와 연결되는 것이다, 자신의 평화뿐만 아니라 세계와 국제적인 평화와 관계가 있다, 이런 말씀으로 거의 다 비슷하게 나온 것 같습니다. 저는 지금 완전히 승자도 없는 전쟁, 그냥 인류 전체가 패자가 될 수밖에 없는 전쟁, 오늘날의 무기 발전이라는 것이 또 계속 무력 증강을 하지 않으면 안 되게끔 세상이 험악하게 내닫고 있고, 마침내 전쟁이 폭발했을 때 인류 전체가 파멸을 가져온다든가 지상에 인류가 살 수 없는 여건이 되고 만다든가 하는 것이 문제가 되는 것이 아니냐, 그렇다면 종교가 이러한 상황에서 어떻게 문제에 대처해야 될 것이냐 하는 문제를 애기해야 할 것 같습니다.

정__ 승자도 패자도 없는 것이 오늘날의 전쟁이라고 하신 것에 공감하고, 종교의 역할을 살펴보면 이제까지 역사 속에서 종교가 전쟁에 의미 부여를 했을 뿐만 아니라 또한 전쟁 목적의 타당성을 합리화시킨 경향이 있었다면, 이제는 그 후자의 경우가 승자도 패자도 없다고

하는 새로운 전쟁 양상에 의하여 불식되면서, 종교가 새롭게 자기 역
할에 대한 자각을 하는 것이 중요한 일이라고 생각합니다. 그런 입장
에 처했다고 볼 때 지금 말씀하신 것에 공감이 갑니다. 그래서 저는
종교가 새로운 의미에서의 자각을 가져야 할 때라고 생각합니다.

　소__그런데 자각을 가져야 할 것은 설교인데 설교를 하기 전에 정
리를 해서…….

　정__어떻게 하다 보니 종교를 향한 설교가 되어 버렸군요.

8) 종교 전쟁의 역사

　소__설교는 마땅히 그렇게 해야지요. 그런데 내가 관심을 환기시키
고 싶은 것은 종교 전쟁입니다.

　가령 이슬람교과 힌두교 사이에서도 종교 전쟁이 벌어졌고 기독교
와 이슬람교 사이에서도 전쟁이 벌어졌지요. 또, 오늘날 북아일랜드에
서는 가톨릭과 개신교가 종교 전쟁을 하고 있고, 레바논에서는 이슬람
교와 기독교가 종교 전쟁을 벌이고 있습니다. 아랍과 유대인 간의 전
쟁은 민족 전쟁이긴 하지만 종교 전쟁이라고 볼 수도 있지요. 이렇게
보니 모든 종교가 다 종교 전쟁을 벌이고 있는 것 같고, 종교 자체가
이미 전쟁을 초월하지 못하고 있는 게 아닌가 생각이 됩니다. 그래서
우선 묻고 싶은 것은 혹시 종교 중에는 종교 전쟁에 기입되지 않았던
종교가 있었는지 그런 것이 알고 싶군요.

　고__제가 이미 말씀드린 불교가 그런 것입니다.

　소__역사적으로 지금 얘기를 정리해 주시죠.

　고__지금 정 선생님이 하신 말씀을 한마디로 개념을 한정해 주셨으
면 하고 요청 드리고 싶은 게 있어요. 종교가 어떤 때는 전쟁을 합리
화하거나, 전쟁에 의미를 부여해서 말려들어 간 일이 과거에 있었다
하셨는데 종교라는 말에 대해서 적어도 일부 종교라고 한정을 좀 해
주셨으면…….

500

소__그래서 저는 궁금한데 역사적으로 몰라서 묻는 것이에요. 불교
와 유교가 서로 또는 다른 종교와 종교 전쟁에 휘말려 들어서 종교 전
쟁을 한 적이 있었는지 이야기해 주십시오.

고__무력에 호소한 쟁투에 종교가 동원되고 앞장서서 전쟁을 고취
하는 작용을 어떻게 해 왔느냐 하는 점이겠지요. 전쟁을 앞장서서 어
떻게 해왔느냐 하는 문제와, 둘째로 종교가 자기 종교를 펴나가기 위
한 수단으로 전쟁을 택한 사실이 있었느냐, 아니면 다른 종교와 서로
격렬한 분쟁을 한 사실이 있느냐의 문제로 얘기해야 할 것 같습니다.

좀전에 정 선생님 말씀 하나하나에 대하여 제 내부에서 정리해서
물어보는데, 어떤 의미의 전쟁도 부처님은 가르치지 않았으며 또 역사
적으로 불교가 종교 전쟁이나 전쟁 도발, 전쟁 고취를 한 사실이 있었
다는 얘기는 들어본 적이 없습니다. 그렇기 때문에 조금 더 한정을 해
주셨으면 합니다.

소__그래서 첫째 것은 대답을 하셨고요, 불교는 전쟁에 앞장서서
승전의 개가를 올린 사실이 없었다는 말씀을 하셨습니다. 유교도 그런
의미에서 의로운 전쟁이나 이런 것을 하지 않았다는 것인데요. 그 다
음으로 종교 자체가 종교 전쟁에 개입했느냐에 대한 답에 지금 아니
라고 하시는데 역사상으로 불교도…….

김__동양에 무슨 종교 전쟁이 있었습니까. 특히 중국 문화권에서는
없었습니다.

고__그래서 아까 한번 생각해 보았어요. 인도 불교 사회에 있어서
초기에 부파불교(部派佛敎)의 분열이라든가, 대승불교(大乘佛敎)의 발
흥이라든가, 이런 파생 가운데에 전쟁이 일어났었는지를 생각해 보았
습니다.

그런데 전쟁은 없었습니다. 그것은 무슨 일이 있어서 회의 중에 부
처님의 교리에 대한 해석이 다르거나, 신설(新說)을 주장하거나, 진보
파와 대립하고 있을 때, 거기서 결론이 안 나면 안 난 대로 새로이 종

파가 생기고 정립되어 갔지 전쟁은 없었습니다. 거기에 무력이 개입된 전쟁이란 없었어요. 그 다음으로 중국에 건너와서 불교가 발전되어 가고 각 분파 간에 논쟁이 격렬했지만 그때에도 끝까지 자기에게 승복하는 교도를 충실하게 설득하는데 그쳤지 적을 격파해서 공격해야겠다, 한쪽이 쓰러져야 내가 존재한다는 적대관계는 결코 없었어요. 선(禪)은 털끝만치도 허위를 용서하지 않습니다. 그리고 전부 아니면 무(無)라고 할 정도의 깨끗한 대결인데, 중국에 있어서 오종(五宗)이라는 종파가 있으면서도 서로 자기의 깃대를 높이 세워서 자기 입장을 뚜렷이 하여 자기 종파를 번영케 하고 끊어지지 않게 하려고 했지 대립해서 싸운 일은 없습니다. 오히려 서로 협력하고 알아주어서 너는 아무개한테 가라, 서로 사람 봐 가면서 근기(根機)따라 받아들이게 할 정도였다고 알고 있습니다.

소＿그러니까 불교 내의 종파 간 문제는 차치해 놓고 우선 관심이 유교와 불교가 오랫동안 중국에 공존해 있으면서 두 종교 간에 전쟁 같은 것은 없었는지요?

김＿없었어요.

소＿우리나라에서 가령 고려 불교에서 이조 유교로 넘어오는 것은 어땠습니까?

9) 동양 종교엔 절대자 없어

김＿고려 불교가 이조 유교로 넘어올 때에는 순단했다고 생각합니다. 이것이 바로 서양 종교와 동양 종교의 차이입니다. 서양 종교는 절대자를 내세우는 반면 궁극적으로 동양 종교는 이치적으로 신이라는 것을 인정하지 않습니다.

모든 것 일체가 어디에 예속되고 종속되는 것은 없습니다. 유교도 그렇고 불교도 그렇고요. 한데 중국에서 무기를 만들고 싸워야 한다고 주장했던 묵가파를 보면 그 파는 하나의 답을 했습니다. 중국 사람들은 그것을 종교로 보지요. 그러고 보면 절대자를 내세웠을 때에는 양보란 게 있을 수 없고 화합이 될 수 없고 전부 배타적일 수밖에 없지 않느냐는 겁니다. 불교의 경우를 보면 이런 것이 있었어요.

구자국에 쿠마라지바라는 유명한 스님이 있었는데 중국에서 그 고명한 스님을 빼와야 되겠거든요. 그래서 10만이나 되는 대병력을 동원한 일이 있습니다. 이 대군이 구자국 성을 포위해 가니까 저쪽에서는 왜 포위하느냐는 것이지요. 그랬더니 중국 측 답이 전쟁할 목적은 없고, 다만 스님을 모셔가야겠다는 것이지요. 그런데 그쪽 구자국 왕의 말이 자기 나라의 최고의 보배인 쿠마라지바를 어떻게 내놓을 수 있느냐는 겁니다. 이렇게 해서 두어 달 포위 상태가 계속되어 성내에 있는 백성들의 식량이 떨어졌어요. 그러니까 쿠마라지바가 나와서 왜 나와의 문제 때문에 많은 사람들을 희생시키느냐면서 스스로 걸어 나옵니다. 결국 전쟁 없이 쿠마라지바는 중국에 온 것이지요.

소__여기에서 좋은 가설이 나오는데, 절대자…… 어떻습니까?

정__그것은 확실히 이상적으로 이야기한 것 같아요. 여기서 제가 한 가지 여쭈어보고 싶은 것은 아까 호국불교 얘기를 했는데, 이와 종교에서의 전쟁은 어떤 의미를 갖지 않을지요?

소__그 문제는 이렇게도 이야기 되겠지요. 불교, 유교는 종교 전쟁에 개입되지 않았다니까 이슬람과 힌두교를 본다면 힌두교와 불교의 차이는 얼핏 생각나는 것이 힌두교는 민족 단위와 관계있는 민족 종교라는 요소가 개입되었다는 것입니다. 이것이 어떤 민족과 민족의 정치 싸움에 종교가 말려들어가는 것이고, 불교는 그런 의미에서 민족 종교는 아니니까, 그 점에서도 힌두교와는 다른 것 같습니다. 그래서 절대자라는 기준 하나가 있겠습니다. 또 하나는 이슬람도 하나의 절대자가 있으면서 굉장히 민족적인 종교이고 유대교도 그렇고 기독교의 개신교나 가톨릭은 역시 절대적인 신앙 바탕이 있습니다. 그 절대의 기준과 민족 종교라는 기준 두 가지를 결부시키면 다분히 종교가 전쟁에 말려들어갈 수 있는 무엇을 가지고 있다고 말할 수 있습니다.

정__절대적인 신의 종교를 전제한다면 필연적으로 배타적일 수밖에 없는 것이니까요.

소__그렇다면 정 선생님이 자꾸 물으시려고 하는 것도 이제 대답이 나올 수 있는데 가령 불교면 불교가 그 시대 국가의 민족 종교처럼 되었을 때는 불가피하게, 소위 그것이 호국이라는 의미에서 그 민족의 전쟁에 말려들어가는 것이겠죠.

정__그러니까 하나의 문화적인 상황 속에서 혹은 역사적인 상황 속에서 그 종교가 절대화되지 않았다 할지라도 그 종교 이전의 구체적인 삶의 정황 곧 민족이나, 역사, 사회 등이 전제될 때 그것 또한 절대적인 영역이기 때문에 어쩔 수 없이 종교가 그 상황으로 뛰어 들어가는 것이 아닌가 합니다.

9. 종교와 국가

1) 호법(護法)·호국(護國) 종교

소__그러니까 여기에서 다시 호국이라는 개념을, 또 그 이전에 국가라는 개념을 이야기해야겠습니다. 호국이라는 의미에서 종교가 어떠한 역할을 할 수 있는 것이지요?

고__우선 현실에서 국가라고 하는 것은 어떤 권력 집단의 법적 강제 체제이건 지배 계급이 다른 계급을 압제하기 위한 관리 기구든 아무래도 좋습니다. 하지만 불교에서는 국가를 전연 다른 측면에서 보고 있습니다.

'정법(正法)'의 개념에 대해 한번 말한 바 있습니다만, 불교에서 일관되게 추구하는 것은 정법입니다. 정법이란 진리(법) 그대로의 인간 질서며 진리(법) 그대로의 국가 질서입니다.

그래서 불교의 이상 국가는 정법 국가입니다. 국가는 마땅히 정법 국가가 되어야 하며 정법 국가가 되어야 국가로서 참된 의미가 있다는 거죠. 아무튼 불교에서는 정법이 최고의 가치입니다. '정법(正法)을 수호하기 위해서는 무기를 들고 일어서라' 하였고, 부처님께서도 과거세에 선덕(善德)이라는 왕이 되었을 때 정법을 파괴코자 하는 무리와 싸워 부상을 입어 죽었다, 그러나 정법을 수호하는 데 바친 공적으로 '아촉불국' 제일제자가 되었고 마침내 오늘에 성불(成佛)한 인연이 있다고 말씀한 것이 있습니다. 그래서 정법진리를 수호하기 위해서 용감하게 적극적으로 나서라고 말씀했어요. 다만 거기에 조건이 있는 것은 설사 무기를 들고 일어난다 하더라도 자비심이 중심이 되어야 한다, 그 자비심은 외아들을 사랑하는 것같이 순수해야 한다고 하셨어요.

정＿요는 그런 진리가 어떻게 현실화되겠느냐 하는 것이 문제지요.

고＿그것은 애기했던 호법 호국 종교는 있을 수 있느냐 하는 뜻이 겠습니다. 하지만 종교뿐만 아니라 어떤 가르침이라도 실천이죠. 실천하지 않고 되겠느냐 안 되겠느냐는 논의는 무의미하죠.

소＿결국 그 종교 문제로 들어가야 되겠습니다. 종교가 국가 민족과 결부될 때, 예를 들어 불교 같으면 국가의 관념 같은 것은 상당히 강한 것 같습니다.

정＿국가와의 관련 속에서는 종교적인 것이 그대로 하나의 정치적인 이데올로기로 기능하고 있는 것 아닌지 모르겠어요.

김＿그런데 그게 유교에 있어서는 보편적이거든요. 국가와 종족을 초월하는 것이지요.

요즘 우리나라 학자 중에는 천하주의인 유교를 민족주의 이념으로 보는 이도 있는데, 하여간 동양 사상에는 절대자가 없으므로 모든 것이 보합태화(保合太和)할 수 있다고 보는 것이 특색이라는 것을 잊어서는 안 되겠어요.

소＿차별 의식 같은 것이 상당히 없는 것 같아요. 문제는 보편성이 받아들여지지 않는 상태에서는 어떻게 되는 것입니까?

김＿그것은 이렇게 되지요. 선민사상(選民思想) 같은 것도 동양엔 없지 않습니까? 동양에는 선민사상이 없고 온 천하 사람들이 다 한 집안 사람이라는 것이지요. 그러니까 종족 차별 같은 것이 나올 리가 없지요. 다만 중국 사람들은 이런 구별을 했어요. 중국에 '화이지별(華夷之別)'이라는 말이 있는데 그것은 문화 기준에 의해서 구별한 것이지요.

검은 빛깔이다 흰 빛깔이다 해서 가리는 게 아니고 사랑스럽게 됐느냐 못됐느냐 하는 구별이지요.

문화 수준의 차이만 있는 것이지 인간은 같은 것이다, 이렇게 보고 있습니다. 심지어 서양에서는 신과 인간이란 것은 메울 수 없는 갭이 있는 것 아니겠어요. 동양에는 그것도 없지 않습니까? 만일 신이 있다면 우리가 다 신이 될 수 있다는 것이지요. 부처와 중생이 둘이 아니듯이요.

정＿누구든지 다 부처님이 될 수 있다, 이렇게 전제하고 있으니까 차별이니 뭐니 하는 것은 근본적으로 불가능한 개념이겠죠. 그런데 국가와 국가에 대한 문화 정도의 차이라는 것이 중화사상에 근거한 문화 사상의 차이인지 정말 문화가 더 발전해서 그런 것인지…… 문화의 다름을 견주어 보고 우월성을 주장하는 것인지…… 보편성이라고 하는 것은 이념이고 중화사상으로 요약되는 자기에 대한 것은 현실이고 그런 것인지…….

김＿그래서 분명히 그 사람들이 얘기했거든요. 종족 차별 같은 것은 절대 않겠다는 것, 선민사상 자체가 없었고…….

정＿중국에는 오랑캐 사상이 있지요?

김＿오랑캐라고 하는 것, 화이사상이 또 있지요. '이(夷)'는 오랑캐라고 하는 것이지요. '화이(華夷)'라고 하는 것은 문화의 차이에 속한 말에서 온 것이지 종족 차별은 아닙니다.

소＿그러면 조선조에서 유교 이념이 국시(國是)가 되었을 때 그것이 국가 종교라고 이야기될 수 있는 것인지요?

김__국교라는 말을 썼어요. 고려의 국교(國敎)가 불교지요. 이조의 유교도 그러한 이념면에서 보면 국교지요.

2) 국가 종교는 바람직한가

소__이상 이야기한 것을 보면 정치와 종교의 관계에 있어서 종교로 인해 전쟁에 빠져들 수도 있고, 또 호국이 이뤄질 수도 있는 것 같습니다. 그러면 과연 국가 종교라는 것이 있어야 바람직한 것인지 아니면 종교는 그것을 초월해야 하는 것인지를 정리 좀 해야 될 것 같습니다.

김__동양에서 종교라는 말을 쓰면 자주 이해가 잘 안가는 면이 나타나게 되지요. 종교는 사실 동양에는 없지 않아요? 기독교와 비교해 본다면 불교도 그런 형태의 종교는 아니거든요. 절대자를 인정하고 신봉해야 하는데 그런 절대자를 인정하지 않으니 서양적인 종교는 아니잖아요.

유가(儒家)도 아까 대립하지 않는다는 말을 했는데 원시 유교에서는 그랬지요. 이것이 송대(宋代)에 내려오면서 소위 '도통론(道統論)'이라는 것이 나오고부터는 배타성이 강했어요. 그래서 불교가 혼났지요.

불교와 도교, 도가 사상이 다 혼났는데, 유교만이 정도(正道)다 하고 고집하는 논쟁이 나타나면 그것이 배타성을 띠고 나오거든요.

이조에 있어서 도가나 불가가 배척을 받은 것은 바로 이러한 성리학을 만났기 때문입니다. 원시 유가가 지배했을 때는 그렇지 않았어요. 신라 때에도 보면 세 종교가 아주 조화를 이뤘거든요.

그랬을 때는 원시 유교입니다. 그러니까 배타성을 띨 게 없지요. 요는 절대자니, 정통이니 하는 게 나오면 대립되고 서로 배척을 일으키게 마련인가 봐요.

소__그 정통과 정치권력과는 어떤 관계를 맺게 되는 건가요?

김__절대 불가분의 관계에 있는 것이지요.

소__불교에도 그런 것이 있습니까? 가령 국가 종교 비슷하게 되어서 정통과 이단의 싸움이라든가 그런 것이 나오는지요?

고__호국 불교에 대하여 원리적으로 말씀드리지요. 호국이라는 의미가 권력과 결탁한 냄새를 풍기기 쉽고 또한 전쟁이라는 절박한 상황에서 종교가 어떤 태도를 취했느냐 하는 점과 관련을 맺기 쉬운데, 불교적인 입장에서는 그보다 범위가 넓습니다. 호국이라는 것은 근원적으로 국가라는 관념을 가지고 있습니다. 하지만 그 '국(國)'이라는 것은 불교가 목적하는 2대 요소, 즉 인간 성숙과 국토 장엄에 관계가 있지요. 말하자면 '정불국토실현(淨佛國土實現)'의 뜻이지요. 그렇기 때문에 불교는 국민과 국토를 보호한다는 근본 목표를 부단히 추구합니다. 인간은 개인적으로도 살 수 있고 단체를 형성해서 살기도 합니다. 국가는 이러한 국민 생활 가운데에서 중요한 보호 기구이고, 사람들은 그 속에서 자기의 개성을 나타냅니다. 그리고 정법 국토라는 이상을 실현하는 데 있어서 국가는 피할 수 없는 시설입니다. 그렇기 때문에 이것은 정법을 구현할 수 있는 도구가 되며 국가를 만들 때부터 그렇게 되어 있어요. 그런 의미에서 호국이라는 것은 국가가 마땅히 추구해야 할 정법 원력을 수행하고 구현할 수 있도록 부단히 뒷받침해 주는 것입니다. 이러한 일상을 통해서 호국이 있는 것이지, 전쟁터에 무기를 들고 나서거나 전쟁을 고취하는 나팔수가 된다거나 하는 것을 꼭 호국이라 보지는 않습니다. 정법 정신에서 벗어나는 경우에는 불교에 배반되는 것이니 그것은 호국 운동이 될 수 없지요. 거꾸로 나라를 망치는 것으로 보아야지요. 이런 것이 부당한 세력과 야합해서 형식적인 종교 형태를 취했다 하면 그것은 불교의 사상과 어긋나는 것이지요. 그러니까 불교의 호법이라고 하는데 있어서 국가는 불교가 추구하는 정법 이념, 즉 중생 성숙과 불국토 실현이라는 2대 목표를 수행해야 할 과업을 지니고 있는 것입니다. 이것이 불교의 호법 성격의 기초입니다.

경전에 보면 국가라는 것을 정법을 추구해야 할 중요한 기구로서 인정했어요. 이 국가를 통치하는 국왕은 마땅히 어떠해야 한다, 이렇게 하지 않으면 국왕이 될 수 없다, 나라를 잃어버리고 나라에 혼란이 온다, 그러니까 마땅히 국가를 이렇게 하라, 그런 데서 정법 이념을 내세웠어요. 그러니까 이런 점에 있어서 호법·호국이라는 것도 모두가 정법이라는 것과 관련시켜서 진리의 실현 아니면 인간의 보호, 국토의 번영, 불국토 성취, 이러한 것을 국가를 통해서 성취시켜 보고자 하는 것이 불교의 정신입니다.

3) 종교의 사회 통합 기능

소__그러한 이론을 좀 더 적극적으로 전개시키면 불교가 가령 국교가 되는 것까지도 그것이 오히려 종교 이념으로 보아야 되겠네요?

고__정법 국가의 이념은 불교가 추구하는 영원한 이상입니다. 만약 통치자가 스스로 그러한 이념을 받아들였을 때는 정법 국가를 생각할 수 있겠지요. 그러나 불교의 정법 국가라는 것은 순수한 내용인즉 정법 이념을 구현하는 보장 기구입니다. 그러니까 끊임없이 정법 이념을 비춰 봐야지요. 그렇기 때문에 불교에 있어서 호국 종교가 의미하는 것은 일시적인 통치 체제와의 결합이 아니고 영원한 국가 목표를 달성하기 위한 정신 세력이며 지도 정신이라 할 것입니다. 무조건 현실 권력에 추종하는 것이 결코 호국 종교의 이념이 될 수 없는 것이죠.

소__물론 우리가 분명히 구별하고 들어가는 것은 불교나 기독교나 유교 그 자체가 어떤 한 민족의 고유의 종교는 아니지요. 그럴 수도 없는 것이고 물론 유대교나 일본의 신도(神道) 같은 것도 있지만 아주 보편성을 가진 종교가 어떤 한 민족과 국가의 국교가 되지 않았습니까? 기독교가 지금 국교로 된 나라가 있습니까?

정__스페인은 가톨릭을 국교로 삼고 있지요. 영국도 성공회(聖公會)가 일종의 국교 성격을 띠고 있습니다.

김__중국 사람들은 스스로 유교가 주교다, 라고 하니까 결국은 국교 역할을 하는 것이지요.

　소__중국은 불교도 되지 않습니까?

　김__지금 한국 불교에서는 자기들이 호국 불교라는 말을 하고 있는데, 여기에서 중국 불교와 한국 불교의 차이가 있는 것 같아요.

　중국 역사에서 볼 때 양(梁)나라 무제(武帝)가 철저한 불교신자였는데, 심지어 그가 내리는 조칙(詔勅)에는 첫머리에 불제자 보살 황제모(皇帝某)라는 글이 나와요. 그러니까 황제인 자기를 불제자인 보살로 자처한 것이지요. 이렇게 볼 때 불교가 하나의 종교로서 모든 정치권력의 우위에 가 있는 것이지요. 정치를 초월하는 것인데 이것이 신라의 경우에는 달라져요. 국가지상주의 하에 불교가 들어가거든요. 제가 '화랑오계(花郞五戒)의 사상적 배경'이라는 글에서도 주장했듯이 신라는 국가지상주의로 나왔고, 그때 불교는 그의 실천 방편이 됩니다. 물론 불교 측에서는 불교 건설을 위해서라고 하겠지만…… 호국이라는 말은 이래서 나오는데, 중국에는 불교 호국이라는 말이 없어요. 심지어 스님들이 기도하는 데에도 내세(來世)에 화랑이 되어 이 나라를 구제하는 사람이 되게 해 주십시오 하고…… 이런 것은 국가가 종교 이상으로 올라가는 것 같아요. 이것이 호국이라는 면에서 볼 때 중국과 한국과의 차이가 아닌가 이렇게 생각됩니다.

　소__그런데 두 가지 문제가 개입되는 것 같아요. 이미 말씀하셨지만 가령 스님 말씀처럼 불교가 이러한 역사 속에서 국교가 되어도 불교로서는 좋다, 그 정신에 위배되지 않는 한. 그러니까 종교 자체가 국교로 됨으로써 좋으냐 나쁘냐 이런 얘기도 할 수 있겠습니다. 또 하나는 민족이나 국가 입장에서 볼 수 있겠습니다. 어떤 정치학자가 얘기하는 것을 들었습니다. 일본이나 이스라엘 같은 조그마한 민족 국가가 민족 종교를 가지고 있지 않습니까? 그걸 곧 국교라 할 수 있는데, 이렇게 민족 종교나 국가의 종교가 있으면 오히려 훨씬 더 살아나가기도 쉽고 여러 가지 유리한 점이 있다는 것입니다.

김__물론이지요. 중립 국가가 되는 요건에 단일 종교를 가지고 있느냐 하는 것을 따지거든요. 그럴 때 한 국가가 한 종교를 가지고 있다는 것은 좋은 면이 아니겠어요?

소__그것도 다시 한 번 얘기해 보는 것이 좋을 것 같아요.

정__종교 사회학자들이 얘기하는 이른바 종교의 사회 통합 기능이 그런 것이지요. 사회가 갖고 있는 규범을 초월적인 가치에 근거해서 타당성 있는 것으로 강요할 수 있고, 또 초월적인 데 근거한 보상과 징벌의 기능을 가지고 사회를 안정시킨다는 것이 그러한 이론적 주장입니다. 그런 의미에서 하나의 종교는 사회 성원을 단합시키고, 가치를 보존하며, 국가가 하나로 통합될 수 있도록 그 통합과 단합을 유지하는 큰 기능을 하는 것 같아요. 그러나 문제는 역시 '정법 구현'의 현실성이라고 주장하고 싶습니다. 정법을 구현하는 과정에서 수단에 대한 상당한 제한을 가해 주셨지만 현실 속에서는 정법 구현이라는 이념 밑에서 여러 가지가 다 선택될 수 있지 않을까 생각되고, 나아가서는 적극적으로 전쟁의 수단으로까지 의지할 수밖에 없는 성격이 있지 않을까 생각됩니다. 물론 그것이 상당히 제한되어서 올바른 방법에 의해, 올바른 수단에 의해 되어야 한다고 말씀하셨지만 역사가 우리에게 보여주는 현실성이란 그렇게 끝날 수 없는 데에 있는 것이 아니냐 하는 점입니다.

고__이런 점을 생각할 수도 있어요. 우선 현실적으로는 인간은 살아가고 있고 서로 깊이 연관되어서 함께 살고 있습니다. 인간관계뿐만 아니라 자연 관계에서도 깊은 연관을 가지고 살고 있죠. 또 이것은 눈으로 볼 수 있는 연관뿐만 아니라 의식 내면에 무한한 심층을 가지고 있는 것이 아닙니까? 그래서 인간은 고금을 한꺼번에 가지고 있는 거죠.

이러한 역사 가운데 살아가면서 사람이나 사람의 집단이 역사 가운데 흘러가면서 어떻게 자기의 번영을 가져오고 자기의 뜻을 충분히 표현할 것인가, 그것은 개인적인 수행과 개인적인 노력도 진리에 부합

되도록 노력해야 하지만 동시에 우리에게 주어진 강제 질서로서의 한 국가도 우리 자신의 인격을 키우고 내면에 가진 의지를 더욱 발전시키는 데 있어서 불가불 중요한 것입니다. 여기에서 인간이 추구해야 할 마지막 목표인 인간 가치의 충분한 개현(開顯)과 가치 있는 인간으로 살 수 있는 이 땅의 질서를 이룩하는 것을 국가가 추구하게 함으로써 진리가 살 수 있는 여건을 만들자는 것은 비판받을 이유가 아무것도 없지 않은가 합니다. 불교가 호법이든 호국 이론이든 결코 어떤 집단을 위한 아부 내지 권력에 아부하는 것이 아니고 순수하게 인간의 깊은 내면을 역사적인 현실 가운데에서 구현하고자 하는 이념을 가진 것이라면 구태여 다른 종교와 어긋난 것도 없지 않나 생각합니다.

소__그런데 이런 문제가 있지요. 예를 들어 지난번 미국에 반전론자들이 상당히 많았는데 그 사람들이 전부 입영(入營)을 거부하고 도망갔습니다. 그중에는 종교적인 이유로 입영을 거부하는 청년들이 있었지요. 안식교가 그랬나요? 여호와의 증인도 그 경우에는 역시 지금 스님이 말씀하신 것처럼 그렇게 될 수도 있고 가능하다고 보는데 이것은 어떻게 보면 종교가 잘못 보게 되는 것이지요. 그 정치 상황을 어떻게 우리가 이야기할 수 있을까요?

4) 집총(執銃) 거부의 논리

정__어떻게 보면 여호와의 증인들은 이런 애기를 할 수 있을 것입니다. 즉 불교마저 정치적인 권력과 야합하고 또 현실적인 이해관계와 타협했지만— 종교적인 보편성을 버리고 말이죠— 우리는 조금도 타협하지 않았다고요.

소__그것은 남을 비판하는 입장에서 그렇지만 그들의 이유가 어떻게 타당합니까?

정__어떤 상황에서도 전쟁은 용납될 수 없다, 정법 구현을 하든 무엇을 하든 전쟁이라는 것은 용납 안 된다 하는 입장이겠지요. 그런데 불교적인 논리를 전개하면 정법 구현을 위한 것이라면 전쟁도 불사한다는 데까지 나아갈 수 있지 않겠어요?

소＿그런데 그것이 아까 정 선생님이 말씀하신 현실 속에서의 애기라면 그 사람들이 과연 현실적으로 받아들여질 수 있는 것인지 묵인될 수 있는 것인지에 대한 논쟁은 어떻게 되겠어요? 종교와 정치 속에서 볼 때 그 사람들에 대한, 그러니까 미국에서 실제로 어떻게 취급하고 있는지 생각해 보면 되겠어요.

우리나라에서 불교가 그런 입장을 취할 때 모든 불교도가 전쟁에 나가서 총 메지 않겠다고 하면 국토방위를 할 수 없지요. 미국 같은 데서는 이것을 어떻게 다루고 있는지요? 소수니까 묵인이 되는지요, 아니면 진짜 그 이론이 받아들여지는지요?

정＿묵인되는 것이 아니고 충분히 고려가 되지요. 그래서 살생을 해야 하는 전선(戰線)에 보내지 않고 다른 근무를 시킨다든지…….

소＿알리가 그랬지요?

정＿알리는 벌을 받지 않았습니까? 잘 모르겠군요. 요는 그런 양심 선언자들을 의무 부대에 보내든지 사무직으로 돌려주든지 해서 해결을 하지요.

소＿그것은 근본적인 해결이 아니지요.

정＿아니지요. 이제까지 말씀해 주신 불교적인 입장에서 볼 때 그 사람들은 적어도 자기 시대의 구체적인 자기실현의 장을 부정하는 사람들이라고 말할 수도 있을 것 같아요. 국가라고 하는 것, 역사적인 현실이라는 것, 그것은 자기를 실현할 수 있는 구체적인 장인데 그런 태도는 그 장을 버리는 일종의 회피인 셈이죠.

소＿그것은 불교적인 입장이 아니라 기독교 내에서도…….

정＿그래요. 기독교에서도 그 논리는 마찬가지일 것 같아요.

5) 평화 유지엔 종교적 작업이

고__말하자면 단결해서 힘을 기른다든가 가담한다는 것은 평화 유지 세력으로서 힘을 기르는 것이기 때문에 그것은 바로 전쟁을 하자는 것이 아니고, 전쟁 억제 세력에 가담하는 것이지요. 그런데도 이러한 평화 유지 노력을 외면하는 것은 종교적인 측면에서 그런 규탄을 할 수도 있다는 말이지요.

김__이런 게 있었지요. 자유당 때 얘기인데 내가 군대에 있었을 때입니다.

하기식(下旗式)을 하는데 국기에 대한 경례를 하지 않는 병사가 있었어요. 장교가 기압을 주었습니다. 그런데 그 뒤 그 장교가 혼났어요. 알고 보니 그 병사는 안식교도였대요.

집총도 거부해서 위생병 같은 전투원이나 시키는 것을 보았어요. 그때 나는 이런 생각을 했지요. 우리나라 사람들이 전부 안식교도라면 어떻게 될까 하고요. 우선 총 쏠 군인이 없어 전쟁 수행이 어렵지 않겠어요? 그러니까 모든 종교인이 국가 안에서 밥도 먹고 보호 받고 살고 있는데 국가라는 체제나 모든 상황에서의 사회적 일원, 국가적 주권자로서 의무를 다해야 되지 않겠어요? 이 문제는 좀 생각해 보아야 될 것 같아요.

고__그점에 대해서는, 군목(軍牧)님들 모임에서 얘기를 좀 해달라고 해서 갔다 오면서 제가 생각을 해보았는데…… 종교는 전쟁을 막기 위해서 여러 가지 힘을 씁니다, 무장이라든가 장비 등에 대해서요. 그러나 그것으로 근본적인 전쟁 요인이 해소되는 것은 아니고 평화 운동은 그것만이 아닙니다. 거기에는 급한 대로 막아 놓지만 보다 근원적이고 종교적인 작업이 있어야 된다는 거지요. 그게 뭐냐, 그것을 추구하는 목소리 가운데 하나가 집총 거부라는 종교인의 근원적인 항거 자세가 아니냐 하는 겁니다. 항거하는 그 내면의 목소리가 있다는 거지요. 그것이 뭐냐, 결국 증오와 대립을 통해서 인간에게 평화가 오는 것이 아니다, 증오와 대립이 해소되고 서로 사랑으로 묶여지고 공동의 목표를 가지고 있다는 것을 깨닫고 마침내 진리를 실현하는 사명감을 느껴야 하는 것이 아니냐 하는 거지요. 결국 평화스럽게 자기 실존을 가질 수 있는 인간들이 아니냐, 그런 깊이 있는 인식을 하는 것이 중요한 것이 아니냐, 이 부분을 소홀히 하고 그야말로 상대방을 무기로 치면 그것은 종교의 궁극적인 명제에 어긋나는 것이 아니겠습니까?

종교인이 참으로 평화에 기여하는 방법으로 그런 방향으로 뛰어나가서 적극적인 인류애 운동이라든가, 아가페적인 행동을 종교인에게서 볼 수 있어야 할 것이 아니냐 하는 것입니다. 그런데 집총 거부를 했을 때, 일단 하나의 현실로 볼 것 같으면 그러한 전쟁 억제자로서, 또는 그 세력으로서 강한 힘의 보장이 있어야 하고 한쪽으로 평화 운동을 적극적으로 전개해야 합니다. 종교인은 이 두 가지를 항상 염원에 두어야 하겠어요.

10. 종교 분쟁과 통일 종교의 가능성

1) 종파 분열의 원인

소＿이제 아픈 데를 긁어야 하겠습니다. 종교 내부 분쟁이라는 것이 그러한 사소한 것에서 나올 수 있지요. 종파가 갈라지는 것도 그렇고요. 미국만 하더라도 대다수를 차지하고 있는 감리교나 장로교에서는 그런 태도를 안 취하는데, 안식교에선 집총을 거부하는 등의 태도를 취할 때, 다른 여러 가지 종파 분열의 원인이 있겠지만 그런 문제도 원인의 하나가 되지 않을까 생각됩니다. 그러니까 하나의 종파가 우리는 못하겠다, 어쨌든 이것은 원칙적으로 안 되니까 도저히 못하겠다, 우선 막아 놓는 것도 못하겠다, 이렇게 나올 때 정치적 입장에서 그것을 어떻게 보느냐 하는 문제도 있고 그것을 어떻게 벌 줄 것이냐, 그런 종파를 다 내쫓을 것이냐, 이런 면도 있습니다. 또 종교 자체가 하나의 종파를 보는 것도 문제가 될 것입니다. 그것이 바로 분쟁의 원인이 될 것이니까요. 불교의 입장에서 보면 불교의 한 작은 종파가 집총 거부를 했을 때 어떻겠습니까? 불교는 그런 종파가 없습니까?

정_우리 현실에서는 없지요.

김_역사상으로 그것이 없었습니까?

정_오히려 총을 들었지요.

김_임진왜란 때 의병이 일어나고 총을 들었지요.

소_불교에서는 그것이 없었군요. 유교에서도 없었는지요?

정_유교는 우리 문화 속에서 교회나 사원 출입하는 승려처럼 조직체가 없으니까 제도화된 것이 표면적으로 나타난 것이 없지요.

김_군인이 안 되려고 하는 것은 있지요. 중국에 이런 말이 있어요. '좋은 쇠는 못이 되지 않고 좋은 사람은 군인이 되지 않는다(好鐵不做釘, 好人不當兵)'는 말이지요.

소_기독교 내에서도 얘기해 봅시다. 기독교 내에서 종파 간에 왜 그런 극단이 나올까요? 어떤 종파는 국교가 되고, 어떤 종파는 정치적인 이유로 극단적인 반대를 표하는 등 그것은 왜 그럴까요? 여기에서 동양 종교라는 불교, 유교와 서구 종교가 비교되어 구별이 될 수 있는 게 아닌가 궁금합니다. 전쟁 문제라든가 하는 것에 대한 입장이 아주 다르지 않습니까?

정_글쎄요. 교파 발생 원인에는 불교나 유교, 기독교가 별 차이가 없을 것 같아요. 관점이 달라지고 그것이 또 어떤 분화적인 상황 속에서 다른 모습, 다른 삶의 양태로 나타나다 보면 그 상황에서 이 교파도 생기고 저 교파도 생기겠지요. 그 과정에서 조직의 원리가 작용할 거고, 권력의 역학 관계가 작용할 것이고, 그리하여 이해관계가 서로 다른 두 파가 갈라지고 하는 것이 아닐까요?

고_불교의 분열을 보면 최초의 분열 원인은 계율의 해석에 관해서 이론이 생긴 것입니다. 그러니까 상좌부와 대중부의 직접 대결이 '십사비법(十事非法)'이라는 열 가지 생활 규모의 해석에 관계되어 대립된 적이 있었는데, 그 다음에 진보파 중에서 또 갈라지고 나중에 상좌부에서 또 갈라지고 해서 20여 파로 갈라졌습니다.

거기에 계(戒)에 관한 해석의 차이라든가, 새로운 종교학설의 주장, 지역에 따라 어떤 인물 중심으로 이렇게 되어서 불교에 여러 부파가 생겼지요.

김__ 불교에서 종파가 다르다고 하는 것은 근원적으로 볼 적에는 교화방편(教化方便)의 다양성이에요. 불교에서 중생들의 근지(根智)가 다 다르다고 보니까 그 근지의 차등에 따라 적용되는 교리 신봉 방법이 달라야 한다는 것이지요. 중간치에 적용되는 교리, 아주 아무것도 모르는 사람한테 적용되는 교리, 같은 불교면서도 사람에 따라 그것을 전달하는 방법이 각각 달라야 되니까 그래서 나온 것이 아니겠어요? 그리고 중국 불교의 특징 가운데 하나로 '교판(教判)'이라는 것이 있는데, 이것도 결국은 불(佛) 일생 동안 근지 문제에 착안하고 교화를 펴간 것을 나누어 본 것이지요.

고__ 교파적인 것 말이지요?

김__ 그렇습니다. 교파적인 것이지요. 그러니까 이것을 분열이라고 보아서는 안 되지요.

소__ 문제는 그렇게 말이 다를 때, 곧 전쟁 중에 하나의 교단과 다른 교단이 다를 때의 경우 등이겠습니다.

정__ 역시 종교에 따라 종파에 따라 다른 태도가 있을 수 있으니까 그것은 어찌 할 수 없다고 생각합니다.

2) 공동적 유대가 필요해

소__ 왜 그것이 중요하냐 하면 종교가 앞으로 이 세계 평화나 전쟁 문제에 대해 언급했을 때, 어떠한 공통점이라든가 그런 공동보조를 갖는다든가 할 수 있는지, 아니면 종교 자체가 하나의 전쟁 문제에 대해서 다른 입장을 취하고 공동보조를 취할 수 없는 입장에 처해 있는지 의문시되기 때문입니다.

정＿근원적으로 보면 평화를 애호하고 전쟁을 방지하거나 전쟁은 피해야 하는 입장에 선다고 하는 근본적인 태도에는 차이가 없습니다. 중요한 것은 동일한 종교 집단 내에서 극히 다양한 행동 규범의 기준에 대한 차이가 드러난다는 사실입니다. 미국의 경우 월남전에서 승리해야 한다고 하는 사람들은 보수적인 신자들이었고, 어서 전쟁을 종식시키고 평화를 이룩해야 한다고 한 것은 극단적인 진보파 교인들이었습니다. 그런가 하면 한 사람이 월남 전쟁은 전쟁인 한 찬성할 수 없다는 종교적인 고백을 하면서도, 중동 전쟁에서는 무조건 이스라엘의 승리를 기원하고 싸움은 승리할 때까지 계속되어야 한다고 주장하는 등 상충하는 종교적 태도마저도 발견됩니다.

그렇기 때문에 종교는 동일한 정황 하에서조차 이에 대해 함께 대처하고 있지 않은 것 같아요. 상이한 여러 종교 간의 차이는 말할 것도 없고 동일한 종교 안에 있는 여러 입장들의 차이도 있으니까요. 앞으로는 종교가 공통적인 유대를 지녀야 되겠다고 하는 것이 현실적인 요청으로 느껴집니다.

소＿그래서 나는 해야 되겠다는 그런 말이 나왔는데 그것은 종교가 효과적인 방법으로 힘을 갖고 전쟁 방어와 억제 역할을 한다고 하면, 그런 점에서 종교가 하나로 통일되지는 못해도 함께 회의를 한다든지 이런 것이 전제가 되어야 합니다. 그러지 않고는 아까 말한 대로 이 종교는 이 입장에 서고, 저 종교는 저 입장에 서고, 결과적으로 보면 양쪽의 다른 종교가 서로 싸우게 되는 상태가 되지 않겠나 하는 것입니다.

정＿동일한 종교가 갈라져서 싸우게 되는 경우에는 문제가 더 심각해지죠.

소＿이렇게 되면 정말 좀 전에 말한 것처럼 종교가 전쟁에서 무력하게 뒤따라 다니면서 합리화시키는 것이 되지 않겠습니까?

정＿그래서 아까 서로 말했던 것, 즉 전쟁이라는 정황에 대한 종교적 입장의 새로운 각성이라는 문제가 재음미되었으면 좋겠어요. 오늘날의 전쟁 양상은 전 세계적인 파멸만이 아니고 그것과는 전혀 다른 국지전이라든가 게릴라전 등으로 다양화되어 있는데 그 속에서의 인간 문제는 대량 학살의 경우와는 또 다른 지극히 복합적인 문제를 야기시키고 있어요.

그러나 어떠한 양상 속에서도 전쟁의 비윤리성을 거부할 종교나 종파는 없다고 전제한다면, 그런 데서 종교 간의 합의와 공동 전선의 편성을 기대해 볼 수도 있겠죠.

소＿종교 전쟁으로 나타나는 것도 더욱 더 그런데요.

정＿그래요. 레바논의 경우 하나의 도시를 놓고 수만 명이 죽어가는 종교 전쟁을 치르고 있죠. 그러나 아직도 그 전쟁, 곧 살상의 와중에 있는 각 종교에 대해 기대하는 것은 그들의 근원적인 입장, 곧 사랑해야 된다든가 생명을 존중해야 한다는 것에는 원칙적으로 합의를 해 주리라는 희망이죠.

3) 진리주의의 신앙으로

소＿제가 세계 종교라는 주제를 일부러 내놓은 이유는 하나의 종교로 된다는 것이 아니고 종교가 범세계적인 임무라든가 사명을 가지고 어떤 문제에 임할 가능성이 있는지, 혹시 그렇게 하지 않으면 종교가 세계 평화와 특히 이런 현재 상황에서 인류의 멸망을 가져올 수 있는 전쟁을 방지하기 위해 할 일이 뭐가 있느냐, 이렇게 물어보기 위해서 한 것이에요.

서구적인 문화권에서 자라온 기독교, 동양의 문화권에서의 불교·유교라고 했을 때, 그 입장이 달라서 불교·유교가 기독교보다 더 기여할 뭐가 있는지 새로운 것이 있는지……. 기독교가 여태까지 못해

온 것을, 이런 문제가 나오기 때문에 그것을 찾아보자는 얘기인데 불교 측에서 그런 얘기가 있으면 합니다.

고＿우리들은 현실적 역사 세계 가운데 살고 있고 거기에 몇 개 종교가 있어 정신세계에 많은 영향을 끼치고 있습니다. 해서 종교가 평화를 추구한다면 마땅히 세계적인 평화를 이룩하고 분쟁을 억제하는 노력을 같이 할 수 있는 분야가 될 수 있겠느냐 하는 문제는 지금 마땅히 제기되어야 하리라고 봅니다. 실제 종교가 분쟁에 개입되고 있는 현실을 보면 제가 알고 있기로는 소위 국가민족신신억(國家民族神信抑)이나 부족신신억(部族神信抑)해서 자기와 대립되는 다른 부족을 의식하고 적대, 증오, 이런 대립 감정이 기초가 되어서 되는 것이다, 이런 것이 존재하고 있는 한 결국 상대방이 쓰러지거나 그렇지 않으면 내가 설 수 없을 정도의 극한 상황까지 갈 수 있는 요인을 내포하고 있다 하겠죠. 그렇기 때문에 그런 종교보다 나은 종교가 있다면 그것은 형식적, 형태적, 개념적인 신이 아니라 진리와 더불어 신앙하는 것이 될 것을 생각할 수 있죠.

이러한 세계적인 종교 진리주의 신앙 방향, 이런 입장으로 승화될 수 있지 않겠습니까? 만약 승화될 수 없다 하더라도 각 민족 고유의 종교를 갖고 있는 것을 전제한다면 그 종교의 새로운 해석을 통해서 나 자신이 내 민족만으로 살 수 없고 이 땅에는 내 신앙만이 지배하고 있는 유일한 것이 아니고, 적어도 우리가 공존하고 있다는 공존의식, 동시에 이 땅에 있다고 하는 공동체 의식, 연대 의식 등을 큰 종교 측에서 계속 설득하면 점차 평화와 우애의 정신이 싹트지 않겠느냐 하는 것입니다. 여기서는 폐쇄적 배타적 종교가 가장 문제가 되겠죠. 적어도 민족신신억(民族神信抑)이나 부족신신억(部族神信抑)을 위주로 한 배타적인 신앙이 동양에는 비교적 적은 것 같습니다. 민족 위주로 하더라도 서로 공존하는 '홍익인간(弘益人間)'적 신앙이지 정복(征服)을 앞세운 배타적 신앙은 별로 없는 것 같아요. 그래서 지구상에 있어서 종교는 공통적으로 서로 연대감을 강조하고, 서로 상대방을 살림으로써 내가 살게 된다는 것을 유지해야 되겠죠. 이것은 기독교나 불교, 그 밖에 다른 종교에서도 동시에 할 수 있지 않을까 생각합니다.

그렇다면 이 땅 위의 성화(聖化)나 평화를 향해서 종교는 공동으로 협력할 여지와 그 방향이 나올 수 있지 않느냐 해서 앞으로도 종교가 통일되지 않는다 하더라도 제각기 고유의 종교를 지니면서 그러한 진리 신앙 위주의 귀일점(歸一點)과 공동체 의식을 바탕으로 각각 차원을 달리하고, 또 역사와 형태를 달리하는 종교가 다 같이 참여해서 평화 운동을 할 수 있지 않나 생각해 보는 거죠.

4) 절대자 신앙과 배타성

소__불교나 유교에서 그렇게 말씀하시면 기독교가 수세에 몰리는 것 같아요. 내가 물어보고 싶은 것은 첫째, 기독교에 다분히 배타성이 있다는 것과 또 하나는 절대자에 대한 신앙입니다.

지금 스님은 참 쉽게 진리 위주의 신앙으로 말씀하셨는데, 기독교는 다분히 절대자 중심의 신앙을 생명으로 하고 있습니다. 아까 얘기했듯이 절대자 신앙이 뭔가 모르게 전쟁에도 관계되고 배타적인 데에도 관계된다는 것이 하나 있고, 배타적인 것이 얼마나 강하냐 하는 것은 예를 들어서 지금 미국에서는 '블랙 시올로지(Black Theology)'라는 게 있습니다. 백인들이 기독교를 독점하고 있으니까 흑인들이 흑인 기독교라는 새로운 신앙을 만들어야겠다는 움직임이 있고, 또 한 가지는 더 극단적인 것으로 기독교는 백인 종교다, 우리는 이슬람교로 돌아가겠다, 이런 정도로 나오니 안 된다 말입니다. 그것이 싸움의 새로운 발상지가 되지요. 이렇게 볼 때 나는 기독교가 완전히 수세 같아요. 어떻습니까?

정__일반적으로 종교사를 보면 유일신론(唯一神論)이라는 것은 상당히 후기적인 개념입니다. 물론 정반대의 이견이 많지만 유일신의 절대성을 어떻게 설명하고 주장하는가 하는 것이 중요한데 틸리히 같은 사람의 입장이 흥미롭습니다. 그 입장에서는 수세에 몰리지 않고도 기독교의 절대성을 주장할 수 있다고 보기 때문이죠. 그는 유일신이 수학적인 개념으로 수용되어서는 안 된다고 보고 오히려 모든 것을 포괄하는 총체 개념이라고 주장합니다.

그래서 유대 민족이 여호와의 절대성을 주장했을 때의 그 절대성은 하나라는 숫자적인 개념이 아니라 우리 하나님이 가지고 계신 정의의 절대성과 보편성은 온 우주를 포괄한다고 하는 입장에서 유일하고 절대적인 거라고 주장했다고 설명합니다.

그러니까 유일신은 그렇게 받아들였을 때 하나님 안에서는 모두 형제라는 사고가 쉽게 통용될 수 있고 따라서 이제까지 배타적이었던 것은 유대 기독교의 신이 편협해서가 아니라 잘못 이해했던 우리의 큰 과오가 아니겠느냐 하고 생각합니다.

김__그래도 아직도 고집은 있거든요. 기독교가 그렇게 얘기하는 것이 진리라고 고집하는 것이거든요. 모든 종교인들이 앉아서 대화를 해보면 윤리적인 면에서는 다 통합니다. 그런데 교리 자체로 올라가면 대화가 되지 않아요.

옛날에는 이랬다고 해요. 동양인이 인사를 할 때 서양인은 동양인에게 무슨 종교를 믿느냐고 묻는대요.

동양인은 종교가 없다고 하는 사람이 많거든요. 그러면 사귀려고 하지 않는데요. 왜냐하면 그 사람들은 종교를 안 믿으면 악한 사람이 되는 것으로 알고 있거든요. 동양인은 안 그래요. 동양인에겐 종교라는 것보다도 도덕·윤리라는 것이 있기 때문이지요. 그래서 이러한 얘기가 있어요.

중국의 팅룽이라고 하는 사람이 쿨리로 미국엘 갔어요. 가서 남북전쟁 때 어느 장군 집에 가서 빨래해 주고 밥을 해 줬다고 해요. 그런데 장군이 얼마나 포악스러운지 그 밑에 있는 하인들이 견뎌내지 못하고 전부 도망쳤대요. 중국인도 끝내 도망친 모양이에요. 하루는 장군의 집에 불이 났어요. 불이 나자 다른 사람들은 다 좋다고 손뼉을 치는데 팅룽이 불을 꺼 줬거든요. 그러니까 장군이 내가 싫다고 해서 간 놈인데 이상하더라는 겁니다. 이것은 좋아해야 할 일인데 어떻게 와서 불을 꺼 줬나 하고 물어봤답니다.

"나를 싫어해서 간 네가 왜 불을 꺼 주었느냐?" 하니까 팅룽이 "우리 동양인은 남이 곤궁에 빠졌을 때에는 원수고 뭐고 그것을 다 제해 놓고 도와주는 것이 도리인 줄 알고 있다."는 것이지요. 장군이 볼 때 굉장히 성실하거든요. 그래서 "당신은 무슨 종교를 믿느냐?" 하고 물었대요. 팅룽이 "나는 아무 종교도 없다." 하고 대답하니까 "그럼 글을 배웠느냐?" 하고 물었지요.

그랬더니 "나는 낫 놓고 기억자도 모른다" 하고 말하더랍니다. 그래서 "너는 중국의 좋은 집에서 자랐구나. 교양을 받은 게 아니냐?" 하고 물었지요. 그랬더니 "아니요, 우리는 대대로 농사를 지었습니다." 하더랍니다. 그래서 "그러면 어디서 그런 위대한 진리를 배웠느냐? 신앙도 없이……." 하고 물었더니 "사람이면 누구나 그렇게 살아야 된다는 평범한 것인데 그걸 꼭 배우고 종교를 믿어야만 됩니까?" 하더라는 거예요. 장군은 여기서 중국에 뭔가 있구나 해서 전 재산을 콜롬비아대학에 기부했어요. 그래서 팅룽 강좌가 열렸대요.

이것이 콜롬비아대학에 중국학 연구소가 설치된 연유랍니다. 그러니까 우리는 종교가 없어도 이렇게 윤리적인 레벨이 유지됐어요. 그렇다면 타종교도 윤리 층으로 끌어내릴 수도 있지 않느냐는 것입니다.

5) 제도화와 닫힌 종교성

정__제가 보기에는 종교가 제도화되어서 지속되고 있다는 것과 종교가 문화 의식으로서 혹은 하나의 에토스로서 지속되는 것과는 다른 것 같아요. 지금 기독교는 전자의 경우이고 중국인은 후자의 경우겠죠 종교 사회학자들은 제도화된 종교는 종교적 상징의 상실이라는 딜레마에 빠진다고 주장합니다. 그런데 기독교는 유독 제도화된 전승 속에서 지속되어 왔다고 볼 수 있습니다.

물론 이슬람교에도 종교 집단이 있고 불교에도 승가(僧家)가 하나의 종교 단체로 있습니다만 특별히 기독교는 그러한 제도화된 종교의 약점을 크게 노출시키고 있는 데서 손해를 보는 셈이죠.

소__ 그러면 불교의 경우에도 제도화됨으로써 심볼리즘이 상실된다는 것입니까?

정__ 선종(禪宗)의 출현이 제도화되고 직제화(職制化)되어 사조(思潮)가 따로 생겨서 그 나름의 윤리적 전개를 이루어나가는 데에 대한 저항에서 생겨났다고 본다면 그러한 제도화의 딜레마가 불교에도 역시 있다고 보아야겠죠.

제도화의 딜레마를 극복해 가는 모습을 설명한 좋은 예가 있습니다. 문학입니다마는 『천국의 열쇠』라는 분도출판사에서 나온 소설이 있어요.

중국으로 선교하러 온 외국인 신부가 있는데 그는 교회를 크게 하거나 신자를 많이 모으는 것을 할 줄 모릅니다. 그런 면에서는 아주 무능하지요. 그런데 이 사람이 진정으로 인간적인 관계를 유지하면서 수십 년 동안 사귀어 온 중국인 친구가 있었어요. 그 친구에게도 예수 믿으라는 소리를 한마디도 못했어요. 나중에 중국인 친구가 그의 우정과 사람됨에 감동을 받고 영세(領洗)를 달라고 요청했어요. 그 요청을 듣고 신부는 내가 너한테 어떻게 영세를 주냐고 하면서 티 없이 당황해 합니다. 사실 이런 두 사람의 관계 속에서 가장 종교적인 소통이 이루어집니다.

그 신부에게는 본국에서 온 의사 친구가 하나 있었는데, 그가 유행병으로 고생하는 친구인 신부를 찾아 중국에 왔다가 오히려 자기가 죽게 됩니다. 의사 친구는 무신론자였지요. 신부는 그의 임종 곁에서 종부성사를 집전합니다. 그랬더니 무신론자인 그 친구가 "너, 나한테 종부 성사했다고 뻐기지 말라”고 농담을 하면서 만족스럽게 죽었습니다.

제도화된 종교의 표본이라고 할 수 있는 가톨릭에서 그런 문학을 읽게 한다는 것이 중요한 일인 것 같고, 그런 면에서 종교 간의 특성을 기계적으로 판단하는 독단을 지양해야 할 것 같습니다.

소_일종의 비종교화가 되는 거군요.

정_닫힌 제도적인 구조 속에서만 지속된 어떤 ‘종교성’, 이것이 살아 있는 종교성을 향해 깨지는 것이지요. 여기에서 하나 덧붙이고 싶은 것은 오늘을 사는 현대인들이 종교에 관심을 가질 때 유념해야 할 두 가지 사실이 있다는 종교학자들의 주장입니다.

하나는 종교는 하나가 아니라 여럿이라는 것을 분명하게 의식해야 한다는 것이고, 또 하나는 종교가 여럿이라는 것이 필연적으로 부정적인 것은 아니라는 얘기입니다.

두 가지 사실을 함께 유념하면서 현대 종교의 상황을 얘기하는 것이 좋겠다고 하는 것이지요.

11. 종교의 보편성

1) 순수한 정신세계 되찾아야

소_이것이 딜레마입니다. 제도화를 약화시키고 깨어 버리면 남는 것은 개개인의 종교성밖에 없는데, 종교가 정치 문제에 있어서 특히 전쟁이나 평화 문제에 대해 효과적으로 작용하려면 그 기구 자체가 더욱 강화되어야 할 것이란 말이에요. 어떤 사회든지 하나의 압력 단체가 있지요. 그런데 그것은 딜레마가 아닙니까? 그러니까 제가 얘기한 것처럼 자유주의의 발전은 뭐냐, 전체주의의 극복인가, 자유주의 자체가 자유주의를 상실해 가면서 전체주의가 되어가는 얘기도 마찬가지 얘긴데 종교의 딜레마는…….

김_그래서 이 딜레마의 입장에서 종교계에 요구해 보면 이런 것이 될 것 같아요. 우리가 주말이면 공해를 피해서 맑은 공기를 마시기 위해 산과 들로 나가거든요. 그런데 만약 산과 들마저 현대화해서 빌딩을 세우고 도로를 내서 매연을 일으키면 어떻게 되겠어요. 갈 데가 없어져요. 그런 것과 마찬가지로 종교가 아주 소세계적인 데에서 떠나 정말 성역을 이룬다면 사람들은 주일마다 거기에 가서 정신 공해를 씻고 올 수 있을 겁니다. 그런데 종교마저도 세속화된다면 어떻게 되겠어요. 거기에 가서 더 독한 공해를 입고 올 것입니다. 그러니까 순수한 자연 산천이 있어 우리가 시원한 공기를 마실 수 있듯이 종교도 그런 순수한 정신세계를 되찾아서 한번 주말에 가서 대화를 해보면 정신병이 나을 정도로 시원해질 수 있게 해주었으면 합니다. 이것도 오늘의 종교계가 생각해 볼 문제라고 봅니다.

소__문제는 그런 역할을 하기 위해서 제도화되어야 한다는 것이겠죠

김__예. 그런 면에서 제도화가 되란 말입니다. 현실에 들어와서 현실화되지 말고.

정__그러한 입장에서 보면 제도화 자체의 다양성이 기대될 수 있지요. 절에 가서도 이야기해라, 교회에 와서도 이야기해라 하는 것으로 말이죠

소__문제는 그렇게 다양성 얘기가 나오지만 그러면서도 전쟁이면 전쟁에 대한 문제가 나왔을 때, 어느 두 종교나 같은 종교가 서로 적대시하고 싸우는 게 아니라 그것을 어떤 방법으로 초월한다든지 바깥에 서서 싸움을 말릴 수 있다든지…….

김__문제는 그거예요. 불교계의 스님이 여기 앉아 계십니다마는 불교의 궁극적인 목적은 내가 남을 도와주겠다는 마음도 없고 내가 중생을 제도해야 되겠다는 것도 아니라고 하는 것과 마찬가지로, 때 묻지 않은 어린아이로 돌아갔을 때 저절로 사회는 정화될 것입니다. 사람마다 자기는 완전하니 남을 건져 주어야겠다는 것이 또한 오늘날의 특징 같아요. 전부 잘난 사람뿐인 것 같은데 사실은 다르거든요.

고__불교에서는 대립될 것이 없어요. 전부 어린아이 세계로 돌아가는데요. 전부 자아라는 것을 만들어 놓고 그것을 절대로 해서 그런 속에 뭉쳐진 제도니까 대립이 되고 문제가 일어나지요.

소__그것은 그야말로 이상적인 방법이죠. 한 사람 한 사람이 그 경지에 들어가서 전쟁이 일어나지 않게 된다는 이상적인 얘기고, 현실은 현재 종교가 그런 일을 쭉 하고 있는데도 인간 사회에서는 계속 갈등이 있고, 또 전쟁이 일어나고, 분쟁이 일어난다 할 때 그에 대해서 하나의 종교 집단으로서 어떻게 하느냐 하는 문제는…….

김__십자군 비슷한 것인가요?

소__십자군까지는 안 되죠.

고__불교에서 그런 생각을 해보는데 실제 불교에서는 한 사람 한 사람이 자기의 본분에 대해 내가 뭐다 하는 스스로에 대한 올바른 깨달음으로 끝납니다.

그 깨달음은 자그마한 자기가 아니고, 일체 중생과 함께 있는 큰 자기 인격을 알게 되니까 불가불 그러한 깨달음은 행동으로 나올 수밖에 없지요. 그래서 깨달은 사람은 밝은 국토를 이룩할 원(願)을 세우게 되는 거죠.

깨달은 사람은 첫째, 깨달음의 가르침을 전도해서 널리 펴야 하는 것이 아니냐, 뿐만 아니라 깨달은 자는 자기가 깨달아서 밝기 때문에 이웃을 밝혀 줄 의무가 있습니다. 내가 밝으면 가는 곳마다 밝아질 것이고, 내가 등불이면 어두운 곳마다 밝아질 것이 아니겠습니까? 결국 깨달음과 행동과 전도는 일치하는 것이에요. 불교의 논리로 말하면 그렇게 됩니다. 그러면 그런 상태에서 끝나느냐 하면 사실은 그런 깨달음을 전도하는 행위가 사회적인 힘으로 작용할 때 불가불 새로운 문제가 나와요. 결국 한 사람 한 사람 깨닫는 것으로부터 구조 교화 문제가 나옵니다.

사람은 모두 개인적으로 고립해서 살고 한 사람 한 사람 밝아지면 그 집단과 사회가 밝아질 것이 아니냐 하는 논리가 문제가 돼요. 한 사람 한 사람 개인을 상대로 했던 전도 방법이 과연 옳은 것이냐는 거예요. 개인의 절대적인 자유가 보장되었고, 개인의 전능이 스스로 선택해서 자기 설계를 할 수 있는 상황 하의 인간이라면 좋습니다.

그러나 현대의 인간이 과연 그렇습니까? 오늘날의 인간은 순수한 의미에서 독자적 자기 판단, 자기 선택을 거의 상실한 상태입니다. 겹겹으로 둘러싸인 환경 여건이 그렇게 되어 있지 않느냐 하는 것입니다. 현대인에게 과연 너 자신의 각성을 따라서 모든 사회적인 악업을 거부하고, 너 자신의 결단력에 의해서 행동하라고 촉구해서 얼마만큼의 효과를 이룰 것이냐, 결국 오늘날의 인간은 한 사람 한 사람이 집단적 조직 사회의 복합적인 기구 속의 존재입니다. 이러한 생각을 하면 결국 전도 방법이라는 것도 개인 상대뿐만 아니라 조직 사회 구조를 향한 또 하나의 전도 방법이 불가불 나와야 하지 않느냐 하는 것입니다.

정__그것이 제가 아까 말씀드린 딜레마가 아닌지 모르겠군요. 좀 전에 스님께서 이제는 조직 사회 속에서 혹은 대중 사회 속에서, 대중 사회적으로 하는 것, 조직 사회적으로 하는 것이 우리가 해야 할 문제가 아니냐 말씀하셨는데 그 말씀을 더 좀……

고__그것과는 조금 의미가 다릅니다. 개인 구제 방식의 전도가 아니라 구조를 통한 사회 구제입니다. 오늘날 정법 제도가 어떠니 경제 제도가 어떠니 또는 개인의 악이냐 구조악이냐 하는 문제도 나옵니다. 그럴 때 이 땅의 어두움을 제거해서 믿음과 인간 존중을 실현해 보고자 하는 불교가 과연 그 부분을 닫아 버리고 개인 한 사람에게 마음을 돌리려고 하는 방법이 과연 옳겠느냐 하는 것이지요. 그것이 이루어지지 않으면 그 방향을 향해서 힘을 써야 합니다. 그래서 불가불 교단이 보다 조직된 힘을 가지고 그 방향으로 힘을 써야 되는 것 아니냐 그 말입니다.

2) 조직 상대의 구조적 전도 필요

김__비슷한 얘기인데 교육적인 측면에서 보면 유가가 통치 계급인 귀족층의 교육에만 힘쓰고 대중 교육을 경시했다는 비난을 받거든요. 그런데 유교 측에서 보면 사실은 인간 사회에 영향을 많이 끼치는 사람은 제왕이거든요. 제왕 중심으로 역사가 달라지니까 말이죠.

그러니까 밑에 있는 개개인을 교화시키는 것보다 그 사람의 조직체가 있는 곳을 교화시키는 것이 중요하다고 보았던 것이지요. 결국 윗물이 맑으면 아랫물이 맑게 마련입니다. 상부 구조에 대한 교육을 중시한 거지요.

소__물론 그것은 중요하다고 봅니다. 그래서 저는 결말을 맺을 수도 없는 얘기지만 말씀하신 세계적인 차원에서, 그러니까 어떤 기구상의 구조적인 이유 때문에 전쟁이 난다, 개인이 약해서가 아니라 말이죠. 이런 것을 다루기 위해 모든 종교가 하나의 종교로 될 수 없다 하더라도, 그 문제에 대해서 효과적으로 다루기 위한 조직인 큰 종교 단체가 하나 있을 만하고 생각합니다. 아까 하신 말씀처럼 제안할 만한 것이 아닌가요?

정__기독교만의 독특한 생리를 보편화하는 것인지는 모르겠습니다마는 개종(改宗) 강요주의를 지양하고, 전도가 내 삶의 스타일을 요청하는 것이 아니라 내 삶의 스타일을 증언한다는 자세로, 또한 그러한 고백적인 차원에서 이루어진다면 어떤 종교 개혁이 이루어지지 않을까 기대가 됩니다. 또 거기서 어떤 합의가 이루어지지 않을까 기다려집니다. 그러기 위해서 우선 종교는 하나가 아니고 여럿이다 하는 인식론적인 사실로부터 긍정하고 들어가는 것이 중요하겠지요.

소__지금까지 종교가 서로 땅 뺏기 식으로 했으니까 대화는 그만큼 단절되고 종교 자체가 못쓰게 되었는데 그 원흉이 기독교란 말이에요.

고__이런 일이 있었어요. 지금 종교협의회라는 것이 있지요. 지금은 활동이 저조한 것 같습니다만 제가 시작할 때부터 관여를 했습니다.

종교협의회는 한국에 있는 다섯 종교가 처음 출발을 했어요. 그렇게 시작을 했는데 한국에 뿌리박고 있는 토착 종교가 어떻게 하면 이 사회에 기여할 것인가? 하는 과제를 놓고 대화를 시작해서 상호 이해부터 해야 한다고 의견을 모았어요. 그래서 서로 성당에 가서 여러 가지를 듣거나 보고, 사찰이나 교회 같이 다른 종교에도 가서 함께 자고 여행도 다녀봤습니다. 그래서 상호 이해하려고 노력했고, 이해한 다음에는 서로 더불어 할 수 있는 구체적인 일을 모색하기로 했어요. 높은 차원 얘기는 밟지 않기로 하고, 이 사회에 구체적으로 맞는 상황에서 우리 같이 협력해 보자고 많은 얘길 했지요. 그렇게 하다 보니 어떤 종교에서는 내부적으로 강한 반발 때문에 모임에 더 이상 나올 수 없다는 거예요. 마침내 이탈해 버렸지요.

정__외국의 경우에도 마찬가지예요. 처음에는 함께 공통점을 찾아서 모이고 대화를 통해서 같은 것을 확인하자고 하지요. 그런데 요즘 아주 달라지는 것 같아요. 같은 것을 찾는 것보다 다른 것을 다르게 긍정하는 것, 다른 것을 다른 것으로 존중하는 것이 더 중요하고 의미 있는 작업이라는 것을 확인하고 있어요. 사실 같은 것보다 다른 것을 존중하는 것이 오히려 현실적이지 않겠어요?

소__그 얘기를 다음에 하려고 하는데, 여기서는 통일이나 통합 같은 개념은 참 위험하다고 부정적인 자세로 시작하면 안 된다는 것이죠.

정__토인비가 이른바 세계 종교의 출현을 기대했었지요. 그는 종교의 통일 속에서 세계 평화와 통일을 추구할 수 있으리라 생각했어요.

김__종교 유엔이 생겨야겠군요.

소__유엔은 괜찮은데 사실 통일 세계 조직이 문제가 되지요.

정__벌써 각 종교의 장점만을 모아 만드는 종교가 출현하고 있지 않습니까? 바하이교 같은 것 말이에요.

김__동양에서는 다양성을 언제든지 인정하고 있어요. 불교도 그렇고.

정__그렇다면 토인비 식의 사고는 또 하나의 기독교적인 발상인지 모르겠군요.

소__토인비 이야기는 기독교적인 발상이에요.

김__불교에서는 일미진(一微塵)이라고 이 세상에 없으면 이 세상이 무너진다고 그러잖아요? 미진이라는 것이 실재하는 것이지요. 그러니까 동양에서는 그것이 문제 되지는 않아요.

12. 인종 차별

1) 동양의 인종 차별

소__그러면 다음 문제로 들어갑시다. 이제 남은 문제로 차별과 평등의 문제라고 제목을 붙여 봤습니다.

아까도 얘기했듯이 지역별 전쟁도 있지만 우리의 주관심은 지역별 전쟁이 세계 전쟁으로 번져 결국 핵무기 같은 것을 사용하게 되고 불가피하게 인류의 멸망을 초래할 가능성이 있다는 것까지 생각해서 종교의 역할을 생각했던 것인데, 지금 차별과 평등의 문제에서 제의하는 몇 가지는 역시 작은 전쟁이든 큰 전쟁이든 지엽적인 일, 조그마한 문제가 씨앗이 되어서 일어나는 수가 있죠.

이런 요인에 대해서 종교가 해야 할 역할이 있지 않느냐, 할 말이 있지 않느냐, 이렇게 잡아 본 것입니다. 그래서 인종 차별, 남녀 차별, 경제적 불평등, 정치적 불평등, 이런 문제를 잡아본 것인데 평등이라는 개념은 신 앞에서 모든 사람이 평등하다든지 기독교에서 나오는 것 같습니다. 그래서 평등 개념은 어떻게 보면 서구 기독교 문화권에서 수입한 것인지 모르겠어요. 역사적으로나 문화적으로.

그러나 여기서 문제시해야 하는 인종 차별은 동양에서도 있었는지 ― 인종 차별은 현재 미국을 중심으로 한 서양에서 문제가 되고 있습니다만 ― 서양 이야기를 하기 전에 동양에서도 차별이 문제가 되는지 궁금합니다. 동양에도 인종 차별이 있었습니까?

김＿인도에서는 있었다고 볼 수 있죠. 인도의 4계급 같은 것, 그런데 중국에는 없지요.

소＿인도의 인종 차별은 그러니까 인종이 다르기 때문인가요?

김＿사회 계급 이야기지요.

소＿사회 계급이 아니고…….

김＿인종의 사회 계급의 바탕이었거든요. 드라비디안과 아리안과…….

소＿인종이 다른 거예요?

김＿정복자인 아리안족은 지배계급이 되고 정복된 드라비디안은 복종 계급이 됐지요.

소＿중국에서는 어떻습니까?

김＿중국에서는 그렇지 않아요.

소＿아까 얘기가 나왔습니다마는 오랑캐라든지, 문화적인 얘기나 인종적인 얘기는 말고 말이죠.

김＿선민사상(選民思想)이 없습니다. 억지로 찾아본다면 주(周)나라가 형성되기 전에 은(殷)나라의 씨족이 우월감을 갖고 있었던 것 같아요.

우리 씨족이 누구의 씨족보다도 우월하다는 것은 있었는데 그 다음에 일어나는 주나라가 그렇게 되면 전체 통일을 못하겠거든요. 그래서 아주 철저히 타파했지요. '천(天)' 개념이 나온 중요 의의는 그런 것을 타파한 데 있습니다.

우선 씨족 관념에서 민족 신이 나타났는데 그 후 천 사상이 나오고부터는 사라져 버렸습니다.

정＿몽고족이나 남방 민족에 대한 한족의 우월감은 인종 차별에 해당 안 되나요?

김＿인종 차별은 아니고 문화적인 차별에서의 우월감이지요.

정＿인종 차별과 문화적인 차별과의 개념 규정이 문제군요. 인종 차별이라는 것이 피부색에 의한 차별인지 문화 전체를 포함해서 얘기하는 것인지가…….

김__그러면 알기 쉽게끔 야만인이라는 것이 인종에 의한 얘기인가 구별해 주십시오.

소__야만이란 문화적·문명적 관점에서 본 얘기죠.

김__중국의 북방인도 야만인이라는 얘기거든요. 그래서 인종 차별이 아닌가 하는데요.

고__그러한 인종이 아니고 문화적인 차별을 기반으로 해서 어떤 부류에 대한 사회적 대우를 달리 하는 계급적인 차별이라든가, 사회로써 봉쇄해 버리는 사회적인 제도가 없는가, 만일 있다면 그것을 이름을 달리한 인종 차별인 것으로 통하지 않겠는가 하는 겁니다.

문화를 달리 했다면 그들은 중화 민족이 아닌 다른 민족을 문화적인 측면에서 봐서 오랑캐라고…….

2) 차별의 기준 문제

김__결국 이런 비근한 예를 들 수 있겠죠. 정책적으로 높은 레벨에서는 그런 것을 노출시키지 않았지만 하부의 모든 개개인은 시집을 간다고 해도 전부 잘 사는 사람, 공부 많이 한 사람에게 가고 싶어 하고, 천민에게는 안 가려고 하는 측면에서 노출된 면은 많지요.

중국에도 왕소군의 얘기가 있잖아요. 한나라 때 북방 민족이 하도 침공을 하니까 화번 정책이라는 것을 쓰거든요. 결혼 관계를 통해서 무마시키는 거지요……. 그래서 수많은 북방 민족들이 한족들의 딸을 아내로 데려가겠다고 요구했어요.

그 대표적인 것이 왕소군 이야기인데 왕소군이 시집간 뒤에 남편이 죽었지요. 오랑캐 남편이 죽은 거지요. 그런데 그때 아들을 낳았습니다. 오랑캐 풍속에는 아버지가 죽으면 그 자식이 어머니를 데리고 살게 되어 있대요. 그래서 아들이 자란 후 왕소군이 "나는 한족이다. 한족 풍습에는 아들이 어머니를 데리고 사는 법이 없다. 너는 어떻게 하겠느냐?" 하고 아들에게 물으니까 "나는 북방 민족인 오랑캐입니다. 우리 법대로 어머니를 데리고 살겠습니다." 하고 대답을 해서 왕소군이 자살을 했어요. 그것은 풍속이 다르기 때문이지요. 여기서는 이런 것이 인간이다, 저기서는 저런 것이 인간일 수 있다 하는 가치 차이 때문에 이질시 되는 경우는 있다고 보지만 인종 차별이라는 것으로 실질적으로 차별하는 것은 없지 않았나 해요.

소__그러면 인종이라고 하지 말고 민족이라고 해서 한민족과 조선 민족을 비교했을 때, 우리 쪽에서는 우리대로 한민족을 보는 눈이 있겠죠. 가령 우월하다든지 열등하다든지. 또 한민족이 우리 민족을 볼 때 그렇게 보는 것이 있을는지, 그리고 최근 역사에 와서 일본인들이 우리나라 사람들에게 자행한 것도 일종의 민족 차별이겠죠?

김__한족들에게는 민족의식이라는 것이 그렇지요. 자기들이 강대했을 때는 보편주의 천하주의를 내세우고, 약화됐을 때는 민족주의를 내세웠어요. 민족이라는 것은 결국은 자기가 약했을 때 내세우는 것 같아요. 일종의 자위 수단의 핵심처럼.

정__생존을 위한 수단으로……

김__그렇죠. 그러니까 중국 민족들이 약했을 때에는 민족의식을 많이 내세웠어요. 특히 청나라가 쳐들어왔을 때, 왕선산(王船山) 같은 사람은 아주 강력하게 민족주의를 들고 나왔지요. 그 이후로 왕선산의 사상은 바로 동향인(同鄉人)인 모택동(毛澤東)에게 영향을 주었습니다.

소__그러면 최근 일본인들이 과거의 짧은 역사에서 한국 사람들에게 민족 차별을 한 것은 종족이나 민족으로서 저질이고 나쁘다 했던 것인지, 아니면 아까 말한 문화나 문명의 차원에서 얘기했던 것인지 모르겠어요. 우리는 우리대로 일본인들을 보는 눈이 결코 우리보다 못하다거나 하는 것은 아니고…….

3) 한 국가 내의 차별 문제

고__그런데 지금 논의되고 있는 것은 결국 국가라고 하는, 강제 질서를 달리할 때에 있어서의 차별을 말한 것입니다. 같은 국가 내에서 다수의 종족이 있을 때 다른 종족을 어떻게 대하느냐가 문제죠. 한국 사람과 일본 사람의 문제도 같은 통치권 내에 두 민족이 있었으니까 그런 문제가 대두되었던 것이죠. 만약 단일 국가를 형성하고 있는 중국에서 내부적으로 다른 종족이 있을 때, 그것을 어떻게 대하느냐 이런 것이지 다른 나라에 대해서 그것을 이질시하거나 하는 것과는 개념이 같다고 볼 수 없지 않나 합니다.

소__예, 다르지요.

고__그렇습니다. 또 인도의 경우는 말이죠, 같은 사회에서 지배하고 있는 아리안족은 그야말로 정복족이지요. 거기에 원주민이라고 하는 드라비디안을 종교적인 권위로 무장해서 군림했고 하나의 국가 가운데에서 철저한 계급을 형성했어요. 그랬을 때 인종 차별 문제 얘기가 되는데, 중국 사회에 있어서 과연 같은 통치권 밑에 한 국가 안에서 어떤 부족이나 인종에 대해서 그러한 차별이 있었는가이지요.

소__오늘날 중공에는 소수 민족이 여럿 존재하고 있죠. 티베트, 몽고 등 말입니다. 또 소련에도 몇 개 있어요. 백계 러시아 등 쭉 있지요. 미국도 그렇고. 크게 세 나라가 소수 민족 집단이나 종교 집단을 가지고 있는데…….

김__중공의 민족 정책에 의하면 소수 민족들을 잘 키웁니다. 그것을 전시 효과로 내세웁니다. 인정하거든요.

정__대만에서는 조금 다르지요. 원주민들에 대해서…….

김__지금 대만에서는 원주민들에 대해 보호 정책을 펴고 있어요. 일본인은 귀화 정책을 썼지요. 보호 정책에는 이런 것이 있어요. 산지족(山地族)이 문명이 발달한 곳을 왔다 가면 산에서 나오고 싶잖아요? 자꾸만 산을 떠나면 그 민족이 줄어들거든요. 대만의 산지족들이 많이 줄어들고 있습니다. 그래서 그들이 산을 못 내려오게 하기 위해서 자치적으로 교육을 하고 발전해 나가도록 하는 정책도 쓰고 있어요.

고＿소수 민족 보호보다도 관광 효과에 관심이 많은 것 같아요.

김＿잘은 모르겠는데요. 중국이 지방마다 언어가 다르잖아요. 그런데 대만 말 그대로 쓰고 있거든요. 대만 방송을 들어보면 그대로거든요. 그런데는 굉장히 둔한 것 같아요.

소＿그러면 중국을 얘기할 때 유교 전통에서는 같은 민족 테두리 안에서 민족 차별을 하지 않는다는 것인데요. 만일 현재 그것이 그대로 중공에서 실현된다면 유교적 전통이 그대로 내려와서 그런 것인지, 아니면 그 사람들이 가지고 있는 공산주의 이론이나 정치사상 때문에 그렇게 되는 것인지요?

김＿그것은 서구의 마르크스 레닌주의 등 여러 가지 때문에 그런 것이라고는 안 봅니다.

소＿그러면 소련과 비교해 봐야겠는데 소련 내에서는 소수 민족이 어떻게 통하는지 모르겠어요. 미국 같은 경우와 비교할 때…….

정＿백계 러시아인들이 특권을 누리고 있는지는 잘 모르지요. 어떻든 그것이 지배 민족인데…….

소＿역시 잘 모르겠지요. 알메니아니 뭐니 해서 조그마한 백인 계통의 민족이 많습니다.

김＿중화민국 헌법에 그것이 나오는데 중화민국은 다섯 민족으로 구성되어 있어요. 다섯 민족을 한 민족이 지배하는 것이 아닙니다. 다섯 민족은 한족, 만주족, 몽고족, 묘족, 티베트족인가 이렇게 됩니다.

정＿종교적인 의미 부여와 관련해서 생각하면 지금 말씀하신 데에 근거하는 한, 사실 중국은 인권 차별 문제가 없다는 이론적인 귀결에 도달하게 되는군요. 그런데 기독교권에서는 역시 유대 민족이 선민사상을 가졌고, 그게 기독교인들의 선민사상으로 옮아왔으며, 그것이 기독교를 받아들이는 서구인들의 선민사상으로 이어졌던 것이 구체적인 피부색에 의해서 우월감으로 변화된 것이 아니었을까요?

4) 기독교는 선민사상 낳아

소__미국의 경우에는 결국 기독교가 오랫동안 인종 차별을 합리화해 왔지요.

정__그것은 역사적인 사실이죠. 그러나 그렇다고 해서 반드시 비인간적인 대접만을 한 것은 아니지요. 역시 복음을 전해야 된다는 얘기는 한편으로 있었으니까요.

소__그것은 차별 대우를 받았던 흑인 쪽에서 보았을 때 뭐가 비인간적인가가 문제이지요.

정__제가 말씀드리려는 것은 종교적인 선민사상에 의해서 우리 아닌 다른 사람을 거절하기만 한 것은 아니고, 역시 선민인 우리가 구제해야 할 영혼이라고 하는 종교적 입장을 완전히 망각하고 있었던 것은 아니라는 거지요. 선민사상의 복합적인 속성은 바로 그런 권리와 의무의 종합이니까요. 어찌됐든 종교 자체가 가지고 있는 그런 기본 입장이 완만히 소멸된 것은 아닌데도 현실적으로 보면 무참하게 차별을 했던 것은 사실이지요.

소__미국에서 흑인들에 대해 갖고 있는 기독교의 태도가 아시아로 선교하러 건너와서 우리나라에 들어왔을 때, 그와 비슷한 차별이 있지 않았을까 하는 얘기지요. 사실 흑인과 백인의 관계는 인종적으로도 그렇고 문명으로 봐서도 미개했지요. 처음에 선교사들이 중국에 왔을 당시, 선교사들이 미국으로 편지한 게 최근에 많이 밝혀져서 영화로 제작되었습니다. 거기서 보니 중국이 미개하고 뭐도 없어서 자기들이 다 해 줘야 되는 것처럼 쓴 편지들이 많이 나왔거든요.

김__그러니까 기독교 문화라고 할까 가치관은 이 세상에는 다른 체계의 가치관이 있다는 것을 인정 안 하는 데에서 오는 것입니까? 모든 것을 자기네 가치 기준을 척도로 재기 때문에 그 척도에 안 맞으면 없고 틀리는 것으로 본 것이지요. 그렇다면 동양의 척도로 서양을 봤을 때 동양도 그렇게 애기할 수 있겠지요.

소＿도대체 기독교가 역사적으로 그런 인종 차별의 죄를 범했다고 할까, 과오를 범했다고 할까, 그것의 원천이 기독교의 본질에 있는 것이지 역사적인 사건에 의해서 그렇게 된 것인지 그것을 밝혀볼 필요가 있지 않을까요?

정＿기독교의 본질에서는 발견되지 않는 것 같아요. 우선 사마리아 여인에 대한 예수의 태도 같은 데서는 전혀 그런 것이 없어요.

사실 그 당시에는 종교적인 이유로 유대인들이 인종을 차별했는데 예수는 그것을 거절했어요. 이렇게 예수에 의해서 인종 차별이 깨져 나가고 있었는데 나중에 기독교 역사에서 보면 그렇지 않거든요.

결국 인종 차별의 기원이 종교적인 선민사상과 전혀 무관할 수는 없지만, 사실은 기독교의 경우 종교적인 것보다는 문화적, 정치적인 요인들이 역사 전 과정 속에서 더 강하게 작용하며 그렇게 발전되지 않았나 하고 생각됩니다.

소＿그러면 예수의 가르침에서는 선민사상이라는 것이 완전히 깨집니까?

정＿선민사상이 아주 평면적인 인종 차별의 양상으로 되어 있지는 않지요. 유대 민족이 선민이었다는 것이 깨지면서 오히려 진리로 들어오는 사람들, 참 길을 걸을 수 있는 사람들, 생명을 소유한 사람들, 불교적으로 보면 각(覺)한 사람들의 집단이 가지는 책임, 의무, 이런 것이 강조되면서 선민사상의 내용이 혈연적인 것을 단절하고 변질되는 것이지요.

소＿그것은 형태만 바꾸어서 선민사상이 그대로 남는 것이잖아요.

고＿말하자면 특권을 가진 자의 권위 의식을 갖고 남보다 우월하다는 생각이 역사적인 과정 가운데에서 굳어졌다는 것이에요.

정＿굳어진 것이 아니라 역사적인 과정 속에서 변했다는 것에 보다

538

중요한 의미가 있지요. 예수에 의해서 유대인의 선민사상이 깨지고 재해석되고 새로운 의미가 다시 부여되는 과정이 말입니다. 그런데 그 선민사상의 형식이 다른 데로 흘러가지요. 피부라든가 혈통이라든가 해서…… 그러다가 문화의 우월성과도 연결된 것이겠고요.

5) 선민사상과 이방인의 구원

소__그런데 가령 선교에 대한 열 같은 것은 다분히 기독교인과 이방인을 구별하기 때문에 자연스럽게 정열이 생기고 전도를 해야 된다는 마음이 생기는 것이지요. 그리고 이방인이라는 뜻 속에 야만인이라는 뜻도 있습니까?

정__이방인이라는 것은 우리 아닌 다른 사람들을 의미하는 것입니다.

소__종교적으로 구원을 받지 못했다는 얘기겠군요.

정__그런 뜻도 있지요.

고__그들은 구원을 받을 자이고 구원을 받을 수 있는 자인 것을 인정합니까?

정__그것은 인정하지요. 그게 바로 선교의 동기가 되는 것이지요.

소__동기는 그보다 더 강하지 않아요? 그 정도로 구원을 할 수 있는 자라면 불교처럼 소극적으로 할 텐데 여기서는 적극적으로 구원을 하지 않으면 곧 죽는 것처럼 생각하는 것이 있잖아요. 그런 생각이 선민사상만큼 강한데 그것은 무엇입니까?

정__그것이 바로 선민의 책임 의식 같은 것이겠지요.

소__그것이 문화적인 우월성과 결부되어서 그대로 인종 문제로 넘어가는 것입니까?

김__중국의 경우에는 유가와 도가가 다른 면이 있지요. 유가에는 선민사상이 없지만 인간은 다른 동물과 다르다는 것을 철저히 의식하거든요. 만물의 영장이라든지 하는 생각을 합니다. 도가에서는 그것까지 극복되거든요. 인간이 어떻게 우주만물의 영장이 될 수 있고 인간

경영자가 될 수 있느냐, 자연 속에서 다 소생자인데……. 이런 말을 철저히 해설하지요. 그런 영향을 받아서인지는 몰라도『중용』같은 것을 보면 인성을 발전시켜 나가는 것을 인간에 국한시키지 않고 인간과 공존하는 다른 사물의 존재에까지 확장시키고 있지요. 그러니까 그러한 사상 구조에서 인간을 차별할 수 있겠어요?

소__그러니까 기독교에서는 역시 유일신관(唯一神觀)·절대신관(絶對神觀)을 갖고 있는데, 역사를 볼 때 기독교적인 사관으로 보니까 하나님의 섭리로 움직여서 역사에 참여할 수 있는 사람, 택함을 받은 사람이 기독교인이고 못 받은 사람은 그 역사에 참여하지 못한다고 생각해서 역사의 주도권을 자기들이 갖고 있는 것으로 생각합니다. 자연스럽게 거기에서 독단이 나오고 문화를 기독교적 형태로 고치겠죠. 이러한 생각 때문에 동양에서도 그런 일이 생기는 것 같습니다. 지금도 미국에서 여전히 인종이 문제시되고 있는데, 기독교에서 인종 문제는 어떻게 생각하고 있는지요?

정__그렇게 일방적으로 내 삶의 스타일을 강요하는 것은 매우 지양해야 할 것 같아요. 오히려 순수하게 인간 자체의 존엄성, 신이 강조한 인간으로서의 동질성, 형제라는 것이 상당히 강조되고 있는 것 같아요.

고__이것은 현실적으로 기독교와 관계가 있다는 얘기는 아닌데요. 얼마 전에 아마존강 상류의 개척자들이 입식자(入植者)들을 보호한다는 이름하에 저항도 하지 않는 원주민들을 그야말로 사냥하듯이 죽이는 영화를 보았습니다. '그레이트 헌팅'이라는 영화였는데요. 일체 저항하지 않는 사람을 붙잡아 몸의 일부를 도려내는 잔인한 일을 했다고 하는데, 그런 방법으로 죽어간 사람이 1965년에는 연간 7천5백 명이나 돼요. 소위 동물 사냥이 인간 사냥에까지 이르고 있습니다. 원주민들이 무저항 상태로 달아나는 것을 총을 들고 쫓아가면서 포획해서 살해하는 것은 도저히 동양인으로서는 생각할 수 없는 것이 아닌가 해요. 원주민들이 비록 미개하고 동물에 가까운 문화권 밖 사람이라 하더라도, 동물에 대해서도 연민의 정이 있거늘 하물며 인간에 대해서 그렇게 할 수 있는가 말이지요. 이것은 동양적인 연민 위주와 중생일신(衆生一身), 세계가 일화(一化)라고 하는 불교 정신까지는 못 미치더라도 그런 것을 떠나 인간이 감히 저지를 수 있는 일입니까? 동물을 사랑하는 미국 사람들의 생활 풍속을 볼 때 아직도 이렇게 잔인한 일이 있다는 것은 근본적으로 가치관의 문제와 인간 내부에 깊이 도사리고 있는 잔인한 쾌감 추구가 묘한 형태로 와전되어가고 있지 않나 생각합니다. 그 영화를 보면서 아주 전율을 느꼈어요.

6) 학살은 어떻게 해석되나

소__그것을 좀 더 부각시켜서 보는 각도는 다르지만, 가령 유태인 학살이 일어난 곳 역시 기독교 국가거든요. 독일도 그렇고, 독실한 기독교 전통을 가진 국가에서 생긴 일이지요. 유태인 학살의 원인은 종교에서 온 것이 아니라 민족적인 감정에서 온 것이긴 하지만 그러한 대학살이 2차 대전 때 자행될 수 있었다는 것에 대해서 기독교에서는 어떻게 설명하고 있나요?

정__기독교에서 설명할 수 있다면 인간의 죄악의 결과인데…….

소__본회퍼 같은 사람의…….

정__글쎄요. 그 분이 그 일에 대해서 어떻게 언급했는지는 모르겠군요.

고__저는 그런 문제에 대해 직접 답을 하고자 하는 것은 아닙니다. 좀 전의 말에 대한 연장이 되겠는데 어떻게 해서 그런 끔찍한 일이 있을 수 있느냐 하는 것입니다. 이와 유사한 일로 오늘날 공산주의 사상으로 무장한 집단이 동족의 가슴에 무자비하게 총탄을 겨누는가 하면, 칼로써 도저히 생각할 수도 없는 일을 저지르지 않았습니까? 이렇게 인간성을 완전히 벗어나서 전율할 만한 무자비한 일은 동양에서 있을 수 없는데, 그것은 아마도 서구적인 데서 온 것이 아닌가 합니다.

소＿지금 말씀은 공산주의에 의한 학살도 서구적인 공산주의 사상에 의해서 동양에서도 그런 현상이 일어난다는 것인가요?

고＿제 말의 요점은 결국 인간을 무섭게 만드는 것, 인간을 두렵게 타락·변화시키는 것은 사상이라는 것입니다. 그릇된 깨달음으로 신념이 바뀌거나 종교적으로 그릇된 맹신을 하거나, 아니면 사상적인 맹종을 하든지, 하여튼 이들은 불교에서 말하는 미(迷)의 형태인데 그릇된 사상이나 오도된 깨달음, 그릇된 정신적 상황이야말로 가장 두려운 존재라는 것이죠. 종교인이 참으로 손대야 할 부분은 이런 데 있다고 생각합니다.

그렇게 인간으로서 할 수 없는 일이 오늘날 우리 사회 각 부문에서 형태를 달리해서 비슷하게 벌어지고 있지 않는지 관심을 가져야 합니다. 오늘날 신성해야 할 인간이, 신성하게 사랑을 외치는 사람들이, 신의 축복을 항상 기원하는 사람들이 그런 일을 한쪽에서 감행하고 있지 않는지 살펴야 한다는 거죠.

지성 집단으로서 계획적으로 유태인을 학살했던 나치의 경우나, 그 밖에 어떠한 주의나 사상으로 감행한 공포나 살육전, 또는 그야말로 헌팅하는 기분으로 마구 인간을 살육하는 행위 모두는 매우 그릇된 사상과 미적(迷的) 행적이 가져온 것입니다. 종교야말로 정말 인간의 머리를 지배하고 있는 그릇된 사상과 미(迷)를 타파하는데 선도해야 할 것이 아닌가 하는 것을 강조하는 것입니다.

소＿그런데 그 전에 종교의 위치를 확인하기 위해서 가령 공산주의는 종교를 부정하고 들어가니까 종교가 설 자리가 없겠지만 나치는 어떻습니까? 나치는 종교를 인정했습니까?

정＿기독교를 인정했죠. 그런데 독일 교회가 종전 후에 자기들의 책임을 고백했죠. 공식적으로 우리가 전쟁에 대해서 책임을 져야 하고 그것은 우리가 일을 제대로 못해서 그런 것이다, 전 세계에 사죄한다는 것을 독일 교회가 참회의 형식으로 발표했습니다. 문제는 인간의 일반적인 잔인한 행위라는 것과 인종 차별에서 비롯한 필연적인 잔학 행위와는 조금 다른 것 같습니다. 지금 말씀하시는 것, 사상의 미(迷) 때문에 그런 일이 생겼고, 이에 대처해야 한다는 말씀은 충분히 이해가 됩니다. 그러나 인종 차별에 상당히 기독교적인 영향이 있었다는, 즉 선민의식 같은 것이 인종 차별의 사상적인 배경으로 깔려 있다, 그러므로 기독교적인 사상은 필연적으로 잔인한 행위를 자행할 수 있는 가능성과 연결되어 있다는 등의 논리적 도식은 상당히 비약적인 것 같습니다.

7) 불교는 인간 중심의 권위를

소＿지금 독일에서도 나치가 종교를 인정했다는 얘기가 나왔는데…… 그리고 그 차별이 잔인성과 연결되어 있고, 다른 민족을 동물에 가깝도록 낮추어 보니까 동물을 무자비하게 살생하는 것과 미개한 인간을 살생하는 것에 큰 차이가 없다는 생각할 수 있지 않느냐, 이런 입장에서 나왔으니 어느 정도 연결이 되는 것이죠. 그런 의미에서 기독교가 그런 과오를 일단 역사적으로 범해 왔으니까…….

정＿그렇게 보면 기독교의 의식 구조가 상당히 이중적이고 복합적인 것으로 느껴지는군요. 선민사상과 구원받지 않은 이방인을 죄인시한 것과…….

소＿그것은 내세에 가서 천당으로 가느냐 지옥으로 가느냐, 죄인들은 지옥에 가서 고통을 당하게 되어 있다는 생각이 암암리에 두려워서 그러는 것이 아닌지요.

순수한 종교 의식으로 보면 죄인은 사랑해야 할 대상이지만 그 문화권 속에 성숙한 사람이 종교 의식을 상실할 때에는 무자비하게 취급해도 괜찮다는 사고가 나올 수 있는지요?

정＿저 사람은 죽어서도 당할 사람, 이렇게 생각하는 것은 인간으로서 가능할 것 같아요. 눈으로 보기에도 천시를 당하고 있고, 그러니까 어린이들이 자라면서 그 차별을 보면서 그 사람이 당하는 것은 당연하다든지, 으레 저렇게 취급을 받아야 한다든지 생각하겠지요.

고＿제가 기독교를 몰라서 그러는데 기독교 사상에서 사탄이나 악마라는 것을 어떻게 보는지……. 신 밖에 악마가 존재하고, 악마는 신의 섭리에 도전해 오는 존재이며, 마침내 항복을 받아야 할 존재인지……. 그렇다면 악마의 사주를 받은 악마와 비슷한 인간도 있어서 신의 섭리를 거부하고 신의 성스러운 역사를 방해하는 분자이기 때문에 마땅히 파멸의 값을 받아야 하지 않나 하는 생각이 들지 않겠는지요?

불교의 개념 가운데 '마(魔)'라는 것이 있습니다. 악마(惡魔)라는 의미죠. 극악이라는 의미를 가지고 있습니다. 그런데 악마라 하더라도 불교에서는 마(魔)를 끝까지 악으로 규정하지 않습니다. 그도 좋은 마음을 내서 불법을 보호할 수 있는 존재로 바뀔 수 있습니다. 호법신(護法神), 즉 선신(善神)이 되는 거죠.

그러니까 불법 밖에 있을 수 있는 자가 없다는 것입니다. 그렇기 때문에 인도가 아리안족에게 정복당한 이후에 철저한 계급 사회가 되었는데, 거기에서 석가모니불이 나온 겁니다. 불교가 이룩한 여러 가지 혁명적인 일 중에 핵심적인 것은 신의 권위를 탈취(奪取)하여 인간 권위로 끌어내린 것이 그 첫째입니다. 다시 말해서 조물주의 권위를 타도해 버리고 인간 중심의 권위로 끌어내린 것이지요. 또 하나는 '동일 법성(同一法性)' ─ 모두가 같은 진리, 같은 불성(佛性)의 실현이라는 의미에 있어서 일체 계급을 타파해 버리고 인간의 평등권을 천명한 것입니다. 그래서 불교신자가 되면 불가촉천민(不可觸賤民)이라는 수드라 계급이나 왕족 간에 차별하지 않았습니다. 그때의 철저한 계급 사회에서 계급을 철저하게 타파해 버린 거죠.

아까 평등 얘기가 나왔습니다만 불교에서의 평등은 좀 다릅니다. 기독교에서 '만민은 신 앞에 평등하다'는 의미가 있지만 불교에는 평등의 의미보다는 오히려 '동일(同一)'이라는 의미가 앞서는 것 같아요. 평등한 인간이 아니라 '불(佛)도 중생(衆生)도 동일법성(同一法性)'이라고 해요. 모두가 성품이 같으며 나도 너도 똑같이 부처님 것을 함께 쓰고 있다, 부처님의 권위를 따르는 것이 아니라 쓰는 자가 각자 주체자다 그런 것이에요.

대등관계가 아니고 동일이에요. 그런데 기독교에서 유일신 사상과 최고의 유일 절대를 내세워서 신(神) 앞에 대립하는 마(魔)의 존재를 극복해야 할 대상으로 삼는 심리가 어쩌면 인간 차별 문제에서도 작용하고 있지 않나 싶습니다.

정__그런데 묵시문학(默示文學)에서 나오는 마의 존재는 구제받을 수 있는 것은 아니죠. 기독교에서는 영원히 저주받아야 할 존재로 끝나죠. 완전히 이원적이에요.

소__아까 흑인 얘기만 했는데 정리하고 넘어가야 할 것은, 미국의 원주민인 아메리칸 인디언에 대한 백인들 생각은 미국 땅은 하나님이 준 땅이니까 하나님이 주신 새로운 신천지라는 것입니다. 그런데 신천지에 와 보니까 그들이 있거든요. 하나님의 섭리로 신천지에 오게 되었는데 하나님의 섭리가, 역사가 이루어지려면 그들이 없어야 되는 것이지요. 영화에서도 인디언들이 무자비하게 죽어서 '가장 좋은 인디언은 죽은 인디언이다'란 말도 나와요. 그런데 그것이 종교의 이름으로 쭉 발전하지 않아요. 그래서 최근에 자꾸 반성을 하곤 하는데, 그건 속죄할 길도 없는데……. 하여튼 종교적인 맹신이 아까 사상적인 맹신과 마찬가지로 얼마나 인간을 잔인하게 만드는가…….

정__그것은 사실입니다. 그리고 재미있는 것이 아메리칸 인디언 중 한 부족을 연구해서 발표한 보고를 들었는데, 발표자의 첫마디가 참 재미있어요. 기독교는 아메리칸 인디언의 종교를 타락시켰다, 이런 얘기를 하더군요. 자기가 현장 연구를 해 보니 어떤 아메리칸 인디언들은 죽음을 단순히 새로운 세계로 변화해 들어가는 것이라고 보기 때문에 앓거나 죽거나 간에 죽음에 대한 공포가 없었다는 거예요. 그렇기 때문에 늘 삶이 희희낙락했고, 죽음에 대한 공포도 없었다는데 기독교인이 들어와서는 죽은 후에 천당 간다 지옥 간다 해서 죽음에 대한 공포를 만들어 주었다는 것이에요. 그래서 기독교가 아메리칸 인디언의 죽음을 타락시켰다고 표현하더군요.

소__또 한 가지 기독교와 서양 문화가 갖고 들어온 것이 기독교는 땅을 기업으로 차지한다는 것입니다. 내가 읽은 바로는 그 전에 인디언 신앙은 '하늘을 소유하는 자가 없듯이 땅을 소유할 수 있는 자도 없다'는 것이었는데, 소유가 목적인 백인이 와서는 말뚝을 쳐 놓고 들어오면 총으로 쏴 죽이곤 했다는 것이죠.

정__그 땅을 신의 영토로 만들기 위해서 반드시 십자가를 세우는 의식을 집행하기도 했지요. 새롭게 발견된 땅은 아직 악마의 소굴이기 때문에 예수님의 사리하는 힘에 의해 성별되어야 했던 겁니다.

소__그 뒤에 하나 붙었으면 좋겠어요. 그것이 예수님의 죄였던가, 교회와 신자들이 그렇게 한 것이…….

정__아니지요. 문제는 그런 현상이지요. 이것은 역사적인 과오인데 그것은 본래 예수님의 가르침도 아니고, 예수님이 그렇게 하라고 시킨 것도 아니고, 다만 종교가 역사 속에서 발전해 내려오면서 문화·경제·정치적인 요인들과 겹치며 본래의 순수한 종교를 상실하면서 그런 형태가 계속 지속되어 왔던 것이지요. 그러면서 사실 종교가 과오를 범한 것이죠.

소__종교가 범한 것이 아니고 종교의 이름을 가진 사람이 범했지요.

정__그렇지요. 예수님의 가르침이 과오를 범한 것은 아닌데…….

8) 종교의 이름으로 죄를 범해

고__그런 면에서 본다면 역사상 불교는 위대한 일을 했어요. 인도에서 사성계급(四姓階級)이라는 것이 얼마나 무서운 차별이었습니까?

그런데 불교는 사회 개혁·종교 개혁 두 가지 면에서 뛰어났어요.

구체적으로 말씀드리면 이렇습니다. 브라만이라고 하면 종교와 학문을 다루고 있는 최상계급입니다. 최상계급인 브라만이 출생으로 브라만이 되는 게 아니라는 것입니다. 행위를 가지고 브라만이 된다는 것이지요. 그러니까 행위가 자기를 창조하고 규정하는 것이지, 전통이나 종족이 아니라는 거예요.

그리고 지금 하신 말씀과 같이 사회 개혁이 현대에 더 중요한 의미를 갖는 것은 아까 말씀드린 인간의 권위를— 인간 밖의 어떤 절대 신이나 법, 진리, 권위나 관습의 이름하에 인간 밖에 두었던 것을 완전히 인간 중심으로 끌어내려서 이분화 현상과 대립 관계로부터 원초적인 동일점, 근원 점에 인간을 갖다 놓고 그 정점에 인간 가치를 세웠다는 사실입니다. 이것은 인간으로 하여금 영구히 진리의 위치를 회복시켜 준 점에 있어서 사회 개혁 정도의 문제가 아닙니다. 인간에게 불멸의 빛을 준 사상적 의미를 가졌다고 보고 있지요. 말하자면 그 당시 최고의 신이라는 브라만의 조물주— 창조주의 권위를 특별한 사람이 아니라 모든 사람의 성품 가운데로 끌어왔다는 것입니다. 여기서 인종 차별의 여지가 없지요.

소＿그러면 인종 차별 문제를 맺으면서 이제까지 일부 기독교인이 역사적으로 인종 차별을 범한 과오를 얘기했는데, 적어도 그것은 본래 예수나 기독교 정신에 없었다는 것을 한 번 더 확인해 주고 넘어갔으면 좋겠어요.

정＿저는 그것을 지금에 와서 근원적인 입장으로 거슬러 올라가 확인할 필요가 없다고 여깁니다. 종교적인 이상과 종교적인 열정의 마찰이니까요. 또 그렇기 때문에 지금 스님이 말씀하신 불교의 기본적인 입장이나 기독교적인 입장, 종교적인 차원에서 볼 때 상반되는 주장은 결코 아닙니다. 문제는 하나의 종교가 역사 속에서 존재하면서 그 모티브를 순수하고 진리에 가득 차 있는 것으로 지속해 가는데 어떻게 그런 탈선적인 현상이 가능했던가를 살펴보아야 할 것 같습니다. 그렇게 되면 우리의 근본적인 물음은 다시 돌아가서 현대 속에서 종교는 어떤 일을 할 수 있을 것인가 하는 데에 귀착하게 될 것 같아요. 이런 오늘의 현실이 갖는 정황에 서야지, 그것을 회피하고 근원적인 것만 재확인하면서 끝날 수는 없을 것 같습니다.

사실 우리가 현대 문화 속에서 부딪치고 있는 것은 탈종교적인 경향이거든요. 삶의 여러 분야에서 사람들은 종교가 하는 얘기를 듣고 그것이 옳다는 것도 알고 있는데 문제는 현대 문화가 세속화되어 있다는 것 아니겠어요? 그러니까 근원적인 소리를 재강조하는 것도 중요합니다마는 그것 가지고 풀리지 않는 문제가 어디 또 있지 않을까 하는 것이 제게는 의식이 돼요. 옳은 얘기에 대한 해석학적인 방법이 발전되지 못했다든가 하는…….

소＿그리고 나는 의심되는 것은 가령 기독교의 경우에 기독교 자체에 종교적인 인종 차별의 원인이 있는 것이 아니고 오히려 다른 경제적, 문명적인 역사적 상황 속에서 이유가 있다고 하는데, 그러면 종교는 그냥 뒤따라가면서 이를 합리화시켜 주는 나쁜 구실을 했다는 것이 아닌가 하는 것하고요, 현대에 와서 기독교가 반성을 많이 하고 인종 차별을 없애는 데 앞장서서 굉장히 공헌을 많이 했지요. 최근 미국의 경우에도 마찬가지로 종교가 이러한 것이 아니라 사회 문화적으로 인종 차별이 도저히 더 이상 유지될 수 없는 운명이 되니까 같이 하는 역할밖에 못한 것이 아니냐 이렇게 생각하면 종교가 할 일이 별로 없지 않은가 싶은데요.

정＿그래서 사실 종교는 언제나 문화지연(文化遲延) 속에 빠져 있는 것이 아닌가 하는 의문도 끊임없이 제기되고 있죠. 예를 들어서 막스 베버가 얘기한 칼비니즘이 자본주의의 정신을 형성해 주었기보다는 자본주의 사회가 형성돼 나가는 과정 속에서 종교는 그 새 사회를 해석하고 의미 부여를 해 주었다고 보는 것입니다.

소__종교가 할 일이 없어지죠. 그런데 그것이 현대 문화 의식 속에 깔려 있기 때문에 종교가 별 자극을 주지 않고 사람들에게 끌려간다, 사람들은 종교에 대해서 종교적인 가치나 종교적인 방어 의식을 그렇게 갖지 않도록 살아갑니다.

그리고 우리가 자꾸 종교를 얘기하는데 이것을 과연 범종교적으로 얘기한 것인가, 서양의 경우에는 불가피하게 종교가 문화·문명의 발전에 뒤따라갈 수밖에 없었죠. 물질문명 중심적인 것이 너무 급속도로 변화하고 발전하고 있기 때문이죠. 그런데 동양은 오히려 종교라든지 정신문화가 강하게 작용하고 있기 때문에 물질문명은 서양처럼 발전 못했지만 역시 그런 것이 아닌지…….

9) 그릇된 인간 긍정주의 반성해야

고__저도 지금 정 선생님 말씀 들어가면서 수긍이 가요. 도대체 종교의 기능이 지금 일부 종교인에 의해서 행해지는 것처럼 저러한 경향으로 내려가서 사회 개혁과 역사의 방향을 계도(啓導)하는 것이 아니라 거기에 편승하고, 반성 없이 거기에 신념과 힘을 부여하여 그릇된 일을 그릇된 방향으로 내치닫게 했고, 옳은 일이라면 또 옳은 일에 대한 전진적인 구실을 해왔습니다. 말하자면 종교가 가지는 고유의 기능이 묘하게 변질되어서 맹목적이라면 우습지만 적어도 종교가 가져야 할 본래의 위치를 반성하지 않고 거기에 합리화해 주는 구실을 하지 않았는가 합니다. 그 요점은 어디에 있느냐, 불교적인 입장에서 말입니다마는 사회의 흐름이 물질주의 경향, 무비판적인 욕망 충족, 물질 획득을 통한 부의 축적, 이런 공리주의적인 것에 대해서 종교는 어떤 깊은 인간의 자세라는 것을 비판해 주지 않고 다만 그릇된 욕망적 인간의 긍정 이론에 동조하지 않았는가 해요. 인간 긍정, 신의 축복, 너의 번영, 이 땅의 약속, 이런 식으로 전의(戰意)를 고무해 주고 적을 정복하거나, 식민지를 개척하거나, 새로운 과학을 발전시키거나, 문화권을 확대하는 데에도 공헌했습니다. 그러나 그것이 과연 종교의 옳은 자세였던가요? 지금 아시다시피 프로테스탄티즘이 자본주의의 형성 과정에서 여러 가지 중요한 역할을 했어요. 그렇지만 문제는 꼭 그렇지는 않습니다. 일반적으로 가시적, 물질적, 경험적, 관능적인 향락 위주의 행복, 이런 것에 대해서 무비판적이라는 것은 종교가 본래 가야 할 방향을 놓쳐 버렸다고 보아야 합니다. 그래서 사회적인 소금 역할을 하고 인간으로 하여금 참된 길을 가야 할 조명 구실을 해야 할 종교가, 그릇된 역사의 방향으로 내달리는데 가속화하여 정신적인 의무를 하지 않았던가요?

저는 오늘날 인류 문명이 물질만능주의, 향락주의에 빠져든 것은 그릇된 인간 긍정주의에서 출발했다고 보고 있어요. 이러한 그릇된 인간 긍정주의가 오늘의 상태를 가져왔다고 보고, 인간으로 하여금 자기 밑을 들추어 볼 수 있는 부단한 반성과 지혜를 공여하는 것이 종교의 역할이라고 생각해요. 그래서 종교가 가지는 측면, 학문이 가지는 측면, 언론이 가지는 측면에서 이에 대해 반성을 촉구하는 이 부분이야말로 인간의 부패와 타락을 방지하는 중요한 것이라 생각하죠. 때문에 어떠한 방법으로든 이러한 자유는 보장되어야 한다는 것을 주장합니다마는 종교가 근래에 산업 발전 과정에서 그러한 본래 기능을 다했다고 볼 수 없어요. 그래서 저런 방향으로 그냥 뒤치다꺼리나 하다 보니까 결국 인간이 향락주의, 감각주의로 빠져 갖고 정신적인 제 발바닥에 텅 구멍이 뚫려서 완전히 주인의 자리에서 벗어나 소외되어 자기를 잃어버린 거예요. 자기상실 상태를 불교에서는 미(迷)라고 합니다만 그때를 반성해야 한다고 생각합니다.

10) 거꾸로 된 정신 물질 양립

정__그런데 어떻게 보면 오히려 문제는 기독교는 너무 구체적이고 자세한 것까지 얘기해주려다 보니까 그런 경향에 빠졌고, 동양적인 입

장에서는 문제를 근원적인 면에서 바라보는 입장에서 상당히 개념적
이고 포괄적인 선언을 늘 해왔기 때문에 그런 위험에 빠지지 않은 것
처럼 생각됩니다. 요즘 기독교 윤리에서는 구체적인 부분의 하나하나
를 얘기하고 싶어 하거든요. 역시 불교적인 입장에서 미(迷)라든가, 구
체적인 사회 실정까지 말씀을 해 주셨습니다만 미(迷)라든가 각(覺)이
라든가 하는 것은 상당히 포괄적이고 개념적인 것이기 때문에 구체적
인 것이 언급되면서 비현실적인 감을 주고 있는 것 같습니다.

소＿ 제가 지금 스님이 말씀하신 것을 들으면서 얘기를 더 해보면,
물질 위주의 가치관과 정신 위주의 가치관 두 가지를 기독교는 병립
시키려고 굉장히 노력했어요. 퓨리터니즘이나 그 밑에 기본 윤리관 같
은 것이 기독교 윤리관이라는 정신생활을 매우 강조하면서도 물질적
으로 성공하는 것이 하나님의 축복이라고 생각했는데, 정신은 정신대
로 추구하면서도 물질은 물질대로 추구해서 성공하고 부자가 되고 더
잘사는 것이 정말 가능할까요?

고＿ 양립이 되었던가요?

소＿ 물질이 지배하게 되는데, 그래서 문제는 양립시키지 않고 역시
우리가 두 가지를 두고 볼 때 꼭 같은 입장에서 양립을 시킬 것이 아
니라 종교적인 입장에서는 역시 정신적인 것을 위에 놓고, 처음에 말
한 마음을 다스리는 것을 먼저 하고, 그것이 지배하는 범위 내에서 물
질적인 것이 가야 되는 순서를 양립시키려다 오히려 거꾸로 된 것 같
아요.

정＿ 그런 느낌도 있고 또 양립시키려는 절박성 속에서 고뇌하는 것
도 보여요. 예를 들어서 저는 그런 것을 보았는데 제 나름으로는 참
심각했어요.

어느 병원에 환자의 혈액을 완전히 교체하는 기계가 두 대가 있었
어요. 그런데 한 사람을 그것으로 치료하려면 이틀이 걸려요. 한데 그
기계를 사용해서 치료를 받아야 할 사람들이 여덟 명인가 있었습니다.

그 정황 속에서는 어쩔 수 없이 그중 세 사람인가 네 사람이 죽어야 돼요. 문제는 의사들이 누구를 죽일 것이냐 하는 것입니다. 누구를 살릴 것이냐 하는 것보다 누구를 죽일 것이냐 하는 게 문제의 현실성이지요. 그래서 그 병원의 원목(院牧)하고 의사들이 심각하게 토론하는 것을 보았어요. 물질과 정신 양면의 문제가 현실 속에서는 그렇게 구체적이거든요. 누구를 죽이고 누구를 살릴 것이냐 하는 문제 때문에 그렇게 심각하게 번민할 수가 없어요. 제 생각으로는 기독교의 장점은 역시 그런 데에 있는 것 같아요. 근원적인 선언과 현실과 늘 가교(架橋)되어 있는 것이지요. 그렇기 때문에 실수도 많고 그만큼 가능성도 넓지요.

고＿문제는 저는 종교는 만병수냐 하는 식의 말씀을 하더라도 긍정하는 자세로 시작합니다마는, 우리가 필요로 해서 ‘프랑켄슈타인의 로봇’을 만들었습니다. 그렇기 때문에 그 로봇을 조정하고 조작해서 소망스러운 성과를 내게 하고 우리의 아름다운 품성을 구체적으로 구현시키는 작업을 할 의무가 로봇을 만든 자와 조종자에게 부여되어 있다고 봅니다.

만약 그것을 망각했을 때에 오는 위험은 사회적으로 중대할 뿐만 아니라 우선 원인을 제공한 자에게 책임이 돌아갈 수밖에 없지 않겠는가 합니다. 그 책임을 일단 누구에게 돌리자고 강조하는 것은 아닌데 적어도 그중에 종교의 책임은 크다 하는 것입니다.

사회를 각성시켜 문명의 방향을 바로 조정하는 작업과 그 책임이 얼마나 막중한가를 종교 스스로 느껴야 하고 종교 스스로 져야 한다는 말씀을 드리는 것입니다.

13. 남녀 차별

1) 유교의 '차별'은 좋은 뜻

소__인권 차별 문제는 그 정도로 얘기하고 남녀 차별 문제로 넘어 가죠. 남녀 차별이라는 것이 요즘에 와서 문제가 많이 되는데요. 아까 말씀드렸지만 이것은 전쟁의 원인이 된다든지 그런 심각한 문제는 아니지만, 역시 사회적으로 문제가 되니까 이에 대해 종교가 할 말이라든지 입장이 있지 않겠느냐 하는 생각인데요. 여기에 대해서는 우리가 보통 상식적으로 유교의 입장이 어떤 철학인지 모르겠습니다마는 철저한 남녀 차별이다, 이렇게 알고 있는데 실제로는 그렇지 않은지 모르겠습니다. 유가의 근본 사상이 어떤 것인지요?

김__글쎄, 우선 차별이 나쁜 것이라고 보고서 얘기를 하는 것이 되겠지요. 유교에서는 차등은 아니고 차별인데 남자는 남자고 여자는 여자지요.

소__남존여비(男尊女卑)에 대해서 말씀해 주세요.

김__남존여비라는 말이 나왔는데 우선 어떠한 문화 양식 속에서도 부정적인 면과 긍정적인 면이 있겠지요. 서양에도 차별하는 사람도 있을 것이 아니겠어요. 그런데 동양에 대해서는 긍정적인 면보다 부정적인 측면을 아주 크게 확대시켜서 공격해 오는 것 같아요.

그리고 공격하는 데에는 유교 경전을 서양인이 번역할 때에도 오해를 하고 오역(誤譯)을 하는데 의식적으로 오역을 했는지 여하튼 그런 분이 많아요.

남존여비라는 말은 『주역』 괘사(卦辭) 첫머리에 '천존지비(天尊地卑)'라는 말이 있는데 이 말은 인간이 서 있는 것을 중심으로 해서 하늘은 위에 있고 땅은 밑에 있다는 것입니다. 공간 배열에 대한 것인데 가치관을 띤 존비로 보니 남자는 귀한 것, 여자는 천한 것이 되고 말았지요.

그러니까 남존여비라는 말도 천존지비라는 말과 같이 하늘은 위에 있고 땅은 밑에 있다는 것이라는 이치에서 볼 때 큰 문제가 안 됩니다.

또 차별이라는 말은 특히 동양적인 생성론에서 볼 때는 굉장히 좋은 말입니다. 왜냐하면 모든 사물은 어떤 신에 의해서 창조된 것도 아니고 우주 속에서 같은 유종(類種) 속에서도 음양(陰陽)이라는 이질적인 것이 있게 마련이고 이질적인 것의 교합에서 생성이 연속되어 나간다고 보거든요. 그리고 음은 음으로만 생성할 수 없고 양은 양으로만 생성할 수 없다는 말처럼, 서로는 서로의 기능을 대치할 수 없기 때문에 모든 생성공능(生成功能)을 이루기 위해서는 음은 양을 요구해야 되고 양은 음을 요구해야 된다는 것이지요. 이러한 음과 양이 화합해야 된다는 이론으로 볼 때 여기에는 서양과 같은 모순 대립 개념이라는 것이 전혀 없고 대대적이고 화합적인 것으로 보게 됩니다.

그러니까 여기의 차별은 모든 생성공능 상에서 담당할 수 있는 분야가 다르다는 말입니다. 철저하게 차별해 놓고 그 차별이라는 것이 화합해야만 완성이 된다고 할 때에 평등한 것이 되거든요. 결국은 아주 강한 긍정이 되지요.

그러니까 천지에 대한 이해를 인간에까지 끌고 내려와서 한 부부, 한 가정으로 끌고 내려온 것이 유가의 생각입니다.

소__그런데 우리 가정이라는 것이 부권(父權) 중심 가정이 아닙니까?

김__지금 사회학이나 문화를 연구하는 데 있어서 부권 사회나 모권(母權) 사회라는 용어 자체가 서양에서 왔는데 유가(儒家)의 사회는 부권이다 여권이다 하는 의식이 없지 않습니까? 둘이 합해서 한 가정을 이루는 것이지요.

고__가부장제(家父長制) 같은 개념은 지금 유교에 의해서 어떻게 해석되는지 말씀해 주세요.

김__그러니까 가부장제가 좋으냐 나쁘냐, 이런 것도 나올 수 있는데 책임 문제라고 보면 큰 문제가 되지 않거든요. 유가에서 볼 때 말입니다. 그리고 분업적인 생각을 상당히 강하게 한 것 같아요. 그러니까 하늘은 위에서 만물을 덮어 주고, 땅은 밑에서 만물을 실어준다, 그래서 하나의 천지를 형성했으니까 만물은 천지를 바탕으로 하고 근원으로 하여 생성해 나간다, 이러한 생각이거든요. 그러면서 천(天)은 천(天)의 공능이 있고 땅은 땅 나름의 공능이 있다, 서로 대치할 수 없는 공능이지요. 그렇기 때문에 공능이 다르니까 성격들이 다르다, 천은 천의 속성이 있고 땅은 땅의 속성이 있다, 이렇게 보고 천의 속성은 강건한 것으로 보자, 또 양(陽)은 강건한 것이다, 땅은 음(陰)이지요. 음의 속성은 모순한 것이라고 보거든요.

2) 음양은 대립 아닌 화합 개념

소__ 그러니까 강한 것이 있으니까 위에서 지배를 해야 된다는 건가요?

김__ 지금 강건과 유순이라는 말이 나오니까 능동적인 것과 피동적인 것을 생각하기 쉬운데 우리는 항상 전체 구조상에서 양면을 보자는 것이에요.

소__ 그런데 그 말은 자꾸 문제를 회피하는 것밖에 안 되는 것이, 상전(上典)은 상전대로의 역할과 기능이 있고 노예는 노예대로의 역할과 기능이 있다는 것을 그대로 인정한다면…….

김__ 두 기능이 다 있어야 사회가 된다는 것이고, 노예 제도라는 것은 없었어요. 동양에는 서양 같은 노예가 없거든요.

소__ 여필종부(女必從夫)니 하는 것에 대해서는…….

김__ 여필종부라는 말도 이렇게 해석해야지요. 하늘은 강건하고 땅은 유순한 것이라고 속성 규정을 하면서 동시에 임무 부여도 했어요. 즉 하늘은 강건중정(剛健中正)하게 천지를 운행하고, 땅은 유순후덕(柔順厚德)하게 하늘을 받들고 순종하라는 말입니다. 그것을 유가(儒家)가 부부 윤리로 끌고 내려왔는데, 이상하게도 남성의 의무는 강조하지 않고 여성의 책임만 따지는 줄 알고 있어요.

이것은 유가(儒家)의 윤리를 근본적으로 종적(縱的) 윤리, 즉 복종 윤리라고 보는 전제에서 나오는 애기 같아요. 그런데 그러한 종적인 윤리는 어디서 나왔느냐 하면 한대(漢代)에 와서 중앙 집권제가 되어 유교가 그것의 시녀로 타락되어 버렸을 때 나온 것입니다. 임금과 신하를 종적인 것으로 보거든요. 과거에는 임금과 신하가 종적인 것이 아니었습니다. 횡적(橫的)이어서 아버지는 아버지의 도리를 해야 되고, 자식은 자식의 도리를 해야 됩니다. 아버지가 아버지의 도리를 안 하면서 자식에게 네 도리를 다해라 이러는 것이 요구되지 않았거든요. 그러나 한대에 오면 이것이 정치적인 구조 속에 들어가서 완전히 종적으로 변해 버립니다. 거기서 소위 삼종지도(三從之道)가 나옵니다. 지금 여필종부니 해서 여자는 시집가기 전에는 부모에 순종하고, 시집가서는 남편에 복종하고, 남편이 죽으면 자식에 복종해라, 이런 삼종지도가 그때 나와요. 그러니까 그때 정치 시녀로서 타락된 것을 전부 유가적인 것이라고 보고 있어요. 유가를 그렇게 보지 말고 횡적인 것으로 보자 이것입니다.

소__그때 정치적인 것을 조금 설명해 주셔야겠는데 왜 전의 정치 체제에 없던 유가가 그때 나왔어요?

김__진시황이 천하 통일한 다음에 한대로 넘어가서 완전히 중앙 집권제가 되니까 치자(治者)가 절대자(絶對者)로 군림하고, 절대자로 군림하니까 자기가 정권 유지하는데 필요한 유가(儒家) 이론으로 합리화시키는 것이지요. 또 유가에 그런 면이 아주 없었던 것이 아니고요.

소__그러니까 절대 치자가 그 다음에 가정에 들어와서는 아버지의 절대 권위가 됩니까?

김__그런 제도로 되니까 그러한 측면을 확대시켜서 동양을 보는데, 그러지 말고 오히려 그것이 아닌 긍정적인 면이 있었다는 것을 생각해야 돼요.

소__그것은 아까 기독교를 공격한 것처럼 역사적으로 유교가 역시 과오를 범했다는 것입니다.

김＿역사적으로 범하게 되는데, 본래에는 땅보고 순종해라 그러는데 거기에 조건이 있어요. 하늘은 강건하니까 절대 믿을 수 있어요. 그래서 '정성 성(誠)'자를 유가(儒家)에서 쓰기 시작하는데 천(天)은 아주 완전무결하면서 그 운행 자체가 조금도 속임 없이 강건하게 지속해 나가는 것으로 보았어요. 그러니 그러한 전제 밑에 있는 땅일 때 순종하는 것은 좋은 일이거든요. 만물을 생성시키는데, 그러니까 이것을 인간 윤리로 끌고 내려왔을 때 남편은 나쁜 짓하는데 여자가 복종하고 따라가라고 말할 수 없는 것이에요. 남자가 나쁜 짓하면 여자도 버리고 갈 수 있는 것이에요. 그런 윤리로 보면 그런데, 하여간 여자는 유순해야 된다, 남자는 강건해야 된다, 그 도덕적인 이론의 근거는 하늘과 땅을 그렇게 보는 데에서 연유된 것입니다.

소＿그 이론에 대해서도 가령 동양의 자연관(自然觀) 같은 것을 볼 때 자연 전체를 하나의 일원론으로 보았다고 하는데 그 자연 전체를 형성해 온 것으로 왜 보지 않았지요?

김＿그 동기는 노자가 그런 것으로 보기 시작했지요. 유가에 흐르는 정신은 아주 양(陽)적인 것입니다. 노자의 흐름은 대개 음(陰)적인 것이지요. 그래서 노자는 여자니, 물이니, 어린아이 같은 순한 것에 부드러움과 유순을 자꾸 끌고 나오지 않습니까? 그래서 천하에 가장 유한 것은 천하에 가장 강한 것을 제압할 수 있다, 이런 윤리가 나오지요. 그런데 유가는 그게 아니고 양을 오히려 좋은 것으로 보는데 원시유가에 있어서는 음양에 대해서 가치판단을 하지 않았어요. 역시 한대(漢代)로 오면 동중서(董仲舒)가 양은 좋은 것이고 음은 나쁜 것이라고 생각합니다. 나중에 악의 내원(來源)도 음적인 데로 두는 것이 많지요. 한대에서 정치 제도 밑으로 유가가 예속되었을 때 상당히 변질되었던 것이 사실입니다.

소＿종교가 역시 문화의 영향을 받는 것은 맞지요. 그러니까 거기

에서 얼핏 생각나는 것이 아들을 딸보다도 귀하게 생각한다는 것은
가부장제이니까 역시 그런 것도 나오겠지요.

김__그것은 한국 사람이 그렇지요. 지금 중국 사람은 딸 낳는 것을
좋아하던데요. 동양의 모든 문제는 상당히 현실적이에요. 아들이 많은
집에서는 딸을 좀 낳았으면 합니다.

고__그것은 그렇고 왕통 계승에 있어서는 중국에 여왕이 얼마나 있
습니까? 그런 윤리라면 숫자가 적어도 반반이어야 할 텐데.

김__그렇지 않아요. 오히려 그러한 윤리에서 본다면 남자가 왕권을
잡고 여자가 왕후노릇을 하는 것이 제일 맞는 것이지요. 국모라는 말
이 나오지 않습니까?

고__성(姓)은 어떻습니까? 어머니 성을 계승하지는 않았지요.

김__지금도 중국에 가보면 어머니 성을 계승하는 사람도 있어요.
그것 참 묘해요. 딸이 시집을 갔는데 내가 아들이 없어 대(代)가 끊어
지게 되면 시집간 딸의 자식을 데리고 와서 대를 잇는다는 것이지요.

고__그러면 어머니 성하고 아버지 성 중에 어느 성을 따릅니까?

김__어머니의 성입니다. 어머니의 성이 결국 내 성이 되지요. 그리
고 동양 사람들이 아들만 중시하느냐 하면 그렇지 않아요. 우리 집에
서도 아들이 많으면 딸 낳았으면 하고, 딸이 많으면 아들 낳아야 된다
는 것과 마찬가지죠. 중국은 딸이 귀하다고 하지 않습니까? 그래서 딸
을 낳으면 천금을 낳았다고 그러거든요. 그래서 중국에서는 딸 낳는
것을 좋아하고 그래요. 그러니까 아들을 중시하는 것이 동양적이라고
얘기해서는 안 되지요.

고__그런데 우리나라의 경우에는 아들이 많아서 딸 낳았으면 하는
것은 예외이고 과연 자녀를 둘만 갖고 싶은데 딸 둘만 갖고 싶으냐 아
들 둘만 갖고 싶으냐 이렇게 물었을 때는 역시 아들 둘 갖고 싶다는
사람들이 많을 것입니다.

김__그러면 문제는 이런 것도 얘기할 수 있지요. 그러한 욕망대로

558

되느냐…….

소__물론 욕망대로는 안 되지만…….

김__그러니까 동양에서는 그런 것이 많아요. 나는 그렇게 갖고 싶다면서도 그것을 극복하면서 자연으로 돌아갑니다. 그래서 딸만 많이 낳았을 때 뭐라고 하나면 뭐 내 복이지 하고 자연의 섭리라고 할까, 운명이라는 말도 나오지요. 그렇게 해서 극복시켜요. 그 욕망을 끝까지 밀고 나가면 문제가 많이 생기는데 그렇지는 않거든요.

3) 아들이냐 딸이냐

소__문제는 가령 아들을 낳기 위해서 딸을 다섯, 여섯까지 낳는 사람이 있는데 아들이 둘 셋 있는데 딸을 낳기 위해서 아들을 또 낳고 하는 것은…….

김__그것은 인구 문제가 될지 모르지만 실제 전체의 형평에서 보면 아들을 많이 낳은 집도 있고 딸만 낳은 집도 있어서 상당히 균등하다는 것이에요. 그렇게 큰 문제가 되지 않아요.

고__지금 김 교수님 말씀 중에 불교와 상당히 통하는 점이 있는데요. 다만 그런 하나의 현실을 가치로 규정하는 과정에서 약간 관점이 다른데…… 이것이 전통적인 중국을 모체로 하는 동양 사상에서 받아들여지는 것인지는 모르겠습니다마는 한국의 실정으로 봐서는 내가 들은 얘긴데요, 아들만 넷을 낳았어요. 그래서 이번에 딸을 안 낳으면 이혼하겠다는 거예요. 그런데 마침 딸을 낳았는데, 그 후에 다시 아들을 낳아서 자식이 여섯이 됐어요. 그런 사람도 물론 있어요. 그러나 지금 딸만 낳은 사람의 경우에는 정말로 이혼당할 수도 있지요. 여자를 또 하나 얻어도 말 못하는 입장이 되는 것이에요. 이것은 소위 가부장제의 특징 아닙니까? 중국에서는 그런 일이 없다고 말씀하시는데 그 뿌리가 한국 고유의 것이냐 하는 거예요.

또 한 가지는 부처님의 가르침을 경에서 보면 남자는 여자에 대해서 어떤 기본적인 우열(優劣)도 있지 않습니다. 가정과 부부의 도(道)를 말씀하신 경을 보면 남편은 이러이러한 도를 지켜야 한다, 아내는 이와 같은 도를 지켜야 한다, 이렇게 도를 지킬 것을 요구하고 있습니다. 도를 지키는데 모두가 지키는 것이 같지 않습니다. 기본 정신은 같이 통할 수 있지만 왜 같지 않느냐 하면 남자는 남자이고 여자는 여자이기 때문이에요. 제각기 특징을 갖고 있어요. 특징을 인정하지 않는 평등이란 평등이 아닌 차등이죠. 이것은 근원적으로 여권이나 남권이나 자연의 섭리를 확립하는 것이라 하겠어요. 또 그 말씀 가운데에는 남자는 아내를 공경하되 예의를 지키고 집안일을 맡겨 주고 권위를 부여하며 때에 맞추어서 장식을 해 주고…… 여러 가지가 있습니다마는 공경하고 아내를 받들어야 하는 것이 봉사가 아닙니까. 또 아내도 마찬가지입니다. ‘남편을 공경하여 먼저 그 뜻을 묻고 경순(輕巡)하며……’, 이렇게 각자의 장점과 각자의 위치를 지켜서 완전한 하나의 가정을 이루도록 하셨어요. 그리고 그 중심은 가정의 도입니다. 가정의 도라는 것이 중심이 되어서 그에 상부한 자기가 맡은 특징을 충분히 사려해서 가정의 도를 형성하는데 이바지하도록 부처님은 말씀하셨어요. 그러면 가정이 각자의 기능을 따라 책임을 다하면 되는 것이지만 거기에는 누가 핸들을 쥔 사람이 있어야 하지 않겠습니까? 거기에 남편이 등장합니다. 이것은 구태여 남편의 가부장 제도를 회피하려고 하는 것이 옳은 일인지 모르겠습니다마는 그때 사회가 가부장제가 지배하던 사회입니다.

남편이 집안의 중심이 되어 가정의 도를 지켜가는 것이죠. 좀 일탈된 이야기가 될지 모릅니다마는 여기에서 문제 삼을 것은 여성의 남성화 경향, 남성의 여성화 경향입니다. 이것은 여성화도 아니고 남성화도 아닌 거의 넌섹스란 말이에요. 성차별이 없을 정도로 취미에서부터 움직이는 것까지 이렇게 되어 가는데 이런 남녀의 무성화 경향은 분명히 문제입니다. 인간이 가지는 자연스러운 조화를 깨는 것이라고 경고하고 싶습니다. 그래서 이러한 경향이 여성의 평등권을 위해서 남성화를 지향한다거나, 남성의 여성화 경향은 말하자면 암탉만이 모여서 수탉을 모방하려고 하거나 수탉이 모여서 암탉을 모방함으로써 결코 생산적이거나 발전이 있을 수 없는 각기 개성이 죽는 것이지요. 이런 점에 있어서 여성은 여성으로서의 개성을 충분히 존중받고 스스로 그것을 주장하고 키워야 할 것이고, 사회적으로도 그것은 키우도록 보장해 주어야 할 것이고 또 남성도 마찬가지입니다. 이런 점에서 저는 남녀 차별 문제에 대해서 특성을 인정하면서 충분히 높은 도를 지향한 작업이 있어야 한다고 생각하지요.

4) 가정은 소우주니까 이혼 못해

김＿질서 의식이 나올 때 무엇이 앞서야겠냐를 얘기할 때 북경대학의 철학자로 지금은 죽었지만 웅십력(熊十力) 씨란 분의 『주역』 이론을 보면 건곤(乾坤)을 평등한 것으로 일단 규정해 놓고서도 횡적 생성을 따진다거나 무슨 종극(終極) 같은 것을 요구할 때는 건(乾)을 곤(坤) 위에 두었어요. 이것은 질서 의식 때문에 나온 것이에요. 여성을 앞에 놔두면 남자가 뒤에 와야 되니까 그것은 마찬가지인데 여기에 남성을 앞에 놓았다는 것은 아마 그러한 천(天)과 지(地)의 관계에서 온 것 같습니다. 『주역』에 보면 남자와 여자가 아직 결합되기 이전에는 그냥 남자, 여자라고 하여 남녀유별을 주장하고 그것이 한 가정을 이루어 결합했을 때는 부부라고 하지요. 명칭 자체가 달라집니다. 하늘과 땅이 각기 위치를 정한 것과 마찬가지로 남자와 여자가 각기 너는 남편의 위치, 나는 아내의 위치라고 하는 위치를 정한 것입니다. 그것은 바로 천지의 뜻과 같다고 해서 가정을 소우주로 보는 것입니다. 그 다음으로 중요한 것이 일단 부부로 결합한 뒤에는 절대 떠날 수 없고 영원히 하나에만 순종해야 한다는 '항구종(恒久從)', 즉 정조(貞操) 문제가 나옵니다. 그러니 아예 이혼이란 말조차 나올 수도 없었지요.

　고__하나라는 의미가 됩니까?

　김__나의 남편이 하나이고 남편이 볼 때에도 아내가 하나 아닙니까? ‘이것은 내 남편’ 했을 때 남편은 하나다 이것입니다. 왜냐하면 하늘과 땅이 결합해서 만물이 생성되고 있는데 이혼했다고 하면 만물이 다 죽거든요. 가정을 소우주로 보니까 남녀가 부부가 되어서 하나의 가정을 이루었다고 할 때 이것은 영원불변이 되는 것입니다. 그래서 동양에서는 이혼은 생각할 수 없습니다.

　소__좋습니다. 그렇다면 여자가 왕이 된다든가 부통령이 된다든지 수상이 된다든지 하는 것은 질서에 위배되는 것이겠네요.

　김__그러니까 이렇지요. 인간 사회를 만들 때에 인간이라는 질서가 필요하지 않습니까, 그것은 인간질서 속에 들어가는 것이지요. 영국 여왕을 생각해 보세요. 영국 여왕이 국가 질서 속에서는 왕이지만 가정으로 돌아갈 때에는 아내가 아니겠어요. 그러니까 별로 충돌될 것이 없습니다.

　소__그런데 그 여왕의 가정에서 과연 남자가 유가에서 말하는 그런 식으로 질서의 책임자이고…….

　김__한 가정을 운영해 나가는 데에는 역시 아내의 역할을 하겠지요. 아들딸을 낳지 않아요?

　고__그 점은 좀 반성해 보는 것이 어떻겠어요. 여왕이 만일 중국에 있었을 경우에 남자를 두고도 여왕이 있었느냐. 남편을 두고도…….

　김__그것이 사회 제도 구조면에 있어서 표현될 때 합리적이어야 하지 않겠느냐 이렇게 묻는데 대한 답변도 지금과 같이 남편을 두고도 여자가 왕이 되었다면 문제가 되겠지요. 그렇지만 남편이 없었기 때문에 여왕이 되었다는 것은 맞지요. 신라시대에도 남편이 없었어요. 중국에서 무측천(武則天) 같은 사람도 남편이 없었어요. 없어도 동양적인 질서에서 보면 자식이 있으니까 가정에 돌아가서는 자식 중심의 질서 속에 들어가야지요. 그러나 왕실이라는 것이 동양에서는 따로 한 사가(私家)를 이루지는 않았거든요.

정__ 지금 말씀하시는 기본적인 입장은 기독교에서도 마찬가지 같아요. 예를 들어서 만약 창세기에서 여자를 남자의 갈비뼈를 뽑아서 만들었다고 하는 것을 반드시 종속 개념으로 보아야 하겠느냐, 하나를 이룬다고 하는 조화 개념으로 볼 수 있지 않겠느냐 이렇게 얘기할 수도 있고…….

5) 문화적 상황의 영향 커

고__ 그것은 성경 말씀으로서 인정하시는 말씀입니까?

정__ 성경에는 뽑아서 만들었다고 되어 있지요. 그리고 우선순위를 말하면 역시 남자가 먼저이지요. 그러나 부부간에 어떤 윤리를 가져야 된다는 것을 가르친 성경에 보면 그리스도가 교회를 사랑하는 얘기를 하면서도 비유를 들고 있어요. 그러니까 근본적인 입장에서는 별 차이가 없다고 봅니다. 만약 순위의 문제가 제기된다면 그것은 종교적인 것보다는 그 종교적인 서술이 이루어진 문화적인 정황을 관찰해야 문제가 풀려나갈 것 같습니다. 즉 성서(聖書)가 어느 때 쓰였느냐 하는 문제를 두고 예를 들어서 남녀가 결혼하는 풍습이 있었을 때 쓰인 것이다, 옷을 지어 입고 살 때 쓰인 것이다, 죽음을 경험하고 난 뒤에 쓰인 것이다, 문명 생활을 경험하고 난 뒤에 쓰인 것이다 하는 등의 얘기가 가능하다면 역시 히브리 민족들도 부권 사회 속에서 순서를 기준할 수밖에 없지 않았나 하는 것이 이해가 되고, 그렇기 때문에 종교적으로 남자가 우월성이 있어서라기보다는 문화적인 상황을 반영하고 있는 것이 아닌가 생각됩니다. 왜 그런 얘기가 될 수 있느냐 하면 여신에 대한 숭배가 미래 종교상에서 보면 참 많이 있거든요. 그러니까 하늘과 땅, 곧 하늘을 남신(男神)으로 보고 땅을 여신(女神)으로 보는 관계만이 아니고, 그런 것과는 별도로 여신을 숭배하는 것이 있습니다.

그리고 여신은 생산적인 생명을 낳는 자이기 때문에 신격화되는 예도 아주 많습니다. 그렇다고 보면 문화적인 상황이 절대적으로 영향을 주는 것이 아닌가 느껴집니다. 지금 기능적인 입장에서의 조화라는 것이 문화를 반영하는 것이 아닐까 그렇게 보아지기도 하구요. 문제는 문화 속에서 전통적으로 무비판적으로 내려오는 어떤 남성 및 여성 문제가 현실적으로 극복되어야 하지 않겠냐는 것입니다. 실제적인 얘기를 하면 은행에 남녀 행원끼리 동일하게 일하고 동일하게 학력을 가지고 있으면서도 월급의 차이가 난다든가 이런 것이 현실적인 남녀 불평등의 모습이 아니겠는지요?

김＿남녀 차별 문제가 남자는 남자다워야 하고 여자는 여자다워야 한다는 것이 하나의 기조(基調)이지요. 그렇게 하기 위해서 교육 방법도 그것을 굉장히 지적하고 있어요. 『소학(小學)』을 읽어보면 '남녀칠세부동석(男女七歲不同席)'이라는 이야기가 있는데 이것을 서구 학문을 한 사람은 굉장히 공격하거든요. 그게 잘못이에요. 왜냐하면 남자는 7세 이후부터는 동양에서는 남자답게 커가고 여자는 여자답게 커가는 것을 원했어요. 그래서 옷 입히는 것도 달랐고, 띠 매는 것도 여자는 실로 떠서 만들었고 남자는 가죽 혁대를 했어요. 그래서 남성은 남성답게 여성은 여성답게 커 나가게 교육했어요. 유순과 강건을 확실히 분화시켰다가 나중에 결합이 되는 것이지요. 이렇게 해서 20세, 30세가 되면 남녀가 결합이 되어요. 그러면 유순과 강건 때문에 결합이 필요하게 되고 조화도 잘 되지요.

정＿그렇게 유순하고 강건하게 결합의 필요를 따지고 성장시키려는 것은 충분히 이해가 됩니다. 그러나 여전히 남녀칠세부동석이라는 것이 그런 조화를 이루기 위한 교육의 수단이냐, 아니면 보다 근원적인 차별이냐 하는 문제가 남아 있을 것 같습니다. 왜냐하면 우리는 지금 남녀별학을 시키고 있는데, 몇 개 안 되는 남녀 공학에 다니는 학생들을 보고 사람들은 저 학교 다니는 아이들은 남자가 여성화하고 여자가 남성화한다고 비난을 하는 경우가 있습니다. 그런데 막상 들어가 보면 여자와 남자가 같이 생활하기 때문에 어떤 점에서는 남학생은 보다 남학생다워지고 여학생은 보다 여학생다워지는 것이 있어요.

김__그 이론을 우리가 받아들일 수 있는 것인지…….

정__여자가 언제 가장 여자다워지느냐 하면 남자 앞에서지요.

김__그런데 또 이렇게 반론할 수 있습니다. 우리 일가 중에 한 사람이 아들이 넷이고 딸이 하나인데 그 딸이 남자같이 되어 버렸어요. 그래서 나는 늘 얘기하기를 만일 남녀 공학 대학보다 남자 대학, 여자 대학이 분리되는 것이 좋다면 세계에서 제일 크다는 여자 대학이 한국에 와 있을 리가 없다 이거예요. 그보다도 유가의 교육 방법을 현실의 교육 체계에다 집어넣는다면 국민학교에서는 절대로 남녀를 공학시키지 말아야 합니다. 적어도 고등학교까지 끌고 올라가서 대학에 가서는 공학시켜야 됩니다. 그래야 된다고 보는 것이거든요. 그런데 오늘날의 사회 현상을 보면 남성인지 여성인지 구분이 안 돼요. 일본에서 이런 일이 있었대요. 일본에서 한때 윤리적, 사회적, 성적인 혼란을 이룬 적이 있었데요. 겐도꾸지다이인가 아주 유명한 의사가 있었는데 병을 잘 고쳤대요. 그런데 자기 경험에 의해서 처방을 해주면 안 듣거든요. 그래서 그 의사가 연구해 본 결과 남자한테는 여성의 약을 써주고 여자한테는 남성의 약을 써 주니까 맞아든더라는 얘기예요. 그러니까 남성이 여성이 되어 버리고 여성이 남성이 되어 버렸다는 것입니다. 우스운 얘기인데 결국은 동양에 있어서 여성은 여성답고 남성은 남성다워야 좋은 것이죠.

6) 남성적인 것, 여성적인 것

정__남성답다 여성답다가 문제인데 이런 재미난 것이 있어요. 고등학교 1학년 아이들이 남녀 공학인데 한번은 남학생이 아주 상냥하게 "얘, 너 책 좀 빌려줘." 그러더랍니다. 그러니까 이 여학생은 남녀 공학에 들어와서 남학생을 처음 대하는 것인데 남학생의 그 태도가 상당히 불쾌하더랍니다. 남학생이라면 주먹으로 한 대 치면서 그런 요청을 할 거라고 기대했는데 그렇지 않으니 실망을 했다는 거죠.

그런데 이 여학생이 나중에 고등학교를 졸업하면서 하는 얘기가 자기는 남자라는 것을 남성으로서의 특유한 다른 덕목을 지닌 그런 것으로 보았는데, 인간적으로 매력적인 것, 그것이 결국은 남성적인 매력과 일치하더라고 말하더군요. 이런 사실을 통해서 볼 때 생리적인 차이 이외의 남성적인 것, 여성적인 것은 다분히 문화적인 개념이라고 이해가 됩니다.

고__조금 측면을 달리해서 말씀을 계속해 주시는데 한 가지 말씀드릴 것은, 지금 남성의 공격적인 표현이 이쪽에서는 남성은 그런 것이다 하고 의식하는 점도 없지 않겠지만 그런 고백을 하는 심층에는 다른 것이 있습니다. 적어도 여성의 남성에 대한 흠모의 감정은 공격적인 애정 표현과 상관이 있어요. 무언가 받아들이고 소화시키고자 하는 표현이라고 분석하고 싶은데…….

정__지금 말씀하신 것을 인정한다면 적극적이고 공격적인 것이 남성이고 그렇기 때문에 남성은 우월한 것이다 하는 것과 연결되는 걸까요?

김__주관적인 것이냐 피동적인 것이냐를 얘기할 필요는 없고 한 가지 얘기 드리면 모 대학의 철학과에 수녀가 학생으로 하나 있었습니다. 그런데 참 잘생겼더래요. 그래서 한 남학생이 사랑하게 됐는데 수녀가 되었으니 어떻게 합니까. 이 남학생이 하루는 쪽지에 뭐를 써 준 모양입니다. 어디서 만나자고…… 대개 출가(出家)한 사람이니까 수녀는 그것에 그리 구애받지 않지요. 그래서 만났더니 남학생이 대뜸 뺨을 때리면서 "너 왜 수녀가 되었어!" 했대요. 그러니까 굉장히 강렬한 애정의 표현이 된 것이지요. 그래서 그 수녀가 수녀를 그만두고 환속(還俗)해서 결혼했답니다. 이런 것을 볼 때에 여성 쪽에서도 남성은 남성의 강함을 원하는 것 같아요.

정__제가 말씀드리는 것은 어떤 행위 자체의 얘기보다도 남성적인 것이 무엇이냐 하는 개념이 우리 생활 속에서 어떻게 형성되느냐 하는 관심에서 말씀드린 것입니다.

소__유전학상으로 생리적으로 자연 조화에서 차이가 생기느냐 하는 문제가 생기는데 이 문제를 맺기 전에 하나의 질문을 던지고 싶은 것은 대체적으로 종교계에서 남녀 차별이 가장 심하다는 비판을 많이 받고 있는데 기독교에 여자 목사가 지금 문제가 되고 있고, 없는 데가 많죠. 불교에서도 그렇고…….

정__천주교에서 여자는 교황이 안 되도록 하고 있지요.

고__신부님도 물론이지요.

소__불평등은 자기네들한테 있으면서……

고__이 말씀을 드리면서 생각이 나는데, 불교의 율문에 남자 출가승의 계(戒)는 2백 50계이고 여승은 3백 48계인가 됩니다. 그만큼 더 많습니다. 물론 부처님이 이것을 다 지켜야 하겠느냐, 어느 시기에 가서 이 부분은 버려도 좋다는 말씀이 있습니다. 여기에는 많은 문제점과 여러 가지 혼란도 있겠습니다마는 대체로 여자가 더 많은데 이것은 여자를 더 구속하고 압박시키려고 하는 것이 아니라 어디까지나 부처님으로 보아서는 여자는 여자로서 현실적으로 이런 것이다, 일단 그것을 인정해 주고 남자보다 다른 특성을 지니고 있기 때문에 거기에 알맞은 제도가 나옵니다. 그것을 증명하는 한 가지로 경을 읽어 보면 아버지에 대한 찬탄이 1이라면 어머니에 대한 찬탄, 어머니의 공덕, 어머니의 사랑, 어머니의 은혜에 대한 것은 10은 됩니다. 드라비다족이 모계 중심이기 때문에 그런 영향을 받았다고 할지 몰라도, 그런 영향 가운데에서 부처님의 교설(敎說)이 막연히 그렇게 나오리라고는 보지 않습니다. 그런데 경에 그렇게 어머니의 은혜와 공덕이 크다는 것은 많으면서 아버지 얘기는 아주 적어요. 계율에서 남녀의 차등이 있는 것은 제각기 특성에 알맞게 생활 규범을 정해서 그로 하여금 높은 데로 향상시키는 방법으로 그런 것으로 보지요.

7) 여성은 풍요와 생명과 연결돼

정＿원시 종교에서도 재미난 현상이 있어요. 사람이 죽으면 땅에 묻히는데 어머니 품속으로 돌아간다고 하거든요. 이것은 시인의 시구가 아니고 원시 종교의 종교 경험이 갖는 하나의 의식의 내용입니다. 지모신(地母神)인 대지의 소산을 먹고 살다가 땅속에 묻혀 다시 어머니 품속으로 돌아가는 것이에요. 우리나라에서 옛날에 처녀가 시집 못 가고 죽으면 머리 풀고 나오는 원귀(冤鬼)가 된다는 이야기가 있는데, 이것은 생명의 탄생을 거절당한 가장 저주스러운 상황을 상징하고 있는 것이죠.

이런 사실들은 여성적인 것에 대한 근원적인 동경과 흠모, 기대와 희망을 낳게 했거든요. 여성은 풍요와 생명과 연결되어 있으니까요. 문화 속에서의 여성적인 것의 범람, 예를 들어 상업 광고로부터 비너스에 이르기까지의 모든 것을 실은 이러한 생명과 풍요에 대한 무의식적인 갈구의 변형일는지도 모르는 일이죠. 이런 것을 보면 남녀 차이라는 주제는 생각보다 훨씬 복합적이고 심층적인 것같이 느껴집니다.

김＿물론 인도의 마누법전을 보면 처녀가 결혼 안하고 죽으면 귀족 집이나 돈 있는 집안의 경우 남자를 사서 시간(屍姦)을 시킨 후 묻는 것이 나와요. 그리고 생성적인 입장에서 볼 때 동양에서도 양음이라고 하지 않고 음양이라고 합니다. 음이 앞서지요. 이것은 우주 간의 배열로 볼 때 하늘이 앞서지만 생성으로 볼 때에는 음양이라고 해서 음이 앞섭니다. 그리고 동서남북의 시초도 북에서부터 시작이 되거든요. 북은 음입니다. 특히 노자 같은 측면에서 보면 음을 많이 강조하니까 만물지모(萬物之母), 어머니 모(母)를 많이 얘기해요. 자연을 어머니 품안으로 비겨서 얘기해요. 서양에서도 그것은 같죠.

568

고__ 저희 같은 출가 종교인들은 어떤 의미로는 인생 복덕방이에요. 가정, 결혼, 부부 문제를 많이 상담 받게 돼요. 그런 문제를 많이 받아서 뭔가 해답을 해 줘야 할 위치에 있습니다. 그래서 많이 듣다 보면 결국 결혼해서 부부간에 화합이 잘 안 된다고 하는 중요한 부분이 여러 가지 있는데요. 이런 경우도 있어요. 남성들의 마음 밑바닥에 어머니에 대한 사랑, 흠모, 모성애에 대한 기대가 깔려 있어요. 부부라는 관계에서 은근히 그것을 추구하고 있지요. 그래서 무조건 자기를 감싸 주고 아무리 잘못해도 용서해 주고 어떤 때라도 자기편이 되어 주는 어머니 같은 존재를 남자들 깊은 의식 속에 지니고 있어요. 이것은 물론 어머니의 태 안에서 자랐다든가 양육 과정에서 어머니 품안에서 컸다든가 이런 측면도 있습니다마는 어쨌든 모성애적인 욕망은 커요. 이것이 채워지지 않을 때 이것저것 이유를 붙여서 관계가 평탄하지 않는 수가 많아요.

이러나저러나 남자들 세계에서 제각기 남자로서의 특성을 지니고 있으면서도 자기의 결함이라든가 자기에게 없는 것을 충족시키기 위해서 모성 같은 여성적인 측면에서 자기가 완전히 충족이 되고 그를 통해서 부족함이 없는 조화를 이루는 것을 생각할 수 있어요. 이렇게 본다면 어느 쪽이 더 높은 것이 없고 남자의 부족함을 여성이 채워 주고, 여성은 남자들의 특성으로 자기들의 공허함을 채우고 서로 같이 하나를 이룸으로써 원만한 조화와 가정을 이루는 게 아닌가 합니다. 이를테면 특징을 인정해 주면서도 조화된 하나의 결합이 참된 것이 아닌가 하는 결론도 나올 것 같습니다.

정__ 종교를 부성적인 종교와 모성적인 종교로 나누어 생각하는 것도 최근의 종교 이해의 한 유형이라고 할 수 있습니다.

예를 들어 일본의 엔도슈샤꾸는 『침묵』이라는 소설에서 성모의 자비스러운 웃음 때문에 용기를 얻어 사랑하기 위해 배교를 감행하는 감동적인 이야기가 나오는데, 작가는 다른 곳에서 이제까지 우리가 받아들여 온 기독교라는 것이 부성적인 종교가 아니었는가, 여기에서 모성적인 종교가 수용되어야 하지 않을까 이런 얘기를 합니다. 남녀 차별에서 이렇게 부성적인 종교 모성적인 종교 얘기가 나와야 될는지 모르겠습니다마는 지금 조화를 얘기하신 것, 즉 본래 인간 존엄의 입장에서 보면 남녀가 같지만 뭔가 조화를 이루는 서로 다른 존재로서 같이 있어야 한다는 주장이 종교 자체에서도 이야기되고 있다는 사실을 지적하고 싶었을 뿐입니다.

14. 불평등과 갈등

1) 기능론에 문제점 있어

소__좋은 귀결점으로 온 것 같은데 다음으로 넘어가면서 제가 말하고 싶은 문제점은 앞부분에서 차별이라든지 차이라든지 이런 것은 어떤 등급을 둔다는 뜻이 아니고 서로의 장점, 기능, 특징, 남자다운 것, 여자다운 것을 살리는 것이 역시 좋다는 사고방식이 지배해서 결론에 도달했는데 이 사고방식이 다음 문제인 경제적인 불평등과 정치적인 불평등에 그대로 적용이 돼요. 왜냐하면 사회의 기능이 다르고, 그 사람이 하는 역할이 다르고, 특징이 다르니까 지배자가 있게 되고, 피지배자가 있게 되며, 통치자가 있게 되고 통치를 받는 사람이 있게 됩니다. 정치적으로 말입니다.

또 경제적으로도 기업에 있어서 노동자와 기업주가 있습니다. 그들의 기능이 다 달라서 기업주는 훌륭한 기업주가 되어야 하고, 노동자는 훌륭한 노동자가 되어야 하는 식의 사고를 적용하면 그대로 설명이 됩니다. 그러니까 경제적인 차별, 차등, 불평등도 설명이 되죠. 이것은 기여하는 바가 다르니까 불평등이 있을 수 있다는 논리이고 정치적인 불평등이라는 말은 지배자 피지배자 간에 정치권력 면에 있어서 좀 차이가 있는데 그것도 역시 사회의 구조면에서 충분히 인정되어야 할 것이다, 이런 논법이죠. 물론 소재가 다르니까 다를 수도 있지만 같은 논법으로 이야기하면 적용이 되거든요.

문제는 종교가 인종 차별에 대해서는 안 된다, 그러나 남녀 차별에서는 차이점이, 서로 기능이 다르다는 것을 인정하자고 했는데 역시 차별은 안 되는 것이에요. 경제·정치적인 불평등을 이야기할 때 종교가 역시 경제적인 계층이 생기는 것, 불평등이 생기는 것을 그대로 받아들이는 입장을 취할 것이냐, 정치적으로 지배자·피지배자의 관계에서 생기는 불평등 문제를 그대로 받아들일 것이냐 하는 문제는 시간이 없으니까 길게 얘기 못하더라도 언급을 하고 넘어가야겠습니다.

이것은 한 사회 내에서 문제가 되고 또 하나 문제를 제기하는 기회에 얘기하고 싶은 것은 지금 세계적으로 보아서 전쟁의 원인이 될 수 있는 여러 가지 가능성 중에 남북 대결, 남이라는 것은 경제적으로 후진국이고 북은 선진국인데, 이 대결이 실제 문제가 되고 있으니까 그것도 선진국은 선진국대로의 역할이 있어서 후진국을 돕고 하니까 그것도 불가피한 것이고 하나의 현상이다, 그렇게 받아들일 것인지.

정치적으로도 동서 대결은 조금 각도는 다르지만 역시 동은 동으로서의 정치 체제의 특징이 있고, 서는 서로서의 체제의 특징이 있습니다. 이렇게 볼 때 지금 데탕트, 데탕트 하는 것은 서로가 정치적인 체제를 그대로 인정해 주고 존중하자는 뜻이거든요. 가령 공산 세계를 자유세계로 변화시키려는 것도 아니고 이쪽을 그쪽으로 변화시키려는 것이 아니라는 거죠. 이것도 종교적인 입장에서 어떻게 보는지, 그래서 이 정치적 경제적인 불평등의 문제는 언급하고 가야 되지 않을까 생각이 됩니다.

고__불평등의 책임을 느끼는 측면에서 어떻게 말을 끌어내야 할 지 모르겠습니다. 저는 불교가 가지는 일반적인 자세가 이 정치적인 자유 혹은 경제적인 자유, 그 자유의 결과에서 생기는 사회적인 불평등 내지는 평등을 지향한 노력, 이러한 관계가 어떻게 되는 것이냐를 불교적인 입장에서 말씀드리려 합니다.

경제적인 평등·불평등을 말하는 것은 적어도 일정한 무엇이 생산이 된 다음의 이야기입니다. 생산이 없을 때에는 분배가 문제되지 않습니다. 생산 다음에 정당한 질서에 의한 분배 과정이 필요하게 됩니다. 그런데 생산이라는 것은 적어도 인간의 자유 보장이 전제가 됩니다.

이 자유라는 것은 개인적인 활동의 자유를 통해서 자기 내부의 창의적인 모든 지혜와 능력을 충분히 개발하는 가운데서 발전합니다. 이렇게 기본적인 생산 분야가 개성을 존중하고 개인의 자유를 존중함으로써 인간 내부의 지혜에 자연 요건을 가해서 결과적으로 생산을 합니다. 그래서 생산은 어쨌든 노력과 지혜의 과정을 통해서 이뤄지는 것인데, 이 분야가 봉쇄되면 결국 분배를 문제 삼아야 할 기본적인 생산도 없어지는 것입니다. 뿔을 바로 잡으려다 소를 잡는 격이지요. 이런 점에 있어서 지금 불평등 문제가 나오게 된 원인은 적어도 일단 생산이 된 다음에 문제된 것이 아닌가, 그러니까 불평등의 논제를 끌어내려면 먼저 개인의 근원적인 힘을 반성해 보고, 생산적인 원점에 대해서 제재를 가하거나 억지를 가해서는 문제 밑바닥부터 깨지고 마는 것이 되지요. 이런 얘기를 불교적인 입장에서 제기해 둡니다.

다음에는 정치적인 얘기도 함께 하겠는데, 제 나름대로 해석하는 불교 사상에 서서 좀 구체적 말씀을 드리기로 하겠습니다. 불교가 목적으로 하고 있는 중생의 성숙이나 불국토 건설이니 하는 것은 구체적으로 몇 가지 형태로 나타납니다. 하나는 존재가 어떤 방식으로 있어야 하느냐 하는 존재의 질서와 그에 따른 당위성, 또 하나는 어떻게 해야 생산이 극대화할 것이냐의 생성의 원리, 이 두 가지 측면입니다.

존재에 있어서는 누구나 똑같이 서로 어울려 돕고 같이 존재한다는 소위 연동 이론입니다. 존재 측면에서 볼 것 같으면 정치적인 자유와 평등은 생존의 기본적인 요건이 되는 것이죠.

다음에 연동의 존재 이론에서 볼 때 모두는 생존의 기본 단계에서 공존하고 있으며, 공영합니다. 여기서 생활의 기본적 경제 조건은 평등해야 한다는 당위와, 기본을 넘어선 분야에는 차등의 긍정이 나오지요. 경제는 이와 같이 하여 국민의 기본권을 평등하게 충족시키고 경제 활동의 자유의 원칙을 보장해야 한다는 겁니다.

이상의 정치적 평등과 경제적 평등은 존재 방식에서 도출되는 것이지만 다음은 이러한 존재가 어떻게 하여 문화적 경제적 생산을 추구할 것인가의 문제입니다. 이에 대해서도 두 가지를 말해야겠습니다. 그 첫째는 개아(個我)의 자유이고, 다음은 모든 사람의 혜능(慧能) 개방입니다. 원래 개아의 자유 없이 활동이 있을 수 없고, 개아의 자유는 욕망의 긍정 없이 성립될 수 없습니다. 욕망을 죄악시하는 것이 일반 관념이지만 순수한 의미에서 욕망은 생의 동력입니다. 이것이 악이 아니라 그를 쓰는 방향이 문제입니다. 그렇기 때문에 그것마저 버리면 인간의 힘이 나오지 않습니다. 인간에게 있어 탐(貪)이라는 것은 움직이는 동력이기 때문에, 그것이 어떤 방향으로 작용하느냐에 따라서 파괴적으로 나올 수 있고 자기모순으로 나올 수 있고, 생산적이고 성(聖)적으로도 나올 수 있는 것이기 때문에 그런 힘을 나타내는 것은 근원적으로 개아의 자유입니다. 그래서 욕망을 봉쇄하면 생산 자체가 정지되는 거죠. 그러므로 개아의 자유를 존중하고 보장해야 그다음에 존재가 성립할 수 있고, 존재가 생성을 가능하게 합니다. 또 한 가지는 자유를 통해서 비로소 인간이 가지고 있는 내부의 지혜와 능력을 발휘할 수 있습니다. 앞서 말한 혜능 개방입니다.

그것은 교육과 학문, 종교와 언론의 자유의 문제입니다. 이런 자유가 충분히 보장되는 데서 인간 능력은 개발되고 역사와 문명은 정상적 궤도를 달리게 되며, 인간은 생의 보람을 느끼게 됩니다. 아까도 말했지만 종교, 학문, 교육, 언론은 참된 지혜의 발전의 촉모제로서 이것을 억압해 버리면 그 사회가 활력을 잃고 역사의 방향이 맹목화됩니다. 그러니까 인간의 역사가 제대로 가려면 양심과 지성이 부단히 밝게 투사되어야 하는 거죠. 이 분야가 허해 버렸다면 번영도 성장도 조화도 이뤄지지 않고 프랑켄슈타인의 로봇 격이 되어 인간 사회에 혼란이 온다고 보는 것입니다. 이런 생각을 불교 사상의 입장에서 일단 말씀드려 둡니다.

2) 차별 모순 해소 안 돼

정__지금 말씀하신 것에 대해 근본적인 입장에서는 전혀 이론이 있을 수 없겠지요. 제가 조금 더 여쭈어 보고 싶은 것은, 경제적 불평등의 차등을 현실적으로 인정할 수밖에 없을 적에 그 차등이 정의로 받아들여질 수 있는 분배의 기준은 과연 무엇인가 하는 것입니다. 기능에 따라서 분배하느냐 혹은 필요에 따라서, 아니면 포상으로 분배하느냐 하는 등 이 문제는 간단하지 않은 것 같아요. 결국은 차등의 인정이 상당히 복합적인 현실에서 불가피한 것이니까 받아들일 수밖에 없는 것이라면 역시 차등은 차등입니다. 그러므로 그것을 인정하는 것이 차등이 갖고 있는 모순을 해소시키지는 못할 것입니다. 그래서 여기에서 완전한 해답을 얻기란 지극히 어려울 것 같은 생각이 들고, 그다음에 또 한 가지, 정치적인 평등은 절대적인 것이다 하는 말씀을 하셨지만 결국 권력이 점유되어 있는 현실은 평등하지 못한데 그것이 어떻게 타당한 주장일 수 있을까 하고 느껴집니다. 처음부터 평등하게 정치적인 권력이 배분되어 있는 것이 아니지 않느냐, 또 배분될 수도 없는 것 아니냐 했을 때 차등의 인정과 같은 논리로 정치적인 평등에도 차등이 현실적으로 인정되면서 오히려 도덕적인 종교적 선언이 가해져야 하지 않을까? 하고 느껴지기도 합니다. 말씀하신 내용을 크게 공감하면서도 아직 미진한 느낌이 있어 말씀을 드렸습니다.

고__여기에 지배자 피지배자 얘기가 나오는데 저는 이런 입장에서는 완전히 기능에 의한 분업으로 보는 것이 어떨까 합니다. 미래 사회는 협동을 통해서 이루어지는 것이며, 거기에는 우열이 없는 것이라고 봅니다. 아까 남녀의 기능 차별을 인정하는 것처럼 경제적인 기본 여건이 평등해야 된다는 것, 사회 보장이 철저히 주장되고 지혜와 능력, 활동과 취미에 따라 제 나름대로의 경제적 활동이 이루어지는 것을 인정하고 그다음에 정치적인 면에서도 정치적인 권력 구성에 참여하는 데에 차별이 있을 수 없고 만인이 똑같이 참여해야 하는 것이며, 그다음으로 높은 자리에 앉거나 낮은 자리에 앉는 것은 우열이 있는 것이 아니고, 맡은 분야가 그런 것으로서 이것은 협동 관계이며 분업 관계다, 분업을 통해서 협동을 이룩하는 것이다, 이렇게 보는 게 어떨까 해요.

소__현실적인 면에서 불교도 정치 문제에 할 말이 많겠지요.

김__우선 불평등이라는 용어 개념이 장자적(莊子的)인 논리에서 본다면 아주 상반된 면에서 이해됩니다. 우주 내의 모든 존재는 다 다른 것이다 하는 것은 근본적인 것입니다. 그다음에 제일(齊一)하지 않다고 하는 것은 우주 전체 운영에서 그만이 담당하는 어떤 공능을 가지고 있다는 것이지요.

그것은 그것만이 그걸 가지고 있다는 말인데, 결국 우주 전체 운영의 공능 상에서 보면 이것은 평등이라는 것이 돼요. 그런데 인간이 자기 나름으로 가치를 정해 그 가치 기준에 도달하지 못한 것은 나쁜 것이고, 가치 기준에서 올라간 것은 좋은 것이라고 해서 불평등이라는 말을 했다는 것입니다.

그래서 장자가 극단적으로 이런 예를 들지요. '오리발은 짧고 학(鶴)의 목은 길다.' 오리발이 짧다고 학처럼 되려고 학의 목같이 길게 해 놓으면 제구실을 못해요. 또 학의 발이 길다고 오리발같이 작게 해도 제구실을 못하지요. 그러니까 우주 간에 존재하는 것은 그것으로서 그 성능대로 우주 간에 기여하게 되어 있다는 것이에요.

그런 면에서 보면 평등이라는 것은 일반적으로 우리가 얘기하는 불평등의 반대적인 면이 있지요. 그래서 교육 제도, 정책적인 문제가 될는지는 모르겠지만 평준화다 이런 말을 했을 때 이것은 장자의 논리로 보면 그것이야말로 불평준입니다. 왜, 공부 잘하는 사람이나 못하는 사람은 당연히 있을 수밖에 없다는 것입니다. 똑같을 수가 없다는 것이지요. 그런데 잘하는 사람이나 못하는 사람을 하나의 선상에 몰아버리니까 학의 목을 짧게 하고 오리발을 늘리는 식이 되지요.

그것을 장자가 본다면 이렇게 무자비한 짓을 할 수가 있느냐 이렇게 소리칠 거예요.

3) 평준화 논리에 무리 있어

정＿지금 예를 참 잘 들어 주셨는데, 그것이 교육적 성과 면에서 보면 불평등일 수 있을는지 모르지요. 그런데 예를 들어서 중고등학교의 평준화는 사회 의식적인 측면이 강하게 부각되면서 평가되어야 할 것 같습니다. 일류 학교가 있어서 특권층이 생기고 특권층에서 일류 학교에 들어갔다는 사실 때문에 나는 군림해야 한다고 하는 의식을 갖게 되고, 그래서 뛰어난 사람, 뛰어나지 못한 사람의 차별감까지도 타당한 것으로 생각되는 사회적인 측면에서 보면 평준화라는 작업은 지금 말씀하신 그런 입장에서의 불평등이라는 말만 가지고는 설명될 수 없는 근원적인 문제를 담은 사업이지 않나 하고 생각됩니다.

김＿일류교라는 것이 생겨서 특수층이 생긴다고 하는 것은 역시 사회 제도적인 문제인 것 같아요. 일류교라는 것이 생기니까 사회 문제로 어떤 특수층이 형성된다, 그렇게 연결시킬 수가 있을는지…….

정＿이렇게 이해할 수 있지요. 아까 오리발이 짧고 학의 목이 길다는 얘기를 저도 어디에서인가 읽은 적이 있는데, 인도의 사성계급을 얘기하면서 만약 브라만이 다른 종족의 일을 아무리 잘해도 그것은 나무 위에 앉아서 붕어가 노래하는 것 같다, 이런 예가 있더군요. 그러니까 자기실현의 장이 그 계급이라는 것이죠. 그리고 거기에서 태어나 거기에서 자기를 실현시켜야지, 그 계급에 귀속하지 않는 다른 계

급에서 완성되어 보았자 그것은 아무것도 아니라는 거지요. 학의 목은
역시 길어야 하고 오리발은 역시 짧아야 한다는 것인데, 그런 것이 잘
못돼서 사회 변동을 불가능하게 하든지 사회 구조를 경화(硬化)시킬
수도 있지 않겠는가, 그렇게 된다면 잘못하면 경제적인 불평등이나 정
치적인 불평등을 경화시키는…….

　김＿그러면 우리는 구체적으로 이런 얘기를 들 수 있겠지요. 구더
기 생기는 것이 무서워서 장 못 담그느냐, 이런 속담도 있는데 사회적
인 문제는 그 문제대로 해결할 것이지 인간이 가지고 있는 재능 같은
것, 이것을 왜 억제하느냐. 그러면 천재 교육 기관이라도 만들어야 돼
요. 우리나라에서는 사회적인 측면만 자꾸 얘기하는데 더 넓은 국가적
인 측면, 민족적인 측면에서 보면 큰 손실이라고 봐요.

　고＿그 점은 저도 마치 관계가 되는 얘기가 되고 말았으나, 아까 제
가 말씀드린 인간 지혜와 능력을 개발해서 사회 전체를 미화하고 풍
요롭게 만들고, 종교적인 생산까지도 포함해서, 그것은 중대한 문제라
고 같은 입장에서 반응합니다. 결국 이 세상에 많은 복리를 주느냐 못
주느냐 하는 것은 만인이 참여해서 이루어집니다. 그러나 지혜의 문을
여는 사람은 예컨대 발명을 하는 것처럼 한두 사람의 피나는 노력이
라든가, 천재적인 천분(天分)에 의해서 이루어질 수도 있는 것이어서
그 노력의 성과가 많은 사람에게 혜택을 입힐 수 있는 것입니다. 만약
평준화 이름 밑에서 개별화되어 있는 특성과 자유스러운 창의에 의한
발전이라는 제도적 장점을 거세하는 것은 평등을 지향한 결과 창조의
원천을 막아 버린다는 결과가 오지요. 그때는 경제적인 부분까지도 일
맥상통하고 있지 않나 해요.

　지금 제가 많이 느끼는 것은 한문 얘기인데 요즘 사람들은 왜냐, 이
렇게 말해 올 때가 있어요. 저도 다 그것을 받아들이면서도 사람은 노
력하지는 않고 쉽게 어느 방향으로 내달리려고만 하느냐, 노력을 해서
자기가 스스로 새로운 길을 터야 하고, 안이한 가운데에서 편리하려고

만 하면 그야말로 타락하고 게으름뱅이로 떨어질 게 아닌가, 교육은 마땅히 사람을 사람으로서 더욱 노력하게 만들고 연마하여 스스로 의욕을 발동시켜 보다 높은 인간의 완성을 지향하도록 하는 것이 옳다고 보겠는데 그런 방향으로 보아서 경제적인 활동이라든가 교육이 자율적이 아닌 강제적인 선을 긋는다면 이것은 깊이 고려해야 하지 않겠는가. 역사의 발전이 뒤진다는 것입니다. 국가적 손실도 있고……

4) 분배 기준에도 여러 입장

김__불교의 입장을 얘기해 보면 경제적인 것으로 분배 기준 문제가 나오는데 불교도 상당히 여러 면을 가지고 있는 것 같아요. 분배의 기준을 도덕적인 측면에서 보느냐, 윤리적인 측면에서 보느냐, 기능적인 측면에서 보느냐 하는 것이 있습니다. 맹자의 경우에는 윤리적인 측면에서 분배를 이야기합니다. 생산은 다 같이 했지만 어떻게 보면 젊은 사람이 많이 했지요. 그러나 50세 넘은 사람이 비단옷을 입고, 70세 넘은 사람은 고기를 먹고, 이렇게 보면 윤리적인 분배를 하고 있고 이것이 순자(荀子)한테 넘어가면 순자는 역시 제도를 중시하여 정치적인 측면이 많으니까 기능적인 것에 기준을 둡니다. 그래서 제왕은 일이 많고 권한이 많은 사람이니까 그만큼 주어야 된다는 것입니다. 그리고 분업적인 면도 유가(儒家)에서 얘기했어요. 맹자(孟子)가 '치어인자(治於人者), 식어인(食於人)' 남을 다스리는 자는 남에 의해 먹여지고 또 남한테 다스림 받는 자는 남을 먹여 살린다, 이런 얘기를 했어요. 그리고 정신노동과 육체노동도 맹자가 얘기했어요. 정신노동 하는 자는 역시 지적인 세계를 추구하는 것이 아니겠어요? 물질 노동을 하는 사람은 아주 실제적인 생산을 하는 사람이고, 그것은 조화될 수 있다고 하는 것이지요. 정약용(丁若鏞) 같은 사람도 학자가 농업을 연구한다는 것은 생산을 도와 더 많이 생산하게 만드니까 같이 생산에 참여하는 것이다, 이렇게 봅니다. 분배에 있어서는 앞에서도 말씀을 드렸습니다마는 물질이 적은 것이 문제가 아니라 고루 분배되지 않는 것이 문제라는 것이지요. 이것은 지금 상식으로 되어 있는 것입니다.

고__고르다는 것은 무슨 뜻입니까? 아까 제가 말씀드렸습니다마는 평등과 불평등을 같이 인정하는 것인가요?

김__고르다고 하는 것은 아까 스님이 말씀했지만 인간이 기본적으로 먹고살아야 되는데 기본적인 것도 꼭 고정적인 것은 아니라고 보아야 한다는 거지요. 내 수입이 얼마쯤 되면 더 잘살 수 있다는 기준을 세울 수 있는 것 아니겠어요. 그러니까 지금 우리 사회는 우리 집이 한 달에 백만 원 수입밖에 안 될 때에는 그 백만 원 안에서 골고루 돌아가게 하는 것입니다.

거기에 골고루라는 것의 기준에 미달할 때도 있고 넘어갈 때도 있겠지요. 그러나 생산이 그것 밖에 안 됐으니까 라고 할 수 없는 것입니다. 최소한도의 생활은 지켜야 된다는 것이 유가(儒家) 주장인 것 같습니다. 그리고 정치적인 측면은 치자와 피치자는 있게 마련이고 그런데…….

고__치자(治者)와 피치자(被治者)가 있게 마련이라는 것은 현실적으로 있다는 말입니까? 유가(儒家)의 사상에서 당연히 있다는 것입니까?

김__유교의 사상에서 볼 때는 있게 마련이죠. 당연히 있게 마련입니다. 아까 치자(治者)는 식어인(食於人)하고 식어인자치어인(食於人者治於人) 이런 말을 하지 않았어요?

소__그러니까 무정부 상태라는 것은 유가에서 인정할 수 없다는 것이죠?

김__유가에서는 인정을 안 하는데 도가에 오면 무정부 상태까지 끌어올려집니다. 유가는 상당히 정치적입니다. 그래서 유가에서 조금 약점될 만한 것은 권위주의적인 면입니다. 소위 현자(賢者)의 정치를 얘기하고 있는 맹자(孟子)를 서양의 민주주의에 비교합니다마는 내가 보기에는 민주주의는 아니고 위민주의입니다. 백성을 위해 주는 것이죠 왜 그러냐 하면 유가의 치자는 그 사람들이 근본적으로 현자라야 된다는 것이에요. 성현이 되어야 치자가 될 수 있다고 하는 것이 근본입니다. 그러니까 치자는 동시에 교육자지요. 통치가 바로 교화입니다. 그래서 우리 옛날 왕궁에도 돈화문이 있는데 정치는 바로 교화라는 것이에요. 정치라는 것이 그렇게 해서 특성을 많이 갖고 성현의 지위에 있으니까 너희를 다스린다, 그러니까 사실은 지배자 피지배자라는 용어가 나옵니다마는 그 관계에서 보면 여보적자(如保赤子)라는 말이에요. 부자지간, 어머니와 자식과의 관계, 또 스승과 제자 관계로 봅니다. 치자와 피치자라는 관계를 그런 면에서 봅니다. 어떤 법적인 권력이 막 부여되어 이런 조목에 의해서 복종해야 되는 것이 아니고 도의적인 측면에서 치자와 피치자를 설명하려고 든 것 같아요. 그런데 그것이 자칫하면 권위주의로 흘러간다는 것입니다. 그런 강점을 유가가 가지고 있는 것도 사실입니다. 그러니까 백성들이 자각해서 민주 시민이 주권을 갖는 것이 아니라 높은 도의성을 가진 자가 도의성을 펴나가는 것, 어떻게 보면 하향적인 것, 권위적인 것을 가지고 있는 것 같습니다. 그러니까 불평등이지요.

5) 종교의 지도는 카리스마적

정＿사회 구조 안에서의 엘리티즘을 전제 혹은 형성해야 하는 당위성을 요청하시는 것이지요. 그런데 문제는 그때 이루어지는 사회는 이른바 유니티(unity)이지 코뮤니티(community)는 아니죠. 엘리트를 제외한 다른 개인의 창의성은 그대로 끝나는 거 아닐까요…….

생각해 보면 종교의 지도력이라는 것이 대체로 그런 것이었죠. 카리스마라고 하는…… 늘 카리스마적이지요.

김＿그러니까 권위주의로 흘러가는 것을 막기 위해서 치자에게 자꾸만 높은 인격을 요구하지요.

고＿그런데 불교는 그 부분에서 달라요. 지금 두 선생님의 말씀에 비해서 불교는 좀 다른 것이 흥미 있어요. 국가 권력자나 지배자라고 하는 정치 계급이 어떻게 생겼느냐, 국가가 어떻게 해서 탄생했느냐, 권력자가 어떻게 해서 출발했느냐, 그런 탄생에 관한 얘기가 경에 있습니다. 최초의 지배자 형식이 어떻게 생겼느냐에 대해서 이런 말씀이 있어요. 인간은 시초가 무엇이냐 하는 데에서부터 시작합니다. 그렇게 나와서 국가라는 것이 생기는 것은 토지가 생겨나고 거기에서 생산이 나오고 생산을 가지고 토지 분배를 하다가 약탈자가 생기고 질서를 어기는 자가 나오고 해서 그러한 질서를 잡고 어기는 자를 타이르는 자가 필요하게 되었지요. 삼말다왕(三末多王)이라고 그러는데요. 결국 토지를 분배해서 경작을 하는데 침범하는 자가 생기기 때문에 서로 사람이 모여 이럴 것이 아니라 웃어른 한 사람을 뽑아 이런 일을 담당시키자, 이렇게 해서 임금이라 할 수 있는 통치자를 하나 선출하고 이 사람에 대해서는 우리가 생산한 5~6분의 1인가 얼마를 그에게 바치자, 그래서 그로 하여금 생활하게 만들어 주자. 그리고 만약 삼말다왕이 도적을 잡지 못하거나 침범한 것을 막지 못했다면 그것을 포상해야 한다. 이렇게 해서 이때부터 세간에 왕이 생겼고, 정법으로 치민(治民)하였다고 나옵니다. 이것을 보면 주권은 국민에게 있는 것이며, 통치권은 국민에게서 부여된 권한을 행사하는 것이고, 그 부여 받은 책임을 완수해야 된다, 그러니까 책임정치지요. 또 동시에 여기서 전 권한을 통치자에게 줄 것이 아니고 어떠한 분야를 정해서 치안 유지 등 부분적인 권한을 준 것이죠. 분야를 정해 주었다는 것은 다원적인 국가론 같은 느낌이 들어요. 국가를 형성하는 권력이 한 사람에게 전부 부여된 것이 아니고 정치도 사회 가운데 한 기능이다, 일체 상위에 설 수 있는 우위한 존재라고 할 수도 없다, 다원적인 사상이 거기에 들어 있어 보여요. 또 정법치민이란 통치 이념은 주요하다고 봅니다. 이런 점으로 봐도 불교의 국가사상은 근원적으로 정법 정신, 만민 평등, 주권 재민, 정치 권위의 절대적인 평등, 책임 정치 등 이념이 여기 있지 않는가 생각합니다. 현대 국가는 치안 유지를 벗어나서 경제적인 번영을 해야 한다든가 문화적인 정책을 써야 한다든가 사회 복지에 책임이 있다든가 경제 번영을 추구한다든가 등등 요청도 많지만 필경 그것은 인간 개인, 국민 한 사람 한 사람에게 어떻게 자유를 보장해 주고 형식적인 자유에서 벗어나서 실질적인 자유를 보장해 줄 것이냐 하는 구체적인 형태의 표현이지 본질적으로 주권재민의 원칙이 변질되었다고는 보지 않습니다. 불교의 입장을 저는 이렇게 해석을 하지요.

정＿어떻게 시행하든 간에 경제적인 평등이라든가 정치적인 평등이 이상인 것은 기독교에서도 다름이 없겠습니다마는 이런 점이 느껴집니다. 예수의 말에 의해서도 그렇고, 역사 속에서 그렇지 않았던 때도 있지만 대체로 기독교의 태도는 가진 자보다는 가지지 않은 자에 대한 관심, 지배자보다는 피지배자에 대한 관심을 더 가지고 있었던 것 같습니다. 그래서 피지배자를 통해서 지배자에 대한 이야기를 했고, 그런 관심도 아주 구체적인 정황과 밀착하여 고뇌해 온 것 같습니다. 성군의 속성을 애기하면서 정치를 논하기보다는 현실적으로 억압받고 뺏기고 가진 것 없는 백성들에게 관심을 가지면서 있어 온 것이 기독교의 특징 같아요.

소＿기독교를 끝까지 물고 늘어져서 미안하지만 그것은 초대교회라든지 교회의 근본정신에 나오는데 실제 역사적인 기독교는 사실 그렇지 않지요.

정＿정치적인 권력에 의해 승인받았던 정통 기독교는 그렇지 않았을 것입니다만…… 현대 기독교가 반성하고 있는 주제가 그런 것이고 보면 반드시 그렇지 않았다고 하는 주장도 어려울 것 같습니다.

6) 종교는 무엇을 제시하는가

소＿지금까지 각 종교의 입장을 말씀해 주셨기 때문에 설명은 되었는데 정말 이런 문제는 지금 당장 문제가 되고 있는 것이지요 정치적으로도 그렇고 경제적으로도 그렇고 우리 사회에서도 문제가 되고 세계적으로도 문제가 되고 있으니까 종교가 무엇을 하고 있느냐 이런 질문도 나오죠. 현재 논리적으로 어떻다고 하지만 말고 실제 기독교는 무엇을 하고 있느냐, 예를 들어서 경제적인 불평등을 해소하는 어떤 방향을 제시하라는 건데―경제적인 불평등이 가장 극심한 사회에 있는 기독교는, 예를 들어서 스페인 같은 나라도 하나의 예가 되겠지요. 그리고 가톨릭교는 무엇을 하고 있느냐 이런 질문도 있겠지요.

정＿그러니까 기독교가 상당히 극단적인 형태로 하고 있는 것은 전통적인 도덕에 의해서 미화될 수 있는 직업윤리와 같은 것을 깨뜨리면서, 사실은 그런 직업윤리에 의해서 너는 당연히 향유해야 할 권리를 뺏길는지도 모른다 하는 문제의식 개발 같은 것을 하고 있거든요. 예를 들면 '근면해라. 그러면 잘 살 수 있다' 이런 것은 전통적인 도덕이지요.

그런데 새벽 4시부터 밤 12시까지 뛰어야 몇 백 원 못 버는 사람도 있거든요. 근면하지 않은 것이 아니지요. 참 성실했지요. 이런 문제에 대해서 그에게 네가 근면했음에도 불구하고 못산다는 사실의 배후에는 보다 큰 근원적인 문제가 있다는 문제의식을 갖게 해주는 것, 그것이 꼭 파괴적인 것만은 아니지요. 그러니까 구조 악에 대한 문제도 그런 데서 관심이 생기는 거고, 그런 데에서 자기 처신, 자기 입장에 대한 새로운 자각도 생기고, 그러면서 거시적인 안목이 생기면서 달라질 수도 있는 이런 작업도 하고 있고…….

소＿그밖에 직업화 문제도 그렇고 스님 말씀에 있어서도 자꾸 교인으로 하여금 무슨 설법을 하거나 그런 것이 아니고 구조적으로 문제가 되는 것이니까 이것은 역시 종교도 하나의 교단으로서 해야 할 일이 많은데 이상은 대개 조금의 차이는 있지만 역시 기본적인 방향은 같죠. 그런데 실제로 이 문제에 대해서 얼마만큼 효율적으로 구조적인 문제를 해결해 나갈 수 있느냐. 여기에서 가장 문제가 되는 것은 이런

경제적인 문제와 정치적인 문제들은 항상 직접적인 문제이고 우리의
피부에 와 닿는 문제이기 때문에 종교가 하지 않으면 다른 어떤 사회
에 있는 기구가 많지 않습니까. 노동조합이 있고 정치 정당도 있고,
이런 것이 있기 때문에 이것은 종교가 하지 않으면 다른 어떤 단체 다
른 어떤 세력이 하게 됩니다. 이럴 때에 과연 지금 현재로서는 이 종
교가 여기에 어떤 주도권을 쥐고 참여할 일인지, 또 하고 있는 일인지,
아니면 역시 이것은 정치적으로 해결되어야 할 문제이고 경제 문제라
든지 평등 문제도 그렇고 어떤 사회 개혁이라든지 정치 변화라든지
이런 것도 종교가 리드하는 것이 아니라, 종교는 어떤 바탕을 만들어
주고 뒷바라지하지만 역시 그것을 해나가는 것은 경제인이라든지 정
치인 이런 사람들이 아닌가. 이런 문제에 대해서도 종교가 반성을 해
야지요.

7) 종교의 자기 생산 절실해

고__근래에 사회 참여 문제 가지고 불교가 가끔 말을 듣습니다. 불
교가 천상 산을 내려와야 되는가 보죠. 아미타불 얘기를 하고 있는데
불교가 권위주의로 살고 있느냐, 사회 참여를 하고 있느냐 하는 거예
요. 이런 문제를 대할 적마다 저희들이 생각하는 것은 무엇이 종교적
생산이냐, 종교인에게 요구하는 것이 무엇 무엇이냐 하는 것입니다.
종교는 고유의 자기 생산이 있습니다. 종교가 고유의 자기 생산을 포
기하고 벽돌 생산을 하거나 쌀 생산을 위하여 뛰어나가는 것이 과연
종교적인 생산이냐, 그러면 교회는 마땅히 벽돌공장을 만들든지 사찰
은 마땅히 공장을 만들든지 해야 하는 게 아니냐는 말도 나오지요. 종
교적인 생산은 그런 것이 아닐 것입니다. 마치 정치가 정치 고유의 자
기 기능을 가지고 있고, 교육은 교육의 기능을 가지고 있고, 공장은
공장대로 기능을 가지고 있는 것처럼 종교도 고유의 자기 생산을 가
지고 있는 것입니다. 종교가 그것을 포기한다면 종교가 지켜야 할 바

탕은 누가 지켜야 할 것이냐, 정치가가 정치를 안 하고 공장은 공장 일을 안 하고 종교가 종교를 안 하고 제각기 자기 할 것을 안 지킨다면 어떻게 되느냐 이 말이에요. 마침내 종교가 스스로 담당해야 할 종교적인 고유의 생산을 소홀히 하기 때문에 많은 문제가 야기된다고 보는 것입니다.

오늘날 사회가 가장 절실하게 요구하고 있는 부분인 종교적인 생산의 결핍 상태로 오늘 사회 혼란까지 왔다고 보고 있어요. 인간의 감각을 충분히 충족시킬 수 있는 물질적인 자료도 풍요하게 축적하였건만 왜 인간 문제는 갈수록 심각하고 행복보다 불행의 소리가 더 많고, 사회 문제는 모두 극과 극을 달리고 있느냐 말입니다. 그것은 국민이 올바른 방향으로 나가도록 그 밑바닥의 문제를 제고해 줄 생산이 바로 철학자의 사상이고, 종교자라는 행동자의 책임인데 종교가가 종교 고유의 자기 책임을 다하지 못하고 있는 겁니다. 역사가 올바른 방향으로 가지 못하고, 사회가 조화를 이루지 못해서 인간이 물질 가운데에 매여 자기를 잃어버리는 공허한 현실 속에서 사는 것이 현실 아닙니까! 경인과 분쟁이 끊이지 않는 것이냐 이 말입니다. 현대가 문제 삼는 위기는 종교 스스로 자기 생산을 등한히 한 까닭이라고 보아야 합니다. 그래서 인류의 문명을 이 꼴로 만들어 놓았다고 봅니다.

그러면 무엇이 종교적 생산이냐 하는 얘기가 나오겠지요. 저는 불교가 가지는 기본적인 성격을 여러 가지 말했기 때문에 강조하고 싶지는 않습니다. 인간이 참으로 인간적인 제 밑바닥을 비추어 보고, 인간이 무엇이며 이 생명의 존재 양태가 어떤 것이라는 것을 알고, 그러기에 어떤 경우에 처하더라도 인간적인 제 모습을 잃어버리면 안 된다는 겁니다. 인간의 주체적인 제 위치를 항상 지키며 객체가 되지 말고, 그야말로 정직하게 살면서 자기를 잃어버리지 말고 뚜렷하게 조화된 자기 참능력을 계발해 나가면서 모든 분야에서 그렇게 되도록 힘쓸 것을 말해 두지요. 정치는 정치에서, 경제는 경제에서, 교육은 교육에서, 각 분야에서 그렇게 되도록 올바른 궤도를 주는 것이 종교가 아니겠느냐 하는 것입니다. 종교가 진리의 빛을 만물에게 부여해 주는 역할을 스스로 포기해 버리고 말면 타락이라 할 것입니다. 그래서 오늘날의 물질문명, 기술문명이 이렇게 발달하는데도 불구하고 인간 군상은 텅 빈 가슴을 안고 행복하지 못한 책임을 종교인 자신이 져야 한다고 저는 생각하고 있습니다.

8) 십자가 진 현장의 증인

정＿결론적인 말씀에 매우 공감합니다. 그런데 두 가지 문제가 떠오르는군요. 현대 문화나 현대 사회가 종교로 하여금 근원적인 자기 자리에만 머물도록 놔두느냐 하는 것이 하나이고, 또 하나는 종교가 그렇게 있지 못하고 자기 자리를 상실하고 말았다는 것이 또 다른 면에서 보이는 오늘날의 사적 필연이 아니냐 하는 문제입니다. 예를 들어서 본회퍼의 경우지요. 미친 운전사의 과오 때문에 죽은 사람들을 위한 장례식만 지낼 것이냐 하는 것이 상당히 근본적인 문제지요. 죽음에 대해 참여하는 것, 지금이라도 미친 운전사한테서 핸들을 빼앗아야 되지 않겠느냐 하는 절박성, 그랬을 때 그의 상실일 수도 있지만 종교가 가져야 하는 당연한 자세이기도 한데요…….

소＿그런데 이것은 말 표현을 잘해야 될 것이에요. 종교는 운전은 할 줄 모르기 때문에 운전은 하게 되어 있는 것이 아니라고 아까 스님 말씀 그대로 받아들이면 이렇게 해야지요. 종교 자신이 운전대에 앉는 것이 아니고, 운전사를 바꿀 수는 있는 것이지요. 불행하게 그 운전사가 자기 자신이 마쳤다는 것을 인식하게 모티베이트하거나, 혹은 더 좋은 운전사를 앉게 한다든지 이런 식이 되겠죠. 아까 스님 말씀 가운데에 종교는 종교의 정신을 지켜야 하고 산업은 산업 정신을 지켜야 되는데 그것이 다 인간이란 같은 존재에 관련되는 여러 측면에 있기 때문에 역시 그 기능이 서로 다른 것을 하면서 유대 관계에 있는 것이 아니냐…….

정＿지금 말씀하신 것에 그대로 찬동하면서 제 말씀을 마저 드려야 할 것 같습니다. 본회퍼에 대한 시에서 미국인 베리간 신부가 한 평가가 종교의 정황을 잘 설명해 주는 것 같습니다. 그는 엉뚱하게도 본회퍼에게서 배운 것은 길거리 위의 영웅이 되는 일이 아니라 음모를 꾸미는 일이라고 역설적인 표현을 합니다. 무척 상징적인 표현입니다만 결국 근원적인 자기 자리에의 복귀, 그러나 모두를 뒤집어 놓을 수 있는 가능성으로 그 본래의 자리에 있어야 한다는 것을 표현한 거지요. 지금 스님께서 하신 근원적인 것이 곧 그러한 음모를 꾸밀 수 있는 자리가 아닐까 합니다.

소＿그런 것을 뭐 정치가가 되어서 정치 음모를 하는 것은 아닐 것이고…….

정＿그렇지요. 그래서 저는 베리간 신부의 시를 그렇게 이해하는데…… 문제는 근원적인 발언을 한다고 하면서 절박한 현실에 대한 촉각을 둔화시키는 성향이 종교 자체 속에 있는 것 같아 두려워지는 거지요.

소＿결론이 된 것 같습니다.

정＿그러니 결국 십자가를 지는 겁니다.

김＿이런 것을 얘기하고 싶군요 사회란 다양한 기능을 가지고 있고 모든 사람이 각 분야의 기능을 담당하고 있으니까 한 사회의 가치관을 분산시킬 필요도 있는 것 같아요. 정치적인 위치에 가치관을 두지 말고, 각자 자기가 하는 분야가 제일이라고 인식하는 것이에요. 운전을 해도 대통령이라고 높이 볼 것도 없고, 비굴한 생각도 할 것 없고, 그렇게 전제할 때에 모여들지 않을 것 같아요. 이 직업 이것을 가지고 저쪽으로 모여들고 자기를 고수 안하고 모여든다는 것은 그것이 그 사회에서 높은 비중의 가치를 제시해 주기 때문인데 그 목적 분산, 가치 분산이 필요하지 않을까 싶군요.

소__그럴 때 소위 기능으로는 차이가 나도 가치로는 동등하다는 거죠.

정__로버트 벨라가 종교의 진화라고 하는 논문 속에서 상당히 대담한 애기를 한 적이 있어요. 지금 말씀하신 것처럼 다원적인 현실을 이제까지의 전통적인 안목으로 보면 사실 무가치적인 상황이라는 것이지요. 절대적인 것이 절대적이기를 그만둔 것이니까 말이죠. 결국 그런 것이 종교의 정황인데 종교란 무어냐 하면 늘 삶의 정황을 상징하는 의미 부여의 기능을 가지고 있다는 거죠. 그래서 그는 현대의 무가치적인 정황, 곧 그의 말대로 하면 무(無)의 상황을 오늘날의 종교가 상징화시키지 못하면 종교는 끝나 버리고 말 거라고 경고하고 있어요. 무를 각(覺)하라는 말과 같은 이야기일 수도 있지요.

김__내가 중국에 있으면서 느낀 것인데요, 중국에 가보니까 그 사람들 구조가 사회적인 측면에서 보면 아주 최상급의 인간이 적어요. 그리고 중간층이 거의 없어요. 아주 못난 사람이 많습니다. 그런데 우리나라에 와 보면 그렇게 중국사람 같이 썩 잘난 사람은 없는 것 같고 중간층이 많거든요. 못난 사람이 또 거의 없어요. 이런 사회일수록 어떤 유일한 가치관을 갖다 놓을 때에는 투쟁이 많이 생길 것 같아요. 그러니까 여기서 목적 분산과 가치 분산 같은 것, 즉 다양화를 해 놔야 되지 않겠느냐는 것입니다.

고__이것은 선생님과 비슷한데 아까 불교의 경에서 말하고 있는 국가의 출발과 권력자의 탄생, 그리고 수권 행위, 그 수권의 범위를 쭉 말씀드렸는데요. 이 이론은 서구 사회에 있어서의 자유주의의 발달이 본래 절대 군주제에 대한 항거의 방법 가운데에서, 정치 행위랄까 통치 행위랄까 군주가 가진 권한 자체가 절대적인 것이 못 된다, 권력 자체의 성격이 그대로 노동조합이나 교회와 똑같이 부분적인 한계 분야의 것이지 절대 권력이 될 수 없다, 이런 사상이 서구 자유주의 발달 과정의 바탕에 깔려 있어요. 오늘날의 민주주의 사회에도 역시 그런 사상이 깔려 움직이고 있지요. 제각기 분산시키지 않으면 충돌한다는 얘기가 재미있어요.

소__예. 맞아 들어가요. 선생님 말씀을 제 생각과 연결시켜서 끝맺고 싶은 것은, 저는 관용이란 말을 그래서 했는데 마지막에 기독교적인 전통에서 그런 이론이 나왔다는 것은 굉장한 변화예요. 아까 어떤 절대 유일신적인 것에서부터 무(無)라는 생각이 들어갔고, 동양 종교 역시 관용으로 유교·불교는 종교 전쟁이 없었다고 했는데 역시 그 바탕에 지금 두 분이 그런 절대가 없고 무란 위대한 사상이라고 말씀하시고, 평등이라고 제기하시니까 스님께서도 동일이라는 개념이 나왔거든요. 그러면서 중간에 말씀이 기독교에서 좀 아집을 버리고 나왔으면 했는데 사실 서로 대화할 수 있고 종교 자체 내에서, 특히 문화권을 달리하고 서와 동을 달리하고 있는 데에서 관용이 허용된다면 이 자리에서 문제 삼은 인류의 위기 문제에 모든 사람의 종교적인 생산으로서 참 기여를 할 수 있는 길이 가능하지 않겠느냐 생각됩니다. 또 역시 그런 점에서 볼 때 종교에 기대도 걸어야 하고 종교가 해야 할 일이 많은 것 같습니다.

고__지금 우리가 스스로 십자가를 져야 한다는 결론이 나왔지만 사실 오늘 우리의 상황이 그런 것을 해결하지 않으면 안 될 현장에 와 있다고 생각합니다. 이 현장 의식이라는 것은 오늘 우리에게 안겨진 국토 분단, 민족의 분단, 문화권을 전혀 달리할 정도로 민족 속의 문화 동질성의 분단 등 우리가 원치 않는 상황이 우리 현실 가운데에 놓여 있어요. 이러한 상황에서 오늘을 살고 있는 한국의 종교인들이 과연 무엇을 할 것이냐. 이러한 절박한 현실 문제에 대해서 이것을 외면하고 다른 방법으로 그것을 논의한다면 종교인의 기본자세에서 빗나간 것이 아닌가 생각돼요. 저는 이런 믿음에서 종교는 현장의 증언자라고 생각해요. 그리고 그 증언을 통하여 현장의 목소리로 외치고 나아가 방향 제시가 행하여져야 한다고 보죠. 그렇기 때문에 우리는 조국 현실에서 민족의 나갈 길을 분명히 말해야 한다고 생각해요. 그리하여 정치와 경제, 문화와 그밖에 모든 일에 종사하는 이들이 참으로 오늘 우리에게 주어진 이 현장의 과제에서 관심이 떠나지 않도록 촉구해야 한다고 봅니다. 이것은 정말 절실한 문제라고 생각돼요. 우리는 외국 얘기보다도 우리 자신의 문제를 말해야겠어요.

　　소__장시간 수고하셨습니다. 이만 마치겠습니다.

VI

재가자의 기록

자신거사(慈信居士) 신영균 불자님(불광법회 부회장, 보현도량 초대회장)은 스님의 충실한 신도였다. 어느 때나 받들어 모시기를 게을리 하지 않았고 가능한 스님의 뜻에 자신의 생각을 더하지 않으려 했다. 그리고 스님의 법문이나 일상의 말씀을 기록하기를 좋아했다. 이제 그 신심 깊은 단월(檀越)도 금생의 인연을 고이 마치셨다. 가족(부인, 功德行菩薩)이 건네준 자료를 추려 여기에 엮어서 스님의 교화생평(敎化生平)을 다시 드러낸다. 또한 그의 노고를 저버리지 않을 뿐만 아니라 불광 신도의 표본으로 삼기 위해서다. ―편자 송암

1

1974년 11월 - 불광 창간호 발행

대한불교조계종 대각사에서 광덕스님(종회 부의장)께서 불교의 교양지로 불광지를 창간하셨다. 불광지 간행으로 인하여 많은 구독자들이 불광법회 창립의 토대가 되었다. 훗날의 일이지만 불광의 어느 청년이 구도법회의 질의응답 때, "스님은 왜 '불광(佛光)'이라고 이름을 지었습니까?" 하고 물으니, 스님께서 "불광(佛光)은 반야[智慧]의 빛이기 때문"이라고 답하셨다.

2

1975년 10월 16일 - 불광법회 창립

서울 시내 불광지 구독자들이 환희심으로 큰스님께 법회를 열 것을 청했다. 법회가 있으면 큰스님의 법문을 더 많이 듣지 않겠느냐고 간청하여 불광법회가 탄생된 것이다. 물론 큰스님의 뜻도 있었겠지만 불광지라는 문서 포교지를 통하여 불광법회가 탄생되었다는 것을 말한다. 1975년 10월 16일부터 매주 목요일 오후 6시 30분부터 9시까지 야간법회가 시작되었다.

法燈組織 : 나무마하반야바라밀다(南無摩訶般若波羅密多)를 한 자씩 땄다. 나(南)法燈 - 20代 居士, 무(無)法燈 - 20代 菩薩 등으로 하여 1個 법등에 10~20명씩으로 각 법등이 조직되었다. 큰스님의 설법이 끝나면 각 법등끼리 모임을 갖고 법우상호 간의 수행을 통한 여러 일들을 토론하게 하였다.

3

1976년 1월 8일 - 불광법회 제1회 수계식

4

1976년 5월

불광법회의 목표－傳法을 목표로 한다(法燈五誓)

우리는 佛光法燈입니다

一. 전법을 바른 믿음을 삼겠습니다.

一. 전법으로 正精進을 삼겠습니다.

一. 전법으로 無上功德을 삼겠습니다.

一. 전법으로 최상의 報恩을 삼겠습니다.

一. 전법으로 淨土를 성취하겠습니다.

'전법오서'와 '새 아침 태양에서 배운다', '칭찬하는 말', '쾌활하게 웃는 마음', '마음 밝은 사람', '영원한 젊음의 비결', '회원이 지킬 일' 등을 인쇄하여 불광법회 요원들에게 배포했다.

5

1976년 5월 20일－법회 임원 선정

회장 김경만, 부회장 송석구 등 간사장 간사 전법요원 등이 선정되었다.

(나는 전법요원으로 선정됨)

6

1976년 6월 10일－매월 2주째 목요법회 때 전법성금 납부

7

1976년 7월 4일－불광법회 제2회 수계식

보현사에서 봉행

※보현사는 1965년 을사 10월 박점모 등이 창건

창건 후 큰스님 주석 요청

현재 큰스님 거처로 함

8

1976년 7월 5일(月)

대각사에서 월요법회 간사급들에게 큰스님께서 교양 강설, 주로 감사와 찬탄에 대한 말씀과 질의응답을 가졌다.

心 - 本心

念 - 凡夫作念

禪 - 본래 말끔한 本心淸淨

自佛 - 人人各各淸風吹　個個人名鏡明月

9

1976년 7월 12일(월) 월요법회

人間 : 부모에 의해 육체 탄생

夫婦 : 상호 은혜 존경

道 : 自心空→충만→바라밀다 마음의 태양

10

1976년 7월 26일(月)

불광 8월호 권두언 읽어라

11

1976년 7월 29일(목)

道高魔生, 도가 높아질수록 마가 생긴다

一色判道, 한 빛깔을 가지고 도를 판단한다

※경전을 많이 읽을수록 부처님 마음을 깨닫는다

12

1976년 8월 5일(목) 음 7월 15일(백중)

夏安居 마치는 날 – 자자(自恣)의 날
조상 천도일 – 목련존자가 지옥의 모친을 구제코자 대중공양을 올림
※ 음 7월 7일은 불교와는 무관하지만 우리 고유의 민속일임

13
1976년 10월 14일(목)
豫修齋에 대한 설법 – 예수재는 윤달에 행함
인간 본래면목을 훤칠히 드러나게 하는 수행
인생 불행의 원인은 自性本分을 망각하는 데서 온다.

14
1976년 10월 16일(토)
월간 「불광」 창간 2주년과 불광법회 창립1주년 기념법회
큰스님께서는 바라밀다 신앙에 박차를 가하자고 하심
전법이 최상의 수행임을 강조하심(세계 인류에게 佛光이 되자.)

15
1976년 12월 31일
제야법회
- 조계사 제야법회에 全불광회원 동참
- 서울 종로 종각 타종식(서울시장)에 등불행렬로 참가
  종각의 종 33회 타종, 원래는 108회를 타종하는데, 108번뇌를 소멸
한다는 뜻이다. 그러나 33회에도 불교적인 뜻이 들어 있다. 도리천은
33천인데 사방팔방의 32방과 중앙에 1방을 더하면 33천이 된다.
- 조계종 종회 부의장 방(총무원 4층)에서 철야 불법토의
- 新年元旦 禮佛

16

1976년 1월부터 12월까지

큰스님께서 금강경 설법하심

17

1977년 1월부터 8월까지

큰스님께서 보현행원품 설법하심

18

1977년 1월 6일(목)

신년법회— 행원품 설법하심

19

1977년 5월 25일(음 사월초파일)

부처님오신날 봉축 법요

10 : 00~ 조계사 법요식 참가

14 : 00~대각사에서 5 · 16 광장으로 출발

16 : 00~5 · 16 광장 대법회

20 : 00~23 : 00, 5 · 16 광장→종로까지 제등행렬

20

1977년 5월 26일(목)

큰스님 설법— 부처님오신날 경과에 대한 말씀

21

1977년 7월 21일(목)

수계식— 불광법회 제3회 수계식

수계자에게 계행 준수 당부

22

1977년 8월 4일(목)

마하반야바라밀다 功德

23

1977년 8월 25일(목)

우란분재 – '야'법등 법해거사 김부길의 장남(8세) 익사

법회 때 '나무마하반야바라밀다 7편 염송'

24

1977년 9월 8일(목)

원각경 설법

25

1977년 10월 13일(목)

원각경 보안장 설법하심 – 개가 생선을 물고 다리를 건널 때

꼭 물면 놓치지 않는다.

26

1977년 10월 27일(목)

불광 마크 – 만자 2개 겹친 형상

27

1977년 11월 3일(목)

불광법회 창립 2주년 – 보살성전 간행기념법회

모범 마하보살에게 불광 발전 표창패(부상 : 보살성전)
우수 법등가족 표창장(부상 : 보살성전)

28
1977년 12월 29일(목)
送舊迎新 제야의 밤

29
1978년 1월 5일(목)
신년법회－원각경 설법

30
1978년 4월 20일(목)
지장보살경 간행기념법회

31
1978년 5월 14일(사월초파일)
부처님오신날－연등 제작(약 2주간 매일 연속 제작)
복장 통일(거사 곤색 양복, 보살은 상의 백색과 치마 녹색－흰 연꽃
을 의미함)
5·16 광장 대행사 및 제등행렬 불참(조계종 분규 이후 未주최로
불교연합회가 주최함)하고 보현사에서 16 : 30분에 불광법회 주최로
봉행함

32
1978년 10월 26일(목)
불광법회 창립 3주년 기념법회

33

1979년 1월 18일(목)

신년법회 – 불광합창단 헌가

34

1979년 3월 1일(목)

3 · 1정신 – 자주정신, 정의구현, 단결희생

龍城祖師 – 구국정신, 대각사상

35

1979년 10월 11일(목)

불광 제5회 수계식 214명 참가 – 법명 거사에게는 효자 돌림

수계자에게 수계요목 배부

36

1979년 10월 18일(목)

불광창립 제5주년 기념법회(불광지 5년, 불광법회 4년을 명칭 통일)

37

1979년 12월 20일(목)

점등대회 준비 12월이나 1월 중에 실시

38

1979년 12월 27일(목)

송년음악법회

39

1980년 1월 10일

미국 뉴욕주립대 박성배 박사-원효사상 강설

40
1980년 1월 24일
성도광명일– 팔상성도 염송

41
1980년 2월 9일(토)
14 : 00 세종문화회관 소강당에서 합창 발표회
19 : 00 당일 2회 발표회 가짐 1200명 참관

42
1980년 3월 9일(일)
불광 바라밀다 합창단– 육군사관학교 신입생 환영법회 참석

43
1980년 5월 21일
부처님오신날– 갈매리 보현사에서 봉축법회
여의도 제등행렬과 대법회 못함(학생 소요로 정부 불허)

44
1980년 10월 2일(목)
수계법회– 265명 수계

45
1980년 10월 16일(목)
불광 창립 6주년 기념법회– 총무원장 월주스님 격려사

탄허스님(월정사 조실) - 한국사상과 禪

46

1980년 12월 25일(목)

송년법회 - 찬불가 합창

47

1980년 12월 31일(수)

제야법회(1월 1일 신년법회를 겸하여)

제야-어둠을 제거, 영신-自性無量淸淨功德

48

1981년 1월 29일(목)

반야심경 설법

49

1981년 7월 16일(목)

세계적인 인구 정책에 의한 산아 제한

부모에 대한 孝에 세간적인 富나 名이나, 財도 좋으나

佛法因緣으로는 受戒功德이 최고다.

50

1981년 10월 22일(목)

불광창립 7주년 기념법회 - 李炳注 小說家(경남 하동 출신)의 기념

강연

51

1981년 11월 26일(목)

불광법회 제7회 수계법회

(1회는 1976년 1월, 2회 1976년 7월 4일, 3회 1977년 7월 21일, 4회 1978년 10월,

5회 1979년 10월 11일, 6회 1980년 10월 11일)

52

1981년 12월 20일

상량식

1. 1977년 음 4월 8일 : 경기도 갈매리 보현사에서 부처님오신날 행사 ― 당 사찰의 신도가 많아 불광 자체의 법당 필요성을 절감, 보현사 골짜기 잔디밭에서 500여 명의 법우가 모여 의견 일치, 결정. 700일 기도, 1구좌 10만원, 2년간 매월 4천원 적금 실시.

2. 1981년 9월 : 서울시 강동구 석촌동(잠실아파트 4단지 석촌호수 앞)에 대지 277평 9천만 원에 매입

3. 1981년 10월 10일 : 현지에서 300여 명의 법우들이 모인 가운데 淨土式

4. 1981년 11월 1일 : 불광사 건립 기공식 법우 400여 명 참가

53

1982년 4월 25일

신축 불광법당 보광명당(지하법당) 본존불 봉불식

약 2500명 참가

54

1982년 5월 1일

부처님오신날 봉축법요식

약 3000명 참가

55

1976년 2월 28일 오후 5시

순례법회

불광법회는 1975년 10월 16일 창립하여 매주 목요 정기법회를 열었지만 그때 할 수 없는 습의 등 다른 활동을 위해 교외사찰인 진관사에서 처음 순례(수련)법회를 시작하였다. 순례법회는 매월 첫째 주 일요일이었다.

큰스님과 보현사와의 인연

明恩 김정옥 | 불광불자, 주부

큰스님께서 종로 대각사에 법회를 여실 무렵, 한 달에 한 번씩 경기도 구리읍 갈매리 보현사에서 구도철야 정진법회를 했었다. 그 당시 필자는 교회에 다니면서 개신교 음악에 심취하여 있던 때라 불교는 우상을 숭배하는 무당의 큰 집쯤으로 여겼고, 맹목적인 종교로 생각하고 있었다.

1983년쯤의 여름 어느 날, 어머니의 권유로 보현사 법당에서 열리는 구도 철야정진법회에 동참하게 되었다. 나는 당돌하게도 큰스님께 절도 하지 않았다. 모든 신도들이 삼배를 올리며 절하는 데도 가만히 앉아 있었다. 불교에 대해 아무것도 모르는 나는 보현사에 다녀온 뒤에 기이하게도 세 번이나 큰스님 꿈을 꾸게 되었는데, 한 번은 보슬비가 내리는 어느 길목에서 큰스님과 교회 목사님과의 싸움에서 큰스님이 이기시는 꿈을 꾸었다. 그 후에 나는 부처님께 귀의하여 불자(佛子)가 되었다. 우연의 일치인지는 모르겠다.

큰스님은 법문 중에 가족을 전법하려면 먼저 남을 위해 기도를 해야 된다고 하셨다. 그런 후부터 차츰 어머니께서 일상생활 가운데 기도로 정진하시는 모습을 보고 조금씩 나의 생각이 달라지기 시작했다. 불교의 또 다른 모습을 보게 되었던 것이다. 이렇게 나도 모르는 사이에 달라져 가는 변화 속에서, 나와 언니, 남동생은 젊은 사람들로 구성된 파라미타 합창단에 입단하게 되었고, 노래로 불교를 더 가까이 접하게 되었다. 그 출발이 지금까지 이어져 올 뿐 아니라 지나 놓고 보니 내 인생에 많은 계기가 합창단을 통해 일어났다. 나 개인뿐 아니라 형제자매에게도 커다란 영향이 있었다. 지금의 둘째와 막내 올케와의 인연도 거기에서 시작되었기 때문이다.

그 후 소리 없이 불교의 새로운 분위기에 빠져들었고, 어느새 나는 기도 생활을 하는 불자가 되어 있었다. 매주 일요일 정기법회에 빠짐없이 참석하여 큰스님 법문을 듣고 집에 와서는 꾸준히 기도 생활을 해 나갔다. 또 법문을 듣다가 솟아오르는 환희심을 주체할 수가 없어서 출가를 결행할 생각까지 한 적이 여러 번이었다. 나는 법문을 듣고 기도를 하면 할수록 절에 머물고 싶었다. 간절한 마음이면 통하지 않는 곳이 없다고 했던가.

마침내 절에서 큰스님을 모시고 살 수 있는 기회가 왔다. 주로 사무실 일을 하면서 가끔 큰스님께서 구술하시는 말씀을 받아 적는 일을 했다. 큰스님의 말씀이나 뜻을 알아서라기보다 큰스님 곁에서 일하는 것으로만 기쁘고 즐거웠다. 지금 다시 돌아보아도 무척 복된 시간이었다. 또한 큰스님 모시는 시간은 나의 어리석음과 무명을 깨치는 기회이기도 했다.

때로는 큰스님이 말씀하시는 내용을 원고에 옮기며 하염없이 흐르는 눈물을 주체할 수 없을 때도 있었다. 그러나 지금은 모두 지나간 옛일이 되어 버렸다.

보현사는 우리 불광 불자들에게는 매우 뜻 깊은 곳이다. 장엄하고 웅장한 가람은 아니었지만 불광사가 이루어지기 전에는 큰스님의 상주처였고, 불광사가 이루어지고도 조용히 따로 수행하시던 처소이기도 했다. 그래서 곳곳에 큰스님의 자취가 남아 있다. 큰스님이 걸어 오르내리시던 아득한 돌계단, 조그마한 마애불, 관음전, 산신각, 화재로 타버리기 전의 대웅전, 낡은 요사와 매년 봄이 되면 어김없이 화사하게 피던 진달래, 산책하시던 오솔길, 큰스님께 음악 공양을 올리던 산새들의 합창, 푸른 숲과 이름 모를 야생화, 가만히 생각하면 한 폭의 그림이었다.

무엇보다 그리운 것은 큰스님의 자비이시다. 어쩌다가 원고 쓰다가 날이 어두워지면 계단까지 나오셔서 내가 긴 계단을 다 내려올 때까지 전등불을 비쳐 주셨다. 언제 생각해도 자비로우신 우리 큰스님이셨다.

큰스님을 모시면서 배운 점도 많았다. 바로 생활의 질서였다. 큰스님께서는 시간을 소중하게 여기고 아끼셨다. 낭비하지 않고 효율적으로 활용하셨다. 그리고 무척 검소하셨다. 보현사는 북향으로 지어진 건물이다. 겨울이면 다른 곳보다 훨씬 더 추웠다. 그 추운 겨울의 혹한에도 방 안의 온도를 최소로 낮추셨다. 어려운 살림살이에서 보시한 신도들의 정성을 소홀히 하지 않으셨다. 심지어는 종이 한 장이라도 아끼고 또 아끼셨다. 메모는 광고지의 이면을 활용하시고 또 깨알처럼 글씨를 작게 쓰시어 종이를 절약하셨다.

큰스님께서는 몹시 허약한 몸이셨다. 그렇지만 법우들이 큰스님을 모시고 싶어 하면 어디라도 사양하지 않으셨다. 예식장, 병원, 상가, 집회장, 가정집 등을 가리지 않고 다니셨다. 큰스님께서는 항상 어떻게 하면 이웃들과 함께 할 수 있을까 생각에 생각을 거듭하셨다. 신도들에게 부담을 주어서는 안 된다고 상좌스님들에게도 당부하셨고 몸소 실천하셨다. 나는 가까이서 큰스님을 모셨기 때문에 일반 신도들이 큰스님을 아는 것보다 더 많이 알 수 있었고 자세히 살필 수 있었다. 스님으로서 재가불자들의 기대에 조금도 모자라거나 벗어나지 않은 분이셨다.

큰스님께서는 수행에 유능한 불자를 만들기 위해 불교 교육에 정성을 쏟으셨다. 재가신도들에게도 목탁 사용법, 예불 올리는 법, 법회 의식 진행 등을 하나하나 가르치셨다. 또한 큰스님께서는 음악을 무척이나 좋아하셨다. 법음을 전하는 찬불가는 여러 사람들에게 부처님의 밝은 마음을 닦아 가는 신심을 가지고 있다고 말씀하셨다. 그러므로 우울하거나 슬픈 노래는 가까이 하지 않으셨다. 오로지 희망과 용기, 환희와 찬탄을 노래하는 곡을 좋아하셨다. 말의 위력처럼 노래가 주는 위력도 크다는 사실을 큰스님께서는 너무나 잘 아셨다. 그래서 지금의 남편이 된 덕명거사에게도 찬불가 작곡을 권유하셨다. 큰스님께서 번역하신 천수경의 개경게를 작곡해 보라고 그 곡의 특성에 대해 설명해 주시기도 하셨다.

우리는 2006년 봄에 고양시 어울림 극장에서 동두천시 연합 합창단을 출연시켜 '반야심경'과 '개경게'를 덕명거사 지휘로 무대에 올려 호평을 받기도 했다. 그리고 큰스님께서는 직접 가사를 쓰시어 찬불가를 만들도록 하셨다. 그뿐만 아니라 특정한 사람만이 부를 수 있는 어려운 노래가 아니라, 모두가 부를 수 있도록 쉽게 작곡할 것을 부탁하셨다. 나는 스님이 불러주시는 원고를 쓰다가 휴식 시간에 당돌하게 큰스님께 여쭌 적이 있었다. "만약 큰스님께서 출가를 하지 않으셨다면 무엇을 하셨을까요?" "아마 예술가가 되었을지도 모르지…." 그렇다. 큰스님은 문학가나 음악가 등 뛰어난 예술가가 되셨을 것이다.

그토록 문학과 음악을 좋아하셨고, 재능이 뛰어나셨으니 당연히 그 분야에 관심이 많으셨을 것이다. 우리 큰스님의 글에는 지혜와 자비가 가득 넘친다. 밝은 희망과 용기가 넘친다. 그래서 좋다. 힘이 나서 좋고 마음이 밝아져서 좋다. 이것은 큰스님만의 힘이다. 그래서 큰스님 글을 의지처로 삼는다.

큰스님께서 작사하신 곡으로 '연꽃 피는 날', '임의 숨결', '파랑새 울고', '사랑은 주는 것', '빛으로 돌아오소서' 등등 헤아릴 수조차 없다. 특히 서울을 번쩍 들었다 놓을 듯했던 '보현행원송'의 감격은 전대미문의 일이었다.

어느 때 큰스님께서 불광사 보광당으로 내려오셨다. 그때 우리는 모여서 노래 연습을 하는 중이었다. 큰스님을 뵙자 용기 있는 법우가 우레와 같은 박수를 치고는 노래 한 곡 하시라고 청했다. 큰스님은 웃으시면서 '비가 오도다—'를 한 소절 불러 주셨다. 그때는 잘 몰랐는데, 나중에 알고 보니 흘러간 '비의 탱고'였다. 나는 지금도 비가 오는 날이면 그때 큰스님께서 우리들 앞에서 노래해 주신 그 귀한 장면을 떠올리곤 한다. 이처럼 음악을 좋아하셨기 때문에 큰스님께선 마하보디와 바라밀다 합창단을 많이 지원해 주셨다. 물론 거기에는 큰스님의 음악을 통한 전법이라는 뜻이 가장 앞섰다.

특히 초파일 제등행렬을 할 때 가장 선두에 합창단을 세우셨던 것도 음악을 통한 전법이라는 큰스님의 뜻을 이해하지 못하고는 납득이 되지 않을 것이다. 다른 절에서는 장엄물을 앞에 세우고 행진하는데 비해, 우리 불광이 합창단이 선도하며 끊임없이 노래를 부르며 나아갔던 것은 마치 부처님께서 가야산에서 '세상은 불타고 있다'라는 요지의 설법을 하시고, 거기에 있던 모든 대중들과 왕사성으로 행진하는 것과 같았다. 그때 선두에서는 동자가 이 세상에 부처님이 오셨음을 알렸다고 한다. 그처럼 불광은 부처님의 오심을 노래로 찬탄하고 기뻐했던 것이다. 그랬기에 보시 받은 약값마저도 합창단원들의 단복 몫으로 내놓으셨다.

우리 큰스님께선 법상에서 설법하셨던 말씀과 일상생활에서의 모습이 같으셨다. 언제나 언행이 일치하셨고, 품위와 절제는 남고 모자람이 없이 적절하여 학처럼 고귀하고 우아하셨다. 명절이나 특별한 날에 신도들이 큰스님께 드린 선물도 잘 모아두셨다가 객으로 오신 노스님들에게 전하셨다. 또는 차곡차곡 모아 두셨다가 양로원으로 보내시곤 하셨다.

하루는 스님의 슬리퍼가 너무 낡아서 자칫하면 다치실까 염려가 되어 몰래 버리고 새 슬리퍼를 사다 놓았다가 염려를 들은 적도 있다. "꿰매어 신으면 될 것을….." 하시곤 나에게 불자로서의 근검절약의 정신을 말씀해 주셨다. 또한 큰스님께선 이웃에 대한 자비심이 참으로 크셨다. 어느 불자가 찾아와서 집안 형편이 어려워서 도저히 아기를 낳아서 키우기가 어려워 수술을 받아야겠다고 하소연하자, 그의 여러 고충을 다 들으신 후 수술을 적극 만류하시며, "잘 낳아서 길러야 한다."고 누누이 당부하셨다. 상담을 마치고 그 불자가 방문을 나서자 한참 따라가면서 몇 번을 거듭 당부하셨다. 마치 친정아버지가 출가시킨 딸을 대하듯 지극한 모습이셨다. 나중에 들은 이야기지만 그 불자는 큰스님의 간곡한 당부의 말씀이 자꾸만 떠올라 결국 아기를 낳았다고 한다.

큰스님의 유머 감각은 사뭇 뛰어나셨다. 원고를 쓰시다가 잠시 휴식 시간이면 재미있는 말씀을 해 주시곤 하셨다. 그러나 생각해 보면 그 말씀 속에는 깊은 교훈이 들어 있었다. 그 순간에 깨달은 것도 있지만 한동안 시간이 지난 뒤에 깨달은 교훈도 많다. 흔히 큰스님이라고 하여 딱딱하고 근엄한 것만은 아니었다. 1985년 어느 날, 큰스님은 방송에 출연하셨다. 이계진 아나운서가 진행하는 '11시에 만납시다'라는 프로그램이었다. 상당히 늦은 시간이었는데도 시청률이 높았다. 방영이 끝난 후, 한참 동안은 사무실 업무가 마비될 정도로 전국에서 전화가 걸려왔다. 뿐만 아니라 매주 열리는 정기법회 동참 인원이 배나 늘어났다.

그로 인하여 또 한 번 큰스님의 염려를 들은 적이 있었다. 큰스님께서는 젊은 시절 위를 절개하셔서 공양을 적게 하시곤 했다. 그런 스님을 모시는 나로서는 공양 시간을 맞추는 일이 중요했다. 어쩌다가 공양 시간을 놓치면 말씀은 하지 않으셨지만, 좀 힘들어하시는 게 느껴졌기 때문이다. 그래서 나는 큰스님의 공양 시간에 대해 각별하게 마음을 쓰지 않을 수 없었다. 어느 날 부산에서 온 어느 불자가 공양 시간이 지났는데도 계속 이야기를 했다. 발을 동동 구르며 방을 들락거리며 눈짓을 했는데도 전혀 통하지 않았다. 한참 시간이 지나자, 나도 몰래 그만 왈칵 울고 말았다.

내가 큰스님 곁을 떠나 결혼식 하던 날, 큰스님께서는 다음과 말씀해 주셨다. "결혼이야말로 인생의 가장 큰 수행이다"라고.

남편과의 만남은 불광에서 인연이 되었으며, 큰스님의 주례로 결혼하여 13년 만에 첫 아기를 갖게 되었다. 혹시 큰스님께 누를 끼칠 이야기일지 모르지만, 큰아이를 가진 후 7개월에 접어들어 꿈을 꾸게 되었다. 가사장삼을 차려 입으신 큰스님과 동자스님이 손을 잡고 있었고, 또 한 아이는 나의 품안에 안겨 있는 사뭇 기이한 꿈이었다. 꿈대로 그 후 큰 아이가 두 돌이 되던 해에 둘째 아이를 갖게 되었다.

남편이 불광사 합창단을 지휘하던 때, 건강이 나빠져 지휘를 그만두게 되었다. 큰스님께서는 지휘자의 후임을 6개월이나 보류하셨고 덕명(德明)의 바이올린 소리가 듣고 싶다고 하시며 기다려 주셨다. 수십년이 지난 지금도 그때를 생각하면 우리를 위해 쇠약하신 노인을 그토록 기다리도록 만들었던 것은 죄스럽고, 부끄러운 일이며, 용서받지 못할 일이다. 뼈아픈 후회와 아쉬움이 남는다.

남편이 1984년~1986년과 1992~1994년, 불광사의 바라밀다 합창단과 마하보디 합창단을 지휘할 때, 큰스님께서는 '덕명은 불교 음악계의 큰 별이 될 거야' 하고 용기를 주신 일이나, 1992년 어느 날 집으로 친히 전화를 주셔서 합창단을 다시 맡게 해 주셨던 인간적인 배려와 남편의 음악성을 인정해 주시던 모습을 생각하면 지금도 그때 하신 말씀이 생생하다.

그 후, 남편은 서울에 있는 여자중학교를 명예퇴직하고 국립중앙극장 예술진흥회 문화학교 사무국장으로 취업해 근무했다. 그러던 어느 날 큰스님께서 계셨던 보현사에서 연락이 왔다. 평소 큰스님의 은혜에 보답을 드리지 못해 죄스러워 하던 차에, 보현사 합창단을 맡아 지휘를 해 달라는 것이었다. 무조건 감사한 마음으로 보현사로 달려갔다. 나가기 시작한 날부터 3일 연속 큰스님이 꿈에 나타나셨다.

보현사 합창단을 맡은 처음부터 우리는 원을 세워 기도를 하기로 결심했다. 며칠 후 친정어머니께서는 비구니 보명스님이 주신 축소된 석굴암 부처님을 모시고 오셨다. 가족이 기도하는 집에서 모셔야 한다고 하셨다. 그 날부터 석굴암 부처님과 불광사의 보광명당 부처님, 그리고 큰스님의 진영을 모셔 놓고 새벽예불, 사시예불, 저녁예불을 빠짐없이 올렸다. 기도하면서 절 일을 했다. 남편은 합창단을 지휘하고 나는 사무적인 일을 도왔다. 막상 합창단을 맡고 보니 부족한 것이 하나 둘이 아니었다. 반주자도 없었고, 합창단 인원도 몇 명 되지 않았다. 그런데다 교통이 불편하여 서로들 사이좋게 돌아가며 빠지곤 했다. 도저히 노래를 가르칠 수가 없을 지경이었다. 그래서 궁리 끝에 합창단이 잘되는 길은 단원들 모두가 기도하는 일밖에 없다고 생각했다. 미루지 않고 단원들에게 지휘자부터 기도를 해야 한다고 선언하고 시작했다. 연습이 있는 날, 바로 연습에 들어가지 않고, 먼저 삼귀의, 천수경, 정근, 축원문, 반야심경 봉독과 간단한 불교 교리를 공부하고 연습을 했다. 그렇게 했어도 달라지는 것은 없었다. 우리 부부가 더욱 정성을 들여야 단원들이 감동을 받겠구나 생각하고 아침예불과 저녁예불까지 녹음하여 각자 하나씩 주었다. 녹음할 때에는 부처님께 절을 올리고 녹음이 되는 동안 마하반야바라밀을 염송했다. 녹음이 다 되면 다시 삼배를 올리고 하나씩 단원들에게 나누어 주었다.

그렇게 했어도 별로 반응이 없었다. 우리는 아직도 부족하구나 하며 크게 반성하고 이번에는 의식집인 『불광요전』과 부처님 사진, 큰스님 사진을 액자로 만들어 드리기로 했다. 그리곤 각 가정에서 기도를 하도록 권유했다. 그런데 부처님 사진과 큰스님 사진을 각 가정에 모신 날 밤 꿈에, 가사를 입으신 큰스님의 노제를 지내는데 다른 스님들이 입적하신 큰스님의 법구를 다비하자, 타는 냄새와 가루가 마치 눈보라인 양 휘날리며 내 몸을 감쌌다. 그 후 6개월이 지나서야 조금씩 단원들이 모여들어 나중에는 처음 시작할 때보다 세 배로 늘어났다.

어느 무더운 여름날 오후, 보현사에서 원고를 쓸 때였다. 그 날 큰스님은 건강이 여느 때보다 더 안 좋으셔서 몹시 힘들어 하셨다. 사실 어찌된 일인지 몇 주 전부터 큰스님께서는 목소리를 잘 내지 못하셨다. 그 날도 오전에 중국 한의원에 다녀오신 후, 피곤함이 역력하신데도 원고 쓰는 일을 강행하셨다. 구도법회 때 발표한 어느 보살님의 신앙 수기를 다시 검토해서 월간「불광」에 넘기는 일이었다. 그 원고는 모르는 내가 봐도 문맥이 들쭉날쭉하여 매끄럽지 않았고, 철자법도 많이 틀려 있었다. 큰스님 건강이 좋지 않던 때여서 미흡한 힘이나마 도움이 되어야겠다는 생각에 임의대로 글을 만들어 큰스님께 읽어드렸다. 큰스님께선 특유의 천진미소를 지으시면서 "이것은 명은보살의 글이지, 그 보살님의 글이 아니네." 하시는 거였다. 순간 얼마나 부끄러웠는지 몸 둘 바를 몰랐다. 큰스님께서는 어색한 대로, 부족한 대로, 고유의 색채를 간직하고 그 사람의 인격을 존중하시는 그런 분이셨다. 그리고 누구에게도 부족함을 채워 주시는 분이셨고 누구에게나 소홀함이 없이 배려하고 감싸시는 크신 어르신이셨다.

어느 겨울 날, 언니와 단 둘이서 안성 도피안사 너머에 있는 불광원으로 큰스님을 친견하러 갔다가 돌아오던 길에 큰 눈보라를 만났다. 어찌나 눈이 많이 내리는지 앞이 보이질 않아 겨우겨우 집에 도착했다. 큰스님께서는 우리가 서울에 도착해서 전화해 주기를 기다리셨다. 우리가 무사히 도착하도록 기도하셨다고 한다.

해마다 큰스님 생신날(음력 3월 3일)이면 보현사로 가는 길에 있는 검문소를 들르셨다. 그리고 어김없이 준비해 온 빵을 검문소에 근무하는 군인들에게 전하셨다.

큰스님 안 계신 우리 불광불자들은 어버이를 잃은 고아와 같다. 이제 다시는 큰스님의 따스한 숨결을 느낄 수도 없고 고마우신 말씀을 들을 수도 없다. 그렇게 그리움으로 나날을 보내던 어느 때, 안성 도피안사 주지이신 송암스님이 쓴 『광덕스님 시봉일기』를 읽고 얼마나 서럽게 울었는지 모른다.

우리 불광의 불자형제들은 겉으로는 선지식을 잃은 크나큰 슬픔에 젖어 있지만, 어느 곳 어느 때에도 세세생생 우리 모두의 가슴속에는 큰스님이 함께 하신다. 다행스러운 것은 안성 도피안사의 개산 15주년 기념법회에 참석해 보니 큰스님 계실 때의 불광 모습이 남아 있고 계승됨을 느낄 수 있었다. 주지인 송암스님은 큰스님을 공경하고 따르기로는 이 세상에 비교할 데가 없다. 큰스님의 뜻을 받들어 열심히 정진하는 송암스님을 바라보며 감사하고 편안한 마음으로 돌아왔다.

송암스님께서 천일기도를 하시며 대웅전 봉건불사를 하신다고 한다. 하루빨리 대웅전 봉건불사가 원만히 이루어져 큰스님 뜻을 계승하는 도량으로 우뚝 서길 바란다.

비록 큰스님께서는 가셨지만 큰스님의 법문은 내 가슴에서 언제까지나 메아리치고 있다. 아니 우리들 불광형제의 가슴마다에 살아 숨쉬고 있음을 확신한다.

큰스님께서 "자등명, 법등명", "스스로 타오르는 횃불이 되라", "재물의 상속자가 되지 말고 법의 상속자가 되라"고 하시던 법문을 떠올리며 다시금 전법오서를 가만히 다짐해 본다.

전법으로 바른 믿음을 삼겠습니다.
전법으로 정정진을 삼겠습니다.
전법으로 무상공덕을 삼겠습니다.
전법으로 최상의 보은을 삼겠습니다.
전법으로 정토를 성취하겠습니다.

나무마하반야바라밀다

VII

법상(法床) 스케치

글 송암지원

1. 기도는 일체유심조(一切唯心造)

어느 때나 한결같다. 법상에 오르신 스님은 미소 어린 평화의 모습으로 그 넓은 불광사 보광명당에 가득한 청법 대중을 일일이 살피셨다. 법회 때마다 반복되는 이 일은 청법 대중이 다 함께 스님을 친견하는 커다란 의식이었다. 개개인의 친견을 그렇게 짧은 시간에 원만한 뒤, (잠잠한 후) 스님의 일성이 울렸다.

"형제 여러분, 감사합니다."

청법 대중을 다시 바라본 뒤,

"기도의 가장 핵심은 반야의 참모습을 보는 것입니다. 반야는 일체 삼라만상 두두물물 모든 생명에 부처님의 한량없는 공덕이, 무한의 자비가, 다함없는 위신력이 넘쳐 있는 것을 보는 것이고 아는 것입니다. 이렇게 보고 아는 것이 반야의 눈이며 참다운 기도입니다.

기도는 바라밀에 대한 깊은 신앙에서부터 출발합니다. 그렇다면 바라밀은 무엇일까요? 바라밀을 염하는 자, 그가 바로 바라밀입니다. 제불보살과 일체중생의 근원이 바라밀이라는 사실입니다. 부처님의 은혜가 가득 넘치는 곳, 그곳이 바라밀이니까 결국 우리가 몸담아 살고 있는 이곳이라는 뜻이지요. 우리 가정, 우리 사회이고, 우리나라이며, 바로 이 국토, 이 세계입니다. 그러므로 우리가 두 발 딛고 서 있는 바로 이곳에서 바라밀의 참 생명을 보는 것이 기도라는 말입니다.

원래 부처님의 몸은 정법신(淨法身)이신데 망념의 세계로 타고 들어

오십니다. 중생을 구하기 위해 업의 세계에 오신 것이지요. 그래서 부처님을 대자대비라고 우러르고, 또는 끝없는 은혜라고 말하기도 합니다. 이 말은 최상의 은혜를 뜻하고 있는데, 『금강경』의 표현으로 하면 호념(護念)이지요. 최상의 은혜, 이 말은 바로 부촉(付囑)과 그 뜻을 같이 하고 있습니다. 이 부촉이라는 말의 뜻은 부처님의 모든 것을 미혹의 범부들에게 몽땅 넘겨줌이지요. 그러므로 부처님께서 베푸신 최상의 은혜, 최상의 부촉을 깨닫거나 아는 것이 또한 기도입니다.

그런 까닭에 자연계나 인간계의 모든 관계를 대립·갈등으로 보아서는 결코 진리의 눈을 얻을 수도 없고, 진정한 기도라고 말할 수도 없습니다. 왜냐하면 대립이나 갈등은 커다란 장애이기 때문입니다. 부처님 생명으로부터 오는 도도한 물줄기를 우리의 잘못된 의식, 즉 대립·갈등이 장애물이 되고 장벽이 되어 가로막고 있는 것이지요. 사실 그러한 장애는 본래부터 없었던 것입니다. 다만 착각으로 말미암아 오인한 것에 지나지 않습니다.

우리는 이러한 사실을 잘 알아서 스스로의 마음에 발랄한 생기를 유지하고 부처님의 생명과 닿아 있음을 항상 생각하며 감사하고 그러한 믿음을 쓰고 살아야 합니다. 이렇게 사는 것이 기도이고 기도 성취입니다. 즉 진리와 일상생활을 나누어 살아서는 안 된다는 뜻입니다. 나눠지지 않는 진리의 세계에는 오직 공덕만이 있다는 사실을 굳게 믿어야 합니다. 자신에 대한 깊은 긍정으로 밝고 활기찬 삶을 열어간다는 것은 불자의 출발이자 궁극입니다. 흔한 이야기로 웃음의 분량과 행복은 비례한다고 합니다. 이러한 사실을 단지 알고만 있다고 해서 저절로 되는 것은 아닙니다. 실천해야 합니다. 생활 가운데서 마음껏 써야 합니다.

자신의 마음 가운데 부처님의 은혜가 충만함을 어느 때나 믿고, 써야 한다는 것이지요. 바로 이것이 일상생활과 진리가 둘이 아닌 근본 도리입니다."

　대개 '설법은 말이다'라고 하겠지만 스님에게 있어서 설법은 입으로만 하는 것이 아니라 온몸으로 퍼뜨리는 빛이고 법상에서 말로만 하는 것이 아니라 일상사 어느 때나 펴는 상방광명(常放光明)이다.

　"이미 앞에서 말씀드렸지만 기도라는 것은 부처님 진리를 자기 생명으로 쓰는 것입니다. 우리가 찾거나 구하는 것은 이미 있고, 또 우리는 이미 존재하고 있는 것을 쓰는 것일 뿐입니다. 부처님은 원만구족이며 무애자재이시기 때문입니다. 무엇 하나 부족한 것 없으며 참으로 존재하는 것은 부처님뿐이라는 사실입니다. 진리는 불변이고, 영원한 것이며, 소망은 나 위에 싹튼 진리의 빛이라는 사실입니다.
　모든 것은 이미 이루어져 있습니다. 이루어져 있는 상태를 마음으로 그리고 그대로 믿으면 되는 것입니다. 성취를 확신하되 조급히 바라지 말고 다만 꾸준히 기다릴 수 있어야 합니다. 그리고 끊임없이 기도를 계속하여 모든 마장을 극복합니다. 즉 탐욕을 줄이는 것이고 소탕하는 것이지요. 공양하고, 찬탄하고, 수희하며, 온갖 행원을 모두 이루어 가는 것이야말로 마장을 극복하는 것이며, 마장이 본래 없는 것을 이루는 것입니다.
　불안과 공포, 초조는 기도의 가장 큰 방해 요인입니다. 이런 잡된 의식을 소탕하기 위해서는 먼저 참회하여 마음을 돌려야 합니다. 마음에는 원래로 머묾이 없습니다. 머묾이 없기 때문에 무애자재 그대로입니다. 자기의 참 생명을 가로막는 장애는 바로 삼독심이지요. 이것 때문에 고통도 따르고, 병도 생기며, 생사의 물결도 일어나게 되는 것이지요. 그러나 '나는 할 수 있다'는 강한 자신감과 기백이 있는 사람이라면 얼마든지 이기고 앞으로 나아갈 수 있을 것입니다. 자신에 대한 깊은 긍정, 믿음의 확립을 통해 바로 불행(佛行)을 하게 되는 것이고 기도 성취를 얻게 되는 것입니다."

초록의 푸르름이 서늘하게 담긴 스님의 눈빛은 이미 말보다 앞서 있고 말이 감당 못하는 부분마저 들추어낸다. 스님이 굳이 '주장자'를 쓰지 않고 '할'을 쓰지 않아도 묘방편의 자비가 충만했던 것은 오직 그 푸르름 때문이라 할 것이다. 스님의 초록빛 눈길이 보광명당 가득한 청법 대중의 정수리 위를 지나가자 마치 가뭄에 지쳐 있던 풀잎이 촉촉한 단비에 몸을 맡기듯 대중은 감로의 환희에 젖어들었다.

"기도는 자기가 바뀌어야 성취됩니다. 『금강경』에도 이러한 장면이 자세히 나와 있습니다. 경 처음에 보면 '부처님께서 자리에 앉으셨다'는 대문이 나옵니다. 그때 수보리 존자가 희유하다고 찬탄을 합니다. 그렇다면 왜 수보리 존자가 갑자기 희유하다고 했을까요. 무엇을 보았을까요. 부처님께서 평상시에 보여주지 않던 그 무엇을 드러내셨나요. 도대체 수보리 존자가 무엇을 보았기에 희유하다고 놀라워했을까요. 부처님은 평상시와 조금도 다르지 않게 공양을 하시고 자리에 앉으신 것입니다. 그렇습니다. 부처님은 조금도 다르지 않으셨지만 바로 수보리 존자가 달라졌습니다. 그의 마음이 바뀌고 눈이 열렸기 때문입니다. 그래서 희유했던 것입니다.

이와 같이 불법 공부는 자신이 바뀌지 않고는 그 무엇도 얻을 수 없어요. 기도도 그렇고, 참선이나 염불 공부도 그렇고, 우리의 일상생활도 그렇지요. 자기가 바뀌지 않고는 아무리 작은 소망이라도 멀어지기만 할 뿐입니다. 즉 내 마음이 바뀌었을 때, 진리 환경은 다가오는 것이고, 아니 이미 남김없이 현실 위에 펼쳐진 것을 알게 되지요.

그런 까닭에 외부 조건과 환경에 어떤 허물이 있는 것이 아니라 전적으로 내게 허물이 있는 것이지요. 중생이라는 생각이 허물이고, 범부니 유한이니 하는 온갖 분별이 또한 잘못이지요. 오직 부처님 진리를 자기 생명으로 쓰는 것, 그것이 기도라는 말입니다. 존재하는 것은 오직 부처님뿐이니까 세상 만물은 진리뿐이다 라는 이야기가 되지요."

경에 하늘이 놀라고 땅이 진동하며 제천이 꽃비를 내린다는 표현이 있다. 그것은 청법 대중의 마음이 환희하면 하늘이 놀람이고 새로운 발심을 하면 땅이 진동하는 것이고 온 몸 세포 가득 기쁨이 충만하면 꽃비이리라. 사람에게 가장 큰 기쁨은 보배도 아니고 권세도 아니다. 애지중지 소중히 하던 물건을 잃어버렸다가 다시 찾게 되었을 때가 아닐까. 우리의 참 자성을 잃어버렸다가 다시 찾게 되었으니 이 어찌 경천동지(驚天動地)가 아니겠는가. 스님은 그렇게 하늘과 땅을 울렸다.

스님은 거듭 핵심을 거양(擧揚)하여 청법 대중들의 믿음[깨달음]을 촉발했다. 열기가 도도히 넘쳤다. 강한 쇠도 녹일 수 있는 그런 열기였다. 보이지 않는 업장도 녹이는 열기인데 보이는 물질, 쇳덩어리쯤이야 말할 것도 없겠다.

"이미 말했지만 자기 자신의 참 생명을 가로막는 장애는 바로 삼독심(三毒心)이지요. 자기 자신에 대한 깊은 긍정이 가로막히는 것도 바로 이 삼독심이 작용하여 적대감이나 증오심의 감정이 발생하기 때문이지요. 다시 말하자면 대생명(大生命)으로부터 오는 진리의 물줄기를 우리는 스스로의 의식(意識)으로 가로막고 있다는 것입니다.
자, 이제 우리가 잘못된 자아의식을 청산하기 위해 우선해야 될 일은 진리의 가르침과 일상생활을 둘로 나누어 살고 있는 것을 엄히 경계하고, 웃음의 분량과 행복은 비례한다는 것을 믿고 늘 밝은 얼굴과 기쁜 말을 하는 것입니다.
진리의 세계에는 공덕만이 있습니다. 생로병사도 없고, 가난과 억압이나 질투나 대립도 없습니다. 그런데도 우리에게 나타나는 노쇠 현상은 다만 마음의 경화(硬化)에서 오는 것입니다. 진리는 참으로 불가사의한 것이므로 각자의 마음에 발랄한 생기를 유지하고, 부처님의 대생명에 닿아 있음을 항상 생각하고 감사하는 것이 우리 반야행자의 기도인 것이고 일체유심조인 것입니다."

청법 대중은 무릎 꿇고 합장하고 이마를 두드렸다. 이러한 경우를 경전에서는 신수봉행(信受奉行)이라고 했다. 불광사 보광명당 대중도 역시 그러했다. 노년의 부처님께서도 설법이 끝나신 뒤 한동안 쉬셨다. 스님도 조용히 쉬었다. 나는 여기서 부처님을 다시 본다. 부처님을 다시 우러른다. 설법이 끝나고 힘든 몸을 조용히 누이는 부처님, 그 모습을 바라보노라면 왈칵 눈물이 솟는다. 오로지 스님이 강철 같은 힘으로 신처럼 살았다면 내게는 눈물 한 방울도 흐르지 않았을 것이다.

2. 가행정진(加行精進)

　스님의 자비는 돋보기 안경에도 있고, 땀을 닦는 손수건에도 있고, 가사 끝이나 장삼 자락에도 묻어 있다. 심지어는 신고 다니는 헤어진 운동화 코끝에도 붙어 있다. 뿐만 아니다. 잠을 자고 있는 얼굴 위에도 자비는 넘쳐났고, 호흡을 따라 스님의 몸 안으로, 밖으로 들락거리기도 했다. 자세히 보면 볼수록 자비가 넘쳐난다. 아니 어쩌면 온 몸이 자비 덩어리인지도 모를 일이다. 그런 자비 덩어리가 법상에 앉았다. 과연 무엇을 또 내 놓을 것인가. 자비가 뭔지 모르는 사람들이 법당 가득 모여 앉아 있는데….

　법상에 앉은 스님을 바라본다. 스님은 청법 대중을 죽 둘러본다. 서로 행위는 다르다. 그렇지만 같다. 눈빛을 주고받는 부딪침, 전광석화와 같다. 모두 빠져 버린다. 법연의 세계로…….

　"형제 여러분, 감사합니다."

　다시 지독한 바람이 모두의 머리 위를 쓸고 지나간다. 가만히 몸을 떤다. 신음소리도 내고 몸을 비틀기도 한다.

　"끝없는 자기 자신의 긍정, 이것은 자기 속에 있는 참된 진리를 믿고 우리를 둘러싸고 있는 모든 환경이 부처님의 진리광명이라는 것을 믿습니다. 모든 삶의 조건에서 불자의 가장 기초적인 자세는 진리실상(眞理實相)을 믿고 긍정하는 것입니다. 부처님의 본 모습을 믿는 것이지요. 자신과 환경과 국토를 부처님으로 보고 믿으며 생활하는 것, 바로 끊임없는 정진이고 하나의 흐름이지요."

스님의 태도, 언어와 동작은 타오르는 불길 같고 넓은 강물 같다. 언제나 그 무엇으로 고정되어 있지 않고 그릇 따라 변화가 자재하다. 때에 따라 장소에 따라 크기와 힘도 유연하다. 그래서 더욱 비범하다. 비교는 비슷한 것끼리 하는 것인데 과연 무엇이 비슷할까. 표현이 어색할 뿐이다.

스님의 언어는 건곤독보(乾坤獨步)다. 조어(造語) 능력이 사뭇 남다르다. 자주 사용하는 말을 예로 들면 '두렷하다는 원만을 나타내고, 뚜렷하다는 분명함을 뜻한다.' 이렇게 활구(活句)가 자재한 것을 보면 정신세계가 풍요할수록 표현도 풍부해지는 것이 아닐까 하는 생각을 해본다.

이와 같이 스님의 언어 구사는 남다른 특색을 지녔다고 본다. 위에 든 예를 통해서도 이미 독자들은 그 섬세한 차이와 미묘한 표현에 고개를 끄덕거릴 것이다. 이런 풍요(지혜·자비)를 갖춘 분이 법상에 올랐으니 가히 그 광경이 어떠하였느냐는 이미 짐작이 가고도 남는 일이 아닐까.

'말에 떨어지면 시비가 끊이지 않지만 말 이전(넘어)의 근본을 보면 시비가 끊어진다'는 말이 있다. 스님의 말을 넘어선 말을 들어보자. '인식하는 것은 창조다. 믿는 것은 창조다'라고 선언해 버린다. 음미할수록 충격이다. 충격으로 좌충우돌이고 기쁨으로 싱글벙글이다. 시비를 떠난 말 이전의 말을 들어보자.

"부처님은 논리를 초월한 불가사의(不可思議)이십니다. 형상이 아니시기 때문입니다. 형상 너머의 참 존재이시기에 뭐라고 규정하여 말하지 못합니다. 즉 규정할 수 없는 한량없는 무한의 존재라는 뜻입니다. 우리의 감관 작용에 의해서 파악되는 존재는 가상이고, 허상이므로 실로 있는 것이 아닙니다. 잠시 있는 듯이 보일 뿐입니다. 그러기에 우리 불자는 스스로 규정할 수는 있어도, 남에게 규정받을 수는 없습니다. 여기서 창조가 나오고, 주인공의 면모가 나오며, 온갖 것의 차별 없음을 알게 되는 것이지요.

일찍이 우리 불교에는 고난이나 액난이 없습니다. 거짓 존재인 오온이 있다고 잘못 인식하므로 그런 말이 나타났지만 실로 오온은 없는 것이지요. 그러니 고난과 액난이 어디에 있겠습니까. 마치 꿈 가운데 꿈을 꾸는 것이고 허깨비가 허깨비를 이야기하는 말도 안 되는 소리지요. 만약 있다고 믿는다면 허상에 빠진 것이고 착각 속에 헤매는 것이지요.

그런데 어떤 사람이 '오온이 없다고 한다면 거짓이요, 위선이다'라고 말했습니다. 어떻습니까? 실지로 그렇습니까? 오온이 있는 것입니까? 본래 없는 것을 없다고 말하는 것이 거짓이며 위선이란 말입니까?

그러나 반야의 눈으로 보면 오온은 분명 없는 것이지요. 아무리 누가 뭐라고 말하더라도 없는 것은 없는 것이지, 누가 갑자기 있다고 말한다고 하여 없는 것이 있어진다고 하면, 그것은 진리가 아니지요. 누가 어느 때, 어느 장소에서 보더라도 변함없는 것이 반야이고 진리이기에 말입니다.

자, 그렇다면 그 두 가지를 떠나서 생각해 보고 말해 봅시다. '있다고 말하지도 말고 없다고 말하지도 않을 때', 오온은 과연 무엇일까요? 이와 같이 진리를 주체적으로 파악하는 것, 그것이 오도(悟道)이지요."

사람의 인식 작용은 창조다. 그러므로 믿는 것도 창조다. 이렇게 진리를 주체적으로 파악한 것, 그것이 인생의 수행이고 삶이어야 한다. 스님께서는 철저하게 이런 입장에 서서 나약하고 관념적인 부분에 대해 지적하고, 개선하고자 하는 의지가 강했다. 어쩌면 그런 일련의 모습들이 과거 한국불교의 한계였을 수도 있기에, 스스로의 불교운동을 새 물줄기라고 했을 것이라는 생각을 해 본다.

"진리는 부처님의 소유일 뿐이며, 우리는 범부이고 업보 중생이라고 생각하는 것은 대단히 잘못된 믿음입니다. 부처님은 법문을 크게 두 가지 입장에서 설하셨다고 봅니다. 첫 번째는 중생에 대한 분석과 설명입니다. 자연 업보니 번뇌니 고와 장애, 무상을 말씀하셨겠지요. 이것은 중생의 생각과 그 상태를 있는 그대로 분석하신 뒤, 진리실상을 말씀하시고자 했어요. 그러니까 방편이라고 말할 수 있겠지요.

두 번째는 깨달음의 내용에 대한 설명입니다. 부처님 세계, 즉 진리에 대한 이야기를 하신 것이지요. 한마디로 말하면 부처님은 진리라는 것입니다. 부처님을 믿는 것은 진리 자체를 그대로 믿는 것이라는 이야기가 되지요. 바로 우리 불광의 믿음입니다.

부처님은 깨달음의 내용이 진리 자체라는 것을 설명하시기 위해 중생을 분석하셨고 방편을 두셨지요. 그것이 부처님의 진심이라는 것입니다. 허무와 고와 슬픔을 이야기하는 것이 부처님의 진심이 아니었다는 사실을 우리는 잘 알아야 합니다. 중생의 잘못된 생각을 바루어 주고자 하신 말씀을 고스란히 진리로 받아들여 어두운 불교, 허무한 불교의 색깔을 만든 것, 그것은 부처님의 진의를 왜곡하는 것입니다. 어디까지나 방편이라는 사실을 알고 이제부터는 깨달음의 내용에 관심을 두어야 합니다. 그래서 앞으로는 어두운 불교, 한숨 어린 불교, 답답한 불교와는 철저하게 결별해야 한다는 사실을 명심해야 하겠습니다. 우리 불광의 순수 불교니, 새 물줄기니 하는 것은 모두 여기에 근원을 두고 있습니다. 나는 우리 한국불교가 그러한 중생 분석을 신봉해 왔다고 봐요. 그래서 불교를 믿어도 힘이 나지 않았어요. 자기를 바꿀 힘도, 사회를 이끌어 갈 힘도, 역사를 발전시킬 힘도 없었지요. 그러나 부처님 진의를 알고 믿고 행하면 힘이 나지요. 큰 힘이 솟아나지요. 진리실상을 믿으면 기적이 일어나요. 기적이 무엇인가요. 바로 감사와 환희에서 오는 현상이며, 그러기에 기적은 기적이 아니다 라는 말이고 다만 믿음의 표현이라고 해야겠지요."

　스님의 눈빛을 피할 수 없다. 보광명당 구석구석을 둘러보는 형안의 눈길을 말이다. 마치 벌판에 선 사람이 햇빛을 피할 수 없듯이, 스님의 감로법우는 온 대지를 적시는 비와 같다고나 할까.

3. 한가위 중천에 뜬 달

스님의 눈에는 불이 있는가 하면 어느 새 호수가 있고, 봄이 왔는가 하면 가을 하늘이 드높다. 그래서 한가위 중천에 떠 있는 달이다. 스님의 눈에는 온갖 것이 다 들어 있다. 내가 아는 것도 있고, 모르는 것도 있으며, 기쁨도 있고, 슬픔도 있으며, 고행도 있고, 인욕도 있고, 분노도 있고, 자비도 있다. 이와 같이 온갖 것을 모두 갖추고 있는 스님의 눈은 불가사의다. 나는 스님에게 뭔가 요구하는 것이 있고, 원하는 것이나 필요한 것이 있으면 스님의 눈을 가만히 바라본다. 그런데 스님의 눈은 자동이다. 내가 원하는 것이 무엇인가를 자동 감지하여 미리 알아차린다. 그래서 내가 말하기 전에 다 알고 있다. 사실 그것은 나뿐만이 아니다. 청법 대중 모두에게 해당되는 사항이다. 누구나 원하는 것을 다 알게 되는 스님의 눈은 다음과 같이 말했다.

"진리를 구체적으로 파악한 그것이 오도(悟道)입니다. 그렇다면 오도를 못한 우리들은 무엇을 믿어야 합니까? 또 어떻게 살아야 합니까?

예, 부처님이 몸소 깨달으신 각(覺)을 믿어야지요. 깨달음, 진리 자체를 믿는 것이 불자의 신앙이며 우리들의 믿음이고 수행이며 실천입니다. 내가 이렇게 시중에 포교당을 만든 것도 바로 그 점을 강조하기 위해서입니다. 즉 우리 불광의 믿음은 부처님의 각을 믿고 성불의 내용을 믿는 것이지요. 모두가 깨달아야만 불행(佛行)을 이루는 것이 아니고, 바로 각을 믿고 따르는 것이 불행이 되지요. 소천 노화상께서 벌인 각(覺) 운동도 사실은 새로운 신앙 운동이지요."

스님의 눈은 잠시 멈추었다. 아주 고요하고 맑은 호수가 되었다. 지극히 짧은 순간이었는데도 아는 사람은 다 아는 일이 되었고, 느끼는 사람은 다 느끼는 평범한 일로 인식되었다. 머물렀다. 그리고 움직였다.

"우리 한국 불교의 개선점은 제가 보기에 두 가지가 있어요. 첫째, 진리는 부처님의 것일 뿐이라고 하는 생각. 둘째, 우리는 다만 범부이고 업보 중생이라고 생각하여 체념하는 것.

이것은 모두 그 나름대로 이유가 있습니다. 즉 부처님의 가르침을 잘못 이해하고 잘못 받아들인 까닭이지요. 역시 부처님의 가르침도 크게 두 가지로 나눠 볼 수 있어요. 첫째는 중생에 대한 설명, 즉 업보, 번뇌, 장애, 무상(無常) 등이고 둘째는 깨달음에 대한 설명, 해탈열반, 대자대비이지요. 부처님 가르침을 바로 이해하면 그동안 잘못 생각했던 관습이나 신앙의 형태는 얼마든지 극복할 수 있어요."

스님은 곁에 놓여 있는 찻잔을 기울여 잠시 목을 적셨다. 마치 스님은 녹음 같았다. 짙푸르게 우거진 생명을 보는 것 같고, 저 모든 것이 하나로 뒤엉키고 어우러졌어도 조금도 서로 해하거나 다치지 않고 자기의 모양을 고스란히 간직한 채, 자태를 뽐내고 있다. 저 녹음 속에는 별의별 종류의 식물이 자라고 수백 가지의 나무들과 벌레들이 엉겨 붙어서 결국은 하나의 녹음 세계를 연출하고 있다. 혼자가 아니다. 이 얼마나 갸륵하고 기특한 일인가.

이것을 바라보노라면 문득 깨달음이 앞선다. '생명에는 원래 독단이 없고 홀로가 없다.' 오직 다 함께 라는 전체 모습과 근본 생명의 원리가 미묘하게 작용하고 있는 것을 이제 다시 알겠다. 그런 무질서 같은 혼란 속에서 질서가 있고, 균형이 있고, 자유와 평화가 있다. 녹음, 저 푸른 생명의 원형에서 무엇을 볼 것인가.

"우리 불광은 부처님 깨달음의 진리 자체를 믿고 행합니다. 다른 그무엇도 관심의 대상이 아니라는 사실입니다. 부처님께서 중생성을 분석하고 설명하신 것을 믿지 않는다는 사실입니다. 오직 불성의 광휘와위덕을 믿고 행하는 것이지요. 거기에는 오직 감사 밖에는 다른 아무것도 없습니다. 그렇다면 감사는 무엇인가요. 깨달음의 세계를 우리들현실 위에 드러내는 것이지요. 그러기에 환희할 수밖에 없고 감사를억누를 수 없는 것이지요. 그렇다면 또 환희는 무엇인가요. 감사의 재발견이지요. 우리나라 불교 전체에서 유일하게 불광에는 기적이 있습니다. 그 기적은 감사와 환희를 따르는 자연스러운 현상입니다. 그래서 또 이렇습니다. 이미 기적은 기적이 아니고 단지 진리에 대한 신앙의 표출일 뿐이지요."

바다는 춤을 추되 다리를 번쩍 들었다 다시 내려놓는 것이 아니고,손만 휘저었다 도로 내리는 것도 아니다. 바다는 그 육중한 전신을 몽땅 던지고, 엎지르고, 팽개치는 무서운 춤을 춘다. 개벽의 춤을 춘다.산산이 부서지는 춤, 자기가 아예 없는 춤, 가루가 되어 버린 저 허공같은 춤을 추고 있다. 아마 영원히, 넋이 빠질 것 같은 시간 속에서 바다는 일한다. 마당을 쓸고 휴지를 줍고 낙엽을 치운다. 밥 먹는 시간도 없고, 쉬는 때도 없고, 누워 잠자는 때도 없다. 마치 하늘에 태양이잠시도 중단 없이 타오르듯 바다는 그렇게 일한다. 바다는 부지런히노래 부르고, 춤추고, 일한다. 꿈틀거리는 파도로 춤추고 철썩이는 소리로 노래 부른다. 오염된 찌꺼기를 밖으로 밀어내는 저 끝없는 정진으로 일한다. 꿈틀거리는 파도는 연신 뒷 물결이 앞 물결을 밀고 당긴다. 밀고 당기며 토해내는 신음소리는 얄팍하게 목젖의 울림 작용이아니다. 바다 온 몸이 한꺼번에 뒤척여 질러대는 굉장한 소리다.

"한 집안 행복의 척도는 그 집의 주부가 웃는 웃음에 비례한다고합니다. 웃음은 감사를 부르고, 그 밑바탕에서 솟아나는 것이 환희이지요. 감사의 빈도와 양이 얼마나 되느냐에 따라 행복이 커지기도 하고 적어지기도 하는 것이지요.”

　진리를 가로막고 있는 것은 무엇일까, 삼독심(三毒心)이다. 진실된 자기 광명의 회복은 바라밀이다. 그러기에 바라밀 세계로의 복귀는 진실한 인간 회복이며, 권능의 회복이며, 신성의 구현이기에 바로 진리의 주제자가 되는 것이다. 우리는 물질 유한과, 중생, 자기 한계에서 진리에로 눈길을 돌려야 한다. 그것은 바로 오온개공(五蘊皆空)인 것이다. 진리에 대한 전면적인 긍정, 부처님의 생명을 나의 생명으로 믿는 것이 대승(大乘)의 핵심이다. 이런 입장에서 본다면 창조(創造)는 영원(永遠)과 무한(無限) 세계에서의 부분 한계이고 잠깐 지어 먹은 생각의 범주이기도 하다. 이 바탕에 섰을 때 불자(佛子)는 진리의 계승자, 상속자일 수밖에 없는 것이다. 이제 다시 말해 우리 불자들이 부처님의 깨달음을 믿느냐, 탈락시켜야 될 중생을 분석한 미혹의 사태를 믿느냐 하는 것은 하나의 중요한 기로(岐路)이다. 불자가 갖는 조국에 대한 믿음, 불자의 조국은 오직 영광된 조국만이 있을 뿐이다.

　불자의 기쁜 표정, 기쁜 마음은 진리를 받아들이는 첫째의 믿음이다. 진리대로 성취하면 진리대로 성취된다. 바라밀의 직관, 바로 대승 불자의 믿음이다. 중생이 병든 상태라면 병은 병의 뿌리를 완전히 제거해야 한다. 그 뿌리는 미혹이고 번뇌이다. 그것은 어두운 마음이다. 그것은 다름 아닌 마음이 밝고 깨끗할 때 소멸된다. 삶의 원리도 마찬가지다. 장사(사업)는 봉사와 친절(밝음의 모습)에서 얻어지는 결과물이다. 장사의 성공은 얼마만큼 친절과 봉사를 베풀었느냐와 비례하는 것이다. 그러기에 어려움을 극복하는 방법, 과연 그것은 무엇인가, 정신력이나 의지력일까, 그것은 아니다. 그것보다 더 큰 어마어마한 힘이 있다. 바로 믿음인 것이다.

4. 대자대비는 인간적이다

스님에게도 고뇌가 있고, 아픔이 있으며, 눈물도 있고, 웃음도 있고, 기쁨도 있으며, 안타까움도 있다. 만약에 그런 것이 없다면 스님은 중생을 전혀 이해할 수 없었을 것이고, 그래서 아픔이나 기쁨을 함께 할 수도 없었을 것이다. 어쩌면 나무나 돌 같은 사람, 얼음장같이 차갑기만 한 사람, 감흥과 감동을 갖지 못한 결여된 인성이 되고 말았을 것이다.

대자대비는 지극한 것이다. 눈물에도, 슬픔에도, 기쁨에도, 즐거움에도, 병고에도, 죽음에도, 그 무엇에도, 그 어디에도, 일일이 지극하기가 이루 말할 수 없다고 하겠다. 스님은 역시 그러한 대자대비였다. 지극하기 이루 말할 수 없는 상태, 그런 경지를 체득한 분이 아닐까 하는 생각이 들 때가 많다. 그래서 스님을 일러 대자대비라는 이름으로 불러 보려 한다.

대자대비는 일요일 10시 30분에 불광사 보광명당에 가득 모인 무수한 대자대비(실재)를 둘러보았다. 웃었다. 오른 손을 살짝 올렸다가 다시 원 위치에 내려놓았다. 여느 때보다 눈을 빠르게 깜빡거리고 난 뒤 "은혜와 감사를 알 때, 그것은 바로 자기 해방이다. 해탈 열반은 오거나, 가거나, 앉거나, 눕는 정해진 것이 아닌 (無有定法) 바라밀이다. 바라밀의 표현은 은혜와 감사로만 가능해진다. 그런 점에서 국가와 민족의 입장을 보자. 즉, 국가 이념이나 체제 등은 인간 개개인의 인격 형성에 어떻게 작용하고 있으며, 강제 규범에서 어떻게 인간을 규정하고 규제하고 있는가, 참으로 중차대한 문제이고 근원적인 문제임에 틀림없다. 진리의 입장에서 분명한 것은 인간은 개아로 살되 공동으로 함께 살고 있다는 현실이다. 엄밀하게 이야기하면 진리로서의 개아로 국가 사회에 기초로 존재하고 있다. 그러기에 부처님의 가르침은 개인의 문제가 아니라 역사의 소명이고 가르침인 것이다. 예를 들면 앙굴리마라 사건의 교훈이 우리에게 말하고 있는 것은 개인의 깊은 마음을 부처님은 일깨워 주신다는 것이다. 그것은 바로 앙굴리마라를 조복한 힘이 무엇인가라는 자기의 의문으로부터 시작되는 것이다. 교권과 왕권의 관계는 무엇으로 연결되어 있었는가, 적어도 부처님과 파사익 왕의 관계에서 바라보자면, 아니 앙굴리마라의 사건을 통해서 보자면 말이다. 그것은 바로 앙굴리마라를 조복시킨 힘이 역시 부처님과 파사익 왕 사이에서도 작용하고 있었다는 것이다. 다시 이야기하면 우리들의 삶, 그 뿌리에는 부처님의 생명이 넘쳐 있다는 것이다.”

5. 언제나 연꽃

스님은 순수했다. 소년처럼 투명하게 순수했고 흰 종이처럼 깨끗했다. 젊은 시절 온 몸을 던져 구도의 길을 일으킨 때부터 중년, 노년을 거쳐 입적할 때까지 조금도 변함없었던 것은 순수함이었다. 순수했기에 의로웠고, 명분에 약했고, 나보다 먼저 남을 생각할 줄 알았으며, 종단을 위해서나 한국불교를 위해서 어떻게 해야 할 것인가에 대해서 너무나 투철하게 알고 있었던 것이다. 그러한 순수함으로 법상에 올랐고, 그대로 대중을 둘러보고 살펴 본 뒤 연꽃을 들어 올렸다.

"우리 불광 불자들은 죽음의 거리를 활기 넘치고, 생기 넘치는 거리로 바꾸어야 할 사명이 있습니다. 그러한 사명을 가슴에 품고 부처님께서 행하신 난행(難行)과 능행(能行)한 용맹력을 배우지 않으면 죽음의 거리를 구제할 수 없습니다. 죽음의 거리는 진리에 대한 외면으로 인해 발생했고, 커진 것입니다. 그렇기 때문에 우선 우리가 해야 할 일은 반야를 아는 것이며, 세우는 것이고, 쓰는 것이어야 합니다. 부처님 가르침의 핵심을 자기화해야 하고, 그 핵심을 자기화하는 방법은 믿음입니다. 그리고 수행(실천 포함)이 되어야 하지요. 그것은 바로 법(法)의 상속자가 되는 것입니다. 불자는 부처님으로부터 재산의 상속자가 아니라 법의 상속자라는 신분을 획득하게 됩니다."

법상의 순수는 더욱 밝게 빛나가고 있었다. 주변의 캄캄한 어둠 속에서 영롱한 빛은 어둠을 뚫고 광선처럼 퍼져 나가고 있었다.

"우리가 불법을 닦아감에 무엇보다 중요한 것은 선지식(善知識)이지요. 이 선지식을 다른 말로는 선우(善友), 친우(親友)라고도 하지요. 여기서는 친우라고 말해 보지요. 친우 중에도 세 가지가 있다는 것이지요. 첫째가 하친우(下親友)인데, 하친우는 그냥 함께 생활하는 것입니다. 별 뜻 없이 지내는 사이라고나 할까요. 둘째가 중친우(中親友)인데, 생활에 필요한 재물을 공급해 주는 벗이라고 할까. 그런 정도이고 마지막으로 상친우(上親友)는 부처님 가르침을 일러 주고 깨우쳐 주는 참된 스승이지요. 온갖 위선과 위악의 거짓된 자기에서 탈피하도록 도와주는 친우인 것입니다. 그것이야말로 참된 생명을 일깨우기 위한 바람직한 노력이며 가치의 발견이겠지요."

곁에 놓여 있는 찻잔을 살짝 들어서 입을 적셨다.

"말해 보겠어요. 우리의 성숙을 위한 몇 가지 나의 제안을 말입니다. 그것도 크게 세 가지로 나누어 설명하겠습니다.

첫째가 노력입니다(정진). 생명을 육성하고 드러내는 일에 전념하세요. 숭고한 가치관인 생명을 떠나서는 단 한 가지도 존재하지 않습니다.

둘째는 자비·보시·봉사·헌신입니다. 이것은 동체 생명의 당위인 윤리입니다. 생명 각기의 위덕이며 무궁한 권능입니다. 이웃과 겨레와 일체 중생과 더불어 한 몸임을 이루는 성행(聖行)입니다. 이웃의 일(아픔)을 나의 일(아픔)로 보고 실천하는 불행(佛行)이며 학행(覺行)입니다.

마지막 세 번째는 전법(傳法)입니다. 중생이 치고 있는 어둠의 장막을 무너뜨리는 것입니다. 그것은 바로 사회에 대한 책임이며, 광명스러운 이 땅을 가꾸는 것이고, 사회를 밝게 하는 가장 이상적인 행입니다. 이것은 불자가 어디에서 무엇을 해야 하는가를 일깨워 주고 있는 것입니다. 또한 이것은 불교 믿는 사람으로서의 무궁한 사명을 자각함이며, 실천하는 궁극적인 것입니다. 그러기 위해 이미 밝아 있는 등불을 들고 거리로 뛰어나가야 합니다. 그리하여 거리 곳곳을 환하게 밝혀야 하고, 모두를 빛나게 해야 합니다. 전법은 바로 이러한 것입니다. 이것은 법의 상속자가 하는 일이며, 그러기 위해 법의 상속자가 되라고 강조하는 것입니다. 그래서 각자 마음속으로 '나는 법의 상속자가 되겠다'라고 다짐하는 하나의 신성한 생명으로서의 자각이 있어야 합니다. 우리는 여기에서 공(空)을 통하여 허망이 깨어지고 공(空)을 통하여 진실이 드러나는 것을 비로소 자각하게 되는 것입니다. 천신만고 끝에 간신히 저 언덕에 가서 부처님의 공덕을 얻거나 입는 것이 아니라, 이 땅, 여기에서 부처님의 공덕이 넘치고 있음을 깨달아야 합니다. 원래로 가득한 것입니다. 본 대로 구족한 것입니다(本見具足). 이것이야말로 내 생명, 우리들 생명의 진실한 모습이지요. 그래서 저 유명한 육조대사는 '어찌 나의 자성이 만법을 냄을 알았으리이까?' 하고 경탄을 터뜨리고 있습니다. 전법으로서 삶의 근본, 인생의 근본 진리의 핵심을 삼아 주시기를 바랍니다."

가뿐하게 일어서는 스님의 장삼 자락이 출렁 하고 물결쳤다. 바다의 물결, 진리의 물결이 그렇게 퍼져 나갔다.

6. 평범함의 비범함

스님은 일상에서는 무척이나 온화하고 자비로워 물색없이 좋기 만
한 노인이었다. 아무런 자기주장이나 고집이 없이 삶의 주관마저도 느
껴지지 않는 지극히 평범하고 늙은 노인에 불과했다. 스님은 준열하고
삼엄했다. 기상은 우뚝하여 속진이 어루댈 수가 없고, 기백은 외외하
여 어디에 비교하거나 흉내의 대상이 아니었다. 고준한 법풍은 형용이
아니고, 언중에 있거나 이언에 있는 것도 아니었다. 범주도 없고, 초탈
도 없는, 격식도 아니고, 격외도 아닌 사량 분별로는 도저히 이르지
못하는 형상을 떠난 형상, 바람[法風]이었다. 불광사 보광명당 천오백
대중에게 얼음 같은 눈바람을 일으켜 싹 쓸어 덮고 난 뒤 궁금할 정도
로 양구했다.

"부처님은 우리를 보호해 주는 우산과 같습니다. 부처님은 절대 안
전의 피난처입니다. 어려움과 고난이 있을 때 두호하시고, 두려움을
없이하고 장애를 제거해 주십니다. 우리들을 평화와 안녕과 성장으로
이끌어 주시는 불가사의 위신력이 부처님이십니다. 초기에 제자들이
각지로 유행(전법)할 때 하신 말씀이 있습니다. '두려움을 만나면 여
래를 생각하라.' 후대에 상인들이 험로를 다닐 때 곳곳마다 불상을 만
들고 절을 지어서 예배하고 머물기도 했습니다. 광야를 다니는 대상들
의 여행에서 가장 큰 어려움은 위험이었고, 그것은 공포와 두려움이며,
고난이기도 했지요. 아니 상인들의 일이 아니라 인생의 행로 그 자체
입니다. 인생의 행로에서 노병사의 대두는 두려움이며 공포가 아닙니
까. 그것을 피해 피난처를 찾는 것은 여래를 찾는 것이고, 부처님의

우산 속으로 뛰어드는 것입니다. 그런 부처님의 뛰어난 위신력을 표현하다 보니 열 가지 이름이 생겨났습니다. 바로 여래십호입니다. 그러나 그 가운데서 가장 대표적인 명호는 바로 '여래'입니다. 『대반야경』에 일체불의 근원은 반야바라밀이라고 나와 있습니다.

우리가 부처님께 공양 올릴 때 어디에 올립니까. 부처님의 육신에 올리는가, 반야바라밀에 올리는가. 바로 반야바라밀에 올립니다. 그렇기에 반야바라밀의 부처님은 법신불이고, 변화의 몸을 나투신 부처님은 화신불이고, 수행으로 나투신 공덕신은 보신불입니다. 일체불의 대표는 석가모니불입니다. 왜냐하면 석가모니불은 반야바라밀이기 때문입니다. 불심(佛心)을 염하는 것이 마하반야바라밀이고 일체 제불을 일시에 염하는 것이 마하반야바라밀입니다."

金河堂 光德大禪師 年譜

作成, 2001년 2월 1일
1차 수정 · 보완, 2001년 10월 16일
2차 수정·보완, 2002년 12월 1일

연도	연령	연　　　　보
1864	甲子	후일, 翁師가 되신 새 佛敎運動 大覺敎의 開創祖 龍城震鐘 祖師 誕生(朝鮮 高宗 1年).
1886	丙戌	龍城祖師, 경북 선산 모례원에서 勇猛精進 結社로 悟道(당년 23세).
1890	庚寅	후일, 恩師가 되신 淨化佛事의 大功德主 東山慧日 大宗師 誕生(용성조사, 27세).
1897	丁酉	후일, 法師가 되신 韶天大禪師 誕生.
1905		제2차 韓日協約(을사보호조약) 체결.
1910		① 3월, 안중근 義士, 여순 감옥에서 순국(死刑). ② 8월 22일 韓日合邦條約 調印.
1912		① 東山慧日 大宗師 出家(당년 23세). ② 후일, 拈華知音의 師兄이 되신 淨化佛事의 完成者이며 禪佛敎의 思想家 退翁性徹 大宗師 誕生.
1919		① 光武帝의 國葬을 계기로 전국 각지, 방방곡곡에서 기미년 독립운동(3.1운동)이 요원의 불길로 勃發. ② 龍城祖師 독립운동으로 수감(상좌인 東山 대종사 3년간 옥바라지).

1919		③ 上海 임시정부 수립. ④ 韶天禪師 3.1 독립운동 참가 후, 김좌진 장군 휘하에 入隊(당년 23세).
1921		龍城祖師 大覺教 創立.
1927 (丁卯)	1	① 東山 大宗師 金泉 直指寺에서 悟道(당년 38세). ② 4월 4일(음 3.3), 경기도 화성군 오산읍 내리에서 아버지 高公 準學, 어머니 金氏 東娘의 2男3女 중 넷째로 출생. 본관 제주, 본명 秉完.
1935	9	退翁性徹 大宗師 東山 門下로 出家(당년 24세). (당시 東山 大宗師 46세, 海印寺 白蓮庵 住錫).
1939	13	兄, 秉烈 死亡.
1940	14	4월 1일(음 2.24) 龍城祖師 入寂(世壽 77세, 法臘 61세).
1941	15	아버지, 高公 準學 別世.
1945	19	日帝 强占에서 解放.
1946	20	어머니, 金氏 東娘 別世.
1947	21	① 韓國大學(현 서경대학의 前身)에 進學, 폐결핵 感染. ② 둘째 누이 死亡.
1950	24	① 韓國戰爭 勃發, 가을 釜山 梵魚寺 入山. ② 東山선사와의 만남을 통해 인생관, 세계관의 일대 전환을 맞이하여 범어사 선방(청풍당), 관음전, 지장전, 미륵암, 금강암, 송도, 죽도, 삼천포, 함안 장춘사 등에서 발분 정진.
1951	25	칠월칠석(양 8.9), 東山 大宗師를 戒師로 沙彌十戒 수계식 도중, 受 十戒를 受 五戒로 복창하고 스스로 거사의 신분으로 낮추어 겸허하게 수행함.

1953	27	韶天大禪師의 覺運動과 그 思想에 깊이 契合한바 '金剛經讀誦救國願力隊'에 참여 전국 순회.
1954	28	① 釜山 東萊 온천장 金井寺에서 悟道. ② 부산 범일동에서 최초의 法燈家族 특별법회 시작(1년간 매주 실시). ③ 한국불교 淨化佛事 시작됨.
1956	30	대각회 창립, 초대회장에 취임(9.16).
1959	33	가을, 범어사 禪院에서 性昊·眞常·日陀 등 선사들과 現代禪學研究會를 결성하고 취지문을 작성, 발표한 뒤『벽암록』및 여러 禪典을 현토함.
1960	34	① 범어사 보살계 때(음 3.15) 東山大宗師를 恩師와 戒師로 受戒 ② 4.19 혁명 ③ 大韓佛教譯經院을 설립하여『벽암록』·『선문촬요』·『선문염송』·『선관책진』·『선문단련설』등 출판(현토).
1961	35	① 佛國寺에서 現代禪學研究會 주최, 雪峰 師, 초청,『벽암록』최초 강의. ② 5.16 군사쿠데타
1962	36	①『벽암록』(성호 현토본) 간행(편집·현대선학연구회, 발행·대한불교역경원). ② 曹溪宗 서무국장으로 宗憲·宗法 제정과 불교재산관리법을 주도적으로 成案하고 기타 종단 法令 마련으로 종단의 법률적 틀을 만듦.
1963	37	한국대학생불교연합회 창립(9.22, 초대 지도법사 취임).
1965	39	① 恩師, 東山大宗師 入寂(음 3.23, 양 4.24. 오후 6시 무렵 世壽 76세, 法臘 53세). ② 서울 奉恩寺 結社(주지취임)로 대학생 수도원 설립(9.12).

1965	39	③ 『보현행원품』(프린트본)-한국대학생불교연합회 교본으로 발행(6.5). ④ 학교법인 대동학원 이사 취임(8.18~1974.2.6).
1966	40	학교법인 원효학원 이사 취임(~1979.3.4).
1967	41	『선관책진』 간행(진수당, 10.15).
1968	42	『보현행원품』 간행(해인사판, 성철스님 서문).
1971	45	① 조계종 총무부장 취임(~1973.1.25). ② 조계종 총무원장 직무대행(청담스님 입적시, 11.25).
1972	46	① 自號 運海 사용(진리의 태양을 좋아하고 추종한다는 뜻의 高運海). ② 10월 維新 政治 쿠테타 敢行.
1974	48	① 財團法人 大覺會 理事長 就任(3.25~1976.6.29). ② ‘한마음헌장’ 선포(4.2), 월간 「불광」 창간호에 게재. ③ 大覺寺에서 佛光會 創立(9.1). ④ 『반야심경 강의』 완성-禪智와 般若眼의 究極을 밝힌 佛光敎典. ⑤ 月刊 「佛光」 創刊, 發行人 登錄(11.1, 불광회를 모체로 함). ⑥ 순수불교 선언(월간 「불광」 창간호-새불교결사운동).
1975	49	① 대각사에서 佛光法會 創立(10.16, 불광회를 모체로 함). ② 『法寶壇經』 刊行(대각출판부).
1976	50	사리불법등(대학생법회) 창등(2.5).
1977	51	① 普賢行者의 誓願 발표. ② 救國救世의 보살을 양성하기 위해 『菩薩聖典』 간행(10.30). ③ 學校法人 東國學園 理事 就任(11.23~1993.11.13).

1978	52	① 法師 韶天大禪師 入寂(4.15, 세수 82세). ② 禪智와 般若眼의 寶庫 『禪門要典』 간행(10.9).
1979	53	① 파라미타 합창단 창단(3.29). ② 연꽃마을 이야기 출간(5.30). ③ 佛光出版部 開設(10.10), 發行人 登錄. ④ 12.12 新軍部 쿠데타 敢行.
1980	54	① 실달법등(중고등학생법회) 창등(9월). ② 新軍部 政權의 10.27法難 恣行.
1982	56	① 잠실 벌판에 佛光寺 竣工 奉獻(10.24.)-불광 제2기 잠실 시대 개막. ② 마하보디 합창단 창단(11월).
1983	57	① 活功救國救世運動을 위한 正法護持 發願(8월 3일 호법발원) 시작. ② 불광의식집 『불광법회요전』 발간(3.10).
1984	58	대웅전(후불탱화) 금판 금강경 주조 봉안(2.11).
1986	60	① 佛光幼稚園 設立(10.19). ② 佛光布教院 設立(10.19).
1987	61	① 回甲記念 불교 시론집 『빛의 목소리』 간행(3.20). ② ‘판소리 불타전’ 공연-상수불학운동(5.5). ③ 6.29 시민항쟁 승리선언.
1991	65	월간 「불광」 200호 발행(6.1).
1992	66	① 創作 國樂交聲曲 ‘普賢行願頌’ 발표 공연으로 새불교운동을 거듭 제창함과 아울러 불교음악의 새로운 지평을 여는 계기가 되었음(4.2, 세종문화회관 대강당). ② 財團法人 大覺會 理事長 就任(5.12~1999.9.10).

1992	66	③ 圖書出版 한강수 開設(10.27), 發行人 登錄. ④ 佛光教育院 設立(10.26, 석촌동 160-2의 건물 매입).
1993	67	① 財團法人 普德學會 理事 就任(3.30~1996.3.30). ② 分坐知音 退翁性徹 大宗師 入寂(11.4, 海印寺 堆雪堂에서 世壽 82세, 法臘 59세).
1996	70	창작 국악 교성곡 '父母恩重頌' 발표공연(5.11, 국립중앙극장).
1998	72	週報(일요정기 법회용) 제1,000호 발행(8.9).
1999	73	① 佛光寺 法主室에서 2월 27일(음 1.12) 오후 2시 무렵, 大圓寂 般若寂光三昧에 듦(爲法忘軀의 大慈大悲가 化歸本空 함). ② 入寂 100일(6.6) 추모재(도피안사) 奉行. ③『광덕스님 시봉일기 1』(내일이면 늦으리) 출판(6.6). ④ 광덕스님 속환발원기도-티베트 수미산 순례단 출발(7.8).
2000		광덕스님 속환발원-1,000일기도 입재(2.27) 資 송암 奉行精進(도피안사).
2001		①『광덕스님 시봉일기 2』(징검다리) 출판(2.27, 대원적 2주기). ② 범어사에 行蹟碑와 부도 제막(10.21). ③『광덕스님 시봉일기 3』(구국구세의 햇불) 출판(12.30).
2002		①『광덕스님 시봉일기 7』(사부대중의 구세송) 출판(7.1). ② 입적 3주년 및 도솔산 개산 10주년 '환생' 전시회 개최(11.22, 서울 불일미술관), 도록『환생』발간.

門人 松菴至元 錄

하석(河石)

1

　중국 당나라의 현장법사가 입적하고 영결식을 치른 뒤 사람들은 모두 "애하(愛河)는 망망한데 자주(慈舟)가 갑자기 가라앉고, 긴긴 밤이 아직 어두운데 자등(慈燈)이 꺼져버렸다"고 하늘을 우러러 땅바닥에 눈물을 쏟으며 한탄해 마지않았다.

　현장법사의 제자 석언종(釋彦悰)은 "나는 삼장의 뜻을 생각하며 그 발자취를 더듬어 볼 적에 마하살태[大士]가 아니라면, 그 누가 이러한 위업을 이룰 수가 있겠는가를 곰곰 생각했다. 동료들에게 항상 법사를 경앙(景仰)하고 뜻을 계승하는 노력을 계속하기를 간절히 바라고 싶다"라고 했다.

　현장법사의 스승이셨던 인도 날란다 대학의 학장이었던 계현법사(戒賢法師)를 사람들은 정법장(正法藏)이라고 불렀다. 계현법사를 존경하여 이름을 함부로 부르지 않았기 때문이다.

　내가 비록 언종스님이 아니고, 당대(唐代)의 사람도 아니고, 인도의 백성이 아니었어도 그 심정은 같다. 마냥 믿고 따르던 의지처를 갑자기 잃어버렸을 때의 그 아득한 심정이란 그들과 조금도 진배없다. 일찍이 내가, 태어난 사람들은 모두 죽는다는 사실[諸行無常 : 佛敎의 眞理]을 오랫동안 배우고 익히며 훈련받아왔다 하더라도 이 일[스님과의 영별]은 전적으로 다른 특별한 체험이었다.

2

1998년 초겨울 동안거(冬安居) 때부터 시작한 시봉일기 시리즈 편찬(編撰) 작업이 이제 2008년 초겨울 동안거를 맞았다. 햇수로 만 10년이다. 그 십 년 세월동안 스님이 친히 쓴 글을 찾고 주변 사람들의 이야기를 듣고, 또 어리석은 내가 외람스럽게도 스님의 삶을 엮어 가는 연보를 짜면서 느끼는 심정은 크게 두 가지였다.

첫째는 스님께서는 살아 계실 때나 입적 후에나 항상 나를 깨달음으로 인도하고 계시다는 사실이다. 남들은 10년 세월동안 스승에 사로잡혀 허송세월 하는 것이 보기에 한심하고 딱하다고 안타까워했지만 사실 나는 스님과의 이별 후에도 줄곧 가르침을 받고 있었던 것이다. 나와 스님과의 이런 관계를 다른 사람들은 모르는 것 같았다.

둘째는 놀라움이었다. 이 작업을 계속해 나가면서 어안이 벙벙해질 때가 한두 번이 아니었다. 어떻게 스님 혼자 힘으로 이렇게 많은 일을 했을까? 그것도 법체미령(法體靡寧)할 때가 많았는데, 건강한 사람으로도 불가능한 일을 어떻게 스님 혼자 다 감당했을까? 나 같은 보통사람으로는 그 어느 것 한 가지라도 도저히 엄두가 나지 않는 일들이다. 그런 일들을 입적 때까지 줄곧 행하셨으니 어찌 내 작은 새가슴으로 감당이 될 것이며 놀라지 않을 수 있겠는가. 스님 말년에 노쇠와 병고가 더 심했을 때 매달 써야 하는 월간 「불광」의 원고와 매주 발행하는 주보와 월보 등 숱한 쓸거리를 앞에 두고 힘겨워 하셨던 모습이 떠오른다. 스님이 들고 앉아 있던 볼펜을 얼른 받아서 내가 대신 써 드리지 못한 것이 못내 죄송스럽기 그지없다. 스님보다 젊고 건강한 나도 글쓰기가 이렇게도 힘든 일인데….

스님은 절에 몸담은 후부터 줄곧 수행하고 글 쓰고 백방으로 뛰어다니며 종단 일과 학교 일, 그리고 전법하고 가르치는 연속된 작업을 한평생 쉼 없이 펼쳤다. 나는 살펴볼수록 엄청나다는 생각이 들어서 펜을 놓고 멍하니 앉아 있다가 다시 정신을 차려 하던 일을 계속하곤 했다.

　그러한 스님을 평생 도반이셨던 일타스님은 비문에 '들고 날 때는 문수와 보현이었다'고 표현했다. 스님은 어느 곳에서나 언제나 문수보살의 지혜로 보현보살의 행으로 삼천위의(三千威儀)와 팔만세행(八萬細行)을 갖추었고 한국불교의 앞날을 예비하였으며 인류에게 불교의 가르침을 전하는 방략과 기초를 확립하여 호법선신(護法善神)이 환희하고 인천(人天)이 경배할 수밖에 없는 보현대행을 전 생애를 통해 지어갔다.

　평생 얼마나 혹독하게 스님 자신의 몸을 가책했는지 젊은 시절 초췌한 모습이 담긴 사진을 보노라면 나도 모르게 눈물이 주르르 흘러내렸다. 스님이 건강치 못해서가 아니라 오직 한 길, 불도(佛道)를 이루기 위해 혼신의 힘을 다 쏟아 부운 구도의 열정과 진리에 헌신하고자 하는 스님의 순결과 충성심 때문이었다. 내 목전에 대하는 스님의 위법망구(爲法忘軀) 현장에 온 몸이 송연해짐을 느끼곤 했다.

　　3

　이 책의 후기 제목을 하석(河石)이라고 했지만 정확하게 표현하면 금하마석(金河磨石)이라고 해야 한다. 내가 도도한 금하의 물결[지혜·자비]에 잠길 수 있었던 것은 가히 천행으로 불은(佛恩)이다. 마치, 모나고 울퉁불퉁 못난 돌이 수많은 세월동안 끝도 없는 강물의 노고에 의해 조금씩 다듬어져 가고 매끄러워져 감과 같다. 그래서 이 제목은 강돌이 강물의 노고에 대한 은혜를 말하고 있으며, 그것은 바로 내가 스님의 은혜를 말한다.

　나는 모서리가 많은 거친 돌과 같은 성정을 지녔다. 그런 내가 금하의 강물에 몸을 담글 수 있었던 것은 그야말로 맹구우목(盲龜遇木)의 기연(奇緣)이다. 금하의 자비강물에 내 온몸을 담글 수 있었던 일, 세세생생 내가 갚아나가야 할 보은의 업보다.

　크나큰 은혜의 강물, 도도한 금하수(金河水) 푸른 물결이여!

　스님께서는 재세시에도 못난 나를 내치지 않고 가까이 두는 자비를 베푸셨고, 입적 후에도 잠시라도 귀찮게 여겨 멀리하지 않으셨다. 당신께서 살아온 삶으로 아니 전 인생으로 나를 깨달음으로 인도하고 가호하고 일깨워 주셨다. 이 '시봉일기' 시리즈를 엮어가면서 내가 다시 발심하고 다짐한 사연, 학습하고 훈도 받은 일은 하나 둘의 숫자로 헤아리지 못한다.

바다 같은 금하수의 흐름, 그 도도한 물결에 잠긴 돌이 어디 하나둘이겠는가! 한량없는 무수한 돌, 그 가운데 너무나 거칠고 볼품없는 또하나의 돌…. 어루만지는 물결의 노고가 더 컸으리라. 이처럼 자비는 버리지 않을 뿐만 아니라 거칠수록 손길이 더 많이 가야 하는 목숨 건 용맹정진이구나. 아아…….

4

스님에게도 고난이 있었다, 성인(聖人)도 고난을 겪었듯이…. 다만 그 고난을 고난으로 여기지 않고 오히려 그것으로 자신을 갈고 다듬어 더욱 원만해졌고 잘 갖추어졌고 훌륭하게 모든 것을 드러내 잘도 보여주었다. 알고 보면 스님의 고난이나 영광, 이 모두는 스님이 택한 또 다른 각사업(覺事業), 보살행이었다. 그러므로 금생만의 일이 아니고 다생의 일이고 본생(本生)의 일이다.

스님은 타고 날 때부터 선(善)하기 그지없는 천품을 지녔고 인간의 상도(常道)를 갖추었다. 효행이 그랬고 남이나 이웃을 대함에 지극함이 그랬다. 그래서 스님을 "현성(賢聖)의 그릇으로 타고났다"고, 도반인 석정스님은 회고하셨다. 거기에 일생의 수행과업인 보살행을 통해 자신의 천품에 광채를 더해 갔으니, 이는 참된 인간의 길을 묘봉(妙峰 : 수미산) 정상의 고준독보(孤俊獨步)로 일체중생에게 열어 보여 주신 스님의 면목이다.

스님의 높은 교양, 자상한 인간애와 절도있는 예절, 타고난 헌신과 자애의 덕성, 다함없는 지혜와 자비…. 이로 인해 가까운 주변으로부터 오해와 무시, 핍박과 배척을 받기도 했다. 그런 세세한 이야기를 이 시리즈에 쓰지는 않았지만 나는 듣는 것만으로도 무척 가슴이 아팠다.

'스님의 순수한 의도를 이해하지 못할 뿐 아니라 오해하고 왜곡한 사람들, 그들은 (스님에게)왜 굳이 그런 태도를 취해야 했을까? 스님에게 내가 모르는 결정적인 인격의 결함이 있었을까, 아니면 오해 당사자의 결점 때문이었을까, 그도 아니면 오랫동안 함께 살았어도 스님의 진심을 까맣게 몰랐던 무지의 탓일까? 혹시 스님의 타고남을 도저히 따라갈 수 없었기에 짐짓 무시하여 스님을 넘어서려고 했을까?'

이런 생각을 해보면서 때로는 푸념도 하고 원망도 했다. 이제 돌아보면 다 부질없는 일이다. 왜냐하면 지근(至近)에 있던 권속들도 스님을 몰랐으니 남들은 더 말해 무엇하랴 싶었기 때문이다. 인간의 삶은 이런 숱한 곡절을 바탕으로 엮여진 날줄씨줄의 옷감과 같은 것이다. 스님의 마음을 아는 사람을 날줄이라면 모르는 사람은 씨줄이겠지. 다만 이 세상이 어려운 것은 성인(聖人)의 법이 없어서가 아님을 이제 다시 알게 되었을 뿐이다.

그러나 냉엄한 일은 인간 모두가 생로병사(生老病死)라는 저 위대한 무상(無常)의 진리 앞에 서 있다는 사실이다. 인간 자신들의 뜻과 관계 없이 모든 것은 변하고 바뀌어 간다. 아니 변해야 하고 바뀌어 가야 한다는 엄숙한 사실 앞에 우뚝 버티고 서 있는 것이다. 필경 모두가 바뀌고 바뀌어 가야 하니 참으로 무상(無常)하다. 금생에 바뀌지 않으면 다음 생, 혹은 몇 생이나 백 생 후라도 반드시 바뀔 것이고 바뀌어야 한다. 바뀌지 않으면 고통을 떠날 수가 없기 때문이다. 바뀌는 동안에도 윤회의 고통은 계속된다. 그러므로 빨리 바뀌어야 하지 않을까! 중생성(衆生性)을 버리고 불성(佛性)으로 어서 바뀌어야 하지 않을까. 이것이 지엄하고 냉철한 진리의 속성이다. 예외가 없는 공평한 진리의 모습이다. 그래서 진리는 거룩하다. 시공을 초월해서….

그렇지만 나는 넋 놓고 앉아서 '아, 사람은 성인의 가르침을 배우고 익혔어도, 타고난 버릇과 익혀온 습관을 왜 조금이라도 바꾸거나 버리지 못할까? 아니, 왜 바꾸거나 버리려고 진심 어린 노력을 하지 않을까? 진리의 힘이 약해서일까, 불법이 쇠잔해 가기 때문일까?'라고 비감한 한탄에 젖어들곤 했다.

성인의 숭고한 가르침 앞에서도 오로지 인간 자신의 습성을 버리지 않고 지키려고 무던히 애쓰고 버티는 뭇 인간의 모습이 안타까웠다. 그보다 나 자신의 모습이 더 안타깝고 한심스러웠다. 스님의 고난 어린 삶을 듣고 엮으면서 나는 억울하고 분하여 몸부림쳤다. 그러나 그런 일이 반복될수록 어느새 나는 나를 돌아보고 있었다. 돌아볼수록 살펴볼수록 참회하고 뉘우칠 일이 끝이 없었다. 참회는 세세생생 해야 할 나의 중대한 수행과업이라는 것을 스님의 고난 어린 삶을 통해 깨달았다.

아무튼 스님이 저 정든 범어사를 떠났던 일도, 까닭도 없는 오해를 받았던 일도, 돌아보면 그 모두 인간사 티끌세상의 버려야 할 일고의 가치도 없는 부질없는 일…. 그런데도 난 서글펐고 안타까웠다. 사실 알고 보면 스님이 범어사를 떠난 것도 본의에 의해서가 아니라 타의에 의해서였다.(사실 여기에는 부처님의 미묘하신 뜻이 숨겨져 있다. 매사가 그렇지만—) 그런 것도 모르고 후일 범어사 관계자들은 범어사가 힘들고 곤란한 일을 겪을 때마다 스님에게 탓을 돌리곤 했다. '광덕스님이 범어사를 지키지 않고 떠났기 때문이라고….' 이는 스님에 대한 범어사 권속들의 믿음이 컸고 기대가 컸던 탓도 있겠지만 스님의 처지를 모르고 생각 없이 말한 점도 없지 않으리라.

난 '스님인들 왜 정든 범어사를 떠나고 싶었겠는가?'를 그들에게 되묻고 싶다. 무턱대고 스님에게 범어사에 대한 책임을 거론하는 사람들에게다. 그러나 지금은 그렇게 생각하지 않는다. 모두가 스님 자신의 일이고 장엄(?)이라고 생각하기 때문이다.

5

본 책(本冊) 마지막 권이 될 이 '시봉일기 10'권에 스님이 작사한 노랫말, 여러 책의 서문이나 후기, 심지어는 성철스님께서 스님의 책에 쓴 서문까지도 옮기려고 했다. 후일 스님을 연구하는 사람들이나 궁금해하는 사람들에게 조금이라도 편의를 주기 위해서였다. 그렇지만 결과는 처음 계획대로 다 하지 못했다. 물론 아쉽다.

그리고 스님의 교화방략(敎化方略)을 연구하기 위해서는 '불교사회과학연구원'이라는 이름보다 '불광사상연구소'나 '금하사상연구소'로 하는 것이 더 적합할 것이라는 생각이 들었다. 왜냐하면 불광이나 금하를 연구하면 그 안에 한 방법으로 떠오른 것이 불교사회과학일 것이기에. 이제 불비한 것은 불비한 대로 아쉬운 것은 아쉬운 대로 남겨둘 수밖에 없다. 나의 힘, 사람의 힘은 한계가 있고 다 미칠 수 없기 때문이라고 변명한다.

6

한국불교의 특성은 새로움이다. 그 특성을 스님은 고스란히 계승하고 있다. 역사를 통해서 보면 한국불교는 우리 땅에 전래된 이래 오늘날까지 끊임없이 새로워졌다. 시대에 따라 사회 환경에 따라 문명의 발전에 따라 민도의 수준에 따라 적절하게 대응하여 새로워졌다. 구체적으로 말해 그 새로움이란, 불법도 인간에 의해 전달되고 간직되는 일이기에 자칫 구태의연해지거나 엉뚱하게 달라질 수 있으므로 그때마다 부처님 본래의 근본 뜻으로 되돌아가려는 의도나 행동이었다. 그것을 말해 새로움이라고 한다. 형태는 새로워졌지만 내용은 부처님 근본 가르침에 대한 강화이다.

멀리는 삼국시대부터 통일신라, 고려조와 조선조를 거치고 근대에 용성조사에 이르기까지 새로움은 연속부절이었다. 또한 우리 불교는 나라와 겨레와 영욕을 같이 했고 삶을 같이 했다. 고래의 전통을 무시하지 않았고 전래의 풍속을 업신여기지 않았다. 오히려 그것에 철학적인 의미를 부여하여 차원을 높여 함께 나갔다. 보화응동(普化應同)이었다. 이것은 불교 본래의 근본성질인 대자대비(大慈大悲)의 지극한 실천이고 계합(契合)이었다. 근세 조선의 서산대사와 국권상실기의 용성조사 등이 그 대표적인 인물이다. 특히 용성조사의 대각교운동(大覺敎運動)은 불교운동을 지나 민족의 독립과 생존운동으로 확대해 나갔다. 또한 이것은 한국전쟁의 와중에도 사그라들지 않고 포화가 울리는 참혹한 살상 속에서도 계속되었으니 바로 용성조사의 고족(高足)인 소천대선사의 '금강경구국원력대(金剛經救國願力隊)'였다. 또한 조사의 상수(上首)인 동산대종사는 정화를 통해 불교 근본으로 돌아가고자 했으니 조사의 건백서를 받드는 일이었다.

이런 새로움에 대한 오랜 전통을 뿌리로 한 스님의 대각구국구세(大覺救國救世)운동, 한국불교의 특성을 생득적으로 계승한 스님은 한국불교의 새 물줄기로 자임한 불광운동을 '반야바라밀다결사', 또는 '대각구국구세(大覺救國救世)'라 명명하였다. 20세기 후반 대한민국시대에 등장한 '반야바라밀다결사'운동의 횃불은 이렇게 올려진 것이다. 이것은 '불광'이라는 이름으로 기지를 마련하여 전통불교를 통섭하고 미래불교를 열어 가는 명실공히 새 물줄기가 되었으니, 가히 '이 시대의 새 물줄기'라는 자부심에 걸맞는 일이 아니겠는가. 또한 이것은 하나의 시대적 결사운동으로 인류평화운동의 구체화였기에 그 의의가 사뭇 크다고 하겠다.

7

이제 스님 일에 대한 나머지 일정 부분은 내 손을 떠났다. 스님의 유업을 차지한 다른 사람들이 보다 책임있게 맡아야 한다. 난 내가 할 수 있는 여건에서 최선을 다하려고 노력했고, 그 집적물이 이 '시봉일기' 시리즈다. 앞으로도 내 나름대로의 노력은 계속될 것이지만 주요한 책임과 의무는 역시 내 힘 밖이라고 생각한다.

이제 나는 내년(2009) 한 해 더 뒷마무리를 한 뒤, 이 절 도피안사로 스님께서 환생하여 오시기로 다짐 두셨기에(시봉일기 5권 244쪽), 이곳의 나무 한 그루, 돌덩이 하나, 꽃나무 하나, 풀 한 포기, 집 한 채에도 마음을 모아야 한다. '스님이라면 이 일을 어떻게 생각하셨을까', 매사를 이렇게 여쭈어 봐야 한다. 그 어느 것 하나라도 스님 오시는 일과 무관할 수 없고 연결하여 생각하지 않을 수 없다. 왜냐하면 스님께서는 이미 새로운 몸을 받으셨다는 것을 확신하기 때문이다. 난 스님께서 생전에 하신 환생의 말씀을 굳게 믿는다. 그래서 수미산 환생기도에 나섰고, 수미산 기도에 감응하신 스님의 뜻을 믿고 따라야 한다. 난 이제 내 생의 나머지 기간을 스님의 불사를 받드는 일에 바칠 것을 거듭 다짐한다. 그 일로 내 삶을 삼고, 밥 먹는 가치를 삼으려고 한다.

시봉일기 작업이 끝나면 큰 도회지로 나가서 새로운 시도를 해보려고 생각해 본 적도 있지만 그것보다 스님께서 오시기로 약속한 여기서 살다가 금생을 마치는 것이 더 적합한 일이 된다는 신념을 갖게 되었다. 확신이 들었다. 내가 하지 않거나 못하는 다른 일은 생을 바꾼 스님이 더 잘 하실 것이기에 말이다.

8

이곳 안성시 죽산면의 용설리 호숫가에는 문화예술계의 인사들이 모여 산다. 그중에 홍신자 선생은 '웃는돌'이라는 무용단을 만들어 매년 죽산국제무용제를 열고 있다. 그런 일련의 행사에 초청되었던 중국 북경의 당시(1997) 90세가 넘은 태극권 고수인 우락경 사범이 한가한 틈을 내어 '웃는돌' 위에 있는 이곳 도피안사로 올라와 잠시 대화를 나눈 적이 있었다. 며칠 뒤 내가 외출하고 없을 때 다시 찾아온 노선생은 나에 대한 인상기를 붓글씨로 써놓고 갔다. 우선생이 본 나의 인상기를 여기 소개하려고 한다. 혹시 나에게 어떤 특성이 있거나 내지 조금이라도 취할 점이 있다면, 그 모든 것은 당연히 불사에 쓰여야 하고, 그것도 스님의 불사에 쓰여야 한다고 생각해서다.

贈松菴大師

先生有翠松的陽剛之氣
冬夏長青, 不畏氷雪, 不惧寒風, 超塵脫俗, 與天地蒼茫相共.

北京中央戲劇學院　于樂慶寫
於韓國到彼岸寺　1997年2月27
硏習太極拳之暇　于樂慶的印象

나는 삶을 살면서 때로는 서둘렀고 때로는 조급해 하기도 했다. 그러나 불사를 받드는 몸으로 그런 자세는 매우 어울리지 않는 일이라고 지금은 생각하고 있다. 그래서 저 소나무 같은 인욕과 불변과 두려움 없음과 명예를 벗어난 초연함과 우주적인 마음으로 불사를 받들어야 한다는 교훈이 노선생의 글에 들어 있다. 그래서 여기에 옮겨 불사를 받드는 내 삶의 좌표로 삼고 싶고 다짐을 두고 싶어서다.

9

이 시봉일기 시리즈를 이룸에 참으로 많은 분들이 함께 했다. 일일이 거명할 수조차 없다. 그러나 내가 나서서 주제넘게 인사를 차리지 않으려고 한다. 생각해 보면 그분들 모두가 나의 인연으로서가 아니라 각자 부처님과의 인연, 또는 스님과의 인연으로 함께 했기 때문이다.

내가 나설 자리가 아니다. 뭐라고 내가 입을 열게 되면 분수를 모르는 일이 되어 그 분들께 결례가 될 것 같다. 개구즉착(開口卽錯)의 망발이 되리라.

그러나 돌아보면 참으로 많은 분들이 직접간접으로 인연을 맺었다. 이런 모든 인연들이 선사(先師)의 환생신(還生身)이 이루실 대각구국구세(大覺救國救世)의 터전이 되고 동지가 되어 세기적인 불사가 원만하였으면 하는 마음 다 할 수 없다.

10

스무 살의 나에게 스님은 매일 기도를 시켰고 금강경과 보현행원품을 하루도 빠짐없이 읽게 했다. 이제 그때 읽은 그 글을 빌려 스님께 기도한다.

"부디, 선사(先師)께서는 환생의 몸으로 기우광대(氣宇廣大)한 원력과 이장엄(二莊嚴 : 智慧莊嚴·福德莊嚴)의 원만으로 묘보대(妙寶臺)에 높이 앉아 일찍이 한 발짝도 떼지 않았지만 시방세계를 두루 다녀서 보현대행(普賢大行)의 가풍을 떨치시길 간절히 바라옵니다. 이와 같은 저의 기도는 끝이 없사옵니다. 저 허공계가 다하고 중생계가 다 하더라도 마침내 다할 수 없습니다.

저의 이 서원을 시방삼세 불보살님께서는 증명하소서.
나무마하반야바라밀다
나무석가모니불 나무석가모니불 나무시아본사석가모니불"

2552(2008)년 9월

不肖門人 松菴至元 謹誌

광덕스님 시봉일기 完刊記念銘文

大覺救國救世宗主이신 金河堂光德大禪師의 敎化願力과 一行日常을 上佐인 松菴至元스님이 集錄했다. 지난 戊寅年(一九九八) 冬安居 때 시작하여 戊子년 올해 冬安居에 본 책 10권을 매듭지으니 만 十年의 짧지 않은 세월이 흘렀다.

松菴師는 평소 스승의 자취를 기록한 자신의 기록물과 당대 四部大衆 123분, 諸位의 인연 증언, 大禪師께서 쓰신 각처의 碑文과 敎界新聞에 나타난 기사와 원고, 뿐만 아니라 大禪師 생전에는 널리 알려지지 않았던 祖師語錄의 譯註를 찾고, 언론의 대담물까지 찾아내 실었다. 참으로 상좌의 지극한 정성, 그 섬세한 손길이 미치지 않은 곳이 없다고 하겠다.

여기에는 당대의 문헌자료와 諸賢의 증언을 의지해 大禪師의 面貌와 行跡을 하나하나 드러내기도 했지만, 무엇보다 기도를 통해 大禪師의 菩薩願力과 智慧와 慈悲心에 契合한 것은 사뭇 出世間的인 面貌임을 말하지 않을 수 없는 일이다. 老錐 寡聞의 탓일지 모르나 우리 宗門 淵源 이래 스승에 대한 이만한 일이 흔치 않음을 알겠구나.

科學技術의 비약적인 발전에 힘입은 物質文明이 인간의 바른 정신을 함몰시켜 어디에서도 사람의 향기를 쉽게 찾을 수 없는 가파른 이 시대에, 바야흐로 이 일을 통해 다시 사람의 향기 앞에 서게 되었으니, 가히 기쁨을 다 말할 수가 없구나. 마치 五分香의 香薰에 젖은 듯 欣感하기 짝이 없다. 이에 이곳 普賢道場 佛子들은 다투어 奉獻法會를 열고 무딘 老衲는 이미 던진 붓을 다시 찾아 들고 기쁜 마음을 몇 자 글로 적어 後世에 傳하고자 한다.

부디 三寶의 加護하심과 佛子들의 誓願力, 擁護神衆의 加被力, 내지 蠢動含靈과 山河大地一草一木이 제각기 뿜어대는 빛과 念願 속에 大禪師 還生身의 幢竿에 正法의 깃발이 어서 빨리 휘날리기를 懇求해 마지않는다.

나무마하반야바라밀다

불기2552(2008)년 11월 16일

米壽之老衲 達空居士 趙洪植 謹稿

·
·
·
·
·

이 글을 다 쓰고 나니 송암스님이 大禪師께서 이미 還生하셨고,
때가 되면 이곳 도피안사로 오실 것이라고 전한다.